中国文化心理学丛书

中国文化心理学新论

汪凤炎 著

CHINESE CULTURAL PSYCHOLOGY: A NEW LOOK

下

- 国家自然科学基金（项目批准号：31971014）资助项目
- 江苏高校优势学科（心理学）建设工程三期项目（2018-2020）成果
- 上海市"十三五"重点图书

上海教育出版社
SHANGHAI EDUCATIONAL PUBLISHING HOUSE

作者简介

汪凤炎，1970年3月生。心理学博士，教育学博士后。现为南京师范大学心理学院教授、博士生导师、心理学学科带头人，兼任校学位评定委员会、校学术委员会、校本科教学指导委员会委员与教育部人文社会科学重点研究基地南京师大道德教育研究所副所长。主攻中国文化心理学和智慧心理学。现主持1个教育部人文社科重点研究基地2016年度重大项目，2019年成功申请到一个国家自然科学基金面上项目。以独著和第一作者身份出版著作8部，主编教材3部，发表中英文学术论文70余篇。其中，各专著总计获教育部中国高等学校科学研究优秀成果奖（人文社会科学）三等奖2次（第六届和第七届）；江苏省哲学社会科学优秀成果奖一等奖2次（第十一届和第十三届），二等奖2次，三等奖1次；霍英东教育基金会第十届高等院校青年教师奖三等奖与中国图书奖等。2011年和2018年被评为江苏省第四期和第五期"333高层次人才培养工程"第二层次培养对象。2019年7月获南京师范大学"奕熙精英教师奖"。

丛书总序

进化心理学(evolutionary psychology)的研究成果表明,人的许多心理是通过自然进化而来的。而文化心理学(广义的,包括跨文化心理学和本土心理学)的研究成果又表明,人的一些心理是在文化中生成的。合言之,人心是自然与文化交互作用的结果。以文化生成人心为例,现有研究已表明,文化对人的影响至少表现在四个层次上:(1) 文化对人们可观察的外在物品(observable artifacts)的影响,如不同文化里人们的建筑、服饰、饮食、语言(文字)等各不相同;(2) 文化对人的行为方式的影响,不同文化下人们的行为方式有差异;(3) 文化对制度(含习俗)的影响,不同文化下人们建构出不同的制度,形成不同的习俗;(4) 文化对人们的人生观、世界观、价值观(values)、思维方式和潜在假设(underlying assumptions)等的影响,这种影响虽往往是无意识的,却是文化影响的最高层次,决定着人们的知觉、思维过程、情感、价值观乃至行为方式(侯玉波,朱滢,2002)。所以,据《晏子春秋》卷六《内篇杂下·楚王欲辱晏子指盗者为齐人 晏子对以橘第十》记载,晏子曾说:"橘生淮南则为橘,生于淮北则为枳,叶徒相似,其实味不同。所以然者何?水土异也。今民生于齐不盗,入楚则盗,得无楚之水土使民善盗耶?"(汤化,2011,p.403)从文化心理学角度看,这段话形象地阐明了文化对人的心理与行为的重要影响。

既然人心是自然与文化交互作用的结果,那么,人的心理至少有两种性质不同的机制:一是心理的自然机制,主要包括心理的生理机制和心理的普适性结构及其发展规律等内容。它主要通过生物进化形成,具有较大的文化普适性(cultural universality),不同文化中的人的心理多具有相似的自然机制。二是心理的文化机制，主要包括人的社会心理机制（如自我、品德或价值观与人格等）和审美心理机制等内容。它主要通过文化积淀慢慢形成，具有较大的文化差异性，不同的文化会孕育出不同的文化心理机制。同时，人的心理既有事实（如心理的客观规律）或客观的一面，也有价值（如价值观与理想人格等）或主观的一面。心理的自然机制和心理的事实层面主要依靠生理心理学与实验心理学等路径寻求解决，心理的文化机制和心理的价值层面主要依靠文化心理学与实验心理学等路径寻求解决。例如，欧美国家的民众（受到中华文化影响的华裔除外）少有恋家情结，也不看重孝道，但欧美国家的民众多有信仰基督教的传统，美国甚至还在其目前流通的纸币背面印上"IN GOD WE TRUST"（我们信仰上帝）一语。与欧美人不同，多数中国人虽无基督教信仰（甚至无任何宗教信仰），但自古至今都有浓厚的恋家情结，而且看重孝道。中国人与欧美人之间存在的这种心理和行为上的差异，必须通过文化心理学的路径来解释才妥当（汪凤炎、郑红，2015b，pp.1-3）。

正由于人的心理既有两种性质不同的机制，又兼有事实与价值，这使得心理学的研究对象兼具自然性（如生物性）和人文社会性，所以，心理学本是一门兼有自然科学与人文社会科学双重属性的中间科学（潘菽，1987，pp.176-178）。与此相吻合，当今世界心理学的发展出现了两种明显趋势：一是向脑内发展，想方设法打开大脑这个"黑箱子"。概括地说，随着科技的不断发展，研究仪器得到不断改进，大量高、精、尖仪器不断被制造出来。这些仪器的出现，又促进了眼动仪、事件相关电位（ERP）、功能磁共振成像（fMRI）等技术的不断成熟，为心理学研究者逐步揭开大脑这个"黑箱子"提供了技术支持。进入21世纪后，认知神经科学如火如荼地发展起来。伴随认知神经科学的兴起，越来越多具备生理学、生物学、医学、计算机科学、数学、物理学、化学等多学科背景的心理学研究者汇聚一堂，采用多学科的方法探索心理的生理机制问题。二是向脑外发展，千方百计解开弥漫在人的心理与行为之中的"文化谜团"。简要地说，随着交通工具的进步，人们往来世界各地变得越来越便捷,整个地球变成"地球村"。在"地球村"的背景下,不同文化圈间的人际交往变得越来越频繁,这就要求人们掌握一定的文化心理学知识,以便自己能更方便、更妥当地与来自不同文化圈的人进行沟通和交流,不至于因不熟悉对方的文化心理而"犯忌"。正由于此,越来越多具备哲学、伦理学、社会学、文化学、人类学、教育学等多学科背景的心理学研究者汇聚一堂,采用多学科的方法探索心理的文化机制问题。

对中国心理学而言,研究中国文化心理学的意义远不止于此。党的十八大报告指出:"文化是民族的血脉,是人民的精神家园。全面建成小康社会,实现中华民族伟大复兴,必须推动社会主义文化大发展大繁荣,兴起社会主义文化建设新高潮,提高国家文化软实力,发挥文化引领风尚、教育人民、服务社会、推动发展的作用。"中国历史悠久,中国文化博大精深,这已是世人皆知的事实。要科学揭示中国人精神家园的丰富内涵,要充分发挥中国文化引领风尚、教育人民、服务社会、推动发展的作用,都必须加强中国文化心理学的研究。同时,不但汉字里蕴含丰富的心理学思想(为此,我们提出了一种专门的研究方法——汪氏语义分析法),而且中国历代都有一些学人对人心问题进行过深入、系统的探讨,提出过大量至今看来仍有见地的心理学思想。这样,若舍弃小科学观和小心理学观,秉持大科学观和大心理学观(汪凤炎,2008,pp. 26 - 31),一方面,可以化解"艾氏紧箍咒"——艾宾浩斯(H. Ebbinghaus)声称的"心理学有一长期的过去,但仅有一短期的历史"(E. G. 波林,1981,p. ii)——给中国文化心理学带来的障碍(汪凤炎,2014a);另一方面,以此来观照中国文化,可以发现中国人创造了厚重的心理学这一事实。而且,由于这些心理学思想是在中国漫长的社会历史演变中逐渐形成和累积起来的,不仅时间跨度大,覆盖了中国人心理特质形成和发展变化的全部时间,更重要的是,它是根植于中国文化土壤中土生土长的心理学,符合中国人的哲学传统和思维习惯,能真正反映中国人心理发生、发展和变化的规律,而且它自成体系,有自己的范畴、理论和概念等,其中虽然有些内容反映了人类心理的共性,但也有一些内容明显区别于西方心理学思想。这些心理学思想最能反映出中国文化因素对中国人心理与行为的影响。因此，系统而深入地研究它们，不但有助于了解中国人的心理与行为，而且已具备了解人类心理的方法、解释人类心理的理论和影响人类心理的手段（葛鲁嘉，1995，p.266；汪凤炎，1996）。从"科学"是指"反映自然、社会、思维等的客观规律的分科知识体系"这一角度看（罗竹风，1997，p.4749），可以将其命名为中国文化心理学，以此区别于其他文化中诞生和发展起来的心理学，特别是在西方文化里发展起来的心理学。

这样，当代中国心理学工作者在研究中国人尤其是当代中国人的心理与行为时，若能同时兼顾心理学与中国文化两个研究视角，便是从纵贯的历史观点来研究当代中国人心理与行为的最好手段，并且能纵观各个历史阶段内中国人心理与行为的形成与当时的社会政治、经济、文化、历史间的具体关系（杨国枢，1993）。而且，这样做最易发现中国人与西方人心理的同与异，从而有利于研究者根据中国国情来修改外国心理学研究者提出的理论或创立新的理论，这不但是建立真正意义上的"中国心理学"（而不是外国尤其是西方心理学在中国之义）的有效途径之一，不但能增强当代中国人的文化自觉意识与民族自信心，不但有利于培养融会中外心理学思想之长的心理学研究者，不但有助于心理学更加贴近日常生活进而增强心理学的生命力（汪凤炎，郑红，2015b，pp.1-12），而且能帮助在西方文化背景下产生和发展起来的心理学成为一种"普遍有效"的科学。正如美国跨文化心理学家特安迪斯（H. C. Triandis）所说：

在得到中国的资料之前，心理学不可能成为一门普遍有效的科学，因为中国人口占了人类很大的比例，对跨文化心理学来说，中国能够在新的背景下重新审察心理学的成果。在这样做时，中国的心理学家应该告诉西方的同行，哪些概念、量度、文化历史因素可以修正以前的心理学成果。（万明钢，1996，p.7）

研究中国文化心理学有如此多的重要意义，而现在又恰逢国家重视中国文化建设的良好时机。在此大背景下，我们计划组织国内一批有志于推动中国文化心理学发展的学者,撰写并出版国内首套(可能也是世界首套)以"中国文化心理学"为名的系列图书,以期推动"新体新用"式中国特色心理学学科体系的建设。"新体"指通过诠释、转换和创新,将中国文化心理学的精髓与西方心理学和苏俄心理学的精髓融会贯通起来,从而产生融合中西心理学精髓的心理学新学科体系,就如历史上的中国学人将中国儒家文化的精义与外来的佛教文化的精义相融通,从而生成宋明理学这个新知识体系一般。"新用"指会产生新的功用,也就是说,中国学人一旦建立起这种心理学的新学科体系,必能在推动世界心理学又好又快发展和增进中国人乃至人类的幸福生活等方面有一番新的作为(汪凤炎,郑红,2015b,p.2)。

整套丛书主要包括三种研究类型:一是"以发现、梳理与诠释为主型"。它指先寻找并发现中国先贤提出的心理学精义思想(一般蕴含在先贤创造的实物文化与制度文化里),通过细致梳理,尽量用现代心理学的学术规范与术语(也适当保留一些原汁原味的概念)加以诠释,使之得到更好的传承。这类论著要解决的主要问题是中国文化心理学中"有什么";其目的主要是摸清家底,看看中国文化尤其是中国传统文化里到底蕴含哪些既有历史价值又有现实意义的心理学思想(汪凤炎,郑红,2011,pp.30-31)。二是"以建构或创新为主型"。它指研究者通过妥善汲取中国文化尤其是中国传统文化的精义思想,并适当汲取外国尤其是现代西方心理学的精义思想,再结合当代中国的现实国情以及当代世界心理学(尤其是西方心理学)的发展现状与趋势,力图通过带有浓厚原创性的研究,逐渐建构出一批既具原创性又符合中国文化规律的心理学成果。这类论著要解决的主要问题是中国文化心理学能"成什么";它的目的主要是通过增加中国文化心理学的研究深度,最终建成完全吻合中国文化特质的中国心理学,以提高中国心理学在世界心理学大家庭中的学术地位(汪凤炎,郑红,2011,pp.33-34)。三是混合型。它指兼用"发现、梳理与诠释"和"建构或创新"两种研究方式,并且运用这两种研究方式获得的成果在篇幅上大体相当。如果"发现、梳理与诠释"型研究在一本书中占绝大多数篇幅(60%以上),则归为"以发现、梳理与诠释为主型";假若"建构或创新"型研究在一本书中占绝大多数篇幅(60%以上),则归为"以建构或创新为主型"。

为了做到按中国文化本来面貌梳理和诠释中国文化心理学,建构符合中国文化发展规律并能合理解释中国人心理与行为规律的心理学理论,而不是以外国尤其是西方心理学理论体系为参照来"筛选"或"解说"中国文化心理学,或者将一部中国文化心理学简单地写成外国尤其是西方心理学在中国的引入与传播史,本丛书计划从"心理学+中国文化"的角度进行撰写。同时,为了保证整套丛书旨趣一致与高质量,研究者制定了相应的评断标准。这个标准是:研究成果是否有助于准确描述、解释、理解或预测(当代)中国人的心理与行为方式。如果答案是肯定的,那么它就属于中国文化心理学领域质量颇佳的论著,就可列入本丛书,否则就不能列入本丛书。

为了便于操作,在衡量某部书稿的旨趣是否合乎本丛书的要求时,主要采取以下三种做法:一是与生活于中国文化圈的多数人的日常生活方式相比较,看二者的一致性程度。如果一部心理学书稿的主体内容与生活在中国文化圈内多数人的日常生活方式存在高度一致,那么,这项研究就是深入中国文化的。二是与中国文化心理学领域(扩言之,包括中国哲学、中国文化学与中国社会学等领域)公认做得好的研究相比,看二者所得结果的一致性程度。假若一部心理学书稿的主体内容与在中国文化心理学领域公认做得好的研究成果存在高度一致,那么,这项研究就是深入中国文化的。三是与广泛流行于中国文化内部的经典语录、格言、谚语、俚语、俗语或口头禅相比,看彼此之间的吻合程度。假若一部心理学书稿的主体内容与广泛流行于中国文化内部的经典语录、格言、谚语、俚语、俗语或口头禅之间有较高的吻合程度,那么,这项比较研究就是深入中国文化的(汪凤炎,郑红,2011,pp. 43-44)。

在书稿的旨趣合乎本丛书要求的基础上,进一步衡量其质量的高低。具体的做法是看书稿是否"新"以及"新"的程度。从性质上看,这个"新"主要包括以下六种:(1)主题新。指找到一个全新的研究主题。(2)视角新。指用新视角来提出(新)问题,审视(新)问题或研究

(新)问题,或者用新视角来诠释已有文本或材料。(3)论点新。指提出前人未见的新论点。若能提出或概括出言之成理、持之有据的系统新理论或系列新概念,那就属于上乘作品。(4)方法、研究范式、实验设计或研究工具新。指使用与前人不一样的研究方法、研究范式、实验设计或研究工具。若能提出全新且有实用价值的科学研究方法、研究范式、实验设计,设计或研制出崭新的科研工具,或对原有方法、研究范式、实验设计或研究工具作大幅度的改善,那就属于上乘作品。(5)论据新。指找到前人未发现的新证据。有价值的新证据越多,作品的质量就越高。(6)结构新。指用不同于前人的结构来组织材料。碳与钻石只是结构不同,形态却天差地别,由此不难看出结构新的价值。因此,如果一篇论文或一部论著的结构越新颖,并且按此新结构组织的知识体系有利于阅读和知识的传播,其质量就越高。

从"新"的类型上看,一部书稿至少要具备这六个"新"中的一种。从"新"的程度上讲,一部书稿在初出版时,其内容较之同类著作或相关著作,至少要有50%以上的"新";在出修订版时,至少要修订其中10%以上的篇幅;在出增订本时,至少要更新30%以上的篇幅。否则,就不值得出修订版或增订本。根据上述要求,丛书主编将针对每部书稿的具体情况,聘请专家进行匿名审读,符合要求者才列入本丛书正式出版。

本丛书正文中的引文和文末参考文献的格式基本参照 APA 格式呈现。同时,本丛书采取开放的体系,成熟一本出版一本。为此,从2013年开始,计划用10年甚至更长的时间来完成这套丛书。丛书每出版新著作或修订已出版著作都会在书中标注已出版著作的名称和作者等信息,方便读者检索。当本丛书最后一部论著完成时,丛书就有"全家福"了。

本丛书从构思到出版,承蒙上海教育出版社的鼎力支持,在这之中,上海教育出版社的谢冬华先生与王佳悦女士付出了大量心血。又承蒙每部论著作者所在单位的大力支持,尤其是得到了中国心理学界多位先生与同仁,以及南京师范大学的校、院领导与诸位同事长期的大力支持和帮助！在此，谨向所有关心和帮助"中国文化心理学丛书"的学界前辈、领导、教师、同仁、朋友、同学和亲人致以衷心的感谢！

据《大学》记载，汤之《盘铭》曰："苟日新，日日新，又日新。""汤"指商朝的开国帝王成汤，"盘铭"指刻在商汤所用脸盆上用来警诫自己的箴言。整句箴言的意思是：假若能每天更新，就天天更新，每天不间断地更新。孔子的"温故而知新"（《论语·为政》）也是中国读书人的座右铭。可见，中国本有推崇创新、鼓励创新的传统，这是中国文化历久弥新的内在动力之一。所以，我一直坚信，只要我们每一位心理学研究者都能做到胸怀中国文化，并能不断锐意进取，中国的心理学事业定能拥有一片属于自己的新天空！

汪凤炎
2013 年 4 月 2 日第一稿
2019 年 2 月 15 日修订
于南京之日新斋

自 序

我是学习和研究中国心理学史出身的。我硕士和博士阶段都师从杨鑫辉先生,学的都是中国心理学史。学习和研究中国心理学史,除了让我知晓中国心理学的前世今生,以及对中国传统文化有了一定了解外,还有一个最大的益处,就是让我看到历史上许多才俊、豪杰和枭雄的不同人生选择导致其生前与死后境况的天壤之别:有的生前风光无限好,死后却默默无闻,甚至遗臭万年;有的生前历尽坎坷,死后却美名远扬。细究其因,最根本的是:前者在世时只贪图眼前的荣华富贵,却未为中华文明乃至人类文明的发展和增进百姓福祉贡献自己的才智;后者在世时不但为中华文明乃至人类文明的发展和增进百姓福祉殚精竭虑,而且作出了积极贡献。悟出了"计利应计天下利,求名须求万世名"(语出日本近代诗人云井龙雄)这个道理后,我明白了人生的价值,知道了努力的方向,逐渐有了较好的科研心态。自 1999 年 6 月博士毕业以来,我将一部分精力用在了研究中国心理学史尤其是中国古代心理学史上,将主要精力花在了研究中国文化心理学上。近二十年来,我从事中国传统心理养生思想、中国传统德育心理学思想和智慧心理学的研究,它们实际上都可看作中国文化心理学的有机组成部分。换言之,我在研究中国文化心理学时,除了撰写并不断修订《中国文化心理学》(2004 年初版,2005 年第 2 版,2008 年第 3 版,2013 年增订本,2015 年第 5 版)一书,尝试从宏观上逐渐建构出日渐成熟的中国文化心理学的体系结构,在微观上则主要以心理养生、德育心理和智慧心理三个主题为切入口,从中也可看出我的兴趣点在研究中不断深化:先是童年时体弱的经历让我认识到"身体是革命的本钱"。1989 年 9 月考入大学后通过学习心理学又发现,身体健康而心理不健康的人不但无法干好"革命",最终甚至有可能因严重的心理疾病(如抑郁症)而自杀。所以,《文子·下德》说得好:"治身,太上养神,其次养形。"于是,我关注个体的身心健康,尤其是心理健康,并于2000年在南京师范大学出版社出版了《中国传统心理养生之道》一书。随后,我发现个体仅有健康的身心还不够,还必须有良好的道德品质,否则,一旦做出伤天害理的愚蠢之事,轻则招来牢狱之灾,重则要付出生命的代价,故又开展中国传统德育心理学思想的研究,并于2002年在黑龙江教育出版社出版了《中国传统德育心理学思想及其现代意义》一书。再往后又发现,真正健全的人除了身心健康与品德良好,还必须有足够的聪明才智,否则,或易成为无用的好人,或易"聪明反被聪明误",于是自2004年春季学期开始,我在整合前面两项研究的基础上,将智慧心理学作为研究主题,并于2014年在上海教育出版社出版了《智慧心理学的理论探索与应用研究》一书。现在经常有人问我,当年是如何从研究中国心理学史走上研究中国文化心理学这条道路的。对于无名小卒的这种研究转向,以前我总觉得不值一提,现在想来,人世间更多的是和我一样的无名小卒,所以,完整地讲出我的心路历程,对一些初学者(尤其是冷门专业的初学者)可能有些许启迪。因此,本着"愚者千虑,或有一得"的想法,借此篇自序,将它呈现给读者。

在20世纪80年代那个考大学被视作"千军万马过独木桥"的时代,我与当时很多来自农村的高中生一样,对大学充满了憧憬。然而实际上,我对大学一无所知,不仅从未见过真实的大学校园,更从未有人向我讲述过哪怕点滴的大学生的学习与生活。我想当然地以为只要考上大学便能"鲤鱼跳龙门",一切难题都能迎刃而解。这样,作为一名高三学生的我,只是偶尔会想一下能否考上大学的问题,而从未想过诸如"若考上大学了,应综合考虑哪些因素来选择自己的专业"之类的问题。1989年7月高考结束后,考生开始估分,以便填写高考志愿。我记得当时有一位热心肠且待学生极友善的老师在听到我的高考估分后,非常认真且直率地帮我分析道:"结合近几年来我省的高考录取分数线与今年我省的高考形势,以你目前估出的分数,估计你能考上本科,但估计上不了重点。同时,鉴于师范专业属于提前录取专业,如果你报考江西师范大学,肯定会被它提前录取。考虑到你是文科生,如果你选择江西师范大学的中文或思政专业,本科毕业后很可能会回到县里的中学当一名语文或政治老师,选其他专业以此类推。在县里的中学当老师不但工资低,社会地位低,而且极其辛苦。所以,我想来想去,建议你报考江西师范大学的教育管理专业,这是一个去年(1988年)才首次招生的新专业,今年才第二届,目前还没有毕业生,估计将来你毕业后即使回来,至少也能去县教育局,这比回县里的中学要强得多。"听完这位老师满怀善意且合情合理的分析,我便毫不犹豫地在我的第一志愿上填报了江西师范大学的教育管理专业。等高考分数公布后,果如我所料,我的高考分数与我先前的估分极其接近。我顺利地考取了江西师范大学教育系教育管理专业,成为教育系1989级的一名大一新生。随后经过大一、大二两个学年的学习,我对教育管理专业有了初步的认识,发现该专业可以说是当时全校最不实用的专业之一。若果真学了中文、思政或历史等专业,本科毕业后至少还能到中学名正言顺地教中文、政治或历史等课程,而学了教育管理专业到中学能教什么呢?难道真能去县教育局或中学从事教育管理工作?须知,在当时的中国,很少有人将管理视作一门科学,当时的中国可能缺这缺那,唯独不缺管理干部。大三第一个学期临近期末的一个周末,我去找同专业的一位1988级的老乡学长聊天,当时他已是大四,即将毕业。我问起他的毕业分配情况,他顿时愁容满面,许久不吭声,几声长长的叹息后,他才勉强挤出一句话:"根据'哪里来,哪里去'的分配原则,我估计会被分回县里,但县教育局肯定是去不了的,估计会去县里的中学打杂吧。""打杂"的意思我知道,就是"学校有哪门课没有人上,就让你去上"。这进一步验证了我头脑中"教育管理专业是大学中最不实用的一个专业"的想法。自此之后,我便萌生了通过考研来转专业的想法,以免自己一年后也陷入学长那样的窘境。

所以,对我而言,选择考研并通过考研换一个专业,在当时实是一种无奈选择！我下定决心准备考研大概是在 1992 年春季（大三第二学期），那时的高校以及如中国科学院之类的科研机构还未扩招，不但硕士点数量极少，而且硕士生导师也极少，导致全国的硕士生招生规模极小，一个高校或一个研究所的某个一级学科专业一般只有一个硕士点，一个硕士点一年只招 4—5 位学生，①竞争非常激烈。当时很多大学生都担心英语和政治两门课程考不过，因而不敢报考。说实在的，我也有此担心，尤其担心英语考不过，但又不想大四毕业时让自己身陷困境，希望能多一种可能的选择，只好硬着头皮上。在选择报考的学校和专业时，当时也没想太多，只是出于省钱（若要报考外省的高校，需去外省高校面试，这需要一笔路费，当时我手头拮据，实在拿不出这笔钱，又不好意思向家里要）和便于准备以提高考中概率的想法，我报考了江西师范大学的基础心理学专业，指导教师填写了杨鑫辉教授。此前杨鑫辉先生虽从未给我上过课，我也从未见过杨鑫辉先生，不过杨鑫辉先生是当时江西师范大学的名教授之一，我早已耳闻先生的大名，故选择报考了他的硕士生。主意定下来后，我也曾想过参加考研辅导班，可是囊中羞涩，最后硬是一个考研辅导班也未上，靠自己认真复习。好在天遂人愿，当年我以总分 370 分且各门单科成绩与总分均过线的成绩考上了，成为江西师范大学教育系基础心理学专业 1993 级的一名硕士生。因杨鑫辉先生以研究中国心理学史著称，我的研究方向自然是中国心理学史。在研二的暑期，也就是 1995 年七八月，我有幸到江西庐山莲花洞参加了中国社会科学院社会学研究所举办的"社会心理学高级研讨班"，不但认识了来自台湾和香港的心理学家（包括杨国枢、黄光国和杨中芳三位先生），而且结识了一批来自其他知名重点高校以及中国科学院心理研究所和中国社会科学院社会学研究所等顶尖科研机构的研究生，我的视野得到了较大的拓展，也看到了自己在专业上与他们的差距。也正是在这个过程中，我萌生了考博的念头。恰巧 1995 年春，杨

---

① 江西师范大学心理学专业当时只有基础心理学专业一个硕士点，1993 级只招了 4 名硕士生。这是我考上研究生之后才知道的。2014 年秋季在一次聊天时我听刘昌教授讲，1992 年他考上中国科学院心理研究所的硕士生，而当年全所只招收了 5 位硕士生。

鑫辉先生从江西师范大学调入南京师范大学,率先于1996年在南京师范大学教育科学学院基础心理学专业面向全国招收中国心理学史研究方向的博士生,我也有幸于1996年考入南京师范大学教育科学学院,成为杨鑫辉先生的首届(也是国内首届)中国心理学史研究方向的博士生,开始了三年的博士生学习。经过硕士和博士近五年的学习,我从原先站在中国心理学史这一心理学史分支学科的面前充满好奇,却不知从何处推门而入的状态,逐渐成长为已较系统、较熟练地掌握了中国心理学史学科知识的博士,对中国心理学史的认识逐渐系统而深刻。更重要的是,随着阅历的增加,我逐渐清晰地认识到,在当今"谈史色变"的中国心理学界,若仅将自己的研究方向限定在中国心理学史方面,将来连"生存"都会成问题。再联想到燕国材教授和杨鑫辉先生指导的中国心理学史方向的硕士生在毕业后绝大多数都改行的状况,我进一步萌生了改变研究方向的心思。有了这一想法后,我仍在犹豫,毕竟硕士和博士阶段读的都是这个方向,有一定的底子,也有一定的感情,若不继续学习和研究它,又该以什么作为自己将来的研究方向呢?尽管当时心中纠结万分,我却不敢贸然向杨鑫辉先生提及此事,毕竟中国心理学史是他心爱的研究方向,作为中国心理学史学科的主要缔造者之一,他为此付出了太多的心血。

俗话说:"女怕嫁错郎,男怕入错行。"当我正处于志业(杨国枢先生语)选择的困惑期时,我脑海中再次浮现1995年暑期送杨国枢先生去庐山莲花洞疗养院时他讲的一段话。那是我第一次见到杨国枢先生。1995年暑期之前,刚从北京师范大学博士毕业的胡竹菁老师到江西师范大学教育科学学院工作,他给我带来了社会心理学高级研讨班即将举行的消息。随后,胡竹菁老师、童辉杰老师和我三人有幸考上了这期研讨班。当时三人中,他们二位是老师,只有我是学生(二年级的硕士生),接送杨国枢先生从南昌前往庐山莲花洞之事自然就由我来具体负责。这让我有了生平唯一一次与杨国枢先生独处几个小时的机会。我记得当时乘坐的是江西师范大学安排的一辆伏尔加牌进口小汽车。一路上,杨国枢先生精神极佳,与我一直聊到莲花洞。可惜当时没手机,也未带录音笔,绝大多数聊天内容都忘记了,但有一点我记得特别牢,后来我将它写进了拙著《中国心理学思想史》(p.708):杨国枢先生说他1975年之前所做的研究基本上都是不需再提的研究,因为它们缺少自己的"灵魂"(杨国枢,1993)。言下之意,他更看重自己1975年以后所做的研究。而杨国枢先生自1975年以来致力做的正是研究"中国人的本土心理学"——1987年以前称"心理学研究的中国化",1987年以后改称"心理学研究的本土化"(杨国枢,1993)。既然像杨国枢先生这么著名的心理学大家都敢和过去说再见,都能自我否定、自我扬弃,我一个穷学生还担心什么呢?这既坚定了我转换研究方向的决心,也让我明确了研究方向!于是,大约自1998年春季学期(博二第二学期)开始,我认真思考了将来的专业出路问题:一方面,我觉得中国文化尤其是传统文化中蕴含丰富的心理学思想,值得深入研究。中国文化向来重视人的精神与传统,"天、地、人"三才的思想在中国源远流长。在中国人眼中,只有"人"才能做到上顶天、下立地,由此让人体会到做人的尊严、做人的可贵!但是,在中国文化尤其是中国传统文化看来,这种有尊严的人不是天生的,而要通过个体的后天努力,通过做人的历程才可能实现,才可能完成。于是,中国文化一向重视人禽差异的研究,主张人只有按人的要求而不是禽兽的要求去做人才能真正成为人。同时,中国文化很早就认识到"人和"的可贵,"天时不如地利,地利不如人和"成为中国人的共识。这诸多机缘促使中国学人向来重视对人的心理与行为规律的研究,中国文化尤其是中国传统文化成为一种充满心理学意蕴的文化。毛泽东曾说:"今天的中国是历史的中国的一个发展;我们是马克思主义的历史主义者,我们不应当割断历史。从孔夫子到孙中山,我们应当给以总结,承继这一份珍贵的遗产。"(毛泽东,1991,p.534)这一思想同样适用于中国的心理学研究。另一方面,我又觉得中国心理学史的研究方向过于狭隘,与现实生活联系不够紧密,再加上现当代中国心理学在发展过程中一向缺少自觉关注本土文化和本土心理学思想的传统,中国心理学史也难以成为中国心理学未来发展的主流方向之一。因此,经过深入细致的思考,我发现将研究方向改成

"中国文化心理学"的益处至少有四。

第一,有助于促进吻合中国文化传统、"新体新用"式心理学新学科体系的建设。日本平安前期的文人与政治家菅原道真曾力倡"和魂汉才",主张将日本的固有精神与中国学问相结合。"日本近代化之父"涩泽荣一提倡"士魂商才"。按涩泽荣一的说法,"士魂商才"指为人处世应该以武士精神为本;不过,如果偏于"士魂"而没有"商才",即没有充分培养经济才干,个体也无法真正自立。对于"士魂"的培养,尽管可以从书本上借鉴到很多方法,但只有《论语》才是培养"士魂"的根基。"商才"也要通过《论语》来充分培养。尽管道德方面的书同"商才"没有什么直接的关系,但是"商才"本身也是要以道德为根基的,离开道德的"商才"是不道德、欺瞒、浮夸、轻佻的"商才",只是小聪明,绝不是真正的"商才",因此"商才"不能离开道德,要用论述道德的《论语》来培养。同时,处世之道虽十分艰难,但如果能熟读并仔细玩味《论语》,就会有很高的领悟。因此,涩泽荣一说自己一生都尊信孔子之教,把《论语》作为处世的金科玉律,不离左右(涩泽荣一,1996,pp.4-5)。涩泽荣一等人的言论,让我有一种"听君一席话,胜读十年书"的感觉!仅就当代中国心理学的发展而言,我越来越认识到,当代中国的心理学若想在尽可能短的时间内取得大突破,而不是亦步亦趋地跟着西方心理学尤其是美国心理学走,就必须从中国文化心理学入手,本着"古为今用""洋为中用"的原则,大力加强吻合中国文化传统、"新体新用"式心理学体系的建设,只有这样,才有可能使中国心理学在未来有大突破。

第二,中国文化心理学的舞台比中国心理学史大得多。我若把自己的研究方向定为中国心理学史,不但限定了研究范围,而且限定了研究方法。因为史学研究的显著特点之一是只能"有中生有",前一个"有"指史实,后一个"有"指对史实所作的分析、概括、建构和评价,就像司马迁写《史记》那样(汪凤炎,郑红,2014,pp.17-18)。史学研究(包括中国心理学史的研究)无法做到"无中生有",因为任何人在研究某门学科的历史时都必须基于历史事实来说话,所有的分析、概括、建构或评价都必须有史实依据,否则便至多是猜测或假说,甚至可能是瞎说。

从这个意义上说,史学研究只能"发现",无法"发明"(当然,史学家也可创造出新的编撰体系,运用新的视角和方法进行研究等)。一个终身只研究中国心理学史的人一般只能成为一名中国心理学史专家,而无法成长为真正意义上的心理学家(汪凤炎,2017a)。若改为研究中国文化心理学,舞台要比中国心理学史宽广得多,不但原先的中国心理学史研究仍可继续,而且增加了文化的视角来研究中国人的心理与行为,可以提高中国心理学的文化生态效度,尽早摆脱中国现代心理学仅是外国尤其是西方心理学附庸的角色。就研究方法而言,研究中国文化心理学可以根据需要灵活采用语义分析法、理论分析法、实验法、问卷法、测量法和文化产品分析法等方法做原创性研究。一个人若将中国文化心理学研究好了,就有可能成为一名真正意义上的心理学家。

第三,中国文化心理学有更广阔的应用前景和空间。众所周知,某门学科的史学研究有吸引力,说到底是因为该学科的历史中蕴含丰富且历久弥新的思想。文学史、哲学史、美术史、音乐史、书法史等之所以在文学、哲学、美术、音乐和书法上具有重要地位,是因为当代文学、当代哲学、当代美术、当代音乐和当代书法仍能从古代文学、古代哲学、古代美术、古代音乐和古代书法作品中源源不断地汲取丰富营养。但由于当代主流心理学的研究取向偏重自然科学取向,而古代科学与技术又落后(相对于当代科学与技术而言)等原因,当代中国心理学尤其是偏重自然科学取向的心理学的发展是无法从中国古代心理学思想中汲取丰富营养的,这就大大削弱了中国古代心理学史的价值。同时,由于中国近代落后于西方发达国家,导致近代以来中国心理学界同仁多将主要精力放在引进西方心理学上,这又大大降低了中国近现代心理学史的思想价值。结果,在当代中国心理学界,只要熟练掌握了西方心理学的理论体系、研究方法和相关仪器等,即便完全不学习中国心理学史,也依然能做出按时下评价标准而言相当棒的研究,能在高影响因子的 SCI 和 SSCI 上发表论文。这使得中国心理学史的重要性大大降低,也是导致当年绝大多数中国心理学史研究方向的硕士生和博士生毕业后都改行的内因。相比中国心理学史,中国文化心理学不但在名称上要"好听"许多,更重要的是,随着"地球村"的出现,来自不同文化的人相互交流的机会增多了,为了促进彼此的理解与交流,跨文化心理比较研究必然会兴盛。而随着中国国力的不断增强,中国人越来越有文化自信,越来越意识到弘扬中华优秀传统文化尤其是人文社会科学领域的传统文化在增进民族认同、增强国家软实力等方面的价值。这些都会促进中国文化心理学的发展。所以,较之中国心理学史,中国文化心理学有更广阔的应用前景和空间。具体到我自己,不但便于在博士毕业后就业,而且,将来若能指导硕士生和博士生,也便于学生毕业、深造和就业。从后来我自己的成长经历以及我工作后学生选课、硕士生和博士生的招生就业情况看,我的这一想法证明是正确的。不过,这都是后话了。

第四,等将来条件成熟时,也便于与国外同行交流。毕竟在美国等西方发达国家,广义的文化心理学(包括跨文化心理学、狭义的文化心理学和本土心理学)比心理学史有更大的影响力。

于是,经过再三权衡,在1998年11月上旬时,我暗下决心,等博士毕业后,一定要将研究方向从原来的中国心理学史改成中国文化心理学(汪凤炎,2017c),将研究中国文化心理学作为自己从事一生的志业。主意打定后,我随即开始思考中国文化心理学的大纲与内容体系框架等问题,并开始着手准备资料,撰写中国文化心理学最初的稿件。1999年6月30日博士毕业留在南京师范大学教育科学学院工作后(2012年9月28日南京师范大学成立心理学院,我便转入心理学院工作),我又开始撰写中国文化心理学课程的讲义,准备在适当的时候开设中国文化心理学课程。因1999年9月15日我进入南京师范大学教育学博士后流动站做博士后研究,按南京师范大学的相关规定,自1999年下半年至2000年年底,我将全部精力放在博士后的研究上,没有承担教学任务,客观上推迟了我开设中国文化心理学课程的时间。2001年春季学期,我主要基于如下三个考虑,在南京师范大学(随园校区和仙林校区各开一个班)首次(也是国内首次)为全校本科生开设名为"中国文化心理学"的公共选修课:(1)从1993年秋季学期我读硕士开始至2000年底,我在这门课程上有了7年半的学习积累,而且这门课程的名称及其代表的研究方向是我经过深入且细致思考后独立提出的,因此,相对于其他心理学课程而言,这门课程最贴近我的兴趣,最吻合我的研究方向,也准备得最充分;(2) 这是面向全校非心理学专业本科生开设的公共选修课,课程的主体内容非常贴近中国人的日常生活,估计能吸引学生积极选课;(3) 系统地向学生阐述中国文化心理学一些最基本、最主要的主题,揭示中国人最常见的心理与行为规律,有助于培养出吻合中国文化传统,有文化自信,能很好地放眼观世界、身心健全发展的人才。自2002年秋季学期开始,为了与同类研究生课程相区分,这门公共选修课改称"中国文化心理学入门";其后,响应学校的要求,我将此公共选修课申报为博雅课,自2009年春季学期开始成为我校本科生和南京邮电学院(现南京邮电大学)本科生的博雅课,课程名称改作"中国文化心理学概论"。自2011年秋季学期开始直至现在,郑红博士又为我校心理学专业本科生讲授名为"中国文化心理学"的选修课。自2001年春季学期以来,本书的部分内容也曾在我为我校心理学专业的硕士生(含研究生课程班的学生)开设的"中国心理学史"课上讲授;自2003年秋季学期以来,本书的主体内容又以"中国文化心理学"课程的形式,多次为我校心理学专业和教育学专业的硕士生(含高校硕士生)开设;自2005年春季学期到2013年春季学期结束,本书的主体内容还以"中国文化心理学研究"课程的形式,成为我校基础心理学专业博士生的必修课程,以及我校发展与教育心理学专业、教育技术学专业博士生的选修课;自2018年秋季学期开始,我为我院全体一年级博士生重新开设"中国文化心理学"课程。自2008年秋季学期以来,我又在南京师范大学基础心理学专业博士点上招收"中国文化心理学"研究方向的博士生,并为他们新开"中国文化心理学研究"的课程。虽然这些课程名称类似,但根据学生已有知识背景的不同和课程性质的差异,所讲内容的深浅、所涉主题的多寡等都有一定差异。

在长期的授课过程中,李海青等诸多学子都曾向我反馈听课和阅读《中国文化心理学》的一些心得体会,让我从中获益甚多,也让我切实感受到教学相长的乐趣。从一些学生(包括本科生、硕士生和博士生)的反馈意见可知,有的学生非常喜欢《中国文化心理学》将偏重阐述中国人现实生活中展现出来的心理与行为的章节和偏重阐述中国经典文化中蕴含的心理学思想的章节融为一体的做法,也有同学希望能将这两部分分成两本书进行阐述。鉴于最近几年来我对中国文化心理学的思考与研究又有了一些新进展,以及近几年来中国心理学界对文化心理学和典籍里蕴含的中国文化心理学的研究取得了长足进步,为了做到与时俱进和满足不同读者的需要,经过慎重考虑,又与暨南大学出版社和上海教育出版社进行沟通并经双方同意后,我决定出版两部中国文化心理学书籍:原先在暨南大学出版社出版的《中国文化心理学》在继续保持原来风格的基础上进行修订,于是便有了2013年12月出版的《中国文化心理学》(增订本)(汪凤炎,郑红,2013),该书于2014年10月获江苏省第十三届哲学社会科学优秀成果奖一等奖,2015年12月获教育部第七届高等学校科学研究优秀成果奖(人文社会科学)三等奖(著作奖);随后,又对《中国文化心理学》(增订本)稍加修订,于2015年11月出版了《中国文化心理学》(第五版)(汪凤炎,郑红,2015b)。按新思路,在上海教育出版社出版《中国文化心理学新论》,并作为我主编的"中国文化心理学丛书"中的一本,以满足那些主张将偏重阐述中国人现实生活中展现出来的心理与行为的章节和偏重阐述中国经典文化中蕴含的心理学思想的章节分开探讨的读者。较之2015年11月出版的《中国文化心理学》(第五版),《中国文化心理学新论》的"新"主要体现在以下六个方面。

　　一是视角新。本书坚持大心理学观的视角,摒弃小心理学观的视角;从中西对比的角度,运用明比法和暗比法,凸显中国人心理与行为的特色,让人逐渐意识到要适当重视从"中国社会——文化"的层次来研究中国人的心理与行为,显示出视角上的新。

　　二是主题新。本书下册添加了"中国人的重报心态"与"中国人的情结"两个几乎全新的主题,一定程度上体现出主题新。

　　三是结构新。就研究范围而言,虽然中国文化心理学主要关注三个问题:(1)个体在中国文化的熏陶下如何在心理与行为方式上逐渐长成中国人?这背后的文化根源有哪些?(2)长成中国人后的个体及其组成的群体具有哪些重要或典型的心理与行为方式?这背后蕴含的规律有哪些?(3)中国人提出了哪些具有中国文化特色的心理学思想?但是,为了更好地满足不同读者的需要,这次借出版"中国文化心理学丛书"的机会,将《中国文化心理学新论》一书的主体内容放在探讨"在中国文化的熏陶下,个体在心理与行为上如何长成中国人"以及"长成中国人后的个体具有哪些重要的心理与行为规律"两大问题上。至于中国人提出的具有中国文化特色的心理学思想,其中,中国古人提出的具有中国文化特色的心理学思想,除了在暨南大学出版社出版的《中国文化心理学》一书里有部分展现外,计划将来在修订《中国心理学思想史》时,将其全部放入,或者等时机成熟时以《典籍里的中国文化心理学》之类的书名单独成书出版;现当代中国人提出的具有中国文化特色的心理学思想,计划等时机成熟后以《当代中国文化心理学》之类的书名单独成书出版。出于这一考虑,鉴于《中国文化心理学》(第五版)中的第九章"中国人的教育心理观"、第十章"中国人的管理心理观"、第十一章"中国人的释梦心理观"、第十二章"中国人的文艺心理观"、第十三章"中国人的人格心理观"以及《中国文化心理学》(第三版)中的"中国人的军事心理观"(汪凤炎,郑红,2008b,pp.341-366)(因篇幅所限,加之考虑到普通高校一般不涉及军事心理学,故在《中国文化心理学》增订本和第五版中删除了"中国人的军事心理观"一章)这六章引用了大量的古文,这次将它们全部抽出;然后,再以《中国文化心理学》(第五版)余下内容为底本,作大幅度的调整与充实,分为上下两册并于下册添加"中国人的重报心态"与"中国人的情结"两个新的主题;同时,考虑到一些中国读者在情感上不易接受"将中国人的图腾崇拜归入迷信心理"的做法,遂将"中国人的崇拜心理"一节从《中国文化心理学》(第五版)第八章"中国人的迷信心理与对策"中抽出,经充实后单独成章。由此,构成了《中国文化心理学新论》的全新内容体系,显示出结构上的创新。

四是方法新。除了继续使用汪氏语义分析法、理论分析法和文本分析法等方法,还适当加强了问卷法等实证方法的运用,在一定程度上显示出方法上的新。

五是观点新。本书补充了一些最近几年研究获得的新观点。例如,在下册"中国人的情结"一章里首次探讨了中国人的"田园情结""恋钱情结"和"大同情结"等。同时,在《中国文化心理学》(第五版)的基础上,对"走进中国文化心理学""中国人的社会化观""中国人的自我观""中国人的尚和心态""中国人的人情观""中国人的脸面观""中国人的孝道心理观""中国人的迷信心理与行为及对策""中国人的崇拜心理与行为"与"中国人的思维方式"等章节的内容进行了较大调整与充实,尤其是对其中一些核心概念进行了更精细的界定,且多有新意。

六是材料新。由于本书增加了新主题,补充了新内容,自然也增加了一些新材料,显示出材料上的新。

经过 26 年(1993—2019)学习、研究和讲授中国心理学史和中国文化心理学的学术积累,我对研究心理学尤其是中国文化心理学的目的、意义、途径和做法等问题有了一些更清晰更成熟的想法。早在 2007 年元月,我曾借用清代郑板桥的一首名诗《竹石》的诗韵,将它表述如下:

心悟

抓住文心切勿松,

根要深入生活中,

各式方法善运用,

学问最忌盲跟风。

"文心"的含义有二:一是"文化与心理"的简称;二是"中国文化心理学"的简称。相应地,"抓住文心切勿松"的含义是,就整个中国的心理学研究而言,在当前中国心理学界普遍重视生物学层次分析(认知神经科学)的背景下,若想中国心理学未来能更加健康地发展,中国心理学界同仁都宜重视文化与心理的关系,自觉而妥善地将文化因素纳入自己的研究理念或研究架构中,绝不可将心理学视作一门具有文化普适性(cultural universality)的学科。将来,若同仁在研究中国人的心理与行为时都能做到自觉且恰当地融会中国文化的因素,从而真正建立起吻合中国文化传统的"中国心理学",那么虽然作为中国心理学一门独立分支或课程的"中国文化心理学"可以消失,但仍要继续重视中国文化与中国人心理的关系。学习和研究中国文化心理学的灵魂与命脉,就在于兼顾心理学与中国文化两个角度来描述、解释、理解、揭示、预测和适当调控中国人的心理与行为,以努力提高当代乃至未来中国人的心理生活质量与幸福感。之所以是"适当调控",原因主要有二:(1) 受制于当前心理学的整体发展水平,心理学家调控个体和群体心理与行为的能力、技术与方法等有限;(2) 心理学研究须遵守研究者与被试所在国家的伦理道德与法律,不可违背。所以,"心理学是万能的"和"心理学研究只管求真,不管道德不道德"的观念都是错误的。当然,要将中国文化置于研究架构中,绝不是仅靠在论著里引几段古文或者只要被试和主试都是中国人就可以做到的,也不是简单地将中国文化作为一个变量考虑就可以做到的。那么,怎样才能将中国文化融入自己的研究架构呢?本书第一章对此有详论,这里不多讲。

"根要深入生活中"的含义是,中国文化心理学(扩言之,可指整个中国的心理学)的所有研究主题与研究思路等,都要紧密联系中国人的真实生活,尽可能地贴近中国人的真实心理生活情境。不能一味地为了优先考虑研究方法的客观性,而将所有鲜活研究主题涉及的许多变量都视作无关变量加以一一控制,以便能在实验室里进行精密的实验研究,因为实验法只是心理学的一种重要研究方法,而不是唯一的研究方法,更不是万能的研究方法;同时,也不能在研究中暂时将中国人的生活方式和思维传统"束之高阁",而把中国人当作美国人来研究,这会降低甚至丢失研究成果的中国文化生态效度。

"各式方法善运用"的含义是,鉴于人心的复杂性、心理学学科性质的中间性和每种研究方法均是长短处互现等事实,中国文化心理学(扩言之,可指整个中国的心理学)的研究要坚持大科学观、大心理学观和中庸思维,充分认识到各式研究方法(包括量的方法和质的方法)存在的价值及可能存在的缺陷,然后依研究主题的特殊性,妥善而灵活地选择适当的研究方法。既不能简单地将心理学等同于实验心理学,进而一味地强调眼动仪、事件相关电位(ERP)和功能磁共振成像(fMRI)等"高、精、尖"的仪器与技术,而剥夺其他方法(甚至包括行为实验)在心理学中的合法性,也不可过于强调实验法的缺点,进而排斥实验法,将中国文化心理学的研究方法局限于人文主义方法系统。毕竟一花独放不是春,百花齐放才能春满园!

"学问最忌盲跟风"的含义是,在中国文化心理学(扩言之,可指整个中国的心理学)的研究里,自主创新是灵魂,切不可盲目跟着西方心理学尤其是美国心理学走。朱熹说得好:"问渠哪得清如许,为有源头活水来。"要想尽快建立起真正意义上的中国心理学(而不是西方心理学在中国),就应摆脱过于依赖外国心理学尤其是美国心理学的现状;中国的心理学要想更好地为当代中国的发展贡献力量,要想早日在世界心理学大家庭里真正占据自己的一席之地,并涌现出像弗洛伊德(S. Freud)、巴甫洛夫(I. P. Pavlov)、皮亚杰(J. Piaget)、维果茨基(L. Vygotsky)、西蒙(H. A. Simon)那样的世界级心理学大师,为当代世界心理学的发展贡献更大的力量,说到底,必须依靠中国心理学研究者的不断自主创新,走出一条真正属于自己的道路。盲目跟着外国尤其是西方心理学走,只能永远生活在它的"阴影"之下,是不可能让中国心理学真正走向独立的,中国心理学界也不可能诞生世界级的心理学家。

借这次出版的机会,要再次诚挚感谢导师杨鑫辉先生和鲁洁先生多年来给予我的大力支持与帮助!两位先生传授给我的为学之方,更是让我受益终身!也要特别感谢原台湾大学心理学系的杨国枢先生和黄光国先生、原香港大学心理学系的杨中芳先生等,当年他们不辞辛苦,在大陆主办并主讲多期"社会心理学高级研讨班",我有幸参加了其中完整一轮的培训(完整的一轮共授课三期,我参加了1995年、1996年和1997年暑期的三期培训),不但获得有关社会心理学的丰富知识,受到较扎实、系统的方法训练和思维训练,更重要的是,切实体会到文化因素是如何影响人的心理与行为的,深刻认识到研究中国传统心理学思想的重要性，以及一个学人应具备为学术而奋斗与奉献的精神。这段经历为我后来撰写《中国传统德育心理学思想及其现代意义》《中国心理学思想史》《中国文化心理学》《智慧心理学的理论探索与应用研究》和《中国养生心理学思想史》等论著打下了较扎实的专业基础，并使我进一步端正了科研心态。与此同时，还要诚挚感谢上海师范大学的燕国材教授、北京师范大学的朱小蔓教授、新西兰皇家学院院士伍锡洪（Sik Hung Ng）教授、南京师范大学教育科学学院及道德教育研究所的领导与诸位老师（尤其是吴康宁教授、缪建东教授、胡建华教授、顾建军教授、虞永平教授、高德胜教授和冯建军教授等）、南京师范大学心理学院的领导与诸位老师，以及我的家人对我的一贯支持与帮助！在撰写本书的过程中，恰逢犬子中考和适应高中生活，许多家庭事务都由我妻子独自承担，由此我才能静下心来构思和写作，所以也要感谢我的妻子郑红博士对我的一贯理解与支持！本书的撰写还获得教育部普通高校人文社会科学重点研究基地基金（项目批准号：16JJD880026）的资助。又承蒙上海教育出版社的鼎力支持，本书得以顺利出版，在这之中，上海教育出版社的谢冬华和王佳悦付出了大量心血。在本书撰写过程中，我指导的南京师范大学心理学院基础心理学专业2012级硕士研究生朱席席、2013级硕士研究生唐宇、2014级硕士研究生魏新东（现为南京师范大学心理学院基础心理学专业我指导的2017级博士生）以及应用心理学2016级硕士研究生许文涛等人曾帮助查找一些文献并对书稿进行认真校对，2013级硕士研究生徐胜曾帮助精心制图。在此，谨向所有关心和帮助过我的领导、老师、朋友、同学和亲人致以衷心的感谢！另外，本书在撰写过程中参阅和引用了许多专家和学者的论文和著作，均已在参考文献中予以列出，在此谨向他们的辛勤劳动表示诚挚的谢意！

　　清代学者钱大昕有一自勉联曰："读书心细丝抽茧，炼句功深石补天。"由此可见，好文章都是改出来的！本书除酝酿和收集资料的时间外，整个写作过程持续了三年多的时间，多次易稿，虽自我感觉全书结构日趋完善，内容越来越充实，越来越"接地气"，与当代中国人的心理生活联系更紧密,但中国文化心理学根深叶茂,博大精深,涉及多个学科领域,囿于学识有限,在写作过程中常有力不从心的感觉,书中疏误之处,恳请各位方家和读者予以批评指正。

汪凤炎

2019 年 9 月 1 日

于南京之日新斋

目录 Contents

第一章　中国人的重报心态 1
一、关于"报"的一般问题 2
二、报恩 32
三、报仇 54
四、报应 71

第二章　中国人的孝道心理观 75
一、孝道的内涵 76
二、孝道的类型与运行机制 81
三、孝道的具体内容 94
四、中国人为什么推崇孝道 104
五、孝道的演化 122
六、对当代中国人理性看待孝道的启示 131

第三章　中国人的情结 137
一、中国人的恋家情结 139
二、中国人的田园情结 156
三、中国人的团圆情结 163
四、中国人的游侠情结 166
五、中国人的恋权情结 168
六、中国人的恋钱情结 189
七、中国人的大同情结 195

第四章　中国人的迷信心理与行为及对策 …… 202
一、中国人迷信心理与行为的起源 …… 202
二、中国人迷信心理与行为的类型 …… 208
三、破除迷信心理与行为的对策 …… 237

第五章　中国人的崇拜心理与行为 …… 242
一、中国人的图腾崇拜 …… 243
二、中国人的鬼神崇拜 …… 271
三、中国人的祖先崇拜 …… 279
四、中国人的颜色崇拜 …… 284
五、中国人的数字崇拜 …… 294
六、中国人的权威崇拜 …… 300

第六章　中国人的思维方式 …… 316
一、七种经典的中式思维方式 …… 317
二、经典中式思维方式的先天不足 …… 414
三、对当代中国人完善思维方式的思考 …… 422

参考文献 …… 434

附录　《三维孝道量表》(Three-Dimensional Filial Piety Scale，TDFPS)(中英文对照版) …… 451

第一章　中国人的重报心态

"报"在中国文化里是一个既常见又重要的观念(翟学伟,2007)。《礼记·曲礼上》说:"太上贵德,其次务施报。礼尚往来,往而不来,非礼也;来而不往,亦非礼也。"这表明,中国人在2000年前就有尚报的心理与行为方式。"来而不往非礼也"这种交换观念之所以深入人心,是因为它既是一套礼仪,更合乎人情之常,即合乎"报"。杨联升(Lien-sheng Yang)曾指出,报(reciprocity)是中国社会关系的一个重要基础(Yang,1957)。因为儒家学说以人际关系为起点,而要建立人际关系,就必须有交换行为。不仅中国如此,世界其他文化亦然。正如毛斯(Mauss)所说,交换行为之所以能产生,正是基于"报"的观念。"报"具有普遍性,是所有文化道德律中的主要因素。若无交换行为,许多关系都无从发生,所以交换行为是社会的常见行为(金耀基,1988a)。

杨联升于1957年率先用英文发表了《报:中国社会关系的一个基础》(Yang,1957),论及报答、报偿、报仇、报应等问题,掀开了研究"报"的序幕。不过,其后学者多将"报"归为社会交换的范畴,或将"报"融入人情、面子、关系等主题,如黄光国在《人情与面子:中国人的权力游戏》里专列"'报'的规范及人情法则"一小节(黄光国,胡先缙,等,2010,pp.12-17),金耀基在《人际关系中人情之分析》的"'人情'与中国社会结构之特性"一节里探讨了"交换行为""报"与人情的关系(金耀基,1988a),等等。很少有学者将"报"单列出来研究。与此一致,较之交换行为、人情、面子、关系与"缘"等概念,学术界对"报"的研究至今仍不太丰富和深入。结果,时至今日,在心理学、社会学、教育学、法学、文学、民俗学和思想史等领域,以"报"为题目或关键字词发表的高质量学术论文并不多见。综观已有相关文献,对"报""报恩""报仇"等主题虽已有一些扎实研究,但仍有待深化和系统化。鉴于此,本章试图在总结前人研究成果的基础上,对中国人的重报心理作较全面探讨,揭示"报"虽有交换行为的含义,但也有其自身特色(翟学伟,2007)。

一、关于"报"的一般问题

(一) 何谓"报"

1. "报"的语义分析

在甲骨文和金文中,"报"(報)字写作" ",左边的" "字看似与今天的"幸"字没有分别,但它其实是像手械的刑具(汉语大字典编辑委员会,2010,p.500),因为" "字本是"幸"(一种刑具)的象形(约斋,1986,p.177)。从"幸"(读作"niè")字的甲骨文字形" "和" "(汉语大字典编辑委员会,2010,p.579)看,"幸"字的甲骨文字形的确像手铐。可见,"幸"本指古代的刑具。所以,《说文·幸部》说:"幸,所以惊人也。"李亚龙所著《殷契杂释》:"今人则谓(幸)为刑具之象形,大概手铐之类,有囚系、挞伐、膺惩、拘执、攻击一类的意思。"(汉语大字典编辑委员会,2010,p.579)"报"字甲骨文右边的" "是降服的"服"的本字,像一只"手"( )按住一个跪在那里的"人"( ),后来那"手"移至"人"的底下,就失去了原意(约斋,1986,p.217)。左右两边合起来看,"报"本指一只手按住一个人戴上手铐,即逮捕罪人。这表明,"报"是会意字,本义指"按律定罪"或"判决",即断狱或判决罪人。正如《说文·幸部》所说:"报,当罪人也。从幸,从 。 ,服罪也。"(汉语大字典编辑委员会,2010,p.500)

从字义上看,读作"bào"时,"报"字的含义有十五种之多,其中,与中国人重报心理有关的含义主要有四种:(1)按律定罪;判决。《说文·幸部》:"报,当罪人也。"(2)报答;报酬。《集韵·号韵》:"报,答也。"《字汇·土部》:"报,答也,酬也。"《诗经·大雅·抑》:"投我以桃,报之以李。"(3)报应,指人的行为必然获得的吉凶应验。《庄子·列御寇》:"夫造物者之报人也,不报其人而报其人之天。"(4)报复。例如,报仇、报怨。《韩非子·饰邪》:"明法亲民以报吴,则夫差为擒。"(汉语大字典编辑委员会,2010,p.500)

综上所论,"报"的本义隐含"罪人罪有应得"或"罪人的罪行得到相应惩罚"的含义。从此义出发,稍作引申,"报"就有了"报应"与"报仇"二义,它们都可视作"罪人罪有应得"。同时,"罪人罪有应得"之内又隐含"对一种行为(如罪行)的公平公正的反馈、应答或回应(如惩罚)"的意思,从此义出发,作进一步引申,"报"就有了"报恩、报答、报酬"的含义。因此,"报恩、报答、报酬""报应"与"报仇"三类词语的含义虽有明显不同,但三词共用一个"报"字,这个"报"字里不但都有"应答""回应"的含义,而且都暗含"所付与所得相当"的公正思想。不同的是,除"以德报怨"外,"报仇"回应的一般是人们不喜欢或不想要的负性事物;除"以怨报德"外,"报恩"回应的一般是人们喜欢或想要的正性事物;在"报应"里,"善报"回应的一般是人们喜欢或想要的正性事物,"恶报"回应的一般是人们不喜欢或不想要的负性事物。由于"报恩""报应"与"报仇"三个词语中的"报"字里都有"应答、回应"的含义,杨联升将汉字"报"总结为"反应",并找到了"reciprocate"(互换、交换;酬答、报答)和"retribution"(报复、惩罚;报应;果报;报酬、报答)两个英文单词作为对照。因这两个英文单词都有"报答""报酬"和"报应"的含义,杨联升进而暗示:可以用行为主义心理学中的刺激和反应来解释"报"(杨联升,1976)。当然,汉字"报"虽有"应答"的含义,但这个应答不是泛指对所有刺激作出的反应,而是有所专指。其中,"报恩"和"善报"中的"报"蕴含的"应答"往往与馈赠和礼仪(祭祀)相联系(翟学伟,2007),获赠者之所以能得到这种馈赠或尊重,一般与其本人或与其关系密切的人先前做出的善行有密切关联。例如,《诗经·大雅·抑》说:"投我以桃,报之以李。"《诗经·卫风·木瓜》也说:"投我以木瓜,报之以琼琚。"这里的"报"就有"报答""回赠"之义,其中"回赠"往往与馈赠相联系。"报仇"和"恶报"中的"报"蕴含的"应答"虽基本上与馈赠或礼物没有关联(翟学伟，2007），不过，它与获报者本人（此时的获报者即原先的施恶者）或与其关系密切的人（此时的获报者不是原先的施恶者）先前做出的恶行有一定关联。另外，在汉语里，除"报恩"外，还有"复恩"一词；除"报仇"外，又有"复仇"一词。"报"与"复"只是一种习惯用法，实质上是同义语，可以叫"报恩""报仇"，也可以叫"复恩""复仇"，文献中都曾使用过（文崇一，1988a，p.347）。例如，西汉刘向撰《说苑》卷六中有《复恩》。又如，《春秋公羊传》声称："子不复仇，非子也。"

2. "报"与交换行为的同与异

从社会交换理论的角度看，"报"有"回报"或"交换"的含义，与交换行为有三个相似之处：（1）与交换行为通常是发生在两个人之间类似，在正常情况下，除报应多发生在行善者或作恶者本人身上外，报恩一般多发生在恩人与受恩者两个人之间，报仇多发生在仇人与报仇者两个人之间。（2）与适当的交换行为符合强化原理和易得到社会认可类似，报恩和善报属于奖励行为，报仇和恶报属于惩罚行为，四者若表现得当，同样可获得物质或精神上的满足，往往也可赢得社会的认可和赞许。（3）与西式社会交换理论主张同质交换（两种或多种性质相同的行为彼此交换）类似，报恩行为与施恩行为之间、报仇行为与结仇行为之间、善报与善行之间、恶报与恶行之间虽未必在价值上一致，但一般在性质上保持一致，即要做到有恩报恩、有仇报仇、善有善报、恶有恶报，否则就不易得到社会和他人的认可（文崇一，1988a，p.373）。在后一种情形中，就报恩与报仇而言，较之以德报怨，恩将仇报不易得到社会和他人的认可；就善报与恶报而言，较之恶以善报，善以恶报同样不易得到社会和他人的认可（翟学伟，2007）。

当然，较之西式交换行为，中国人所讲的"报"至少有四个独特之处：（1）获报对象的多样性。与交换行为通常只发生在两个人之间有明显差异，获报对象呈现出明显的多样性。具体而言，中国人讲的报恩和善报，其获报对象虽在正常情况下只涉及施恩者或行善者本人，不过，当恩人过世，无法找到恩人，所受恩情太重或报恩者宅心仁厚时，报恩的对象往往会扩展至施恩者的家人、族人、先祖、后辈和朋友，甚至扩展至施恩者的老师、同学、学生、邻居和国家,显示出获报对象的多样性,而若行善者种的善因甚多,也有可能荫及其子孙后代。与报恩和善报类似,在正常情况下,报仇和恶报也多涉及仇人与作恶者本人,不过,当仇人过世,无法找到仇人,所受冤屈太重或报仇者心狠手辣时,报仇者一般也会报复仇家的家人、族人、老师、同学、学生、朋友、邻居或国家,而如果作恶者种的恶因太多,也有可能祸及其子孙后代。但是,通常情况下,无论是报恩、报仇还是报应,一般不涉及与恩人、仇家、行善者或作恶者完全没有关系的旁人。若报恩时恩及没有关系的旁人,不贪心的旁人往往会以"无功不受禄"为由婉言相拒;若报仇时滥杀无辜,则往往会招来道义上的谴责甚至法律上的制裁;若伤及无辜,人们甚至会用"老天瞎了眼"之类的言语来指责命运的不公。(2)回报方式的多样性。西式交换行为因强调公平法则,多提倡交换物之间的对等性和等价性,这常常导致交换方式单一,即通常是以某种东西进行交换,并只能换到交换者想要的与此同质且等价的东西。与此不同,在中国,回报的方式多种多样。以报恩为例,中国人多相信,报恩的方式可以千变万化,既可用金钱、官职、实物(如捐钱建桥或铺路等)来回报恩人,也可用替恩人解忧的方式来回报恩人,还可以与恩人结为夫妻或与恩人结为亲家的方式来报恩,等等。对于报仇和报应,中国人也多认为报仇和报应的方式多种多样,这一点便明,限于篇幅,不再多讲。(3)中式"报"与其说是建立在理性经济人假设的基础之上,不如说是建立在道德人假设的基础之上。斯金纳(B. F. Skinner)最早将个体的行为建立在奖励(reward)与惩罚(punishment)这两个基本条件之上,进而提出强化的基本原理:假若一种行为得到奖励,那么这一行为重复出现的频率就会增加,反之,得不到奖励的行为重复出现的频率会降低;受到惩罚的行为,其后重复出现的概率会降低,甚至会中断(汪凤炎,燕良轼,郑红,2019,p. 232)。霍曼斯(G. C. Homans)在继承斯金纳上述思想的基础上,将奖励解释为利益(benefit),将惩罚解释为成本(cost),认为理性行为就在于权衡或计算各种利益、成本之间的得失。同时,霍曼斯交换理论的最大贡献在于,将交换对象进一步扩大,主张物品、声望、利益、机会等都可用于交换。交换行为的目的就在于获得最大的利益（Homans,1961）。在西方交换理论看来，一些非西方民族和宗教人士的交换方式看似不同，但最终还是会在代价和回报之间作出理性计算，否则个体没有付出的理由。但是，站在中国文化的立场看，西方交换理论太强调经济交换原则，注重利益优先的效果（文崇一,1988a,p.371），显得太理性、太功利，背后隐藏的是理性经济人假设。与此不同，儒家内部虽有孟子的人性本善假设、荀子的人性本恶假设、董仲舒等人主张的性三品假设，以及张载等人主张的"天地之性与气质之性"假设之别（张岱年,1982,pp.183-253;汪凤炎,2007b,pp.39-52），但从总体上看，实都是将人假设为道德人，只不过在如何将假设的道德人变成现实的道德人的看法上有差异而已。可见，受儒学的深刻影响，自古至今，虽然也有人（如韩非子）持理性经济人假设，但在论述做人问题时，多数中国人都持道德人假设。道德人假设是一种典型的中式人性假设，其主要观点有二：一是，人与人之间的伦理道德关系是一种重要的人际关系，不但赋予交往双方不同的道德角色，而且要求人们努力扮演好自己的道德角色，于是，追求道德角色上的名副其实便成为人们行动的重要内在动力。二是，人们最期望周围人尤其是居上位者能承认并赞赏他们的道德角色，满足他们的道德需要（汪凤炎,郑红,2015b,pp.424-426）。在持道德人假设的中国人看来，不能像西方交换理论那样，将所有的"报"都假设成一种纯粹理性的选择。恰当的做法应是，在施恩与报恩的过程中，对施恩者而言，当其向某人付出自己的爱心时，一般不能计较是否会得到合理的收益，甚至根本就不能去想收益性回报，因为中国文化倡导"施恩勿念"；在正常情况下，报恩者因对自己的恩人心怀感激，一般都会重重回报自己的恩人。可见，在一个完整的施恩—报恩过程中，对中国人而言，无论是施恩还是报恩，里面都夹杂着很多道德成分和情感成分，往往既有理性，更有情感（非理性）。若是算得太精，则易遭人反感。与此同理，在报仇时，中国人也常常无法做到理性。例如，豫让和施剑翘等人的所作所为虽可歌可泣，但很难说是一种理性行为。报应则涉及往世、今生与来世，从思辨的角度看，虽能自圆其说,但也很难说它是理性的选择。(4)衡量中式"报"的正当性的标准是道义。西方早期心理学家在讨论交换时本有道义方面的讨论,不过,随着西方心理学变得越来越只重事实而少谈价值,西方心理学界出现明显的非道德(amoral)化倾向,其后,有关道义的内容在当代交换理论中便少有人问津。与此不同,在中国,无论是哪种"报",衡量其是否具有正当性的标准往往是道义:合乎道义的"报"是正当的、正确的,被他人和社会认可;违背道义的"报"是不正当的、错误的,不被他人和社会认可(翟学伟,2007)。

(二)"报"的种类

按不同的角度分,可以将"报"分为不同的类型。例如,根据"报"的含义,可将中国人讲的"报"分为报恩、报仇和报应三种类型,这三种类型的"报"在性质与心理机制等方面存在本质差异。又如,从时间与数量等角度,也可将"报"分为不同的类型。这方面的内容,留待下文进行探讨,这里不多论。

(三)"报"的特点

1. 多认可"报"的同质性

中国人多相信:"以德报德,则民有所劝。以怨报怨,则民有所惩。"(朱彬,1996,p.783)无论是报恩、报仇还是报应,都认可"同质交换",提倡以同性质的事物回报对方。因此,如果甲对乙有救命之恩,那么,常挂在乙嘴边的一句话便是:"我这条命是您救回来的,您若有需要,可以随时拿去。"将来若甲有需要,乙须以命相还,否则就易遭到他人的非议。假若甲对乙有知遇之恩或救助之恩等其他恩情,将来乙一般也须以同性质的事物回报甲。同理,报仇也基本遵循类似的原则。在同质交换原则的指导下,多数中国人既不太主张以德报怨,更不赞成以怨报德。例如,《论语·宪问》记载:"或曰:'以德报怨,何如?'子曰:何以报德?以直报怨?以德报德。"孔子不提倡以德报怨,因为这样做就等于取消了道德。孔子也反对以怨报怨,因为这样做就会让人堕落得与对方一样。孔子主张以直报怨,即以公平公正的态度对待无良之人。可见,孔子既反对人们对坏人无原则地好,也反对人们对坏人无约束地报复。所以,据《论语·泰伯》记载,孔子曰:"人而不仁,疾之已甚,乱也。"这是说,对不仁的人,恨得太过分,也是一种祸害(杨伯峻,1980,p.82)。

同时,报恩虽也体现出同质性,不过相对而言,报应和报仇体现出更多的同质性。报应因是由神行使的,鉴于神的公正无私及其无所不知、无所不晓的本领,报应行为自然具有最大程度的同质性,所以,即便是在某些普通民众眼中看似不公正的善以恶报和恶以善报,依据前世、今世和来世的观念,仍是公正的、同质的。与报应类似,结仇与报仇的模式往往极相似,有时甚至完全一致:以杀人方式结仇的,报仇者的报复手段也往往是杀死仇家;以羞辱方式结仇的,报仇者也常常采用羞辱对方的报复手段,等等(文崇一,1988a,p.364)。可见,"以血还血,以牙还牙"是报仇者普遍认可的重要原则。所以,孟子在《孟子·尽心下》里说:"吾今而后知杀人亲之重也:杀人之父,人亦杀其父;杀人之兄,人亦杀其兄。然则非自杀之也,一间耳。"自己最爱的人是父母兄弟,别人最爱的人也是父母兄弟。正如要得到别人的关爱就要关爱别人,要想别人关爱自己的父母兄弟,自己就要关爱别人的父母兄弟。反过来说,如果不想让自己的父母兄弟受到伤害,就不要伤害别人的父母兄弟,伤害别人的父母兄弟便一定会让自己的父母兄弟因遭到别人的报复而受到伤害。若果真如此,即便自己的父母兄弟受到的伤害不是自己直接施加的,但也相差不远了。

2. 多主张"报"的增量性

中国人讲"报"尤其是报恩时,特别注重增量性,主张报恩一定要厚报。这意味着,报恩者若不想招来"小人"的骂名,回报时就必须牢记如下规则:尽管回报的东西可以与恩人施恩时给予的东西相同,也可以与恩人施恩时给予的东西不同,但在回报的价值上必须遵循增量回报的原则,务必做到回报的"量"在价值上不低于所受到的恩惠(文崇一,1988a,p.352),而且最好大于恩人曾给予自己的实质性帮助的价值。"受人滴水之恩,必将涌泉相报"讲的就是报恩时要增量回报的道理。在这里,"滴水"为何能成"恩"? 这要从施恩方与报恩方两个角度看。从施恩方的角度看,这么说,既可能是一种谦辞,也可能确是实情,目的多是不需要报恩方回报。若是前者,施恩方一般会自认为自己只是做了一点分内事;不过,在客观上,施恩方实际上已给报恩方提供了一个或多个关键性支持或帮助,故在报恩方或旁人看来,施恩方这么说是一种谦辞。若是后者,施恩方提供给报恩方的帮助在价值上的确很小,如漂母只是给了韩信几餐便饭而已,客观上看,的确值不了多少钱;但是,从报恩方角度看,报恩方若非常看重施恩方曾给予自己的帮助(主观价值高),那么,即便从客观上看,施恩方给予报恩方的帮助的确价值很小,报恩方也会将它看得很重,有机会仍会重报。

与报恩类似,对于报仇和报应,也有一些中国人认可增量回报的原则。只不过,在报仇时若遵循增量原则,更易导致复仇的升级和扩大,这样下去不但没完没了,而且会变本加厉,构成一种"结仇——报仇"链,形成恶性循环(翟学伟,2007)。这种血海深仇若延续几代,会让报仇者及其后代长久地生活在仇恨之中,为了实现报仇目的不惜牺牲一切;与此同时,仇家及其后人也会长久地生活在不安(担心有人来报仇)与恐惧(惧怕报复者采取的残忍报复手段)等负面情绪中,结果自然是两败俱伤,于己、于人、于家、于社会、于国家的健康发展都没有益处。因此,胸襟宽广、具有远见卓识的人主张尽量宽恕对方,所谓"相逢一笑泯恩仇"。

3. 多相信"报"的因果性

中国人讲"报"多相信因果性:有因必有果,有果必有因。这意味着,甲之所以会对乙报恩,是因为原先受过乙的恩情;甲之所以会向乙报仇,是因为乙曾与甲结仇;甲之所以会遭到报应,是因为甲或甲的亲人做过坏事。因此,对学道之人而言,应相信凡事"不昧因果"(百丈禅师语),若是未悟却妄称开悟从而流入邪僻者,误认为大修行人就"不落因果",那便沦落为"野狐禅"了。

4. 既相信"报"的普遍性和必然性,也认可"报"的特殊性和或然性

一方面,中国人相信"报"的普遍性和必然性。这意味着,个体一旦向他人施恩或行善,那么迟早会得到他人的报恩;一旦与他人结仇或作恶,那么迟早会招来仇家的报复;一旦做出伤天害理的事,那么迟早会

招来报应。另一方面,中国人也认可"报"的特殊性和或然性。这意味着,无论是报恩还是报仇,个体展现出来的方式不尽相同。对于报应,一些中国人既相信报应的方式多种多样,也相信报应的程度会因人所犯恶行的不同而有差异。正如杨联升所说,中国社会中还报的原则在性质上被认作普遍主义,但运用这个原则时倾向于分殊主义,因为在中国社会,还报绝少只是单独的社交交易,通常都是在已经建立个别关系的两个个体或两个家庭之间发生,是在一本由来已久的社交收支簿上又加上的一笔(Yang, 1957)。这表明,中国人所讲的报恩乃至于一般的人情运作,期待的并不是单方直接利益的最大化,而是交往双方互惠的最优化,里面包含许多有关间接利益因素的考量。对报仇而言,也是如此。直接利益最大化是以理性人和经济人为假设的社会所追求的目标,而不是以性情中人和社会人为假设的社会追求的目标(翟学伟,2004)。

5. "报"的行为中多带有浓厚情感

无论是报恩、报仇还是报应,"报"中多带有浓厚情感。就报恩而言,通过回报,往往可以加深交往双方的积极情感。例如,《诗经·卫风·木瓜》便说:"投我以木瓜,报之以琼琚。匪报也,永以为好也。投我以木桃,报之以琼瑶。匪报也,永以为好也。投我以木李,报之以琼玖。匪报也,永以为好也。"在这首男女互赠定情物的情诗里,"琼琚""琼瑶""琼玖"都是形容美玉的词汇。人赠以木瓜、木桃、木李,我回报他琼琚、琼瑶、琼玖,这种报答不可谓不重,但如果诗就此而止,则有恃富炫贵之义,没有什么可称道的。不过,后面紧接着的"匪报也"三字,表达出作者的本意——回报原不在物,而是想以此表达自己对对方的真诚爱慕之心,从而咏喻爱情永远美好如初之意(程俊英,蒋见元,1991, pp. 191-193;翟学伟,2007)。就报仇而言,若报仇成功,往往可以让报仇者心中长期积累的重压得到缓解;若仇家认为此仇的过错在己,并认可报仇者对自己的报复,一旦被报仇者报复,仇家便有一种"债已还清"的感觉,心中的悔恨之情也能随即得到缓解。另外,报应若颇公允,人们的情感也会得到释放;若报应不公,除非用前世和来世加以疏导,否则,人们的情感会变得更加压抑或气愤。

6. 只有清晰意识到谁是施者谁是受者,报恩或报仇才有可能顺利实施

依报应说,报应是由神来执行的。"离地三尺有神灵""人在做,神在看""要想神不知,除非己莫为"。个体只要种了善因,无论自己或他人知或不知,神通广大的神都知道,故迟早会得到善报;个体只要种了恶因,无论自己或他人知或不知,神通广大的神也都知道,故也迟早会得到恶报。所以,即便任何人都不知个体做了好事或坏事,只要他做了,迟早都会得到相应的报应。

与报应不同,报恩或报仇必须由人来做,人不是神,没有神的神通,所以,若想顺利报恩或报仇,需要满足一定的前提条件。有人认为,运作"报"的地方都有将交换封闭起来的倾向,因为回报的最重要特点是至少有一次以上的循环。如果"报"的系统是开放的,那么就只会发生付出、交易、奉献、酬谢或索取等行为,而未必会出现报答。因此,如果说"报"较适合在一种较稳定的交换系统里运行,那么,在开放且流动性较大的社会系统,如官场、生意场与江湖,就要强调"义"。因为,在官场上若只知道互相报答,便很容易使人失去为官之责,做出见利忘义的事情;在流动人员极多的生意场所若只知按"报"的方式运作,就易让商家唯利是图,欺骗陌生顾客;江湖上若不通行"义",就会流行打家劫舍、杀人放火、谋财害命的地痞、流氓、无赖、流寇的行径(翟学伟,2007)。上述观点认为,"回报的最重要特点是有至少一次以上的循环"以及"'报'颇适合在一种较稳定的交换系统里运行"是恰当的;但说"'报'的系统须是封闭的,若是开放的系统,就未必出现'报'",因此,"在开放且流动性较大的社会系统中就要强调'义'而不能讲'报'",这一观点值得商榷。

其实,与人情类似,报恩或报仇的行为之所以会发生,除了报恩或报仇者有心且有能力实施报恩或报仇的行为,还有一个重要的前提条件,即报恩或报仇者清晰地意识到谁是施者谁是受者。"吃水不忘挖井人""冤有头,债有主"之类的俗语讲的都是这个道理。由此可见,报恩

或报仇的一个显著特点是，双方的人际互动至少有一个来回。假若人际交往仅是一次性的或偶尔进行的，交往一次后双方就各奔东西，从此永不相见，那么这种"有来无回"的交往方式会因施报对象的不明确或很容易消失，致使受者找不到施者而无法报恩或报仇，此时，自然只会发生付出、交易、奉献、酬谢或索取等行为，而不一定会发生报恩或报仇的行为。所以，若期望发生"报"的行为，首先就必须保证人际互动至少要有一个来回；而要保证人际互动至少有一个来回，就必须有一个相对稳定的人际关系系统。这一系统既为"报"的实施提供了较稳定的外部条件，也为人们评价"报"的恰当与否提供了良好的参照（翟学伟，2007）。虽然，相对于开放的人际关系系统而言，封闭的人际关系系统更易保证人际互动的有来有回，但人际关系系统的开放与否并不重要，重要的是它必须相对稳定，而不能变化莫测或变动太快，以致无法保证人际交往有一个来回。按费孝通的观点，在中国传统乡土社会，土地的不能移动与人们对土地的依赖，使得一个个家庭祖祖辈辈都生活在同一个地方，并由此衍生出家族、宗族和村落。假若不是发生重大的天灾人祸，如战争、洪水、旱灾、地震、瘟疫或虫灾等，中国人发生大规模、长距离迁移的可能性很小。宅地和田地是固定的，血缘关系也有较大的稳定性，这意味着，邻里、生活方式和生活场域都相对稳定；并且，在这种情况下，个体一生中交往的人也是相对固定的，开始时是家中和家族中的成员，随后扩展至邻里，工作后再扩展至同事，结婚后又扩展到姻亲，并逐渐固定下来。结果，个体一生中的几个重要的礼仪，以及这个礼仪会有哪些人参加也是固定的（费孝通，1998，pp.6-11；翟学伟，2007）。可见，中国传统乡土社会的一大优势恰恰在于能保证人际关系系统在常态下的相对稳定，进而保证个体间频繁地有来有回，这在一定程度上提升了"报"规范的通行率。

报恩或报仇行为产生的一个先决条件是必须保证人际互动至少有一个来回，至于人际关系系统是封闭的还是开放的并不重要，因此，即便在开放且流动性较大的社会系统，如官场、生意场与江湖中，虽说"重报"不是唯一法则，却仍是一个重要法则。因为它们也有一定的稳定性,也常常能保证人际互动中至少有一个来回。具体而言,通常情况下,官场中虽有一套"为官之道"约束官员,防止官员之间发生官官相护、见利忘义的事(翟学伟,2007),不过,官场中的人际关系一般只有上下级和平级两种,且有一定的稳定性,而其中,上级常常既拥有选人、用人、荐人和考核的权力,又对官方的财物拥有使用权和支配权,于是,下级是否得到上级的赏识尤为重要,在人治社会更是如此。这样一来,如果上级是伯乐,暂时默默无闻但才华横溢的下级就易幸运地得到赏识,一旦下级认为某上级对自己有知遇之恩,等到将来他发达时,回报老上级的概率就会很大;反之,若上级嫉贤妒才,故意打压有才华的下级,或者,上级不能慧眼识人才,让才俊失去了正常的晋升机会,那么便与下级或才俊结仇了,等到将来该下级或才俊发达时,若他记仇,那么向老上级报仇的概率就会很大。典型例子之一便是黄巢,他在科举名落孙山后曾写《不第后赋菊》:"待到秋来九月八,我花开后百花杀。冲天香阵透长安,满城尽带黄金甲。"一个"杀"字霸气外露!而之后黄巢攻陷长安时,果然是烧杀掳掠,无恶不作!对于生意场,自然强调"在商言商",重视的是商家自身经济利益的最大化。不过,除了"一锤子买卖",多数生意场具有一定的稳定性,而在较稳定的生意场中适当通行"报"的规范,不一定会导致商家唯利是图,也有可能激发商家的互帮互助和诚信经营。例如,若商人甲在商人乙资金困难时向其提供了实质性帮助,商人乙将他视作自己的恩人,等将来商人乙有能力时,回报商人甲的概率就会增大,这种回报就导致了商人之间的互帮互助;反之,若商人甲在向商人乙提供货品时短斤少两或质劣价高,让商人乙损失惨重,被商人乙视作自己的仇人并招来其报复,此时,如果商人甲由此事中吸取教训,认识到诚信经营的重要性,那么此后为了少结仇家,他诚信经营的概率也会增大。相对于官场和生意场,江湖中人员的流动性最大。不过,江湖虽大,谁也不敢保证彼此一生只见一次面,仅打一次交道,所以,走江湖的人同样必须遵守一定的江湖规则,其中一条便是"多个朋友多条路,多个敌人多堵墙",即多行善少结仇。同时,江湖险恶,若甲对乙有救命之恩,那么将来乙向甲报恩的概率一般会增大;反之,若甲曾对乙落井下石,那么将来乙向甲寻仇的概率一般也会增大。

报恩或报仇必须在较稳定的人际关系系统里才能运行,且谁是施者谁是受者都必须清清楚楚。在中国古代,个体为避免遭到仇家的报复,常见做法是通过两种方式"斩草除根",杀光仇家和所有可能的报仇者,彻底毁灭这个较稳定的人际关系系统:(1) 将仇家及其后代赶尽杀绝,即"满门抄斩"(灭门)。例如,《史记·吕太后本纪》记载:"诸大臣相与阴谋曰:'少帝及梁、淮阳、常山王,皆非真孝惠子也。吕后以计诈名他人子,杀其母,养后宫,令孝惠子之,立以为后,及诸王,以强吕氏。今皆已夷灭诸吕,而置所立,即长用事,吾属无类矣。不如视诸王最贤者立之。'"(司马迁,2005,p. 289)从中可知,在当时的许多汉臣看来,刘盈的儿子全非刘盈亲生,而是吕后的血脉,吕后立吕氏子孙为太子及诸侯王,将来的天下实际上姓吕。为了防止天下姓吕而不是姓刘,为了防止残暴之人当上皇帝,为了防止外戚再次专权,在平定诸吕后,功臣派和皇族派经过认真考虑,最终决定迎立仁孝宽厚且娘家有良好道德声誉但无势力的代王刘恒为帝(即汉文帝),而且功臣派和皇族派害怕将来吕家还会壮大,在刘恒入主未央宫的当夜,借口刘盈的儿子全非刘盈亲生,将刘盈几个尚在人世的儿子全部杀死,后世便有了惠帝无子的说法。(2) 将仇家以及与其关系亲密者赶尽杀绝,即"族诛"(灭族),遵循"宁可错杀,绝不放过"的原则。"族诛"中较仁慈的是灭三族,如吕后杀死韩信后,又"夷信三族"(司马迁,2005,p. 2038)。最狠毒的做法是灭九族,甚至灭十族,如明皇朱棣下令灭方孝孺的十族(九族加门生共十族),导致遇难者高达873人。九族有两种说法:一是以本身为基点,上下各算四代,加起来共九代,视作九族。例如,《书·尧典》:"以亲九族。"孔传:"以睦高祖、玄孙之亲。"这是说,九族指本身以上的父、祖、曾祖、高祖和以下的子、孙、曾孙、玄孙。旧时宗法、定丧服,皆以此为准(夏征农,陈至立,2010,pp. 971 - 972)。二是指包括异姓亲属在内的九族,即以父族四、母族三、妻族二为九族。例如,《白虎通义》卷八《宗族·论九族》记载:"父族四、母族三、妻族二。四者,谓父之姓为一族也,父女昆弟适人('适人'指出嫁的女子,引者注)有子为二族也,身女昆弟适人有子为三族也,身女子适人有子为四族也。母族三者,母之父母为一族也,母之昆弟为二族也,母之女昆弟为三族也。母昆弟者男女皆在外亲,故合言之也。妻族二者,妻之父为一族,妻之母为二族。妻之亲略,故父母各一族。"从祭祀和保持家族血统纯正的角度看,前一种九族的说法最得当,故旧时立宗法、定丧服,皆以它为准;从斩草除根的角度看,按后一种九族的说法做最稳妥。受寿命制约,能五世同堂(古人多早婚早育)已相当不容易,几乎不可能做到九世同堂;并且,仅除掉本身的父族这一条线的亲属,而不除掉本身的母族和妻族这两条线的亲属,往往不易斩草除根。一旦斩草除根不彻底,有漏网之鱼,便易招来仇家的严厉报复。例如,《史记·伍子胥列传第六》记载,伍子胥的父兄为楚平王所害,伍子胥立誓要报仇,逃到吴国,帮助吴王阖庐攻破楚国的郢都,此时楚平王已死,伍子胥"乃掘楚平王墓,出其尸,鞭之三百,然后已"(司马迁,2005,p.1728)。又如,夫差被勾践的诈降蒙蔽,未杀勾践及其得力干将范蠡和文种,后反被勾践灭国。再如,"少康中兴"也是"斩草不除根,春风吹又生"的典型代表。

7. "报"可在熟人与陌生人中进行

与人情多在熟人中运行不同,"报"既可在熟人之间进行,也可在陌生人中进行。这意味着,无论甲与乙起初是什么关系,一旦甲对乙有恩,便种下了乙向甲报恩的诱因;与此类似,一旦甲与乙结了仇,并且,乙在此次结仇事件中吃了亏,便埋下了乙向甲报仇的诱因。另外,与人情多只在熟人间的社会性交往里才讲不同,"报"既可在熟人或陌生人间的社会性交往里进行,也可在熟人或陌生人间的经济性交往里进行。同时,根据因果报应理论,个体若行善,便种下了将来获得善报的因;个体若作恶,便种下了将来遭到恶报的因。

8. "报"多具有延时性

一般而言,人们多在身处某种困境时才会将他人给予自己的实质性帮助视作恩情,于是,通常情况下,受恩之人要等到自己境况改善后才有能力报答恩人,这便导致报恩通常有一定的延时性。并且,在遇到诸如生活救济之类的实质性帮助时,较之施恩者,受恩者家境往往要差许多,若施恩者家境一直保持积极的发展状态,受恩者在很长时间内甚至终生都难有机会报恩。与此类似,报仇也往往要等到报仇者积累了一定力量之后才能实施,这导致报仇通常也有一定的延时性。同时,由于管理制度不够完善等原因,建设公平、公正的社会一向是中国古人追求的目标,结果,无论个体是行善还是作恶,"当场就报"的概率多不太高,往往要延迟一段时间才会得到相应的奖励或惩罚,这也导致"报"多具有延时性。"善有善报,恶有恶报,不是不报,时辰未到,时辰一到,一定会报"这句话讲的便是"报"的延时性。"报"的延时性也使得个体在报恩或报仇之前会产生亏欠或被亏欠的心理,怀揣报恩或报仇之心,长期处于压力之下,进而寻求报恩或报仇的机会,以便偿还所欠恩情或获得实现公平、正义的快感(翟学伟,2007)。

9. 多数"报"在实现后便会终结

与人情类似,运行"报"的系统基本上也较为稳定(翟学伟,2007);并且,虽然中国有"施恩不图报"和"提倡宽恕仇敌"的文化土壤,不过,不论是施恩还是结仇,往往都可以预期会有相应的回报,甚至是重报,因为中国还有鼓吹"知恩图报且要厚报"和"有仇报仇且要重报"的文化传统。但是,在通常情况下,人情的正常往来一般可起到正强化作用,能提高交往双方继续友善交往的可能性,结果,在人情的正强化作用下,双方的交往多是连绵不断、反复进行的,在这个过程中,双方的情感会越来越深。与此不同,合理报恩的结果一般不会起到正强化作用,因而不会增强施恩者与报恩者双方互动的连续性,而是在实现报恩愿望后便宣告解除或结束双方之间的施恩与报恩关系。这种终结一般被视作理所当然的事情。这表明,在通常情况下,合理报恩并不会加强或提升施恩者与报恩者之间的良好情感关系。当然,如果个体得到的是某人给予的天大恩情,如古人所说的"皇恩浩荡"、被皇帝赐姓或封王封侯等,觉得即便穷尽自己一生的努力也无法报答此恩情,此时,他就可能会要求其家人或后人继续向施恩者或施恩者的家人或后人报恩,使得报恩行为可以延续两代甚至多代。这便是中国历史上出现一家几代忠烈的心理因素之一。可见,大恩有时可让受恩者向施恩者施以单向、长期的回报。这点与人情很不一样(文崇一,1988a,p.374)。

与报恩类似,中国文化虽然提倡有仇报仇,但一般不鼓励人们进行无休止的报仇,通常主张合理报仇的次数也就 1—2 次而已(文崇一,1988a,p.374)。一旦报了仇,先前与仇家结下的怨恨也就一笔勾销了。若有人在报完仇后继续找原仇家的麻烦,就会被人视作心胸狭窄的小人。当然,大仇有时也可招来报仇者单向、长期的报复。因此,若甲与乙之间有灭门的血海深仇,那么,甲便会觉得只在仇家乙一人身上报仇无法消除心中之恨,此时,他就可能会要求其家人或后人继续向仇家乙或乙的家人、后人报仇,结果,报仇行为因此延续至两代甚至多代。

从因果报应角度看,报应也存在类似情况,即行一善便得一善报,行一恶便得一恶报。但与报恩和报仇多发生在今世稍有不同,善报或恶报不一定在今世完成,而有可能会延迟至来世。

顺便指出,如果个体在报恩时做得太多,让原先的施恩者感觉自己得到了大恩,反过来真心感激他,那么,新一轮的报恩心理就被激活了。与此类似,假若他在报仇时做得太过分,让原先的仇家感觉自己受到了极大委屈,反过来记恨报仇者,那么,新一轮的报仇心理就被激活了。

(四)"报"的功能

1. "报"的积极功能

综合起来,"报"的积极功能主要有四。

第一,"报"的评价功能。在中国人心中,"报"是衡量人心的一杆秤,依据某人施报的方式可以衡量出其品德的高低,这便是"报"的评价功能。所以,中国人普遍相信如下道理:能做到以德报德或以德报怨的人肯定是君子,而以怨报德的人注定只能算作小人。所以,《礼记·表记》记载:"子曰:'以德报怨,则宽身之仁也。以怨报德,则刑戮之民也。'""宽,犹爱也。"这里,仁即"人"。"以德报怨,则宽身之仁"指以德报怨者是爱身以息怨之人,"以怨报德,则刑戮之民也"指以怨报德者是刑戮之民(朱彬,1996,pp.783-784)。《类书》则说:"受人恩而不忍负者,其为子必孝,其为臣必忠。"(曾慥,1996,p.1076)因此,报恩者本人亲自回报恩人,或报恩者本人无法亲自回报恩人,其家人或亲朋好友代为回报,这类做法常常可以获得社会的认可与赞赏,增加报恩者本人的声望(文崇一,1988a,p. 357)。与此类似,报仇者本人亲自报复仇人,或报仇者本人无法亲自报复仇家,其家人或亲朋好友代为报仇,只要行为适度,同样可以获得社会的认可与赞赏,增加报仇者本人的声望。可见,报恩、报仇常常与个人的名、利、忠、孝等实际利益和道德品质联系在一起,因此,才有"一饭之恩,千金以报"的说法(文崇一,1988a,pp. 351-352)。据《史记·范雎蔡泽列传》记载,范雎更是将"一饭之德必偿,睚眦之怨必报"作为自己的做人准则(司马迁,2005,p. 1888)!

第二,"报"的规范功能。如果将报复界定为受侵犯的个体出于生物本能对侵犯者的抗争和反击,那么,报复性反应就是生物学上的一种正常反应,是所有生物在自然界生存竞争的基本需要和本能。任何个体若不具备这种本能,听任其他个体掠夺自身生存所需的各种重要资源,就会导致自身死亡,或无法繁衍,基因得不到传递,最终被自然界淘汰。"兔子急了也咬人"之类的说法反映的就是这个规律。当人们清楚地认识到"善有善报,恶有恶报"的事实,会因畏惧他人的报复而减少对他人的侵犯,此时报复本能为人类创造了一种博弈论意义上的互不侵犯,让人约束自己的心理与行为,并尽量引导自己向善而远离恶,从而使人类进入了"文明",这就是"报"的规范功能(苏力,2005)。正如《礼记·表记》所说:"子曰:'以德报德,则民有所劝。以怨报怨,则民有所惩。'"(朱彬,1996,p. 783)俗话说:"多个朋友多条路,多个敌人多堵墙。"这也是告诫人们要多与人为善,少与人交恶,以便尽量减少与人结仇的可能。只要不与人结仇,自然不会招来他人的报复。同时,也可营造"善有善报,恶有恶报"的文化氛围帮助民众崇尚公平与正义。所有这些都能让"报"起到规范个体言行的作用。当然,为了更好地发挥"报"的规范功能,一定要通过司法制度改革,及时兑现"善有善报,恶有恶报",毕竟迟来的正义即非正义。

第三"报"的建设性功能。"报"的建设性功能指"报"具有催人上进,助人获得建设性成果的功能。例如,勾践为报灭国之仇,心生强国之梦,并持之以恒地落实,最终灭了吴国。在当代中国,许多才俊为了报效祖国,积极参加社会主义现代化建设,使国家在众多领域处于世界前列。

第四,"报"的身心保健功能。一方面,受恩者本人亲自报答了施恩者的恩情后,能有效减轻自身的心理负担,并体验到轻松、自豪、愉悦等积极情感,从而有利于其身心健康;反之,若受恩者长期无力回报,则易产生耻辱感、自卑感,进而给受恩者造成巨大的心理压力,为缓解这种压力,有良知的受恩者必会想方设法予以回报。这就是为什么绝大多数个体都是亲自向恩人报恩的缘由之所在(文崇一,1988a,p.357)。与此同理,报仇者在亲自报复仇家后,也能有效减轻自身的心理负担,同样易体验到轻松、自豪、愉悦等积极情感,从而有利于其身心健康;反之,若报仇者空有报仇之心,却无报仇之力,长期无法报复仇家,同样易产生耻辱感、自卑感,进而产生巨大心理压力,为缓解这种压力,报仇者必会想方设法予以报复。这就是为什么绝大多数个体也都是亲自向仇人报仇的缘由之所在。《吕氏春秋·离俗》记载的一士因梦中受辱而复仇不得,醒后愤而自尽的故事,更是将此道理说得明白之至:

> 齐庄公之时,有士曰宾卑聚。梦有壮子,白缟之冠,丹绩之袧,东布之衣,新素履,墨剑室,从而叱之,唾其面,惕然而寤,徒梦也。终夜坐不自快。明日召其友而告之曰:"吾少好勇,年六十而无所挫辱。今夜辱,吾将索其形,期得之则可,不得将死之。"每朝与其友俱立乎衢,三日不得,却而自殁。(吕不韦,2002,p.1244)

另一方面,对旁观者而言,"报"可以平衡旁观者的心理,起到身心保健作用。因为,使旁观者看到好人终有好报,这种德福一致的事实胜于一切道德说教,对平和人心颇有益处,自然有利于旁观者的身心健康。同时,令旁观者看到恶人终有恶报,这种罪有应得的事实也往往易让人油然而生大快人心之感,也易让旁观者的心情重新恢复平和,自然也有利于旁观者的身心健康。

2."报"的消极功能

第一,事事讲回报显得过于功利。一个社会若过于重报,只知道相互报恩或报复,那么,对于那些可以预期(尽管这种预期并不一定准确)高收益的个体或群体,人们就愿意向其施恩,这便是旧时人治社会背景下中国官场经常发生官官相护现象的根源之一。对于那些可以预期高收益的事情(如曲意奉承上司或向上司行贿等),人们乐此不疲,这是导致在旧时人治社会背景下媚上和行贿之风屡禁不绝等不良现象产生的根源之一。反之,对于那些无法预期高收益的个体或群体,人们不但不愿向其施恩,反而一有机会就对其巧取豪夺,这便是旧时人治社会背景下一些官员失去为官之责的根源之一。对于那些可以预期无回报的事情,人们就不愿意去做,这是旧时人治社会背景下慈善事业难以做大的根源之一。可见,在人治社会,若任由重报心理过度发展,很容易让人尤其是有权势的人做出见利忘义的事情。儒家正是看到了"报"的这个缺点,才高举仁、义、礼、智、信的大旗,将"报"置于仁、义、礼、智、信的监督、指导与控制之下(翟学伟,2007)。

第二,易降低报恩或报仇者的生活质量。一个社会若过于重报,会导致报恩者或报仇者为了报恩或报仇而不惜牺牲自己的正当权益,甚至让自己只为报恩或报仇而活,严重影响其生活质量。胡适4岁丧父,是母亲含辛茹苦将他养大。在胡适眼中,母亲是慈母也是严父,他始终对母亲充满了敬爱之意。他把坚守婚约看作对母亲的回报,最终选择了"甘心为爱我者屈",在爱情与亲情的冲突中,使爱情向亲情屈服,至今仍让人们感慨万千。民国时期的侠女施剑翘用10年时间为父报仇,最终成功刺杀孙传芳。施剑翘的所作所为虽可歌可泣,但毋庸讳言,此事严重影响了她的正常生活,至少在10年的漫长岁月里,她都生活在仇恨之中。

第三,易让报恩或报仇者做出愚蠢的决定或行动。如果个体一心想着报恩或报仇,在面临复杂问题情境时,极易做出愚蠢的决定或行动。中国历史上曾出现无数愚孝的事例,都是为了报父母的养育之恩。以报仇为例,北宋靖康二年(1127年),南下的金兵攻破东京(今河南开封),除了烧杀抢掠,更俘虏了宋徽宗、宋钦宗父子以及大量赵氏皇族、后宫妃嫔与朝臣等北上金国,进行折磨羞辱,导致北宋灭亡,史称"靖康之耻"。"靖康之耻"深深刺痛了当时宋朝民众的心,据传为南宋名将岳飞所写的《满江红》中就有"靖康耻,犹未雪;臣子恨,何时灭"一语。《元史》卷一《本纪第一·太祖》记载,宝庆三年(1227年)成吉思汗病逝时曾留下遗言:"金精兵在潼关,南据连山,北限大河,难以遽破。若假道于宋,宋、金世仇,必能许我,则下兵唐、邓,直捣大梁。金急,必征兵潼关。然以数万之众,千里赴援,人马疲弊,虽至弗能战,破之必矣。"当蒙古军队遵循成吉思汗的遗言联宋攻金,并请求借道南宋时,为了一雪"靖康之耻",南宋军民忘记了唇亡齿寒的道理,做出了联蒙灭金的错误决定。端平元年(1234年),宋、蒙联军攻破了金国最后的据点蔡州城,金哀宗完颜守绪匆忙传位后自缢身亡,金末帝完颜承麟也在乱军中被杀死,金国灭亡。蔡州城破之后,宋蒙联军随即对金国皇室开展报复性屠杀,"惟完颜一族不赦"的政策使得金国皇室几近灭族。此举虽结束了宋、金之间长达100余年的对峙,让南宋洗雪了"靖康之耻",夺回了一些土地,不过,这一结果对南宋而言并非福音。蒙古军队成功灭金后并没有停止攻城的步伐,而是继续挥兵南下,将南宋作为下一个攻击目标。祥兴二年(1279年),南宋厓山海战失败,宋末帝赵昺被大臣陆秀夫背着跳海而死,南宋灭亡。

(五)"报"赖以生存的土壤

中国人讲的"报"里包括报恩、报仇与报应,三者赖以生存的土壤不尽相同。

1. 中国人重报恩与重报仇的土壤

中国传统乡土社会能维持常态下人际关系系统的相对稳定,以保证彼此间交往频繁地有来有回,这在一定程度上提高了作为规范的"报"的通行率。除此之外,中国人重报恩与重报仇主要是受中国文化里本有的尚报文化影响的结果。

中国有重报恩的文化环境。"受人滴水之恩,当涌泉相报。""种瓜得瓜,种豆得豆,种什么收什么,收的总比种的多。"与此类似的说法均表明,中国文化是一种重报恩的文化。事实上,早在先秦时期,《诗经·大雅·抑》就说:"无言不仇,无德不报。"此言在《礼记·表记》里也有记载,意思是说,你说好话,人们就用好话回答你;你施恩德于人,人们就会努力工作来报答你(程俊英,蒋见元,1991,p. 861)。《诗经·大雅·抑》又说:"投我以桃,报之以李。"它用极通俗的语言告诉人们要重报恩,并付诸行动。据《论语·宪问》记载,孔子主张:"以直报怨,以德报德。"《孟子·离娄下》:"孟子告齐宣王曰:'君之视臣如手足,则臣视君如腹心。'"从这些言论中可以看出,重报恩的心理与行为在先秦时期就已出现(文崇一,1988a,p. 348)。

同时,早在先秦时期,许多有见地的先贤都有如下理念:只利己不利人,不是真有德;只利人不利己,此德也难持久;只有人己两利,才能长兴不衰。正如汉代许慎在《说文解字·心部》中所说:"惪,外得于人,内得于己也。从直,从心。"段玉裁在《说文解字注·心部·惪》里作注说道:"此当依小徐通论,作'内得于己,外得于人'。内得于己,谓身心所自得也;外得于人,谓惠泽使人得之也。俗字假'德'为之。德者,升也。古字或假'得'为之。洪范三德:一曰正直。直亦声,多则切,一部。"(许慎,段玉裁,1988,p. 502)由许慎和段玉裁的解释看,"得"与"失"相对,乃"得到""获得"之义,又有"收获""心得"之义。由"德者,得也"及其解释看,"德"(惪)指"得到"。具体而言,指个体将自己心中固有的德端发扬光大或将外在道德规范内化成自己的品德,同时又推及到他人身上,使他人得到。可见,只有被个体内化的同时又被个体外推到他人身上的德才是个体的真德。从德的此种定义看,其中不但充盈着道德义务感和社会责任感,带有浓厚的儒学色彩,而且是对德的内在意义或内在价值的确认。这表明,自秦汉至清代,多数学者认为,德既包含一种内化的过程,也包含一种外化的过程。这里的内化指个体将外在道德要求转变为内在心理需要的过程,即"内得于己,身心所自得也"。它强调的是一种个人的身心修养,一种道德规范只有被个体内化,使个体的整个身心都发生变化,才能真正变成个体的德性,并且,内化里蕴含这样一种思想,即个体一旦通过修德使自己在身与心等方面均有收获,就能在心中真正获得一种幸福感(内在强化)。外化指个体借助一定的行为将内化形成的道德认知和道德信念等表现出来的过程,即"外得于人,谓惠泽使人得之也"。它强调的是修德者要处理好自己与他人的关系,主张已被个体内化的德还需外推至他人(德行)并使他人也"得到",从而不但使自己的道德修养获得外在的印证,而且使自己的做人方式也真正得到他人的认同,这有利于修德者产生真正的归属感和自豪感(外在强化)(汪凤炎,2007b,pp. 85-86)。

  受上述道德观的深刻影响,在许多人看来,受人之恩理应回报,施恩于人理应得到回报。所以,据《吕氏春秋·察微》记载,鲁国法律规定,若有人愿意赎买在国外当奴隶的鲁国人,相关费用可至鲁国报销。子贡善于经商,富有千金,为孔子弟子中的首富,一次在国外赎买了鲁国人,却不到鲁国去报销,自以为这样做是义举。孔子知道后批评了子贡的做法,认为它会使鲁国的上述政策无法延续下去。因为如果子贡开了这个不好的头,以后人们若想赎买在国外当奴隶的鲁国人,也不好意思到鲁国去报销了,但并不是人人都像子贡那样有钱,若预计赎人要花大价钱,而这个成本无法收回,那么,有些人便会因"有心无力"而放弃做好人好事。子贡接受了孔子的这个批评。另一次,子路拯救了一名落水者,落水者为报子路的救命之恩,送给子路一头牛,子路欣然接受。孔子听说此事后,高兴地说:"以后鲁国人一定会更自觉地拯救落水者了。"(吕不韦,2002,pp. 109-113)这两件事虽一反一正,却告诉人们同一个道理——利他行为若能得到适当的报酬或奖励,将更有利于激发后来者行善;反之,若一味要人施善举而无回报,不但无法有效激发后来者行善,而且有可能葬送一个良好的制度。

  其后,西汉的刘向在《说苑·复恩》里说:"孔子曰:'德不孤,必有邻。'夫施德者贵不德,受恩者尚必报。是故臣劳勤以为君,而不求其赏;君持施以牧下,而无所德。故《易》曰:'劳而不怨,有功而不德,厚之至也。'君臣相与,以市道接。君县禄以待之,臣竭力以报之;逮臣有不测之功,则主加之以重赏。如主有超异之恩,则臣必死以复之。……夫臣不复君之恩,而苟营其私门,祸之源也;君不能报臣之功,而惮刑赏者,亦乱之基也。夫祸乱之源、基,由不报恩生矣。"(刘向,2009,pp. 130-131)尽管社会主张"施恩不望报",但报恩是受恩者必须履行的一种义务。报恩涉及四个重要层次:(1)所受的恩越大,报赏越厚。

因此,君施大恩,臣就要准备以死相报;臣建大功,君就要重赏。(2) 不应有恩而不报或有功而不赏,这种做法极可能引起祸乱。(3) 受恩必须设法报答或等机会报答。(4) 不论何种报恩方式,分量上必须做到一致,最好能厚报。换言之,报恩的方式可以与施恩的方式完全相同,但分量上必须做到一致,最好能厚报。例如,恩是金钱,回报就可以是等额的金钱或超额的金钱。当然,报恩的方式也可以完全不同于施恩的方式,但分量上同样必须做到一致,最好能厚报。例如,恩是金钱、名誉、官爵,报恩的方式可以是努力工作,甚至是鞠躬尽瘁,死而后已(文崇一,1988a,pp. 347 - 349)。

最后,"接受了恩惠的人必须在一定范围与时间内予以回报"成为社会行为中一种普遍的法则,于是,施恩者容易产生一种预期回报的心理,这就形成了一个一般原则,即礼尚往来。尽管有不少人时时提醒自己"施恩不望报",但实际生活中很难做到。因为中国文化的很多方面都在提醒和鼓励受恩者要心存报恩之念,即"受恩者,尚必报"。例如,逢年过节进行的各类祭祖活动,都是在提醒在世的后人不要忘记了祖先的恩德,必须不断努力,光宗耀祖,以报答祖先。又如,中国婚礼仪式中的拜天地就是一种典型的提醒夫妻双方必须报恩的文化设计——天地恩情(虚设交往系统)为第一层次的报答,诸神信仰在此系统中;父母养育(上下交往系统)为第二层次的回报,祖荫庇护、积阴德在此系统中;夫妻恩爱(同辈平行交往系统)为第三层次的互惠,亲属、乡民间的礼尚往来在此系统中(翟学伟,2007)。正如梁启超所说:"《论语》说:'非其鬼而祀之,谄也。''其鬼'和'非其鬼'的分别,和西洋人的看法不同。意思只是鬼神不能左右我们的祸福,我们祭他,乃是崇德报功。祭父母,因为父母生我养我;祭天地,因为天地给我们许多便利。父母要祭,天地山川日月也要祭。推之于人,则凡为国家地方捍患难、建事业的人也要祭;推之于物,则猫、犬、牛、马的神也要祭。只此,'报'的观念便贯彻了祭的全部分。这种祭法,和希腊、埃及的祭天拜物不同。他们是以为那里面有什么神秘,乃是某神的象征,并不因其有恩惠于人而去祭他。"(梁启超,1998,p. 285)既然受恩之后是必报,就必然会产生回报的预期(文崇一,1988a,p.357)。从这个意义上说,施恩犹如一种社会投资。只要施以恩德,一般而言,必将迟早收到相应的回报,甚至是丰厚的回报。所以,若有人不遵守礼尚往来的游戏规则,接受了别人的恩惠却不记在心中,不思报答,就会受到他人的批评。宋代袁采就曾在《袁氏世范》卷中《处己·受人恩惠当记省》里抱怨道:"今人受人恩惠,多不记省;而有所惠于人,虽微物,亦历历在心。古人言:施人勿念,受施勿忘。诚为难事。"

除了重报恩,中国文化同样是一个重报仇的文化,而重报仇的起源也很早。《周礼·地官司徒下第二》记载:"调人,掌司万民之难而谐和之。凡过而杀伤人者,以民成(和解)之。鸟兽,亦如之。凡和难,父之仇辟(通避)诸海外。兄弟之仇辟诸千里之外。从父兄弟之仇不同国(住)。君之仇眡(通视)父。师长之仇眡之弟。主友之仇眡从父兄弟。弗辟,则与之瑞节而以执之。凡杀人有反杀者,使邦国交仇之。凡杀人而义者,不同国,令勿仇,仇之则死。凡有斗怒者,成之;不可成者,则书之;先动者,诛之。"它的大意是:调人的职责是调解人民群众的内部矛盾,使大家过上和谐的生活。凡有过失伤人者,调人要和乡亲们一同来评判是非,使事情得到和解。凡有过失伤害了别人家的牲畜和家禽的,也要同样处理。调解仇怨的具体办法是这样的:调解杀父之仇,就要让凶手躲到海外去;调解杀兄弟之仇,就要让凶手逃到千里之外去;调解杀从兄弟之仇,就要让凶手躲到国外去;杀君之仇参照杀父之仇处理,杀师长之仇参照杀兄弟之仇处理,杀主人和朋友之仇参照杀叔伯兄弟之仇处理。如果凶手不听劝,不肯逃走,那么君王就授予调人瑞节去抓他治罪。凡"杀人有反杀者",就告知天下各国缉拿凶手。凡杀人但符合道义的,就安排凶手和被害者家属异国居住,还要劝说被害者家属不报仇。凡有吵嘴打架的,就去评理调解;调解不了的,就登记在案,此后看这吵嘴打架的双方谁先动粗就惩治谁。可见,上段引文本是阐明"调人"这个职位的职责,不过,其中也反映出浓厚的重报仇文化。

《礼记》里也有与《周礼》类似的重报仇言论。《礼记·檀弓》记载:"子夏问于孔子曰:'居父母之仇,如之何?'夫子曰:'寝苫、枕干、不仕,弗与共天下也。遇诸市朝，不反兵而斗。'曰：'请问居昆弟之仇，如之何？'曰：'仕弗与共国，衔君命而使，虽遇之不斗。'曰：'请问居从父、昆弟之仇，如之何？'曰：'不为魁。主人能，则执兵而陪其后。'"由此可知，受孝道思想的深刻影响，中国人将"父母之仇"视作深仇大恨，个体若心怀此种仇恨，就要时刻想着复仇，一旦与仇敌相遇，就应顾不上回家取兵器而马上与之拼命。

据文崇一的研究，除了"不共戴天"和"不同国"，《周官》《曲礼》《檀弓》《大戴礼》对不同身份的复仇类型的说法并不一致（文崇一，1988a，p.353），如表 1-1 所示。

表 1-1　不同身份的复仇类型（文崇一，1988a，p.353）

	不共戴天	避海外	避千里外	不反兵	不同国	协助	不同乡	不同邻	说明
《周官》		父、君	兄弟、师长		从兄弟、主友				
《曲礼》	父			兄弟	交游				
《檀弓》	父母			父母	昆弟	从父、昆弟			父母不反兵在前项内
《大戴礼》	父母				兄弟		朋友	族人	父母为"不同生"

根据表 1-1，如果以当时的地理环境与观念稍加调整，"避诸海外"一项属于非同一世界，可以并入"不共戴天"一项；"不反兵"与"协助"两项只有技术上的区分；其余各项只是因亲疏不同而有距离上的远近区别（文崇一，1988a，p.353）。

《春秋公羊传》声称："子不复仇，非子也。"《孟子·离娄下》记载："孟子告齐宣王曰：'……君之视臣如犬马，则臣视君如国人；君之视臣如土芥，则臣视君如寇仇。'"等等。从上述这些言论看，与重报恩类似，重报仇的心理与行为在中国的诞生时间同样很早，以致到了春秋战国时期，在社会上形成了一种尚报仇的风气。当时的游侠实际上是代人报仇或打抱不平的职业。《史记·游侠列传》对此有记载（司马迁，

2005, pp. 2411-2418)。据《孟子·尽心上》记载,孟子曾感慨地说:"杀人之父者,人亦杀其父;杀人之兄者,人亦杀其兄。"这种风气至少在西汉甚至更晚的时代依然被中国知识界倡导(文崇一,1988a,p. 348)。例如,西汉大儒董仲舒在《春秋繁露·王道》里主张:"《春秋》之义,臣不讨贼,非臣也。子不复仇,非子也。"(苏舆,1992,p. 117)荀悦在《申鉴·时事》里也说:"复仇者,义也。"这就明确将报仇上升到道德范畴了。以后历代都曾讨论报仇问题,并出现了两种代表性观点:一是,站在法的立场上,主张个体不能私自报仇,报仇必须通过法律途径。因此,一旦有人私自找仇家报仇,信奉此观点的政府官员一般会下令禁止。二是,站在伦理道德的立场上,主张应该报仇,并应该表扬报仇行为。正如胡寅所说:"复仇,因人之至情以立臣子之大义也。仇而不复,则人道灭绝,天理沦亡。"(文崇一,1988a,p. 361)一旦有人私自找仇家报杀父或杀母之仇,并在报仇过程中做出了违法举动,认可"有仇报仇"观念的政府官员就会想方设法赦免报仇者,或对报仇者进行宽大处理(文崇一,1988a,p. 361)。与此相一致,在中国古代,部分朝代的法律官员都主张对报仇者的违法行为从轻发落。例如,《宋刑统》中有涉及报仇的起请条:"臣等参详:如有复祖父母、父母仇者,请令今后具察,奏请敕裁。""敕裁"是将决定权上交给皇帝,此时皇帝一般会从轻发落。明、清两朝乃至民国时期仍大体遵照这个原则处理私自报杀父或杀母之仇的案件。典型者如施剑翘枪杀孙传芳为父报仇,当时的国民政府最终对施剑翘从宽处理。

同时,与报恩类似,从某种意义上看,报仇也是一种交换行为。第一,报仇的对象主要为仇家,一般不涉及旁人;少数深仇大恨虽常常株连仇家的家庭或家族中的成员,但这表示杀一人不足以抵罪。第二,仇杀事件一般不能用其他方式替代。第三,报仇尤其是为父母报仇,往往受到社会与他人的赞扬和鼓励(文崇一,1988a,p. 354)。另一方面,报仇也是一种相对义务,同样涉及四个重要层次:(1)所结之仇越大,报复的程度也越大。(2)有仇不报是不应该的。(3)有仇必须设法报复或等机会报复。《春秋公羊传·庄公四年》甚至强调,如果是国仇,九世、百世后犹可报仇,即"九世犹可复仇乎?虽百世可也"。(4)不论报仇方式如何,分量上必须做到一致,最好能厚报。具体而言,报复的方式可以完全等同于结仇的方式,也可以完全不同于结仇的方式,但至少在分量上必须做到一致,最好能厚报。从这个意义上说,结仇或施恶犹如欠下一笔社会债务,必将付出相应代价,甚至是惨重代价。

2. 报应观念尤其是佛教报应教义深入人心

如前文所论,天人合一思想在中国起源很早,相关文字记载至少可追溯到《左传·昭公二十五年》:"夫礼,天之经也,地之义也,民之行也。天地之经,而民实则之。"天人合一思想中有一个重要观点:天与人是相互感应的,个体一旦做了坏事,天会通过打雷或地震等方式对其作出相应的惩罚。《说苑·杂言》记载:"子路进谏曰:'凡人为善者,天报以福;为不善者,天报以祸。……'"(刘向,2009,p. 442)这表明,一些中国人重报应的思想由来已久。早在先秦时期,中国人就相信"行善则天报以福,行恶则天报以祸"的说法,由此衍生出"苍天有眼"一语。

不过,《史记·伯夷列传》说:"或曰:'天道无亲,常与善人。'若伯夷、叔齐,可谓善人者非邪?积仁洁行如此而饿死!且七十子之徒,仲尼独荐颜渊为好学。然回也屡空,糟糠不厌,而卒蚤夭。天之报施善人,其何如哉?盗跖日杀不辜,肝人之肉,暴戾恣睢,聚党数千人横行天下,竟以寿终。是遵何德哉?此其尤大彰明较著者也。若至近世,操行不轨,专犯忌讳,而终身逸乐,富厚累世不绝。或择地而蹈之,时然后出言,行不由径,非公正不发愤,而遇祸灾者,不可胜数也。余甚惑焉,傥所谓天道,是邪非邪?"(司马迁,2005,p. 1690)司马迁以道德高尚的伯夷、叔齐被饿死,好学的颜渊早死,无恶不作的盗跖却能得以寿终为依据,指出生活中存在大量天道与人事相背的现实,对"天道无亲,常与善人"、赏善罚恶的报应论持怀疑态度。

其后,随着佛教传入中国并逐渐被许多中国人接受,佛教报应说不但加强了中国人原有的重报观念,而且让一些中国人逐渐相信佛教的报应观念。佛教的三世因果报应较重视个人的善恶报应。它以精神不灭为理论前提,将个体分为前世、今生和来世,使这种必然性的因果关系在个体的三种业报——生报、现报和后报——中实现。精神不灭是中国佛教的一大特色。佛教通过种种比喻来说明精神的相对独立性,如早期佛经借助烛火来说明形神相离的关系,认为烛火虽有赖于烛存在,但烛尽并不意味着火灭,因为火可以传递到他烛之上,因而形尽而神未必亡,火之传他烛,若神之附异形。但肯定精神的独立存在并不是佛教的根本目的,而是为了说明因果报应这一富有道德意义的观点。例如,《牟子理惑论》说:"有道虽死,神归福堂;为恶既死,神当其殃。"晋代的袁宏在《后汉记》中说:"又以为人死精神不灭,随复受形。生时所行善恶,皆有报应。故所贵行善修道,以炼精神而不已,以至无为,而得为佛也。"行善与为恶的归宿完全不同,行善者必有善报,为恶者自受其殃。这就将精神的存在与报应的主体联系在一起,从而达到劝善止恶的目的。佛教的因果报应与业力轮回理论相当复杂,虽然其主旨是为了说明众生自作自受,个人的命运完全是由自己决定的,具有反对天命论、神定论的无神论精神,但又肯定精神的独立存在,易被迷信和有神论利用。在中国,这一思想的道德价值被强化,成为民间广为流行的学说,甚至成为佛教在民间的代名词,宿命与迷信的色彩也更加浓厚,甚至掩盖了这一思想原本的无神论内核(李景林,郑万耕,2010,pp. 187 - 188)。

受佛教因果报应思想的影响,唐代释道世编的《法苑珠林·眠梦篇》提出四梦学说来劝人为善。《法苑珠林·眠梦篇》说:

> 如善见律云,梦有四种:一,四大不和梦;二,先见梦;三,天人梦;四,想梦。云何四大不和梦?答:眠时梦见山崩或飞腾虚空,或见虎狼狮子贼逐,此是四大不和梦,虚而不实。云何先见梦?答:或昼日见,或白或黑,或男或女,夜赵梦见,是名先见梦,此亦不实。云何天人梦?答:若善知识天人为现善梦,令人得善;若恶知识者为现恶梦,此即真实。云何想梦?答:此人前身或有福德,或有罪障;若福德者现善梦,罪者现恶梦,如菩萨母初欲入母胎时,梦见白象从忉利天下入其右肋,此是想梦也。

依《圆觉经》等佛教典籍的思想,"四大"指"地""水""火""风",并将人身上的毛发、皮肉、筋骨和脑髓等皆归于"地",将人身上的唾液、血液和津液等皆归于"水",将人身上的暖气归于"火",将人的动转归于"风"(梁兴嗣,1991,p.16)。在此基础上,佛教进而认为,假若人身上的"四大"之间不协调,就会导致人的气血和心神不定,就会做"四大不和梦",此梦的梦象一般是山崩、自身飞腾起来、老虎或狮子之类的猛兽以及劫匪在追自己。"先见梦"指梦象里呈现出白天已经历过的事物的梦。"天人梦"指天人感应之梦,善人修善行善就做善梦,恶人作恶多端就做恶梦。"想梦"指个体前世所做的善恶之举,会在今世于其梦中呈现出来:若前世行了善事,今世就会做善梦;如果前世做了恶事,今世就会做恶梦。可见,在这四种梦中,前两个梦与中国古代思想家和中医家论梦没有太大差异,后两个梦则带有明显的佛教劝人为善的宗教情怀(汪凤炎,郑红,2015b,p.469)。

在宋代,一些学人深受佛教因果报应论思想的影响,进而反驳对天道赏善罚恶的报应论持怀疑态度的人。例如,《二程集·河南程氏遗书卷第十八·伊川先生语四》记载:"莫之为而为,莫之致而致,便是天理。司马迁以私意妄窥天道,而论伯夷曰:'天道无亲,当与善人。若伯夷者,可谓善人非邪?'天道甚大,安可以一人之故,妄意窥测?如曰颜何为而夭?跖何为而寿?皆指一人计较天理,非知天也。"(程颢,程颐,2004,p.215)在程颐看来,天道不可以用个案来证实或证伪。如果一个人用个案来证实或证伪天道,只能说明他不懂天道。司马迁这样做了,说明司马迁是以私意妄测天道。用今天的话说,天道类似于统计学上所讲的大概率事件。既然天道属大概率事件,就必然存在小概率事件,因此,用小概率事件去反驳它,自然不具有说服力。另外,为了让信众获得心理上的平衡和灵魂上的安慰,佛教引入前世和来世两个概念,用三种业报思想来解释恶以善报和善以恶报现象,以证明神的公正无私和无所不知、无所不晓的本领。具体而言,甲在现世行恶之所以仍得善报,是因为他在前世种下了很多善因,至于他现世所种恶因,将在来世得到恶报;乙在现世行善之所以仍得恶报,是因为他在前世种下了很多恶因,至于他现世所种善因,将在来世得到善报。所以,宋人袁采在《袁氏世范》卷中《处己·善恶报应难穷诘》里说:"人有所为不善,身遭刑戮,而其子孙昌盛者,人多怪之,以为天理不误。殊不知此人之家,其积善多,积恶少,少不胜多,故其为恶之人身受其报,不妨福祚延及后人。若作恶多而享寿富安乐,必其前人之遗泽将竭,天不爱惜,恣其恶深,使之大坏也。"(夏家善,1995,pp. 73-74)这是说,有的人做了坏事,自身遭到刑法惩戒,而他的子孙却极为兴旺发达,人们往往会对此感到奇怪,以为天道有失误。殊不知,这种人祖上积累的善行较多,造孽较少,行善多于行恶,所以其中作恶的人自身受到报应就够了,不妨碍积善带来的福分延及子孙后代。假若某人做了很多恶事之后依然享受富贵安乐的生活,一定是这个人祖上遗留下来的福泽快枯竭了,上天也不再爱护怜惜他,纵容他,使他的恶事越积越多,以至深厚,等他彻底耗尽家族福分,上天自会收拾他。个体若信奉三种业报思想,自然容易接受袁采的上述解释。个体一旦接受这种解释,那么,在面对恶有善报或善有恶报时,顺受的概率将会大大提升。

同时,中国民间信仰中的报应观重视家族链,诸如祖荫庇护、积阴德、父债子还、断子绝孙等观念都表明了《周易》上说的"积善之家必有余庆,积不善之家必有余殃"(周振甫,1991,p. 16)。为了惩恶扬善,道、佛两教中的报应思想都为作恶设定了许多恶果,道教设定的阴曹地府和佛教设定的地狱都有阎罗王与地藏王作为冥司,判决和掌控死者的功过和来生。这一设定为了对所有人的善恶言行有所交代,就建构出一种来世的或轮回的系统,给人"天网恢恢,疏而不漏"的感觉。信仰的封闭系统一旦打开,就等于向信众宣告社会中可能出现"好人没有好报,恶人不遭恶报"的情况,这对民间信仰而言将是一种极大的威胁。所以,为了让此系统始终处于封闭状态,在回报稀少或者不能直接得到回报时,人们会形成并接受在遥远的将来或者在某种其他不可验证的环境中获得回报的解释。换成中国人的话讲就是:"万事到头终有报,只争来早与来迟。""善恶到头终有报,只争来早与来迟。""善有善报,恶有恶报,不是不报,时辰未到,时辰一到,一定会报。"(翟学伟,2007)当这类话语在中国社会成为妇孺皆知的口头禅时,便可折射出重报的心态与行为方式在中国早已深入人心。可见,随着佛教报应教义的深入人心,中国传统文化逐渐拥有了厚重的重报文化土壤,这便是中国古人相信报应的主要原因。

在当代中国,中国传统文化对个体的影响普遍减弱,加之无神论思想与科技教育带来的双重影响,较之过去,当代中国人中持有报应观念的人数在下降。不过,一项"万人大调查"的结果表明,至今仍有48.3%的人相信善恶报应(樊浩,2009)。概括起来,报应观念主要停留在如下三类人群中:(1)没有读过书或读书甚少的人群。他们尚未受到无神论思想与科技教育的双重冲击,思想相对因循守旧,因此仍相信因果报应。(2)那些深感命运无法由自己掌控的人群。这类人群无法掌控自己的命运,只好用因果报应来安慰自己。(3)佛教徒。佛教徒信奉佛教教义,自然相信因果报应。

二、报恩

上文在总论"报"时,涉及的报恩内容此处不再赘述,现只论有关报恩的余下内容。

(一)"恩"的内涵及类型

1. "恩"的内涵

徐中舒主编的《甲骨文字典》(第 2 版)与谢光辉主编的《常用汉字图解》二书中都未见有"恩"字的甲骨文写法。从字形上看,"恩"写作"🅇"上面是"因",下面是"心"。据《甲骨文字典》(第 2 版)解释,"'因',[解字]从口、从人,口像方席,人为㒳之伪,像茵席编织纹,故"因"为"茵"之初文,与图初本一字,后以形伪,遂分为二字。[释义]疑为祭名"(徐中舒,2006,p. 696)。《常用汉字图解》也持类似见解,认为"因"是"茵"的本字。古文字的"因"像一个人仰面卧于席垫之上,本义指"草席"。"因"有"席""垫"的含义,所以可引申为"依靠、根据、凭借、沿袭"等含义,进一步引申,又有"原因、因缘"的含义(谢光辉,1997,p. 284)。根据上述解释,"恩"是一个上下结构的形声字。也有人认为,"恩"字从口、从人,像人困在牢里,与"囚"相近义,本义是"囚"(马如森,2007,

p. 346)。"囚"字从口、从人,像一个人被关在土牢中。它的本义为"拘禁、囚禁",又指"囚犯、犯人",引申为"战俘"(谢光辉,1997,p. 404)。将上面的"因"与下面的"心"合起来看,"恩"有"拘于心"的含义,即当某人给予另一人某种好处时,该人必须将此好处铭记于心。所以,《说文·心部》说:"恩,惠也。从心因,因亦声。"(许慎,段玉裁,1988,p. 504)从此义出发,"恩"演化出其他含义。按此解释,"恩"是一个上下结构的会意兼形声字。

从字义上看,"恩"的含义有五:(1)恩惠。《说文·心部》:"恩,惠也。"《广韵·痕韵》:"恩,恩泽也,惠也。"(2)宠爱;情爱。《广韵·痕韵》:"恩,爱也。"(3)施恩;厚待。《战国策·秦策三》:"臣愿请药赐死,而恩以相葬臣。"(4)感谢。《正字通·心部》:"恩,感人惠己曰恩之。"(5)隐。《广雅·释诂四》:"恩,隐也。"(汉语大字典编辑委员会,2010,pp. 2452 - 2453)

从心理学的角度看,"恩"一般指个体因从他人那里得到某种或某些有力支持、真心帮助或实惠,从而对他人产生了某种感激之情。此时,施恩的他人一般被称为"恩人"。所以,在汉语里,"恩"有"恩惠、恩典、恩情、恩赐"的含义。并且,在中国人看来,"恩"不仅仅指物质上的有力支持、帮助或好处,也包括精神或心理上的有力支持、帮助或好处。在此意义上,"恩"包括的事物范围极广。当然,概括而言,施恩行为集中在"生活上的救济""心理上的有力支持与帮助""挽救生命"(如"不斩之恩""不杀之恩""救命之恩"等)和"事业上的有力支持与帮助"四个方面(文崇一,1988a,pp. 357 - 358)。同时,"恩"的含义虽极广泛,但是,至少在中国社会,"恩"主要在三种语境中使用,显得颇为狭隘:(1)上位者给予下位者的有力支持、帮助或好处。这里的上位者包括长辈、领导、教师、强者、富者等,下位者包括晚辈、下属、学生、弱者、贫者等。中国社会自古至今受儒家的影响至深,而儒学一向看重名分与义务,讲究身份地位的等级高低。在儒学推崇的"孝"和"敬"等伦理道德规范的影响下,在通常情况下,下位者为上位者所做的一切似乎都是天经地义、理所当然的本分,此时,施者不可有施恩之心,受者也没必要产生受恩之心。然而，如果是上位者为下位者提供有力支持、帮助或好处，就是难得的、让人感激涕零的，这时就会用到"恩"字。例如，在亲子关系中，一般而言，父母给子女的有力支持、帮助或好处是"恩"，而子女给予父母的有力支持、帮助或好处是本分，不算"恩"，故父母对子女有生育或养育之恩，但子女对父母无赡养之恩。用现代西方人的眼光看，这里面缺少平等意识，是一种等级观念。用平等待人的眼光看，如果父母对子女有生育或养育之恩，那么，假若子女尽心尽力赡养父母，则子女对父母也有赡养之恩，父母也理应心怀感恩。（2）在同辈交往中，中国人常用"恩"字表示得到了对方给予的一种意外的、重要的或关键性的支持、帮助或好处。（3）当上位者遭遇家道中落或英雄落难等意外时，中国人常用"恩"字表示下位者给予上位者的意外的、重要的或关键性的支持、帮助或好处。由此可见，在中国，常态恩情来自上位者给予下位者的正向支持、帮助或好处，以及同辈中一方给予另一方的意外的、重要的或关键性的支持、帮助或好处，非常态恩情则来自下位者给予上位者的正向支持、帮助或好处。当富贵家庭家道中落、主子或英雄落难之时，便是仆人、下属、学生、路人、穷亲戚等反过来向原先的主人、上级、老师、富贵亲戚等报恩的好机会。此时，如果下位者在报上位者的恩情时做得太多或付出的代价太大，让上位者感觉到自己得到了大恩，反过来真心感激下位者，那么下位者便反过来成了上位者的恩人（翟学伟，2007）。例如，《红楼梦》中的贾府在兴旺发达时关照刘姥姥，此时贾府对刘姥姥有恩；贾府败落之后，刘姥姥出于报恩的心理帮助巧姐，这是本分，而当她对巧姐的帮助大到一定程度，她便反过来成了巧姐的恩人。

顺便指出，每一种恩惠都有一枚"倒钩"，它将钩住受恩者的嘴巴，施恩者想把他拖到哪里就拖到哪里。假若曾经的施恩者现在正受困，而曾经的受恩者现在发展得很好，此时，施恩者若向受恩者重提旧恩，希望得到受恩者的帮助，就易让人觉得他是在向受恩者索要回报，也易引起受恩者的反感，此时极易产生"大恩如大仇"的消极后果。反之，假若施恩者即便在遭遇困难时也不对曾经的受恩者提及旧恩，就避免了这枚"倒钩"的出现。任何时候都不提旧恩,不以过去的恩惠给曾经的受恩者制造压力,能彰显施恩者宽广的胸怀和体谅理解他人的气度(张君燕,2017)。此外,"恩"与人情(狭义)有一定相通之处:(1)二者都属于广义人情。送人情时,若对方将之视作给自己的实质性帮助,人情就易变成恩情。(2)二者的实施都需要以相对稳定的人际关系为前提。(3)二者都可指一方给予另一方的某种支持、帮助或好处。(4)二者都认可增量回报原则。(5)二者都易给受者造成一定的心理负担,等等。"恩"与人情(狭义)之间的区别也颇明显:(1)二者的内涵有差异。人情与"恩"的内涵不同,并且,人情中感激之情少而互利心多,"恩"或恩情中感激之情多而互利心少,甚至根本无互利心,因此,"恩"与人情(狭义)在性质上有差异。(2)二者运作的心理过程有差异。对施恩者而言,一般不能有企盼回报之心;但对做人情(狭义)者而言,一般是企盼回报的。对报恩者而言,"当下回报"只要做得恰当,是被接受的;与此不同,真正懂人情(狭义)的人是不会立刻回报他人人情的,一定是延时回报。施恩不但可以单向进行,而且可以单向反复进行,即一方可以主动且自愿地多次向另一方施恩而不要求对方回报,这样做时,若受恩者有良心,常可以收到"聚少成多,变小恩为大恩"的良好效果,最终引来受恩者的重报,甚至促使受恩者向恩人施以单向、长期的回报。与此不同,人情多是一方给另一方的一点小恩惠,不足以让一方感觉对方于己有恩,所以通常情况下,人情只能在双方频繁的互利式互动中延续下去,单向利他行为极有可能使施者感觉不公,进而由怨生恨,或易让受者感受到越来越沉重的人情压力,最终导致双方之间人情的终结。与人情多只在熟人间的社会性交往里才讲不同,报恩既可在熟人或陌生人间的社会性交往里进行,也可在熟人或陌生人间的经济性交往里进行。在通常情况下,人情的正常往来一般可起到正强化作用,能增强交往双方继续友善交往的概率。与此不同,合理报恩不会加强或提升恩人与报恩者之间的良好情感关系。(3)二者在受者心中的地位有差异。一般而言,只有那些能给予受者实质性支持或帮助者才能被视作"恩",故"恩"在受者心中的地位一般很高,受者多会想方设法回报恩人。与此不同，在正常的人情往来中，人情在受者心中的地位要低得多。

2. "恩"的类型

在中国人心中，"恩"有很多种，可以从不同角度进行划分。以下是从性质和程度的角度对"恩"的类型作的划分与探讨。

从性质上看，常见的"恩"有父母生育和养育之恩、夫妻之恩、救命之恩、知遇之恩、培育之恩，等等。在中国人眼中，父母对子女有生育和养育之恩，并且对这种生育和养育之恩推崇备至！《诗经·小雅·谷风·蓼莪》说："哀哀父母，生我劬劳。……哀哀父母，生我劳瘁。……父兮生我，母兮鞠我。拊我畜我，长我育我，顾我复我，出入复我。欲报之德，昊天罔极！"唐代孟郊《游子吟》更是将父母的恩情和家庭的温暖刻画得入木三分。诸如此类的案例，中国历史上还可举出很多。

"知"是相知、理解、支持的意思，"遇"是机遇，"恩"指厚爱有加、委以重任。因此，知遇之恩指有缘相识相知并厚爱有加的恩情。一旦甲慧眼识英才，提携乙，那么甲对乙便有了知遇之恩。史书里记载了很多知遇之恩的实例。例如，藏在曹操心中的是桥玄的知遇之恩。《三国志·魏书一·武帝纪第一》记载："太祖少机警，有权数，而任侠放荡，不治行业，故世人未之奇也；惟梁国桥玄、南阳何颙异焉。玄谓太祖曰：'天下将乱，非命世之才不能济也，能安之者，其在君乎！'年二十，举孝廉为郎，除洛阳北部尉，迁顿丘令，徵拜议郎。"当年少尚未得志的曹操"好飞鹰走狗，游荡无度"、无人赏识时，汉末曾居太尉之职的名臣桥玄却有过人的眼光，看出曹操非等闲之辈，对曹操赞誉有加。《魏书》记载："太尉桥玄，世之名人，睹太祖而异之，曰：'吾见天下名士多矣，未有若君者也！君善自持。吾老矣！愿以妻子为托。'由是声名益重。"(陈寿，1982，p.2)由于桥玄的赏识，曹操美名远扬，20岁时便"举孝廉为郎"。曹操对桥玄的知遇之恩非常感激。桥玄死后，曹操也已发达，"遣使以太牢祀桥玄"。《三国志·魏书一·武帝纪第一》记载："(建安)七年(202年，引者注)春正月，公军谯，……遂至浚仪，治睢阳渠，遣使以太牢祀桥玄。"(陈寿,1982,pp.22-23)据裴松之的注,曹操还曾亲笔写下一篇情真意切的祀文:"故太尉桥公,诞敷明德,泛爱博容。国念明训,士思令谟。灵幽体翳,邈哉晞矣!吾以幼年,逮升堂室,特以顽鄙之姿,为大君子所纳。增荣益观,皆由奖助,犹仲尼称不如颜渊,李生之厚叹贾复。士死知己,怀此无忘。又承从容约誓之言:'殂逝之后,路有经由,不以斗酒只鸡过相沃酹,车过三步,腹痛勿怪!'虽临时戏笑之言,非至亲之笃好,胡肯为此辞乎?匪谓灵忿,能诒己疾,怀旧惟顾,念之凄怆。奉命东征,屯次乡里,北望贵土,乃心陵墓。裁致薄奠,公其尚飨!"(陈寿,1982,p.23)另一个典型例子是吴保安用尽毕生之力营救郭仲翔,这也属于报答知遇之恩。据《新唐书·吴保安传》记载,吴保安与郭仲翔是同乡。郭仲翔是大唐名将、宰相郭元振的亲侄。郭仲翔有才学,郭元振将其推荐到李蒙将军手下任判官。胸怀大志的吴保安得知此消息,便写了一封自荐信给素不相识的"老乡"郭仲翔。郭仲翔接到此信后,非常爽快地同意推荐吴保安到李蒙将军手下任管记。吴保安兴冲冲地从遂州赶往李将军的驻地姚州,却突然得到不幸的消息:军队在征讨南蛮的战争中失利,全军覆没,李蒙将军战死,郭仲翔被俘。后来,郭仲翔来信告诉吴保安,敌军承诺可以用一千匹绢将他赎回。其时,郭元振已去世,吴保安为了营救郭仲翔,不惜倾尽家财,并苦心经商十年,凑齐一千匹绢赎出郭仲翔,最终因劳累过度而去世。郭仲翔离家十五年后才重新与家人团聚。得知吴保安去世,郭仲翔花费家财二十万为其厚葬,并为其守丧三年,刻石称颂。

关于夫妻之恩,俗话有"一日夫妻百日恩""少来夫妻,老来伴"之类的说法。汉乐府诗《孔雀东南飞》中有"结发同枕席,黄泉共为友""今若遣此妇,终老不复取(娶)""君当作盘石,妾当作蒲苇,蒲苇纫如丝,盘石尤转移""举手长劳劳,二情相依依"等表现夫妻恩爱、情深意切的动人语句。东汉时期,孟光对落魄中的丈夫梁鸿愈加敬重,患难与共,相敬如宾,每到进餐时,"举案齐眉",留下了夫妻恩爱的佳话。在中国历史上,夫妻恩爱,特别是妻子勤俭持家、相夫教子、对夫忠贞,以及冒死反抗权势强暴侮辱的牺牲奉献精神和艰苦奋斗精神,成为中华民族历史中的美谈(闻明,1992)。关于救命之恩,俗话有"救人一命,胜造七级浮屠"之类的说法。

从程度上看,"恩"有大恩、中恩、小恩之分。什么才算是大恩？大恩并不指经济价值高的支持或帮助。例如,一些中国人喜欢给人送大礼,对方会不会觉得这是一种大恩呢？显然不一定。其实,"恩"作为一种交换行为,其大小不在于交换之物是否昂贵,而在于是否能帮助个体解决实际问题,尤其是大问题。换言之,大恩并不一定意味着恩人给予的关键性帮助从客观价值上看很大,而是要看此帮助对受恩者而言是否及时且关键,即在受恩者心中的价值(心理价值或主观价值)有多大。"人在难时给一口,胜似富时给一斗"说的就是这个道理。从客观价值上看,"一口饭"的价值远小于"一斗米"的价值,不过,前者是受恩者身处极端困境时得到的及时帮助,其心理价值自然要比生活富裕时他人赠予的"一斗米"的心理价值大得多。这便是为什么韩信要在自己发达后,对漂母"一饭之恩,千金以报"的心理原因。显然,对于一个将要饿死的人,没有任何贵重物品能重于一碗饭的价值(翟学伟,2007)。可见,大恩指能及时帮助个体解决重大问题的恩情。例如,救命之恩就属大恩,因为每个人的生命都只有一次。所以,佛教说得好:"救人一命,胜造七级浮屠。"依此类推,中恩指能及时帮助个体解决中等难度问题的恩情,小恩指能及时帮助个体解决小问题的恩情。

(二) 报恩的内涵及类型

1. 什么是报恩

报恩也叫"复恩",指个体采取行动回报恩情。民谚说得好:"受人滴水之恩,必将涌泉相报。"可见,"有恩报恩"是中国社会自古至今始终认可的一种重要伦理道德规范。依此法则,假若他人曾经帮助过你或曾经对你有过善举,你一定要知恩图报,善待曾帮助过自己的人。当他需要你的帮助时,你也宜尽自己的能力去帮助他。在中国人看来,知恩图报是一种正常行为,突显出做人的优秀品质,一向受到社会的肯定,甚至受到法律的保护(文崇一,1988a,p. 347)。反之,受人恩惠却不愿回报,这叫忘恩负义,此种做法一般会受到人们的批评。

需指出,报恩中的"恩"不是指小恩小惠,而是指大恩大德。从逻辑上讲,小恩只要重谢即可,大恩不是说声"谢谢"就可以蒙混过关的,因此,"大恩不言谢"不是指大恩连谢都不用说,而是指大恩要想方设法去回报,甚至永世不忘,世代地报答,一个"谢"字根本无法表达对他人所施与的大恩的感激之情(翟学伟,2007)。例如,将"达尔扈特"译成汉语,是"担负神圣使命者"的意思,达尔扈特人自1227年以来一直为成吉思汗守陵,至2019年已延续792年,这就属于永世报答成吉思汗大恩的一个经典例子,人们从达尔扈特人的这一做法中也看到了他们对成吉思汗的忠诚。

2. 报恩的类型

"忘恩负义"一语表明,面对恩情,也有人最终选择了不报。限于本章旨趣,对于不报,这里不多讲,下面只进一步探讨报恩的类型。面对恩情,相对不报者而言,更多的人选择了报答。当然,报恩的方式多种多样,依不同的标准,可将报恩分为不同的类型或方式。为便于读者理解,下面只逐一探讨按某个标准来划分的报恩类型。真实生活中的报恩方式实际上既可以是下面所讲的某一种,也可以是其中两种或多种的组合,因此,真实生活中的报恩方式多种多样。

第一,从"恩"的类型角度看报恩的方式。前文已述,常见的"恩"有生育和养育之恩、夫妻之恩、救命之恩、知遇之恩、培育之恩等。相应地,报恩就有报父母生育和养育之恩、报夫妻之恩、报救命之恩、报知遇之恩和报培育之恩。

关于报父母生育和养育之恩,《劝报亲恩篇》称:"从来亲恩报当先,说起亲恩大如天。……父母恩情似海深,人生莫忘父母恩。"《增广贤文》说:"当家才知盐米贵,养子方知父母恩。""羊有跪乳之恩,鸦有反哺之义。"可见,中国人特别重视报答父母的生育和养育之恩,这是中国人重视孝道的心理因素之一,而在中国流传甚广的《二十四孝》更是以生动形象的故事,如"文帝尝药""卖身葬父""鹿乳奉亲""拾椹养亲""埋儿奉母""恣蚊饱血""黄香扇枕"等,宣传子报亲恩的道德行为。

有关报知遇之恩的史实,中国史书不乏记载。上文所讲的曹操报答桥玄对自己的知遇之恩,便属其一。此外,《史记·刺客列传》记载了中国古代著名的"士为知己者死"的刺客——豫让——舍命报知遇之恩(换一个角度看则是舍命替智伯报仇)的故事:

> 豫让者,晋人也,故尝事范氏及中行氏,而无所知名。去而事智伯,智伯甚尊宠之。及智伯伐赵襄子,赵襄子与韩、魏合谋灭智伯,灭智伯之后而三分其地。赵襄子最怨智伯,漆其头以为饮器。豫让遁逃山中,曰:"嗟乎!士为知己者死,女为说己者容。今智伯知我,我必为报仇而死,以报智伯,则吾魂魄不愧矣。"乃变名姓为刑人,入宫涂厕,中挟匕首,欲以刺襄子。襄子如厕,心动,执问涂厕之刑人,则豫让,内持刀兵,曰:"欲为智伯报仇!"左右欲诛之。襄子曰:"彼义人也,吾谨避之耳。且智伯亡无后,而其臣欲为报仇,此天下之贤人也。"卒释去之。
>
> 居顷之,豫让又漆身为厉,吞炭为哑,使形状不可知,行乞于市。其妻不识也。行见其友,其友识之,曰:"汝非豫让邪?"曰:"我是也。"其友为泣曰:"以子之才,委质而臣事襄子,襄子必近幸子。近幸子,乃为所欲,顾不易邪?何乃残身苦形,欲以求报襄子,不亦难乎!"豫让曰:"既已委质臣事人,而求杀之,是怀二心以事其君也。且吾所为者极难耳!然所以为此者,将以愧天下后世之为人臣怀二心以事其君者也。"
>
> 既去,顷之,襄子当出,豫让伏于所当过之桥下。襄子至桥,马惊,襄子曰:"此必是豫让也。"使人问之,果豫让也。于是襄子乃数豫让曰:"子不尝事范、中行氏乎?智伯尽灭之,而子不为报仇,而反委质臣于智伯。智伯亦已死矣,而子独何以为之报仇之深也?"豫让曰:"臣事范、中行氏,范、中行氏皆众人遇我,我故众人报之。至于智伯,国士遇我,我故国士报之。"襄子喟然叹息而泣曰:"嗟乎豫子!子之为智伯,名既成矣,而寡人赦子,亦已足矣。子其自为计,寡人不复释子!"使兵围之。豫让曰:"臣闻明主不掩人之美,而忠臣有死名之义。前君已宽赦臣,天下莫不称君之贤。今日之事,臣固伏诛,然愿请君之衣而击之,焉以致报仇之意,则虽死不恨

非所敢望也,敢布腹心!"于是襄子大义之,乃使使持衣与豫让。豫让拔剑三跃而击之,曰:"吾可以下报智伯矣!"遂伏剑自杀。死之日,赵国志士闻之,皆为涕泣。(司马迁,2005,pp.1962-1963)

根据上文记载,当年范氏和中行氏以平常的态度对待豫让,所以豫让也以平常的态度对待范氏与中行氏。但是,豫让投奔到智伯门下后,智伯以国士的规格礼遇豫让,所以,当智伯在"晋阳之战"中战败被杀,豫让便也以国士的规格舍命为智伯报仇,目的便是报答智伯对自己的知遇之恩。当代也时有报答知遇之恩的实例。例如,1980年,16岁的马云在杭州西湖畔偶遇来华旅游的大卫·默里(David Morley),并与其一家结下延续至今的友谊。1985年,大卫·默里的父亲肯·默里(Ken Morley,已于2004年去世)邀请马云到澳大利亚旅行,这是马云第一次出国。马云说,29天的澳洲之行在他的生命中至关重要,教会了他更开放的思想、以不同视角看待事物,澳洲之行彻底改变了他。马云将肯·默里视作为自己打开世界之窗的导师。虽然肯·默里从未上过大学,但经常与马云谈及澳大利亚的纽卡斯尔大学(University of Newcastle),并曾在两年内为当时还在杭州师范学院读书的马云提供了约200澳元的资助。为了回报肯·默里的知遇之恩,2017年,马云在澳大利亚纽卡斯尔大学宣布将花费2 600万美元设立"Ma-Morley奖学金",这是纽卡斯尔大学至今为止收到的最大一笔捐赠。

中文有个成语"结草衔环",比喻知恩图报,其中的"结草"与"衔环"报的都是救命之恩。"结草"源于一个传说。《左传·宣公十五年》记载:

秋七月,秦桓公伐晋,次于辅氏。壬午,晋侯治兵于稷,以略狄土,立黎侯而还。及洛,魏颗败秦师于辅氏,获杜回,秦之力人也。

初,魏武子有嬖妾,无子。武子疾,命颗曰:"必嫁是。"疾病,则曰:"必以为殉!"及卒,颗嫁之,曰:"疾病则乱,吾从其治也。"及辅氏之役,颗见老人结草以亢杜回。杜回踬而颠,故获之。夜梦之曰:"余,而(同尔,引者注)所嫁妇人之父也。尔用先人之治命,余是以报。"

魏犨（chōu）又称"魏武子"，春秋时晋国人，是晋文公重耳的股肱之臣。魏犨有个年轻未生育的宠妾。年迈的魏犨生病时，对儿子魏颗交代后事："我死后让她再嫁！"后来病危时又嘱咐魏颗："我死后必须让她殉葬！"魏犨死后，魏颗该如何执行这两个相互冲突的遗命呢？最后，魏颗没有将年轻的庶母活埋，而是给她自由，让她再嫁了。有人责问魏颗："为什么不按你父亲的临终遗命办？"魏颗答："我不能执行父亲神志昏乱时发出的'乱命'，我只遵从他神志清醒时发出的'治命'。"这里的"命"指命令、指令。"遗命"就是遗言、遗嘱。"乱命"指人在神志不清时发出的命令。与之相对的是"治命"，指人在神志清醒时发出的命令（杨伯峻，1990，p. 764）。魏颗在混乱的、矛盾的命令面前，最终选择"治命"而舍弃"乱命"。他的这种选择尊崇人道、符合道义，他的理性和勇气获得了社会的赞许。这一社会赞许体现在另一个美丽的传说中：公元前594年，秦桓公伐晋。此时，晋文公重耳和魏犨在30多年前已相继去世，魏颗已成为晋国的高级将领。晋景公命令魏颗统率晋军，与秦军在辅氏（今陕西大荔县东）交战。秦将杜回是个大力士，异常凶猛。在厮杀的战场上，魏颗看到一位老人把野草打成结，以阻挡杜回，杜回被绊，扑倒在地，被魏颗俘获。当天晚上，魏颗做了个梦，梦里有个老人对他说："我就是你当年所嫁女子的父亲。你执行你先人神志清醒时的治命，我以此作为对你的报答。"魏颗在那位老人的帮助下，大胜秦军，立下战功，受到晋景公的重赏（严修，2011）。《国语·晋语七》说："昔克潞之役，秦来图败晋功，魏颗以其身却退秦师于辅氏，亲止杜回，其勋铭于景钟。""衔环"指黄雀衔环报恩的神话故事，载于南朝梁国吴均的《续齐谐记》。据唐代章怀太子李贤在《后汉书》卷八十四《杨震列传第四十四》中的注：

  续齐谐记曰：宝年九岁时，至华阴山北，见一黄雀为鸱枭所搏，坠于树下，为蝼蚁所困。宝取之以归，置巾箱中，唯食黄花，百余日毛羽成，乃飞去。其夜有黄衣童子向宝再拜曰："我西王母使者，君仁爱救拯，实感成济。"以白环四枚与宝："令君子孙洁白，位登三事，当如此环矣。"（范晔，1965）

杨震（生活于东汉初年）的父亲杨宝9岁时，在华阴山北见一黄雀被老鹰击伤，坠落在树下，被蝼蚁围困。杨宝可怜它，将它带回家，放在巾箱中。黄雀只吃黄花，百日之后羽毛丰满，振翅飞走。当夜，有一黄衣童子向杨宝拜谢说："我是西王母的使者，蒙您仁爱救拯，实感成济。"并将四枚白环赠与杨宝，说："它可保佑您的子孙位列三公，为政清廉，处世行事像这玉环一样洁白无瑕。"后来，果如黄衣童子所言，杨宝的儿子杨震、孙子杨秉、曾孙杨赐、玄孙杨彪四代都官至太尉，刚正不阿，为政清廉，他们的美德被后人传诵。

第二，从正报还是反报的角度看，报恩可分为正报与反报两种类型：(1) 正报，即以德报德。它指以友善的方式回报那些曾直接或间接有恩于自己的人的一种做法。例如，《诗经·大雅·抑》说的"投我以桃，报之以李"就属于以德报德的一种。《论语·宪问》记载："或曰：'以德报怨，何如？'子曰：'何以报德？以直报怨，以德报德。'"孔子主张以公平正直来处理怨恨，用恩惠来报答恩惠，体现出一种彰显正义的精神。正如《礼记·表记》说："子曰：'以德报德，则民有所劝。'"有恩报恩在中国被看作一种正常行为，受到习俗与法律的保护。(2) 反报，即以怨报德或恩将仇报，指以具有伤害性质的方式回报那些曾直接或间接有恩于自己的人的一种做法。中国人通常把恩将仇报视为一种反常行为（文崇一，1988a，p. 347），它既不合乎正常的交换原则，又是一种非常不厚道的做人方式，常常受到有良知的人的谴责。例如，《礼记·表记》记载："子曰：'……以怨报德，则刑戮之民也。'"在中国历史上，的确有以怨报德的人。例如，据《新唐书·敏中传》记载，唐代宰相李德裕推荐白居易的从弟敏中，敏中后来官至刑部尚书。李德裕后因事遭贬，敏中诋之甚力，世人斥敏中为以怨报德（欧阳修，宋祁，2000，p. 3490）。中国人熟知的"中山狼"和"陈世美"的故事都告诫人们：以怨报德，下场不好！

第三，按回报与施与物品之间价值差额的大小分，可将报恩分为厚报、等报和薄报三种类型。(1) 厚报。它指报恩者用以报答恩人的事物在性质或价值上高于恩人曾经给予的帮助的一种回报方式。在中国,厚报曾经有恩于自己的人,被认为是最佳做人方式,能彰显个体的高尚品德。这种人往往易得到周围人的认可或推崇。那么,如何才算厚报呢?具体做法主要有三:① 若回报的事物与施恩者施恩时给予的事物在性质上相同或类似,那么,就要在数量上明显超过施恩者施恩时给予事物的数量。例如,《史记》卷六十九《苏秦列传第九》记载:"初,苏秦之燕,贷人百钱为资,及得富贵,以百金偿之。"(司马迁,2005,p.1785)苏秦以"百金"报当年所受的"百钱"之恩,当属厚报。② 若回报的事物与施恩者施恩时给予的事物在性质上不同,那么,给予施恩者的事物在质量上就要明显优于施恩者施恩时给予事物的质量。例如,据《史记·淮阴侯列传》记载,韩信在未发迹之前,因不善谋生,连饭都吃不饱。"信钓于城下,诸母漂,有一母见信饥,饭信,竟漂数十日。信喜,谓漂母曰:'吾必有以重报母。'母怒曰:'大丈夫不能自食,吾哀王孙([索隐]刘德曰:'秦末多失国,言王孙、公子,尊之也。')而进食,岂望报乎!'"(司马迁,2005,p.2025)后来,韩信"为楚王,都下邳。信至国,召所从食漂母,赐千金"(司马迁,2005,p.2036)。韩信在落难时得到了漂母施与的几餐饭的恩惠,待其发达后赐千金以回报漂母,便属重报。③ 同时使用上述两种方式回报施恩者。(2)等报。它是等量回报的简称,指报恩者报答恩人的事物在性质和价值上等同于恩人曾经给予的帮助的一种回报方式。在中国,"以命换命"这种等报受到高度认可。人的生命只有一次,人死不能复生,如果甲对乙有救命之恩,挂在乙嘴边的一句话便常是"我这条命是您救回来的,您若有需要,可以随时拿去"。将来若甲有需要,乙必须以命相还,否则易遭他人非议。除了"以命换命",其他等报勉强被中国人认可。(3)薄报。它指报恩者报答恩人的事物在性质或价值上远低于或小于恩人曾经给予的帮助的一种回报方式。在中国,薄报曾经有恩于自己的人被认为是一种不恰当的做人方式,折射出个体人品的低下。这种人往往会让周围人感到心寒,从而为周围人所不齿并被排斥。那么,如何才算薄报呢?常见类型主要有三:① 回报的事物与施恩者施恩时给予的事物在性质上相同或类似时,其数量明显少于施恩者施恩时给予事物的数量;② 回报的事物与施恩者施恩时给予的事物在性质上不相同时,给予施恩者的事物在质量上明显劣于施恩者施恩时给予的事物;③ 同时使用上述两种方式回报施恩者。

第四,从回报物类型看报恩的方式。施恩行为主要集中在生活上的救济、心理上的支持与帮助、挽救生命和照顾事业四种类型。因此,从回报物的类型看,挽救生命、厚赠或厚赏、举荐与升官,以及心理上的支持与帮助也是常见报恩方式,而且它们之间有时存在一定的对应关系。例如,用挽救生命回报救命之恩,用厚赠或厚赏回报生活救济之恩,用举荐升官回报事业上的照顾,用心理上的支持与帮助回报他人给予的心理上的支持与帮助等(文崇一,1988a,pp. 357 - 359)。除此之外,以身相许也是一种常见的报恩方式,它既可报救命之恩,也可报厚赠或生活救济之恩,还可报答心理上的支持与帮助等其他类型的恩情。将这些报恩方式作进一步的概括,可以归纳为三类。(1)以身相许或娶作妻子。如果施恩者是男性且单身,年龄在青壮年之间,身心健康且长相上佳;而受恩者是女性且单身,恰逢妙龄,身心健康且长相上佳,并看中了男方,以身相许就成为受恩者回报施恩者的常见报恩方式之一。此时,受恩者回报给施恩者的就是自己的真挚感情。中国经典文学里有大量歌颂这类题材的作品,其中,《柳毅传书》与《白蛇传》是最为经典的两部。在真实生活中,这类报恩方式也很常见。而且值得一提的是,这种报恩方式还时常伴随一个有趣的现象——女强男弱,即女方在社会地位、才华或本领、拥有的财富、人脉等一个或多个方面强于男方。当然,若施恩者是女性且单身,恰逢妙龄,身心健康且长相上佳;而受恩者是男性且单身,年龄在青壮年之间,身心健康且长相上佳,同时女方与男方相互看中了对方,男方若此时的境况大有改善,甚至好过女方,那么,娶作妻子就成为受恩者回报施恩者的常见报恩方式之一。此时,受恩者回报给施恩者的同样是自己的真挚感情。中国经典文学和真实生活中,这类报恩方式同样十分常见。(2)长期尽力善待恩人。为报知遇之恩、养育之恩或救命之恩等大恩,一些人往往长期尽心尽力善待自己的恩人。例如,为报知遇之恩,一些人往往尽心尽力善待那些赏识自己的人,甚至做到鞠躬尽瘁,死而后已。这就是汉语中"士为知己者死"的意思。此时,受恩者回报给施恩者的就是自己的满腹才华,甚至是毕生心血。诸如"管仲为报鲍叔与齐桓公的知遇之恩,尽心尽力辅佐齐桓公,终使齐桓公成为春秋霸主""韩信为报刘邦的知遇之恩,尽力辅佐刘邦打天下,最终帮助刘邦战胜项羽建立汉室""诸葛亮为报刘备对自己的知遇之恩,终身尽心尽力辅佐刘备及其儿子刘禅",等等,都是流传至今的美谈。(3)一次或多次给予厚赠或重酬。如果施恩者是属下或资源匮乏者,而受恩者是上级或拥有丰富资源者,给予施恩者厚赠或重酬就成为受恩者回报施恩者的常见报恩方式之一。此时,受恩者回报给施恩者的主要是官爵、钱财或实物。例如,历史上一些人因军功而获得升迁或重赏,都可视作这种类型。因为军功实际上就是有恩于国家,国家自然要对其进行奖赏,这实也是在报恩。又如,生活中一些普通百姓若有恩于一个富贵者,受恩的富贵者事后给予相应的重酬也属于这种报恩类型。根据上文所论,这三类报恩方式之间的联系与区别可用表1-2示意。

表1-2 三类报恩方式之间的比较

	实现条件	维持时间	恩人与报恩者之间的关系	回报物的类型
以身相许或娶作妻子	报恩者不但要有回报的心意与能力,而且恩人与报恩者之间彼此是异性,且最好年龄相仿、长相上佳、均未婚	长期,甚至持续终身	夫妻关系	夫妻之情,以及相应的关心、财物支持等
长期尽力善待恩人	报恩者要有回报的心意与能力	长期,甚至持续终身	上下级关系、朋友关系、亲子关系等	上下级之情或友情,以及相应的关心、给予的地位与财物支持
一次或多次给予厚赠或重酬	报恩者要有回报的心意与能力	一次或多次	上下级关系、朋友关系或报答后便不再往来	官位、钱财或其他实物

第五,从报恩的时间上看,可将报恩分为当下回报和延时回报两种。当下回报指施恩者一旦向他人施恩,随即就会得到相应的回报的

一种报恩方式。当下回报若做得好,既有利于公正社会的建设,又能激发他人追求善。不过,当下回报若做得不妥当,易让人产生"你在与他当场算清,目的是不愿接受他的恩惠"的误解,从而易让施恩者感到尴尬;同时,不恰当的当下回报也易诱导人们心生贪念,导致一些人为谋求某种利益而去"行善",此时的"行善"就变成谋取私利的手段,而不是行为的真实目的。延时回报指施恩者在向他人施恩后,要经过相当长的时间才能得到相应的回报的一种报恩方式。延时回报若做得好,既有利于双方的人际交往,也有利于让他人明白善有善报的道理,从而引导他人行善。不过,延时回报若做得不妥当,不能让人及时看到善有善报的结果,便有损于公正社会的建设,更无法有效激发他人追求善。

第六,从回报对象上看,报恩可分为对施恩者本人的回报和对与施恩者关系亲密的人的回报。在报恩时,若施恩者还活着,往往是对施恩者本人进行回报。若施恩者已去世,或一时找不到施恩者本人,却可以找到与施恩者关系亲密的人,如施恩者的爱人、子女或其他直系血亲或姻亲等,此时,也可对这些人进行回报。例如,替恩人抚孤,替恩人照顾妻子,提拔恩人的子女、兄弟、女婿,等等,都可算作回报。当然,替死去的恩人修建陵园、翻新宅院,也可算作回报(文崇一,1988a,p. 359)。例如,据《三国志·魏书二十八·邓艾》记载,邓艾年少时家贫,"同郡吏父怜其家贫,资给甚厚,艾初不称谢"。后来邓艾发达了,"迁汝南太守,至则寻求昔所厚己吏父,久已死,遣吏祭之,重遗其母,举其子与计吏"(陈寿,1982,pp. 775 – 776)。

第七,从施报的主体上看,报恩可分为受恩者本人施与的回报和与受恩者关系亲密的人施与的回报。报恩若是受恩者本人完成的,就属受恩者本人施与的回报。若受恩者本人在世时一直没有机会或没有能力回报施恩者,在其去世后,由与其关系亲密的人代为完成的回报,就属与受恩者关系亲密的人施与的回报。在后一种情况下,受恩者往往至死仍心有遗憾,因为自己没有亲自回报施恩者;而亲人替他完成遗愿后,往往会随即至其坟头告诉他,或等来年上坟时告诉他,虽然此时死者已无法听到,但生者只有完成了此仪式,才算彻底了却了这桩事。

(三) 报恩的心理机制

报恩(正报)的心理机制可如图1-1表示。报恩的前提是施恩。某人是否有恩于另一人,从表面上看,仿佛只是二人之间的事情,实则不然。某人是否曾施恩于另一人,除了其二人自己的认知(是否认为某人有恩于自己,是否认为自己受恩于某人),往往还由二人所处社会的习俗认定。如果某人曾对另一人做出被习俗认定能称作"恩"的事情,那么,该人便成为另一人的恩人,此时假若受恩者不承认某人对其有恩,便会被周围人视作没有感恩之心的人;反之,假若某人未对另一人做出习俗认定能称作"恩"的事情,此时某人若硬说自己对另一人有恩,便不易被其所处社会认可,而且会招来"贪功"的批评。受惠者知恩后报恩心理既有可能被立刻激活,也有可能延期激活或不激活。一旦报恩行为激活,完整的报恩过程便包括如下三个子过程。

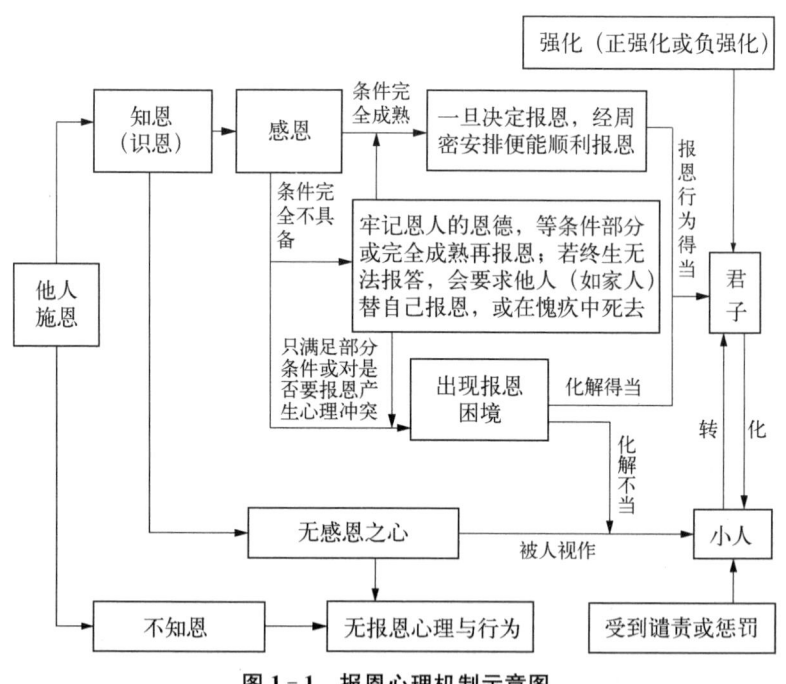

图1-1 报恩心理机制示意图

1. 知恩

个体若想报恩,先要知恩。不知恩的个体是不会报恩的。常见的不知恩情形有两种,一是客观上因他人隐瞒等原因而不知恩,二是主观上不认可社会习俗认定的"恩"或恩人。知恩指个体对自己或自己的亲人享受的"恩"有所知觉。我们的一生享受了各种恩情。先是父母的养育之恩,此养育之恩往往至少持续至父母终老南山为止,甚至即便父母过世,一些人仍能享受到父母的恩情,"大树底下好乘凉"之类的民谚讲的就是这个道理;等到上学,又会享受到老师的教育之恩、同学的关怀与帮助之恩;走上工作岗位后,又会享受到组织、领导与同事的关怀和帮助之恩;年老后,又能享受到社会及晚辈的赡养、照顾之恩。同时,作为一名国家公民,从国家获得了一定的生存资源和发展机会。作为一名人类,获得了地球为每个人的生存和发展提供的必要条件。因此,自然环境和社会环境也都有恩于我们。对于这些于不知不觉中享受的恩情,我们要清楚地认识到、真切地体验到,否则,报恩就无从谈起。而且,恩在客观上和认知上均有数量差异(后者为个体差异),即便是客观上属同一类型、同一数量的恩情,不同的人也会因自身素质的差异、接受恩情时的情境差异等,形成对恩情的认知上的主观性和个体性差异。具体而言,这种差异表现为既有实事求是的认知,也有扩大式认知或缩小式认知。实事求是的认知指有一分恩情便识一分恩情,既不扩大,也不缩小;扩大式认知指将小惠视作大恩;缩小式认知指将大恩视作小惠或无恩。

2. 感恩

知恩之后要感恩。感恩(gratitude)指个体自身和关系亲密之人接受了他人善意提供的具有一定价值的恩惠而诱发的一种愉悦、心怀感激、意欲报答的感谢之情。人们对恩情的认知存在量上的差异,因此,不同人能否对同一类型的恩情感恩,以及感恩的程度大小均有差异。一般而言,"恩"的类型、"恩"在个体心中的价值大小,以及是否存在重报恩的习俗,是影响个体能否感恩,以及感恩程度大小的三个重要变量。相对而言,救命之恩和知遇之恩更易让人感恩,个体认为对其帮助大的"恩"更易让其感恩,生活在重报恩习俗氛围中的个体更易感恩。此外,个体自身特点、双方关系特点也是影响感恩能否产生和感恩程度大小的两个重要因素(梁宏宇,等,2015)。

需指出的是,善于感恩是一种做人智慧。拥有此种智慧的人不会为自己没有的斤斤计较,也不会一味索取,从而让自己的私欲无限膨胀。学会感恩,为自己已拥有的而感恩,感谢生活给予自己的赠予。假若人与人之间缺乏感恩之心,不但无法生出报恩心理与行为,而且会导致人际关系的冷漠,所以,每个人都应该学会感恩。

3. 报恩情形的多样化

感恩之后,若报恩条件完全成熟,个体一旦决定报恩,经周密安排后一般能顺利展现报恩行为;若报恩条件完全不成熟,便只能牢记恩人的恩德,等报恩条件部分或完全成熟后再报恩;如果个体终生无法报答恩人,又渴望报答恩人,往往会要求他人(如家人)替自己报恩,或在愧疚与遗憾中死去。所以,《史记》《三国志》等典籍里记载的报恩行为,其行为主体在受恩时多为不得志的平民百姓,至多是一些地位低下的小官吏;而在报恩时,往往已身份显赫(文崇一,1988a,p.355),拥有众多的资源,从而有条件、有能力对恩人进行重报,如韩信报漂母、邓艾报吏父的家人等均是如此。今人报恩同样如此,吴佩孚报郭绪栋的恩情便属此类。

若个体只具备部分报恩条件,或者,报恩条件已基本具备,但个体因某种或某些因素的干扰,在衡量报恩得失后内心对是否要报恩产生了心理冲突,此时便出现了报恩困境。至于解决报恩困境的方式,主要有五种:(1) 铁定报恩模式。它指面临报恩困境或冲突时,个体将报恩放在其价值观的首要位置,为了报恩而不惜牺牲一切,必要时甚至可以采取牺牲自己的生命或付出其他惨重代价的方式来解决困境或冲突。(2) 理性报恩模式。它指面临报恩困境或冲突时,个体会比较自己所能想到的各式解决方案的得失,然后从中采取对个人现状最有利的方式来解决困境。此时,个体并不将报恩当作个人行动或解决困境的最高指导原则,而是考虑如何在解决困境时使自己的利益最大化。如果此时报恩需要付出惨重代价,他会考虑延缓报恩的时间。(3)两全其美模式。它指面临报恩困境或冲突时,个体会本着既让自身利益最大化,又兼顾实现报恩目的的原则来解决困境。两全其美模式往往受制于个体自身经验的多寡、权力的大小、财富的多少、智慧的大小,以及"恩"的类型和恩人自身的状况等多种因素,以此方式解决冲突并不容易。(4)以怨报德模式。它指面临报恩困境或冲突时,个体为了自身利益的最大化,不惜牺牲恩人的正当权益,最终选择以怨报德的应对方式。以怨报德模式与理性报恩模式的共同之处在于,二者都谋求受恩者自身利益的最大化。以怨报德模式与理性报恩模式的明显区别在于,以怨报德模式不顾做人的底线,不但不设法回报恩人,还有可能让恩人的正当利益受损;理性报恩模式认可做人的底线,不做损害恩人正当利益的事情,只想选择一个恰当的时机,以恰当的方式报答恩人。(5)放弃报恩模式。它指面临报恩困境或冲突时,个体由于没有机会或能力不足,或不愿承担报恩所付出的代价,最终放弃报恩。一旦个体做出放弃报恩的举动,往往会为自己的抉择找各种托词或借口,以规避来自良心或他人的谴责(叶光辉,杨国枢,2009,pp. 272-273)。

若个体的报恩行为做得得当,便易赢得"君子"的赞誉,进而赢得奖励;反之,如果报恩行为不得当,或者忘恩负义、以怨报德,便易被人视作小人,进而招致谴责或惩罚。一项以 52 名大学生为被试,在模拟真实生活的游戏情境中,设定施恩与受恩的情形,考察个体是否会知恩图报的实验发现:(1)个体在接受恩惠时会产生一定的感恩意识,但这种感恩意识比较薄弱,施恩程度可能是影响个体感恩意识的一个重要因素;(2)个体的感恩情绪总体上是一种积极的心理体验过程,并且,随着报恩行为的发生,个体的这种正性情绪会相对增强;(3)受恩被试具有明显的感恩回报行为,但回报值低于接受的恩惠值。这一实验说明,当代个体的知恩图报是以保护自身利益为前提的有限回馈,这暗示当代感恩行为中,有些已脱离传统感恩推崇的重报理念,其实质很可能是基于亏欠而产生的一种偿还义务。这表明,感恩行为受到个体自身利益与道德压力的双重驱动,个体以两者的平衡点作为回报行为的指标

(蒲清平,朱丽萍,2012)。

(四)影响报恩心理与行为的主要因素

影响报恩心理与行为的因素,除了文化环境,还有如下三个重要方面。

1. "恩"的类型与强度

"恩"的类型是影响报恩心理与行为的重要因素。在通常情况下,救命之恩和知遇之恩更易得到回报。因为救命之恩易让获救者刻骨铭心、感动至深,事后自然会想方设法回报恩人;而个体在受到他人提供的知遇之恩后,境况较之从前一般会得到很大的改善,从而更有条件进行报恩。至于养育之恩,若想得到回报,必须满足两个前提:子代有孝心,也有能力展现孝行。而夫妻之恩若想得到回报,双方之间的恩爱之情必须保持一定的强度,等等。同时,"恩"的强度也是影响报恩心理与行为的一个重要因素。一般而言,较之小恩,大恩更易得到回报。这意味着,一旦受恩者接受了施恩者的大恩,那么,即便从时间上看受恩者终身都在报答施恩者,从代价上看,受恩者倾尽万贯家财甚至付出生命代价报答施恩者,也是合情合理的,更是被社会认可的。当然,受恩者在做出此种举动后,也会赢得"有情有义"或"知恩图报"之类的积极评价。

2. 报恩者自身的因素

报恩者可以是受恩者本人,也可以是受恩者的家人、亲属、好友、上级或下属等,不管是何种人,一般而言,行为者的身份、心理素质、处境与行为的过程等都有可能影响报恩的方式以及量的大小(文崇一,1988a,p.373)。

报恩者的身份常常影响报恩的时间、方式与程度。现实生活中,不同人常常拥有不同的身份,无法一一穷尽。下面仅列举三种常见身份,以便让读者从中了解报恩者身份对报恩时间、报恩方式和报恩程度的影响。假若报恩者身居高位,不但可以马上回报恩人,而且可以利用手中掌握的多种资源来回报恩人。例如,可以将只有平民身份的恩人提拔为官,或者帮助已是低级官吏的恩人升迁,也可以用厚赏的方式回报恩人。假若报恩者是一个财力雄厚者,也可以马上用丰厚的金钱或实物回报恩人,恩人家境并不富裕时更是如此。假若报恩者是一个家境贫寒的普通百姓,即便想马上回报恩人,可能也一时无力实现,只能等时机成熟后再回报恩人;若恩人本身既富且贵,那报恩者有时便只能以一辈子为恩人忠心做事的方式来回报。明白了这个道理,便可知荆轲为何会为报燕太子丹的恩情而拼死刺杀秦王。

若想成功报恩,就报恩者的心理素质而言,至少必须同时具备如下三个条件:一是报恩者良心觉醒。它解决的是"愿不愿报恩"的问题。个体只有良心觉醒,对他人所施恩情心怀感激,才会想到去报恩,否则,即便他有能力报恩,也不会想到去报恩的。二是报恩者的能力足够。它解决的是"能不能报恩"的问题。个体若想报恩,就必须有相应的能力,以保证报恩行为能顺利实施。若自身能力有限,"心有余而力不足",那就只能等时机成熟后再报恩。三是报恩者的报恩决心或意志力大小。报恩者若能排除万难坚持报恩,其成功报恩的概率就增大,反之,则概率大减。

报恩者身处顺境时,相对于身处逆境,报恩要容易得多。不过,个体若身处逆境还思量报恩,更凸显其品德的高尚。报恩者在报恩的过程中,若事先考虑周详,精心准备,精心安排,事中也能做到随机应变,就易提高报恩的成功率。反之,若事先考虑不周详,未精心准备或精心安排,事中也不善于随机应变,那么,有时就无法有效实施报恩行动。

3. 报恩者所处的社会环境

"报"的结构或系统基本上是循环或封闭的(翟学伟,2007),所以,在中国传统乡土社会,由于人际关系相对稳定,一般而言,人们会更重视"吃亏是福"和"知恩图报"的做人法则,其中,信奉"吃亏是福"导致人们更愿意对他人施恩,信奉"知恩图报"导致人们更易感恩和报恩。

在当代中国,随着城市化进程的推进,越来越多的中国人从农村(乡土社会、熟人社会)走向城市(市民社会、陌生人社会),在城市尤其是大城市里,每个个体拥有的熟人圈都非常小,日常生活中的每一天基本上都要与陌生人接触、打交道,在这种流动性极大的环境里,人与人之间的交往多是一次性的,交往结束后往往"你走你的阳关道,我过我的独木桥"。无法预期回报是导致当代一些中国人施恩心理和感恩、报恩心理逐渐减弱的因素之一(翟学伟,2007)。

三、报仇

在人类各个历史时期,报仇都很普遍且始终存在。在西方,从莎士比亚的《哈姆雷特》到大仲马的《基督山伯爵》,都是以报仇为题材的文学名著。在中国,仅《史记》中就记载了先秦时期的许多报仇故事,其中尤以《史记·越王勾践世家》中记载的"卧薪尝胆"、《史记·伍子胥列传》中记载的"伍子胥鞭尸"、《史记·刺客列传》记载的"荆轲刺秦王",以及脱胎于《史记·赵世家》的"赵氏孤儿"最为著名。报仇在文学作品和史书里有如此重要的位置,必定有深厚的人性基础和复杂的社会根源(苏力,2005)。中国自古人口众多,文化多元,与此相应,对待仇恨的态度也多种多样。有些人信奉"有仇不报非君子"的格言,一旦与某人结仇,就会想方设法去报仇;也有些人信奉"大仇必报,小怨宜解"的做人格言;还有一些人信奉"怨家宜解不宜结"的做人原则,哪怕仇家与自己有血海深仇,仍宽恕对方。上文在总论"报"时涉及的报仇内容此处不再赘述,只论报仇中的余下内容。

(一)"仇"的内涵及类型

1. 什么是"仇"

在汉字史上,"仇"字有两种写法:一种写作"雠",另一种写作"仇"。据《汉语大字典》对"雠"与"仇"二字所列"字形"与"引证"看,"雠"字在诞生时间上要早于"仇"字。

"雠",在"雠尊"上写作"🖻",《说文·言部》写作"🖻"(汉语大字典编辑委员会,2010,p. 4424),简化字为"雠"(汉语大字典编辑委员会,2010,p. 4420)。它不但读作"chóu",且同"仇"。《广韵·尤韵》:"雠,仇也。"此时,"雠"的含义有二:(1)仇怨;仇恨。《楚辞·九章·惜诵》:"专惟君而无他兮,又众兆之所雠。"(2)仇敌。《书·泰誓》:"诞以尔众士,殄殲乃雠。"另外,"雠"除同"仇"外,还有十种含义,分别是:(1)对答。《说文·言部》:"雠,犹应也。"《诗·大雅·抑》:"无言不雠,无德不报。"(2) 相等;匹配。《尔雅·释诂上》:"雠,匹也。"(3) 应验。《字汇补·言部》:"雠,应验也。"(4) 符合;适当。(5) 报复。《字汇·言部》:"雠,报也。"(6) 卖。(7) 付给;酬偿。(8) 校勘。(9) 施行;运用。(10) 通"稠"(汉语大字典编辑委员会,2010,pp. 4424-4425)。

"仇",《说文·人部》写作"𠂇"。读作"chóu"时,"仇"的含义有二:(1) 仇恨。《广雅·释诂三》:"仇,恶也。"《玉篇·人部》:"仇,怨也。"(2) 仇敌。《韩非子·孤愤》:"智法之士与当塗之人,不可两存之仇也。"(汉语大字典编辑委员会,2010,p. 141)可见,"仇"与"怨""恨""恶"之类的字义很难区分。大到灭国之恨,小至无意中得罪对方从而招致对方的怨恨,都可能让对方产生报仇的心理或举动(文崇一,1988a,p. 360)。正如《周礼·地官》所说:"爱恶相攻,则忮心生。故有以一日之忿而为终身之仇。睚眦必报,虽死无恨。"不愿或不敢与人结仇的人在与人交往时常常只能万分小心地应对,宁愿自己吃亏,也绝不得罪对方。

从心理学角度看,"仇"一般指个体对另一个体施加了不愉快刺激或伤害性刺激,从而让受者产生的对施者的怨恨心理或冤屈心理。此时,在受者心中,向其施加了不愉快刺激或伤害性刺激的人,通常被视作仇人或冤家。因此,如果说"恩"来自个体从他人那里得到的好处,那么,"仇"就是个体从他人那里得到的坏处,前者为利,后者为害(翟学伟,2007)。因此,与"仇"经常联系在一起的往往是"恨"(仇恨)、"敌"(仇敌)、"人"(仇人)(夏征农,陈至立,2010,p. 248),并且常常是"仇人相见,分外眼红"。

虽然"仇"与"恨"之间常常难以区分,不过,有些"恨"似乎又不能用"仇"来表示。因为这些"恨"非常微妙,简直与爱混淆不清。例如,青年男女在谈恋爱时,女方有时会说"我恨死你了"之类的话,此话中的"恨"往往是一种"爱"。又如,张爱玲的"人生三恨"是,一恨鲥鱼多刺,二恨海棠无香,三恨红楼未完。鲥鱼是天下美味,吃时偏恨多刺;海棠艳色如妖姬,却恨它无香味;《红楼梦》号称天下奇书,却偏偏是一部未完稿,怎能不让人生恨！其实,这三种"恨"里句句是"爱",是对圆满世界的一种贪恋,也是对缺陷世界的抗议与关注。凡有这种"恨"的人,大多是天赋特别的情种,因而才会有这种幽逸的恨事(黄永武,2013)！

2."仇"的类型

在中国人心中,仇恨多种多样。按不同标准划分,可分为不同的类型。

从内容上看,可将仇恨分为如下六种类型。(1)亡国之恨。亡国之恨指因自己的国家被敌人灭亡而产生的对敌人的仇恨。根据此定义,一种仇恨只有同时满足三个条件才是亡国之恨:① 自己的国家已灭亡;② 仇恨的主体是亡国之人;③ 仇恨的对象是灭亡自己国家的人。例如,春秋末期战败求和的越王勾践对打败自己的吴王夫差的仇恨就是一种典型的亡国之恨,自战败后,勾践时刻不忘会稽之耻,经常反躬自问:"汝忘会稽之耻邪?"勾践在忍辱负重的同时,又暗自发奋图强,重用范蠡、文种等贤才,积累国力,等待雪耻之机到来。(2)侵略祖国之仇。侵略祖国之仇指因祖国受到外敌入侵而产生的对侵略者的仇恨。例如,抗日战争期间,中国军民对侵华日军的仇恨。(3)父母之仇。父母之仇指因自己的亲生父母受到他人的侵害或侮辱而产生的对侵害或侮辱自己父母的人的仇恨。根据此定义,一种仇恨只有同时满足三个条件才是父母之仇:① 自己的父母受到侵害或侮辱,其中最令人愤怒的是自己的父母被侮辱至死;② 仇恨的主体是父母受到侵害或侮辱的子女;③ 仇恨的对象是侵害或侮辱自己父母的人。例如,楚平王杀害伍子胥的父兄,与伍子胥结下了"杀父兄之仇",致使伍子胥报仇后掘坟鞭尸。(4)夺妻或夺夫之恨。夺妻或夺夫之恨指因自己的爱人被他人强行夺走而产生的对夺走自己爱人的人的仇恨。根据此定义,一种仇恨只有同时满足三个条件才是夺妻或夺夫之恨:① 自己的爱人被他人夺走,其中最令人愤怒的是将自己深爱的人夺走;② 仇恨的主体是被夺去爱人的人;③ 仇恨的对象是夺走自己爱人的人。中国有句话叫"朋友妻,不可欺"。连朋友的妻子都不能欺负,更不用说夺取别人的妻子或丈夫了,若果真做了此事,则易招来仇家的疯狂报复。(5)欺师灭祖之仇。欺师灭祖之仇指因自己的恩师受到他人的侵害或侮辱而产生的对侵害或侮辱自己恩师的人的仇恨。根据此定义,一种仇恨只有同时满足三个条件才算是欺师灭祖之仇:① 自己的恩师无端受到侵害或侮辱,其中最令人愤怒的是自己的恩师被侮辱至死;② 仇恨的主体是师父或老师受到侵害或侮辱的弟子;③ 仇恨的对象是侵害或侮辱自己恩师的人。在中国尤其是古代中国,"天地君亲师"五者之中,"师"占其一,所以,欺师灭祖是重罪,某人一旦做出欺师灭祖之举,便往往会与此师门的弟子结下血海深仇。(6) 其他仇恨。除亡国之恨、侵略祖国之仇、父母之仇、夺妻或夺夫之恨和欺师灭祖之仇以外的仇恨,都属其他仇恨。例如,甲因侮辱乙、乙的家人或乙的朋友而让乙对其生恨,甲因窃取乙的财产而让乙对其生恨(夺财之恨),甲因无端攻击乙而让乙对其生恨,等等。

　　从程度上看,仇恨有大、中、小之分。什么才算是大仇? 大仇,也叫"血海深仇"或"深仇大恨",指给对方造成巨大损失的仇恨。这种巨大损失涵盖的范围极广,既可指经济上、社会地位上、心理地位上或身心健康上的巨大损失,也可指兼具其中两种损失或多种损失的组合。所以,亡国之恨为什么是大仇? 这是因为灭亡一个国家,将给被火国家的百姓和最高统治者带来经济上、社会地位上、心理地位上和身心健康上的巨大损失。父母之仇之所以成为大仇,是由于在孝道观的影响下,父母在子女心中拥有崇高的心理地位,所以,如果个体对他人的父母造成了巨大伤害,就与他人结下了父母之仇。以此类推,中仇指给对方造成中等程度损失的仇恨,小仇指给对方造成低等程度损失的仇恨。在日常生活中,小过节若被个体常记在心,就易演化为小仇;小仇日积月累,就易演化为中仇乃至大仇。

(二) 报仇的内涵与类型

1. 什么是报仇

　　报仇也称"复仇",指采取行动回击仇敌,消除心中愤恨(夏征农、陈至立,2010,p.84)。对应前文所述仇恨的类型,报仇既存在于人际关系的层面,也存在于个体与国家、国家与国家等层面。限于本书旨趣,本章所述的报仇主要限定在人际关系的范围内。报仇与自卫和正当防卫虽有差异，但也有相通之处。它们都是个体在受到侵犯后的一种回应，其实际作用都是要打击侵犯者，对侵犯者施加某种痛苦，使侵犯者不敢继续或不再侵犯，从而保护自己。用博弈论的话讲，它们都是博弈者对不合作者作出的符合理性的反应。报仇与自卫和正当防卫之间的主要区别有四：(1) 有主动与被动之分。自卫或正当防卫一般是被动的，报仇往往是主动的。(2) 目的不同。自卫或正当防卫的目的是保护自己，报仇则是有意要伤害他人。(3) 实施时间的早晚有差异。自卫或正当防卫的外显特点是行动的即时性，即先在的侵犯行为与后发的防卫行为之间存在时间上的直接联系；复仇最突出的外显特点是历时性或滞后性，即先在的侵犯行为与后发的复仇行为之间不存在时间上的直接联系。复仇之所以具有滞后性，最主要的原因是受害者或受害者的亲朋好友在理智分析后，认识到当前不具有即时报仇的能力或条件。(4) 是否需要承担法律责任有差异。假若受害者当场反击、即时报复，有可能会构成正当防卫，无需承担法律责任。为了彰显儒家倡导的法理必须吻合人伦天理的精神，中国古代的司法实践对报仇者大多从轻发落，但现代法律一般禁止私自报仇。在现代法律精神看来，报仇是一种私人行为，至多仅代表报仇者个人心中的正义，而不是法律代表的社会正义，受害者理应寻求公权力救济，通过司法途径讨回公道。因此，在现代，受害者一旦私下实施报仇行动，对仇人造成伤害，常要承担相应的法律责任。当然，如果因法律本身的缺陷或因司法不公等因素造成公权力无法帮受害者及时讨回公道，在此背景下，受害人或其亲朋好友实施的复仇行动就有了一定的正当性，自然也就有了一定的可宽恕基础(苏力，2005)。正由于此，在多数中国人看来，与有恩报恩类似，有仇报仇也是一种正常行为，若有仇不报，易被周围人瞧不起，正所谓"有仇不报非君子"。报仇行为只要适当，既不过与不及，更不伤及无辜，在中国古代一向受到社会的肯定，甚至受到法律的保护(文崇一，1988a，p. 347)。例如，《宋史·孝义·甄婆儿》中记载过一则"甄婆儿复仇案"。在该案中，宋太宗为了体现法理要吻合人伦天理的精神，最终赦免了甄婆儿的杀人罪行。"雍熙中,又有京兆鄠县民甄婆儿,母刘与同里人董知政忿竞,知政击杀刘氏。婆儿始十岁,妹方襁褓,托邻人张氏乳养。婆儿避仇,徙居赦村,后数年稍长大,念母为知政所杀,又念其妹寄张氏,与兄课儿同诣张氏求见妹,张氏拒之,不得见。婆儿愤怒悲泣,谓兄曰:'我母为人所杀,妹流寄他姓,大仇不报,何用生为!'时方寒食,具酒肴诣母坟恸哭,归取条桑斧置袖中,往见知政。知政方与小儿戏,婆儿出其后,以斧斫其脑杀之。有司以其事上请,太宗嘉其能复母仇,特贷焉。"

2. 报仇的类型

"有仇不报非君子"一语也表明,面对仇恨,也有人最终选择了不报。限于本章旨趣,对于不报,这里不多讲,下面只进一步探讨报仇的类型。

报仇的方式多种多样,按不同的标准,可以将报仇的方式分为不同的类型。为便于读者理解,下面只逐一探讨按某个标准划分的报仇类型。真实生活中的报仇方式实际上既可以是下面所讲的某一种,也可以是其中两种或多种的结合,因此,真实生活中的报仇方式也是千变万化的。

第一,从仇恨的类型角度看,仇恨有亡国之恨、父母之仇、夺妻或夺夫之恨、夺财之恨等,相应地,报仇就有报亡国之恨的、报父母之仇的、报夺妻或夺夫之恨的、报夺财之恨的,等等。

第二,从正报、直报和反报上看,报仇的方式主要有三种类型。(1)正报,即以怨报怨。它指以具有伤害性质的方式回报那些曾经直接或间接给自己带来身心方面伤害的人的一种做法。"以牙还牙"和"血债血偿"之类的话语讲的就是这类报仇方式。从另一个方面看,这也体现出一种彰显正义的精神,因为个体必须为其所犯恶行接受应有的惩罚。《礼记·表记》记载:"子曰:'以怨报怨,则民有所惩。'"不过,以怨报怨也存在增加新的仇恨的隐患,如此循环往复,无穷无尽,自然会让结仇的双方世代活在仇恨之中,而且不易做到以德服人。"冤冤相报何时了",中国人从总体上看是厌恶这种做法的。这显示出中国人与人为善、宽以待人的品质,与中国文化尚仁爱、尚宽容的特质也是相通的。(2) 反报,即以德报怨。它指以友善的方式回报那些曾经直接或间接给自己带来身心方面伤害的人的一种做法。孔子不赞成以德报怨的做法。但是,《老子·七十九章》也说:"和大怨,必有余怨;报怨以德,安可以为善?"(陈鼓应,2009a,p. 340)《礼记·表记》记载:"子曰:'以德报怨,则宽身之仁也。'"等等。这些史实说明,春秋时期可能流行以德报怨。据《史记·淮阴侯列传》记载,韩信"为楚王,都下邳。……召辱己之少年令出袴下者以为楚中尉"(司马迁,2005,p. 2036)。韩信以"楚中尉"的官爵回报当年给予自己袴下之辱的少年就属以德报怨。受以德报怨传统的影响,一些道德高尚的中国人往往能做到真心宽恕仇人和仇人曾经犯下的罪行,而有更高道德境界的中国人甚至能以"兼爱"的精神来友爱曾经的仇人。(3) 直报。它指以正直的方式回报那些曾经直接或间接给自己带来身心方面伤害的人的一种做法。《论语·宪问》记载:"或曰:'以德报怨,何如?'子曰:何以报德? 以直报怨,以德报德。"可见,孔子赞成以直报怨的做法,因它最符合儒家的思想传统,但如何以直报怨,孔子并未详说。宋人袁采在《袁氏世范》卷中《处己·报怨以直乃公心》里解释得好:"圣人言'以直报怨'。最是中道,可以通行。大抵以怨报怨,固不足道,而士大夫欲邀长厚之名者,或因宿仇纵奸邪而不治,皆矫饰不近人情。圣人之所谓'直者',其人贤,不以仇而废之;其人不肖,不以仇而庇之。是非去取,各当其实。以此报怨,必不至递相酬复,无已时也。"这段话的大意是:圣人说:"必须以正直之道对待怨恨。"这句话最符合中庸之道,可以通行无阻。一般而言,以怨报怨的做法不足称道,而有的士大夫为了博取仁厚长者的虚名,不惜放纵奸邪之人而不去惩治,这实是虚伪且不合情理的做法。圣人所说的正直,实际上指个体若有贤德,就不要因仇怨而废掉他;个体若不肖,也不要因仇怨而庇护他。是非取舍应当根据实际情况而定。以直报怨就不会让结怨双方无休无止地互相报复。可见,以直报怨反映出个体不记前嫌、宽宏大度、慧眼识人的优秀素养。在中国历史上,也有一些人的确是按以直报怨的方式去做的。例如,虽然管仲"常欺鲍叔",不过,鲍叔知管仲是一个贤才,始终善待管仲,无怨无悔,最终帮助管仲成就一番事业,以至管仲发出"生我者父母,知我者鲍子也"的感叹(司马迁,2005,p. 1695)。齐桓公素知管仲是一个不可多得的贤才,在管仲成为自己的阶下囚后,不但不计前嫌,没有杀掉这个曾射中自己衣带钩的人,反而以管仲为相,重用管仲,让管仲帮助自己治理齐国。在这里,鲍叔与齐桓公可谓是以直报怨的两个典范。当然,管仲也没有辜负鲍叔与齐桓公的好意,投桃报李,切实采取一系列管理措施,让齐国迅速国富兵强,助齐桓公跻身著名的春秋五霸。

第三,按回报与施与之间的价值差额大小分,可将报仇分为厚报、等报与薄报三种。(1)重报。重报指报仇者回报给仇人的不愉快刺激或伤害性刺激在性质或数量上大于或远大于仇人曾经给予的不愉快或伤害性刺激的一种报仇方式。因某事与心胸狭窄的小人结仇,往往易招来小人的重报。另外,在报仇时若遵循增量原则,更易导致报仇的升级和扩大,这样下去不但没完没了,而且会变本加厉,构成一种报仇的稳定结构。那么,如何才算重报呢?常见做法主要有三:① 当回报的事物与仇人给予的不愉快刺激或伤害性刺激在性质上相同或类似时,如果在数量上明显多于仇人给予的不愉快刺激或伤害性刺激,就属重报。② 当回报的事物与仇人给予的不愉快刺激或伤害性刺激在性质上不同时,如果给予仇人的不愉快刺激或伤害性刺激在性质上明显恶于仇人给予的不愉快刺激或伤害性刺激,就属重报。例如,"侯景因求婚不成灭王谢两大家族"就属典型的重报。在讲究门第且实行"九品中正制"的东晋,以王导为主的王家和以谢安为主的谢家为保证血统和门第的高贵,在联姻时,除了皇室成员,便只选名门望族。此传统一直延续数百年。据《南史·侯景传》记载,梁武帝时,东魏降将侯景曾试图通过梁武帝向王谢两族求婚但遭梁武帝婉拒:"又请娶于王、谢,帝曰:'王、谢门高非偶,可于朱、张以下访之。'景恚曰:'会将吴儿女以配奴。'"(李延寿,1975,p. 1996)可见,侯景遂视此为平生恨事。梁武帝太清二年(548年),侯景勾结京城守将、梁宗室萧正德举兵谋反,史称"侯景之乱"。太清三年(549年),侯景率军攻入京城建康,不但将年已86岁的梁武帝萧衍囚禁,使其饥饿而死,而且在建康等地大肆烧杀抢掠、奸淫妇女,致使长江中下游流域遭受了毁灭性破坏,并将王、谢两族诛绝。王、谢两族的百年风流至此戛然而止,只留下刘禹锡《乌衣巷》中一句"旧时王谢堂前燕,飞入寻常百姓家",令后人叹息不已!③ 同时使用上述两种方式回报仇人。这一点就明,不再多述。(2) 等报。等报是对等报复的简称,指报仇者回报仇人的不愉快刺激或伤害性刺激在性质与数量上完全等同于仇人曾经给予的不愉快刺激或伤害性刺激的一种报仇方式。在中国,等报一般被人认可。顺便指出,中国古代刑罚也多遵循对等报复的原则,如刘邦率军攻入咸阳后与关中父老约法三章——"杀人者死,伤人及盗抵罪"(李零,2008,p. 70)。(3) 轻报。轻报指报仇者回报给仇人的不愉快刺激或伤害性刺激在性质或数量上远小于仇人曾经给予的不愉快或伤害性刺激的一种报仇方式。为了避免报仇的升级和扩大,心胸开阔的中国人提倡轻报,"冤冤相报何时了"一语就是用来劝导人们就此罢手的(翟学伟,2007)。可见,在中国,薄报曾经有仇于自己的人,被认为是高尚的做人方式,折射出个体人品的可贵。这种人往往会让周围人感到舒心,从而得到周围人的认可与接纳。那么,如何才算轻报呢?常见做法主要有三:① 当回报的事物与仇人给予的不愉快刺激或伤害性刺激在性质上相同或类似时,如果在数量上明显少于仇人给予的不愉快刺激或伤害性刺激,就属轻报。② 当回报的事物与仇人给予的不愉快刺激或伤害性刺激在性质上不同时,如果给予仇人的不愉快刺激或伤害性刺激在性质上明显优于仇人给予的不愉快刺激或伤害性刺激,就属轻报。③ 同时使用上述两种方式回报仇人。这一点就明,不再多述。

第四,从报仇时间上看,可以将报仇分为两种类型。(1) 当下报仇。它指侵犯者故意侵犯受害人的合法权益时,受害人随即对侵犯者进行反击的一种报仇方式。正当防卫就属典型的当下报仇方式。(2) 延时报仇。它指侵犯者故意侵犯受害人的合法权益后,受害人或受害人的亲朋好友要经过相当长的时间才会对侵犯者进行反击的一种报仇方式。当个体清楚意识到自己暂时无力对仇人进行反击或者认识到当时的反击会让自己的利益进一步受损时,一般会选择延时报仇。

从民谚"君子报仇,十年不晚"可以看出,中国人认可这种报仇方式。在中国历史上,有许多著名的延时报仇的事例,"卧薪尝胆""范雎杀魏齐"就是其中具有代表性的两例。据《史记·范雎蔡泽列传》记载,秦昭王三十六年(公元前 271 年),魏中大夫须贾向魏相魏齐诬陷范雎,使得魏齐怀疑范雎私通齐国,对其进行严刑拷打,并将被打得半死的范雎丢到茅厕里,让人往其身上撒尿羞辱他。范雎装死并贿赂看守者才死里逃生,后在好友郑安平的帮助下跑至秦国,改名张禄,游说秦昭王,受到秦昭王的重用。秦昭王四十二年(公元前 265 年),范雎借助秦昭王的力量逼魏齐自杀(司马迁,2005,pp. 1877-1889)。

第五,从报复的对象上看,报仇可分为对仇人本人的报复和对与仇人关系亲密的人的报复。在报仇时,若仇人还活着,往往只针对仇人进行报复。若仇人已去世,或者一时找不到仇人,却可以找到与仇人关系亲密的人,如仇人的爱人、子女或其他直系血亲或姻亲等,此时,也可以对这些人进行报复,即虐待仇人的妻儿,贬谪仇人的子女、兄弟、女婿,甚至迁怒于其乡邻等,都可算作这种报复。当然,毁坏仇人曾经居住的房屋、宫殿,破坏仇人的祖坟,将死去的仇人从坟墓里挖出后鞭尸、毁尸等侮辱尸体的事情,也可算作报复。前文所讲的"伍子胥鞭尸"便是有名的一例,至于项羽火烧阿房宫与唐末黄巢盗挖唐皇的陵寝,也都带有明显的报仇性质。

第六,从实施报复的主体上看,报仇可分为报仇者本人实施的报复和与报仇者关系亲密的人实施的报复。若是报仇者本人实施的报复,就属报仇者本人实施的报复。若报仇者本人在世时一直没有机会或能力报复仇人,等其去世后,由与报仇者关系亲密的人替其完成报仇心愿,就属与报仇者关系亲密的人实施的报复。这类人群通常包括"五伦"之内的血亲。正如瞿同祖所说:"其他社会复仇的责任不外乎血亲……中国的社会关系是五伦,所以复仇的责任作以五伦为范围,而朋友亦在其中。"(瞿同祖,1974,p. 53)所以,在中国社会,鉴于报仇要冒很大风险,甚至要付出极大代价,个体若与报仇者无任何较亲密的关系,便不太可能替报仇者报仇。如果一个旁观者喜欢打抱不平,不请自到,替一位与自己毫无亲密关系的报仇者报仇,若做得好,易赢得"义侠"(拥有侠肝义胆)的称号,上文所讲的"豫让舍命替智伯报仇""荆轲刺秦王"等均属此类;反之,如果做得不好,则易招来"狗拿耗子,多管闲事"的指责(文崇一,1988a,pp.362-363)。当然,若报仇者在世时不能亲自向仇人报仇,往往至死仍心有不甘。而他的亲人替他完成遗愿后,往往会立即去其坟头告诉他,或等来年上坟时告诉他。尽管此时的死者已无法听到,但生者完成此仪式后,才算彻底了却了这桩事。

(三) 报仇的心理机制

分析"卧薪尝胆""伍子胥鞭尸""荆轲刺秦王""赵氏孤儿"和"甄婆儿复仇案"等著名的报仇故事后可以总结出报仇的心理机制,具体见图1-2。

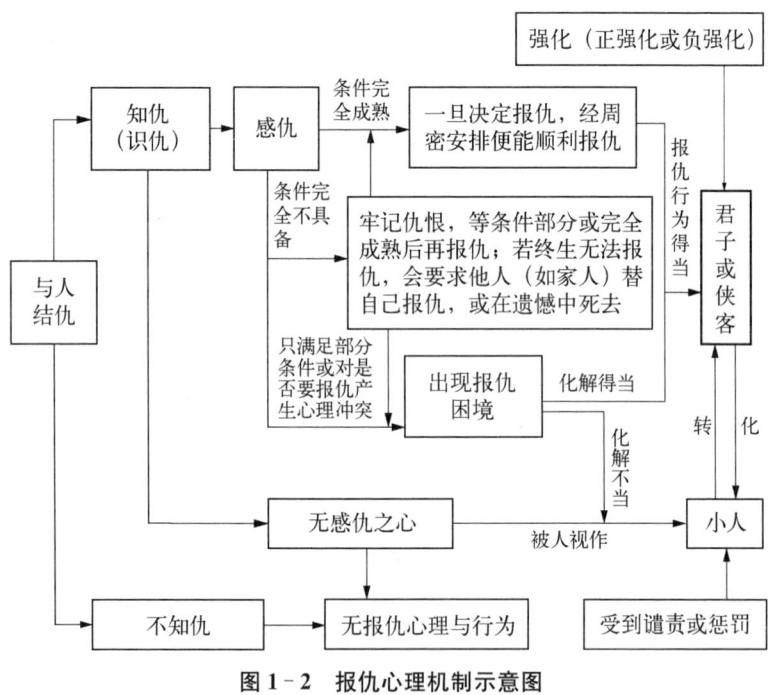

图1-2 报仇心理机制示意图

由图1-2可知,报仇的心理机制与报恩的心理机制异质同构,因此,报仇的前提是结仇。某人与他人是否结仇,从表面上看,仿佛只是他们二人之间的事情,实则不然。某人是否与他人结仇,除了其二人自己的认知(是否认为某人有仇于自己,是否认为自己与某人结仇),往往还由二人所处社会的习俗认定。如果某人对他人做出习俗认定的结仇之事,那么,某人便与他人结仇;反之,假若某人未对他人做出习俗认定的结仇之事,此时,若他人硬说某人与其结仇,便不易被其所处的社会认可,更会招来"无事生非"的批评。一旦结仇成功,报仇便有可能被立刻激活,当然,也可能延期激活或不激活。一旦报仇被激活,完整的报仇过程便包括如下三个子过程。

1. 知仇

个体若想报仇,先要知仇,不知仇便不会报仇。常见的不知仇情形有两种:一是客观上因他人隐瞒等原因而不知仇,二是主观上不认可社会习俗认定的"仇"或仇人。知仇指个体知觉到仇人施加在自己或自己的亲人身上的种种不愉快刺激或伤害性刺激。当然,与"恩"类似,"仇"也在客观上和认知上均存在数量差异。人们在认知仇恨时,从量上看,既有实事求是的认知,也有扩大式认知或缩小式认知。实事求是的认知指有一分"仇"便识一分"仇",既不扩大,也不缩小;扩大式认知指将小仇视作血海深仇;缩小式认知指将血海深仇视作小仇或无仇。

2. 感仇

知仇之后要感仇。感仇指个体对仇人施加在自己或自己的亲人身上的种种不愉快刺激或伤害性刺激感到羞辱和痛苦,进而激起愤怒之情,随即产生强烈的报仇欲望。《史记·赵世家》中记载的"赵孤复仇"(司马迁,2005,pp. 1451 - 1453)和《史记·刺客列传》中记载的"荆轲刺秦王"等(司马迁,2005,pp. 1967 - 1973),他们的复仇行为都主要是受仇恨情感驱动的结果。由于人们对仇恨的认知存在量上的差异,不同人会对不同类型的仇恨心怀怨愤,同类仇恨的程度大小也会有差异。一般而言,适度宽恕仇敌和适度报仇均是一种做人智慧。

3. 采取报仇行动

感仇之后,若其他消除或降低报仇欲望的通道都被堵塞,报仇的动机就易被启动(黄永锋,2008)。若报仇条件完全成熟,个体一旦决定报仇,经周密安排后便能顺利报仇,报完仇后,报仇欲望发泄,心理恢复平衡。若报仇条件完全不成熟,个体只能先牢记仇恨,等报仇条件完全或部分成熟后再报仇。若个体终生无法报仇,又渴望报仇,常常会要求他人(如家人)替自己报仇或在遗憾中死去。《伍子胥变文》说:"丈夫为仇发愤,将死犹如睡眠。"颇有为报仇视死如归的气概。此种气概也典型地体现在荆轲身上。荆轲明知无论刺秦成功与否,结果都是死,却仍视死如归。

当然,如果只具备部分报仇条件,或者,报仇条件虽已基本具备甚至完全成熟,但报仇者因某种或某些因素的干扰,在衡量报仇得失之后,内心对是否要报仇产生了心理冲突,此时便进入了报仇困境。解决报仇困境的方式,主要有五种:(1)铁定报仇模式。它指面临报仇困境或冲突时,个体将报仇放在其价值观的首要位置,为了报仇不惜牺牲一切,必要时甚至宁愿以同归于尽或付出其他惨重代价的方式来解决困境或冲突。(2)理性报仇模式。它指面临报仇困境或冲突时,个体会逐一比较所能想到的各式解决方案的得失,然后从中选择对个人现状最有利的方式来解决困境。此时,个体并不将报仇当作个人行动或解决困境的最高指导原则,而是考虑如何在解决困境时使自己的利益最大化。如果此时报仇需要付出惨重代价,他会考虑延缓报仇的时间或改变报仇的方式。(3)两全其美模式。它指面临报仇困境或冲突时,个体选择那种既能让自身利益尽量少受损或多得益,同时又能达到报仇目的的方式来解决问题。两全其美模式往往受制于个体自身经验的多寡、权力的大小、财富的多少、智慧的高低,以及仇恨的类型和仇人实力的强弱等多种因素,以此方式解决冲突并不容易。(4)以德报怨模式。它指面临报恩困境或冲突时,报仇者因自身良好的道德修养,识大体,顾大局,最终宽恕了仇家的过错,选择了以德报怨的应对方式。(5)放弃报仇模式。它指面临报仇困境或冲突时,个体由于没有勇气或能力,又或者不愿承担报仇所需付出的代价,最终放弃报仇。一旦个体做出放弃报仇的举动,往往会为自己的决定找各种托词或借口,以规避来自良心或他人的谴责。以德报怨模式与放弃报仇模式的共同之处在于,二者都放弃了报仇的权利和义务。以怨报德模式与放弃报仇模式的明显区别在于,以怨报德模式本有机会,且有勇气和能力报仇,但因自身具有良好的道德修养,拥有极高的做人境界,最终选择宽恕仇人的过错,放弃报仇的机会;放弃报仇模式则是因自身懦弱、能力不足、不敢承担责任或不愿付出代价等而放弃报仇(叶光辉,杨国枢,2009,pp. 272 - 273)。

若报仇行为得当,或者出于极高的做人境界决定以德报怨,放弃报仇,此种报仇方式常常会赢得善良民众的普遍理解与支持,报仇者还有可能赢得"侠客"或"君子"的称号;反之,如果报仇行为不得当,或者只因自己懦弱、能力不足、不敢承担责任或不愿付出代价(缺乏正当且充足的理由宽恕仇家),即便有血海深仇也不报,便易被人视作小人,进而招来谴责或惩罚。

(四) 影响报仇心理与行为的主要因素

除了崇尚报仇的文化环境,如下三个方面也是影响报仇心理与行为的主要因素。

1. 仇恨的类型与强度

在多数中国人心中,不同仇恨类型引起的心理紧张度不同。仇恨造成的心理紧张度越大,越易引发报仇者的报复。一般而言,从性质上看,国仇(公仇)与家恨(私仇)相比,国仇更易招来报复,有家仇者甚至可以放弃家仇,与仇人团结一致,共报国仇。从内容上看,因杀人而结仇的最易招来报复,并且报仇者报复的手段往往也是杀人,即以命抵命。因其他原因结仇而招致报复的频率与强度均相对较小一些。从水平上看,血海深仇最易招来报复,并且报复的手段往往极其残忍,小怨小恨相对而言更易化解。从类型上看,相对而言,亡国之恨、侵略祖国之仇、父母之仇、夺妻或夺夫之恨和欺师灭祖之仇五种仇恨一旦结下,最不易让受害者释怀,也最易招来受害者报复。例如,为了报亡国之恨,勾践忍辱负重、卧薪尝胆;荆轲明知是死,却要去刺秦王。民国时期,侠女施剑翘用了10年时间为父报仇。希腊神话中,为争夺当时世上最漂亮的女人海伦(Helen)而发生的特洛伊战争(Trojan War),延续了10年,最后希腊人使用"木马计"成功破城,导致特洛伊城被毁,满城被屠,这可说是西方最有名的因夺妻之恨而引发的战争。在中国,明末吴三桂"冲冠一怒为红颜"的故事同样家喻户晓。不可欺师灭祖是禅宗十大戒律之一,一些武侠小说里,欺师灭祖之徒最终都会受到严厉的惩罚,可见人们对它的痛恨程度。除了亡国之恨、侵略祖国之仇、父母之仇、夺妻或夺夫之恨与欺师灭祖之仇这五种仇恨,还有其他类型的仇恨,不过其分量要小许多。其中典型一例便是《水浒传》里武松为了替兄报仇,杀死了西门庆和嫂子潘金莲。

一般而言,仇恨越深、越大,越易招来报复,反之亦然。可见,若仇恨中同时包含亡国之恨、侵略祖国之仇、父母之仇、夺妻或夺夫之恨与欺师灭祖之仇,那么,这种仇恨的强度往往是最大的。退一步而言,亡国之恨、侵略祖国之仇、父母之仇、夺妻或夺夫之恨、欺师灭祖之仇、灭族之仇、灭门之仇,都是中国人眼中的深仇大恨,一旦心怀此仇,即便粉身碎骨,也会去报仇雪恨。《满江红》中"靖康耻,犹未雪;臣子恨,何时灭"诉说的正是南宋军民的亡国之恨。据《史记·赵世家》记载,晋景公三年(公元前597年),大夫屠岸贾杀死赵朔、赵同、赵括、赵婴齐,并灭其族。赵朔的妻子是晋成公的姐姐庄姬公主,当时怀有身孕,因躲至宫中逃过一劫。其后,庄姬公主生下一名男婴,取名赵武,在赵朔门客公孙杵臼和赵朔朋友程婴的全力保护下侥幸免祸,后长大成人。晋景公十五年(公元前585年),依靠晋景公与大将韩厥等人的支持,赵武杀死屠岸贾并灭其族,恢复了赵氏宗位(司马迁,2005,pp. 1451-1453)。这个报仇故事便是宋元之际话本《赵氏孤儿》的原型。

2. 报仇者自身的因素

报仇者可以是受害者本人,也可以是受害者的家人、亲属、好友、上级或下属等。但不管是何种人,一般而言,报仇者的身份、心理状态、处境与行为的过程等都有可能影响报仇的方式以及量的大小,除了杀人偿命,一般不易做到一对一的等量回报(文崇一,1988a,p. 373),往往是厚报或薄报。

报仇者的身份经常影响报仇的时间、方式与程度。在现实生活中,不同人常常拥有不同的身份,无法一一穷尽。下面也仅列举三种常见身份,以便让读者从中了解报仇者身份对报仇时间、报仇方式与报仇程度的影响。假若报仇者身居高位,不但可以马上实施报复,而且可以利用手中掌握的多种资源来报复仇人。例如,可以借故将只有平民身份的仇人关进监狱,或者以莫须有的罪名将已有官职的仇人连降三级,剥夺其一定家产或全部家产,甚至将其处死。假若报仇者是一个财力雄厚者,也可以马上用大量金钱或实物请人来替自己报仇。假若报仇者是一个家境贫寒或家境一般的普通百姓,即便想马上报仇,可能也一时无力实现,只能等时机成熟时再报仇;若仇人本身既富且贵,那么,报仇者有时甚至需要等上10年、20年甚至更长的时间才能报仇。上文提及的施剑翘就用了10年时间才成功刺杀孙传芳,报了杀父之仇。

严重的故意侵犯会激起受害人或受害人亲朋好友的报仇欲望,只有及时进行排解,才能让受害人或受害人亲朋好友放弃报仇行动。排遣受害人或受害人亲朋好友报仇欲望的可能途径主要有七种:(1)侵犯者及时向受害人或受害人的亲朋好友承认过错,并尽可能多地赔偿其损失;(2)侵犯者通过忏悔、道歉等方式寻求受害人或受害人亲朋好友的原谅与宽恕;(3)受害人或受害人的亲朋好友得到掌握公权力的第三方的支持与帮助,讨回了公道;(4)受害人或受害人的亲朋好友得到其所属群体的支持与安慰;(5)受害人或受害人的亲朋好友诉诸报应观念,指望侵犯者受到报应;(6)受害人或受害人的亲朋好友容忍被侵犯的事实,指望随着时间的流逝忘记曾经遭受的侵犯;(7)受害人或受害人的亲朋好友诉诸暴力反击。这七种途径之间存在一定的替代性关系,即某种途径被阻塞后,行为人会选择另一种力所能及的途径来排遣报仇欲望。通常情况下,只有在前面六种途径都被阻塞时,受害人或受害人的亲朋好友才会采取报仇行动(黄永锋,2008)。

就报仇者的心理素质而言,若想成功报仇,至少必须同时具备如下三个条件:(1)报仇者的良心觉醒。它解决的是"愿不愿报仇"的问题。个体只有良心觉醒,对他人种下的仇恨心怀愤怒,才会想到去报仇,否则,即便他有能力报仇,也不会想到去报仇。(2)报仇者的能力大小。

它解决的是"能不能报仇"的问题。个体若想报仇,自己必须有相应的能力,以保证报仇行为的顺利实施。若自身能力有限,且条件不成熟,"心有余而力不足",那就只能等待时机成熟再寻机报仇。例如,勾践为消亡国之恨,在条件不成熟时,只好先卧薪尝胆,积蓄国力,然后伺机而动,一举打败吴国,报了亡国之仇。至于刘禅,即便想报亡国之仇,也因蜀国已灭,自身被俘,无力与魏国抗衡,只能当"刘阿斗",苟且偷生。正如《三国志集解·蜀书三·后主传第三》引于慎行的话说:"刘禅之对司马昭,未为失策也,欲正教之,浅也。思蜀之心,昭之所不欲闻也,幸而先以己意对,再问之时,已虑有教之者,禅即以正指对,左右虽笑,不知禅之免死,正以是矣。"(卢弼,1982,p. 751)(3) 报仇者的决心。若报仇者决心排除万难坚持报仇,其成功报仇的概率就增大,反之,则概率大减。

另外,个体心胸的大小也是一个重要影响因素。一般而言,心胸宽广的人往往信奉"冤冤相报何时了,得饶人处且饶人"的做人法则,对待仇敌更易采取较宽容的态度。与此相反,心胸狭窄的人往往吃不得亏,不但易对仇敌恨之入骨,还易采取过量的方式报复对方。

对仇恨的性质(类型)与强度是否有正确的认知也是影响个体是否报仇以及采取哪种报仇方式的一个重要因素。如果个体认为自己罪有应得,那么,他一般不会对仇人实施报复。正如《韩非子·外储说左下》所说:"以罪受诛,人不怨上。"反之,假若个体认为自己比窦娥还冤,一旦时机成熟,报仇的概率就会很大。

报仇者在报仇过程中的行为也是一个重要影响因素。报仇者在实施报复的过程中,若事先考虑周详,精心准备,精心安排,事中临危不惧,做到因具体情况而灵活应变,并预备了事后的应对措施,那么,不但易提高报仇的成功概率,而且往往可以做到功成身退。反之,若事先考虑不周详,未精心准备和安排,事中手忙脚乱或临阵脱逃,既不善于随机应变,又不认真考虑事后的应对措施,那么,不但报仇之事极易功亏一篑,而且往往难以成功抽身。

3. 受害人身处的社会环境和处境

若某地一些官员执行法律不够公平、公正,造成辖区内的人有冤屈却无处伸张,也易导致受害者或其亲朋好友的私下报复(文崇一,1988a,p.374)。因此,社会越不公平公正,私自报仇行为就越流行;反之,社会越公平公正,人们自然会寻求法律途径来合法解决彼此之间的矛盾,不必以身犯险,私自报仇。毕竟,私自报仇若触犯了法律,同样有可能会受到法律的制裁。从这个角度说,建立一个统一、公正、全心全意为所有受害者讨回公道的司法制度对于社会和平安定极其重要。如果这个条件不能满足,报仇事件就有可能发生(苏力,2005)。同时,报仇者身处顺境时,相对于身处逆境而言,报仇要容易得多。不过,个体若身处逆境还思量报仇,则更易凸显其意志的坚定;若所报之仇是亡国之仇,或是报仇能伸张正义,便更凸显其品德的高尚。

四、报应

中国人信奉报应的缘由在上文已有论述,下面只论报应的内涵、类型和信报应的心理表征。

(一) 什么是报应

据《汉语大字典》解释,报应简称"报",指人的行为必然获得的吉凶应验。据《辞海》解释,报应的含义有三:(1)天人互相感应。(2)佛教用语,原指种善因得善果,种恶因得恶果,后专指种恶因得恶果。(3)回报;回音(夏征农,陈至立,2010,p.84)。下文所讲的报应取《辞海》中的第二种含义。因此,本章所讲报应的含义有广义与狭义之分。广义的报应指种善因得善果,种恶因得恶果。狭义的报应专指种恶因得恶果。在中国人看来,善人得善报,恶人得恶报,彰显了社会的公平与正义,均是大快人心的事情。

(二) 报应的类型

1. 按报应的性质分

从佛教的视角讲,若以报应的性质为标准,可将报应分为善报和恶报两大类。善报指行善者本人或与其关系密切的人获得相应奖励的一种报应方式。可见,善报的结果是行善者本人或与其关系密切的人得到从性质上看是好的回报。恶报指作恶者本人或与其关系密切的人获得相应惩罚的一种报应方式。因此,从结果上看,恶报是作恶者本人或与其关系密切的人得到从性质上看是坏的回报。

2. 按报应的时间分

从佛教的视角讲,若以报应的时间为标准,可将报应分为两种类型。(1) 现世报。现世报指行善者或作恶者本人或与其关系密切的人在世时就因其善行或恶行而得到相应的报应。当然,从报应的时间上看,这种现世报既可以是当下的现世报,也可以是延时的现世报。当下的现世报指个体行善或作恶后,其本人或与其关系密切的人随即得到相应的报应。延时的现世报指个体行善或作恶后,其本人或与其关系密切的人要经过相当长的时间才会得到相应的报应。(2) 来世报。来世报指行善者或作恶者本人或与其关系密切的人在世时并没有因其善行或恶行而得到相应的报应,但是,在来世会因前世的善行或恶行而得到相应的报应。延时的现世报与来世报的相通之处在于,二者都属于延时报应。延时的现世报与来世报的相异之处在于,延时有时间上的长短之别。延时的现世报的延时较短,只在行善者或作恶者的寿命之内延时;来世报的延时较长,可延至行善者或作恶者的二世、三世甚至更远的时间。

3. 按报应所获回报物价值的大小分

按报应所获回报物价值的大小分,可将报应分为厚报、等报与薄报三种类型。(1) 厚报。它指行善者本人或与其关系密切的人获得的奖励大于其所施的善行的报应方式,或者,作恶者本人或与其关系密切的人获得的惩罚大于其所施的罪恶的报应方式。(2) 等报。它是等量回报的简称,指行善者本人或与其关系密切的人获得的奖励刚好等同于其所施善行的报应方式,或者,作恶者本人或与其关系密切的人获得的惩罚刚好等同于其所施罪恶的报应方式。(3) 薄报。它指行善者本人或与其关系密切的人的奖励远小于其所施的善行的报应方式,或者,作恶者本人或与其关系密切的人获得的惩罚远小于其所施的罪恶的报应方式。

4. 从遭受报应的对象看报应的方式

从遭受报应的对象上看,报应可分为对行善者或作恶者本人的报应和对与行善者或作恶者关系亲密的人的报应。

对行善者或作恶者本人的报应的含义是：行善者种善因,善果也由其本人得到;作恶者种恶因,恶果也由其本人得到。例如,在当代中国,若众人心中的好人偶尔买一次彩票便中了大奖,有人就会说,这是该人先前行善积德的结果。当众人心中的坏人结婚10年仍未有子女时,有人便会说,这是该人先前做多了坏事后遭到的报应。

对与行善者或作恶者关系亲密的人的报应的含义是：行善者种善因却未得善果,善果由与其关系亲密的人得到;作恶者种恶因却未得到恶果,恶果由与其关系亲密的人得到。例如,在当代中国,当平日表现既不好也不差的人买彩票中了大奖,有人便会说,这是该人前世积德的结果;当平日表现既不好也不差的人突然患上了严重的心理疾病或绝症,有人便会说,这是该人祖上干多了坏事后遭到的报应。

(三) 信报应的心理表征

1. 重积德

在信奉报应心理的影响下,中国人重积德,希望为自己、家人和后人种下善因,以期将来能收获善果。正所谓"德由前代积,书为后人藏"。这既是一些中国人注意在日常生活中行善的心理因素之一,也是某些恶人最终自愿金盆洗手的心理因素之一。

2. 逆来顺受

在信奉报应心理的影响下,一些中国人相信,假若自己现在正受苦受难,那一定是前世做多了恶事,这辈子才遭报应,于是,心甘情愿地承受这些苦难。这便是一些中国人习惯逆来顺受、不敢或不愿与命运抗争的心理根源之一。

3. 用报应观解释生活中的一些异常现象

一些中国人信奉报应,习惯用报应观来解释生活中出现的一些异常现象。例如,一些中国人习惯用报应来解释"某人为何能买彩票后中大奖""某人为何突然患上心理疾病或其他恶疾""某人为何不能生小孩""某人生了一个有缺陷的小孩"等现象。又如,有人不幸遭雷击,有些人也会将其解释为："这一定是他做多了坏事,遭天谴,被雷劈。"

综上所论，因果报应既是一种精神鸦片，也是一种治世良方。作为精神鸦片，它能让人心甘情愿、心平气和地接受命运的安排，无论是福是祸，是顺境还是逆境。作为治世良方，它在一定程度上确实能劝人为善去恶。

第二章　中国人的孝道心理观

孝道(filial piety)在中国是一个既古老又现实的话题。说它"古老",是因为中国人自先秦以来就特别重孝道;说它"现实",是因为在当代中国人的心理与行为中,孝道仍起着或隐或显的作用。但是,当历史的车轮驶进21世纪,经过学人近100年(自五四运动以来)的批判,孝道的权威性早已大不如前。同时,随着中国人对西方文化了解的深入,人们越来越意识到孝道并不是一种普适性的道德规范,而主要是儒家倡导的道德规范,这又进一步降低了孝道的权威性。再者,伴随社会进步,以及人们追求身心健康观念的加强,人的寿命大幅延长,这使得老人数量越来越多,老人慢性病比例增加,而现代医疗技术的发展使人的寿命延长,老人带病延续期、失康失能期越来越长。与此同时,劳动力成本越来越高,家庭生育子女数量减少,年轻人就业困难和竞争加剧,为求学和打拼事业纷纷外出且越走越远。结果,要不要继承中国传统孝道,在当代中国尤其是中国大陆地区成为一个颇有争议的话题,赞成者有,反对者也有。假若不能用文化心理学的视角去谨慎反思这个问题,很容易打一场旷日持久的"无头官司"。而一旦从文化心理学的角度去剖析"孝"的原始含义、核心含义和引申含义,准确把握孝道在中国人生活中的表征与异化,从而告诉当代中国人如何才算准确把握了孝的真谛,不但能避免鸡同鸭讲式的不必要争论与误解,而且能使这个老大难问题迎刃而解。本章正是基于这种思考而产生的。

一、孝道的内涵

(一) 孝的语义分析

文字是意识的产物。必须先有孝的观念,然后才有可能将它表现于文字。

金文"孝"字写作"𡥪",上部像戴发伛偻的老人,唐兰认为"即'老'之本字,'子'搀扶之,会意"(汉语大字典编辑委员会,2010,p. 1083)。事实上,金文"𡥪"(孝)"字与金文"𦣻"(老)"字在字形上十分相像(汉语大字典编辑委员会,2010,p. 2969),只不过是将"老"字中的"匕"换成了"子"而已。"老"在甲骨文中写作"𠂂"或"𠂇",商承祚在《殷虚文字类编》里说它"像老者倚杖之形"(汉语大字典编辑委员会,2010,p. 2969)。约斋在《字源》里也说,"𠂂"或"𠂇"像一个头上有长毛的人手里拄着一根杖,显示他是个老年人,与"长"字的一种写法一样,后来那根杖下弯转来,变成了一个"匕"字(约斋,1986,p. 90)。"子"是一个象形字:上像幼儿的头与两臂(有的只画有头,如"𠃉"的上半部;有的画有头与头发,如"𠃋"的上半部),下像幼儿的两足(有的画有幼儿的两足并入襁褓中)。由此可见,"子"的本义当是"幼儿"(汉语大字典编辑委员会,2010,p. 1078)。约斋在《字源》里对"子"也作了类似解释:"𠃉"字画着一个有头有身并且有两个肩膀的孩子,两个肩膀总是高举着,或是摆动着,显示出一个孩子的活泼样;现在通行的"子"字中间变成一平横,这种神气看不出来了(约斋,1986,p. 45)。这表明,从字形上看,"孝"是一个会意字,其本义是"子搀扶老人",很显然是一个充满伦理道德色彩的字。只不过,这个由子搀扶的老人到底是指"已逝的祖先",还是指"在世的老人尤其是自己的父母",两种不同的理解会影响人们对孝的性质的判断。

事实上,孝有八种含义:(1)祭;祭祀。《论语·泰伯》:"子曰:'禹,吾无间然矣。菲饮食而致孝乎鬼神,恶衣服而致美乎黻冕,卑宫室而尽力乎沟洫。'"(2)孝顺;善事父母。旧社会以尽心奉养和绝对服从父母为孝。《尔雅·释训》:"善父母为孝。"《说文·老部》:"孝,善事父母者。"(3) 能继先人之志。《书·文侯之命》:"追孝于前文人。"孔传:"继先祖之志为孝。"(4) 居丧或居丧的人。《世说新语·文学》:"今日与谢孝剧谈一出来。"按:时谢玄居父丧,故称谢孝。(5) 丧服。《水浒传》第二十六回:"原来这婆娘自从药死了武大,哪里肯带孝。"(6) 效法。《诗·鲁颂·泮水》:"靡有不孝,自求伊祜。"郑玄笺:"国人无不法效之者,皆庶几力行自求福禄。"(7) 畜养;保育。《释名·释言语》:"《孝经》说曰:'孝,畜也;畜,养也。'"(8) 姓。《通志·氏族略四》:"孝氏,姜姓,齐孝公支孙之后也。"(汉语大字典编辑委员会,2010,pp. 1083 - 1084)其中,作为姓氏的孝与心理学无关,予以剔除。在余下的七种含义里,孝最初的含义是"祭、祭祀"。依殷商甲骨文"孝"字的写法看,其意主要指"奉先思孝"(《商书·太甲中》),表达的主要是孝的原始含义。此时,孝还不是一个具有现世伦理道德意义的范畴或概念,因为"祭、祭祀"的对象本是鬼神,主要指死去的、已神化的祖先,而不是活着的人。正如韦政通所说,假若人们了解殷、周以来祖先崇拜的宗教传统的演变情形,就知道在金文"孝"的观念里,孝的对象不是"活着的人",而是已逝的祖先,尤其是已神化的祖先;换言之,孝的原始意义介于宗教与伦理之间,作为现世伦理规范的孝,在西周时代还没有成熟(韦政通,1990,pp. 140 - 141)。据潘富恩的见解,孝观念的产生始自以血缘为纽带的氏族社会。当时,生产力水平低下,摆脱不了外部自然力量的支配,人们就会很自然地从血缘的"亲亲"之情发展为崇拜祖先,并祈求祖先对自己的保佑。正如孔子说大禹"致孝于鬼神",这就是孝敬祖先的表现形式。氏族社会后期,随着个体家庭经济的出现,子女继承父母财产的权利被社会认可,相应地,子女赡养父母的社会责任也随之确立,孝的观念于是正式产生。尽管孝观念产生于氏族社会,不过,用文字将孝的内容明确表达出来,却是在奴隶制鼎盛的西周时代。它的表现主要有二:一是周人以孝表达对祖先的敬服,"显孝于申(神)"(《克鼎》),目的是祈求祖先保佑自己,并通过对祖先的祭祀来巩固氏族奴隶主内部的团结。二是表现对在世父母的孝,即对父母尽奉养之责。例如,据《尚书·周书·酒诰》记载:"肇牵车牛,远服贾用,孝养厥父母。"意思是说,为人子者为奉养父母,不辞劳苦到远方去经商。《诗经》也主张子女孝顺父母在于报答父母的养育之恩。正如《诗经·小雅·蓼莪》所说:"父兮生我,母兮鞠我。拊我畜我,长我育我,顾我复我,出入复我。欲报之德,昊天罔极!"可见,具有现世伦理道德意义的孝的观念正式形成于西周时期(潘富恩,1989)。

《说文·老部》说:"孝,善事父母者。从老省,从子,子承老也。"(汉语大字典编辑委员会,2010,p. 1083)这已是受儒家重视现世伦理道德思想影响的结果,此时的孝显然指一种现世的伦理道德规范,更加关注现世,更加生活化,其基本含义已转变为"子女搀扶老人",引申为"子女赡养老人"。此处,"老人"不是泛指所有老人,而是特指父母。这很容易从孝的原始含义里推导出来——既然死去的祖先都要供奉,自然要赡养活着的长辈。因此,"畜养、保育"是作为现世伦理道德规范的孝的基本含义。具体而言,指父母年老了,子女赡养他们;父母生病了,子女伺候他们;父母仙逝了,子女埋葬他们(宁业高,等,1995,pp. 2 - 3)。相对而言,结合远古先民的心理与行为方式,对作为现世伦理道德规范的孝的基本含义作这种解释,是较为贴近先民心理与行为所具有的淳朴、自然等特点的。

从作为现世伦理道德规范的孝的基本含义出发,也可以较自然地引申出孝的"善事父母"的含义。赡养父母不是仅仅让父母吃饱穿暖,尽管这两点毫无疑问颇为重要,但更重要的是,要让父母从心中体会到儿女对自己的爱从而产生幸福感,否则,人赡养父母与禽兽反哺父母有何区别?于是,孝中逐渐地就有了"善事父母"的含义。对这一含义清晰而明确的表述虽出自许慎的《说文解字》,不过,从下文可知,将孝的含义作这一重要转变的人是孔子,孔子之后的《孝经》则对其进行了较完整且具操作性的阐述。《孝经·纪孝行章》说得好:"子曰:'孝子之事亲也,居则致其敬,养则致其乐,病则致其忧,丧则致其哀,祭则致其严,五者备矣,然后能事亲。事亲者,居上不骄,为下不乱,在丑不争。居上而骄则亡,为下而乱则刑,在丑而争则兵。三者不除,虽日用三牲之养,犹为不孝也。'"这表明,《说文解字》对孝的解释从很大意义上讲主要是受到以孔子为代表的先秦儒家孝道观念影响的结果。

伴随孔子儒家在中国传统文化中的地位不断上升,"善事父母"这一含义后来居上,成为孝的核心含义。孝的其他含义皆可轻松地从"善事父母"中引申而出。"善事父母"就要继承父母的志向,帮助父母达成一些未完成的心愿,自然地,孝中就有了"能继先人之志"的含义;起初,"能继先人之志"中的"先人"仅指自己的先辈,后来泛化到其他人的先辈,相应地,孝中就有了"效法"的含义;"善事父母"中的"父母",既包括在世的父母,也包括已仙逝的父母,顺理成章地,孝中就多了一层含义,即"居丧或居丧的人";"居丧或居丧的人"要穿特定的服饰,以表明自己此刻正在居丧、尽孝,孝便又可指"丧服"。而随着汉代后"三纲"思想逐渐深入人心,自然而然地,人们又从"善事父母"中推导出"以尽心奉养和绝对服从父母为孝",所以,"三纲"思想在中国一日不灭,此种绝对的、单向的孝道就一日不亡。

(二)孝道的心理学含义

杨国枢认为,孝道是一套子女以父母为主要对象的良好的社会态度与社会行为的组合,即孝道是孝道态度与孝道行为的组合(杨国枢,2004a,p.201)。杨国枢对孝道的这一界定有其合理之处:从行孝对象看,尽管行孝的对象有时也包括爷爷奶奶或伯父伯母等亲人,但总体上看,行孝的对象主要是父母;从行孝主体看,虽然有时会由孙子孙女或子女的朋友等其他类型的人代替子女行孝,但总体上看,行孝主体是子女尤其是成年子女;从孝道的实质看,它实际上是社会态度与社会行为的组合体。不过,"良好的"一词暗示孝道中包含的孝道态度和孝道行为都是积极的或合理的。然而,事实上,在不同历史时期,中国社会流行的孝道有较大差异;即便在同一历史时期,开明家庭和保守家庭倡导的孝道也有显著差异,不同个体践行的孝道也并不相同。也许有人会争辩说,"以父母为主要对象"便清楚地告诉人们,"良好的社会态度与社会行为"是站在父母的角度上说的,它强调的是对作为行孝对象的父母而言是良好的,至于对作为行孝主体的子女而言是否良好,则不在孝道定义要求的范围之内。这种解释看似说得通,但实际上,它既不合乎有良知的父母看重子女行孝的本意(既希望子女善待父母,又不希望子女活得太辛苦),也具有浓厚的"吃人"色彩,因此,是说不太通的。可见,用"良好的"一词来修饰孝道态度与孝道行为,似乎并未看到悖理孝道的丑恶一面,也未看到生活中孝道种类的多样性,误将孝道等同于合理孝道。有鉴于此,我们在界定孝道时,在借鉴杨国枢观点的基础上,稍加修改,将它表述得更合乎中国国情和中国人的用语习惯——孝道是一套子女以父母为主要对象所展现出的孝心与孝行的组合体。从性质上看,我们定义的孝道属于中性概念,杨国枢定义的孝道属于褒义概念。

既然孝道是一套子女以父母为主要对象所展现出的孝心与孝行的组合体,相应地,孝道主要包括两方面内容。一是孝心。孝心指一套子女以父母为主要对象所展现出的社会态度。心理学界公认人的心理分为知、情、意三部分。依此"三分说"的观点,若将孝心作进一步划分,它必然也包括孝知、孝情、孝意三个成分。其中,孝知,即孝的认知层次,指身为子女者对父母及相关事物的认识、了解和信念;孝情,即孝的情感层次,指身为子女者对父母及相关事物的情绪与感受,通常以敬和爱为主;孝意,即孝的意志层次,指身为子女者对父母及相关事物的行为意向或反应倾向。另一是孝行。孝行指一套子女以父母为主要对象所展现出的社会行为(杨国枢,2004a,p.202)。对于孝心与孝行二者之间的关系,孝道的精髓之义主要有二:(1)孝心为本,孝行为末;孝心是内核,孝行是孝心的载体与表现形式。子女在践行孝道时,要特别留心和在意父母的内心感受或体验,从而及时调整自己的行孝方式,做到以恰当方式表达自己对父母的尊敬,以及自己的悦亲之心,让父母从子女的真孝心与真孝行中产生幸福感(黄坚厚,1988)。虽然,孝心说到底需要一定的孝行来表达,但子女在向父母展示自己的孝道时,最重要的乃是孝心。个体若存有孝心,即便因主客观条件限制而无法及时展现孝行,一般也能得到父母和周围人的认可;更何况,孝行不限于给父母财物上的支持,也包括和颜悦色对待父母、用机智幽默话语逗父母开心等,个体只要用心行孝,哪怕再贫穷,也能找到一些恰当的行孝办法。日常生活中,人们常听到"只要你有这片孝心就可以了""难得你有这片孝心"

之类的说法。可见,"百善孝为先,论心不论迹,论迹贫家无孝子"的说法似宜推敲。当然,个体如果没有孝心,或只有虚伪的孝心,仅做一些所谓孝行的表面功夫,行一种虚伪的孝,一旦被人识破,往往很难被人真正认可与接受。(2)在通常情况下,子女在向父母行孝时只要遵循"量力而行"的原则即可,不可过于损害自身的正当利益;同时,父母在对子女展现自己的慈爱关怀时,也要遵循"量力而行"的原则,切不可无原则地溺爱子女。

虽然我们主张孝道里包含知(孝知)、情(孝情)、意(孝意)、行(孝行)四个部分,对孝知、孝情、孝意和孝行的理解也与杨国枢的界定大致相同,但是我们更倾向于用孝心和孝行两个概念,而较少将孝心进一步细分为孝知、孝情和孝意三个成分,从而与中国人的日常心理与行为方式相吻合。而且,只有先区分出真孝道与伪孝道,才能更好地理解孝知、孝情、孝意、孝行四者之间的关系。在真孝道中,孝知、孝情、孝意与孝行四者之间是相互影响的(见图2-1)。孝知既可直接影响孝情、孝意与孝行,也可通过孝情、孝意来影响孝行;孝情既可直接影响孝知、孝意与孝行,也可通过孝知、孝意来影响孝行;孝意既可直接影响孝行,也可通过孝知、孝情来影响孝行;孝行既可直接影响孝知、孝情与孝意,也可通过孝知、孝情或孝意中的任一个或两个来影响其余部分。在伪孝道中,施孝者往往无真正的孝心可言,即便有一点孝心,也往往不是出自真心,其孝心与孝行之间往往是脱节的关系,一般只有迫于外力或受某种利益驱动的孝行。

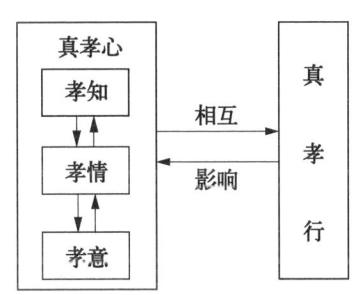

图 2-1 中国人的真孝道示意图
(杨国枢,2004a,p. 203)

二、孝道的类型与运行机制

(一)孝道的类型

按不同标准,孝道可分为不同类型,下面先阐述两种常见的分类,并以此为基础建构孝道的三维模型。

1. 孝道的单维分类

从单维视角对孝道进行分类,常见的有三种。

第一,以向父母展现良好孝心与孝行时子女及其他利益相关者的身心健康和正当权益是否受到较大损害为标准,可将孝道分为合理孝道与悖理孝道两种类型。

合理孝道也称"好孝道"或"积极孝道",是一套子女为回报父母的养育之恩,既以良好孝心与孝行善待父母,又不让自己及其他利益相关者的身心健康和正当权益受到较大损害的孝道。根据此定义,凡是满足以下三个标准的孝道都属合理孝道:(1)适度顺从。为人子女者要适度顺从父母的善良意志,即父母说得对的,要尽量努力顺着去做;若是父母向自己推行错误意志或邪恶意志,则要妥善劝导父母放弃;若劝说不行,就要采取适当对策防止父母犯错误。(2)量力而行。为了回报父母的养育之恩,在正常情况下,子女要在力所能及的范围内真心善待父母,尽心尽力孝敬父母。(3)适度牺牲。为了回报父母的养育之恩,在特殊情况下,若既不损害他人的正当权益又完全出于自己的意愿,子女可适度牺牲自己的正当权益去真心善待父母。不过,这只能偶尔为之,适度为之,绝不可经常为之,或过度牺牲自己的身心健康和其他正当权益,否则,合理孝道就会变成"吃人"的悖理孝道。可见,在正常情况下,子女量力而行,诚心履行合理孝道,既不会导致自己及其他利益相关者的身心健康和正当权益受损,又能让父母开心;在特殊情况下,若既不损害他人的正当权益又完全出于自愿,子女适当牺牲自己的正当权益去真心善待父母,更会让父母和子女双方都真实体验到亲情的温暖。因此,适度践行合理孝道是一件于己、于父母、于家、于社会、于国而言都利多弊少甚至有百利而无一害的事情。

悖理孝道也称"恶孝道"或"消极孝道",是一套为了鼓吹回报父母的养育之恩,片面强调子女要不惜一切代价,不讲任何条件,做到以良好孝心与孝行善待父母的孝道。根据此定义,凡是满足"绝对顺从"和"过度损害子女身心健康和正当权益"两个标准的孝道都属悖理孝道。

悖理孝道主要有两种表现方式:(1)愚孝。主张为人子女者要毫无疑义,绝对服从父母的意志。只要出自父母,哪怕是邪恶的意志,为人子女者也要无条件地绝对服从。同时,鼓吹子女为行孝牺牲一切,要求子女不惜一切代价满足父母的要求,甚至是极不合理的要求,哪怕让自己及其他利益相关者的身心健康和正当权益受到严重损害也在所不惜,而且,子女在这样做时,还要心甘情愿,无怨无悔。《二十四孝》中的"埋儿奉母""扇枕温衾""卧冰求鲤""恣蚊饱血"等故事,鼓吹的都是此种愚孝。(2)单向孝道。无论父母如何对待自己,身为子女者都必须竭尽全力孝敬父母。换言之,个体只要身负"子女"之名,无论父母做得如何,他都必须无条件地孝敬父母。《二十四孝》中的"孝感动天"的故事,鼓吹的就是此种悖理孝道。

第二,以是否真心向父母展现孝心与孝行为标准,可将孝道分为真孝道与伪孝道两种类型。

真孝道是一套子女以父母为主要对象所真心展现出的孝心与孝行的组合体。从情感角度看,凡是其中蕴含真情的孝道都是真孝道。有关真孝道的内容将在下文详细探讨,此处不再赘述。

伪孝道是一套子女以父母为主要对象所展现出的虚伪孝心与虚伪孝行的组合体。从情感角度看,凡是带有虚情假意的孝道,都是伪孝道。伪孝道的表现形式主要有二:(1)将行孝变成"道德秀"。假若一个人出于某种不正当的动机假装行孝,让孝道因丢失了孝心而变成"空壳",孝行就会变成"道德秀"(杨国枢,1988a,p.52),这个人也就是在行伪孝道。例如,"举孝廉,父别居"讽刺的就是一些人为了谋取官职而奉行伪孝道的事情。又如,唐代张鷟撰写的《朝野佥载》卷三记载:"东海孝子郭纯丧母,每哭则群乌大集。使检有实,旌表门闾。后讯,乃是孝子每哭,即撒饼于地,群乌争来食之。其后数如此,乌闻哭声以为度,莫不竞凑。非有灵也。"(张鷟,1997,p.71)这是说,东海郡有个叫郭纯的孝子,在母亲死后,每次哭母都有许多鸟来到他跟前,官府派人查验属实后,为这位孝子立牌坊以表彰其孝行。后来却得知,这位孝子每次哭母前,都会在地上撒饼屑,引群鸟争食,经过多次训练后,鸟形成了条件反射,一听到这位孝子的哭声,就以为有饼吃,便飞来寻食,并不是他的孝行感动了上天。(2)行孝之人只知机械地履行孝道,却不了解孝道的情感性关怀的真谛;只知呆板、机械地扮演孝子或孝女,而不能设身处地地理解孝行背后的真正意义(杨国枢,1988a,pp.52-53)。《礼记》中讲的一些孝道就属此类。

第三,依向父母展现孝心与孝行时遵守规则的自觉程度高低,可将孝道分为他律孝道与自律孝道两种类型。

他律孝道指子女在意识到存在有形或无形的外在监督力量的情况下,以父母为主要对象被动地展现出孝心与孝行的孝道。在通常情况下,每个人在践行孝道时都是从践行他律孝道开始。因此,他律孝道虽显得被动,却是行孝的重要环节。正如《礼记·中庸》所说:"君子之道,辟(譬)如行远必自迩,辟如登高必自卑。"(朱熹,1983,p.32)

自律孝道指一套子女以父母为主要对象所自觉展现出的孝心与孝行的组合体。依此定义,个体在履行自律孝道时,不但无须外在力量的监督,而且能将孝心与孝行进行有机统一。一般而言,只有道德修养达到一定高度的人才能践行自律孝道。

2. 孝道的二元分类

从二元视角对孝道进行分类,目前最知名的是叶光辉于2003年发表的《双元孝道模型的检测》(*A Test of the Dual Filial Piety Model*)一文中正式提出的双元孝道模型(dual filial piety model)(Yeh & Bedford,2003)。双元孝道模型既不是仅以因素分析结果来建构模型,也不是依据早期孝道量表的因素分析结果重新命名因素,而是通过大量回顾不同华人社会进行的各类孝道实证研究,从中汲取灵感,继而以概念的历史分析与理论建构为基础,在逐渐融会出具有整合性的双元模型理论观点后,对既有因素分析结果提出更深一层的阐释(叶光辉,2009b)。

概括而言,在叶光辉看来,任何文化设计必须具备满足个体特定心理需求(而不仅仅是约束个体行为以满足集体层次的需求,如维持家族的和谐与延续)的功能才能长存。因此,孝道作为一个心理学概念,其定义的重点应在于孝道所要满足的个体心理需求以及满足需求的心理机制,所以,只有从亲子互动的角度切入,才能把握孝道在人际与心理运作中的特质。同时,若依据社会文化规范或儒家道德伦理来定义孝道,必然会将孝道视作具有正面功能的概念;若以社会变迁为出发点,以传统、集体主义价值来定义孝道,又往往倾向于探讨传统价值在现代社会中的落差与不适用,隐约预设了(传统)孝道对当代中国人而言负面意义居多。这两种取向似乎在概念化层次就都已为孝道贴上某种价值判断的标签。为了避免预设的价值立场混淆对孝道内涵的理解,也必须从个体层次的心理运作方式切入,定义孝道。再者,就心理学层次而言,相互性与权威性两类孝道向度是通过亲子互动时不同的关系运作特征而逐渐构成的一种家庭关系运作基模,影响其发展的主要因素是幼年起与父母的实质互动历程和其他可能的社会教化历程。不过,社会教化历程只能保证华人理解孝道的规范内容,个体本身的孝道信念高低仍与个体对实际的父母互动经验的感受有关,因此孝道可被视为一项脉络化的性格变项。所以,双元孝道模型对双元向度命名方式的考虑,主要在于如何反映出测量题项背后无法直接观察到的潜在心理运作结构,而不是停留于测量题项本身包括的行为特征。其中,相互性孝道(reciprocal filial piety)主要由"尊亲恳亲"和"奉养纪念"两个次成分的孝道观念组成。"尊亲恳亲"指子女由于感念父母的生育和养育之恩,在情感与精神上表达出对父母的敬爱和关心;"奉养纪念"指基于相同的理由,当父母在世时,子女愿意在物质上和经济上奉养父母并给予父母照料与支持,父母过世后也愿意给予合乎礼节的追思与纪念。相互性孝道作为个体潜在的心理基模,其在亲子关系上的主要运作机制是,以亲子之间自然的情感天性为基础,子代在跨时间、跨情境的日常互动中,逐渐与父母累积出厚实情感和相互支持,使子代在普遍状况下均能相应表现出回报、善待父母的举动。由于亲子两代在此种情感互动关系中具有对等地位(两个独特个体的互动),故以"相互性"命名(叶光辉,2009b)。可见,相互性孝道反映出亲子间在长期日常互动中累积的厚实且亲密的情感。人们之所以愿意善待、关怀父母,一部分原因在于想要回报父母的生育和养育之情,另一部分原因则是人际互动中亲密情感的自然结果。因此,相互性孝道是以儒家的"报"与"亲亲"两个重要人际互动原则为运行法则的,它同时展现了先秦时期的相对主义孝道观念的特征。权威性孝道(authoritarian filial piety)主要由"抑己顺亲"和"护亲荣亲"两个次成分的孝道观念组成。"抑己顺亲"指由于地位的卑下,子女应压抑或牺牲自己的需求来迎合与遵从父母的愿望;"护亲荣亲"指出于角色的要求,子女应尽力荣耀双亲和延续家庭命脉。权威性孝道这类个人心理基模,在亲子关系上的主要运作机制根植于家庭角色阶层脉络的上下关系,其运作核心是通过对角色规范的遵从来寻求社会认同,即子代以自身从社会文化规范中习得的"子女"这一社会角色来面对父母,并依循社会期待表现出与"子女"这一角色相应的行为模式,如对父母权威的顺从、在父母面前压抑自己的个人自主性,等等。所以,权威性孝道特征正好反映了汉代至明清时期的绝对主义孝道观念,并且是以儒家的"尊尊"原则为运作法则的(Yeh & Bedford,2003;叶光辉,2009a;叶光辉,曹惟纯,2014)。若将相互性孝道作为一维,将权威性孝道作为另一维,就可得到双高型、双低型和两种一高一低型共四种孝道类型(见图2-2)。

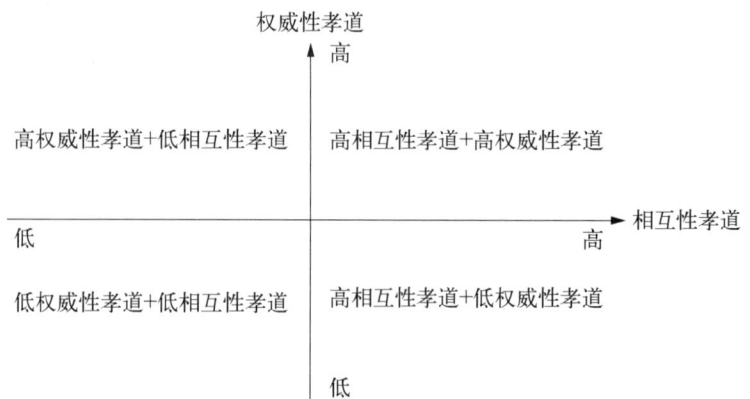

图2-2 叶光辉的双元孝道模型示意图

必须指出四点：(1)双元孝道模型的建构重点在于在人际运作的认知层次区分出双元向度，以厘清孝道的本质。强调从个体的认知信念层次切入，是为了避免以孝意或孝行进行测量时，混杂个人能力与外在现实条件因素的干扰，导致测量结果无法反映出孝道在个体认知运作上的作用方式。不过，区分出双元向度后的概念架构同样可以同时用于测量孝知、孝意和孝行。(2)双元孝道模型除了关注儒家社会伦理的影响与意涵，也重视从个体的角度切入，以亲子间的关系运作特征为孝道的心理学知识基础，力求同等看待文化与心理的关联。因此，在孝道双元理论架构下，无论是相互性向度还是权威性向度，两者的本质均奠基于个体的心理需求，只是两者展现的具体行为内容或多或少受到文化形塑的影响，展现出中国社会中特定的满足形式。其中，相互性孝道满足的是子代个体对人际亲密和安全感的心理需求，因为在任何文化下，亲子关系的伊始必然建立于尚无法独自维生的子代对亲代的依附。在一般情况下，个体会与主要照顾者(重要他人)发展出亲近、亲密的情感。基于此种不断累积的自然情感，以及个人成长过程中父母在日常生活中多方面的照顾、付出和支持(这些现象并无文化差异)，"报"与"亲亲"这两类儒家形式的文化价值要求才得以被个体内化、认同，契合于中国人的日常生活。此种情感互动的相互性并不是要强调父慈子孝，也并不指涉亲子间以同样的行为对待彼此才足以形成一组相互作用的条件，而是指出子代满足重要他人(父母)情感需求的方式同时满足了自身对亲密情感和安全的心理需求(叶光辉，2009b)。权威性孝道满足的是个体对社会认同或隶属感的需求。既然任何文化下的亲子关系都始于子代对亲代的依附，那么这样的互动模式必然也伴随不对等的权力关系，子代为避免惩罚和获得奖赏(如父母的关爱)，逐步学习服从主要照顾者的管教要求，而这些管教要求往往与社会化、群体规范和文化价值有关。此时，子代与父母的关系并不是建立于两个独特个体的互动，父母代表的反而更接近"概化他人""社会化来源"的角色，而子代在此种互动历程中，逐渐学习到如何调整自己的行为、需求，以获得父母的接受、赞许，继而扩展至寻求社会和文化的认可。而随着身心的成长与自主性的获得,子代可能逐渐不再认同父母的价值观和规范要求,但传统中国社会的权威集中于"父(母)亲"角色上,有些子女为了寻求社会赞许,仍会勉力而为,儒家的"尊尊"人际运作法则因此巩固。此处权威性的意涵主要是从子代心理运作的角度切入,即反映的是子代主观认知到自己表现的是符合社会赞许和文化期待的行为。(3)二元对立指同一向度上互斥的两极,但相互性和权威性并不是一正一反的对立向度,而是两类不同性质的孝道向度(因此才可以组合成四种孝道类型,如图2-2所示)。在多项实证研究中,这两个向度间均稳定呈现显著的中度正相关。(4)在理论上,权威性孝道和相互性孝道都同时包含正面与负面的效果。若将孝道作用的特定情境、心理范畴同时纳入考虑,便可发现,在某些情境范畴中,相互性孝道确实有可能导致负面影响,而权威性孝道也有可能产生正面效果(叶光辉,2009b)。

综上所论,双元孝道模型是叶光辉根据自己的深入研究提出的一个独创性孝道架构。经过叶光辉及其团队十余年的不断推进,这一架构现不断完善,并且开发出了双元孝道问卷,为后继者开展孝道研究打下了良好的理论基础,提供了一个颇佳的研究工具。一些后续的实证研究表明,较之过去笼统地谈论孝道,双元孝道模型具有更好的解释力。不过,若加以深究,双元孝道模型仍存在一些可推敲的方面:(1)"任何文化设计必须具有满足个体特定心理需求(而不仅仅是约束个人行为以满足集体层次的需求)的功能才能长存",这种说法在个人主义至上的现代西方社会说得通,但在家族至上和自我主义至上的古代中国,以及集体主义至上的东亚儒学圈,不一定能说得圆融。退一步说,如果一种文化设计必须具有满足个体特定心理需求的功能才能长存,那么,这个"个体"一定是拥有权势的个体(在中国古代,主要指皇帝一人),而不是泛指作为普通百姓的个体。因为文化设计真要满足芸芸众生的众多特定心理需求,必然会导致过分个性化、碎片化。所以,为了防止个性化和碎片化,在专制时代,主流文化一定是为了满足统治者尤其是皇帝一人的主要心理需求而设计的。从这个角度看,中国传统孝道文化自然不例外,它倡导的"以孝导忠"的功能,不正合乎皇帝的需求吗?只有在民主和法治的时代,主流文化才会被设计为满足多数人共有的主要心理需求。(2)若个体果真是基于互助、亲情、安全感、社会认同或隶属感、报恩或公正等心理需求而对健在或过世的父母讲孝道,那么,这本应是人类的通例,可为什么事实上只有中国人才特别重视孝道呢,或者扩而言之,只有生活在儒家文化圈内的东亚人才重视孝道呢?(3)双元孝道模型似乎无法合理解释人口老龄化和社会转型双重背景下出现的"孝子杀母"之类的怪象,以及孝道在一些贫困地区已崩解的现象。"孝子杀父"或"孝子杀母"现象的产生一般需要同时满足三个条件:① 家庭极端穷困;② 子女非常自觉地孝顺父母,且曾长时间自觉践行孝道;③ 致命打击突然出现。自身非常穷困的子女感念父母的生育和养育之恩,自觉地对穷困潦倒的父母非常孝顺,表明其展现的孝道是相互性孝道,践行相互性孝道的子女为什么会做出杀死父母的举动?此外,一些田野研究表明,儒家伦理尤其是孝道在一些贫困地区已崩解(李华伟,2014),某些地方甚至出现了"儿子打死亲生父亲,欲借举办葬礼瞒天过海"[①]的极端个案,难道这些为人子女者都没有"子代个体对人际亲密和安全感的心理需求",因而不会展现相互性孝道,又都因缺少"个体对社会认同或隶属感的需求"而不会展现权威性孝道吗?

3. 孝道的三维分类

亲子情感有善恶和真伪之分,故只从数量上将亲子情感作高低之分,不易让人看到亲子情感的善恶维度和真伪维度,进而不易让人区分孝道的真伪。就孝道而言,一旦子女对父母的情感变成了恶情,就沦为不孝了,故孝道里蕴含的情感理应是善情。不过,子女对父母表达出来的善情有真伪之分,相应地,孝道也有真伪之分。同时,子女在践行孝道规则时,与其作权威性的高低区分,不如依其遵守规则的自觉程度高

---

① 2017年12月4日,陕西省咸阳市三原县渠案镇北高村发生了一起悲剧:当地村民参加一名65岁黄姓老人葬礼时发现,老人面部有被殴打过的伤痕。报警后经警方侦查发现,老人竟是被自己44岁的亲生儿子殴打致死。

低作他律与自律区分。最后,双元孝道模型无法合理解释人口老龄化、社会转型和偏好居家养老三重背景下中国出现的"孝子杀母"之类的怪象与孝道在一些贫困地区已崩解的现象(一些自身贫困者迫于生存压力无奈放弃孝养父母的义务),也无法妥善解释孝与爱情的冲突、忠与孝的冲突、孝与慈的冲突、孝与贫的冲突、孝与事业发展的冲突等,还无法合理解释子女摆脱孝道困境时的抉择过程和机制。所谓孝道困境,即尽孝与其他事情发生冲突时,因无法同时履行两种或两种以上角色或资源有限等限制,子女一时无法化解冲突,导致自身陷入进退两难的窘境。

不过,若引进"权益"这个维度,便既能根据子女践行孝道时其自身、父母、他人及社会正当权益增损的程度大小来对孝道作合理与悖理的区分,也能合理解释古代"埋儿奉母"的现象,以及上文提及的"孝子杀父"或"孝子杀母"怪象和孝道在一些贫困地区已崩解的现象。至于子女尤其是成年子女能否自愿且及时尽孝,决不是一个简单的子女孝或不孝的道德问题,也不仅仅是局限在亲子关系中的私德问题。若孝道冲突仅发生在家庭成员之间,那么,无论是仅涉及父母和子女双方的利益得失,还是会涉及父母、子女和第三个家庭成员(如媳妇、丈夫、孙辈)利益的得失,在多数情况下,父母本着"爱的下倾"原则,在与子女发生冲突时会作出让步,孝道冲突由此便得到化解。例如,在孝与爱情的冲突中,即便父母起初不同意儿女的婚事,但只要儿女坚持,基本上最终都是父母被迫让步,子女得偿所愿。例如,徐志摩执意与原配夫人张幼仪离婚,追求自己的真爱,尽管父亲和恩师反对,他仍一意孤行,最终徐申如和梁启超也只好妥协。所以,一般而言,在孝道冲突或孝道困境中,最难化解的往往是涉及本人、行孝对象和公共事务三者之间利益的冲突。此时,个体由于分身乏术、自身资源有限和孝心不够坚定等引发心理冲突,为了作出艰难抉择,个体不得不尽快从行孝情境紧迫度、行孝困难度、父母对子女要求的合理程度、角色兼顾度、自有资源富裕度、孝心坚定度和自我牺牲度七个方面进行综合考量,作出最优计算,然后决定优先扮演何种角色,并按此优先角色行动,从而使冲突得到解决。

当然，这种解决并不总是意味着以子女选择行孝告终，也有可能是子女选择放弃行孝的义务。也许有人会说，孝道只能限定在亲子关系上，"权益"只是影响孝道的一个因素，而不是孝道本身，否则，诸如性别与能力等影响孝道的因素岂不都成了孝道的一个维度？此说法看似有理，实则值得推敲。性别一般只能影响行孝的方式。在今天性别中性化和双性化越来越普遍的背景下，男女性别对行孝方式的影响表现出趋同。能力一般只影响个体能否行孝以及如何行孝。当个体被周围人公认为无力赡养父母时，他只要适当向父母表达孝心即可，无须展现相应的孝行；当个体有能力行孝时，个体是否行孝以及如何行孝，除亲子关系外，"权益"毫无疑问也是其中一个重要影响因素。"权益"是蕴含在孝道之内并衡量孝道正当与否的一个重要指标。孝道属于一种道德（至少在中国人以及受儒学影响的东亚文化圈看来），而道德又是用以调节人与人以及人与万物之间利益分配的一套价值观，所以孝道必然涉及亲子、夫妻、祖孙甚至国家之间的利益，于是，除愚孝者完全不顾及行孝所需付出的代价外，在其他情况下，人们行孝或多或少都会考虑"权益"这个因素，毕竟人既有感性，也有理性，一旦各方"权益"无法兼顾，孝道困境便会产生。从个体对孝道困境的认知和处理方式中，常能准确识别其孝与行孝的程度。

因此，若将真—伪、他律—自律、合理—悖理三个维度加以整合，可以建构出一个更接近真实的三维孝道模型，或称"孝道三维模型"（如图2-3所示）。如果再引入"时间""数量"和"个体差异"等因素，便知生活中的孝道类型是多样的。

4. 小结

第一，孝道有多种类型。若想细致深入地讨论孝道，必须先分类，既不可笼统地谈，也不可简单地赞成或反对。

第二，划分孝道类型的标准多种多样。目前，从三维视角看孝道类型最为完整、系统。这是由于当代中国的孝道出现了一些新特点，以及双元孝道模型存在某些难以圆融的地方。

第三，区分不同类型的孝道，对人们正确看待孝道、正确履行孝道

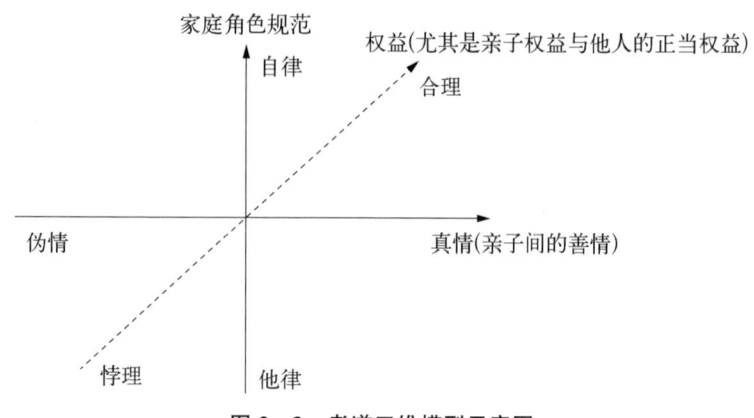

图 2-3 孝道三维模型示意图

都具有一定的指导意义。

第四,遇到孝道困境时,除不孝和愚孝外,子女在综合考量行孝情境紧迫度、行孝困难度、父母对子女要求的合理程度、角色兼顾度、自有资源富裕度、孝心坚定度和自我牺牲度后,一般会作出最优选择。

(二)孝道的运行机制

分析古今中国出现的一些典型孝子的言行可知,孝道的运行机制可用图 2-4 示意。由图 2-4 可知,完整的孝道运行过程包括如下三个子过程:(1)知恩。行孝的前提是子女知道父母对自己有养育之恩。(2)感恩。子女对父母的养育之恩心怀感激之情。(3)报恩。感恩之后,若行孝条件完全成熟,子女一旦决定行孝,便能顺利展现孝行以报答父母的养育之恩。若行孝条件完全不成熟,子女就只能牢记父母的恩德,待行孝条件部分或完全成熟再尽孝报恩;如果个体非常想报答父母的养育之恩,又终生无法报答,往往会要求他的爱人、兄弟姐妹或子女替他行孝,或愧疚终生。若只具备行孝的部分条件,或者虽然行孝条件已基本具备甚至完全成熟,但个体因某种或某些因素的干扰,在衡量行孝得失后对是否要立即行孝产生心理冲突,便出现孝道困境。

解决孝道困境的方式主要有五种:(1)自我牺牲模式。它指当面临亲子互动困境或冲突时,子女会迁就父母的要求与行为,将所有问题的责任与后果一肩担下,牺牲自己的利益,必要时甚至会牺牲自己的生

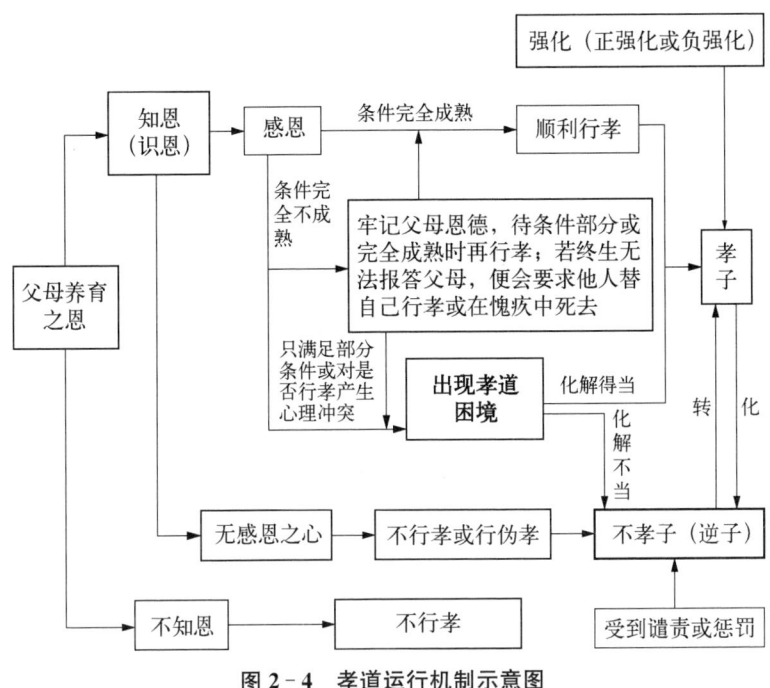

图 2-4 孝道运行机制示意图

命来解决困境或冲突。这种自我牺牲的解决模式向来为中国古人所歌颂,即便在现代社会,仍被视为孝子的典型行为模式。(2)功利主义模式,又叫"自我利益优先满足模式"。它指当面临亲子互动困境或冲突时,子女会把自己的利益或目标放在优先考虑的位置,衡量各种解决方案的利弊得失,然后从中选择对自己最有利的方式来解决困境。此时,子女并不将孝道价值与要求作为自己行动或解决困境的最高指导原则,而是考虑如何在解决困境时使自己的利益最大化。他们往往会为自己的不行孝或少行孝寻找托词或借口,以规避来自良心或他人的谴责。(3)兼容并蓄模式,又叫"两全其美模式"。它指当面临亲子互动困境或冲突时,子女本着尽量满足自己的利益或目标,兼顾父母需求或孝道价值要求的原则来解决问题,因此,选取的解决方式大多既能满足自己的首要责任或需求,又不抵触次要的义务或诉求。这一模式往往受制于个体经验的多寡、财富的多少、智慧的大小、孝道冲突的类型等多种因素,以此方式解决冲突并不容易。(4)折中妥协模式。它指当面临亲子互动困境或冲突时,子女无法立即获得让冲突双方的全部诉求同时满足的解决方式,退而求其次,采取满足双方部分诉求的方案,或考虑通过商谈达成双方都能接受的条件。(5) 规避逃离模式。它指当面临亲子互动困境或冲突时,子女由于没有主见或不愿承担问题的后果,以规避困境问题或什么都不做的方式来应付了事(叶光辉、杨国枢,2009,pp.272-273)。个体的孝行做得妥当,便易赢得孝子的赞誉,进而赢得奖励;反之,如果不行孝或行伪孝,一旦被外人知晓,便易被人视作不孝子或逆子,进而招致谴责或惩罚。

三、孝道的具体内容

准确把握中国的孝道,除了要了解孝道的多种含义,还必须了解孝道的具体内容(也称"尽孝的具体做法")。那么,孝道的具体内容有哪些呢?黄坚厚认为,孝道的内容主要包括爱护自己、使父母无忧、不辱其亲、尊敬父母、向父母进谏、奉养父母六项。若从现代心理学角度看,这六项内容里包含三个要点:(1) 孝道要子女爱护自身,并谋求自我的充分发展;(2) 孝道要子女学习如何与人相处;(3) 孝道要子女整个行为有良好的适应。这意味着,孝道里只有很少一部分是直接以父母为对象的,更多的内容是让一般人能通过良好的亲子关系来促进子女健全人格的发展、人际关系的适应,这实际上是子女的立身处世之道,不过中国古人以"孝道"统称而已。所以,孝道不应受时空限制。这便是古人将孝道视作"天之经也,地之义也""德之本也"的缘由所在(黄坚厚,1988)。黄坚厚对孝道的看法有一定道理,不过,仍至少有三点值得商榷:(1) 若孝道真的主要是讲子女的立身处世之道,目的是促进子女健全人格的发展、人际关系的适应,那么,为何不用"人际关系"之类的术语来概括?为何非要用"孝道"的称谓?换言之,按上述说法理解孝道,似有消解孝道特定内涵的嫌疑。(2) 孝道有合理孝道与悖理孝道、真孝道与伪孝道之分,将孝道看得过于美好,不符合史实与现实。(3) 孝道里是否真的只包括上述六项内容?古今中国人的孝道观是否有一定差异?这些问题都值得进一步研究。

(一) 中国古人眼中的孝道

根据一些经典典籍的记载,中国古人所讲孝道的具体内容主要包括孝心与孝行两大部分。

1. 孝心

在中国古人看来,孝心主要包括孝敬之心与顺从之心两大部分,这是心灵意义上的孝。

第一,"爱亲敬长之心"——孝敬之心。在孝的表征中,孝敬之心是最重要的。正如《礼记·祭义》引曾子的话:"孝有三:大孝尊亲,其次弗辱,其下能养。"孝敬之心指子女对父母的尊敬与爱戴之心。将孝敬之心作为孝道的首要内容,这一功劳主要归于孔子。《论语·为政》记载:"子游问孝。子曰:'今之孝者,是谓能养。至于犬马,皆能有养;不敬,何以别乎?'"在孔子看来,就孝的实质而言,出自个体内心的孝敬之心较之赡养父母的行为更重要。这一观点自产生后,便成为孝道的精髓思想之一,一直为极少数有见地的中国人所继承。例如,据《传习录中·教约》记载,每天清晨,当诸弟子行过见面礼后,王守仁都会"遍询诸生:在家所以爱亲敬长之心,得无懈忽,未能真切否",以此督促学生时时心存孝敬之心。

需指出的是,不独中国人的孝道要求人们孝敬父母,西方也有类似的主张与思想。例如,对西方文化有深远影响的基督教,其"十诫"也将"应当孝敬父母"作为内容之一。同时,一些中国人出于孝敬长者的心理,进而认可"为长者讳"的做法——不直接表明自己对长辈身上存在的缺点的看法,甚至故意隐瞒长者身上的缺点,这既不利于长辈保住自身晚节,也易让长辈因自身的缺点做出错误的行动,若由此给家庭、家族、社会或国家造成损失,就更得不偿失了。所以,"为长者讳",以及"为尊者讳""为贤者讳""为逝者讳"等规则应被打破。

第二,"无违"——顺从之心。顺从之心指子女要从内心尊重、拥护父母的意志,并有按父母的意志待人处事的意向。中国传统孝道一般都要求为人子女者对待父母要有顺从之心,非此不足以称孝子。所以,中国人常将孝顺、顺从等同于孝,将忤逆、顶嘴(回嘴)等同于不孝。于是，古代中国青年人一直要等到成家立业才能逐渐自主独立。当然，个体能否真的"立"起来，关键要看其"成就"如何：身为男性，要能在社会上立业，赢得一定的成就，才会被认为是独立自主的人；身为女性，要等自己生了孩子（最好是生了儿子），才能在婆家立住脚，才能在婆家赢得地位和权利。不过，在父母眼里，子女再大也是孩子；孝顺的成年子女也多半乐意将自己装扮成不懂事、顺从的样子，以顺应父母的心愿。

中国人还常用"肖"定义孝，用"不肖"定义不孝（孙隆基，2011，p. 209）。何谓"肖"与"不肖"？《说文》："肖，骨肉相似也。从肉，小声。不似其先故曰不肖也。"（许慎，段玉裁，1988，pp. 170 - 171）可见，"肖"有"相像""相似"之义，"不肖"有"不相像""不相似"之义。这意味着，在中国人看来，子女是从父母身上延伸出来的"肢体"，是父母的股肱手足，不但理应按父母的意志为人处世，而且要替父母完成其未完成的心愿。一个为人子女者若能这样做，便是孝。从这个意义而言，何为孝？对于贫穷的父母，钱到为孝；对于体弱的父母，出力为孝；对于孤单的父母，相伴为孝；对于脾气暴躁的父母，理解为孝；对于勤俭持家的父母，勤快为孝；对于病患的父母，照顾为孝；对于唠叨的父母，聆听为孝……父母对你的期待，你能顺从，让他们如愿，就是孝。正如《中庸》所说："子曰：'夫孝者，善继人之志，善述人之事者也。……践其位，行其礼，奏其乐，敬其所尊，爱其所亲，事死如事生，事亡如事存，孝之至也。……'"反之，不能按父母的意志做，不去替父母完成其心愿，便是未能承担起作为父母股肱手足的职责，自然是不孝。

但是，是绝对服从父母的所有意志，还是只选择父母的善良意志予以服从，在不同历史阶段有不同看法。大致说来，在先秦时期，学者多是矛盾派，但也有人主张"从义不从父"，显示出明显的理智色彩。汉代尤其是东汉至清代，中国人多主张为人子女者要绝对服从父母的意志，显示出明显的奴教意味。

先秦学者有时主张子女要绝对服从父母，有时又主张子女只应相对服从父母，显示出颇为矛盾的心态。这一观点以孔子和孟子为代表。

《论语·为政》记载:"孟懿子问孝,子曰:无违。"

《论语·里仁》记载:"子曰:事父母几谏,见志不从,又敬不违,劳而不怨。"

《孝经·谏诤章》记载:曾子曰:"若夫慈爱、恭敬、安亲、扬名,则闻命矣。敢问子从父之令,可谓孝乎?"子曰:"是何言与,是何言与!昔者,天子有争臣七人,虽无道,不失其天下;诸侯有争臣五人,虽无道,不失其国;大夫有争臣三人,虽无道,不失其家;士有争友,则身不离于令名;父有争子,则身不陷于不义。故当不义,则子不可以不争于父;臣不可以不争于君;故当不义则争之。从父之令,又焉得为孝乎!"

从前面两段话可知,孔子的孝道思想实是主张为人子女者应绝对顺从父母的意志。若父母有过错,子女只宜委婉劝谏,即便父母不接受子女的合理建议,子女仍要以恭敬的态度对待父母,心中无怨无悔。这就含有子女要不分是非地包容父母的过错和绝对服从父母的意志两大隐患。这两大隐患在之后以《二十四孝》为代表的论著里得到淋漓尽致的发挥,并被封建统治者利用,为后世的孝道带来致命的打击。不过,若从第三段话看,孔子的孝道里还有这样一层含义:为人子女者、为人臣者不应机械、刻板地听从父母、君主的言论,而应有选择地听从父母、君主的言论,只顺从父母、君主的言论中符合"义"的部分;假若父母或君主对子女或臣下说出不义的言论,做出不义的举动,子女或臣子就不能死守孝道,一味地顺从,而要学会说"不",甚至要努力劝说父母或君主放弃自己的不义行为,只有这样做,为人子女者、为人臣者才算是真正的尽孝道。这一思想与今天"学会(正确)选择"的时代思潮相暗合。对此,韦政通认为,在孔子的孝道思想中,"孝"的基本含义是"无违"(韦政通,1990,p.143),此观点值得商榷。当然,也有学者认为《孝经·谏诤章》里的这段言论不是孔子的思想,而是《孝经》对孔子、孟子一味要求子女顺从父母的"孝"观念的一种改进(潘富恩,1989)。我们不赞成这一观点,而倾向于将这一言论视作孔子本人的思想,因为从一定意义上说,孔子本也是《孝经》的作者之一(胡平生,1996,p.4),也只有这样理解才能较好解释《荀子·子道》①存在类似言论的事实。

孔子孝道里"劝人不要盲从父母"的这一层含义之后被极少数大儒（如荀子）承继，虽未"中断香火"，但对后世没有产生真正大的影响。这是中国人讲孝道的一大悲哀！若综合起来看，孔子的孝道思想是矛盾的，使得后人在讲孝道时，无论是主张子女要绝对服从父母的意志，还是子女要选择性地服从父母的善良意志，都可以从孔子的言论里找到相应的支持。孔子孝道思想里的矛盾观点也被孟子继承。一方面，《孟子·离娄上》说："不得乎亲，不可以为人；不顺乎亲，不可以为子。"孟子主张为人子女者要绝对服从父母的意志，若不这样做，就不配为人子女。另一方面，从孟子说诸如"大丈夫"人格之类的话中又可看出，孟子似乎并不鼓吹奴隶人格。结合起来看，似乎只能作这种解释，即孟子也在孝道上持矛盾的观点。与孔子、孟子等人矛盾的心态不同，荀子在论孝子的做人方式时，与其浓厚的尚智思想相一致，主张孝子宜"从义不从父"（王先谦，1988，p. 529），显示出明显的理智色彩。

这种矛盾的情形至汉代出现了新的变化。自西汉董仲舒力倡"三纲"思想和东汉《白虎通义》鼓吹"三纲"之说，"三纲"思想因其有助于维护封建专制统治，受到历代封建统治者的重视。与此相适应，孝道观也发生了一次根本性转变：在孝心上，由先秦时期的矛盾观一跃变为主张绝对服从，即不论父母的观点对错与否，为人子女者都要绝对服从并坚决执行。这一观点后经一些庸俗的御用文人的刻意奉承，作为一种僵硬、死板的"父为子纲"式单向孝道思想深入中国古人的心中，其中尤以《二十四孝》为甚。这一蕴含绝对服从说的单向孝道在明清时期始终处于主导地位，成为钳制广大中国人思想与行为的一副枷锁，直至清代灭亡也没有产生实质性变化。这种单向孝道虽对维护家族制度和社会

---

① 《荀子·子道》："入孝出弟，人之小行也；上顺下笃，人之中行也；从道不从君，从义不从父，人之大行也。若夫志以礼安，言以类使，则儒道毕矣，虽舜，不能加毫末于是矣。孝子所以不从命有三：从命则亲危，不从命则亲安，孝子不从命乃衷；从命则亲辱，不从命则亲荣，孝子不从命乃义；从命则禽兽，不从命则修饰，孝子不从命乃敬。故可以从而不从，是不子也；未可以从而从，是不衷也。明于从不从之义，而能致恭敬、忠信、端悫以慎行之，则可谓大孝矣。传曰：'从道不从君，从义不从父。'此之谓也。故劳苦彫萃而能无失其敬，灾祸患难而能无失其义，则不幸不顺见恶而能无失其爱，非仁人莫能行。诗曰：'孝子不匮。'此之谓也。"

稳定有一定积极作用,但为此付出的代价是惊人的:多数中国古人都易养成依附性人格、权威人格,而不易培养出独立自尊的人格(韦政通,1990,p.144)。

2. 孝行

中国古人主张的孝行的具体内容与做法属于行动上的孝。通过分析史料,孝行主要有以下六类。

第一,"顾父母之养"——奉养父母。子女为表达自己对父母的尊敬,以及自己的悦亲之心,在自己有能力赡养父母的前提下,以恰当的方式奉养父母,自能收到尊亲、悦亲的效果。因此,孝的重要含义之一就是子女要侍奉父母,不但要让父母尤其是年老体弱的父母衣食无忧,而且要让父母有病无忧,即得到及时治疗。尽自己之力满足父母的需要尤其是物质需要,自然是孝子该做的事情。正如《孟子·万章上》所说:"孝子之至,莫大乎尊亲;尊亲之至,莫大乎以天下养。"因此,一个有能力奉养父母却不尽心的人,往往易被人指责为不孝。所以,据《孟子·离娄下》记载,孟子在批评不孝子时,列出了五种不孝行为,其中前三项都属不供养父母的行为:"惰其四支(肢),不顾父母之养,一不孝也;博弈好饮酒,不顾父母之养,二不孝也;好货财,私妻子,不顾父母之养,三不孝也;……"儒家孝道里这种强调奉养父母的思想不但为后世儒人所遵从,而且也为道教人士所认可。例如,道教经典著作之一的《太平经》受到儒家孝道思想的影响,也赞成儒家"父慈母爱,子孝兄长"的道德原则,只不过,它部分剔除了儒家中迂腐、不合情理的愚孝,而将尊亲养老的重点放在强调子女对父母的赡养义务和责任上——"日有积聚,家中雍雍,以养父母"。"子者年少,力日强有余。父母者日衰老,力日少不足也。夫子何男何女,智贤力有余,乃当还报复其父母功恩而供养之也。"又据《传习录中·教约》记载,每天清晨,王守仁都会"遍询诸生:在家所以爱亲敬长之心,得无懈忽,未能真切否;温清定省之仪,得无亏缺,未能实践否;往来街衢,步趋礼节,得无放荡,未能谨饬否;一应言行心术,得无欺妄非僻,未能忠信笃敬否。诸童子务要各以实对,有则改之,无则加勉",以此督促学生时时向父母嘘寒问暖。

当然,若仅仅在物质上满足父母的需要,而没有相应的孝敬之心,也不能算是真正的孝子或孝女。例如,《论语·为政》记载:"子夏问孝。子曰:'色难。有事,弟子服其劳;有酒食,先生馔,曾是以为孝乎?'"这表明,子女尽孝道,难在始终如一地对父母、长辈和颜悦色。如果子女始终如一地以恰当方式向父母表达自己的尊亲、悦亲之心,让父母生活在愉快的心境中,就是真的在尽孝道。反之,若子女只是自己抢着去干重活,而不让年迈的父母去做;有酒食先让年老的父母去吃,但在做这些事情时对父母态度粗暴、生硬,让父母产生寄人篱下、活着是累赘的痛苦想法,丝毫体验不到子女的尊敬和爱戴,那也不能算尽孝道。孔子的这一观点值得当代中国为人子女者谨记。由此可见,黄坚厚主张养亲是孝行的核心之一的观点有偏颇(黄坚厚,1988)。正确的说法应是只有在尊亲与悦亲的前提下养亲,才是真孝行,而且是一种积极的孝行;单纯的养亲不一定是孝行,若仅知养亲,让父母产生寄人篱下、给子女添负担之类的负面情绪,甚至感到生不如死,那便是伪孝道。

第二,"好勇斗狠,以危父母,五不孝也"——不做祸及父母之事。克制自己的冲动与行为偏差,不做祸及父母之事,是孝子必须牢记的。所以,《孟子·离娄下》中孟子所列五种不孝行为的后两项都属祸及父母的行为:"……从耳目之欲,以为父母戮,四不孝也;好勇斗狠,以危父母,五不孝也。"

第三,"不孝有三,无后为大"——生儿育女。中国古代社会主要是一种宗法社会,为了宗族的强大,为了使父母的基因得到延续,行孝的重要途径之一就是努力生育后代,为家族增添人口。个体若在没有生育后代之前就逝世,既会让自己的父辈背上"不孝"的罪名,也会让自己背上"不孝"的罪名,还会削弱自己这一宗系的势力。因为无后不仅使孝道无法继承,而且使构成单系亲族群的一部分死去的祖先无人祭祀,亲族组织遭到破坏。亲族组织一旦被破坏,事亲、尊亲都将失去意义。尊亲在孟子倡导的孝道里占有重要位置。《孟子·离娄上》说:"事,孰为大?事亲为大。"《孟子·万章上》又说:"孝子之至,莫大乎尊亲。"正由于此,《孟子·离娄上》里的"不孝有三,无后为大"一语才成为许多中国人信奉的做人准则,因为后人所讲的孝道,虽不见得将尊亲放在多重要的位置上,但也大致如此。从一定意义上说,这是中国人重养生的心理因素之一。只有保养好自己的身体,个体才有较高概率生育出健康的后代。

第四,"扬名于后世"——建功立业。《孝经·开宗明义章》主张:"立身行道,扬名于后世,以显父母,孝之终也。"受此思想影响,中国人将努力奋斗、建功立业、出人头地、光宗耀祖作为行孝的重要途径之一。这也是中国人向来崇尚自强不息精神的心理动力之一。其中,最典型的例子便是司马迁。《史记·太史公自序》记载:

> (司马谈临死时)执迁手而泣曰:"余先周室之太史也。自上世尝显功名于虞夏,典天官事。后世中衰,绝于予乎?汝复为太史,则续吾祖矣。今天子接千岁之统,封泰山,而余不得从行,是命也夫,命也夫!余死,汝必为太史;为太史,无忘吾所欲论著矣。且夫孝始于事亲,中于事君,终于立身。扬名于后世,以显父母,此孝之大者。夫天下称诵周公,言其能论歌文武之德,宣周邵之风,达太王王季之思虑,爰及公刘,以尊后稷也。幽厉之后,王道缺,礼乐衰,孔子修旧起废,论《诗》《书》,作《春秋》,则学者至今则之。自获麟以来四百有余岁,而诸侯相兼,史记放绝。今汉兴,海内一统,明主贤君忠臣死义之士,余为太史而弗论载,废天下之史文,余甚惧焉,汝其念哉!"迁俯首流涕曰:"小子不敏,请悉论先人所次旧闻,弗敢阙。"(司马迁,2005,p.2490)

从这段话可以推知,司马迁之所以历经千难万苦,甚至在受了极其屈辱的腐刑之后仍坚持《史记》的写作,其父遗嘱带去的精神动力不可低估。个体要有所作为,首先要活下去,即《礼记·儒行》所说:"爱(爱惜、吝啬)其死以有待也,养其身以有为也。其备豫有如此者。"

第五,"身体发肤,受之父母,不敢毁伤"——珍惜生命。《孝经·开宗明义章》说:"身体发肤,受之父母,不敢毁伤,孝之始也。"受此思想的影响,中国古人向来注意保养自己的生命,不使它轻易受到伤害。正如《千字文》所说:"《孝经》云:'身体发肤,受之父母,不敢毁伤。'言此身发,乃父母所鞠养,而不敢损坏也。此将言修身之事,故先言身之至重,以见其不可不修。外而形体,则有四大(指"地""水""火""风",引者注);内而心性,则有五常(指仁、义、礼、智、信,引者注)。修身者,惟修其五常之德,而后能不亏四大之体。盖不敢毁伤者,在四大;而所以不毁伤者,在修其五常也。"(周兴嗣,1991,pp. 16-17)这是促使中国人向来注意养生保健,爱惜身体,始终热爱和平的心理根源之一。

关于中国古人受孝道影响而爱惜身体,还有一些有趣的例子。《灵枢·经水》有言:"若夫八尺之士,皮肉在此,外可度量切循而得之,其死可解剖而视之。其脏之坚脆,腑之大小,谷之多少,脉之长短,血之清浊,气之多少,十二经之多血少气,与其少血多气,与其皆多血气,与其皆少血气,皆有大数。"这表明在《孝经》尚未流行之前,中国古代的医家也曾对人的尸体进行一定程度的解剖,以探究人体内部的奥秘。可惜,后来受《孝经》思想及其产生的相关道德与法律的制约,中医逐渐放弃对人体解剖生理学的研究。不过,少数开明且胆大的中医仍会悄悄利用人的尸体(如弃于野外、无人认领的尸体)进行解剖研究。例如,清代的名医王清任为了研究人体解剖结构和生理功能,曾冲破封建礼教的束缚,亲自解剖观察 100 多具因瘟病而亡的小儿尸体和刑事犯尸体,经过 42 年的辛勤工作,写成《医林改错》一书,将人体生理结构绘制成图,纠正了前人的不少错误,成为中国古代真正在人体解剖生理学基础上提出"脑髓说"的第一人(杨鑫辉,1994,pp. 100-103;燕国材,2004,pp. 659-663;汪凤炎,2008,p. 106)。另一个有趣的事例是通过鼻腔种"人痘"。据《医宗金鉴·种痘心法要旨》,为对付"天花"这种恶性传染病,中国古人发明了种"人痘"以预防"天花"的方法与技术,后传入西方国家。不过,受孝道思想的影响,"人痘"的种植主要通过鼻腔进行,一般不会人为地割破或刺破皮肤。与此不同,西方人没有中式孝道观念,1796 年英国医生琴纳(E. Jenner)将"人痘"改造为"牛痘",其接种常常会先在接种者身上割一个口子或刺一个口子,然后再将"牛痘"种进去(马伯英,1995;吴谦,等,1997)。

第六,"三年之丧"——善待仙逝的长辈。孔子孝道里隐含着片面强调以礼对待父母的思想,所以,孔子虽重"事人"胜过"事鬼",却主张要善待仙逝的长辈,尤其力倡子女要为已逝父母守丧三年,否则就不合礼。据《论语·阳货》记载,孔子的学生宰我认为守丧三年的时间太长,建议改为一年,孔子大骂宰我"不仁",理由是"子生三年,然后免于父母之怀。夫三年之丧,天下之通丧也,予(宰我)也有三年之爱于其父母乎"!孔子对宰我本较合理的主张大加批判,使"三年之丧"成为其后中国漫长的封建社会的守丧信条。《孟子·滕文公上》也记载:"三年之丧,齐疏之服,飦粥之食,自天子达于庶人,三代共之。"这不但劳民伤财,更为严重的是,极易滋生尽孝时不重活人重死人的现象。《孟子·离娄下》中"养生者不足以当大事,惟送死可以当大事"一语尤其如此。这是当代中国人在讲孝道时应引以为戒的。

(二) 当代中国人眼中的孝道

伴随中国经济的腾飞和西方文化的不断冲击,当代中国人的道德观与价值观发生了一些改变,那么,绵延2 000余年的孝道是否也发生了变化? 黄坚厚于1977年和1982年的研究表明,孝道在台湾民众心中并未发生显著变化。例如,"侍奉父母""听从父母的意见""悦亲""奉养父母"等仍被人们认为是最重要的孝行;"绝对服从""传宗接代""由父母安排婚事"既是最不被赞同的孝行,也是最不符合现代生活且不易做的孝行(黄坚厚,1988)。随后,庄耀嘉等人的研究也得到了类似结论(庄耀嘉,杨国枢,1991)。不过,黄坚厚与庄耀嘉等人的研究被试主要来自台湾,没有大陆被试,并且被试都是青少年,缺少其他年龄段人群;同时,1982年距2012年已有整整30年,中国社会在这30年里发生了翻天覆地的变化。在此大背景下,当代中国人对孝道的看法如何? 为弄清当代中国人的孝道心理现状,并探讨其变迁情况,我们于2012年以在校大学生、教师和普通居民为调查对象,发现当代中国人的孝道心理与30年前相比并未发生根本改变。当代中国人的具体孝道观表现为:(1)当代中国人总体上对孝道持很强的认同态度,其中,女性的尽孝程度自评显著高于男性。(2)当代中国人持否定态度的孝行在过去30年里基本未发生变化,主要包括"绝对服从父母的意志""由父母安排婚事""厚葬去世的父母,守孝三年"等。(3) 当代中国人持肯定态度的孝行在过去 30 年中发生了略微改变,更具时代性,主要包括"尊敬父母""关心父母""经常带爱人、子女回老家看望父母"等(汪凤炎,许智濛,孙月姣,周玲,2014)。

四、中国人为什么推崇孝道

每个人在成年前都非常脆弱,必须依靠家人的关心和照顾才能顺利成长,否则就易受到伤害甚至死亡。正由于此,在正常情况下,每个人都会对自己的父母心存感激,在自己有能力时都会想方设法报答父母的养育之恩,这是天经地义的。基于互助、亲情、安全感、社会认同或隶属感、报恩或公正心理需求对父母讲孝道,这本应是人类的通例,但为什么事实上只有中国人和生活在东亚儒家文化圈里的人才特别重视孝道呢?细究起来,除了"中国人特别重视报答父母的养育之恩"(中国人重视孝道的一个重要内因)这个原因,还有如下多种因素的交互作用,导致中国人始终非常推崇孝道。

(一)受小农经济的深刻影响

中国历史上一直都以小农经济为主,以农立国。用文化生态学(cultural ecology)的眼光看,以小规模农业为重心的经济生活和社会生活势必会产生如下三种后果,进而易滋生并流行孝道文化。

1. 小农经济导致国家财富不足,官方强调孝道

受生产力发展水平不高(相对于现代生产力发展水平而言)、自然环境较恶劣、战争频发、不重视发展科技和私有财产不受法律保护等因素的制约,在中国漫长的古代历史上的绝大多数时期,国家无法积累厚实的财富,致使各朝各代的当政者都没有能力在全国范围内面向全体民众建立一个完善的、高水平的社会保障制度,妥善解决"老有所养,病有所医,死有所葬"的问题,而是将这些问题移交给家庭、家族解决,结果,"养小与养老"等工作都必须由家庭、家族承担,主要在家庭、家族中完成。再加上孝可衍生忠等道德功能,出于减轻国家经济负担与维护国家和社会安定的双重需要,古代中国的政府都强调孝道的重要性,这

是古代官方一向鼓吹以孝治国的重要心因，它也是中国人重视孝道的最重要外因。

2. 小农经济使得许多中国人养成了凡事以家为重的家族主义心态和做法

重家庭、家族而轻社会的管理理念，指一种过于重视维护家庭、家族而轻视培育社会的管理理念。受它的影响，在中国，生产单位多以家庭、家族为主要单位，它们的存在必须得到小心维护，否则小农经济就无法有效开展。这使得许多中国人养成了凡事以家为重的家族主义心态和做法。家庭、家族是中国传统社会内的主要团体，生活在其中的中国人逐渐养成了一种明显的心理与行为倾向，即将家庭、家族以外的团体或组织家庭化，将家庭、家族中的结构形态、关系模式和运作原则推广至家族以外的团体或组织。这种将家庭、家族结构、家人关系和家族伦理的形式与内涵推广到非家族性团体或集体，如社会性、宗教性或政治性团体或集体的心理与行为过程，可称为"家族化历程"。这一历程体现出的将家庭、家族以外的团体或集体视为类似家族的心态与观念，称为泛家族主义。在中国传统社会，在强烈的家族主义的影响下，为了维护阶层式父权家族的壮大、团结、和谐与延续，子女必须传宗接代，必须奉养父母，必须依顺父母，必须随侍父母而不远游。在社会化的过程中，要使子女养成这些观念、意愿与行为，必须提倡和强调一套兼含这些心理与行为要素的观念，这便是孝或孝道。可见，在小农经济体系以及相应的特殊社会结构下，经由自然的演化与儒家的影响，孝道融进传统中国人的各种日常活动，深入传统中国社会的每一范围与角落，俨然成为中国文化最突出的特色。在一定意义上可以说，整个传统中国社会是建立在孝道的基础之上的(杨国枢，2004a，pp. 197－199)。

3. 小农经济有助于尊老习俗的养成，增强重孝道观念

在小农经济背景下，个体在某个地方待得越久，便对当地的气候变化、土壤特性、农作物种植情况等了解得越多、越准。这样，便易形成善待老人的传统。《礼记·祭义》说："先王之所以治天下者五：贵有德，贵贵，贵老，敬长，慈幼。此五者，先王之所以定天下也。贵有德何为

也,其近于道也。贵贵,为其近于君也。贵老,为其近于亲也。敬长,为其近于兄也。慈幼,为其近于子也。是故至孝近乎王,至弟近乎霸。"《吕氏春秋·孝行》里也有类似记载:"曾子曰:'先王之所以治天下者五:贵德,贵贵,贵老,敬长,慈幼。此五者,先王之所以定天下也。所谓贵德,为其近于圣也;所谓贵贵,为其近于君也;所谓贵老,为其近于亲也;所谓敬长,为其近于兄也;所谓慈幼,为其近于弟也。"(吕不韦,2002,p.737)其中,"贵老"成为治理天下的五个重要手段之一。

"贵老"观念不但存在于《礼记》和《吕氏春秋》等史籍中,更体现在一些朝代的律令内。《汉书》卷四《文帝纪》记载,汉文帝为了推动百姓尽孝养亲,于元年发布诏令,内容如下:"年八十岁以上,赐米人月一石,肉二十斤,酒五斗。其九十以上,又赐帛人二匹,絮三斤。赐物及当禀鬻米者,长吏阅视,承若尉致。不满九十,啬夫、令史致。二千石遣都吏循行,不称者督之。刑者及有罪耐以上,不用此令。"(班固,1962,p.113)此后,历代都有关于这方面的记载,这说明官方在物质和精神上均支持个体长养生命的努力。官方既如此,民间更是提倡要善待老人,使得尊老成为中华民族的传统美德,一直延续至今。为此,1989年,重阳节被定为"敬老节",这正顺应了中国民众的心理,因为在许多中国人看来,"九九"与"久久"谐音,蕴含有"生命长久、健康长寿"的含义。

顺便指出,"尊老"使得"老"字在汉语里易与其他字组成一些有积极含义的词语。例如,一个守规矩、可靠的人,中国人习惯称之为"老实人"。若个体待人接物都做得很得体,就会赢得"老练"或"老成稳重"之类的积极评价。"少年老成"也是对一些年轻人的积极评价,丝毫没有"未老先衰"的消极含义(孙隆基,2011,p.224)。

(二) 家国一体的社会结构

与小农经济相一致,从政治管理理念和社会结构角度看,中国传统社会的结构主要是家国一体。这种宗法社会以家族为本位,一家之人皆听命于家长,个体几乎没有什么权利可言。正如陈独秀所说:

> 东洋民族,自游牧社会,进而为宗法社会,至今无以异焉。自酋长政治,进而为封建政治,至今亦无以异焉。宗法社会,以家族

为本位，而个人无权利。一家之人，听命家长。《诗》曰："君之宗之。"《礼》曰："有馀则归之宗，不足则资之宗。"宗法社会尊家长，重阶级，故教孝；宗法社会之政治，郊庙典礼，国之大经。国家组织，一如家族，尊元首，重阶级，故教忠。忠孝者，宗法社会、封建时代之道德，半开化东洋民族一贯之精神也。自古忠孝美谈，未尝无可泣可歌之事，然律以今日文明社会之组织，宗法制度之恶果盖有四焉：一曰损坏个人独立自尊之人格；一曰窒碍个人意思之自由；一曰剥夺个人法律上平等之权利（如尊长卑幼同罪异罚之类）；一曰养成依赖性，戕贼个人之生产力。东洋民族社会中种种卑劣不法惨酷衰微之象，皆以此四者为之因。欲转善因，是在以个人本位主义易家族本位主义。（陈独秀，1915b）

韦政通也认为，中国传统社会主要是以单系亲族组织为原则的社会结构。这种亲族组织往往以父子关系为主轴，其他伦常关系如君臣、夫妇、长幼、朋友的行为等都是以父子关系为准绳，提倡孝道就是稳定这一社会结构的最有效力量。证诸其后的历史，事实确实如此（韦政通，1990，p. 142）。在忠孝之中，孝更为根本。中国人一贯相信，一个在家为孝的人出外肯定会为忠。自然地，中国传统文化必重孝。事实上也是如此，《孝经》在汉代就已上升至"经"的地位，自此之后，孝成为中国人尤其是中国古人的基本行为准则，正所谓"志在《春秋》，行在《孝经》"。自汉代以降，历朝历代多重孝，而宋以后，将孝与忠完全合二为一，作为封建社会的重要道德规范（周予同，1999，p. 115）。另外，据《管子·小匡》记载："正月之朝，乡长复事，公亲问焉，曰：'于子之乡，有居处为义好学，聪明质仁，慈孝于父母，长弟闻于乡里者，有则以告。有而不以告，谓之蔽贤，其罪五。'……有不慈孝于父母，不长弟于乡里，骄躁淫暴，不用上令者，有则以告。有而不以告，谓之下比，其罪五。"《管子·大匡》声称："适子不闻孝，不闻爱其弟，不闻敬老国良，三者无一焉，可诛也。……士庶人闻之吏，贤孝悌可赏也。"将孝与不孝写入法律条款，作为奖惩的标准之一，这不但表明国家极其重视孝道，也是汉代"举孝廉"做法的思想来源之一。结果，《孝经·圣治章》中的"人之行，莫大于孝"一语便成为无数中国人的座右铭(胡平生,1996,p.19),追求孝道或以孝道的方式待人处世。借用美国心理学家奥尔波特(G. W. Allport)的话说,看重孝道并践行孝道简直是中国人尤其是中国古人人格上的"共同特质"(理查德·格里格,菲利浦·津巴多,2003,pp. 388 - 390)。

(三) 受祖先崇拜与生殖崇拜的影响

祖先崇拜与生殖崇拜是中国人重孝道的两个重要心因。祖先崇拜将在"中国人的崇拜心理"一章予以探讨,这里只论生殖崇拜对孝道的影响。关于此,周予同在《孝与生殖崇拜》中曾说:

> 我敢大胆地说,儒家的根本思想出发于生殖崇拜。就是说,"儒家"哲学的价值论或伦理学的根本观念是"仁",而本体论或形而上学的根本观念是生殖崇拜。因为崇拜生殖,所以主张仁孝;因为主张仁孝,所以探源于生殖崇拜;二者密切的关系,绝对不能隔离。(周予同,1982)

为什么孝道与生殖崇拜之间有密切关系呢?主要原因有二:(1) 将子孙的繁衍看作生命永恒的标志之一。中国祖先对生命永恒的认识是不断发展的。三代及三代以前,从连绵不断的血缘关系之中,人们看到了生命的永恒。三代以后,对生命永恒的认识,大致按两条线索发展:一是以儒家为主体的思想家,将"不朽功名"与子孙的繁衍看作生命永恒的标志。二是以道家为主体的思想家,从天生万物的观点出发,将生命归于自然之中,企图从中找出生命永恒的方法。相对而言,儒家的主张更实在,也更易操作,从而得到很多中国人的认可。这也是儒家重孝道的重要心理因素。事实也的确如此。在儒家看来,生命来自父母,进而将爱护自己的生命列为孝的出发点,如《孝经·开宗明义章》提出"身体发肤,受之父母,不敢毁伤,孝之始也"。儒家还提出人要尽孝,就要有所作为。正如《孝经·开宗明义章》所说:"立身行道,扬名于后世,以显父母,孝之终也。"可见,在儒家看来,生命存在的意义不是对个体而言的,它关系到祖宗生命形象的存在和完整,即个体的生命既然是以祖宗为代表的宗族生命合力的一部分,为了宗族生命力的强大,个体也得保重自己的生命,以使自己有所作为。《孝经·开宗明义章》认为:"夫孝,德之本也,教之所由生也。"这将孝视作德的根本。儒家的孝思想,特别是《孝经》,对后世中国人的心理与行为产生了深远影响。(2)高生殖率是保证大量劳动力的前提。上册"中国人的尚和心态"一章已说明,中国的农业一直以来都以粗放型经营为主,需投入大量劳动力才能获得农产品的增产,而大量劳动力的前提便是足够高的人口出生率。在上述两个因素的交互作用下,中国人便产生了生殖崇拜,"多子多福"成为许多中国人的人生信条之一,具有强大繁殖能力的"鱼"也成为中国人的崇拜对象;而将孝道与生殖崇拜"捆绑"起来,认为"不孝有三,无后为大",又再次强化了中国人的生殖崇拜。

(四)孝有一些重要功能

中国人尤其是儒家清楚地认识到,孝道对人的心理与行为具有"激励"等多种功能,因激励功能在上文"'扬名于后世'——建功立业"部分已有论述,而"鼓吹愚孝有利于'父为子纲'的确立"在上册"中国人的自我观"里已有详论,下面只讨论以下几种。

1. 孝道能维持长幼之序:道德功能

中国传统的亲属组织以父子关系为主轴,其他的伦理关系都可视为这一关系的投射。于是,在传统的人伦关系里,尊长敬老是极重要的一个德目。两人初次见面,要先问"贵庚",知道对方的年龄后,才能根据长幼之序来决定相互对待的态度,这点在费孝通所著《乡土中国》的《维持着私人的道德》(费孝通,1998,pp. 31 - 63)、《礼治秩序》(费孝通,1998,pp. 48 - 53)和《长老统治》(费孝通,1998,pp. 64 - 68)三篇里多有论述。孔子"入则孝,出则弟"的孝悌之道也是维持长幼之序的基本原则。孔子理想中的社会是一个礼治的社会,而礼的安排无不根据长幼之序,因此相应地,礼治社会又是一个长老统治的社会。《礼记·祭义》说:"先王之所以治天下者五:贵有德、贵贵、贵老、敬长、慈幼。此五者,先王之所以定天下也。"在这样的社会里,只要是年岁比你大的人,你就必须尊敬他,至于他是否具备比你更丰富的知识、比你更高尚的品德,则没有必然的关系(韦政通,1990,p.143)。很显然,在维持长幼之序方面,孝道具有特别显著的效果,因为孝道本就是基于父子关系而生出的一套道德规范。在孝道思想的影响下,这种尊老的心理与行为方式一直深深影响着中国人,直到今日,在一些尚未受到西方文明较大冲击的地区,仍较好地保持着中国文化的这一传统。例如,居住在新疆察布查尔县的锡伯族人至今仍保持着良好的尊老爱幼传统。为了让家庭成员更好地记住爷爷生活里发生的一些重要事件,常常将这些重要事件作为孙子的名字,如给孙子取名"八十六",让人一听到或看到这个名字,就知道他是在其爷爷86岁时出生的(王学勤,2007)。

2. 行孝是众德的根本与载体:道德功能

中国人之所以一直重视孝道,原因之一在于他们清楚地认识到孝对人的心理与行为具有一定的约束与调节作用,从而将孝看作众德以及仁的根本与载体。正如《论语·学而》所说:"有子曰:'其为人也孝悌,而好犯上者,鲜矣;不好犯上,而好作乱者,未之有也。君子务本,本立而道生。孝悌也者,其为仁之本欤!'"儒家主张孝顺父母和敬爱兄长是仁的根基,也是仁的开始,个体若能在家族之内行孝悌,并由此推及他人,爱及一切,最后便能达到"四海之内皆兄弟也"的境界。

孝悌为什么是"仁之本"呢?① 道理很简单,仁的关键是"爱人",而任何人的成长都不可能独自完成,既要靠父母的生育和培养,也有赖于兄长的照顾;再加上中国古代社会主要是宗法社会,年老体弱的父母若无子女的悉心照顾,往往无法安度晚年。基于这些方面的考虑,孔子才将"亲亲"之仁的重点放在强调子女对父母的仁爱和孝敬上,认为人最应爱的是自己的父母兄长,孝悌也就成了"仁之本"。因此,在孔子看来,"爱人"的大要在于"爱亲"。所以,深谙孔子孝道思想精髓的孟子才在《告子下》里说:"亲亲,仁也。"《孟子·尽心上》再次强调:"亲亲,仁

---

① 在中国传统文化里,也有学者不赞成此观点,如二程就认为,孝悌是"行仁之本",不是"仁之本"。《二程遗书》卷十八记载:"问:'孝弟为仁之本,此是由孝弟可以至仁否?'曰:'非也。谓行仁自孝弟始,盖孝弟是仁之一事,谓之行仁之本则可,谓之是仁之本则不可。盖仁是性(一作本)也,孝弟是用也,性中只有仁义礼智四者,几曾有孝弟来? 仁主于爱,爱孰大于爱亲? 故曰:孝弟也者,其为仁之本欤!'"

也。"孟子在《离娄上》一文中又说:"仁之实,事亲是也;义之实,从兄是也;智之实,知斯二者弗去是也;礼之实,节文斯二者是也;乐之实,乐斯二者,乐则生矣;生则恶可已也,恶可已,则不知足之蹈之手之舞之。"孟子认为,仁的核心内容是侍奉父母,义的核心内容是顺从兄长,智(实为一种人事之智,其内不包括自然之智)的核心内容是明白这二者的道理并能坚持下去,礼的核心内容是既能合理地调节这二者,又能适当地修饰这二者。将儒家的核心伦理道德规范与孝道一一联系起来,《孟子·离娄上》才说:"道在迩而求诸远,事在易而求诸难:人人亲其亲、长其长,而天下平。"只要人人都能亲爱自己的父母,尊敬自己的长辈,天下就得以太平了。稍后的《礼记·中庸》也说:"仁者,人也,亲亲为大。"到了北宋,《二程遗书》卷十八也说:"仁主于爱,爱孰大于爱亲?"由此可见,儒家之所以极力鼓吹孝道,内因之一在于,践行孝道是践行儒家仁学的根本,若失去了这个根本,儒家仁学的其他内容都将沦为无源之水,无所依附,并且,践行孝道是贯通"天—地—人—神"关系的关键,体现了儒家强调的天人合一式价值观与思维方式。

必须指出,亲子之间的情感带有某种本源的特点。例如,据《论语·学而》记载,孔子就说:"弟子,入则孝,出则悌,谨而信,泛爱众,而亲仁。行有余力,则以学文。""慎终追远,民德归厚矣。"其内在的含义就在于通过顺导、展开这些具有本源意义的亲子之间的情感,形成孝悌和爱人等道德情感,进而营造出良好的社会道德风尚(杨国荣,2000)。儒家这种将德与人的"亲亲"之情紧密联系起来的做法,非常符合人的心理规律。假若一个人连自己的父母都不爱,却去奢谈爱他人,这种言行不是在说假话或做假事,就是出于某种目的而刻意做出来的。所以,《孝经·圣治章》才说:"故不爱其亲而爱他人者,谓之悖德;不敬其亲而敬他人者,谓之悖礼。以顺则逆,民无则焉。不在于善,而皆在于凶德。虽得之,君子不贵也。"

3. 行孝是保持"生生不息"的关键:发展功能

儒家将孝视作保持"生生不息"的关键,是因为儒家清楚地认识到,只有保证祖辈的生命及其认可的文化在子孙万代中不断得到妥善继承和发展,中华民族和中国文化才能真正做到"生生不息",而要做到这一点,至少要同时满足三个条件:(1)生存空间或国土面积尽可能广阔;(2)传承中华文化的人口数量充足且稳定;(3)有一定教育确保中华文化代代相传。因此,孝道中特别强调"既要保重自己的身体,又要积极繁育后代""光宗耀祖"和"耕读传家"三层要义,这体现了儒学对世代连续性(being-between-generations)的重视(安乐哲,2017)。

4. 以孝导忠:政治功能

以孝导忠,是中国古代官方始终鼓吹孝道的又一重要心因。韦政通认为,从孔子有关忠孝关系的言论里导引不出后世忠君的思想(韦政通,1990,pp.144-145),此观点值得商榷。据《论语》记载,孔子只有一次提到忠与孝的关系。《论语·为政》说:"季康子问:'使民敬、忠以劝,如之何?'子曰:'临之以庄,则敬;孝慈,则忠;举善而教不能,则劝。'"朱熹在《四书章句集注·论语集注卷一·为政第二》里对"孝慈则忠"的解释是:"孝于亲,慈于众,则民忠于己。"在这里,忠只是政治领袖人物尽孝尽慈的结果,虽然与后世完全无条件服从的忠君没有直接关系(韦政通,1990,pp.144-145),不过,既然肯定忠是向政治领袖尽孝尽慈的结果,那么,就隐含着以孝导忠的思想,只不过孔子此时所讲的忠并不是特指忠君,而是指下属对上级或百姓对领导要"尽心竭力"。其后的学人只要将孔子的忠含义作进一步限定,使之专指下级(包括百姓)对帝王的"尽心竭力",就可从孔子有关忠孝关系的言论里轻松地导引出后世忠君的含义。纵观中国古代发展史,事实也确实如此。在稍后出现的《孝经》和《大学》里,已有以孝导忠、忠孝合一思想的萌芽。《孝经·士章》说:"以孝事君则忠。"《大学·第九章》说:"所谓治国必先齐其家者,其家不可教而能教人者,无之。故君子不出家而成教于国:孝者,所以事君也;弟者,所以事长也;慈者,所以使众也。"《礼记·祭统》说:"忠臣以事其君,孝子以事其亲,其本一也。"到此,忠孝合一思想已颇明确。《大戴礼记·曾子本孝》干脆说:"忠者,其孝之本与!"此至,忠孝已真正合为一体,且忠较孝更为根本,也更为重要。《吕氏春秋·孝行》更是声称治理天下与国家的根本在于贵孝:

凡为天下,治国家,必务本而后末。所谓本者,非耕耘种植之谓,务其人也。务其人,非贫而富之,寡而众之,务其本也。务本莫贵于孝。人主孝,则名章荣,下服听,天下誉。人臣孝,则事君忠,处官廉,临难死。士民孝,则耕芸疾,守战固,不罢北。夫孝,三皇五帝之本务,而万事之纪也。

夫执一术而百善至、百邪去、天下从者,其惟孝也。故论人必先以所亲而后及所疏,必先以所重而后及所轻。今有人于此,行于亲重,而不简慢于轻疏,则是笃谨孝道,先王之所以治天下也。故爱其亲,不敢恶人;敬其亲,不敢慢人。爱敬尽于事亲,光耀加于百姓,究于四海,此天子之孝也。

曾子曰:"身者,父母之遗体也。行父母之遗体,敢不敬乎?居处不庄,非孝也;事君不忠,非孝也;莅官不敬,非孝也;朋友不笃,非孝也;战陈无勇,非孝也。五行不遂,灾及乎亲,敢不敬乎?"(吕不韦,2002,pp.736-737)

在上述"治国必先齐其家者""忠臣以事其君,孝子以事其亲,其本一也""居处不庄,非孝也;事君不忠,非孝也;莅官不敬,非孝也;朋友不笃,非孝也;战陈无勇,非孝也"等理念的深刻影响下,上至帝王,下至普通百姓,都相信孝可导忠,忠可代孝,并身体力行此理念。在这方面,最具代表性的实例有二:(1)自汉代推行以孝治国开始,许多皇帝和皇后死后的谥号中都有一个孝字,著名的有汉代的"孝惠帝"(即刘盈)、"孝文帝"(即刘恒)、明朝的"孝慈皇后"(朱元璋的皇后马氏)和清代的"孝庄文皇后",等等。(2)《宋史·岳飞》记载:"初命何铸鞫之,飞裂裳以背示铸,有'尽忠报国'四大字,深入肤理。"这便是《岳母刺字》故事的由来。所以,李大钊在《由经济上解释中国近代变动的原因》里说:"牺牲个性的第一步就是尽孝。君臣关系的'忠',完全是父子关系的'孝'的放大体。"这说明孝异化的最终结果,是以忠代孝,孝成了一个虚壳、一个幌子。这是中国传统孝道的悲哀!(韦政通,1990,pp.144-145)

中国古人为什么会忠孝混同呢?韦政通给出了三个解释:(1)与君位世袭制有一定关联。《礼记·文王世子》记载:"成王幼,不能涖阼以为世子,则无为也,是故抗世子法于伯禽,使之与成王居,欲令成王之知父子君臣长幼之义也。君之于世子也,亲则父也,尊则君也;有父之亲,有君之尊,然后兼天下而有之,是故养世子不可不慎也。"在世袭制中,就血缘关系而言,国君是世子(后称太子或皇子)的父亲,世子当向国君尽孝;就政治关系而言,国君是一国之君,世子向父亲尽孝实也是尽忠,二者之间并无明显界限。(2) 按儒学的逻辑,从"事父之道"可引申出"事君之道"。儒家主张德治,其中,孔子认为"克己复礼"可使天下归于仁。据《孟子·离娄上》记载,孟子相信"人人亲其亲、长其长,而天下平"。发展至《大学》的"三纲领八条目"时,既然齐家之道可通于治国、平天下,那么,"事父之道"自然可通于事君。所以,《大戴礼记·曾子立事篇》说:"事父可以事君,事兄可以事师长,使子犹使臣也,使弟犹使承嗣也。"(3) 可收两全其美的功效。经过孔子、孟子、《孝经》和《礼记》的一再推动与鼓吹,孝的地位已至高无上。不过,随着专制政权的加强,统治阶级对忠君的需求也越发强烈。为了避免忠孝这两个重要的德目发生矛盾,两全其美的做法便是将忠孝混同(韦政通,1990,pp. 156 - 157)。当然,只有皇子和公主才有"君与父是同一人"的便利,这样一来,对绝大多数人而言,即便将忠孝混同,也无法真正化解诸如"人有一丸药,只能救一命,君父同得疾,试问救何人"等忠孝不能两全的矛盾。

(五) 仁爱精神与孝道文化的深刻影响

作为一种文化设计,孝道的形成与变迁主要依靠两大途径:一是自古以来经由人们日常生活经验逐渐演化而来;二是受历史上有心之人基于济世或政治目的而提出的思想或意识形态的影响。就后者而言,与小农经济和家国一体的社会结构相适应,中国传统文化一向多对体现氏族血缘关系的"亲亲"的自然情感的孝道持肯定态度。例如,道家《老子·十九章》主张"绝伪弃诈,民复孝慈"。墨家力倡在"兼爱"的基础上建立慈孝观。《墨子·兼爱上》说:"若使天下兼相爱,爱人若爱其身,犹有不孝者乎?视父兄与君若其身,恶施不孝,犹有不慈者乎?视弟子与臣若其身,恶施不慈?故不孝不慈亡有。"

当然，在这诸多学说中，影响最大的自然是儒家倡导的仁爱精神和孝的伦理道德观。从代表先秦儒家思想的《四书》到《孝经》，儒家的仁爱精神和孝道思想虽有变迁，但仁作为首德，以及孝作为凌驾除仁义之外的其他诸德诸善之上的至德要道，则是先后一贯的。孝不但比除仁义之外的其他诸德诸善重要，而且是包括仁在内的其他诸德诸善的基础或根源。儒家伦理观最强调的核心德行是仁与孝，而孝是仁的基础、根源和先决条件(杨国枢, 2004a, p. 198)。概言之，在孔子的伦理道德谱系中，仁占据最高位置。《孟子·离娄上》记载："孔子曰：'道二，仁与不仁而已矣。'"正由于此，儒学又称"仁学"。其次是义。《论语·里仁》记载："子曰：'君子之于天下也，无适也，无莫也，义之与比。'"仁与义二者合称"仁义"，成为中国传统伦理道德的核心，后与礼、智、信合在一起，称为"五常"。不过，在孔子的思想体系中，仁与义虽是个体行为的最高准则，但仁与义都是普遍性原则。就仁而言，落在具体的行为上，必须有一特殊原则作为实践仁的载体，而孝的观念就担负了将仁贯彻到具体行为中的责任。于是，孝就成为每个中国人具体行为中的特殊规范，可以用来检验个体是否践行了仁。在实际行动中，仁与孝是一而二、二而一的。如上所论，孔子有一次因宰我不愿遵守"三年之丧"的孝道，就责备"予(指宰我)之不仁也"。可见，在具体的行为中，不孝即同于不仁(韦政通, 1990, p. 144)。因此，孔子既重仁就必重孝，使得仁义之后便是孝，而且，孝悌是"行仁之本"，个体若能在家族之内行孝悌，实际上也就是在行仁了(杨伯峻, 1980, p. 2)。所以，中外学人都相信孝道在中国传统伦理道德体系与道德实践中具有重要作用。例如，徐复观曾说："以儒家为正统的中国文化，其最高的理念是仁，而最有社会实践意义的是孝(包括悌)。"(徐复观, 2004, p. 131)

受孔子影响，孟子也认为，仁爱的具体落实就是无微不至地侍奉自己的父母。《孟子》一书里屡屡论之：

《孟子·离娄上》说："仁之实，事亲是也。"

《孟子·告子下》说："亲亲，仁也。"

《孟子·尽心上》再次强调："亲亲，仁也。"

《孟子·梁惠王上》说:"谨庠序之教,申之以孝悌之义,颁白者不负戴于道路矣。""壮者以暇日修其孝悌忠信,入以事其父兄,出以事其长上,可使制梃以挞秦楚之坚甲利兵矣。"

《孟子·滕文公上》记载:"不亦善乎!亲丧,固所自尽也。曾子曰:'生,事之以礼;死,葬之以礼,祭之以礼,可谓孝矣。'诸侯之礼,吾未之学也;虽然,吾尝闻之矣。三年之丧,斋疏之服,飦粥之食,自天子达于庶人,三代共之。""夏曰校,殷曰序,周曰庠;学则三代共之,皆所以明人伦也。人伦明于上,小民亲于下。有王者起,必来取法,是为王者师也。"

《孟子·告子下》甚至声称:"尧舜之道,孝悌而已矣。子服尧之服,诵尧之言,行尧之行,是尧而已矣。子服桀之服,诵桀之言,行桀之行,是桀而已矣。"

在此基础上,《礼记》将"亲爱自己的双亲"视作"最大的仁",故《中庸》说:"仁者,人也,亲亲为大。"可见,在孔、孟等儒家看来,在家族之内讲孝慈和行孝慈,是践行仁爱精神的具体体现。尽管荀子在一些观点上与孟子有较大差异,但也承继了孔子重孝的思想。荀子在《王制》里说:"选贤良,举笃敬,兴孝弟,收孤寡,补贫穷,如是,则庶人安政矣。庶人安政,然后君子安位。"

中国古籍虽浩如烟海,但书名从一开始便有"经"字的极为罕见。成书时间不晚于公元前241年[①]的《孝经》在其书名中就冠上"经"的称谓,可见《孝经》在中国人心目中的重要地位。《孝经·开宗明义章》明确提出:

夫孝,德之本也,教之所由生也。……身体发肤,受之父母,不敢毁伤,孝之始也。立身行道,扬名于后世,以显父母,孝之终也。夫孝,始于事亲,中于事君,终于立身。

《孝经》主张孝是一切德行的根本,一切品行的教化都是由孝派生出来的,并将行孝的过程分为三个阶段:首先,要侍奉好自己的双亲,

---

① 这一年《吕氏春秋》修成,其中的《孝行篇》和《察微篇》引用了《孝经》的文字(胡平生,1996,p.4)。

这是行孝的起始阶段；其次，要效忠自己的君王，这是中间阶段；最后，要建功立业，扬名于后世，让父母荣耀显赫，这是行孝的最高阶段。同时，《孝经》力倡孝的普遍性。《孝经·三才章》说："子曰：'夫孝，天之经也，地之义也，民之行也。'"认为孝可充满宇宙之间，能贯通天、地、人三才而为一（杨国枢，1988b，p. 39）。进而《孝经》又主张，孝在事亲、治家、治国、平天下的过程中具有非常重要的作用，上至天子，下至庶人，人人的言行都要以孝为准则。于是，《孝经》分《天子章》《诸侯章》《卿大夫章》《士章》《庶人章》等篇章，逐一论述不同阶层的人行孝的具体方法（胡平生，1996，pp. 1 - 11）。孝道自产生后，在中国 2 000 多年的封建历史中备受尊崇，若有违背，必受重罚。据《周礼·地官·大司徒》记载，西周大司徒教民的六项行为标准是孝、友、睦、姻、任、恤，统称"六行"，其中孝排第一。《吕氏春秋·孝行》记载："《商书》曰：'刑三百，罪莫重于不孝。'"（吕不韦，2002，p. 737）高诱注："商汤所制法也。"（吕不韦，2002，p. 741）据《唐六典》记载，北齐"重罪十条"包括："一曰反逆，二曰大逆，三曰叛，四曰降，五曰恶逆，六曰不道，七曰不敬，八曰不孝，九曰不义，十曰内乱。其犯此十者，不在八议论赎之限。"据《隋书·刑法志》记载，隋开皇元年"更定《新律》"，将"重罪十条"改为"十恶"，删除"四曰降"，增加"不睦"一条；又在前三条上加上"谋"字，在"不敬"条上加"大"字，于是，"十恶"变为："一曰谋反，二曰谋大逆，三曰谋叛，四曰恶逆，五曰不道，六曰大不敬，七曰不孝，八曰不睦，九曰不义，十曰内乱。"其后，自唐至清的封建法典皆沿袭不改（胡震，2013）。可见，无论是"重罪十条"还是"十恶"，"不孝"均占其一。结果，《孝经》自诞生后，上至帝王将相，下至黎民百姓，人们广为传习。《孝经》的影响所及，远至异族异国（胡平生，1996，p. 1）。同时，自汉代起，中国历史上的许多朝代都明确主张"以孝立国"，致使讲孝道至少在先秦至清代的中国社会里显得天经地义，几乎从来没有任何中国古人对孝道的合理性产生过真正的质疑。正如《孝经·三才章》所说："子曰：'夫孝，天之经也，地之义也，民之行也。'"《吕氏春秋·孝行》说："夫孝，三皇五帝之本务，而万事之纪也。夫执一术而百善至、百邪去、天下从者，其惟孝也。"（吕不韦，2002，

p.736)这里已蕴藏"百善孝当先"的思想。据《寿亲养老新书》卷一《贫富祸福第六》记载,北宋陈直曾说:"善莫大于孝,孝感于天,故天与之福,所以虽贫贱而即富贵也。罪莫大于不孝,不孝感于天,故天与之祸,所以虽富贵而即贫贱也。善恶之报,其犹影响。为人子者,可不信乎?"(陈直,邹铉,2007,p.5)陈直声称"善莫大于孝","罪莫大于不孝",孝与不孝都能被天感应到,天随即会作出相应的回应。湖北至今还有孝感市(454年建县时初名"孝昌",924年更名为"孝感"),它简称"孝",是当代中国唯一一座以"孝"命名的地级城市。《增广贤文》也说:"万恶淫为首,百行孝当先。"王永彬在《围炉夜话》里也说:"百善孝为先,万恶淫为源。常存仁孝心,则天下凡不可为者,皆不忍为,所以孝居百行之先。一起邪淫念,则生平极不欲为者,皆不难为,所以淫是万恶之首。"自此之后,"万恶淫为首,百善孝当先"一语在中国成为一句路人皆知的话。因此,韦伯认为,在中国传统社会,"当(种种德行之间)发生冲突的时候,孝先于一切",甚至先于对皇帝的服从(韦伯,2004,p.227)。

与此同时,佛教典籍中也含有孝道故事。其中,最著名者便是最早见于西晋的《目连救母》。《目连救母》讲述的是身为佛祖释迦牟尼十大弟子之一的目连拯救亡母出地狱的故事,最初见于古印度佛教诗人、剧作家马鸣(Aśvaghoṣ)的《弥勒会见记》。但在《弥勒会见记》里,去冥间救出目连母亲的不是目连自己,而是仰慕目连圣尊美德的摩利吉等人(凌翼云,2011,p.17)。《目连救母》故事的真正来源是由印度传入的《佛说盂兰盆经》(大藏经刊行会,1983,p.779)。《目连救母》传入中国后,因故事内容劝人向善、劝子行孝,并列出"娘亲十重恩"[①],且含有"天下无不是者父母"的隐喻,与中国传统孝道非常吻合,在中国广为流传。清人所撰《劝报亲恩篇》中也有类似言论。

儒家、墨教、佛教都宣扬孝道,孝道思想深入中国人的心灵深处,成为一种惯性推力,对中国传统文化乃至中国人的心理与行为产生了深远影响。至宋明时代,理学家将父权绝对化,突出孝观念,以其为道德

[①] "娘亲十重恩"包括怀胎恩、分娩恩、生育恩、给孩子取名恩、白天抚育孩子恩、夜晚抚育孩子恩、哄孩子开心恩、照看生病孩子恩、牵挂孩子恩和教育孩子恩(邓朝晖,2015)。

论中最重要的范畴之一。典型者如北宋张载在《正蒙·乾称篇》里所说:"尊高年,所以长其长;慈孤弱,所以幼吾幼。圣其合德,贤其秀也。凡天下疲癃残疾、惸独鳏寡,皆吾兄弟之颠连而无告者也。于时保之,子之翼也;乐且不忧,纯乎孝者也。"这提倡人们尊老抚幼,照顾好社会上所有的残疾穷苦之人,是对儒家传统思想中合理部分的发扬。并且,为了达到稳定封建统治秩序的目的,张载要求人们必须忠君事长,恪守封建义务,认为这是天经地义的、任何人都不可逃避的封建道德义务。《正蒙·乾称篇》中所举的古代忠孝典型都是奴从父权,张载将他们作为世人的楷模,要求人们也像他们那样,具有浓厚的说教意味。张载的这种孝观念在宋明时期产生了广泛影响,为程朱理学提供了伦理道德方面的理论基础(潘富恩,1989)。在"天地君亲师"的排序中,亲紧接在君之后,排名第四;若去掉前面天与地两个自然事物(至多是两个中国人推崇的人格神),那么,"亲"实际上是排在第二位的,由此可见中国传统文化对孝道的重视。

今天的人们只要到徽商的两块故地——西递和宏村去走走,依然能切身体会到孝对徽商的深刻影响。例如,高悬于西递胡氏宗祠"敬爱堂"供奉厅的巨幅孝字古匾(如图2-5所示),传为南宋朱熹所书。该字充分发挥汉字象形特色,上半部若从右侧看,酷似一位躬身仰首作揖敬奉的孝顺后生形象;若从左侧瞧,则活像一只尖嘴猴子。字画寓意:孝为人,不孝为畜生。

图2-5 安徽省西递胡氏宗祠"敬爱堂"的孝字字形图

反观西方文化,自希腊以来,人们就不太看重家庭在社会组织中的地位。法国史家古郎士(F. de Coulanges)在《希腊罗马古代社会研究》一书里说:"以古代法律极严格论,儿子不能与其父之家分离,亦即服从其父,在其父生时,彼永为不成年者。……雅典早已不行这种子永从其父之法。"(苏丁,1988,p. 63)基督教更加强调个人对家庭的解放,在基督教教义的影响下,宗教的义务远超家庭的义务,教会的凝聚力是以牺牲家庭的凝聚力为前提的(苏丁,1988,p. 63)。正由于西方人一向不太看重家庭在社会中的地位,再加上基督教教义的深刻影响,致使西方人至今没有像中国人那样推崇孝道的心理与行为方式。

(六) 重视孝道教育

在中国,古代教育一向重视孝道教育,正如《论语·学而》记载,孔子主张:"弟子,入则孝,出则悌,谨而信,泛爱众,而亲仁。行有余力,则以学文。"在近现代中式教育中,孝道教育仍是重要内容之一。正由于此,孝道才代代相传,至今不衰。但需指出,规范伦理学的本质是找到规范或规则(包括普遍规则和特殊规则)作为个体行动的准则;同时,要求每个人跳出具体的角色定位,在普世的公众生活中以普世的人(公民)来定位自己,强调每位公民都是平等的立法者和守法者。在此观念的深刻影响下,对公平与普遍正义的追求构成了现代西方伦理思想的主流。与此截然不同,儒家伦理的本质不是规范伦理学,而是德性伦理学或示范伦理学。因为儒家伦理思想赖以产生的土壤是小农经济占主导的农业社会生活,它以小农经济、家庭生活中的具体角色——如父亲、母亲、丈夫、媳妇、儿女等——的伦理来定位每个个体,强调伦理主体生活的情境性和特殊性,专制思想在中国不但出现得早,而且持续时间长,导致中国社会等级森严,许多人畏惧权力——作为臣民,畏惧君权;作为子女,畏惧父权;作为人妻,畏惧夫权。相应地,儒家伦理看重的不是制定这样那样的规则、规范,而是强调在道德生活中树立榜样,并且,通常是上位者(有权者或权大者)给下位者(无权者或权小者)树立榜样,因为它可收到《论语·颜渊》所说的"君子之德风,小人之德草。草上之风,必偃"的良好效果(杨伯峻,1980,p. 129)。因此,从某种意义上说,示范伦理学才是儒家伦理学的本色,故儒家伦理的本色不在规范而在示范。按照儒家示范伦理的思路,你如果相信某种道德规范(如谦虚)是好的,不是命令别人都跟着你做,而是你先做给大家看。如果你果真真心诚意地践行它,别人自然也会跟着你去做,慢慢地,它就成了人们行动的规范。在儒家示范伦理学的深刻影响下,中国人在生活中不是从规则或规范里学会道德行为,而更多是从家人、父母、邻居、同伴以及历史生活的实例、榜样中学习和培养道德情操、道德习惯与道德行为(王庆节,2004,pp. 247－250;王庆节,2006)。所以,中式伦理在很大程度上依靠榜样的示范(赵汀阳,2006)。所以,如果现实生活中经常出现一些模范履行孝道的实例,就极易让后来者认可孝道、践行孝道;如果一个家庭重视履行合理孝道与真孝道,那么,生活在此家庭中的子代长大后自愿履行孝道的概率就会大大增加。反之,如果现实生活中经常出现一些不履行孝道的现象,就极易让后来者有样学样;如果一个家庭不重视履行合理孝道与真孝道,就极易导致生活在此家庭中的子代长大后也不愿履行孝道。从这个意义上说,对于模范履行孝道的个体,国家和社会应适当给予奖励,对于有心或有能力孝敬父母却不履行孝道的子女,国家和社会要适当予以谴责和惩罚,由此才能劝导更多的人践行孝道。

综上所论,若一个国家经济发达,已面向全体国民建立起高水平的社会保障制度,且未受儒学的深刻影响,而是以另一种理论为依据妥善解决本国人口和本国文化的"生生不息"或"世代连续"的难题,并用其他伦理道德或法律来实现孝道具有的功能,一定不会重孝道。反之,若一个国家经济未达发达国家水平,未面向全体国民建立起高水平的社会保障制度,又深受儒学的影响,既将孝道视作保持"生生不息"的关键,又将孝道视作调节人的心理与行为和维护社会和谐的重要手段,一定会重孝道;若一个国家的经济已颇发达,且已面向全体国民建立起了高水平的社会保障制度,但仍深受儒学的影响,仍将孝道视作保持"生生不息"的关键,仍将孝道视作调节人的心理与行为和维护社会和谐的重要手段,也一定仍会重孝道。

五、孝道的演化

孝观念自产生后在中国文化中的演化过程大致经历了四个重要阶段：一是原始孝道；二是春秋战国时期的孝道；三是秦汉至清代的孝道；四是现当代中国流行的孝道。

（一）"祭祀鬼神"：原始孝道

从时间上看，原始孝道阶段大致自孝观念产生至西周。在这一阶段，孝的主要含义是"祭、祭祀"。"祭、祭祀"的对象本是"鬼神"，主要指死去的、已神化的祖先。此时，孝的意义介于宗教与伦理之间，作为伦理规范意义的孝在西周时代还没有成熟。

（二）"父慈子孝"式的对等孝道：春秋战国时期的孝道

春秋战国时期，儒、道、墨、诸家都重孝道，这在前文已有论述，为免累赘，这里仅讲孔、孟孝道的思想，因为它们对其后中国的孝道有深远影响。依韦政通的观点，伦理规范意义的孝经孔子才完全凸显出来，其原因主要有二：一是孔子所处的时代，中国以单系亲族组织为原则的社会结构已趋于定型；二是，孔子将孝这一特殊原则作为实践仁这一普遍原则的载体（韦政通，1990，pp. 142-144）。徐复观认为，孔子的最大贡献之一，在于将周初以宗法为主干的封建统治中的孝悌观念扩大至一般平民，使孝悌得以成为中国人伦的基本原理，以形成中国社会的基础，历史的支柱。这是把握中国文化特性的一个基点（徐复观，1984）。所以，程伊川在《明道先生行状》中说："知尽性至命，必本于孝弟。"以孔子、孟子为代表的儒家学派在汲取殷周时代关于孝的基本思想的基础上，又对它们作了一定的改造，以借孝巩固封建等级制度，将孝奠定为封建道德的基础。《论语·学而》说："孝弟也者，其为仁之本与。"以孝悌为仁义的基础，行仁必须以孝悌为前提，从孝悌做起。孔、孟关于孝的学说内容繁杂，精义与糟粕互现。

1. 孔、孟孝道的精义

就孔、孟孝道的精义而言，主要有三：（1）主张子女要真心实意地奉养父母。在继承氏族社会原始孝观念的基础上，孔子将真心（或叫

"诚心")与奉养紧密结合起来,主张子女要真心实意地奉养父母,尊敬、爱戴父母,给父母精神上的满足,从而使孝观念更具人文关怀,而不是仅像先前那样主要强调对父母的物质需要的满足,若仅仅是后者,那便是牛马都能做的事情。孔子主张为人子女者对父母要有孝敬之心,要适度地服从父母的意志("无违"),这本是人之常情,也是一种做人的智慧。因为一般而言,父母养育子女,曾付出许多(包括时间、精力、财力和机会成本等),作为子女,心存感激之情,进而生发出对父母的孝敬之心,这是子女的一种自然情感;同时,父母经历的世事较之子女要多、要广,可能会为子女的成长提供一些建设性的意见。(2)主张对等的慈孝观。对等的慈孝观指子女要善待父母,父母也要善待子女(要充满爱心地抚养、爱护子女),这是父母义不容辞的责任。据韦政通的研究,孔、孟孝道的思想只偏重讲做子女的该怎样对待父母,而没有提出一个明确要求父母该怎样做的规范。《论语》里的"孝慈则忠"的"慈"是"爱众"之义,与《大学·传·第九章》里讲的"慈者,所以使众也"之义相通。《孟子》里的"孝子慈孙"是"能孝之子,能爱之孙"之义。这两个"慈"都不是作为父亲规范意义上使用的"慈"(韦政通,1990,p.149)。不过,孔子非常推崇父慈子孝的做人方式,因为这有利于彰显人世间的亲情。孔子的此思想典型地体现在其"父为子隐,子为父隐"的主张中。《论语·子路》记载:"叶公语孔子曰:'吾党有直躬者,其父攘羊,而子证之。'孔子曰:'吾党之直者异于是:父为子隐,子为父隐。直在其中矣。'"当叶公告诉孔子其家乡有一个正直的人,向官府告发自己的父亲偷羊,孔子听了表示不予赞同,而主张"父为子隐,子为父隐"(杨伯峻,1980,p.139)。有人认为,"父为子隐,子为父隐"隐含有以私情包庇犯罪的思想(韦政通,1990,pp.157-159),此见解值得商榷。毕竟,不提倡、不鼓励"子女告父母、父母告子女",这种做法合乎人性,有利于弘扬人的善性与亲情。正由于孔子在事实上提倡父母待子女要慈,《大学》便明确将慈视作父母的行为规范(韦政通,1990,p.149)。关于《大学》的作者,"子程子曰:《大学》,孔氏之遗书,而初学入德之门也"(朱熹,1983,p.3)。朱熹将《大学》重新编排整理,分为"经"一章,"传"十章。

朱熹认为:"经一章,盖孔子之言,而曾子述之。其传十章,则曾子之意而门人记之也。"(朱熹,1983,p.4)若程颢、程颐与朱熹的上述观点成立,那么,"经"是孔子的言论,由曾子记录下来;"传"是曾子解释"经"的言论,由曾子的学生记录下来。若如此,那么,《大学》中十章"传"里的一些思想(包括孝道思想)可视作曾子的思想。《大学·传·第三章》曾说:"为人子,止于孝;为人父,止于慈。"这里,慈与孝之间本是互为条件、互为结果的:为人父母者若想使自己的子女为自己尽孝,就必须以慈爱的方式对待子女;同理,为人子女者若想使自己的父母以慈爱的方式对待自己,就必须向父母行孝。可见,至少在《大学》诞生前后,此时孝道的精髓思想中本有"父慈子孝"的双向孝慈观:为人父母者对待自己的子女必须慈爱,为人子女者对待自己的父母必须尽孝。(3)由兼顾尽已逝祖先与在世父母的孝引向主要尽在世父母的孝。孔子赞同传统的"致孝于鬼神"的行为。据《论语·泰伯》记载,孔子说:"禹,吾无间然矣。菲饮食而致孝乎鬼神,恶衣服而致美于黻冕,……"禹平日衣食简单,却尽量孝敬鬼神,这是无可非议的。但是,孔子讲孝的重心放在要求子女对在世父母尽孝,这就进一步体现了孝道中的人文关怀。试想,假若为人子女者不善待活着的父母,却在父母百年之后劳民伤财地厚葬父母,这种孝道岂不是不要的好?所以,孔子才说:"未能事人,焉能事鬼?"

2. 孔、孟孝道的糟粕

孔、孟孝道的糟粕主要有四,其中,上文已论述"孔、孟孝道隐含要求子女对父母不分是非曲直地盲从"之义,这里不再赘述,只论以下三点。(1)隐含片面强调以礼对待父母的思想。据《论语·为政》记载,孔子主张"生,事之以礼;死,葬之以礼,祭之以礼"。其中明显地含有将礼等同于孝的思想,由此易滋生这样的异化思想:只要以礼对待父母,就能博得一个孝子(孝女)的美名,也不管这种孝行是否出自真心(孝心)。此思想至曾子时已较为明确。据《孟子·滕文公上》记载,孟子引曾子的话说:"生,事之以礼;死,葬之以礼,祭之以礼,可谓孝矣。"只提以礼对待父母,却丝毫不提以真情对待父母,这种孝道已明显异化。

(2) 易使子女缺乏冒险意识。据《论语·里仁》记载,孔子主张"父母在,不远游,游必有方"。这就将子女死死地束缚在父母身边,使子女缺乏必要的冒险意识,进而限制了中国人的冒险精神与探究新事物的勇气。(3) 已有泛孝主义的萌芽。孔子重孝,还只在于认为孝悌是维持父子一伦的基本原则。到了孟子时,孝悌的作用得到了极高、极大的扩张,认为人世间除了孝悌,几乎没有其他有价值的事情可做,这从《孟子·告子下》"尧舜之道,孝弟而已矣"的主张里便可见一斑(韦政通,1990,pp. 146 - 147)。孟子还在《离娄上》里说过如下一段话:"仁之实,事亲是也;义之实,从兄是也;智之实,知斯二者弗去是也;礼之实,节文斯二者是也;……"并且,据《孟子·离娄上》记载,孟子说:"事孰为大,事亲为大。"据《孟子·万章下》记载,孟子说:"孝子之至,莫大乎尊亲。"事亲、尊亲成了人生最高的道德表现,"亲亲"这一至高无上的原则建立之后,其他事物一旦与此原则相矛盾,就必须做出让步或牺牲(韦政通,1990,p. 145)。进而,孟子还有"孝万能论"的思想(韦政通,1990,p. 147),因此,《孟子·离娄上》才会轻易得出如下简单结论:"人人亲其亲、长其长,而天下平。"不过,综观孟子以及《孝经》的孝道思想,其中虽有"泛孝主义"的倾向(此倾向在《孝经》里已颇为明显),但是,在先秦时期,这种泛孝主义尚受以下三个限制:(1) 主要受以儒家为代表的学人力倡,而儒学在先秦虽算是显学,但毕竟仅是"诸子百家"之一,其地位还没有上升到国家意识形态这个层次,对广大民众的实际生活的影响不太大;(2) 孟子和《孝经》在讲孝道时虽也赞同"无违",但仍强调要"自主选择",还没有明显的"父为子纲"的思想;(3) 仅限于人事范围内,没有扩及其他事物。

(三) 异化孝道的产生与风行:秦汉至清代的孝道

孔子孝道主张为人子女者对父母要有孝敬之心,要适度服从父母的意志,这本是一种做人智慧。可惜的是,孝道在演变过程中出现了一些异化现象。这些异化现象在春秋战国时期就已开其端。秦汉之际,一些儒人将先秦孝道思想作了进一步的扩张,使人世间一切事务、一切德行,无不以孝为中心,从而完成了真正意义上的"泛孝主义"的思想体系的构建(韦政通,1990,p.149)。随着《礼记》思想的深入人心,异化孝道经文化的传承,内化到中国人心灵的深处,不但对中国人的人格产生了众多不良影响(韦政通,1990,pp.152-153),也使孝道的真谛丧失殆尽,先秦孔子等人倡导的真孝道、体现"父慈子孝"式双向、平等关系的合理孝道,一变成为伪孝道、片面强调子女对父母单向敬仰、顺从的悖理孝道,行孝成为一种"作秀"行为或"吃人"行为。这对其后2000余年的中国社会、中国文化以及中国人的心理与行为等都产生了深远影响。同时,汉代《白虎通义·三纲六纪》中出现了"父为子纲"的思想,将孝道进一步推向异化的深渊,至《二十四孝》时异化孝道被推向一个个高峰,此局面延续至清代灭亡为止。结果,自汉代至清代,人们所讲的孝道和所行的孝道,其主体基本上都是异化孝道,仅有极少数较开明的家庭仍艰难地传承孔子倡导的合理孝道的精义。异化孝道对中国人的言行产生了许多负面影响,其中一些流毒遗留至今。

1. 异化孝道的表征及危害

异化孝道主要有如下三个典型表征,并造成了一些危害。

第一,鼓吹泛孝主义。自《论语》提出"其为人也孝悌,而好犯上者,鲜矣;不好犯上,而好作乱者,未之有也"的主张,这一观点得到其后中国古人的普遍认可,他们一厢情愿地将本是用于调节父母与子女关系的孝道扩展为调节人与人之间关系的一个普遍的行为准则,且将孝与忠合二为一。这一思想假若说在孔子所在的春秋末期还不是很明显,那么,在墨家的创始人墨翟所处的战国初期就已颇为明显。据《墨子·兼爱上》记载,墨子明确主张实现"天下治"的条件之一就是"君臣父子皆能孝慈"。随后,至迟在战国末期,忠孝合一的思想已变得十分流行起来,因为在成书至迟不晚于公元前241年的《孝经》中,《开宗明义章》就直言不讳地说:"夫孝,始于事亲,中于事君,终于立身。"《孝经·广扬名章》又说:"君子之事亲孝,故忠可移于君。"《孝经》进而将天下人的孝依个体身份的不同而分为五等:"天子之孝""诸侯之孝""卿、大夫之孝""士之孝"和"庶人之孝",并逐一论述身为天子者、身为诸侯者、身为卿或大夫者、身为士人者、身为庶人者该怎样做才能尽孝(胡平生,1996,

pp.1-11)。在这"五等之孝"中,除了最低层次的"庶人之孝"仍保留尊敬、奉养父母的内容外,其他的孝都已将孝的本来意义消解得几乎无影无踪,变成忠君的工具,这实际上是犯了"泛孝主义"的错误。《孝经·诸侯章》进一步提出,诸侯在尽孝时要如《诗经·小雅·小旻》所说那般"战战兢兢,如临深渊,如履薄冰"(胡平生,1996,p.6),即要小心伺候,诚惶诚恐,否则就不孝。诸侯如此,身为老百姓者更当如此。个体若果真照着《孝经》的这一思想去行孝,自然就会成为皇帝的奴隶。至战国末期,人们已将孝道扩展到涵盖人事范围在内的诸德。正如《吕氏春秋·孝行》所说:"曾子曰:'身者,父母之遗体也。行父母之遗体,敢不敬乎? 居处不庄,非孝也;事君不忠,非孝也;莅官不敬,非孝也。朋友不笃,非孝也;战阵无勇,非孝也。五行不遂,灾及乎亲,敢不敬乎?'"

秦汉之际,为了适应封建大一统的中央集权的需要,这种"泛孝主义"得到进一步的明确与提倡,如《礼记·祭义》就声称"孝为普遍的真理"(韦政通,1990,p.151):"夫孝,置之而塞乎天地,溥之而横乎四海,施诸后世而无朝夕,推而放诸东海而准,推而放诸西海而准,推而放诸南海而准,推而放诸北海而准。"自汉至清代,"泛孝主义"出现了三个新特点:(1)董仲舒"罢黜百家,独尊儒术"的主张被汉武帝采纳后,儒家由先秦时期的"诸子百家"之一一跃而"独霸江湖",成为正统的官方意识形态,此情景其后虽略有变化,但儒家独尊的地位再也没有被其他学派真正撼动过,由是,以《孝经》为代表的儒家的孝道思想也就相应地上升到国家意识形态这个层次,从而对广大民众的实际生活产生了深入、持久、广泛的影响。(2)自"三纲"思想在汉代被确立,先秦"父慈子孝"式的双向孝道一变而为"父为子纲"式的单向孝道,从此"天下无不是的父母"遂成为压抑广大中国人心理与行为的幽灵,时刻影响着中国人心理与行为的各个方面。中国人上可骂天,下可骂地,就是不能骂父母。(3)将孝道扩展到涵盖动物界和植物界。正如《礼记·祭义》所说:"居处不庄,非孝也;事君不忠,非孝也;莅官不敬,非孝也;朋友不信,非孝也;战阵无勇,非孝也。五者不遂,灾及于亲,敢不敬乎? ……曾子曰:'树木以时伐焉,禽兽以时杀焉!'夫子曰:'断一树,杀一兽,不以其时,非孝也。'"《孟子》的言论,以及《吕氏春秋·孝行》引用曾子的言论论孝时,虽然认为孝涵盖人事范围内的诸德,不过,仍只将孝道限定在人事范围内。到《礼记·祭义》篇诞生时,孝道已突破人事范围,进一步拓展为包括动物界和植物界,至此,孝道可谓无所不包(韦政通,1990,p. 151)。结果,自汉代至清代,"泛孝主义"一直在中国的历史中发挥着重要的调节人与人之间关系的重要作用。与此相应的是,孝后来沦落为统治集团的统治工具。一些统治者表面上打着"以孝治天下"(典型者如魏晋王朝)的幌子,实际上借"孝道"的名义行排除政治异己之实,如曹操以"不孝"之名杀孔融、司马昭以"不孝"之名杀嵇康与吕安,致使孝中本有的奉养和尊敬的成分丧失殆尽。

第二,倡导悖理孝道。悖理孝道主要有两种表现方式:一是愚孝;二是单向孝道。与此相对应,自汉代至清代,许多中国人鼓吹悖理孝道,要求为人子女要愚孝、要践行单向孝道。《大学》中本有"父慈子孝"式的双向孝慈观,但"父慈子孝"式的孝慈观并没有在其后中国人的孝道观念里占据主导位置,至迟自东汉《白虎通义》确立了"三纲"思想,除了极少数有卓识的人仍主张双向的孝慈观外,绝大多数中国古人讲的孝道主要是单向的"父为子纲"式的孝道,即不管父母以怎样的方式(哪怕是以非常粗暴的方式)对待子女,身为子女者都必须无条件地向自己的父母尽孝,这实际上就是一种只重"名"不重"实"的"名教"。正如鲁迅先生在《坟·我们现在怎样做父亲》一文里所说:过去的父母,"以为父子关系,只须'父兮生我'一件事,幼者的全部,便应为长者所有。尤其堕落的,是因此责望报偿,以为幼者的全部,理该做长者的牺牲"(鲁迅,1973a,p. 120)。这种想法极其错误。悖理孝道对中国人的心理与行为产生了许多负面影响。例如,在中国古代,受悖理孝道的深刻影响,男女结合的主要目的是高效地扩大家庭利益和多生男孩以更好地传宗接代。正如《礼记·婚义》所说:"婚礼者,将合二姓之好,上以事宗庙而下以继后世,故君子重之。"这样的婚恋不是基于男女的情投意合,而主要取决于父母之命,男女双方则丧失了自由恋爱的权利。只要男女双方父母同意,两个本非两情相情的男女就会被动地走到一起,结为夫妇；反之，如果得不到男女双方父母或一方父母的认可，两个情投意合的男女也很难结为夫妇，即便已成夫妇，也会被人拆散。此外，根据斯滕伯格的爱情三角理论（a triangular theory of love），缺乏自由恋爱的基础，人们的婚恋除了外在强加的承诺，显然难以产生良好的亲密感和激情，这就使中国古人的婚恋大多呈无爱的状态（许智濛，汪凤炎，2013）。

第三，流行伪孝道。伪孝道主要有两种表现方式：一是将行孝变成"道德秀"；二是只知机械地践行烦琐、虚伪的孝仪。与此相对应，自汉代至清代，《孝经》力倡的孝道因封建帝王借助皇权大力推行，为中国古人行孝提供了一个广阔而强大的外部环境，并营造出强劲的文化压力和权威式的教育方式迫使中国古人行孝。同时，孝道由先秦时期的双向关系变成单向关系，成了钳制子女心理与行为的重要工具，使得许多为人子女者从心底里不愿真心实意地行孝。这两方面因素相结合的结果是许多中国古人的孝道由先秦时期的真孝道演变成伪孝道，并给后世一些中国人的心理与行为造成了许多不良影响。例如，在孔子的孝道里就已隐含片面强调以礼对待父母的思想，此思想至迟在秦汉之际就被一些小儒进一步异化，设计成一套套压抑子代人格正常发展的孝子的心理与行为模式（即孝仪），烦琐、虚伪的孝仪也就应运而生，从而使孝道朝着错误的方向往前走。为人子女者若完全按照这套规定去做，那就毫无创新意识、冒险意识可言了。这些孝仪在《礼记》里有颇系统的论述。例如，《礼记·曲礼上》就主张，父母在世时："凡为人子之礼，冬温而夏凉，昏定而晨省。……见父之执，不谓之进不敢进，不谓之退不敢退，不问不敢对：此孝子之行也。夫为人子者，出必告，反必面。所游必有常，所习必有业。……为人子者，居不主奥，坐不中席，行不中道，立不中门。……不登高，不临深，不苟訾，不苟笑。孝子不服暗，不登危，惧辱亲也。父母存，不许友以死，不有私财。……"《礼记·内则》规定，父母在世时，子女必须按时请安，在父母面前"不敢哕、噫、嚏、欠伸……寒不敢袭，痒不敢搔"；父母死后，子女要"思死不欲生""亲始死，……恻怛之心，痛疾之意，伤肾乾肝焦肺，水浆不入口，三日不举火"。《礼记·问丧》规定,父母死后,"女子哭泣悲哀,击胸伤心;男子哭泣悲哀,稽颡触地无容"。"孝子丧亲,哭泣无数,服勤三年,身病体羸,以杖扶病也。"等等。父母新亡,子女思念父母而生悲痛之情,本是人之常情,若硬性规定子女应怎样守丧,不仅显得矫揉造作,也是对子女精神与肉体的摧残,还是一件劳民伤财的事情(潘富恩,1989)。而《大戴礼记·曾子制言上》更声称:"父母之仇,不与同生。"这是说,为了成全孝道,鼓励血债血还的做法,易使人缺乏宽容的胸怀。

2. 对异化孝道的批判

孝道的上述诸种异化现象在中国历史上曾遭到一些有识之士的批评。例如,颜之推针对当时将孝变成形式的情况,主张恢复孝的原有内容,认为"礼缘人情,恩由义断"(《颜氏家训·风操》),表达对仙逝父母的思念之情是合乎情理的,不过要出于真心,不要停留在形式上。同时,行孝应以躬俭节用为原则,祭祀时只要"唯下白粥清水干枣"(《颜氏家训·终制》)就可以,不要浪费钱财。可惜,这类批评没有起到拨乱反正的效果,而且成为五四运动以来一些人士批评中国传统孝道的罪证,这是当代中国人在讲孝道时应引以为戒的。

(四) 真孝道与伪孝道并存,合理孝道与悖理孝道同在:现当代中国的孝道

在现当代中国,先是受五四运动的深刻影响;更重要的是,1949年以来,在政府的倡导与关怀下,孝道无论是在形式上还是在内容上都发生了巨大变化,朝着合理孝道和真孝道方向发展,由此,许多为人子女者逐渐以合理孝道和真孝道来对待自己的父母。不过,世界是复杂多样的,人与人之间的差异也是巨大的,毋庸讳言,仍有极少数人在行悖理孝道或伪孝道。"真孝道与伪孝道并存,合理孝道与悖理孝道同在"是目前中国孝道的现状。

(五) 简短结论

孝道经历了一个演变过程,其演变路径可概括为:孝敬死去的祖先→孝敬在世的父母→异化孝道产生→真孝道与伪孝道并存,合理孝道与悖理孝道同在。因此,《太平御览·卷第一·天部一·孝经左契》

所说的"元气混沌,孝在其中"一语在今天看来没有科学依据。同时,在"善事父母"这一孝的核心含义中,至少在孔子等人的孝道精义思想中,只要求子女尽心奉养父母、敬爱父母,并不包含子女要绝对服从父母的意志,孝的这后一种含义主要是孝在汉代以后异化的产物,换言之,"以尽心奉养和绝对服从父母为孝"是《二十四孝》之类的教条式论著所宣扬的悖理孝道,并不是孔子等先秦学人的精髓思想倡导的原汁原味的合理孝道。所以,从严格意义上说,简单地将孝道视作"吃人"的礼教,进而简单地否认传统,是"一棍子打倒一片"的错误做法,不符合辩证唯物主义倡导的辩证态度和实事求是态度。

六、对当代中国人理性看待孝道的启示

(一) 彰显合理孝道的积极功能,消除悖理孝道与不履行孝道的消极后果

尽管较之古代中国社会,当代中国社会已发生了巨大变化,不过,当代中国社会仍需要合理孝道,当代中国人也仍需要回归孝道的精髓,使之成为当代中国人妥善调节子代与父代之间亲情关系的一个重要法则。如前文所论,行孝是保持家族"生生不息"的关键。而且,与中国人有强烈的恋家心理相吻合,老人也需要亲情的滋润,许多老人不认同社会养老,居家养老仍是当前中国主要的养老方式。这意味着,即便老人不愁吃穿、不愁就医,即便老人在与其老伴和朋友的交往中能体验到快乐,但来自子女的精神关照与支持对老人幸福感的产生具有无法替代的作用;并且,倡导合理孝道对子代的健康成长也有一定的教育意义,因为子代通过观察学习可从其父代孝敬长辈的言行中习得孝行,这对子代爱心和慧商的培养都有益处。同时,用现代心理学的眼光看,适度讲孝道有一些积极功能:(1)一个真心履行合理孝道与真孝道的人必是一个懂得感恩的人,必会善待自己的父母,这对提高父母的幸福感、增强家庭的凝聚力、增进代际关系的和谐、缓解人口老龄化带来的社会压力和促进和谐社会的建设等都有一定的积极功效。(2)一个真心履行合理孝道与真孝道的人必会对生命产生敬畏感,进而爱惜自己和他

人的生命,这对纠正当代少数青少年轻视自己和他人的生命的倾向有一定的积极作用。当代中国的极少数青少年不善于继承中国传统孝道里蕴含的珍惜生命的精髓思想,视生命如儿戏,一遇小小挫折,就做出诸如自杀或杀人之类的危及自己或他人生命的举动。从这个意义上说,适度向当代中国人宣扬孝道的精髓,不但能将生命教育思想落到实处,对当代中国人人格的完善发展也是有益的。(3)一个真心履行合理孝道与真孝道的人必会努力学习和工作,这是既利己又利家还利国的事情。可见,合理孝道与真孝道有其积极的一面,不能简单地将孝道等同于封建糟粕而轻易舍弃,应有选择地运用它们,发挥它们的积极功能。

当然,凡事都要有个度,讲孝道也要有一个度,若过了,就会沦落为《二十四孝》所讲的悖理孝道。一个社会若鼓吹悖理孝道,虽能让为人父母者一时受益,却让为人子女者的身心健康和正当权益大受损害,这种社会一定是病态的。因为,一方面,这表明它以孝为遮羞布,用以掩盖政府机构和官员的不作为,掩盖社会保障制度上存在的巨大缺陷,导致弱势群体在其极端困难时不能从国家和社会得到应有的救助;另一方面,它是在以行孝的名义破坏平等、公平、公正、仁爱等道德规范,这实际上是一种道德绑架(moral kidnapping),即以行善或维护善的名义,通过舆论压力胁迫他人履行一定道德义务或中止与道德相冲突的行为(覃青必,2013)。这样做既不利于子代身心的健康成长,也不利于国家和社会的健康与可持续发展。所以,合理合宜的态度是适度履行合理孝道,消除悖理孝道、伪孝道和不履行孝道的消极后果。

(二) 要适当限定孝道的使用范围

为了正确行使孝道,必须适当限定孝道的使用范围,纠正无限扩大孝道适用范围的错误。

中国古人常常将孝道扩展为调节人与人、人与诸事物之间关系的一个普遍的行为准则,尤其是将孝与忠紧密联系起来,这就犯了"泛孝主义"、工具主义的错误。可见,在这个意义上,当代中国人对待孝道的合理态度正如《孝经·士章》所说的"资于事父以事母,而爱同",进而将孝道限定在父代与子代的亲子关系中,既不将一个本是限定于家庭之内并用于调节父代与子代亲子关系的特殊法则无限制地扩展到家庭之外从而成为一个调节人与人、人与诸事物之间关系的普遍法则,更不将孝道上升为调节个人与国家之间关系的政治法则(杨国枢,1988a,pp. 49-50)。所以,我们不赞成将孝与忠作现代性转化,由孝道中生出热爱祖国和忠于祖国的道德品质。当然,我们也力倡在国家未消亡前,任何人都要热爱自己的祖国,都要忠诚于自己的祖国。但是,"爱祖国"这种品质的养成应通过其他有效途径实现,而不能将热爱祖国和忠于祖国与孝道简单地联系起来。因为孝道的心理基础是子代对父代的"亲亲"之情,这是人的一种带有血缘关系的自然情感,而热爱祖国和忠于祖国是一种主要基于人的社会性情感而产生的道德品质,二者之间有性质上的差异,若试图从孝道中引出热爱祖国和忠于祖国的道德品质,会犯"泛孝主义"的错误。

一旦限定孝的使用范围,在一般情况下就不会发生"忠孝不能两全"的矛盾,因为二者调节的对象不同:孝仅限定于家庭之内并用于调节父代与子代的亲子关系,而忠(此处讲的忠,仅指忠于国家这层含义)是用于社会(家庭之外)层面并调节人与国家之间的关系。犹如狮子和老虎虽都是兽中强者,但在正常情况下,二者绝不会发生冲突,因为狮子一般生活在大草原,而老虎多生活在森林中。若在特殊情况下,忠与孝发生矛盾,鉴于孝只是一种私情,而热爱祖国和忠于祖国是一种公理,那么,解决私情与公理之间冲突的唯一合理方式就是:牺牲私情,成就公理。这一方式建立在国法的价值高于亲情的价值的前提下,是现代民主法治社会选择的方式。在这方面,墨家曾为我们树立过很好的榜样(韦政通,1990,pp. 158-159)。《吕氏春秋·去私》记载:

> 墨者有钜子腹䵍,居秦,其子杀人,秦惠王曰:"先生之年长矣,非有他子也,寡人已令吏弗诛矣,先生之以此听寡人也。"腹䵍对曰:"墨者之法曰:'杀人者死,伤人者刑。'此所以禁杀伤人也。夫禁杀伤人者,天下之大义也。王虽为之赐,而令吏弗诛,腹䵍不可

不行墨者之法。"不许惠王,而遂杀之。子,人之所私也。忍所私以行大义,钜子可谓公矣。

(三) 舍弃悖理孝道与伪孝道,倡导合理孝道与真孝道

孝道的真谛在于子女真心诚意地对父母的关心(孝心),而不是简单地展现外在的孝行。所以,子女只有真心实意地行孝道,才会给父母带来心灵上的真正温暖;若只是虚情假意地行孝道,不但行孝道的人自己感到不开心甚至无比的痛苦,而且丝毫不能为父母带来心灵上的真正快乐(杨国枢,1988a,p.53)。同时,在"以人为本"观念越来越深入人心的当代社会,以《二十四孝》为代表的中国古籍倡导的悖理孝道不仅在20世纪初曾受到新文化运动健将们的猛烈批评,更与今天中国政府提倡的社会主义新型人际关系——平等、友爱、互尊互重的人际关系——不相符,与今天中国政府提倡的尊重人权(为人子女者人权)的思想相左。今天一些反对在道德教育里继续传播孝道的人们,往往也是因为看到了悖理孝道的致命不足。因此,中国古代的孝道要想在当代中国成为一种合理合宜的调节父代与子代关系的行为规则,除了要遵循量力而行的原则,还必须重新回归有远见卓识的先哲(如先秦学者和颜之推等)倡导的合理孝道与真孝道,而不是悖理孝道或伪孝道。

一方面,要坚持"父慈子孝"的双向原则。为人父母者要先慈爱子女,正如颜之推在《颜氏家训·治家》里说:"夫风化者,自上而行于下者也,自先而施于后者也,是以父不慈则子不孝。"当然,父母慈爱子女不是要对子女进行溺爱,做父母的该教育子女时仍要适度加以严格管教。《颜氏家训·教子》说得好:"父子之严,不可以狎;骨肉之爱,不可以简。简则慈孝不接,狎则怠慢生焉。"同时,子女也要孝敬父母,切不可将父母对自己的关爱视作理所当然的事情,从这个意义上说,若"子不孝则父不慈"。"父慈子孝"的双向原则包含两个要义:(1)强调情感性。汉代以后的旧孝道具有敬畏胜于亲爱、角色胜于感情的特点,这适合家长权威的古代中国,却不适合讲究人人平等、友爱、互尊互重的当代中国。要使传统孝道的精髓能在当代中国继续发扬光大,就必须对其作现代性的转换,使之成为亲爱胜于敬畏、感情胜于角色的新孝道(杨国枢,

1988a,pp.50-51)。(2)强调互益性。汉代以后的旧孝道重孝轻慈,片面强调子女对父母的义务,却不讲子女应享的权利与父母对子女应尽的义务。这是一种单向的孝道,已不符合讲究公正、平等的当代中国人的价值观,为此,只有增加孝道的互益性,推行"父慈子孝"式的新孝道,才容易被当代中国人接受与认同(杨国枢,1988a,pp.54-55)。

另一方面,要坚持相互尊重的原则。父代与子代之间应互相尊重对方的正当兴趣、爱好和志向,毕竟父母与子女各有各的个性,各有各的生活经历。父母不能再像过去那样一味地让子女放弃自己的正当兴趣、志向和爱好,而去行父母之志,行父母未尽之行;子女也不能过于强调自己的自主权,不听从父母的合理建议。从这个意义上说,孝道观念要做到与时俱进:对政府和社会而言,要逐渐建立与养老制度相适应的孝道观,培养老人人格独立和经济独立的新观念,建立一个使老人感到生活有意义的社会。对为人父母者而言,要清楚地认识到,父代与子代毕竟是两代人,子代不是父代的简单翻版,所以,为人父母者不但不能片面要求子女行父母之志或父母未尽之行,而且要适当鼓励子女孝而不顺,有意识地帮助子女养成独立人格,并学会尊重子女的独立人格。对为人子女者而言,要清楚地认识到,在一般情况下,父代对子代总有一种关切与担心,若非原则性问题,适当顺从父母的意志既无伤大雅,又能满足父母的心理需要,增强父母的幸福感。当然,子代也要逐渐学会走自己的路,毕竟时代在变化,环境也在变化,若盲从父母的意志,既容易迷失自我,也不利于自己的健全发展。同时,子代也要看到家庭在养老中的不可替代性,既尽力而为,在经济上尽量做到赡养父母,更要对父母表达适当的孝敬之心,让年老的父母幸福地安度晚年。此外,由于家庭在养老中具有不可替代性,若将养老全部做成"服务外包",不但会让一些年老父母无法接受,而且迟早也会让这样做的子女感到心中有愧!

合言之,为人父母者既尊重与关爱子女,又担起为人父母者所必须尽的权利与义务,同时,为人子女者也尊重与关爱父母,也担起为人子女者的权利与义务,只有以此为出发点,通过平等对话来讲孝道,孝道才易被当代为人子女者接受、履行。换言之,父子之间各有自己的社会责任与义务,这就是慈和孝。父母对子女的责任与义务应该是"健全的产生,尽力的教育,完全的解放"(鲁迅,1973a,p.125),子女对父母则有孝敬、关爱、赡养的责任与义务。这种孝道观才是合情合理的新型孝道观。

第三章 中国人的情结

现代汉语中,"情结"(complex)的含义有二:(1)精神分析学派用语。"情结"这一术语由瑞士心理学家荣格(C. G. Jung)最早使用。荣格认为,"情结是联想的凝聚——一种多少具有复杂心理性质的图像——有时具有创伤的特征,有时具有痛苦和不凡的特征"(荣格,1991,p.76)。这表明,在荣格看来,情结是有关观念、情感和意象的综合体,可以将它形容为"无意识之中的一个结"。后来被弗洛伊德(S. Freud)采纳,主要用来指恋父(弑母)情结(Electra complex,又称厄勒克特拉情结)、恋母(弑父)情结(Oedipus complex,又称俄狄浦斯情结)与阉割情结。弗洛伊德认为,情结是一种受意识压抑而持续在无意识中活动的,以本能冲动为核心的欲望。(2)很深的情感,如思乡情结(夏征农,陈至立,2010,p. 1520)。作为精神分析学派用语的"情结"一词后被其他新精神分析学派的学者甚至其他流派的心理学家接受。例如,阿德勒(Adler,1927)提出了自卑情结(inferiority complex)和优越情结(superiority complex)。不过,恋父情结、恋母情结、自卑情结和优越情结等概念不但来自西方心理学,而且主要是在西方文化背景下产生的(朱永新,1993),它们并不一定适用于中国人。例如,与西方人类似,在中国,子女尤其是年幼子女对父母同样有依恋之情,不过,与西方人不同,中国人深受孝道文化的影响,再加上有"将父母神圣化"的做法,虽会对父母表现出一定的依恋,却基本没有因恋母而想杀父或因恋父而想杀母的本能冲动。同时,作为精神分析学派用语的情结既是一种以本能冲动为核心的欲望,又是一种受意识压抑而持续在无意识中活动的欲望,是无意识之中的一个结。对情结的前一种理解不太吻合中国传统文化,因为中国传统文化的主流持性善论;并且,宋明理学兴起后,中国人讳言性。结果,中国传统文化不太讲本能冲动,尤其不太讲基于性本能的本能冲动。对情结的后一种理解实有窄化情结之嫌,因为情结里既有无意识的成分,也有意识的成分。有鉴于此,本章所用"情结"指个体对某人或某物有明显的积极认知,由此对其产生一种情感依恋或高度认同感,并伴有相应的心理与行为方式。本章所讲的情结与精神分析学派所讲的情结的相同之处在于,两种情结都包含一定的无意识,两种情结都会对持有者的心理与行为产生深刻影响。二者除了内涵有差异,至少还有四个差别:(1)二者包含的无意识成分多少有差异。精神分析学派所讲情结基本是由无意识构成的;本章所讲情结之内既有无意识,更有意识。(2)二者是否与性本能有关有差异。精神分析学派所讲的某些情结(恋父情结与恋母情结)显然与性本能有密切关系,本章所讲的情结多与性本能关系不大,甚至毫无关系。(3)二者包含的认知与情绪体验的类型有差异。尽管阿德勒也提出了优越情结,不过,从总体上看,精神分析学派所讲的各类情结,其内包含的多是具有心理创伤特征和痛苦情绪体验的东西;本章所讲的情结,其内包含的多是具有积极意义的认知和情感。(4)二者适用人群有差异。精神分析学派所讲的情结更适合在西方文化背景下成长起来的人群,本章所讲的情结更适合在中国文化背景下成长起来的人群。

　　用情结的视角来反观中国人的心理与行为,或者用内隐联想测验等方法进行研究,就会发现中国人心中也存在某些情结,如恋家情结、田园情结、团圆情结、游侠情结、恋权情结、清官情结、恋钱情结、大同情结、圣人情结、明君情结、处女情结、生子情结、三寸金莲情结、英雄情结、隐士情结、国师情结(也叫"乐作帝王师情结")、士大夫情结、知青情结、GDP情结、奥运金牌情结、恋旧/怀旧情结和女排情结等。其中,生子情结只在那些重男轻女的家庭中才存在;处女情结一点便明,"当下一些男性找对象时对女方是不是处女非常在意"以及"一些未婚的年轻女性做处女膜修复术"等现象,均折射出当代一些中国人隐藏在心底的处女情结；圣人情结、明君情结、国师情结、士大夫情结和三寸金莲情结已是历史遗迹；英雄情结是中国人与西方人共有的情结；知青情结仅限于那些曾当过知青的特定人群和与知青关系密切的部分人群；GDP情结仅限于近年来那些试图通过 GDP 增长升官的官员；奥运金牌情结仅限于近年来那些试图通过获得奥运金牌来为自己的仕途或前途增辉以及将奥运金牌与脸面心理紧密联系的部分人群；有恋旧/怀旧情结者多为年长者；女排情结是在中国女排取得"五连冠"荣誉的过程中诞生的，它仅限于 30 余年来那些以"齐心协力，不计得失，顽强拼搏，永不放弃，为国争光"的女排精神为自己精神榜样的人群。这十三个情结诞生时间较晚或在现实生活中已消失，故均不多讲，本章只探讨余下产生时间早、持续时间长、至今仍潜藏在很多中国人心底的重要且典型的中式情结。

一、中国人的恋家情结

依恋(attachment)是鲍尔比(J. Bowlby)于 1969 年提出的一个概念，现成为发展心理学中一个重要的研究主题。心理学家对依恋的认识经历了一个逐渐发展的过程：起初人们多认为，依恋是婴儿寻求并企图保持与另一个人亲密的身体联系的一种倾向，这个人主要是母亲，也可以是别的抚养者或与婴儿联系密切的人，如其他家庭成员。后来的一些研究发现，依恋心理是持续存在的。鲍尔比将依恋描述为：导致个体对其他人产生一定程度亲密感的任何行为模式(刘金花，1997，p. 311)。根据此定义，可将其稍扩展为：导致个体对某人或某物产生强烈亲密感的任何行为模式。中国人的依恋心理多种多样，其中最凸出的是恋家情结，它可看作中国人对家的崇拜或依恋。通常情况下，婴幼儿与学前儿童因从未离开过家，且对家的认知甚少，往往只知依恋父母，不一定会恋家，所以，父母到哪里，他们便乐意跟到哪里；一些处于青春叛逆期的个体可能也很少有恋家心理，这从"一些处于青春叛逆期的个体与父母发生激烈争吵后易离家出走和报考离家远一些的高校"两个事实中便可见一斑。除这两类人之外，其他中国人往往多有恋家情结,并且,越晚离家去外地求学、工作或生活的人,其与原生家庭的分离感(sense of separation)越弱,越易恋家。同时,受"男主外,女主内"性别分工思想等因素的影响,女性比男性的恋家情结要重一些。而随着年龄的增长,尤其是随着离家时间的增长,一些老年中国人的恋家情结也有日趋增强的倾向。所以,中国才有"落叶归根"的说法。

(一) 什么是恋家情结

1. 什么是恋

从字义上看,"恋"有"爱慕、留恋""男女相爱"与"思念的情意"三种含义(汉语大字典编辑委员会,2010,p. 2539)。恋家情结中的"恋",其含义主要指"思念的情意",兼有"留恋"之义。这种情绪情感有什么特别之处?答案蕴含在"戀"字字形中。"恋"字写作繁体便是"戀"(汉语大字典编辑委员会,2010,p. 2539)。从字形上看,"戀"字的下半部分为"心",这说明"恋"是人发乎心的一种情绪情感。"戀"字上半部的左右两边均是"糹(丝)"字,暗指这种思念的情意像丝一样绵长;中间的"言"指"言语",但这种"言"被两个"糹"缠绕,暗指此"言"实为"难言",即说不清、道不明。合言之,"戀"指人的一种发乎心、难以言说、绵绵无期的情绪或情感。从心理学的角度看,恋家中的"恋"相当于"依恋"(李海青,2007)。

2. 什么是家

"家"字在甲骨文里写作"𠂆",金文写作"𠂆"或"𠂆",小篆写作"𠂆"(汉语大字典编辑委员会,2010,p. 998)。"𠂆"字的上半部"⌒"是一个"上有屋顶两边都有墙壁的房屋"的形象(汉语大字典编辑委员会,2010,p. 975):上面的"人"字形指屋顶,下面的"‖"指屋顶下面两边的墙壁(约斋,1986,p. 149)。"𠂆"字下半部"豕"是猪的象形(汉语大字典编辑委员会,2010,p. 3348)。"豕(豕)"与"犬(狗)"(汉语大字典编辑委员会,2010,p. 1427)两字写法颇为相似,二者之间的主要不同体现在"尾巴"上:"豕"的"尾巴"是"一撇",因为猪的尾巴经常往下放着;"狗"的"尾巴"是"一捺"(如"㇏")或"一个往右上的勾"(如"㇀"),因为生活中的狗的尾巴经常往上翘着。后来"豕"肚皮上的一画戳穿了背心,变成现在的形状(约斋,1986,p. 82)。因此,"家"是会意字,字面意思是"房屋里养了一头猪"。这意味着有房住,家庭富足(猪是财富的象征),便是"家"的理想形象;反之,没有自己的房子就无法安居,没有财产家庭就无法正常运转,便不能称为"有家"。由此可见,中国人自古就重视家庭的物质基础。

为什么在马、牛、羊、猪、狗、鸡"六畜"中,中国先民最终选择用"房屋里养了一头猪"来指称"家"呢? 这是因为,"六畜"中只有"猪"同时拥有四个优点:(1) 适应力强。猪是杂食动物,适应力强,在中华大地的绝大多数地方都可用相对较小的空间进行圈养。马、牛、羊虽都可圈养,但所占空间较大;南方山地多平地少,到处都是"小桥流水",不适合放养马与羊。(2) 养猪的投入与产出比最高。通常情况下,一匹成年马与一头成年牛虽比一只肥猪更值钱,但养马与牛的成本比养猪高很多,风险也更大;而养狗与鸡虽成本低,却比不上养猪赚钱。(3) 属哺乳动物且繁殖力强。与卵生的鸡相比,猪要高级一些;与同为哺乳动物的马、牛、羊、狗相比,猪一胎能生更多的幼崽。(4) 相对而言,猪的生活颇舒适、安逸、自由自在,吃饱了睡,醒来再吃,不用像牛那样被人用绳子牵着鼻子在地里辛苦干活,不用像马那样辛苦地驮着主人跑,不用像狗那样辛苦地替主人守夜。因此,用"房屋里养了一头猪"来指称"家",典型地体现出小农经济背景下远古中国人对家的印象和对家的向往:在小农经济背景下,对许多远古中国人而言,圈养的生猪不但能有效提供食物安全感,而且是最重要的家庭财产之一,能有效地为家庭提供经济安全感;猪生活安逸、自由自在,这与人们心中"在家中本应过着舒适、安逸、自由自在的生活"的理想状态相吻合;猪又是一种繁殖力强的哺乳动物,这也特别符合远古小农经济条件下先民企盼"多子多福"和存在"生殖崇拜"的心理。① 在当时生产力低的条件下,农业要想增产,最切实可行的办法便是多投入劳动力,这自然需要足够高的人口

---

① 根据中国中央电视台第 10 频道(CCTV-10)2005 年 6 月 1 日《百家讲坛》节目播出的赵世民主讲《探秘中国汉字(下)·家》整理而成。

出生率。另外,为了更好地照料猪,让猪能健康成长,以便将来能收获一头或几头肥猪,许多远古先民都在屋子里养猪。蓄养生猪便成了定居生活的标志,直到现在还有少数保留古代风俗的客家人在居所内圈养猪。结果,"房子里有猪"就成了"有人家"的重要标志(这是接近联想,因为猪需要人喂养)。这表明,汉语"家"的本义是"蓄养生猪的稳定居所"。张晚林认为,古人以"豕"祭祀,"家"字由"宀"与"豕"两部分组成,说明"家"是在屋宇内祭祀之义(张晚林,2018)。此见解缺少充足的证据,似值得商榷。因为,虽然自古至今都有中国人在家中摆放祖先灵位,并在家中祭祀,不过,中国人尤其是中国古人在祭祀祖先时往往会用到多种物品。以用于祭祀的肉食为例,常用的有上文提及的"六畜",其中最常用的是牛、羊、猪,早期甚至还用人来祭祀,为何单单只用"宀"与"豕"两部分组合表示"家"呢?

"家"有"蓄养生猪的稳定居所"之义,且是"定居生活的标志",由此很容易引申出"人家""人的居住之所"的含义,于是,"家"便有了"屋内、住所、家园"的含义。所以,《说文·宀部》说:"家,居也。"(汉语大字典编辑委员会,2010,p. 998)同时,因一家人多待在一个"家"里,正所谓"不是一家人,不进一家门",由此,由"家"自然可引申出"由配偶关系构成的最小社会组织"的含义,即可指"家庭"或"大家",自然也可"(古)称夫或妻"。由是,"家"作为一个经济单位和一个生产、繁殖单位而存在,保证了人类生存、繁衍和发展的基本需要。在此基础上再扩大引申,"家"便有了"群落、族群、民族"(如客家)、"派系、流派"(如儒家)、"专业人员、身份凸出的人"(如专家)等含义。将"家"作动词用时,便有了"定居、安家"的含义。可见,"家"因有居所,可以供人遮风挡雨,而且"家"中还有令自己时时牵肠挂肚的亲人(家人)。结果,无论是从心理上讲还是从物理环境上看,对中国人而言,家都是一个让人感到温暖、亲切的地方。正如毕恒达曾说:

> 当我们谈到"家"的时候,其实它可能指涉三个不同的概念,分别是"house"(住屋)、"family"(家庭)与"home"(家)。"我的家非常的宽敞""今天晚上不回家"指的是"house","我家有四口人"指

的是"family",而"我有一个温暖的家"指的是"home"。住屋是一个物理空间,我们可以谈论它的面积、通风采光、格局配置等特质,但是它必须经由持续个人化、经营与情感的投入才有可能成为家。家包含了我们赋予空间的心理、社会与文化意义。所以,金钱可以买到住屋,却无法买到一个家。然而我们称为家的地方,却不一定是住屋,它也可能是一个小公园、城市或国家。家可能是我们生命中最重要的地方,它可能帮助人的成长,也可能威胁人的基本生存。至于家庭则指的是两个或两个以上的人,因婚姻、血统或收养关系而构成的团体。家庭如果没有共同居住在同一个地方,则家的意义与功能可能会逐渐丧失。不过即使住在同一个住屋中,不同的性别、性倾向,以及位于不同权力位阶的个人,他们对家的感觉也不同。(毕恒达,2000)

综上所论,房子(apartment/house)、家庭(family)、家乡(home)在人的心理上是三个既有一定关联又不尽相同的概念。中式家的完整含义是实物层面的家、人员构成意义上的家、居住地层面的家三者的完美融合:(1)实物层面的家。相当于英文的"apartment"(公寓)或"house"(别墅)。"不是一家人,不进一家门。"如果没有共同居住在同一个房屋里,则家的意义与功能会下降,甚至会逐渐丧失(毕恒达,2000)。而且,实物层面的家一般指自己(自家)拥有产权的房子,而不是租来的,住在租来的房子里常常无法给人带来家的安全感和归属感。当然,实物层面的家在客观上是豪华还是普通,是宽敞还是狭小,是美丽还是简陋陈旧,并不太重要,重要的是个体在心理上能否对它产生高度的认同感。若能高度认同,即便房子既小又简陋陈旧,照样过得温馨幸福,这便是俗话说的"金窝银窝不如自己的狗窝";反之,如果不能认同,即便住在像皇宫一样的房子里,仍然体验不到家庭的温馨,仍会想着尽早搬出去。(2)人员构成意义上的家。它主要指自己的家人或家庭成员,除自己外,核心家庭成员主要包括爱人与未成年子女,大家庭中还包括自己的父母甚至自己的兄弟姐妹等,相当于英文的"family"。从这个角度讲,连自己在内,家中至少要有两个家庭成员,如祖孙、夫妻、父子、父女、母子或母女等（后四者常被人统称作"单亲家庭"）。单独一个人，即便拥有自己的房屋，也无法构成真正意义上的家：若屋中只有一位老人，那叫"空巢老人"；若屋中只有一位中青年，那有可能被人称作"鳏居"（独身无妻室）、寡妇、剩男或剩女；若屋中只有一位儿童，那叫"孤儿"或"留守儿童"。此外，家庭成员之间要相亲相爱，相互为对方营造浓浓亲情，这样才能让家庭成员之间彼此以对方为寄托自己心灵的居所或港湾，此时，家才能给人归属感、安全感、信任感和舒适感。反之，即便同住一屋，若家庭成员之间闹矛盾，同床异梦，各怀鬼胎，甚至反目成仇，即便从血缘关系或法律关系上看，有两个或两个以上的家人，也很难组成人员构成意义上的家，也无法让人产生家的感觉。由此可推知，在寄宿家庭、两人或多人共住的学生宿舍、两人或多人共住的部队营房或单位集体宿舍、两人或多人合租的出租屋或旅馆等场所，如果能营造出温馨和谐的人际氛围，让人（尤其是外来者）有一种家的感觉，自然能提高在外求学、工作、探亲或旅游者的心理健康水平和幸福生活指数。（3）居住地层面的家。它主要指自己的家乡或故乡，相当于英文的"home"或"hometown"。当然，在家的这三种含义里，第二种含义处于最核心的位置。家的这三种含义具有较强的普适性，换言之，中国人与西方人眼中的家的完整含义都包含这三层。所以，在2017年的圣诞演讲中，英国女王也说："对很多人而言，家早已不仅仅是一栋房子或一个城镇，我们把家看作温暖、亲情与爱凝聚的地方，看作与家人分享美好故事与记忆的地方。或许这就是每年这个时候都有很多人选择回家乡过圣诞的原因。这是家对人们具有持久吸引力的根源。"

同时，与西方人类似，中国父母多非常重视自己与未成年子女间的亲情关系；与西方人不同，中国父母还非常重视自己与已成年子女之间的亲情关系，甚至在父母眼中，子女哪怕已年高七十，也仍是孩子。并且，出于爱屋及乌和睹物思人的心理，多数中国人非常看重自己或自己父母曾长期居住的老屋，即便自家的老屋早已不住人，一般也舍不得出售或拆掉；当一个游子年长时，即便父母早已去世，若他有恋家情结，一定会怀念当年与父母一起生活的那个家。当然，在当今许多城市房价居高不下的背景下,也有些中国人的家观念发生了偏移,由原先的重人轻物变成重物轻人,即将房屋看得重,将家庭成员看得轻,但这毕竟是少数,多数中国人仍看重亲情。

3. 恋家情结的定义

朱利安尼(Giuliani,1991)曾将"对物体的依恋"(an attachment bond with any object)——这个物体自然也包括"家"——定义为:从正面讲,它指个体因拥有某物或与某物亲密接触后而产生的对该物的心理上的幸福体验(state of psychological well-being);从反面讲,它指个体因失去某物或无法与某物亲密接触而产生的对该物的苦恼或悲痛体验(state of distress)。根据上文对情结、"恋"字与家的分析,再借鉴朱利安尼"对物体的依恋"所作的定义,笔者认为,恋家情结(complex of attachment with the home),也叫"恋家心理",简称"恋家",从正面看,指个体对家有明显的积极认知,并由此对家产生强烈的亲密感、认同感与归属感,进而伴生相应的心理与行为方式;从反面看,指个体一旦与家分离,便会由此而思家、想家,进而想回家的心理与行为方式。同时,中国人的自我往往是各式各样的小我或大我,很少是纯粹的个我;与此相一致,恋家情结中的家既指个体心目中的"小家",更指个体心目中的"大家",甚至包括个体的家乡乃至国家。其中,个体未结婚前,"小家"指个体自己(若有兄弟姐妹,也包括自己的兄弟姐妹)与父母组成的家;个体一旦结婚,其心中的"小家"往往指由个体自己、个体的爱人与个体的子女组成的家。

4. 恋家情结的结构

在《用三维组织框架定义地方依恋》(Defining place attachment: A tripartite organizing framework)一文里,斯堪内尔(L. Scannell)和吉福德(R. Gifford)对地方依恋(place attachment)提出了一个三分法模型(tripartite model),将地方依恋分成"人"(person)、"地方"(place)和"过程"(process)三个部分,其中,"过程"之下又分"认知"(cognition)、"情感"(affect)与"行为"(behavior)三个子因素(Scannell & Gifford,2010)(如图 3-1 所示)。

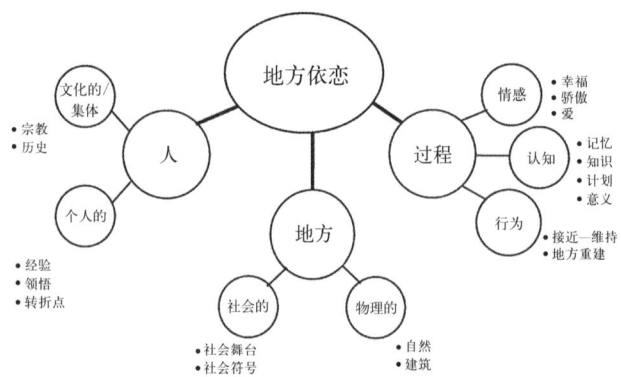

图 3-1 地方依恋三分法模型示意图(Scannell & Gifford,2010)

毕恒达曾围绕"家的意义"组织并刊发了四篇论文,提供了较多家的素材(毕恒达,2000)。也有人认为家概念在青年人的心目中从"家的情感意义""家人与安全感""家的物质基础""责任与义务"和"琐碎与冲突"五个方面进行表征(李海青,2008)。综合起来看,中国人的恋家情结可如图 3-2 示意。

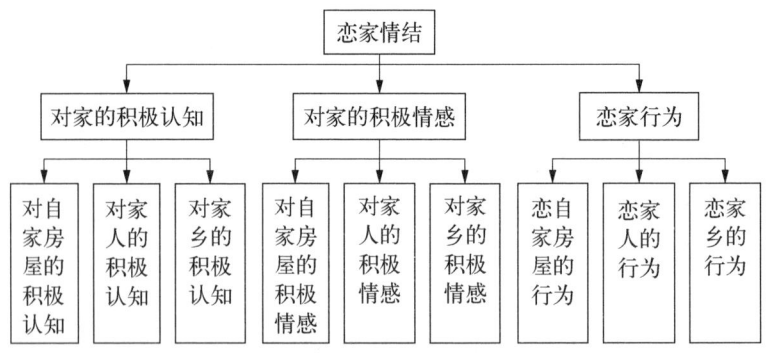

图 3-2 恋家情结结构示意图

根据图 3-2,按李克特式量表(Likert Scale)的方式,可编制一份《中国人恋家程度问卷》。假若每个因子各编 5 道题,那么,9 个因子共可编写 45 道题,然后再加一道测谎题,这样,整份《中国人恋家程度问卷》共有 46 道题。如果每个题目有"非常不同意""不同意""不一定""同意""非常同意"五种回答,分别记为 1、2、3、4、5 分,那么,每个被试的恋家程度总分就是他对这 45 道题的回答所获分数的总和（前提是此被试的作答通过测谎题的考验，测谎题不计入总分），那么，可以预期，成年中国人在恋家问卷上的得分介于 45—225 分之间。若将量表的得分作三等分，得分处于 45—104 分之间的被试恋家程度较轻，104—164 分之间的被试恋家程度中等，164—225 分之间的被试恋家程度较强。

（二）恋家情结的表征

家有"自家房屋""家人"和"家乡"三层含义，因此，中国人的恋家情结至少有以下六个表征。

1. 对家抱有积极的认知与情感

在绝大多数中国人心中，家是心灵的港湾，在那里可以较好地满足自己的生理需要、安全需要、归属与爱的需要、尊重的需要，乃至自我实现的需要，能够获得安全感、归属感、安慰与支持（包括物质支持和心理支持等），让人觉得自由自在、温馨、幸福。因此，通常情况下，无论是对儿童还是对成人而言，他们对家多抱有积极的认知与情感，一提到家，往往能让人联想到许多美好记忆，如想起父母做的可口饭菜，想起父母对自己的千般好。"母在（娘在），家在；父在（爸在），天在"一语不知打动多少游子的心！《家之歌谣》中的内容也颇能赢得中国人的赞同："世上只有家最好，男女老少离不了。男人没家不立足，女人没家容颜老。有家看似平淡淡，没家顷刻凄惨惨。外面的世界千般好，不如家里待一晚。"

2. 想家，牵挂家，喜欢回家

恋家情结对中国人心理与行为的一个显著影响是，一些出门在外的中国人还没在外面待几天便想家、牵挂家、想回家，也喜欢回家。这使得"在家千日好，出门一日难""金窝银窝不如自己的狗窝""有钱无钱，回家过年"之类的民谚成为一些中国人的口头禅。"独在异乡为异客，每逢佳节倍思亲。"（《九月九日忆山东兄弟》）"君自故乡来，应知故乡事。来日绮窗前，寒梅著花未?"（《杂诗三首·其二》）"少小离家老大回，乡音无改鬓毛衰。儿童相见不相识，笑问客从何处来?"（《回乡偶书》)"烽火连三月,家书抵万金"(《春望》)等也因此成为描写家的著名诗句。春节和中秋节是两个讲究全家团聚的中国重要传统节日。每逢春节临近,许多身在异乡的中国人都要千方百计赶回家过年,为的就是除夕夜能在家中与家人一起吃个"团圆饭",饭后一家人坐在一起守岁。这促生了"春运"这一独特的社会现象,其壮观程度是其他国家和其他动物无法比拟的。"春运"正直一年中最寒冷的时期,行路不便,加之客流量大,出行时间高度集中,客流地区分布不均,车票往往一票难求。不过,对许多漂泊在外的中国人而言,只要能顺利回家过节,路上遇到再多辛苦也都觉得值,反之,若因"买不到车票"等原因无法回家过春节,一些中国人会为此懊悔、沮丧很长时间,并会因自己无法回家与家人团聚而对家人充满内疚之情。至于中秋节,由于一些文艺作品不断将中秋夜的圆月比作全家团聚,将残月或半月比作家人不得团聚,所以,在许多中国人心中,月亮与恋家或思乡之间建立起了浓厚的情感关联,天上的圆月易让中国人产生联觉,唤起中国人想与家人团聚的情愫,进而易激发出中国人回家的冲动。

3. 推崇三世同堂、四世同堂甚至五世同堂

多数现代西方人对家的认识是"夫妻+住所"或"夫妻+未成年子女+住所",即西方人常说的核心家庭。因多数现代西方人对家持如此认知,再加上他们多无恋家情结,西方父母一般多只与未成年子女在一起生活,子女一旦成年,就必须从父母家中搬出独立生活。结果,在当代西方发达国家(如美国和英国),尽管绝大多数中产阶级及以上人士都住上了中国人所说的"别墅",家中房间完全够三代人甚至四代人同住,三世或四世同堂的现象却较少出现。

与现代西方人不同,在多数中国人心中,家的核心是父母与子女,而不是夫妻,家往往与父母和子女紧密相连。父母在,家在;子女在,家也在。对子女而言,离开父母便意味着离开了家,这是子女(哪怕是已在外地成家的子女)仍要回父母家过年的心理因素;对父母而言,若子女不在身边,家也就不完整。因此,自古至今,多数中国人对家的认识是"父母+子女+住所"。所以,中国人恋家情结的另一个显著表征是

子女非常渴望或非常愿意与父母合住,父母也乐意与子女(包括已成年乃至成家的子女)住在一起。父母有子女,子女在成家立业后又会有自己的子女,以此类推,结果,在中国历史上,三世同堂和四世同堂的家庭非常普遍,有的家庭甚至五世同堂,在某些名门望族,一家大小可有几百余人。宋代著名心学家陆九渊就生长在一个"聚食逾千指"的大家庭里,以至于淳祐二年(1242年),理宗赵昀下诏旌表"金溪陆氏义门"。陆麟北编修的《西江陆氏家乘》卷七《恩典》记载:"皇帝制曰:江西金溪青田陆氏,代有名儒,载诸典籍。聚食逾千指,合爨(cuàn,通'灶')二百年。一门翕然,十世仁让。惟尔睦族之道,副联理国之怀。宣特褒异,敕旌尔门,光于闾里,以励风化。钦哉。"在当代中国大陆,已在城市安家的成年子女,只要家庭条件允许,一般都希望接原先生活在农村的父母来城里团圆。如果父母觉得这样做不会让子女为难,即便语言不通、生活习惯不同,也乐意来城里与儿孙团聚。与此相映成趣,易春丽曾指出一个值得深思的文化现象:中国文化鼓励三世同堂乃至四世或五世同堂,男人往往不离开自己的原生家庭,他们结婚只是换了一个娘——新娘,他们仍是被照顾的男孩,而不是一个可以保护妻子的男人,结果,在中国的神话故事里几乎看不到丈夫救妻子的情节,看到的多是儿子救母亲的故事,著名的如《宝莲灯》《白蛇传》均是如此。中国女性期待拯救自己的是她的儿子而不是她的丈夫,这是中国女性的集体无意识。母子共生是中国文化所鼓励的。在精神分析中,母子无法分离是一种病。因为母子共生具有排他性,表现为儿子与母亲一起排挤自己的妻子(约翰·鲍尔比,2017,p.4)。

4. 恋家乡

家乡是放大的家,因恋家而恋家乡,中国人有故土情结、故乡情结、思乡情结或乡土情结。于是,爱吃家乡的食物(其实是回味、咀嚼自己的童年),便成为许多游子的共同爱好。同时,即使有一些人的家乡就客观标准而言,实是"穷山恶水"或"秃山臭水",在许多游子的心中,也仍像《增广贤文》所说的那样"美不美,家乡水"。有些游子很早就离开家乡,家乡已无多少人与他继续保持情感上的联系,但是,他们心中仍坚信《增广贤文》所说的"亲不亲,故乡人",进而"老乡对老乡,两眼泪汪汪"。所有这些都是恋家乡心态的具体反映。因此,在中国人面前诋毁他的家乡是非常不明智的举动!中国人自己可以偶尔抱怨家乡,别人却不行,哪怕别人因为想讨好他而跟着他抱怨也不行。一些在外(尤其是在海外)孤身求学或打拼的游子还易生乡愁或患上思乡病(homesick),巴不得早点重回故乡。"乡愁"一词最早出自唐人杜荀鹤的《江岸秋思》:"驱马傍江行,乡愁步步生。举鞭挥柳色,随手失蝉声。秋稼缘长道,寒云约古城。家贫遇丰岁,无地可归耕。"又见于唐人张乔的《江上送友人南游》:"何处积乡愁,天涯聚乱流。岸长群岫晚,湖阔片帆秋。买酒过渔舍,分灯与钓舟。潇湘见来雁,应念独边游。"乡愁指人们因一时或永远无法重回故乡而生出的对故乡的人与事、故乡的食物、故乡的建筑与风俗习惯、故乡的自然与人文环境等的想念、思念或怀念,并伴随程度不一的愁情。为了预防或缓解乡愁或思乡病,一些身在异乡的游子会自发组织"同乡会"(townsmen association)。对于那些因种种原因而一时或终生无法回到家乡的游子,思乡、乡愁之类的情感便时常萦绕在他们心头,挥之不去。也正由于许多中国人有乡愁情怀,所以余光中的《乡愁》才能打动无数中国人尤其是海外华人的心。

5. 有浓厚的安土重迁心态

因恋家和恋家乡,中国人一向有非常强烈的安土重迁心态,《论语·里仁》中"父母在,不远游,游必有方"一语是中国人普遍信奉的一个信条。考察中国的历史就可得出一个结论:中国人不愿意离开故土与他们对祖籍的依恋相称。在封建王朝鼎盛的汉代、唐代、元代和明代,中国人完全可以跟随他们的远征军到达朝鲜、波斯、东南亚、非洲和东欧等许多国家和地区,成为新领土的开拓者。若果真如此,现在世界上到处都会是中国人。但事实上,当时的中国人几乎毫无作为(许烺光,1989,p.289)。这种浓厚的安土重迁心态正是中国人恋家心态的一种折射。

6. 普遍的叶落归根心态

中国人普遍有一种叶落归根的心态,信奉"树高千尺,叶落归根"的做人准则。许多中国游子在背井离乡的日子里从未动摇过回家的意愿,只要条件允许,就会立即回乡(麦高温,1998,p.271)。当然,中国游子的最大希望是衣锦还乡,安度晚年,葬入祖坟。在中国历史上,稍有经济能力的中国人都会在自己的家乡置办一块面积大小不一的祖坟地,曲阜的"孔林"(本称"至圣林")——孔子及其后裔的家族墓地——是其中的代表。对中国游子而言,无论生前多么风光或富有,假若死后无法葬入祖坟,将是一件非常遗憾的事情。说得形象点,中国人犹如树木,扎根于某一处滋养、繁衍、死亡、腐烂(明恩溥,1998,p.148)。明恩溥曾说,中国人的全部心思都放在一个固定的地方,犹如蜜蜂,不管飞得多远,最后总要返回它的巢窝。西方人则更像不负责任的蚱蜢,不停地"跳动",通常并不会表现出对某个地方的深切偏爱和特别情感而疏远其他一切地方,当然,特定的谋生用具除外。所以,尽管活动范围可能很广,中国人实际上都扎根于广阔地球上的某一点,这个点便是他的家乡(明恩溥,1998,p.333)。

(三) 恋家情结产生的缘由

中国人之所以有强烈的恋家情结或恋家心理,既有文化方面的原因,也有心理、社会保障制度、管理制度、经济条件等方面的原因,概括起来,主要有八个方面。在这八个影响因素中,"美好回忆说"反映的是人类恋家的共性心理,其余七个影响因素则带有明显的中国文化烙印。其中,"战争太频繁导致许多中国人内心潜藏有恋家情结"已在上册"中国人的尚和心态"一章点明,"与在家庭成员资格认同上非常看重直系血缘关系的共同性有内在关联"已在上册"中国人的人情观"一章里作了探讨,下面只论余下的六个。

1. 家或家乡的物品、人和事能唤起个体的美好回忆

人为什么会恋家或恋家乡呢? 一个重要且共同的心理因素是,家或家乡的物品(尤其是童年时期吃的美食与儿时拍的老照片)、人(尤其是自己的父母)或事(主要是一些能让自己体验到快乐或幸福的事情)能唤起个体的美好回忆,让其睹物思人、睹人思事,并油然而生快乐、幸福的积极情绪体验。此观点可概括为"美好回忆说"。以童年时

期吃的美食为例,即便一个游子已离开家乡很多年,有关家乡的许多记忆或逐渐模糊,或早已遗忘,然而,一旦吃到童年时期吃的美食,那一瞬间仿佛时光倒流,穿过时光隧道,回想起当年的点点滴滴。根据"美好回忆说",个体若恋家或恋家乡,一定是因为家或家乡的某些物品、某些人或某事,能让其联想到一段美好记忆。因此,家或家乡中能让个体联想到一段美好记忆的物品、人或事越多,个体就越易恋家或恋家乡;反之,家或家乡中能让个体联想到一段美好记忆的物品、人或事越少,个体恋家或恋家乡的概率就越小,恋家或恋家乡的程度就越低。如果个体离开家或家乡的时间颇早,离开后又很少重回其童年生活的家或家乡,而是长年在他乡生活,那么,他关于家或家乡的美好记忆较之离开家或家乡相对晚或从未真正离开过家或家乡的人一般要少,他具有的与家或家乡密切相关的饮食和生活习惯较之离开家或家乡相对晚或从未真正离开过家或家乡的人一般也要少很多,且这类饮食和生活习惯在他身上体现出的强度也相对要低很多,同时,离家或家乡早的人也更易遗忘有关家或家乡的美好记忆,他童年生活的家或家乡往往会在他的记忆中变得越来越淡,甚至最后完全记不起来。所有这些因素都会降低个体恋家或恋家乡的概率与程度。相应地,个体反而极可能会将他乡变故乡,因他在那里生活的时间已足够长,自然会留下许多美好的记忆。假若个体在家或家乡曾有心灵创伤,一想起家或家乡的某个物品、某人或某事,就会激活他的某段痛苦经历,他一般是不会恋家或家乡的。以某种家乡食物为例,你爱吃那一定是因为它能让你想起过往的某段美好记忆,同样的食物,别人过去从未吃过它,没有关于它的美好记忆,只是现在才偶尔吃一次,可能就不喜欢吃。

2. 重家庭伦理道德的传统文化的深刻影响

中国古代社会主要是一种宗法社会,重家庭伦理道德是中国传统文化的典型特征之一,以孝为核心的家庭伦理观念扎根于中国人的心灵深处,对中国传统文化乃至中国人的心理与行为产生了深远影响,许多中国人非常看重亲情。"国之本在家""积家而成国""养儿一百岁长忧九十九""儿行千里母担忧"等话语在中国也成了妇孺皆知的口头禅。

在维系中式家庭成员关系的纽带中,除了亲情,另一个便是责任。它在中式家庭中以相互负责制的形式出现,要求每个家庭成员都对其他家庭成员负责。例如,作为家长,父母不但必须承担养育子女的责任,而且必须为子女的劣行承担责任;与此相一致,成年子女既必须承担赡养年老体弱父母的责任,同时,若父母有过失,子女同样难辞其咎。相互负责制在中式家庭中如此深入人心,以致中国人将它视作天理(麦高温,1998,p. 22)。在这种看重亲情与家庭责任的文化氛围中成长起来的中国人必然更易恋家。

3. 传统中式家庭能给人心理上和物质上最大支持与满足

人类学家林顿曾说,人有最基本的三种需求:一是安全的需求,二是感情的需求,三是智性的需求,也就是好奇心的满足(韦政通,1990,p. 264)。中国人看重二至三代以内的直系血缘关系。家庭或家族是由血缘关系、婚姻关系形成的,具有一定的稳定性。同时,由于生产力不够发达等原因,古代中国未能建立起面向全体民众的高福利性社会保障制度,致使绝大多数中国人都不得不依靠自己家庭的支持,才能完成诸如上学、就医、养老之类的事情。正如卢作孚说:

家庭生活是中国人第一重的社会生活,亲戚、邻里、朋友等关系是中国人第二重的社会生活。这两重社会生活,集中了中国人的要求,范围了中国人的活动,规定了其社会的道德条件和政治上的法律制度。……人每责备中国人只知有家庭,不识有社会;实则中国人除了家庭,没有社会。就农业言,一个农业经营是一个家庭。就商业言,外面是商店,里面就是家庭。就工业言,一个家庭里安了几部织机,便是工厂。就教育言,旧时教散馆是在自己家庭里,教专馆是在人家家庭里。就政治言,一个衙门往往就是一个家庭;一个官吏来了,就是一个家长来了。……人从降生到老死的时候,脱离不了家庭生活,尤其脱离不了家庭的相互依赖。你可以没有职业,然而不可以没有家庭。你的衣食住都供给于家庭当中。你病了,家庭便是医院,家人便是看护。你是家庭培育大的,你老了,只有家庭养你,你死了,只有家庭替你办丧事。家庭亦许依赖你成功，家庭欲亦帮助你成功。你须用尽力量去维持经营你的家庭。你须为它增加财富，你须为它提高地位。不但你的家庭这样仰望于你，社会众人亦是以你的家庭兴败为奖惩。最好是你能兴家；其次是你能管家；最叹息的是不幸而败家。家庭是这样整个包围了你，你万万不能摆脱。……家庭生活的依赖关系这样强有力，有了它常常可以破坏其他社会关系，至少是中间一层障碍。（梁漱溟，1987，pp. 12-13）

因此，在中国，对绝大多数人而言，家是自己一生中最可靠的堡垒。中国人常用"心灵的港湾"来比喻自己的家，也往往把家作为自己生活的重心，常把家当作自己的精神动力，温馨和睦的家庭关系往往对个体的发展有着特殊的积极意义，结果，中国的家庭与世界上其他民族的家庭不大一样，它是一个特殊意义的结构，给人的安全感很高（因为它能竭尽全力为家庭成员提供从心理上到物质上的支持与帮助），对人感情的满足也很深。于是，绝大多数中国人都具有浓厚的家庭意识（即家庭本位，扩而言之，是家族本位），进而将自己的家庭看得高过自己所属的单位，显示出家庭（扩而言之，指家族）为先的思维取向，并自然而然地非常恋家。可见，导致中国人普遍依恋与自己有"血缘关系的共同性"的那个家的内在原因之一是，传统的中国家庭是一个能给人心理上和物质上最大支持与满足的地方。唐代孟郊的《游子吟》更是将父母的恩情和家庭的温暖刻画得入木三分（蘅塘退士，2003，p. 49）。

4. 普通实行平均继承制

在古代中国，虽然皇位的继承顺序大都遵照嫡长子继承制，偶尔由皇帝在"驾崩"之前作好选择。不过，对普通人而言，实行的是平均继承制，即儿子之间平均继承父辈留下的家产。这使得没有社会压力迫使中国人的儿子们脱离生育自己的家族。那些父母有丰厚家产的儿子自然比那些父母家底薄或者一无所有的儿子更愿意留下来。但是，即便后者留在家乡也并不意味着他们的失败，因为他们已在那里获得立足之地。对他们来说，经济现状虽是严峻的，但还不至于让他们产生只有在背井离乡时才会感觉到的失落感。简言之，平均继承制使得中国人在社会上和心理上如此满足,以致他们能毫不犹豫地放弃自己在其他地方可以获得的物质报偿,或者降低自己的物质需求,以便能留在老家。由此,古代中国从未形成强大、广泛而持久的非家族性组织(许烺光,1989,pp.286-289)。这种情况在当代中国也未发生根本性改变。例如,在当代中国,从法律上讲,对于父母的财产,所有子女(不论是儿子还是女儿)都享有平等的继承权。

5. 受类似互依自我的道德自我观念的影响

儒学占据主导地位后,中国人的自我多是类似互依自我的道德自我,这使得中国人多将重要的家庭成员放入自我之中,并与他们同喜同忧,进而更易让中国人与其家人之间形成牢固且强烈的依恋关系。这强化了中国人恋家的心态。

6. 中式籍贯制度的影响

按照至今仍在实施的中式籍贯制度,个体的籍贯一般由其父亲的籍贯决定,而并不取决于其本人的出生地和生活地,这使得中国人往往有着浓厚的家乡观念,并为中国人恋家心理的形成起到了助推作用;反过来,中国人对家过度依恋,又使得中国至今仍在实施上述籍贯制度,以使从制度上保证身不在故土的子孙后代能牢记自己的故土。

(四) 辩证看待恋家情结

恋家情结使中国人有浓厚的家意识,使家人之间多了一份温情。同时,"有家就有国,有国才有家"的观念让许多中国人因恋家而恋国,这对增强中华民族的凝聚力、维护中华民族的统一和增强中国人认同祖先、认同根的心态起到了推动作用。当然,对恋家情结的过分执着与迷信,使得一些中国人因恋家而不愿远走他乡去谋生,这让一些中国人缺少冒险精神与移民创业精神,使中国在历史上失去了许多黄金发展机遇。例如,当年很多中国人随蒙古大军到达东欧或随郑和下西洋的庞大船队到达东南亚和非洲,却因根深蒂固的恋家情结,不愿在远离故土的地方落地生根,而是又随军队或船队返回中国。至于后来东南亚有一些华人在当地落地生根,那主要是由于清末民不聊生,许多东南沿海的中国居民为了活命,不得不"闯南洋"(许烺光,1989,p.289)。并且,恋家情结使得一些中国人只顾"小家"而不顾"大家",为了"小家"的利益可以牺牲"大家"的利益。最后,中国人恋家也有难言之隐:从根本上讲,多数中国人恋家是因为他们在成长过程中必须依靠家的支持才能顺利度过人生的艰难期。从这个意义上说,面向全体国民建立起高水平且完善的社会保障制度会使中国人的恋家情结逐渐降低。所以,今人要辩证看待恋家情结,汲取其精义,舍弃其糟粕。

二、中国人的田园情结

自古至今都有一些中国人内心藏有田园情结,向往田园生活。若用内隐联想测验认真研究当代中国人的田园情结,一定能得出当代许多中国人仍有明显田园情结的结论。可惜,时至今日,中国人的田园情结未受到中国心理学界的重视。截至 2019 年 7 月 25 日,以"田园情结"为关键词查阅"中国知网",只找到一篇稍与心理学有关的论文,但此文旨在用田园情结来分析"农场游戏"风靡的原因,并未对田园情结本身进行深入探讨(李智伟,2010)。有鉴于此,下面就对田园情结的内涵、表征以及产生缘由作一番剖析。

(一) 什么是田园情结

田园情结(pastoral complex)也叫"田园生活情结"或"世外桃源情结",指个体内心对环境幽静高雅、生活安逸的田园生活有高度认同,渴望自己能过上田园生活,以及与此伴生的相应心理与行为方式。中国人渴望的田园生活情景,典型的体现在东晋陶渊明的《桃花源记》。其全文如下:

> 晋太元中,武陵人捕鱼为业。缘溪行,忘路之远近。忽逢桃花林,夹岸数百步,中无杂树,芳草鲜美,落英缤纷。渔人甚异之。复前行,欲穷其林。林尽水源,便得一山,山有小口,仿佛若有光。便舍船,从口入。初极狭,才通人。复行数十步,豁然开朗。土地平旷,屋舍俨然,有良田、美池、桑竹之属。阡陌交通,鸡犬相闻。其中往来种作,男女衣着,悉如外人。黄发垂髫,并怡然自乐。见渔人,乃大惊,问所从来,具答之。便要还家,设酒杀鸡作食。村中闻

有此人,咸来问讯。自云先世避秦时乱,率妻子邑人来此绝境,不复出焉,遂与外人间隔。问今是何世,乃不知有汉,无论魏晋。此人一一为具言所闻,皆叹惋。余人各复延至其家,皆出酒食。停数日,辞去。此中人语云:"不足为外人道也。"

既出,得其船,便扶向路,处处志之。及郡下,诣太守,说如此。太守即遣人随其往,寻向所志,遂迷,不复得路。

南阳刘子骥,高尚士也,闻之,欣然规往。未果,寻病终。后遂无问津者。

根据上段文字的描述,构成世外桃源的要素有三:(1)"世外"。它必须远离尘世,没有尘世的纷纷扰扰,自成系统,环境幽静。(2)"桃源"。它必须拥有高雅的自然环境。(3)民众生活安逸且有温情。生活在世外桃源中的男女老少都应生活安逸,友善待人,人与人之间充满友爱与关心,而且人人都知足常乐,个个都美满幸福。

(二) 田园情结的表征

1. 心中藏着田园梦,一有条件便试图将其变为现实

自古至今,许多中国人心中深藏着田园梦,只是苦于没有能力或条件将其变为现实;若条件成熟,往往愿意花费大量人力、物力、财力将其变为现实。例如,1932 年 11 月 1 日,创刊于 1904 年的《东方杂志》就"于 1933 年新年大家做一回好梦"这个主题向全国各界知名人士遍发通启,旨在征求如下两个问题的答案:(1)"先生梦想中的未来中国是怎样的?(请描写一个轮廓或叙述未来中国的一方面。)"(2)"先生个人生活中有什么梦想?(这梦想当然不一定是能实现的。)"截至 1932 年 12 月 5 日,共收到 160 多封答案(柳亚子,等,1933,p. 1)。1933 年 1 月 1 日出版的《东方杂志》第 30 卷第 1 号,以 83 页的篇幅刊出 142 人的"梦想"(柳亚子,等,1933,pp. 1 - 83)。其中,共有 102 人回答了第一个问题。按如下两个标准对这 102 人的回答进行筛选,凡是符合这两个标准之一的,均归为田园梦:(1)回答中明确有"到田园中生活"或"酷爱田园生活"之类表述的,如银行家俞寰澄直截了当地说"……我最酷爱田园生活"(柳亚子,等,1933,p. 69)。(2)虽没有"到田园中生活"或"酷爱田园

生活"之类的明确表述,但有与之密切相关的文字描述。例如,《生活周刊》编辑艾逊生的梦想是:"在时局平静、国泰民安,没有帝国主义、军阀、贪官污吏、地主豪绅诸种压迫的下面,我是要放弃一切,效陶渊明的'归去来兮',到乡村里去,好像诸葛亮的躬耕南阳,做个十足道地的老农,自耕自食。……"(柳亚子,等,1933,p.70)依此标准,在这 102 个有关个人生活的梦想中,有 10 人的梦想是田园梦或内含田园梦(柳亚子,等,1933,pp.66-77),约占 9.8%,表明确有一些中国人心中最渴望的梦是田园梦。

在当代中国,与城市相隔较远的农村,虽然地价便宜,建设一个田园的成本相对较低,但往往伴随交通不便、工作不便、上学不便、就医不便等生活不便;而许多城市甚至城郊的地价又极高,若想在城里或城郊自建田园以便过上田园生活,这对绝大多数工薪阶层而言,简直是可望而不可即的"神话"。对当代绝大多数中国城里人而言,田园生活仅停留在梦中或想象中,其无奈溢于言表。

2. 热衷园林生活

城市在中国出现之后,给人们带来了繁荣、方便与机会。当然,城市与农村是一维的两端,在城市生活就意味着远离农村,远离田园。很多城市中的优美园林,如北京的颐和园、河北承德的避暑山庄、苏州的拙政园与扬州的个园等,便展现了城市生活中的人对田园生活的向往。

3. 喜爱田园作品

一些中国人有田园情结,爱屋及乌,对反映田园生活的文艺作品也颇为喜爱,结果,诸如陶渊明的《桃花源记》《饮酒》第五首、《归园田居》等田园作品都成了经典作品,流传至今。

(三) 田园情结存在的缘由

1. 农业生产和生活方式的长期熏陶

为什么很多中国人心中有田园情结却无牧场情结?这是因为,从心理学的角度看,田园情结实是往日熟悉的农家生活的投射或再现。概要地说,中国自古至今都是以农立国,导致中华儿女多是农民出身:有的世代为农;有的虽进城当了城里人,其中有些人还贵为皇亲国戚,甚至有人(如朱元璋)后来当了皇帝,但无论如何,他们或者自己(如朱元璋)本就是农民出身,或者往上追一代或几代就能找到出身农民的先辈。这意味着,自古至今,绝大多数中国人身上都流着农民的血,都是农民的儿女。农业生产和生活方式的长期熏陶,使一些中国人早已在无意识层面习惯了小农经济方式下的田园生活,一旦有经济实力,就试图回归这种生活。由此可推知,假若某地人祖上都是以放牧为生,他们心中藏有牧场情结的概率就更大,即便他们现在生活在城市,若有经济实力且法律许可,他们"买地、种草、养马、骑马"的概率就会更大。

2."道法自然"思想的深刻影响

《老子·二十五章》说:"人法地,地法天,天法道,道法自然。"受道家老子"道法自然"思想的深刻影响,一些中国人热爱自然,喜爱亲近自然。当中国人提起"自然"时,常常会联想起花草树木、好山好水。与此不同,西方人提起"自然"时,往往联想起"动物""兽性"甚至"性"。从这个意义上说,中国人的确有一点"植物化"的倾向,西方人则有一点"动物化"的倾向(孙隆基,2011,pp. 268 - 269)。

3. 田园派诗歌等文学作品的深刻影响

东晋陶渊明的作品虽在晋代并未受到人们的重视,却自唐代起逐渐受到人们的喜爱,并在宋代因苏轼等文人的大力推崇,最终确立起文学上的崇高地位,自此备受中国人的推崇,其影响延续至今。[①] 结果,中国涌现出大批田园派诗歌等文学作品,它们描绘出一幅幅美妙的田园风光,又从生活中的普通小事入手,写出了高于常人的情感与哲理,让后世无数中国人非常向往、非常推崇。同时,他们也写出尘世生活的多艰、无奈,以及对过往已逝美好生活的向往。这一正一反的鲜明对比,更让人渴望自己能生活在世外桃源之中,从而对一些中国人田园情结的萌生起到了推动作用。陶渊明在《归园田居五首·其一》中写道:

---

① 此处引用了中国中央电视台第四频道(CCTV - 4)2012 年 8 月 25 日"国宝档案"节目播出的《南宋刻本〈陶靖节先生诗〉》中的内容。

> 少无适俗韵,性本爱丘山。
> 误落尘网中,一去三十年。
> 羁鸟恋旧林,池鱼思故渊。
> 开荒南野际,守拙归园田。
> 方宅十余亩,草屋八九间。
> 榆柳荫后檐,桃李罗堂前。
> 暧暧远人村,依依墟里烟。
> 狗吠深巷中,鸡鸣桑树巅。
> 户庭无尘杂,虚室有余闲。
> 久在樊笼里,复得返自然。

《归园田居五首·其一》以"误落""尘网"与"樊笼"之类的字眼表达对官场的厌恶之情,并以此反衬农耕生活与田园生活的美好。

唐代诗人王维在《山居秋暝》里写道:

> 空山新雨后,天气晚来秋。
> 明月松间照,清泉石上流。
> 竹喧归浣女,莲动下渔舟。
> 随意春芳歇,王孙自可留。

与《归园田居》类似,《山居秋暝》同样描绘出一幅雨后山村秋日的美好晚景图,于诗情画意中寄托诗人的高洁情怀和对田园理想生活的追求。

在《渭川田家》一诗中,王维写道:

> 斜阳照墟落,穷巷牛羊归。
> 野老念牧童,倚杖候荆扉。
> 雉雊麦苗秀,蚕眠桑叶稀。
> 田夫荷锄至,相见语依依。
> 即此羡闲逸,怅然吟《式微》。

王维在此诗中用白描手法,向世人描绘了一幅恬然自乐的田家暮归图,表达出渴望归依平静、悠闲田园生活的心情。

唐代诗人李白在《下终南山过斛斯山人宿置酒》诗中写道:

> 暮从碧山下,山月随人归。

>却顾所来径,苍苍横翠微。
>
>相携及田家,童稚开荆扉。
>
>绿竹入幽径,青萝拂行衣。
>
>欢言得所憩,美酒聊共挥。
>
>长歌吟松风,曲尽河星稀。
>
>我醉君复乐,陶然共忘机。

李白的这首诗以终南山的美景、斛斯山人的田园式家园、饮酒为题材,颇有陶渊明田园诗的遗风。

除上述作品外,诸如陶渊明的《归园田居五首》中的"其二、其三、其四、其五"、孟浩然的《过故人庄》、王维的《桃源行》、刘禹锡的《桃源行》、王安石的《桃源行》、范成大(另有说法名范大成)的《四时田园杂兴六十首》(分"春日""晚春""夏日""秋日""冬日"五组,每组各十二首,钱钟书在《宋诗选注》里用"中国古代田园诗的集大成"一语来评价这组田园诗)等,同样属歌颂田园生活的作品,对后人都有较大影响。

4. 隐士梦和隐士生活强化了中国人的田园情结

在中国古代,一些中国人一旦生在乱世、怀才不遇或对统治阶级不认同,便干脆退隐山林,过起隐居生活。这种做法至少可追溯至先秦时期。《尸子》记载:"夷逸者,夷诡诸之裔。或劝其仕。曰:'吾譬则牛也,宁服轭以耕于野,不忍被绣入庙而为牺。'"(尸佼,2006,p.99)当有人劝夷逸——夷诡诸的后代——去做官时,夷逸答道:"我好比是牛,宁愿套着轭在地里耕种,也不愿被人披上锦绣,当作祭祀的贡品送入宗庙。"《史记·老子韩非列传》记载:"老子修道德,其学以自隐无名为务。居周久之,见周之衰,乃遂去。至关,关令尹喜曰:'子将隐矣,强为我著书。'于是老子乃著书上下篇,言道德之意五千余言而去,莫知其所终。……老子,隐君子也。"(司马迁,2005,pp.1702-1703)战国时期的庄子宁愿退隐在家,过着贫困但自由自在的生活,也不愿去衙门当差。《史记·老子韩非列传》记载:"楚威王闻庄周贤,使使厚币迎之,许以为相。庄周笑谓楚使者曰:'千金,重利;卿相,尊位也。子独不见郊祭之牺牛乎?养食之数岁,衣以文绣,以入大庙。当是之时,虽欲为孤豚,岂可得乎？子亟去，无污我。我宁游戏污渎之中自快，无为有国者所羁，终身不仕，以快吾志焉。'"（司马迁，2005，p. 1705）《庄子·列御寇》中也有类似言论："或聘于庄子。庄子应其使曰：'子见夫牺牛乎？衣以文绣，食以刍菽；及其牵而入于太庙，虽欲为孤犊，其可得乎？'"秦汉之后，如陶渊明之类的高人最终也都选择了退隐山林，在中国人心里形成一种刻板印象：隐士都是高人。由此，隐士梦和隐士生活强化了中国人的田园情结。

5. 城市生活存在的问题唤起一些人对田园生活的向往

在当代中国，随着城市化进程的加速，不但一些重要城市的规模越来越大，而且涌现出一批新的城市，典型者如深圳。与城市化进程加速相一致，越来越多的中国人涌入城市，成为城市的一员。不过，城市生活在给人带来诸种便捷、便利的同时，因粗犷式发展，在环境、市内交通、住房、上学、就医、上班、购物、休闲等方面存在一些不尽如人意的地方，导致宜居性大打折扣。同时，一些城里人因对食品安全不信任，转而只信任自己，本着"自己动手，丰衣足食"的想法，开始亲自种蔬菜、水果，在种植过程中不施化肥，不用农药，以期收获无毒、无害、营养的有机产品。一些商家从中看到潜在商机，伺机大力鼓吹田园生活的妙趣。在此背景下，田园情结又在一些厌倦了都市生活、缺乏食品安全感的城里人心中被唤醒，使他们开始思念田园生活，渴望"归园田居"。从网络版"开心农场"到现实版"开心农场"，以及乡村休闲游，折射出的都是这种向往田园生活，渴望"离尘而不离城"的心态。

（四）辩证看待田园情结

田园情结反映了中国人热爱自然、热爱自由、热爱美好生活、知足常乐的心态。田园情结是农耕文明的缩影，既折射出一些中国人有浓厚的安于现状、贪图安逸的小农心态，也折射出一些中国人在苦难面前有试图躲进世外桃源以逃避现实的心理。世外桃源也由此有了"比喻一种虚幻且超脱社会现实的安乐、美好境界"的含义。所以，今人要辩证看待田园情结，通过社会主义法治建设和改革开放，将国家逐渐建设成既强大又宜居的地方，以满足人们热爱自然、热爱自由、热爱美好生活的需要,但也不要因田园情结而厌恶工业文明和当下正如火如荼发展的人工智能文化,更不能因田园情结而少了朝气和进取心!

三、中国人的团圆情结

(一) 什么是团圆情结

团圆情结(reunion complex),也叫"团圆崇拜"或"圆满崇拜",指个体对团圆有明显的积极认知,由此而贪恋团圆,渴望团圆,向往团圆,并伴有相应的心理与行为方式。在中国,团圆有多种类型,常见的有父子团圆、母女团圆、夫妻团圆等。

(二) 团圆情结的表征

团圆情结对中国人的心理与行为产生了重要影响,具体而言,至少体现在以下三个方面。

1. 中国古典戏曲和小说等多喜欢"大团圆"结局

中国古典戏曲和小说等崇尚"大团圆"结局的心理模式与审美情趣最早由王国维揭示。他在1904年发表的《红楼梦评论》中说:"吾国人之精神,世间的也,乐天的也。故代表其精神之戏曲、小说,无往而不著此乐天之色彩:始于悲者终于欢,始于离者终于合,始于困者终于亨;非是而欲餍阅者之心,难矣。若《牡丹亭》之返魂,《长生殿》之重圆,其最著之一例也。《西厢记》之以惊梦终也,未成之作也,此书若成,吾乌知其不为《续西厢》之浅陋也?"(姚淦铭,等,1997,p.10)概括起来,在中国古典戏曲和小说里,"大团圆"结局的模式有多种:一是有情女与穷秀才私定终身,不负知遇恩,穷秀才终中状元,这是最理想的团圆模式,中国经典喜剧多属此类。二是生不能团圆,死后也要通过结成连理枝或化为蝴蝶等方式团圆,这是颇悲壮的团圆模式,《梁山伯与祝英台》和《孔雀东南飞》便属此类。三是生前受尽冤屈,死后正义得到伸张的团圆模式,这是大快人心的团圆模式,《窦娥冤》就属此类(程麻,1999,pp.16-90)。

2. 有一些重团圆的传统节日

中国有七大传统节日——春节、元宵节、清明节、端午节、七夕节、中秋节和重阳节。其中,春节与中秋节不但是两个最典型的重视家庭团圆的传统节日,而且也是最有分量的传统节日。除夕的"团圆饭"被中国人赋予了太多的心理意蕴,多数年老父母都渴望子女春节能回家团聚,而且随着年龄的增大,他们的这种渴望与子女过年团圆的心理更迫切。因此,游子过年时回家与父母团聚,成为游子尽孝的一个重要表现形式。结果,除夕的"团圆饭"是绝大多数中国人每年必吃的,也是促使近些年来中国几乎每年都会出现"春运"现象的心理因素之一。同时,因许多中国人内心都有团圆情结,每到中秋节,苏轼一句"月有阴晴圆缺,人有悲欢离合"不知曾打动多少中国人的心。

3. 有一些折射团圆情结的食品

中国传统饮食中有一些折射团圆情结的食品,它们作为一种实物文化代代相传,既折射出中国人的团圆情结,又进一步加强了中国人的团圆情结。例如,汤圆与月饼不但外形是圆的,而且也是典型的折射团圆情结的食品。在中国,每逢春节与元宵节,许多人都要吃汤圆;到了中秋节,月饼则是中国人必备的节日食品。许多华人即便长期身处海外,也仍有一颗中国心:每逢中秋节,必买月饼回家;每到农历春节,仍要吃汤圆。一些大型的中餐馆中秋节都会准备一些月饼供当地华人购买,春节时也会准备一些年货供当地华人采购。

(三)团圆情结存在的缘由

除"中国人信奉因果报应"有助于中国人产生团圆情结外,导致中国人产生团圆情结的缘由主要还有三个。

1. 生活中经常出现亲人分离,导致中国人渴望团圆

"最缺什么,就最想要什么",这是人类心理的一个通则。在中国历史上,因"战争频发""天灾频繁"与"异地工作"等原因,一些人经常无法与家人团圆。即便在当代中国,工作原因导致的"夫妻两地分居"现象也不少见;子女外出打工或在外地工作导致的子女与家乡年迈父母分离的现象也极为常见;因父母外出打工导致的年幼子女与父母分离的现象更是数不胜数,并导致出现大量留守儿童。生活中经常出现亲人分离,是导致一些中国人渴望团圆的重要外因。

2. 中式思维方式导致中国人喜欢团圆

"圆形"并不是一个简单的几何图形,而是一个重要的美的范畴。它既无始无终,任何一点又都可视作始或终,这之中蕴含着循环往复、生生不已与祥和美好的含义;同时,中国人又推崇中庸思维,以和为贵,以和为美。团圆有助于中国人的心理状态从矛盾冲突或激烈斗争重新恢复到平和。再者,中国人重亲情,希望一家人最好能和睦地永远生活在一起,等等。总之,中国人的思维方式导致他们喜欢团圆。

3. 重团圆文化加重了中国人的团圆情结

中国有浓厚的重团圆文化。例如,中国文学作品里有一些重团圆的文学作品;中国传统节日里有重团圆的节日;中国饮食中有象征团圆的食品,等等。中国人长久地习染在这种重团圆文化之中,自然加重了自身的团圆情结。

(四) 辩证看待团圆情结

大团圆结局让好人终得好报,坏人终受惩罚,这对唤起人们心中的正义感,激励人们与邪恶作斗争,无疑颇有促进作用。试想,若仅以窦娥含冤死去收尾,那岂不等于告诉人们人世间"好人无好报"?若果真如此,文艺作品也就失去了惩恶扬善的教育意义。大团圆结局让有情人终成眷属,这对中国人树立正确的恋爱观也颇有益处;重视家庭成员的团圆,这对增进中国人的家观念、增进家人之间的团结等均有益处。大团圆模式在中国古典戏曲和小说等文艺作品中的盛行,说明中国人有渴望圆满与美好生活的心态。大团圆结局还能缓和观众或听众过于强烈的悲伤情怀,让观众和听众重新获得心理平衡,重新获得心理安慰,起到心理保健的作用,也符合中国人"和为美"的审美观念。从视觉上看,团圆在图形上可看作一种"圆",因此,团圆情结是循环思维在文学作品中的体现。

当然,团圆情结也折射出中国人心理脆弱的一面,如不敢或不愿正视现实,不敢或不愿与命运作斗争,"安天命"和相信因果报应等。从某种意义上说,团圆情结犹如一剂慢性毒药,于不知不觉中让一些人失去了进取精神与抗争精神。可见,要辩证看待团圆情结。

四、中国人的游侠情结

冯友兰曾在《原儒墨》一文里指出,"士"本通称不事生产而专以技艺才能谋生者。在贵族政治崩坏之前,有技艺才能的专家皆被贵族专养专用,即皆是在官者,故未自称为"士"。贵族政治崩坏之后,在官者流落民间,以出售技艺为生,凡有权有钱者皆可随时雇用,于是,"士"这一阶层便诞生了。"士"可分为两大类:一是儒士,即知识礼乐专家,相当于后世所讲的文专家或文士;另一是侠士,即打仗专家,相当于后世所说的武专家或武士(冯友兰,1935)。由此可见,侠士早在先秦时期便诞生了。待墨学兴起,墨家子弟的行为极具侠义之风。例如,《淮南子·泰族训》说:"墨子服役者百八十人,皆可使赴火蹈刃,死不旋踵,化之所教也。"这极大促进了游侠的发展。所以,陈沣说:"墨子之学,以死为能,战国时俀烈之风,盖出于此。"(陈沣,1988,p.46)

(一) 什么是游侠情结

"游侠"一词最早见于《韩非子》。《韩非子·五蠹》说:"儒以文乱法,侠以武犯禁,而人主兼礼之,此所以乱也。……废敬上畏法之民,而养游侠私剑之属。"中国人(尤其是男生)心中多有游侠情结。游侠指豪爽好结交、轻生重义、勇于替人排忧解难的人。刘若愚在《中国之侠》一书中列举了侠士身上展现出的八种高贵精神:助人为乐、公正、自由、忠于知己、勇敢、诚实、爱惜名誉与慷慨轻财(刘若愚,1991,p.1-250)。游侠情结(free-lance fighter complex),也叫"武侠情结"或"侠客情结",指个体内心对侠客有高度认同,渴望自己能成为武功高强、自由自在行走于江湖的侠客,并由此而伴生相应的心理与行为方式。

(二) 游侠情结的表征

1. 喜欢看武侠小说、武侠电视和武侠电影

许多中国人的游侠情结的表征之一是喜欢看武侠小说、武侠电视和武侠电影,结果,凡是有华人的地方便有武侠小说。金庸、梁羽生和古龙等善写武侠小说的人,在当代华人圈里都是路人皆知、名利双收的大作家。为了满足华人对武侠故事的需求,随着电视与电影技术的发

展,各类武侠电视和武侠电影应运而生。其中,根据同名小说改编而成的《射雕英雄传》《神雕侠侣》《笑傲江湖》等武侠电视,以及《猛龙过江》《精武门》(系列)、《少林寺》(系列)、《方世玉》(系列)、《黄飞鸿》(系列)、《卧虎藏龙》等武侠电影,在首播时都曾达到万人空巷的程度。其中,《卧虎藏龙》还获得了奥斯卡金像奖。这些电视和电影的热播还促生了以李小龙、成龙、李连杰为代表的一批功夫巨星。

2. 喜爱练武,梦想自己将来成为一名武林高手

许多中国人的游侠情结的另一表征是喜爱练武,梦想自己将来成为一名武林高手,以便行走江湖,创建一番利国利民的事业。结果,自古至今,一些中国人喜爱习武。今天的人们只要到河南嵩山的少林寺周边去走走,就会发现那里有一个奇观:建有各类武术学校,以满足一些人习武、练武的需要。而之所以各类武术学校多喜欢建在少林寺周边,是与"天下武术出少林"的说法有关。由于一些中国人喜爱习武,便自然有人研究武术、创新武术,结果,由此诞生了多种特色鲜明的中华武术功夫,如少林拳、少林棍、武当剑、太极拳、醉拳、咏春拳、截拳道等。

(三) 游侠情结存在的缘由

1. 反映游侠生活的史书与各类文艺作品的影响

反映游侠生活的史书与各类文艺作品的影响是导致一些中国人心中藏有游侠情结的原因之一。翻开史书,《史记》中便已有《游侠列传》,不但记载了朱家、田仲、剧孟、郭解等游侠的事迹,而且用"先抑后扬"的方式夸奖了游侠:"今游侠,其行虽不轨于正义,然其言必信,其行必果,已诺必诚,不爱其躯,赴士之厄困,既已存亡死生矣,而不矜其能,羞伐其德,盖亦有足多者焉。"(司马迁,2005,pp. 2413 - 2418)受《史记》影响,自此之后,一些史书(如《汉书》有《游侠传》)与文艺作品(如《三侠五义》)均记载了游侠的事迹,并通过说书、评弹、戏曲等方式通俗化,对广大中国人产生了一定影响。在当代,以金庸、梁羽生和古龙为代表的武侠小说家创作出一批优秀的武侠小说,如金庸的《飞狐外传》《雪山飞狐》《天龙八部》《射雕英雄传》《鹿鼎记》《笑傲江湖》《书剑恩仇录》《神雕侠侣》《倚天屠龙记》与《碧血剑》等,梁羽生的《白发魔女传》《七剑下天

山》与《萍踪侠影录》等,以及古龙的《多情剑客无情剑》与《绝代双娇》等。随着这些武侠小说的流行以及基于武侠小说拍摄的电视和电影的播放,更是激起无数中国人心中的武侠梦。

2. 向往自由自在、无拘无束的生活

在日常生活里,中国人讲人情,重脸面,却受到很多规矩的制约,多数中国人都感觉活得累。"江湖"一词出自《庄子·大宗师》:"相濡以沫,不如相忘于江湖。"与现实生活不同,江湖给人的印象是一个不受世俗权力与法律约束的地方,游侠行走江湖往往了无牵挂,自由自在,无拘无束,这种生活方式对一些向往自由自在、无拘无束生活的人颇有吸引力。

3. 向往平等、公平、公正的生活

在日常生活里,中国人讲等级,又因法制有待完善,人治历史漫长,社会上存在一些不平等、不公平、不公正的现象。在此背景下,当社会中出现一些践踏平等、公平、公正的事情时,人们便渴望游侠出来打抱不平,救民于水火。这是一些中国人心中存在游侠情结的重要原因。

(四) 辩证看待游侠情结

游侠情结折射出中国人急人所难、为民请命、淡泊名利、甘愿牺牲、舍生取义的高尚情操,折射出中国人向往自由自在、无拘无束生活的良好愿望,也折射出中国人崇尚平等、公平、公正社会的心理。不过,在防止社会出现不平等、不公平、不公正的现象时,一些人中国人将希望寄托在游侠身上,这既显示出他们在此事上的无奈,也表明他们未深入思考彻底解决的方法,折射出害怕惹祸上身,期盼他人出头的心态。同时,过于看重游侠也折射出某些中国人自由散漫、缺少法制精神的缺点,这也是历史上一些侠客最终惹祸上身,不得善终的原因之一,如《史记·游侠列传·郭解传》记载,郭解就是因手下杀人而为自己家族招来杀身之祸(司马迁,2005,pp. 2416 - 2418)。

五、中国人的恋权情结

在一些对联中,经常能看见一个"禄"字。一些中国家庭墙壁上也贴着禄神(也叫"禄星")的装饰画。禄神通常是一个身穿红色官服,头戴高冠(意为"官")的官员,骑在一头梅花鹿上,或站在一头梅花鹿身后,寓意是"进禄",有时也用"鹿"来替代禄神。当然,也有用"猴"来表示"封侯";用"荷花花苞""荷花""莲蓬"这组画暗喻为官"出污泥而不染",以及"连升三级"。

(一) 什么是恋权情结

恋权情结(power complex),也叫"吕不韦情结",指个体对权力有明显的积极认知,由此而贪恋权力,内心渴望自己能持久地拥有权力尤其是巨大权力,并伴生相应的心理与行为方式(朱永新,1993)。恋权情结之所以也称"吕不韦情结",是因为吕不韦不但是最典型的持有此情结的人,而且曾在此情结的支配下取得了辉煌的事业,青史留名(朱永新,1993)。

据《史记·吕不韦列传》记载,阳翟大贾吕不韦在赵国经商时,因一次偶然的机会结识了在赵国为人质的秦国公子异人(子楚),觉得"奇货可居",随后弃商从政,斥巨资帮助异人回秦国继承了王位。唯利是图的商贾何以会慷慨花费巨资助人?吕不韦与其父的一段对话道出了个中缘由。《战国策·秦策五·濮阳人吕不韦贾于邯郸》记载:

濮阳人吕不韦贾于邯郸,见秦质子异人,归而谓父曰:"耕田之利几倍?"

曰:"十倍。"

"珠玉之赢几倍?"

曰:"百倍。"

"立国家之主赢几倍?"

曰:"无数。"

曰:"今力田疾作,不得暖衣馀食;今建国立君,泽可以遗世,愿往事之。"

种田的收益至多只有十倍,做珠宝生意也只不过可以获利百倍,拥立国君却可以获利无数。所以,吕不韦全力资助异人,拿出大笔金钱供他享用和公关,还亲自去秦国活动,走了秦国太子安国君之妻华阳夫人的门路。因华阳夫人无子,遂说服华阳夫人从赵国召回异人(吕不韦帮助异人逃离赵国回到秦国)并收异人为子,改名为"楚"(因华阳夫人是楚国人)。接着,又让华阳夫人劝太子安国君立子楚为储。秦昭襄王死后,安国君先服丧一年,然后正式继位,是为秦孝文王,并立子楚为太子。秦孝文王正式即位三日后便去世,子楚继位,是为秦庄襄王。吕不韦有拥立之功,子楚"以不韦为相,号曰文信侯,食蓝田十二县"(缪文远,缪伟,罗永莲,2012,pp. 212-21)。等子楚的儿子当了秦王,吕不韦被尊为相国,号称"仲父",拥有家僮万人,无论是权力、地位还是财产都在一时达到了巅峰,富贵已达人臣之极。吕不韦的发迹史正说明了权力在中国社会中的特殊地位与作用(朱永新,1993)。

(二) 恋权情结的表征

概括起来,中国人的恋权情结主要表现在八个方面(朱永新,1993)。

1. 争权

争权指无权者想方设法争取权力,有权者想方设法争取更大权力或维持手中权力不丢失的心理及相应的行为方式。在人治社会,个体一旦掌握权力尤其是最高权力,也就拥有了一切;而权小或无权就无保障,甚至会失去曾经拥有的一切(包括自己的性命)。"升官"于是成为许多中国人心中挥之不去的渴望,甚至成为一些中国人的潜意识。结果,一些暂未掌握权力的人连做梦都想获得权力,已掌握权力的人又想争取更多更大的权力。在中国古代历史上,上至帝王,下至普通百姓,许多人为此耗尽心力(朱永新,1993)。秦始皇于公元前221年创立皇帝制度后,皇帝制度因帝有、帝治与帝享三个显著特征吸引了无数中国人,自此至皇帝制度彻底废除的2 000余年里,对很多有雄心壮志或野心的中国人而言,激励他们奋力打拼的最强大动机,是为了能圆心中的"皇帝梦",而不是为了实现国家富强或为人民谋福祉。"升官"的最高境界也是圆"皇帝梦",其中的典型者是项羽与刘邦,二人在尚未发迹前,只是偶尔看到了秦始皇的奢华,就都想将来自己能当皇帝。这在《史记》中有明文记载。《史记·项羽本纪》记载:"秦始皇帝游会稽,渡浙江,梁与籍俱观。籍曰:'彼可取而代也。'梁掩其口,曰:'毋妄言,族矣!'梁以此奇籍。籍长八尺馀,力能扛鼎,才气过人,虽吴中子弟皆已惮籍矣。"(司马迁,2005,p. 210)《史记·高祖本纪》记载:"高祖常繇咸阳,纵观,观秦皇帝,喟然太息曰:'嗟乎,大丈夫当如此也!'"

个体一旦登上皇帝宝座,赢得最高权力的快感就会逐渐消失,而担心失去最高权力的恐惧就会像梦魇一样时时伴随着他们,迫使他们绞尽脑汁,想出各种政策、权术或诡计来保住自己的皇位(朱永新,1993)。就保皇位的政策而言,主要有分封制和郡县制两种。分封制是古代国王或皇帝分封诸侯的制度。商代已开始分封诸侯,有侯、伯等称号。诸侯在其封国内有世袭的统治权,对天子有服从命令、定期朝贡和提供军赋、力役等责任(夏征农,陈至立,2010,p. 498)。郡县制是春秋、战国到秦代逐渐形成的地方行政制度。郡、县的长官均由中央政府任免,属于专制主义中央集权政权组织的一部分(夏征农,陈至立,2010,p. 1000)。分封制的实质是将国家直接交给自己的家人治理,利用血亲和姻亲来维系权力,信奉的是"打仗亲兄弟,上阵父子兵"与"肥水不流外人田"之类的处世准则;郡县制的实质是将国家交给国王或皇帝的代理人,即官员负责具体治理,利用法律和利益相勾连的官僚系统维系权力,信奉的是《史记》卷一百二十九《货殖》所说的"天下熙熙,皆为利来;天下攘攘,皆为利往"的"理性—经济人假设"。二者各有利弊,无法协调,在中国古代成为困扰一代代君王的两难问题。更糟糕的是,分封制和郡县制都只是为王权或皇权服务,主观上都是仅为君王一人(至多是为王室或皇室成员)谋福祉,而不是为百姓和国家谋福祉,因此都不能成功解决政权万世不替的"始皇难题"(黄卧云,2014)。就保王位或皇位的权术而言,主要有大杀功臣术、杯酒释兵权术、罪己术、替罪羔羊术、恩威相济术、矛盾利用术、舆论制驭术、归心术、用神术、赏罚术、任用亲信术、忠诚考察术、容忍术、派系平衡术、削权弱势术与削藩术等(金良年,1989)。这类权术若用得成功,自然能保住王位或皇位;若失败,则往往会招来杀身之祸,王位或皇位不保。前者如宋太祖赵匡胤为了加强中央集权,消除其他将领篡夺自己政权的隐患,"杯酒释兵权"。后者如建文帝朱允炆，在使用削藩术削弱藩王权力时遭到皇叔燕王朱棣的反抗，引发"靖难之役"。

王位或皇位的可世袭，常常使王室或皇室子弟绞尽脑汁，使用诸种权术或诡计来夺取王位或皇位，并发展出登位术、太子争宠术、韬晦术、饰贤术、委恶术、罪己术、替罪羔羊术、恩威相济术、矛盾利用术、舆论制驭术、归心术、用神术、赏罚术、任用亲信术、忠诚考察术、容忍术、用女术等权术（金良年，1989）。甚至，在争夺王位或皇位的厮杀中，满嘴仁义道德的王室或皇室成员可以肆意杀戮自己的亲人，不时上演"父子相残""母子相残""叔侄相残""兄弟相残""后宫残杀"等宫廷内斗悲剧。例如，唐太宗李世民为了登上皇位，不惜发动"玄武门政变"，杀死自己的长兄和四弟，逼父亲李渊退位，这是受恋权情结支配的典型暴行（朱永新，1993）。李世民的行为在讲究孝道的古代中国本大逆不道，但李世民最终成功夺权，既掌握了话语权，后又取得了贞观之治的政绩，后人也就对"玄武门政变"持理解、同情甚至赞赏的态度。除此之外，还有朱友珪（朱温的第三子）弑父登基，一年后又被四弟朱友贞（朱温的第四子）以讨逆之名杀死之类的闹剧，以及隋炀帝毒杀隋文帝、吕后杀戚夫人及其子、武则天与慈禧太后为了权力对亲生儿子下毒手等。到了近代，袁克定为了当上"袁二世"，办了一份只有一个读者的报纸，即煞费苦心、耗费巨资"山寨"了一份《顺天时报》，只刊载赞成帝制的文章，专供袁世凯一人阅读，哄得袁世凯早登大位。可惜，"人算不如天算"，袁世凯连头带尾只做了83天皇帝就被迫退位，袁克定的"袁二世"梦想彻底破灭。

皇亲国戚和达官贵人的子孙常可通过世袭或荫封的方式获得官位。普通人进入仕途获得官职和权力的办法主要有六种：（1）经由荐举进入仕途。荐举包括自荐与他荐两种途径。西汉出现察举制和征辟制。察举制始于汉文帝，至汉武帝时形成较完备的制度，它规定：由公卿、列侯、刺史及郡国守相等推举人才，由朝廷考核后任以官职（夏征农，陈至立，2010，p. 189）。征辟制指朝廷或三公以下召举布衣之士授以官职（夏征农，陈至立，2010，p. 2425）。在隋代开科举之前，这是获得官职的最主要途径;科举盛行后,它作为一种辅助的入仕途径仍在沿用,只是不同朝代做法不同。因此,荐举是历史最悠久的获得官位的途径,也安全可靠。为了借助荐举获得人才,中国历史上出现了一些颇有效的做法,曹操的"唯才是举"政策最有名,收效也极佳。当然,若奸人当道,荐举也会闹出一些丑闻和笑话。例如,《抱朴子外篇·审举》说:"举秀才,不知书;察孝廉,父别居。寒素清白浊如泥,高第良将怯如鸡。"(杨明照,1991,p.393)其中,最让人啼笑皆非的是通过自宫而获得官职。这发生在五代十国时期的南汉。《新五代史·卷六十五·南汉世家第五》:"至䥽尤愚,以谓群臣皆自有家室,顾子孙,不能尽忠,惟宦者亲近可任,遂委其政于宦者龚澄枢、陈延寿等,至其群臣有欲用者,皆阉然后用。"(欧阳修,1999)南汉末代皇帝刘䥽用人有一套歪理:有家室的人会顾及其子孙,私心杂念过重,不可能全心全意对南汉尽忠;阉人没子嗣,名利无人继承,如此便会少些私心和贪欲。因此,刘䥽认为世上只有宦官最忠心,因而重用宦官。这让南汉的很多读书人发现了一条做官的捷径:通过自宫以求得官职。南汉由此几乎成了太监国。同时,正如韩愈在《杂说》中所讲:"世有伯乐,然后有千里马;千里马常有,而伯乐不常有。"这表明,在人治社会中,荐举带有很大的偶然性,因此,即便一个人很有才华,假若无人能识,或者,别人虽知道他有才,却出于私心或私欲,就是不举荐他,他便也只能被埋没了。另外,为了让人举荐自己,一些小人采用溜须拍马或行贿等方式博取上司的好感。这是因为,在古代中国,国家是由臣民而不是公民聚集而成,臣民通常都必须依赖帝王的恩宠才能获得合法的官职(权力)、名与利,结果,个体出人头地便有一条捷径,那就是竭尽全力讨好帝王与帝王的代理人(即各级官吏)(米塞斯,2007,p.179)。由此可见,除非实行法治,否则,在人治社会,荐举易为贪官污吏大开方便之门!(2)经科举进入仕途。自隋文帝于开皇七年(587年)建立科举制度,设立志行修谨、清平干济二科举士起(夏征农,陈至立,2010,p.1024),至清朝光绪三十一年(1905年)举行最后一科进士考试为止,其间1300多年里,在和平时期,读书人主要通过科举考试获得功名,从而跻身仕途。对那些熟读圣贤书的人而言,它也是一种安全可靠的做官途径;并且,相对荐举制而言,科举更公平公正,因为它有一套较规范的考试制度,选拔时主要依凭考生考卷上的分数,至于考生是否有良好人脉、是否能遇到赏识者等外在因素则对考生考试结果的影响不太大。(3)买官爵,也叫"捐官"。买官并非正途,也不太被人尊重,却也是跻身仕途的一个重要途径,对那些不学无术但家财万贯的人而言更是如此。(4)通过与有权势者联姻的方式获得权力。通过娶豪门女子为妻或将女儿嫁入豪门的方式,与有权势的人联姻,也可获得权力。在中国古代,通过联姻的方式成为皇亲国戚,往往是获得权力的一条捷径。不过,此方案若要行得通,一般必须家有俊男或美女,且能让豪门看中并宠幸,否则行不通。(5)因功受封。其中,常见的是立军功。凭军功赢得官职和权力,也是进入仕途的一种有效方法。这种做法对武将而言更有效。不过,此法若要行得通,前提有二:一是要有战争,在和平时期就无法实现;二是自己要有能力赢得军功。除军功外,若能立下其他让君王赏识的功勋,也易获得官职。例如,蔺相如单凭自己的过人胆识和三寸不烂之舌,让和氏璧从秦国完璧归赵,同样当上大官,"位在廉颇之右"(司马迁,2005,pp.1905-1908)。(6)自己打天下。项羽的名言"彼可取而代也"淋漓尽致地表达出"不给就自己动手夺"的心态。乱世时,此法常被英雄豪杰或枭雄使用。不过,这种事情要冒杀头甚至诛连九族的风险,敢去做且做成功的毕竟是极少数。所以,相对而言,这是收益最大,风险也最大的方式。一旦成功,自己就能当皇帝,自然收益最大;一旦失败,不但自己会人头落地,还极有可能祸及家人和亲朋好友(文崇一,1988b,p.500)。

需要指出,得到权力后有不同的使用方法,既可用它谋取私利、中饱私囊,也可用它造福于民、造福社会,甚至造福世界。可见,争权也有两重性。但是,不论出于何种目的,都必须首先赢得并保住相应的权力(朱永新,1993)。

2. 喜升迁,厌降级

这是指喜欢、渴望自己的官职能及时获得提升,而且最好是能不断地往上升,但厌恶自己的官职被降级甚至被剥夺的心理及相应的行为方式。为了迎合这种"喜升迁"的心理,"步步高升"成为一句常见的祝词。一些有一官半职的人往往小心翼翼,视上司的眼色行事,工作中喜欢揣摩上司的心意,或者明哲保身,不求有功,但求无过(朱永新,1993);或者忍辱负重,避免惹祸上身;或者韬光养晦,等待翻身或反击的时机。

3. 不肯放权

不肯放权指个体一旦掌握权力,就想掌控至死,决不会自愿将权力移交给他人的心理及相应的行为方式。在中国历史上,绝大多数皇帝之所以在驾崩之后才将皇位传给太子,原因之一便是这种不肯放权的心理在作怪。社会上一些官员不愿离休或退休,不愿调任或升迁至无实权的岗位,原因之一也是不愿放弃手中已掌握的权力(朱永新,1993)。

4. 渴望权力

渴望权力指羡慕权力、羡慕掌权者,渴望自己也能拥有权力的一种心理及相应的行为方式。权力能给人带来荣耀、便利、威严和实惠,甚至能让掌握它的人做到"通吃"。"通吃"本指赌博时庄家赢了其他各家,现多引申为能战胜全部对手或能得到全部好处,如财富、名誉、社会地位等。因此,人们便对权力产生了羡慕心理。可见,要想减轻人们对权力的渴望,一种有效的对策是,让掌握权力的人无法做到"通吃",而是"有得必有失"。例如,像美国或日本等发达国家那样,从政之人不但不可能挣太多的钱,而且要牺牲许多隐私权,因为作为公众人物,诸如个人收入等隐私必须曝光于天下,这样才能方便民众监督其权力的运作。若果真如此,权力的吸引力就会减弱(朱永新,1993)。

5. 畏权

畏权指无权者畏惧有权者、有小权者畏惧有大权者的心理及相应的行为方式。古代中国因为法治滞后,人治现象严重,掌握权力的人往往可以在一定时间、一定范围内为所欲为,甚至可以剥夺权小者或无权者的一切,包括其生命。正所谓,"官大一级压死人"。结果,权力成为下属和普通百姓畏惧的对象,许多中国人养成权威人格,可以不敬神、不畏天、不信命,不惧真理、良知和良法,而只畏惧权力。中国民间也有"天高皇帝远""县官不如现管""千万不能得罪当权者"之说。在当代中国,畏权心理还有泛化趋势。不仅是带"长"的官,就是因自身工作职责而掌握了一定权限的人,也一概成为部分缺乏法治意识与公民意识的普通百姓畏惧的对象(朱永新,1993)。

6. 清官梦

清官梦也称"清官情结",指个体对清官有一种很深的情感与热念,内心渴望自己能生活在由一个或多个清官主政的社会里的心理及相应的行为方式。对广大中国老百姓而言,除畏权、慕权外,恋权情结的最明显表征莫过于清官梦。在畏惧、羡慕权力和追求权力无望时,人们只好把社会和个人的一切寄托在"青天大老爷"身上。从"神探狄仁杰""铁面无私的包拯""为政清廉、洁身自爱的海瑞",一直到当下流行的电视剧《康熙微服私访记》,清官一直是中国文学作品和影视作品讴歌赞颂的主题。究其原因,与古代与近代中国贪官常见、清官难寻的现象有密切关联(朱永新,1993)。因此,可以预见,随着中国社会主义法治建设的不断完善,中国人做清官梦的概率将越来越低。

7. 滥用权

滥用权指掌权者丝毫不顾及自己所处社会的道德与法律的约束,随心所欲地使用自己手中权力的心理及相应的行为方式。古今中外的经验表明,"使用权力容易,难就难在晓得什么时候不去用它"(蒋经国语)。若无对权力的有效制约,所有拥有权力的人都倾向于滥用权力,而且不用到极致决不罢休(孟德斯鸠语)。例如,在古代中国君主专制的国家结构中,皇权高高在上,除了受皇帝本人的良心约束,几乎不受其他任何权力的制约,同时,对王公大臣的权力也缺乏一整套严密的监督机制。结果,不但拥有至高无上权力的皇帝可以对天下人随意"生之,杀之,富之,贫之,贵之,贱之"(黎翔凤,2004,p. 909),运天下于股掌,驱百姓如婢仆,而且,任何一个有权力的人都可随意压榨、欺负比自己权小的人和无权之人。更有甚者,中国历史上的一些昏君和大贪官随心所欲地滥用自己手中的权力,将自己手中的权力变成谋取私利、打击报复的利器,使政权黑社会化,不但祸国殃民,最终也殃及自身(朱永新,1993)。

8. 官帽崇拜导致官瘾严重

官帽崇拜,也叫"官位崇拜"或"官本位",指个体或群体崇拜官帽的一种心理及相应的行为方式。与英雄崇拜的对象是具体的人(英雄人物)不同,官帽崇拜的对象不是具体的人,而是官帽。任何人,不论其出身与性别,也不管其相貌丑俊、才学高低、人品高下、年龄大小,只要有了官帽尤其是位高权重的官帽,就能赢得人们的崇拜。与英雄崇拜能让人对英雄充满敬畏并净化心灵截然不同,官帽崇拜折射出人们潜藏于内心的贪欲与阴暗,是心灵腐朽和社会贪腐的结果。回顾中国历史会惊奇地发现,对中国人造成巨大伤害的成瘾性物品,一个是鸦片,另一个便是官帽崇拜。鸦片给清末的中国人带来一连串的灾难,不仅让当时的许多中国人变成"东亚病夫",而且在很大程度上阉割了当时中国人的精神,致使清末政治腐败,军事废弛,精神颓废。较之鸦片对中国人的毒害,官帽崇拜的危害有过之而无不及。鸦片只是在近代才毒害了一部分中国人,而官帽崇拜的危害不但源远流长,达数千年之久,而且波及面甚广,几乎成了中国文化的遗传基因和中国人的集体潜意识(廖保平,2016)。与此相一致,一些中国人的官瘾极其严重。瘾指"癖好,嗜好"(汉语大字典编辑委员会,2010,p. 2893)。成瘾的一个核心特征是个体明知自己的某种行为有害却无法自控。官瘾指嗜好当官的心理与行为方式。鲁迅1926年在《学界的三魂》中将有官瘾的人的丑恶嘴脸刻画得入木三分:"中国人的官瘾实在太深,汉重孝廉有埋儿刻木,宋重理学有高帽破靴,清重帖括而有'且夫''然则'。总而言之:那魂灵就在做官——行官势,摆官腔,打官话。"(鲁迅,2005b,p. 220)至于那些久居官场、官瘾太重的人,一旦从官位上退下来,就像有毒瘾的人突然断了毒源,六神无主,心烦意乱。清人赵吉士在《寄园寄所寄》里讲了一个故事:明代进士出身的监察御史乔廷栋罢官回家,官瘾复发,为解官瘾,每天早上就自导自演一番公办审案的戏。更糟糕的是,一些人在未做官之前就有官瘾。《清代野记》里记载了一个还没有正式做官,官瘾就已经发作的人的故事,看后让人啼笑皆非:清朝光绪年间,安徽有个叫张传声的人花钱捐了一个河南候补道。可当时河南还没有职缺可补,张传声按捺不住,提前过起了官瘾,每天早上洗漱过后,穿上官袍戴上官帽,演练起道台大人升堂办公的好戏来。他先是官威凛凛地从里室走出来,中门的仆役就敲响一块铁铸的云板,模仿真实的衙门高喊:"大人下签押房办公了。"里里外外的仆役都紧张有序地各就可位,"张道台"走到外堂就座,仆人端上茶水,门卫手持十几张拜帖上前,声称某某某禀见。"张道台"装模作样地翻阅,然后装腔作势地指示一番。办完了"公事",还要一本正经地退堂。每天都要如此演一回假戏,当作"岗前培训",实际上只是瘾君子在过瘾而已(廖保平,2016)。

官瘾症在当代中国也有多种表现。根据一项调查,排在前6位的官瘾症状分别是:(1)认同"有钱的"不如"有权的",占72.3%。(2)评价人看官阶等级,占66.1%。(3)对做官的亲友同事以职位称呼,占53.8%。(4)见周围人做了官,自己也想去做官,占40.1%。(5)认可"做官才有出息、从政才有本事",占33.5%。(6)对故乡的主要领导如数家珍,占21.6%。(杜凤娇,袁静,2012)。

(三)恋权情结存在的缘由

《人民论坛》杂志做的一项问卷调查显示,65.8%的受调查者认为当前官本位现象十分严重,68.5%的受调查者择业时优先选择"党政机关公务员"(杜凤娇,袁静,2012)。为什么中国人有浓厚的恋权情结呢?概括起来,除了前文所讲的"管理有缺陷,导致人治盛行",主要原因还有以下四个。

1. 权力是实现自己意志与愿望的有效工具

人为什么需要权力?对此,学界有本能论与工具论之争。本能论认为,对权力的崇拜与趋从是人类与生俱来的天性。例如,尼采认为,权力意志是一切生物固有的本能,凡是有生物的地方,便有追求权力的意志。罗素也指出,追求权力的欲望是人性的主要组成部分,在人类无限的欲望中,居首位的是权力欲和荣誉欲。他认为,社会科学的基本概念是权力,它的含义与物理学的基本概念——能量是相同的。与能量一样,权力具有多种形式,如财富、军队、行政机关、舆论控制。因此,只能从生理学和特殊心理学的角度探寻权力崇拜和趋从的原因。至于20世纪70年代的生物政治学思潮,更是从纯生物学的角度解释权力问题。其实,本能说并未抓住权力的社会本质,因为权力的崇拜与趋从并非人类固有的、永恒的属性(虽然从表面上看,它是一种本能现象),而是一定社会关系、社会环境的反映和产物。根据文化人类学家本尼迪克特(Benedict)的研究,在美国祖尼族印第安人的氏族社会,权力在人们心中并没有多高的地位,以至于他们只好设计出一种仪式,以便把当官掌权的义务指派给其成员。可见,本能说尚缺乏足够的立论依据(朱永新,1993)。

相对而言,工具论更具说服力。工具论认为,对权力的崇拜与趋从是权力的工具性特点使然,即权力可以成为实现其他目的的工具或手段。达尔认为,权力的工具性类似于金钱,权力可用来取得声望、尊敬、安全、尊重、友情、财富和许多别的价值,因此,毫不奇怪,男男女女要谋求权力。要准确把握权力的工具说,就要认清权力的实质。何谓权力?德国社会学家韦伯(1946)在揭示权力的本质与特点时指出:"我们理解的权力,就是一个或若干个人在社会活动中即使遇到参与该活动的其他人的抵制,仍能有机会实现他们自己的意愿。"他对权力与权威作了区分,认为权力是不管人们是否反对,强使人们服从的能力;权威则指人们在接受命令时是出于自愿。另一位学者托马斯·戴伊认为,与其将权力解释为支配行动,还不如将它解释为采取行动的潜在能力,即这种支配行动在社会上被认为是可行的和合法的,所以他主张权力不过是担任某种职务的人在作决定时所具有的能力或潜力,而这种决定却能影响这个社会制度中的其他一些人。社会学家顿纳斯·隆(1979)对权力的定义是:"权力者,就是某些人具有对其他人产生他所希望和预定影响的能力。"这一观点得到了管理学家和心理学家的广泛认同(朱永新,1993)。在中国,"权"最早指"秤锤",也指"秤"。例如,《广雅·释器》说:"锤谓之权。"《汉书·律历志上》:"权者,铢、两、斤、钧、石也,所以称物平施,知轻重也。"后引申为:(1)称量。《孟子·梁惠王上》:"权,然后知轻重。"(2)权衡、比较。《礼记·王制》:"凡听五刑之讼,必原父子之亲,立君臣之义,以权之。"此时,不仅对物体重量的称量评估叫"权",而且对事物的仲裁也叫"权"。于是,"权"字作进一步的引申,就有了"权力""势力"与"掌控""控制"的含义。《国策·齐策一》:"田忌亡齐而之楚,邹忌代之相齐,恐田忌欲以楚权复于齐。"高诱注:"权,势也。"《史记·吕后本纪》:"诸吕权兵关中,欲危刘氏而自立。"此处"权"指"掌控"(汉语大字典编辑委员会,2010,p. 1415)。在古代中国,与"权"联系得最多的是"贵"与"利"。权贵往往指那些官居高位、拥有权力的人。杜甫在《事讽录事宅观曹将军画马图引》里说:"贵戚权门得笔迹,始觉屏障生光辉。"权利往往把权势与货利并列,如《史记·魏其武安侯列传》称:"家累数千万,食客日数百人,陂池田园,宗族宾客,为权利,横于颍川。"在当代中国,2009年版《辞海》对权力的界定是:(1)政治上的强制力量,如国家权力、权力机关。(2)职责范围内的支配力量。(3)管理学上指个体借以影响他人的能力。权力的基础是对资源拥有者的一种依赖关系。资源的重要性、稀缺性、不可替代性决定了权力与依赖关系的性质和强度(夏征农,陈至立,2010,p. 1538)。综合国内外关于权力的界说,2009年版《辞海》对权力所下的第三种定义颇为完善。根据此定义可知,若想准确理解"权力"这一术语的含义,必须把握如下三个要点:(1)权力是一种互动关系。没有权力主体就无所谓权力,离开了权力客体,权力也不能独立存在,无客体的权力只是一种非现实的权力欲望,而不是实际的权力。(2)权力一般与资源的控制和利用有关。权力资源多种多样,如制裁或暴力威胁、经济资本、工资、奖金、报酬、人力、通讯网或消息垄断等。权力资源是权力主体用来影响权力客体行为的基本手段。因此,权力在某种意义上讲是一种资源控制:通过控制他人认为有价值的资源,从而实现对他人的思想与行为的控制。因此,假若张三没有掌控住李四所需的资源,或者,即便张三掌控了李四所需的资源,但李四不稀罕它,那么,张三就无法控制李四。(3)权力的表现形式是命令与服从的关系。无论命令是明确下达的,还是以暗示的方式下达的,一旦拥有权力的人下达了命令,而此命令又被其下属感知到,那么,其下属迟早会展现出相应的服从。当然,下属表现出的这种服从可能是自愿的,也可能是被迫的(朱永新,1993)。

从工具论的角度看,一些中国人之所以有恋权情结,之所以会崇拜权力、趋从权力、追求权力,之所以官瘾严重,重要原因之一是人治在中国历史上曾长期盛行。在人治社会里,个体只有掌握了权力(尤其是掌握了极大的权力),才能利用权力来实现自己的意志与需要(朱永新,1993),才能更好地展现自我、实现自我和保护自我,才能掌控自己与他人的命运,在"捞取好处"和"与人斗"中占尽先机。例如,权力可以帮助个体实现脱贫致富的愿望,这便是一些中国人常说的"升官发财",即只有先"升官",在掌握了权力后,才能"发财"。这与当代发达国家或地区"先发财,后做官"的习惯做法截然相反。反之,一旦失去了权力,个体极有可能失去曾经拥有的一切,甚至让自己、自己的家人和家族失去生命。李斯和韩信等人在位高权重时都曾风光无限,可一旦失去权力,便踏入"夷三族"的悲惨命运。同时,古代中国最缺乏的东西是不受国家侵害的自由观念。古代中国从未高举过自由的大旗,也从未着重强调与统治者的权力相抗衡的个人权利。古代中国学者和百姓从未对帝王及其代理人(即各级官吏)的专制的合法性提出任何质疑,因而从未想过应建立既限制帝王及各级官吏手上的公权力又保护公民合法权利的法律框架,也从未想过要建立保护公民合法私有财产不受暴君非法侵占的法律框架。相反,受"以公为善,以私为恶"与"富人的财富乃是穷人贫穷的根源"等观念的影响,绝大多数人都非常支持统治者没收成功商人财富的行径。结果,大规模资本积累的过程受到重重阻碍,不但资产阶级无法萌芽、生根和发展(米塞斯,2007,p.179),而且始终缺乏"私有财产权神圣不可侵犯"的理念与相关法律制度。法治不健全导致财富要受权力的支配,一旦没有权力做靠山,无论是通过勤奋工作等合法途径获得的财富,还是通过贪污受贿或坑蒙拐骗等非法途径得到的财富,都很容易在瞬间化为乌有。前者的例子在中国不胜枚举,这里仅举典型一例。汉武帝时,由于长年对匈奴作战,再加上统治集团的奢华生活耗费大量财物,导致国家财政困难,汉武帝于是发布告缗令,鼓励百姓告发偷漏缗钱者,凡告发属实,将所没收财产的一半赏给告缗者。此举一下使汉武帝获得无数财政收入,也使无数富商破产。这从《汉书·食货志下》中的记载可见一斑:"杨可告缗遍天下,中家以上大抵皆遇告。……得民财物以亿计;奴婢以千万数;田,大县数百顷,小县百余顷;宅亦如之。于是商贾中家以上大抵破。"告缗令延续近十年,直到官营盐铁酒等获利,国家财政有明显好转后才停止执行。这也是造成中国易出现《孟子·离娄下》所说"君子之泽五世而斩"或民间常说"富不过三代"现象的两大主因之一。后者中的典型者如和珅。靠山乾隆皇帝一驾崩,嘉庆便下旨抄和珅的家,收获极丰,故有"和珅跌倒,嘉庆吃饱"的说法。再者,权力可以帮助个体实现让他人尊重自己的意志,权力可以帮助个体实现掌控他人命运或国家命运的意志,等等。以战国时代的苏秦为例,家庭贫苦的苏秦何以具有"头悬梁、锥刺股"的学习精神,其学习动机不过是想通过"学而优则仕"的道路掌握权力,然后通过权力得到他想要的一切,如财富和社会地位等。因为据《史记·苏秦列传第九》记载,当苏秦贫穷时,"兄弟嫂妹妻妾窃皆笑之"(司马迁,2005,p. 1771)。当苏秦身佩六国相印后,"北报赵王,乃行过雒阳,车骑辎重,诸侯各发使送之甚众,疑于王者。周显王闻之恐惧,除道,使人郊劳。苏秦之昆弟妻嫂侧目不敢仰视,俯伏侍取食。苏秦笑谓其嫂曰:'何前倨而后恭也?'嫂委蛇蒲服,以面掩地而谢曰:'见季子位高金多也。'苏秦喟然叹曰:'此一人之身,富贵则亲戚畏惧之,贫贱则轻易之,况众人乎!且使我有雒阳负郭田二顷,吾岂能佩六国相印乎!'于是散千金以赐宗族朋友。"(司马迁,2005,p. 1785)出自明末剧目《烂柯山》(又称《朱买臣休妻》),后广为流传的"覆水难收"的故事讲的也是同样道理:西汉朱买臣原是一个穷书生,家贫好学,卖薪自给,其妻嫌其穷困潦倒,主动要求其将自己休掉,然后另嫁他人。后来朱买臣在官场春风得意,做了大官,有权有钱。在随从的前呼后拥下衣锦还乡,沿途受到人们的盛情款待。其前妻又主动要求与朱买臣重修旧好。朱买臣盛了一瓢水泼在她面前,答道:"若能将水收回,我就答应你的要求。"这当然没法做到。前妻羞愧难当,随后自杀身亡。苏秦与朱买臣这两个人物非常典型地表明了大多数中国读书人认真读书的真正动力与动机是为了升官发财(朱永新,1993)。正如崔文华所说:

> 在这种权力至上,权力支配一切的社会,权力阶级即使常规官薪收入并不高(如明代实行的官吏低俸制),也仍是高利益阶级。他们的权力优势使他们的货币具有一种"购买优势"。亦即同值货币,在他们手中就有更大的购买力。权力优势也使他们获得优势的信息资源(这是最需要信息的学者们所不敢比的),优势的文化教养资源,优势的娱乐资源,优势的心理优势资源,甚至优势的情感资源。总之,在社会生活的所有领域,权力阶级都必然是优势阶级。他们具有了遥遥领先的一切优势。(崔文华,1989,pp. 159-160)

2. 农业经济是产生恋权情结的经济基础

中国古代的社会生计主要是小农经济,小农经济社会是由"千百个彼此雷同、极端分散而又少有商品交换关系的村落和城镇组成的",在大自然面前,个体是无力抗争、极其软弱的,于是形成了寻求保护、注重权威的依附心理(冯天瑜,周积明,1986,p.64),而最能起这种保护作用的基层单位首先是家族。家族的首领在父权家长制中是父亲,《说文解字》在解释"父"时说:"矩也,家长率教者,从又举杖。"这里,"父"的意义已不限于亲子的生育关系,而含有统治与权力的意味了。所以,《礼记·坊记》说"家无二主,尊无二上",把家长(父亲)抬到至高无上的地位。在正常情况下,一个家族或家庭通过自给自足的自然经济维持着基本生活,家长的构成和权力也在家族或家庭的经营过程中得到巩固与强化。经过汉代董仲舒及宋明理学家的不断体系化,家长的权威和权力已逐渐积淀与凝结在人们的心理、意识之中,并泛化到所有的权威和权力对象上去(朱永新,1993)。

同时,水利是农业的命脉,是农耕民族生存的首要前提,但作为中华文明摇篮之一,以及中华文明早期重要活动地域的黄河流域却属于干旱和半干旱地区,并且,黄河流域的一些山脉因土质疏松且缺少良好的植被,无法有效积蓄雨水,一旦下大雨就易发生泥石流或大洪水,也易因地震形成堰塞湖,而一旦连续多日不下雨,天气就非常干燥,这非常不利于农作物的生长与成熟。结果,很多地方无法靠雨水灌溉获得好收成,必须通过治理水患、兴建大规模的水利工程或人工灌溉系统才能提高获得好收成的概率。治理大规模的水患和旱灾、兴建大规模的水利工程或人工灌溉系统,单个个体的力量几乎是微不足道的,必须依靠大规模的群体协作。治理大规模水患、兴建大规模水利工程或人工灌溉系统时往往会遇到一些突发的重要情况需要领导者及时决策,这极易助长领导者的铁腕统治。一旦治水成功,领导者不但在民众和上级领导面前展现出了卓越的领导才华,而且进一步强化了个人的强人作风。不仅如此,大规模的水利工程或人工灌溉系统兴建好后,一般还会让领导者对其进行强有力的管理,以保证其运行有序。要想有效管理这些工程,往往必须建立一个遍及全国或者至少是遍及全国人口重要中心的组织网。因此,控制这一组织的领导者总是巧妙地准备行使最高权力。同时,也让治水领袖及民众充分体验到权力的重要性。所有这一切都有利于他成为此群体未来的领袖。事实上,禹也的确因治水成功而成为舜的接班人,并为其儿子启建立中国历史上第一个专制王朝夏朝打下了良好基础。简言之,在治水过程中,一方面形成了注重人际协调的集体意识,另一方面也会滋生服从权威、依赖保护的恋权情结(朱永新,1993)。

3. 中国有推崇权力的厚重文化土壤

从文化土壤来看,儒学里蕴含浓厚的"学而优则仕"的做官思想,成为促生中国人恋权情结的文化土壤。

有学者认为,将官本位的文化根源归结为儒家是不准确的。中国社会出现官本位现象并不是受儒家影响,从大处说,自汉武帝起至辛亥革命前,儒学是正统的官方意识形态,在这2 000余年中发生的一切都可以与儒家联系起来。不过,如果从思想理论的角度讲,儒学也的确有利于中央集权,尤其是汉儒和宋明以后的儒学。但儒学思想家多不以做官为首要,当然,他们要实现自己的道德和社会理想,往往要进入权力机构,这种关系比较复杂。其实,传统社会中批判集权或官府的也都是儒家中人。所以,将官本位或任何现实问题归于儒家或传统文化的影响,不但不能直接帮助解决现实问题,从某种程度上看,是孙子有病,给爷爷吃药,甚至是给死人喂药。"儒家"这个概念相当复杂(有人将其分为官方儒学、民间儒学以及儒家哲学,或可参考),儒家与权力结构有千丝万缕的联系,但不同时期的儒家思想特点不同,如孟子及新出土的竹简都有批评和限制君权的内容。因此,克服官本位,首先是社会管理目标、方法和结构的改变。无论提倡还是批判儒家,都不能有效解决官本位的问题(刘笑敢,2012)。但是,说儒学里蕴含浓厚的"学而优则仕"的做官思想,此思想助长了中国人的做官意识,也不为过。具体而言,在隋代未开科举之前,一般人只有通过修身养性和苦读经书,在周围人心中获得好声誉,才有机会获得被荐举的机会,从而进入仕途。正是在此背景下,据《论语·卫灵公》记载,孔子说:"君子谋道不谋食。耕也,馁在其中矣;学也,禄在其中矣。君子忧道不忧贫。"孔子认为读书学习是获得官职、取得俸禄的最佳方式,从事农业生产常会落个饿肚皮的结果(杨伯峻,1980,p.169)。孔子鄙视种植技能、园艺技能的学习,唯独对道德学习和做官技能情有独钟,力倡学习的首要任务是学做有道德的人,相应地,学习的主要内容就是有关做人方面的知识,即儒家倡导的道德知识。《论语·学而》记载:

子曰:"弟子,入则孝,出则悌,谨而信,泛爱众,而亲仁。行有余力,则以学文。"

子夏曰:"贤贤易色;事父母,能竭其力;事君,能致其身;与朋友交,言而有信。虽曰未学,吾必谓之学矣。"

在孔子及其弟子心中,学习与道德学习实际上是一对可以换用的概念。换言之,孔儒倡导的教育实主要是道德教育,其内容主要是儒家认可的伦理道德规范,基本上不包括科技教育;孔儒倡导的学习实主要是道德学习,其内基本上不涉及科技知识学习。既然孔子认为学习实只是道德学习,自然会对科技教育和科技知识学习极其轻视。结果,孔子本人不但不努力学习科技知识,而且坚决反对自己的弟子学习科技知识。《论语·子路》记载:

> 樊迟请学稼。子曰:"吾不如老农。"请学为圃。曰:"吾不如老圃。"
>
> 樊迟出。子曰:"小人哉,樊须也! 上好礼,则民莫敢不敬;上好义,则民莫敢不服;上好信,则民莫敢不用情。夫如是,则四方之民襁负其子而至矣,焉用稼?"

樊迟想向孔子学习种庄稼和蔬菜的知识与技术,孔子不但坚决反对,还恶语相加,骂樊迟是一个"小人"。因为,在孔子心中,为学的正务在学习儒家倡导的道德学问(即后来的经学),读书人只要认真修习道德学问,做官后只要自己讲究礼节、行为正当、诚恳信实,四方的百姓都会背着儿女来投奔自己,何需自己亲手种庄稼呢(杨伯峻,1980,p. 135)? 所以,假若有人不将主要精力放在学习道德学问上,而去学习种庄稼和蔬菜之类的小技,自然要受到批评。

受孔子独对道德学习和做官技能钟情的深刻影响,再加上汉武帝采纳了董仲舒提出的"罢黜百家,独尊儒术"的建议,此后,儒学由先秦的诸子百家之一一跃成为经学,成为中国封建社会文化的正统。汉武帝在经学的指导下取得了丰硕成果,将西汉国力发展到颇高的水平,向世人展现出大汉雄风。孔子的名言——"耕也,馁在其中矣;学也,禄在其中矣"——得到进一步强化,被汉代人普遍认可。例如,东汉王符在《潜夫论·赞学》里就复述了孔子的这句名言(王符,1985,p. 6)。再往后,隋文帝认为九品中正制被贵族垄断,百弊丛生,于是废除,并于开皇七年(587年)设志行修谨、清平干济二科举士,这便是重视经学的科举制度的开端。科举制度,指隋唐以来以考试选拔官吏的制度(夏征农,陈至立,2010,p. 1024)。科举制度使"学而优则仕"进一步制度化,结果,至清朝光绪三十一年(1905年)举行最后一科进士考试为止,其间1 300多年里,普通读书人主要通过科举考试获得功名,跻身仕途。中国古代无数知识分子便在"学而优则仕"的道路上焚膏继晷,孜孜不倦。宋真宗赵恒的《劝学诗》通俗又形象地描绘了科举及第的美妙前景:

> 富家不用买良田,书中自有千钟粟。
>
> 安居不用架高堂,书中自有黄金屋。

出门莫恨无人随,书中车马多如簇。

娶妻莫恨无良媒,书中有女颜如玉。

男儿欲遂平生志,六经勤向窗前读。(黄坚,2007,p.14)

简言之,在中国古代,绝大多数读书人之所以愿意悬梁刺股,正是为了一个"权"字(朱永新,1993)。在当代中国,"学而优则仕"的风气依然存在,持续多年的"考公务员热"现象,折射出一些人内心仍有浓厚的恋权情结。

4. 传统中式教育是中国人产生恋权情结的教育基础

从教育方法看,传统中式教育重运用威权教育方式与方法开展"听话教育"。"子不教,父之过;教不严,师之惰"一语告诉人们,父母要严格管教子女,教师要严格管教学生,让子女听父母的话,让学生听教师的话。相应地,家长喜欢听话的子女,教师喜欢听话的学生,领导喜欢听话的下属。在中国,听话常常被人视作美德而加以称颂,无论是在家庭、学校或社会,听话的人总能得到奖赏、赞扬或重视。"听话教育"实际上是一种鼓励顺从行为的教育,因为听话指听有权力的人的话,不论他的话是对是错,都要无条件地服从。结果,在传统中国家庭中,父母往往处于最高权威地位,父母对子女尤其是年幼子女的态度一般是生硬和命令式的,在此家庭教育氛围下,子女尤其是年幼子女易形成服从权威的意识与习惯。在中国各级各类学校中,教师往往处于最高权威的地位,教师对学生尤其是低年级学生的态度一般也是生硬和命令式的,在此学校教育氛围下,学生原本在家庭教育中习得的服从权威的意识与习惯得到进一步强化。在中国各类组织或单位中,领导往往处于最高权威的地位,领导对下属尤其是普通员工的态度一般也是生硬和命令式的,在此单位氛围下,下属和员工在家庭与学校中形成的服从权威的意识和习惯继续得到强化。只要有领导在场,下属就会自动地自我矮化、膜拜权力,就会自发、自觉地以领导为核心,一切言行围着领导转。结果,领导自我感觉良好,下属则习惯溜须拍马、巴结奉承。一句话,在这种"听话教育"的氛围中培养出来的人自然更容易形成恋权情结(朱永新,1993)。

(四) 辩证看待恋权情结

恋权情结助长了官本位①,并借此又反过来使自身得到强化,导致一些人对权力充满欲望,想方设法让自己获得权力,这是中国古人热衷科举考试、热衷当官的一个重要心理因素(朱永新,1993)。其实,"做好官"需要一定的才华和优秀品德,如要具备与人沟通的能力,要具备良好口头表达和书面表达的能力,有为民谋福祉、自我牺牲、肯担当的品质等,所以并不是人人都适合做官。如果一些本来可以在其他行业做得很好的人都放弃自己擅长的领域,进入不擅长的仕途,不但会造成人才的浪费,而且会导致国家因缺乏科技创新人才、办实业的人才和办教育的人才等而失去核心竞争力。

"权力"本是中性的名词,一个拥有权力的人若善于运用手中的权力为百姓谋福祉,那既是百姓之福,也是他个人之福;反之,若只知利用手中权力为自己或自己所属的小集团谋私利,则迟早会受到法律的严惩,也会被历史淘汰。因此,为官者都宜深思白居易与鸟窠禅师的一段对话。《五灯会元》卷二记载:"……后见秦望山有长松,枝叶繁茂,盘屈如盖,遂栖止其上,故时人谓之鸟窠禅师。复有鹊巢于其侧,自然驯狎,人亦目为鹊巢和尚。……元和中,白居易侍郎出守兹郡,因入山谒师。问曰:'禅师住处甚危险。'师曰:'太守危险尤甚!'白曰:'弟子位镇江山,何险之有?'师曰:'薪火相交,识性不停,得非险乎?'又问:'如何是佛法大意?'师曰:'诸恶莫作,众善奉行。'白曰:'三岁孩儿也解恁么道。'师曰:'三岁孩儿虽道得,八十老人行不得。'白作礼而退。"为官者,必须谨记"为人民服务",因为权力取之于民。再者,一些人一心只想着升官,为此牺牲了自己的身心健康,牺牲了与家人共享人伦快乐的时光,牺牲了丰富人生的时机,这个代价是惨重的。《庄子·至乐》说得好:"夫贵者,夜以继日,思虑善否,其为形也亦疏矣!"这是今天仍有浓厚恋权情结的人应引以为戒的。

---

① 官本位指将一切人与物的价值和地位都折算成官职并进行排序,从而在整个社会形成一个等级森严、易于管理的管理系统,社会的价值观和个人价值均以官僚系统的价值观和官职为参照。

综上所论，权力既不可恋，更不可贪。为了不让恋权情结演变成对权力的痴迷，从而掉进权力的悖论——恋权的人一旦滥用权力，极易迅速失去权力——从个人的角度说，一定要加强自我心性修养，运用理性调控自己的恋权情结。从社会管理的角度讲，做官之所以让人上瘾，原因在于人治环境下官员手里的权力不受监督而导致腐败，腐败又正好满足人类的贪婪本性，凡是能满足贪婪本性的东西就容易让人上瘾。若是权力受到约束，为官者战战兢兢、如履薄冰，恐怕就没人有那么重的官瘾了。只苦口婆心地劝告大烟鬼戒掉烟瘾，却不从源头上断绝鸦片供应，根本无济于事（廖保平，2016）。因此，当代中国若想根治中国人的官瘾症，一定要釜底抽薪，加强社会主义法治建设，真正做到依良法治国，将权力真正关进"笼子"。

六、中国人的恋钱情结

（一）什么是恋钱情结

恋钱情结（money complex），也叫恋财情结，指个体对金钱或财富有明显的积极认知，由此而贪恋金钱或财富，内心渴望自己能持久地拥有金钱尤其是巨大财富，并伴生相应的心理与行为方式。诸位只要在春节期间稍加留意，就会发现一些中国房屋的大门上，经常能看到"招财进宝"的合体字（𧴪）；一些中国家庭墙壁上贴或挂的装饰画中，也往往有"财神"；"勤劳浇出招财树，简朴托来聚宝盆""招财进宝勤劳是根本，发家致富科技做靠山"之类渴望获得财富的春联也颇常见；春节期间的问候语中也常见"恭喜发财"。

有意思的是，人们只乐意在春联、春节问候语中公开表达自己对钱财的向往，在平时，受"君子喻于义，小人喻于利"思想的影响，自古至今，一些中国人在众人面前多鼓吹"金钱如粪土"的观念，至少在口头上是羞于光明正大地言利的。

（二）恋钱情结的表征

尽管"金钱如粪土"的观念在中国颇流行，导致一些人不敢公开言利，但中国自古以来便是一个多元的社会，也有一些行为明显可视作恋钱情结的表征。

1. 迎财神与供奉财神

财神是中国民间信奉的财宝利市之神。《集说诠真》："俗祀之财神，或称北郊之回人，或称汉人赵朗，或称元人伍五路。"《封神演义》以道教正一玄坛真君赵公明（即赵玄坛）统理"招宝天尊""纳珍天尊""招财使者"与"利市仙官"四位仙官，尊为财神（也称"正财神"）。民间财神中，又有文财神、武财神之说。文财神为比干、范蠡，武财神为赵公明、关羽（夏征农，陈至立，2010，p. 167）。另外，还有准财神刘海。准财神，指虽未得财神封号，不过，因为此神能为人带来财运，后人也将其视作财神。也有人认为，财神为五路神。"五路"指东、西、南、北、中，意为"出门五路，皆可得财"。《吴锡县志》：'五路神，姓何名五路。元末御倭寇死，因祀之。'今俗所祀财神曰五路，似与此五路无涉。……予谓今之路头，是五祀中之行神。所谓五路，当是东、西、南、北、中耳。黎里汝秋士亦称谓是行神。尝有诗云：'人为利所昏，所见无非利。路头古行神，今作财神例。门户与中溜，我乡已废祀。祀灶并祀行，五祀犹存二。柜籹堆满盘，媚灶值廿四。虽等燔柴愚，尚不失祭义。云何年初五，相传路头至。神或临其室，获利亿万计。跪拜肃衣冠，馈献罗酒食。所祷非所司，明神应吐弃。谁欤矫其失，正俗重为祭。供虽异饩羊，爱礼情自挚。有功当报享，尚及猫虎类。况此路头神，司行职攸寄。丈夫志四方，驰驱所有事。要皆邀神庥，明禋敢或替。去其谬悠论，引之合礼意。行神非财神，慎勿紊祈觊。'"（顾禄，2008，pp. 50 - 51）

农历正月初五是财神的生日。正如清人顾禄在《清嘉录》卷一《正月·接路头》里说，正月初"五日，为路头神诞辰。金锣爆竹，牲醴毕陈，以争先为利市，必早起迎之，谓之'接路头'。蔡云《吴歙》云：'五日财源五日求，一年心愿一时酬。提防别处迎神早，隔夜匆匆抱路头（即迎财神，引者注）。'"（顾禄，2008，p. 50）所以，在中国，每年农历正月初五，民间有迎财神的习俗。每当农历正月初五到来之际，许多中国家庭都会放烟花与鞭炮来迎财神。在正月初五的白天，一些地方还会上演"迎财神"的民俗活动。

在中国,不但一些人在家中供奉财神,在一些地方还建有财神庙供奉财神,其中著名者有山东省日照市天台山财神庙(供奉赵公明)、河北张家口市市区堡子里(城堡)财神庙(供奉比干)、贵州织金县财神庙(供奉赵公明)。在过春节时,一些家庭会贴文财神手捧"招财进宝"的画像,祈求财运和福运。平日,一些商家(尤其是广东的商家)也在店内供奉武财神"关圣帝君"(即关羽),同样是为了祈求财运和福运。

2. 创造出玉雕白菜和摇钱树等工艺品

为了表达对财富的美好向往,中国工匠创造出玉雕白菜、摇钱树和聚宝盆等工艺品。玉白菜谐音"遇百财",有"天长地久、清白做人"之义。摇钱树则让人一听此名便知其用途:摇摇它就会落下金钱来,民间也有"摇钱树,聚宝盆,日落黄金夜装银"的说法。所以,如果说用玉雕白菜表达人们渴望财富的心理尚属一种含蓄的表达方式,那么,用摇钱树和聚宝盆表达人们渴望财富的心理便属一种直截了当的表达方式,这在推崇含蓄美和羞于言利的中国文化背景下是不多见的。

3. 拼命挣钱

在中国,许多人拼命挣钱,想尽一切办法挣钱,没日没夜地挣钱,这从当今中国大陆一些个体户几乎全年无休以及一些农民工舍身挣"血汗钱"的事实中就可见一斑。而且,少数人因过度劳累或工作场所环境太恶劣等原因,最终落得个"钱在银行,人在天堂"的遗憾结果;也有少数人为了多挣钱,不惜铤而走险,谋取不法之财,最终落得个"钱在银行,人在监狱或刑场"的下场。

4. 喜爱存钱

中国人爱存钱。自 2009 年以来,中国的国民储蓄率(国民储蓄包括政府储蓄、企业储蓄和居民储蓄三部分)一直排名世界第一,银行的存款总数之高在世界上都颇有知名度。以 2016 年 12 月末为例,此时中国大陆地区全年金融机构人民币各项存款余额高达 150.59 万亿元,人均存款约 108 909.32 元。① 尽管这之中占大头的是政府储蓄和企

---

① 数据来源:2017 年 1 月 20 日国务院新闻办公室就 2016 年国民经济运行情况举行发布会时公布的数据。

业储蓄,不过,放眼全世界,中国居民储蓄率仍相当高。近年来由于人民币对内贬值而房产增值速度快,许多老百姓为了手中的存款能保值和升值,都将余钱投入房地产市场,有一些家庭甚至利用"加杠杆原理"贷巨款炒房,才导致居民存款一路减少。

(三) 恋钱情结存在的缘由

中国人之所以会有恋钱情结,进而喜欢储蓄,除了"储蓄有利于提升幸福感"这个心理因素,还有以下三个主要因素。

1. 推崇富贵的价值观的影响

《尚书·周书·洪范》说:"五福:一曰寿,二曰富,三曰康宁,四曰攸好德,五曰考终命。六极:一曰凶短折,二曰疾,三曰忧,四曰贫,五曰恶,六曰弱。"郑康成注:"未龀曰凶,未冠曰短,未婚曰折。"《尚书》将富贵排在"五福"中的第二位,将贫困排在"六极"的第四位。这表明《尚书》非常看重富贵,将其视作五种幸福之事中的第二件;与此相一致,《尚书》颇厌恶贫困,将其归入人生六种困厄。受此价值观的深刻影响,中国人多推崇富贵,所以,李斯曾说:"诟莫大于卑贱,而悲莫甚于穷困。久处卑贱之位,困苦之地,非世而恶利,自托于无为,此非士之情也。"(司马迁,2005,p.1977)而要实现富贵,显然要拥有大量的金钱,否则何来富贵?正如《庄子·让王》所说:"无财谓之贫"。可惜,古代中国主要是农业社会,尽管生产力随着时代的发展,也有一定发展,但从总体上看,古代中国的生产力发展水平较低,结果,在中国历史上,庞大农业人口生产出来的粮油等农产品一般只能在丰年满足国内的正常需求并略有节余。一旦因气候或自然灾害收成不好,一些地区就易闹饥荒。再者,古代中国战争频发:不但每个王朝的更替几乎都伴随一场战争,即便在一个王朝之内,也经常是内忧外患。自然灾害频繁、战争频发,再加上生产力相对落后,导致在现实生活中,在大多数时候,对绝大多数古代中国普通百姓而言,往往与"穷"或"贫"为伍,而贫穷的结果往往又是无穷无尽的苦难,导致对贫穷的恐惧几乎成了中国人的集体潜意识。要想脱贫致富,实现富贵的梦想,对普通百姓而言,只能一个铜板一个铜板地慢慢积累,否则,富贵就犹如"镜中月""水中花",可望不可即,无怪乎中国人将钱看得很重!

2. 钱是实现自己意志的良好工具

与权力一样,钱也是个体实现自己意志的良好工具。据《晋书·隐逸列传·鲁褒传》记载,西晋文学家鲁褒曾著《钱神论》,用谐谑语气描绘出钱的神通广大、诸种妙用,其中,"有钱可使鬼"一语将钱具备的巨大工具性价值刻画得入木三分:

钱之为体,有乾坤之象。内则其方,外则其圆。其积如山,其流如川。动静有时,行藏有节。市井便易,不患耗折。难折象寿,不匮象道,故能长久,为世神宝。亲之如兄,字曰孔方。失之则贫弱,得之则富昌。无翼而飞,无足而走。解严毅之颜,开难发之口。钱多者处前,钱少者居后;处前者为君长,在后者为臣仆。君长者丰衍而有余,臣仆者穷竭而不足。《诗》云:"哿矣富人,哀此茕独。"

钱之为言泉也,百姓日用,其源不匮。无远不往,无幽不至。京邑衣冠,疲劳讲肄,厌闻清淡,对之睡寐,见我家兄,莫不惊视。钱之所佑,吉无不利。何必读书,然后富贵。昔吕公欣悦于空版,汉祖克之于赢二,文君解布裳而被锦绣,相如乘高盖而解犊鼻,官尊名显,皆钱所致。空版至虚,而况有实;赢二虽少,以致亲密。由此论之,谓为神物。无德而尊,无势而热,排金门而入紫闼。危可使安,死可使活,贵可使贱,生可使杀。是故忿争非钱不胜,幽滞非钱不拔,怨仇非钱不解,令问非钱不发。洛中朱衣,当途之士,爱我家兄,皆无已已,执我之手,抱我始终。不计优劣,不论年纪,宾客辐辏,门常如市。谚曰:"钱无耳,可暗使。"岂虚也哉?曰:"有钱可使鬼。"而况于人乎?子夏云:"死生有命,富贵在天。"吾以死生无命,富贵在钱。何以明之?钱能转祸为福,因败为成,危者得安,死者得生。性命长短,相禄贵贱,皆在乎钱,天何与焉?天有所短,钱有所长。四时行焉,百物生焉,钱不如天;达穷开塞,赈贫济乏,天不如钱。若臧武仲之智,卞庄子之勇,冉求之艺,文之以礼乐,可以为成人矣。今之成人者何必然?唯孔方而已!

凡今之人,惟钱而已。故曰:军无财,士不来;军无赏,士不

往;仕无中人,不如归田;虽有中人而无家兄,不异无翼而欲飞,无足而欲行。(房玄龄,等,1974,p. 2473)

过于贫困常会引起夫妻反目、父子成仇。因此,只有先拥有巨大财富,才能更好地实现自己的梦想、自己的意志。正所谓:"钱不是万能的,但没钱是万万不能的。"正是在此心态的影响下,一些中国人非常看重金钱,甚至迷信金钱。

3. 钱是保证缺失需要得到有效满足的前提条件之一

根据马斯洛(A. H. Maslow)的需要理论(need theory),缺失需要(deficiency needs)是人的一种重要需要,也叫"基本需要"(basic needs),指个体在生活中因身体上或心理上的某种缺失而产生的需要,如因饥渴而求饮食,因恐惧而求安全,因孤独而求归属,因免于自卑而求自尊,等等。可见,缺失需要往往是一些对个体生理和心理的安宁与健康极为重要的需要。缺失需要必须得到适度满足,因为它们直接关系到个体的生存或心理的安宁。假若这种需要长期得不到满足,个体将会出现疾病、危机,甚至死亡(汪凤炎,燕良轼,郑红,2019,p. 565)。

可惜,受生产力相对落后和教育、医疗、住房制度改革尚未到位等因素的影响,中国的社会保障制度还不够完善,至今都没有建立起一个高水平的、惠及全民的社会保障制度,对绝大多数中国家庭而言,都必须依靠自己的力量解决住房、就医、赡养老人、抚养小孩、日常生活开支等费用。同时,受劳动者生产效率普遍较低(相对于美国等发达国家劳动者的平均生产效率而言)与"低工资、广就业"的政策等因素的影响,绝大多数工薪阶层手中的可支配收入并不多,广大农民手中的可支配收入就更少。结果,中国绝大多数家庭的年家庭收入都普遍偏低。在多种因素的交互作用下,为了保证缺失需要能得到有效满足,为了"有备无患"以增加安全感,为了丰年防荒年,等等,许多家庭被迫无奈,只好在拼命挣钱的同时,继续保持居安思危、节俭的传统,拼命存钱,导致当今中国居民储蓄率雄冠全球。有些贫困人员甚至视钱财高于自己的健康或生命,不惜冒着生命、健康危险在恶劣环境中工作,只为挣一点少得可怜的工资,或仅为保住工作而拼命无偿加班。

(四) 辩证看待恋钱情结

对中国人的恋钱情结要辩证看待。一方面,中国人的恋钱情结是中国经济发展的不竭原动力,并且,多数中国人多尽量将辛勤劳动创造的财富存储起来,以便细水长流,这对社会财富的积累和国家金融市场的稳定乃至国家的长治久安等都有积极意义;另一方面,许多中国人虽有恋钱情结,但究其实,并不是贪恋财富本身,而是渴望自己和家人能过上幸福美满的生活。因为受儒家、道家和佛家等思想的交织影响,对于《增广贤文》所讲的"良田万顷,日食三升。大厦千间,夜眠八尺"以及平日人们常见的"钱这个东西,生不带来,死不带去"之类的说法,多数中国人其实也理解得颇为透彻。所以,在中国,真正的守财奴是极少数。另一方面,也有一些中国人将金钱视作衡量万物价值高低的唯一尺度,一心只想着多挣钱,为此牺牲了自己的身心健康,牺牲了与家人共享天伦之乐的时光,牺牲了丰富人生的时机,牺牲了环境,牺牲了道德与法律,这个代价也非常惨重。《庄子·至乐》说得好:"夫富者,苦身疾作,多积财而不得尽用,其为形也亦外矣!"这是今天仍有浓厚恋钱情结的人应引以为戒的。

七、中国人的大同情结

(一) 什么是大同情结

大同情结(utopia complex),指个体对大同世界有明显的积极认知,由此而对虚幻的大同世界产生了高度认同,内心渴望大同世界能降临人间,并伴生相应的心理与行为方式。

(二) 大同情结的表征

1. 心中藏着大同梦

自古至今,许多中国人心中深藏着大同梦,只是苦于没有能力或条件将其变为现实,但只要有机会,便会将自己心中的大同梦展现出来。例如,在 1933 年 1 月 1 日出版的《东方杂志》第 30 卷第 1 号里刊出的 142 人的"梦想"里,谈及"先生梦想中的未来中国是怎样的?(请描写一个轮廓或叙述未来中国的一方面。)"的人共有 134 位。按如下两个标准对这 134 个回答进行筛选,凡是符合这两个标准之一的,均归为大同梦：(1) 回答中明确有"是一个大同社会""是共产主义(社会)"之类的表述，如女作家谢冰莹说："我梦见一个没有国界、没有民族、没有阶级区别的大同世界……"(柳亚子，等，1933，p.2)(2) 虽无"大同世界"之类的明确表述，但有"天下或社会是大家的或人民的""没有阶级(消灭阶段)""没有压迫或剥削、各尽所能、各取所需"之类的表述，如复旦大学教授谢六逸说："未来的中国，应该像现在我的一个友人的家庭，他们没有阶级，不分彼此，互不'揩油'；有人欺负他们之中的一个，就得和别人拼命，至于互相亲爱，还是小事。"(柳亚子，等，1933，p.6)在这 134 个回答中，有 42 人的梦是大同梦(柳亚子，等，1933，pp.2-57)，约占 31.3%，仅表述内容略有不同。

综合上引 42 人的大同梦，从其言论里提炼关键词，并合并"同类项"，可将这些大同梦的具体内容归纳成表 3-1。稍加比较可知，柳亚子等人受到空想社会主义思潮的深刻影响，他们心中的大同梦比《礼记·礼运》描绘的大同世界还要理想一些。当然，稍有辩证唯物史观知识的人一看便知，这个大同梦描绘的大同世界是一种典型的乌托邦(utopia)。

表 3-1　大同梦的核心主张

	主　张
国家	没有国家，全世界成为一个大联邦
民族	没有民族
阶级	没有阶级
政治	政治清明，一切权利属于百姓，没有官僚；人人平等、自由；没有剥削；封建制度和帝国主义都已被彻底消灭
经济	没有金钱；没有银行；没有私有财产；没有资本家；没有贫富差距；共同生产，共同消费；各尽所能，各取所需
军事	废除军备；没有军阀；没有侵略；没有战争和屠杀
社会·文化·生活	物质都艺术化；教育极发达，学校的阶级性不复存在；个人独占、独享的文化、艺术……都变作社会共有共享的一切；没有失业、饥饿、战争和盗匪等坏现象，人人过着丰衣足食、快乐、自由、平等的生活；有书读，有健康、发达的娱乐，有足够的休息时间，人人享受着自己生产出来的一切权利；人人相亲相爱、忠诚相处；男女平等；文盲、疾病和意外死亡已减少到最低程度；没有家庭；没有法律；没有军警；没有监狱；没有宗教；没有嫉妒和欺骗；没有男盗女娼；没有乞丐；没有慈善机构

2. 建设大同世界成为一种吸引人的主张

许多中国人心中藏着大同梦,结果,在中国,建设大同世界便成为一种吸引人的主张,常常能起到凝聚民心的效果。并且,一种学说或一种主张中若蕴含浓厚的大同思想,无论它是中国人自创的还是外来的,都往往易被中国人接受。例如,《天朝田亩制度》提出要建立一个"有田同耕,有饭同吃,有衣同穿,有钱同使,无处不均匀,无人不饱暖"的理想社会,成为太平天国维护统治的有力工具。又如,社会学家费孝通就"人的研究在中国——个人的经历"这一主题进行演讲时,主张用"各美其美,美人之美,美美与共,天下大同"来处理不同文化之间的关系。

(三) 大同情结存在的缘由

1. 真实生活离大同世界太远

"生活里最缺什么,人们就最想要什么"是人类心理的一个通则。中国历史上,由于战争、天灾、管理不善等原因,百姓很多时候都生活在水深火热之中,其真实生活离大同世界太远,因而渴望大同世界。

2. 儒家"贵公"与"均贫富"、墨家兼爱、道家"齐物论"和空想社会主义等思想的影响

中国古人若有大同情结,主要是受儒家"贵公"与"均贫富"、墨家兼爱、道家"齐物论"等思想影响的结果。当时间迈入近现代,一些中国人若有大同情结,除了是受上述传统思想的影响,还深受从西方传入的空想社会主义(utopian socialism)思潮的影响。

据说在中国上古时期,尧与舜都有"天下为公"的至公思想,尧将权力传给了舜,舜又传给了禹。《论语·泰伯》记载,孔子说:"巍巍乎!惟天为大,惟尧则之。"儒家继承尧与舜的做法,也有"贵公"的思想,其经典论述便是《礼记·礼运》里的"大道之行也,天下为公"一语。此后,西汉的刘向所著《说苑》卷十四《至公》专论"大公无私"的问题(刘向,2009,pp.361-362)。此外,孔子还有"均贫富"的思想。据《论语·季氏》记载,孔子说:"……丘也闻有国有家者,不患寡(当作'贫')而患不均,不患贫(当作'寡')而患不安。盖均无贫,和无寡,安无倾。"(杨伯峻,1980,p.172)认为管理的秘诀之一是,不必着急财富不多,只需着急

财富不均；不必着急人民太少，只需着急境内不安。如果财富平均，便无所谓贫穷；若境内和平团结，便不会觉得人少；若境内平安，便不会倾危（杨伯峻，1980，p.173）。

不过，儒家讲差序格局之爱，对于这种持爱有差等观念的人，墨子称之为"别士"；与此相反，对于那些将全体同胞视作同一道德共同体，并在这个大的道德共同体之内对全体成员持一视同仁式爱的观念的人，墨子称之为"兼士"。并且，墨家看重"兼士"而轻视"别士"，因为在墨家看来，家庭的矛盾、社会的混乱、战争、盗贼以及其他纷争产生的根源，在于人们因自私自利而"不相爱"。既然如此，要想消除各种纷争，促进社会和谐，主要措施是通过"兼相爱，交相利"的方式来纠正人们"自爱自利"的恶习。由是，墨家非常推崇一视同仁式兼爱。

稍后的《尸子·广泽》曾说："墨子贵兼，孔子贵公，皇子贵衷，田子贵均，列子贵虚，料子贵别囿。其学之相非也数世矣而已，皆弇于私也。"（尸佼，2006，p.37）这对"墨子贵兼"的思想提出了批评。不过，《尸子·广泽》又说："匹夫爱其宅，不爱其邻；诸侯爱其国，不爱其敌；天子兼天下而爱之，大也。"（尸佼，2006，p.37）综合起来看，尸子并不反对兼爱，只是反对墨子仅贵兼爱的做法。换言之，尸子的观点较宽容，既反对仅推崇爱无差等式兼爱，也反对仅有爱有差等式仁爱，不提倡"爱其宅，不爱其邻；爱其国，不爱其敌"的做法，而主张人们要融会贯通墨子兼爱与孔子仁爱的思想，认为只有像"天子"那样对天下之人爱无差等，不分亲疏厚薄，才能将爱心扩大到最高境界。自此之后，虽然墨学曾长期不被人重视，不过，墨家兼爱思想却因吻合大同世界的特点而被一些人继承。例如，如下文所论，《礼记》将体现兼爱的世界视作大同世界，而将体现"各亲其亲，各子其子"的世界视作"小康世界"。

《庄子·齐物论》的主旨是肯定一切人与物的独特意义与价值，主张人人平等，万物平等（陈鼓应，2009b，p.38）。所以，《庄子·齐物论》说得好："天地与我并生，而万物与我为一。"这折射的也是一种大同思想。

综合儒家的"贵公"与"均贫富"、墨家的兼爱、道家的"齐物论"，再

作进一步的发挥,《礼记·礼运》中不但首次出现了"大同"一词,而且向世人描绘了一幅大同世界的理想蓝图:

> 大道之行也,天下为公,选贤与能,讲信修睦。故人不独亲其亲,不独子其子,使老有所终,壮有所用,幼有所长,矜寡孤独废疾者皆有所养。男有分,女有归。货恶其弃于地也,不必藏于己,力恶其不出于身也,不必为己。是故谋闭而不兴,盗窃乱贼而不作,故外户而不闭。是谓大同。
>
> 今大道既隐,天下为家,各亲其亲,各子其子,货力为己,大人世及以为礼,城郭沟池以为固。礼义以为纪,以正君臣,以笃父子,以睦兄弟,以和夫妇,以设制度,以立田里,以贤勇知,以功为己。故谋用是作,而兵由此起。禹、汤、文、武、成王、周公,由此其选也。此六君子者,未有不谨于礼者也。以著其义,以考其信,著有过,刑仁讲让,示民有常。如有不由此者,在势者去,众以为殃。是谓小康。

在这里,《礼记》向人们描绘出大同世界的美丽景象。(1) 公平、公正观念已在全社会范围内落到实处,天下为公,即整个社会充分体现公平、公正,各种人才都能各居其位,各尽其用,并且,人人尽其所能,努力为大家谋福祉。(2) 兼爱观念已在全社会范围内落到实处,人人都诚信且友善地对待每一个人,即人人敬老,人人爱幼,人人关心弱者,不但无处不均匀,无人不饱暖,而且整个社会没有邪恶力量。

大同观念自诞生后便成为吸引无数中国人的一种美好理念。当时间迈入近现代,经典中式大同梦又与从西方传入的空想社会主义联系到一起,编织成一种既融会中西又颇时髦的理念,对近现代一些中国人产生了深远影响,这从上文所列谢冰莹等人所述的大同梦里便可见一斑。

3. 小农经济限制了个人独特性的确立,为"太平"思想和求同思维提供了肥沃土壤

中国古代社会在经济上一向是自给自足的小农经济,绝大多数家庭都只拥有一小块土地,且多从事同质性的农业生产——生产工具同

质(都是简单的生产工具)、生产方式同质(都是以家庭为单位,不同家庭之间并无分工)、种植的农作物同质(南方多是种水稻,北方多是种麦)、使用的耕作技术同质(都是低水平的技术)、使用的田间或地间管理方式同质。这种同质、低产的小农经济,一方面如天上的星星,一块连着一块,数不胜数;另一方面,它们又多各自为政,且靠天吃饭,注定产值不高。这既限制了个人的自由发展,也限制了个人独特性的确立,却为"太平"思想和求同思维提供了肥沃土壤。因为,同质的空间中无法过分容忍差异性和多样性存在。所以,在中国历史上,一旦土地大量集中到少数人手中,随即便会出现"铲平"运动(或是农民起义,或是变法),其矛头直指囤积了大量土地的人。例如,中国历史上的许多农民起义——汉灵帝时巨鹿人张角创立的"太平道"与晚清洪秀全开创的"太平天国"——都打着"太平"的旗号(孙隆基,2011,p.353)。

(四) 辩证看待大同情结

大同世界是人类的一种美好愿景,它透露出人类渴望美好生活的心态。不过,"心急吃不了热豆腐",若在条件不成熟时强行建设大同世界,往往会事与愿违。此道理虽极简易,一些人却不明白。正如《老子·七十章》所说:"吾言甚易知,甚易行。天下莫能知,莫能行。"综观中国历史,当社会出现问题时,总有一些人缺乏改造社会的耐心,急于求成,力图速战速决,便回到《礼记·礼运》那里,开出建设大同世界的"猛方",以期"一战定乾坤",结果往往事与愿违,最终没有一个能成功。更糟糕的是,通往奴役之路和通往地狱之路往往是从许诺通往天堂之路开始的,民众一定要牢记此教训(哈耶克,1997)!其实,与科技发展史上"渐变"是常态、"突变"是异态类似,人心的进步、社会的进步常常也是渐次实现的,犹如四季交替渐变。所以,当代中国人若想将来终有一日能建成大同世界,就必须先正视现实,立足当下,一步一个脚印地向前迈进,切勿好大喜功,眼高手低。而且,追求平等是要逐步在全社会范围内树立起"起点"上的平等、人格上的平等、政治地位上的平等、经济上的平等和法律地位上的平等,而不是简单地追求结果上的平等,否则,"均贫富"的结果极可能是大家都贫穷。财富是创造出来的,"大锅饭"的后果往往是伤害人们创造财富的积极性,制造创造财富的障碍。

第四章　中国人的迷信心理与行为及对策

据《汉语大词典》解释,迷信(superstition)的含义主要有二:(1)指信仰神仙鬼怪;(2)泛指盲目的信仰崇拜。2009年版《辞海》对迷信的解释是:一般指相信占星、卜筮、风水、命相、鬼神等的愚昧思想,泛指盲目的信仰或崇拜(夏征农,陈至立,2010,p.1295)。可见,迷信本指人类对超自然力量的崇拜与信仰,是对客观世界的一种虚幻的、歪曲的反映。它的产生是因为在生产力水平低下、科学技术不发达的情况下,人们暂时无法解释许多自然现象,便认为在人世之外还存在上帝、佛祖和鬼神等主宰着人的命运。本章讲的迷信采用的是"泛指盲目的信仰或崇拜"的含义,相应地,本章讲的迷信(迷信心理与行为的简称)也是广义的,指人们对某些人物、事物、思想或行为方式的非理性执着、盲目信仰或崇拜,如古人对命运的过分盲信可称为迷信,今日有些人对科学的过分盲从实际上也是一种迷信。放眼世界,迷信具有一定的普适性、民族性、地域性、时代性和行业性。所以,不仅中国人有迷信,外国人也有迷信。从某种意义上说,中外民众在迷信上主要存在类型上的差异,并无程度上的不同。下面先探讨中国人迷信心理与行为的起源和类型,再阐述破解迷信心理与行为的对策。

一、中国人迷信心理与行为的起源

中国人的迷信心理与行为的起源具有多源头性。基于张耀翔的总结(张耀翔,1933),再加上笔者自己的研究,可将中国人迷信心理与行为的起源概括为四大类。

(一) 起源于无知

徐复观说:"原始宗教,常常由(人)对天灾人祸的恐怖情绪而来的原始性地对神秘力量的皈依。"(徐复观,1984,p.15)中外历史都表明,部分迷信起源于先民的自然信仰。而先民之所以会对一些自然现象产生迷信心理,其根本原因之一在于他们对这些自然现象缺少正确的认识。这表明,某些迷信心理与行为起源于无知或少见多怪。例如,"彗星出来动刀兵""见到流星赶紧许愿",等等。又如,古代天文知识较少,也没有什么仪器可以让人直接观察天象,人们对诸如日食、月食、打雷或闪电之类的自然现象不理解,进而将其神化,以为有某种神秘的力量在控制着这一切,于是超人格的神——天就应运而生了。不仅天的产生如此,其他如鬼神和命之类的神秘事物的产生,其原因也多半如此。同时,依据人本主义心理学家马斯洛的需要层次理论,认知的需要是人的重要需要之一,每个人都有一种想了解事物、认识事物的需要。一些迷信心理的产生,正是源于人们对客观世界认识的需要,即由于科技发展水平有限等原因,生活在一定历史时期的人们或多或少地都会面临一些一时无法解释的情境或事物,为了追求对这些情境或事物有一种说法,牵强附会的解释甚至迷信的解释就产生了。从这个意义上说,无论迷信者的认识、体验与行为是多么的荒唐和可笑,往往多是迷信者满足这一需要的结果和体现。可见,无知是迷信心理与行为产生的一个重要原因。若细分,这又可分为多种类型。

1. 起源于错觉、错误的归因或不恰当的强化

某些迷信心理与行为起源于错觉。例如,"耳根发热……被人咒骂"。同时,许多迷信可能源于人们对所经历事情的错误解释。先发生的事情总是被当作后发生的事情的原因,这是一个常见的逻辑谬论。"因为在它之后,所以原因就是它"是最好的解释。例如,某个司机偶然在驾驶室里挂了一个平安符,没过几天,车子发生车祸,司机侥幸未受大的伤害,便将自己的"好运气"归因于在驾驶室里挂了一个平安符,将其看作自己的护身符。

2. 起源于死守某些祖传经验

因时过境迁,前人在实践中获得的某些宝贵经验产生作用的条件已发生根本改变,导致其先前获得的相应经验实际上已失去了存在依据,后来者若未做到具体情况具体分析,仍死守某些祖传经验,此时迷信便产生了。例如,若客人将乘坐以风力为驱动力的帆船,送别时说声"祝您一路顺风"自然可以;若客人将乘坐飞机,此时情境已发生变化,送别时就不宜再说"祝您一路顺风",而宜说"祝您一路平安",否则易犯忌。又如,过去中医不知道病毒和细菌的存在,而将其统称为"邪"或"邪气",以与"正"或"正气"相对。为了防止邪气对刚生完孩子的产妇的身心健康造成不良影响,要求产妇坐月子,哪怕是在南方的三伏天生小孩,坐月子时也要将自己裹得严严实实,且一个月不能出房门。现在尽管医疗水平已得到长足进步,某些上了年纪的老人依然会要求家中的产妇按旧时习惯坐月子,迷信"月子坐不好,将来就会落下病根"。

3. 起源于巧合

巧合也称"偶合",指无意中恰巧相合。某些迷信心理与行为起源于巧合,人因无知,将它视作必然,并产生盲目的禁忌或迷信。例如,"虹高日头低,连日落不及"。又如,2012 年 12 月 12 日这一日期中恰巧有 3 个"12",一些人便认为它是一个吉利的日字,结果,仅在南京,在该日领结婚证的人数就比平日多了许多。

4. 起源于少见多怪

许多迷信的产生主要是因为原始人类认识能力与应对自然界的威胁的能力都十分有限。严寒酷暑、洪水干旱、毒蛇猛兽随时都在威胁着人的生命,并且,日出日落、四季更替乃至人的生老病死等诸多现象都让人难以理解,于是自然地就产生了神的观念,以为冥冥之中一定有一种神秘的、超人的力量在主宰一切。神的力量是如此巨大,而且无所不在,人就必然对其产生畏惧之心,时时处处小心谨慎,以免违背神的意志;触犯神灵必将遭到惩罚,而这正是人的各种灾祸的根源。人们为了能平平安安地生活,对代表神灵的事物以至神灵可能存在的时间、空间采取了敬而远之的回避态度,这就产生了许多禁忌。许多宗教禁忌就源于先民对超自然的神力的畏惧(秦明吾,2004,p.116)。一些人为了消灾解难、化凶为吉、祈求好运或好收成,诚心求神拜佛,或用巫术、符咒和舞蹈等方式驱魔赶鬼。从这个角度看,只要人类做不到全知全能,因无知而生的迷信就无法彻底根除。

5. 起源于变象

某些迷信心理与行为起源于变象。例如,"竹子开花,重做人家"等。

6. 起源于道听途说或谣言

有些迷信起源于道听途说或别有用心之人散布的谣言。例如,一些中国人之所以将乌鸦视作不祥之鸟,原因之一可能是远古的神话传说。据《山海经·海外西经》记载,中国远古时期曾经有一段"十日并出"的酷热时代,致使"焦禾稼,杀草木",中华祖先的生存受到严重威胁(袁珂,1980,pp. 262-263)。《楚辞·天问》记载,"羿焉弹日,焉能解羽"。王逸注:"羿仰射十日,中其九日,日中九乌皆死,堕其羽翼,故留其一日也。"(王逸,1985,p. 42)中国人因此确立了日载于乌、日中有乌的认识,也产生了乌鸦为害人间的意识:"十日并出"的责任在于载负太阳运行的乌鸦不守轮流飞行的规则,一起跑了出来。"留其一日"的载负者,是给人类带来温暖与光明的"金乌",降落世间祸害人间的罪魁,则是其同类乌鸦。此意识随着上古神话的代代流传而保留下来,并沉淀为乌鸦是不祥之鸟的俗信。《诗经·邶风·北风》曰:"莫赤匪狐,莫黑匪乌。"可见,在西周、春秋时期人们的心中,乌鸦已被铸成丑恶的象征。后世常有把"乌鸦叫"与"天火烧"联系起来的迷信,从中也依稀可寻"驮日之乌"神话的痕迹(尹荣方,1996)。某些迷信心理与行为起源于无聊者将两件本不相干的事连串成文,这原只是因其写得上下押韵,读来朗朗上口,结果,一些无知之人读后便信以为真。例如,"一痣在手,偷鸡偷狗;一痣在脚,东撮西撮"。

7. 起源于"间或有之"的经验

一些迷信起源于"间或有之"的经验。例如,"乌鸦叫"与死亡之间本没有任何关系,不过,乌鸦是杂食性鸟类,嗜食腐。与此"嗜好"相一致,乌鸦的嗅觉对肉体腐烂的气味特别敏感。而一个人在将死之时往往伴随身体某部位的腐烂,乌鸦闻到此气味后就飞来准备吃腐尸,此行径刚好与某人将死产生了联系。一些中国人在观察到此现象后进行错误归因,以为是"乌鸦报丧"。再加上中国本有《后羿射日》的传说,在这两种因素的交互作用影响下,在中国中东部许多地方,乌鸦被人视作凶鸟,遇之不祥,若当头鸣叫,更是灾祸发生的预兆。与此相一致,许多中国人相信"乌鸦头上过,无灾必有祸""老鸦叫,祸事到""喜鹊报喜,乌鸦报丧"之类的说法。当喜鹊在自家屋前屋后叫时,虽声音嘈杂,仍满心欢喜;听见乌鸦或猫头鹰叫,则认为是一种不好的迹象。与此相映成趣,因乌鸦有反哺的行为,极重孝道的云南纳西族人崇拜乌鸦,这与中国中东部地区民众多视乌鸦为不祥之鸟的心理明显不同。顺便一提,在英国,乌鸦被视作国家的守护神,直至今日,英国人仍在伦敦塔里饲养乌鸦,游客到伦敦塔游玩时经常能在伦敦塔外的绿化草坪(原是伦敦塔的护城河,后填土改造成了绿化带)上看到乌鸦。

(二)起源于联想

许多迷信心理与行为都起源于联想,并可根据联想类型的不同而细分为如下几类。

1. 起源于类似联想

某些迷信心理与行为起源于类似联想,细分有五:(1)形状类似。例如,"孕妇食蟹,横生小孩""小孩不能吃鸡爪,否则将来字写不好"。鸭嘴是扁的,易让人联想到"憋屈"的情景,故一些中国家庭在除夕的团圆饭上是不会让鸭子上餐桌的。(2)颜色类似。例如,"食鸡血,红面"等。(3)数目类似。例如,"饭后遗下一筷,一位客来"等。(4)字义类似。例如,"碗破,财破"。又如,一些人相信属鸡的人不可与属狗的人谈婚论嫁,否则结婚后一定会闹个"鸡犬不宁"。(5)字音相同或类似。前文所讲"宜送含吉利意义的礼物,忌送含不吉利意义的礼物",推崇"玉白菜",将农历九月初九作为"老人节",以及下列迷信皆源于字音相同或类似(谐音):"蝙蝠"因与"福"谐音,故许多中国古典建筑的门、窗、屏风上都刻有蝙蝠;"玉如意"象征事事如意,自然得到许多中国人的喜爱";"桃"与"逃"同音,故中国人很早就用桃木来驱邪和去晦气;"鱼"与"余"同音,所以,在除夕的团圆饭上,几乎家家都少不了一盘鱼;中国人相信"人中"长者易长寿,而一个人若"人中"长,其脸或面一般也会长一些,再加上面条的形状又长又瘦,与长寿谐音,故中国人过生日有吃长寿面的习惯;"炒"与"吵"同音,在中国一些地方(尤其是在农村),许多家庭在农历正月初一这天是不炒菜的,以免一年吵到头;"鞋"与"邪"同音,清明节(鬼节)当日一般不买鞋;"讳言与死读音相近的数字、文字或词语"也是因谐音之故;也有很多中国人认为,但凡逢年过节,家里最忌讳打破东西,若不慎打破了,必须赶紧说"岁岁平安"("碎"与"岁"同音),认为这样做就吉利了;因"鸡"与"吉"谐音,"鸡首壶"便诞生了;"姑"与"孤"以及"嫂"与"扫"同音,结婚当天,新娘出门时,姑与嫂都要回避,不能相送;因"钟"代表时间,若背对着钟,有"背时"之义,故忌将钟放在背后或挂在背后;亲戚或好友女儿结婚,送"1001"元或"10001"元的红包,寓意"千里挑一"或"万里挑一";"520"与"我爱你"谐音,时下每年的5月20日成为一些青年男女向爱人表达爱意的日子;"1314"与"一生一世"谐音,也是青年男女向爱人表达爱意的好数字,等等。

2. 起源于对比联想

某些迷信心理与行为起源于对比联想。例如,"出门遇迎新,主凶"等。

3. 起源于接近联想

某些迷信心理与行为起源于接近联想。例如,"梦花,生女""梦笔生花,增文思"等。有些迷信心理与行为虽起源于假借,但若细究,实是因接近联想而产生的迷信。例如,"佩虎牙,增勇气;饮墨水,增才智"等。至于"厨子不偷,五谷不收"之类的说法,仍是源于接近联想。

(三) 起源于某种文化习俗或道德心

1. 起源于某种文化习俗

某些迷信心理与行为起源于某种文化习俗或对某种文化习俗的敬畏。例如,"端阳不戴艾,死在大门外;清明不插柳,死在大门口"等。

2. 起源于某种道德心

某些迷信心理与行为起源于人的道德心,概括起来,又可分为两类:(1) 某些迷信心理与行为起源于人的敬畏心。一是起源于敬畏天象心。例如,"小儿指月亮,割耳朵"等。二是起源于敬畏有益作品心。例如,"不爱惜字纸,瞎眼睛""不爱惜粮食,将挨饿"等。(2) 某些迷信心理与行为起源于警戒或劝人为善。例如,"在家不贤良,出门大风扬"等。

(四) 起源于某些心理效应

1. 起源于首因效应

某些迷信心理与行为起源于首因效应。根据首因效应原则,在某一时限内首次发生的事情最能引起人们的注意,最能在人们的脑海中留下深刻印象,将来也最容易唤起。愚人感觉到此种好处,而不明其理,于是无数迷信就产生了。凡带有"元旦""新正""初一""清晨"字样的迷信皆是。

2. 起源于近因效应

某些迷信心理与行为起源于近因效应。根据近因效应原则,在某一时限内最近一次发生的事情最能引起人们的注意,最能在人们的脑海中留下深刻印象,将来也最容易唤起。凡带有"除夕"字样的迷信往往都是由此心理产生的。

3. 起源于无聊的安慰

某些迷信心理与行为起源于无聊的安慰,"宁信其有,不信其无"一语淋漓尽致地表达了中国人的这种心理。例如,一些中国人喜欢将喜庆事放在一个吉利的日子里办,为此要挑选"良辰吉日"。又如,2016 年高考期间,某中学打出"天王盖地虎,全考 985;宝塔镇河妖,都上 211"的横幅。这类迷信心理都是基于无聊的安慰而产生的。

二、中国人迷信心理与行为的类型

就中国人的迷信类型而言,存在禁忌心理、迷信心理与盲目崇拜心理三大类,这表明中国人的迷信心理多种多样。不过,鉴于盲目崇拜心理与正常崇拜心理之间关系密切——正常崇拜心理只要超过一定限度,便会沦为盲目崇拜心理;若能在盲目崇拜心理中注入理性,使之去掉盲目,也会回归至正常崇拜心理。出于约定俗成的关系以及中国人对龙、凤与祖先的积极情感,并考虑到龙图腾崇拜、凤图腾崇拜和祖先崇拜带给中华民族的多是益处,若将中国人对龙与凤等图腾的崇拜和祖先崇拜归入迷信的范畴,会让作为"龙的传人"并讲究孝道的中国人在心理上无法接受。鉴于此,本书将盲目崇拜心理与正常崇拜心理合在一起,于"中国人的崇拜心理"一章探讨,此节只论禁忌心理与迷信心理。

(一) 中国人的禁忌心理与行为

"禁忌"中的"禁"是"禁止、不允许"之义,"忌"是一种因害怕或憎恶而力求避开的心理状态。许慎在《说文解字》里解释道:"禁,吉凶之忌也。从示,林声。"(许慎,段玉裁,1988,p.9)"忌,憎恶也。从心,己声。"(许慎,段玉裁,1988,p.511)这表明,禁是一种与神有关的现象:人所处的环境或情势随时都有可能发生吉凶难料、祸福莫测的变化,而神这种超人的神秘力量却能在事前将这种变化的征兆通过日月星辰等天文现象显示出来。为了趋吉避凶,人们就要观察天象,根据神的启示来决定自己的行为,哪些事可以做,哪些事不可以做。不可以做的就是禁;而禁造成的害怕、厌恶、疑虑、力求躲避等心理状态就是忌(秦明吾,2004,p.115)。禁忌指禁戒普通人接触的事物或人,以及其他忌讳的观念、语言、行为等。禁忌的一个显著特点是:尽管并不知其所以然,但最好遵守它,因为谁也不知道不这么做会发生什么(维舟,2012)。与禁忌类似的一个词语是"忌讳"。据《辞海》解释,"忌讳"一词的含义有二:(1)《周礼·春官·小史》:"则诏王之忌讳。"郑玄注:"先王死日为忌,名为讳。"谓使臣民知道忌日,不能作乐;知道名讳,不能称说。后来一般用为"避忌""顾忌"之义。(2) 出于风俗习惯或迷信,忌说某些不吉利的话或忌做某些不吉利的事。例如,《史记·司马相如列传》说:"鄙人固陋,不知忌讳。"(夏征农,陈至立,2010,pp.855-856)禁忌在国际上统称为"Taboo",音译为"塔布"。"塔布"有两种对立的含义:(1) 神圣的

(sacred)、献祭的(consecrated);(2) 诡秘可怕的(uncanny)、危险的(dangerous)、被禁止的(forbidden)、不洁的(unclear)。"Taboo"的反义词是"noa",意指"常见的"(common)或"通常是可接近的"。所以,"Taboo"有"不可接近之物"的含义(弗洛伊德,2014,p.23)。"Taboo"源于中太平洋上的玻利尼西亚语。玻利尼西亚人认为具有"曼纳"(一种无人称的超自然神秘力量,能依附于人、物而起作用)灵力的人、物、地点而为普通人所不能接触者,普通人擅自或偶然接触,皆被认为必将罹祸。当地土语称这种现象为"Taboo"。1777年,英国航海家柯克船长来到中太平洋上的玻利尼西亚群岛的汤加岛(Tonga),并将这个词带回了欧洲,从此"Taboo"衍生为各种禁忌的通称,但"Taboo"实为禁忌的一种,在许多原始民族中都有类似的观念(夏征农,陈至立,2010,p.1815;秦明吾,2004,p.115)。虽然有些禁忌属于迷信的范畴,不宜不分青红皂白地一概相信,但也有一些禁忌并不是由于人们非理性执着、盲目信仰或崇拜而产生的,而是一种约定俗成的礼仪或规矩。此时,恪守某个人的禁忌,是对这个人的尊重;恪守一个行业的禁忌,是对这个行业的尊重;恪守一个民族的禁忌,是对这个民族的尊重(秦明吾,2004,p.126)。可见,禁忌有规范和调节人的言行的功能,有些禁忌内含有对某人、某事或某物的尊重之义,所以,做人也不宜百无禁忌,而是要像《庄子·山木》所说"入其俗,从其令"(陈鼓应,2009b,p.561)。中国人在语言和行为上也有许多禁忌,本章选取其中属迷信范畴的部分,准确把握它们,能让人更好地与他人交往。

1. 语言禁忌

除了"童言无忌"和"疯言疯语",在日常人际交往中,为避免祸从口出,一个正常的成人宜熟知一些语言禁忌。语言禁忌,也叫"忌口",指禁止使用或说某些言论,尤其是忌讳说某些不吉利的话(夏征农,陈至立,2010,p.856),包括为尊者讳、为亲者讳、为贤者讳等。《礼记·曲礼上》说:"卒哭乃讳。礼:不讳嫌名;二名不遍讳;逮事父母,则讳王父母;不逮事父母,则不讳王父母;君所无私讳;大夫之所有公讳;《诗》《书》不讳;临文不讳;庙中不讳;夫人之讳,虽质君之前,臣不讳也;妇讳不出门；大功、小功不讳；入境而问禁。入国而问俗。入门而问讳。"例如，袁世凯1916年元旦登基做洪宪皇帝后，杨度等人认为元宵音同"袁消"，不吉利，故将元宵改称"汤圆"，这种做法就属为尊者讳。而且，据《礼记·曲礼上》，古人"卒哭乃讳"，生者不相讳名。至汉景帝时，始有生讳之例（庞朴，1980，p. 8）。在这诸多语言忌讳中，最凸出且对当代中国人的心理与行为仍有巨大影响的有三：讳言死、讳言性和讳言心病。

第一，讳言死。汉语"死"的含义有十五种之多，中国人讳言死主要是讳言人的生命终结（汉语大字典编辑委员会，2010，p. 1480）。自古至今，讳言死是中国人一个重要的忌讳心理，这在中国是约定俗成的。它有许多表现方式，概括起来，主要有五种，由此可看出中国人讳言死的心态有泛化倾向。（1）委婉表述死亡。为了避免直言死亡，中国人尽量用委婉的方式表述它，结果，汉语中间接表达死亡的说法竟有481种（张拱贵，1996，pp. 1-35）。例如，用"驾崩"指称帝王之死，既符合中国人违言死的心态，又凸显了帝王是江山的顶梁柱，他的死亡如同山崩地裂，会对江山社稷造成巨大影响。佛教称僧尼之死为"圆寂"。受佛教教义的影响，"归西"成为中国人指代死亡的常用语，至今仍有一些中国人将死亡称为"上西天"或"驾鹤西去"。现在中国人称呼死亡最常用的词语是"逝世""去世""往生""过世"或"长眠"等。除此之外，为正义事业而死称为"献身"或"牺牲"，在工作岗位上死亡称为"殉职"，遭遇不幸或灾难而死叫"遇难"。不置褒贬的中性说法则有"心脏停止了跳动""停止了呼吸"，等等（秦明吾，2004，p. 118）。顺便提及，英语里委婉表达死亡的说法有102种，日语中死亡的同义词也不胜枚举（罗国忠，2009）。这表明，英、美、日等国的人虽不如中国人如此讳言死，但也有一定的讳言死心态。从这个意义上说，讳言死是人类的一种共有心态。（2）讳言与"死"读音相近的数字。以普通话的读音为例，现代中国人一般不太喜欢4或14之类与"死"或"要死"之类谐音的数字。这符合"同音"原则或"谐音"原则：由数字的发音联想到与其发音相同或相近的事物，由于事物往往都是带有感情色彩的，所以数字也随之被赋予了相应的褒贬之义（秦明吾，2004，p. 64）。现在一些楼房里不以含"4"的数字标注楼层,而以"5楼"或"5A楼"代称"4楼"的做法,其目的均是为了迎合中国人讳言死的心态。(3)讳言与"死"读音相近或含义相近的字词。仍以普通话的读音为例,现代中国人讳言"桑"(与"丧"谐音)、"柳"(与"溜"谐音)、"送钟"(与"送终"谐音),在接新娘的婚车中忌讳同时出现"奔驰"与"桑塔纳"或"奔驰"与"尼桑"两种牌子的轿车,因为这两种车名连读时易读成"奔桑",与"奔丧"谐音,让人觉得不吉利。这同样符合"同音"原则。(4)忌讳立遗嘱。多数中国人对生前立遗嘱一事颇为忌讳,认为这是一件不吉利的事。与中国人不同,在当代西方发达国家,人们一般不忌讳立遗嘱。富豪们在出远门前为防万一多会立遗嘱,并将遗嘱或存有遗嘱的文件密码交给自己的律师保管,或者交由家庭或家族中自己信任的人保管。(5)某些其他忌讳心理实也是讳言死心态的反映。例如,一些中国人非常忌讳给活人刻墓碑、写墓志铭、塑瓷像等。

中国人讳言死的心态有深刻的文化根源,即儒、道两家特别是儒家对死讳莫如深的态度。儒家思想自孔子开始便注重从现实主义出发,其人生观是积极的,他们不以死后的彼岸世界为归宿,而以治理好人的现实生活为目标,因此,儒家非常"实际"(丹尼尔·J.布尔斯廷,1997,p.16),几乎将所有精力都用于关注日常生活,基本不关注宇宙起源、前世或来生的可能性等玄学问题(丹尼尔·J.布尔斯廷,1997,p.13)。反映在生死问题上,儒家对待死亡有三种典型态度:(1)回避。据《论语·先进》记载:"季路问事鬼神。子曰:'未能事人,焉能事鬼?'曰:'敢问死。'曰:'未知生,焉知死。'"从这段对话可知,当子路问"事鬼神"的方法时,孔子说:"活人还不能服侍,怎么能去服侍死人?"子路又说:"我大胆地请问死是怎么回事?"孔子说:"生的道理还没有弄清楚,怎么能够懂得死?"这表明孔子不愿穷诘死及死后(鬼)之事。(2)顺其自然。据《论语·颜渊》记载,子夏说:"死生有命,富贵在天。"他认为人的生与死和富与贵都是由命运掌管的,人只要顺其自然即可。(3)重视死亡的伦理道德价值。据《论语·泰伯》记载,孔子说:"笃信好学,守死善道。"孔子主张个体对道要有坚定的信念,尽全力去学习它,誓死去保卫它。这是强调要通过保持死节来完善道行,在死上体现出人格力量。《孟子·告子上》说:"生亦我所欲也,义亦我所欲也;二者不可得兼,舍生而取义者也。"这突出的还是生死的伦理道德意义。儒家认为,死是绝对的、终极的,是不在我们的认识范围之内的(丁小萍,1994)。可见,儒家在死亡问题上的基本态度是重生不重死,死的价值或意义只在于生的价值,孔儒对死的忧心只在于"君子疾没世而名不称焉"(《论语·卫灵公》),即到死名声也不被别人称述,这说明儒家主张生命的价值在于现世的功德名誉。道家对生死问题的看法颇潇洒自如。《老子·五十章》说:"出生入死。"这是认为人出世是生,入地为死,一切都是自然而然的变化,没有必要太在乎。《老子·三十七章》又认为,不仅人有生死变化,万事万物亦然,即"万物将自化"。所以,老子要人们对生死持自然变化的顺应态度,这一观点类似儒家"顺其自然"的态度。庄子因不满现实的黑暗统治,拒不出仕,沉溺于追求精神上无限自由的逍遥游生活。如上册中"中国人的人情观"所论,庄子对人的生死问题也采取十分洒脱的态度,认为人的生与死不过是气的聚散而已,犹如四季更替、日夜循环,是极自然平常的事情。《庄子·至乐》又说:"生者,假借也;假之而生生者,尘垢也。死生为昼夜。"《庄子·知北游》也说:"人之生,气之聚也;聚则为生,散则为死。"这表达的仍是豁达的生死观。不止于此,《庄子》又进一步,针对世俗的"悦生恶死"观而提出"恶生悦死"的相反观点。《庄子·大宗师》说:"以生为附赘悬疣,以死为决𤴯(痈疽一类的恶疮,引者注)溃痈。"《庄子·至乐》记载:"髑髅曰:'死,无君于上,无臣于下,亦无四时之事,从然以天地为春秋,虽南面王乐,不能过也。'庄子不信,曰:'吾使司命复生子形,为子骨肉肌肤,反子父母妻子闾里知识(指朋友,引者注),子欲之乎?'髑髅深矉蹙额曰:'吾安能弃南面王乐而复为人间之劳乎!'"

在上述对待死的典型态度中,"重视死亡的伦理道德价值"通常只有仁人志士才能做到;"顺其自然"只有豁达之人或具有仙风道骨的人才能做到;"恶生悦死"显然因违背人之常情而为绝大多数中国人所排斥。因此,一般人只能以回避的态度来对待死亡。不过,即便是一般的俗人,也不会因对死亡的回避而不去思考这个问题,相反,回避死亡反而加剧了人们对死亡的恐惧,这种恐惧长久地留在人们的心里便造成人们对死亡的讳莫如深。直到佛教传入中国,它宣扬的精神不灭(中国人将之理解为"灵魂不死")、生死轮回、因果报应等学说给中国人带来了一些心理上的解释与安慰,不过,绝大多数中国人并不真正信仰佛教,因此,佛教教义并不能从根本上消除绝大多数中国人对死亡的恐惧。中国人讳言死的心理于是延续下来,至今仍有浓厚的群众心理基础(丁小萍,1994)。

另外,有人会说,虽然古人讳言死,但当下中国人并不讳言死,因为自杀现象在当下并不罕见。这种观点值得商榷,理由主要有三:(1)从总体上看,无论是过去、现在还是将来,"选择生的人"比"选择自杀的人"要多得多。(2)活得充实、轻松、愉快的人很少会想到自杀。反过来说,选择自杀的人一般活得不充实、不轻松或不愉快。从这个角度看,无论是过去、现在还是将来,没有人乐意自杀,自杀除"一时冲动、想不开"外,往往是无奈的选择,自杀者错误地认为死亡可以带来彻底的解脱。换言之,导致个体自杀的原因虽有很多,但概括起来主要有三种:一是因信仰破灭、目标或期望落空或迷失方向等,觉得人生或生活没有意义;二是曾经或正在遭受非人磨难,痛不欲生,感觉生不如死;三是因缺少应对危机的技能(张杰,景军,等,2011),突遇某种重大变故一时想不开。常见易让人想不开的重大变故有:学习或事业遭遇重大打击、身心遭到重大伤害、亲人过世、财产遭受重大损失等。(3)无论因何原因,想自杀的人若自杀未成功,事后只要能通过其自身努力或社会的帮助等,解开导致其自杀的心结,他一般不会选择再次自杀。也就是说,无论是过去、现在还是将来,几乎没有生来就"恶生悦死"或无缘无故就一心求死的人。

第二,讳言性。当"性"读作"xìng"时,其含义有十二种之多,中国人讳言的性主要指"与生殖、性欲有关的,如性器官"(汉语大字典编辑委员会,2010,p.2447)。《孟子·告子上》记载,告子说得好:"食色,性也。"《礼记·礼运》也说:"饮食男女,人之大欲存焉。"这表明,性欲是个体的本能性需要,性成熟后会自然地展现出来。而且,性是人类文明能薪火相传的前提,毕竟,只有子代生生不息,人类文明才能相续不绝。可见,对性欲的正确态度本应是像《荀子·正名》所说的"欲虽不可尽,可以近尽也;欲虽不可去,求可节也"。与此同时,要牢记"万恶淫为首,论迹不论心,论心世上无完人"的说法。可惜,传统的主流文化只讲"万恶淫为首",导致讳言性成为中国人又一个重要的忌讳心理,它主要有"推崇'男女授受不亲'的做人法则"等三种表现方式,从中可以看出中国人讳言性的心态也有泛化倾向。"推崇'男女授受不亲'的做人法则"在下文有论述,这里只论余下的两种。

一方面,用"无性繁殖"的方式回避性。在"试管婴儿"技术诞生之前,每个人都是通过"有性繁殖"生出来的。可是,中国文化为了彻底消除性的干扰,选择了以"无性繁殖"的方式将性撇得一干二净。此思想典型地体现在两个方面:(1)中国的《女娲造人》神话蕴含的是"无性繁殖"。对于人类从哪里来的问题的回答,每一个民族都以自己的方式记录在他们的创世造人神话中,中国的创世神话是《女娲造人》。综合东汉应劭所著《风俗通义》和北宋李昉、李穆、徐铉等学者奉敕编纂的《太平御览》等的记载看,天地刚开辟时还没有人类,女娲仿照自己的样子用五色土和水捏成了一个个小泥人,吹了口气,这些泥人就活了;后来她觉得用此法造人太慢、太累,就用一根藤条沾满泥浆,挥舞起来,泥浆一点一点地洒在地上,都变成了人。这表明,中国神话在流传过程中把有关男女关系的内容作了技术处理,变成了"无性繁殖"的造人神话。(2)为了突出帝王的神圣性,中国古籍里有一些关于帝王是通过"无性繁殖"生育出来的文字记载。例如,《淮南子·修务训》便说:"禹生于石,契生于卵。""禹母修己,感石而生禹,折胸而出。"又如,"契母,有娀氏之女简翟也,吞燕卵而生契,愊背而出。"接此传统,在《西游记》中,孙悟空也是从石头里生出来的。通过"无性繁殖"生育出来的孙悟空天然地与性隔绝,不但心中(包括潜意识)从无性冲动,而且在西天取经的漫漫长路中能做到自始至终对各类美女的诱惑丝毫不动心!

另一方面,对性采取回避、委婉表达或羞羞答答的态度。对绝大多数中国人而言,但凡与生殖、性欲有关的东西至今都难以光明正大地说出来,常用态度或方法就是对性回避、委婉表达或羞羞答答地表达。例如,汉语中委婉表达"性欲、情爱、性交"的词汇共有168种,常见的有白门、闭房、拨云撩雨、吃醋、吃寡醋、床帏、床笫、春风一度等(张拱贵,1996,pp.73-86)。

为什么中国人至今仍讳言性?原因至少有四:(1)与中国传统文化尤其是宋明理学倡导"男女授受不亲"的做人法则有很大关联。中国传统文化过去一直未能妥善处理好男女之间的关系,在孟子所讲的"五伦"之中,夫妇之间要做到"有别",而不是由相知到相爱。孟子又主张"男女授受不亲",认为它是一种"经"。"经"指具有恒定性质的道德原则和道德规范,它一般以"天经地义"或"常行道理"的形态出现。与此相对的是"权",指道德主体在具体境遇中,针对特殊情况,在比较轻重利害、大小本末后,对道德原则和规范的一般规定所作的变通。在孟子看来,在通常情况下,知礼的人要信守"男女授受不亲"的法则这是"经";只有在诸如"嫂溺于水"的非常情况下,才能以人的生命为重,"援之以手",这是"权"。此时虽违反了"男女授受不亲"的常礼,却符合"仁道"的根本精神。孟子的此思想记载在《孟子·离娄上》的下段言论中:

淳于髡曰:"男女授受不亲,礼与?"孟子曰:"礼也。"曰:"嫂溺,则援之以手乎?"曰:"嫂溺不援,是豺狼也。男女授受不亲,礼也;嫂溺,援之以手者,权也。"曰:"今天下溺矣,夫子之不援,何也?"曰:"天下溺,援之以道;嫂溺,援之以手——子欲手援天下乎?"

至宋明时期,宋明理学大力鼓吹"正人君子"的做人模式,力倡孟子的"男女授受不亲",声称"饿死事小,失节事大"。这些言论对男女关系讳莫如深,而且在男女交往的限制上极为严格。与西方将人的裸体美作为美术的一个重要创作主题不同,中国受儒家文化的深刻影响,将裸体看作性的一部分,习惯于将身体(尤其是女性裸体)与淫秽罪恶、伤风败俗联系在一起,结果,中国男子总是很谨慎地不让别人看到自己的下半身裸体,中国成年女子则严防除自己丈夫之外的男子看到自己的身体,这种严苛有时到达了令人难以想象的地步。这从五代时的一部小说记载的一个烈女故事中便可见一斑。《新五代史·卷五十四·杂传第四十二》记载,五代时有一篇小说,内容是讲一位名叫王凝的人,其家本在青、齐之间,被调到虢州担任司户参军,在任期间突然生病并客死异乡。王凝家境贫寒,有一子尚年幼,其妻李氏只好带着儿子,背着王凝的尸体返回故土,以便能将王凝葬在家乡的祖坟里。李氏走到开封时天色已晚,想到一户人家借宿一晚,房屋主人开门见是一个陌生女子独自带着一个小男孩站在门外,觉得她形迹可疑,就不准李氏进屋。李氏见天色已晚,不肯离去。房主就拿着李氏的手将她向外推。李氏仰天长叹,悲愤说道:"我为妇人,不能守节,而此手为人执邪?不可以一手并污吾身!"于是用斧子砍断了自己那只被房主拿过的手。开封的官员听到此事后甚为感动,就将这件事情上报给了朝廷。朝廷为此不但赐药给李氏治疗,还厚恤李氏(欧阳修,1999,p. 401)。与此相一致,除了《清明上河图》之类的风俗画,中国国画多是山水画,画中看不到太多的"人",几乎看不到裸体尤其是女性裸体,也少有裸体的雕刻。在中华文明里,"人"的价值只是抽象的思维,不曾在视觉上具体存在过,也从未在肉体的细节上被议论或思考过。人们对肉体如此陌生,又对肉体充满好奇,充满"偷窥"的欲望(蒋勋,2014,pp. 117 - 124)。受"男女授受不亲"与"万恶淫为首"观念的深刻影响,中国古代至少自孟子开始便推崇"男女授受不亲"的做人法则,并将女性的整个身体都视作与性有关,一般男子切不可随便与某个女子有"肌肤相亲"的举动,否则,会被人视作轻浮或不正经,甚至被骂作"流氓",还有可能招来牢狱之灾甚至被处死刑。

(2) 与佛教"不淫"戒律的世俗化有关。佛教讲的"淫"含义颇广,不但要戒除带淫乱性质的言行,甚至要戒除"意淫",诸如"柏拉图式爱情观"——追求精神恋爱而排斥肉欲的一种恋爱观——便在戒除之列。随着佛教影响范围的扩大,佛教戒律不但对其弟子,而且对普通百姓也产生了较大影响,在"不淫"戒律的制约下,有关性的问题人们连想都不能想,岂能去言、去做?(3) 与中国文化将父母神圣化的做法有关。西方人将父母去神圣化,认为他们是与自己人格平等的人,不过是年龄大一点。而只要都是成人,就都具有明朗的性爱意识,所以,母子或父女的关系就变得不宜过分亲近,否则易扯到男女关系上。这种对乱伦的过分焦虑,与子代与父权或母权分庭抗礼甚至取而代之的"(弑父)恋母情结"或"(弑母)恋父情结"也有一定关联。与此不同,中国人将父母神圣化,让子女在父母面前永远保持儿童形象。在中国,子女在父母面前永远是孩子,不但可以撒娇,而且,做儿子的可以一生以孩童的身份与母亲亲近,做女儿的也可以一生以孩童的身份与父亲亲近,均不必有乱伦的担心,也不必有弑父或弑母的焦虑。这样做能很好地避免"弑父娶母"或"弑母嫁父"的危机。不过,在"神圣家庭"的招牌下(孙隆基,2011,p.125),家庭教育中不但几乎从不涉及性教育的内容,而且禁止子女提及性教育的内容,从而助长了讳言性禁忌的发生与存在。(4)与中国的性教育不科学有关。这体现在性教育观念要么非常保守要么非常开放,没有做到恰如其分;性教育教材的内容、性教育方法不太符合儿童身心发展规律等方面。

一方面是"食色,性也",另一方面却讳言性,在极端矛盾的两种性观念背景下,性扭曲(distortion of the sex)现象便不可避免地发生了。性扭曲指个体对性持有一种歪曲的认识、情感与态度,进而对性表现出歪曲的行为。它主要有三种表现:(1)对性持阴阳两面态度。表面上或在公开场合极力推崇讳言性,赞赏禁欲主义和清心寡欲的生活方式,对周围人群中出现的男女正常恋爱关系持极端排斥或严厉打压态度,但在其内心或私下场合,对性持极端放纵态度,不但喜欢讲、听、编荤段子,而且乱搞男女关系。(2)性泛滥成灾。在讳言性的文化传统影响下,中国人多谈性色变,导致中国人的性表现常处于半窒息状态。因为不能将性作明朗的表现,导致性的表现泛滥成灾,比开放的西方人有过之而无不及(孙隆基,2011,p.124)。这种性泛滥曾在明代中后期与清代集中暴发,以《金瓶梅》与《肉蒲团》为代表的小说在明清两代大量出现的事实便可见一斑。在现实生活中,性泛滥也有其表现:未对影视作品分级,导致儿童也能轻易看到存在大量露骨性爱场面的影视作品;按摩、洗头理发、泡脚、歌舞厅等休闲场所经常暗藏色情产业;部分广告含有性暗示成分或尺度过大。(3)出现一些变态的性心理、性行为与性癖好,如有些古人喜欢"以女鞋作酒杯喝酒"等。

第三,讳言心病。"疒"主要有两种写法:一是写作"𤕫",左边是"一张床"的象形字,右边是"人"字的变相;另一是写作"𤕫"或"𤕫"(汉语大字典编辑委员会,2010,p. 2845),右边是"一张床"的象形字,左边是"人"字的变相。合起来的意思是,人躺在床上生病。凡是有关疾病的字都用它作意符。后来人身与床板合成一片,就变成现在的样子(约斋,1986,p. 154)。这与《说文》和于省吾的观点是一致的。《说文》:"疒,倚也。人有疾病,象倚箸之形。"于省吾所著《甲骨文字释林·释疒》:"疒为疒病之疒,(甲骨文)象人卧床上。"(汉语大字典编辑委员会,2010,p. 2845)所以,"病"是一个形声字,其中,"丙"表"音","疒"表"形"。心病是心理疾病的简称,指个体因为主客观因素的影响而在心理方面出现的各式各样疾病的总称,与生理疾病相对。

长期以来,在许多中国人眼里,心病产生的原因主要有四种:(1)祖辈干了一些伤天害理的坏事,遭到报应;(2)撞上了鬼,并被鬼怪附了身;(3)个体的思想与观念错误,或是个体的道德水准低下,因此,往往要用思想政治工作来解决;(4)个体患过或正在患诸如脑膜炎之类的大脑疾病,脑子出了问题。在上述四种原因中,相对而言,更多的人习惯优先考虑第一种和第三种原因,这意味着,一个人一旦有了心病,中国人的第一印象就是此人的祖辈干了一些缺德事,致使其后人遭到报应,或者是此人的思想道德有问题。于是,很多中国人习惯将"心病品德化"。"心病品德化"指个体本来有某种情绪问题或心理障碍乃至心理疾病,人们却将其视作此人、此人父辈或祖上的思想品德出了问题,而不是其心理出了问题。正由于长期以来中国人对心病产生的原因持错误观念,导致他们对心病也持错误观念,讳言心病也就在情理之中了。所以,在古代中国,基本上只有名中医和极少数开明人士能正确看待心病;在现代中国,尽管稍有或精通心理学知识的人基本上都能正确看待心病,不过,心理学在当代中国至今仍只是一个小学科,具备一定心理学知识的人非常少,结果,心病污名(stigma of mental illness)——个体在社会互动中对心理疾病患者存有负面认知、负面评价、消极情感体验和歧视(Ritsher, Otilingam & Grajales, 2003)——在一些人心中或隐或显地存在着,得心病向来被许多人认为是一件非常不光彩的事情。某人一旦得了心病,不但患者自己,甚至连同患者的家人,心中都会充满了羞愧、不光彩、难为情之类的负面情绪;要是被他人知道了,还常常会受到歧视。这致使中国人讳言心病。因此,某人一旦得了某种心病,不但他自己,甚至连同知道病情的其家人,都会在他人面前讳莫如深,一般不轻易在别人面前袒露其患病的事实。

在讳言心病文化背景下长大的中国人得了心病该怎么办呢?常见的做法主要有五:(1)听天由命。某人一旦患上心病,患者与其家人都不采取任何积极的治疗措施,而是听之任之。更有甚者,患者家属本着"家丑不可外扬"的原则,将患者藏在家中或某个地方,尽量不让外人知晓。其结果常常是,患者在经历长期的心病折磨后,在痛苦中死去。患者家属心中虽会为痛失一位家庭成员而一时难过,但也往往伴随着一种"精神得到解脱"的快感。(2)自己给自己治疗。一些人一味推崇《易·乾》中所讲的"天行健,君子以自强不息"的道理,认为凡事都自己搞定方显英雄,却不知善用众人之智也是一种智慧。一旦自己患上心病,起初往往不会求助于他人或专业机构(如专门的心理卫生机构),而是会先将自己的病情隐藏起来(此时甚至连自己的家人也不会告诉),然后依靠自己的力量(如自我心性修养)来治疗自己的心病。如果能治好,那当然是最好的,不过,更多时候是使自己的病情加重。(3)私下找一些偏方进行治疗。这是造成中国自古至今都存在一定数量的江湖游医的重要根源之一。因为一些中国人有这种需要,自然就导致了江湖游医的产生。(4)通过求神拜佛的方式或方法进行治疗。通过求神拜佛来治疗心病,在中国自古有之,并延续至今,经久不衰。(5)被迫求救于医生。在迫不得已的情况下(通常是症状已颇为明显,并已严重干扰患者的日常生活),患者才自己(或由其家人陪同)求助于医生(或心理医生)进行咨询或治疗。正由于此,在中国,一些心病患者被发现时,往往病情已较重,这常常给治疗带来一定的困难。并且,患者在陈述病情时常常将心病躯体化。"心病躯体化"指个体本来有某种情绪问题或心理障碍乃至心理疾病,却没有以心理症状表现出来,而是转换(transform)或躯体化(somatization)为各种身体症状来表现,患者本人有时甚至否认自己有任何心理上的或精神上的疾病。不过,患者向医生描述的一些身体上的病症通常无法通过各种医学仪器检测出相应的器质性病变(本来就没有)。患者本人或许并不知道这一机制,因此,他这样做可能并无诈病的意图,而多半是无意识地掩盖可能由此带来的歧视,进而造成自己心理上的紧张或压力(曾文星,1997,pp.160-161)。同时,造成一些中国人习惯"心病躯体化"还有两个重要原因:(1)中国人的自我表现中有明显的身体化倾向。(2)中国人自古以来深受整体思维、模糊思维和身心合一论等思维方式或思想的影响,一般不太重视探讨身与心二者各自的本质属性,而往往是在跳过这一环之后,直接主张身心合一论或形神合一论(汪凤炎,2008,pp.67-85)。再加上当代中国仍是一个发展中国家,虽然眼下中国的高等教育已越来越大众化,但相对于全国近14亿人口,已完成或正在接受高等教育的人毕竟只是少数,能掌握一定心理学知识的人就更少,仍有一些人对心理疾病存有不科学的看法。这诸多因素的交互作用,导致当代中国有很多患者在向医生陈述自己的病情时,自己也弄不清是身体上还是心理上有问题,往往不能将生理症状与心理症状准确区分开,只能靠有经验的医生自己去鉴别。与此相适应,无论是在古代中国还是在当代中国,从事心理治疗的人中做得好的往往都有扎实的医学背景,只不过古代中国的优秀心理治疗师往往也是优秀的中医,而当代中国优秀的心理治疗师一般都具有西医或中医的知识背景。所以,在中国,一个有经验的心理医生在接待心病患者时,若能坚持文化性原则,知道中国人普遍有倾向于或习惯于以身体不适的方式来陈述自己的心理问题的做法,就能及时将患者的生理疾病与心理疾病分开,提高诊治效果(曾文星,1997,pp.160-161)。这里的文化性原则指由于文化生成人心,故心病既有一定的文化普适性,也有一定的文化相对性,在诊断和治疗心病时必须重视患者所处的文化环境因素对其产生的重要影响。

顺便指出两点：一是，与讳言心病截然不同，在当代中国，由于种种原因，还存在"被精神病"和"假冒精神病人"现象。前者指未患精神病的人被当作精神病人强制送进精神病院接受治疗的情形（管洪彦，2011），或者，将患病作为遮羞布，掩盖其行为背后的真正动机；后者是指未患精神病的人故意假冒精神病人，或被那些旨在保护他的人、单位、机构故意说成精神病人，以此来掩盖其不当行为甚至犯罪行为的真实动机，帮助其逃避道德的谴责或法律的制裁。有读者会说，这不正说明当代中国人不忌讳心病了吗？其实不然。因为当下之所以会出现"被精神病"和"假冒精神病人"的现象，除少数是诊断者因业务不精而作出错误诊断外，大多数情况往往是相关家属或诊断者出于趋利动机而坑害别人或保护自己人，企图以此来谋取不当利益。另一是，与"心病品德化"相反，在当代中国人尤其是某些心理学研究者中，存在"品德问题心理化"倾向。"品德问题心理化"指个体本来是由于其自身品性的低劣，才做出违反伦理道德甚至法律的事情，但是，一些人出于某种原因（为了让当事人逃避惩罚或不了解事情的真相等），将之解释为此人因某种情绪问题、心理障碍或心理疾病而做了违反道德甚至法律的事情，而不是其思想品德出了问题。又有读者会说，这不也说明当代中国人不忌讳心病了吗？其实不然。因为当下之所以会出现"品德问题心理化"倾向，除少数是诊断者因业务不精而作出错误诊断外，大多数情况往往是诊断者出于各种动机而出此下策，企图以此帮助当事人推卸责任，逃避惩罚。看来，当前至少有五个问题值得心理学、教育学和法律学领域的人士深入研究：（1）如何准确界定心病与道德品质问题的诊断标准，进而信守"道德问题与心理问题相区分"的原则，将二者准确区分开？（2）如何完善并保障精神病患者的合法权益？（3）如何提高医生（包括心理医生）与相关鉴定部门的职业道德水准与责任意识，建立一套切实可行、奖惩效果良好的科学管理制度？（4）如何协调针对儿童与青少年开展的心理健康教育和道德教育，而不是顾此失彼？（5）如何在妥善借鉴西方心理卫生思想精义的同时，巧妙汲取中国传统文化中的养分?例如,根据中式经典健康观,健康本指个体身心强壮有力且身心通畅,没有阻塞或郁结。同时,中国文化心理学的一个精义在于,其内蕴含了一种重视做人境界的高度心理学——以探索做人境界的高度,引导人们追求更高做人境界为旨趣的心理学,与精神分析重视挖掘人的潜意识的深度心理学截然不同。可见,当代中国的心理健康教育宜适当保留和弘扬中国传统心理养生和心理治疗文化所自有的优秀概念及其背后的内在逻辑,坚持以中式健康观和高度心理学为基础,适当兼顾世界卫生组织提出的健康观和精神分析的理论与技术,不能舍本求末。

2. 行为禁忌

行为禁忌指禁戒普通人做出某种行为。中国人的行为禁忌有很多,常见的主要有馈赠禁忌等四大类,其中馈赠禁忌在上册"中国人的人情观"一章已有论述,下面只论余下的三种。

第一,饮食禁忌。饮食禁忌指禁戒个体在饮食上做出某种行为。在日常饮食中,为免有失礼节或病从口入,中国人讲究饮食禁忌。前者将在下文作详论,后者则是受中医影响的结果。中医特别讲究药物禁忌与食物禁忌,因此有"忌口"一说。"忌口",也称"忌嘴",指因有病或其他原因忌吃不相宜的食品(夏征农,陈至立,2010,p. 856)。《寿世保元》甲集一卷《本草门·药性歌括(共四百味)》里对中国百姓日常食谱的特性、功效和用法都有详细记载:

  马肉味辛,堪强腰脊,自死老死,并弃勿食。(好肉少食,宜醇酒下,无酒杀人,怀孕痢疾生疮者禁食。)

  白哈肉平,解诸药毒,能除疥疮,味胜猪肉。

  兔肉味辛,补中益气,止渴健脾,孕妇勿食。(秋冬宜啖,春夏忌食。)

  牛肉属土,补脾胃弱,乳养虚羸,善滋血涸。

  猪肉味甘,量食补虚,动风痰物,多食虚肥。

  羊肉味甘,专补虚羸,开胃补肾,不致阳痿。

  雄鸡味甘,动风助火,补虚温中,血漏亦可。(有风人并患骨蒸者,俱不宜食。)

鸭肉散寒,补虚劳怯,消水肿胀,退惊痫热。

鲤鱼味甘,消水肿满,下气安胎,其功不缓。

鲫鱼味甘,和中补虚,理胃进食,肠澼泻痢。

驴肉微寒,安心解烦,能发痼疾,以动风淫。

鳝鱼味甘,益智补中,能去狐臭,善散湿风。(血涂口眼㖞斜,左患涂右,右患涂左。)

白鹅肉甘,大补脏腑,最发疮毒,痼疾勿与。

犬肉性温,益气壮阳,炙食作渴,阴虚禁尝。(不可与蒜同食,顿损人。)

鳖肉性冷,凉血补阴,癥瘕勿食,孕妇勿侵。(合鸡子食杀人,合苋菜食即生鳖癥,切忌多食。)

芡实味甘,能益精气,腰膝酸疼,皆主湿痹。(一名鸡头,去壳取仁。)

石莲子苦,疗噤口痢,白浊遗精,清心良剂。

藕味甘甜,解酒清热,消烦逐瘀,止吐衄血。

龙眼味甘,归脾益智,健忘怔忡,聪明广记。

……(龚廷贤,2008,pp.37-38)

"忌口"中的有些做法有一定科学道理。例如,鸡汤虽温补,但患有胆囊炎的人不宜吃,因鸡汤内含有大量脂肪,而脂肪的消化需要胆汁参与,喝鸡汤后会刺激胆囊收缩,易引起胆囊炎发作。又如,患有湿疹的人最好不吃牛肉、羊肉、虾、海鲜与发菜(又称"发状念珠藻",是蓝菌门念珠藻目的细菌),因为食用这些东西,极易导致湿疹的复发或加剧。当然,"忌口"中也有一些说法或做法是以讹传讹的结果。例如,《寿世保元》甲集一卷《本草门·药性歌括(共四百味)》记载:"白鹅肉甘,大补脏腑,最发疮毒,痼疾勿与。"民间传说徐达晚年身患背疽(背上长了毒疮),朱元璋明知生背疽的人一旦吃蒸鹅,就会很快死去,但为了除掉功高震主的徐达,故意赐了一只蒸鹅给他。徐达明知患背疽的人不宜吃蒸鹅,但皇命难违,只得含泪当着使者的面将蒸鹅吃下,当晚就毒发而亡。《明史·徐达传》记载:"十七年,太阴犯上将,帝心恶之。达在北平病背疽,稍愈,帝遣达长子辉祖赍敕往劳,寻召还。明年二月,病笃,遂卒,年五十四。"(张廷玉,等,2000,p.2473)由此可见,徐达于洪武十八年(1385年)死于背疽是真实的史实,但《明史》并没有"朱元璋赐蒸鹅"的记载。《明史》为清人张廷玉等人编纂,若果真有"朱元璋赐蒸鹅"一事,张廷玉等人根本没有必要为朱元璋隐瞒。据此可知,"朱元璋赐蒸鹅"一说无史实依据。而且从现代医学的角度看,背疽是背部发生了大面积急性化脓性感染,是金黄色葡萄球菌侵入多个相邻的毛囊及其所属皮脂腺或汗腺导致的,而鹅肉的主要成分是蛋白质和脂肪,并不含有能导致病情恶化的物质,反而能增强患者的营养,因此根本不必"忌口"。

需要指出,虽然中国人和西方人都有饮食禁忌,但二者在内容上有一定差异:(1)中国人习惯用筷子吃饭,西方人习惯用刀叉吃饭,由此产生了不同的禁忌。人类进食的方式主要有手抓、使用刀叉和使用筷子三种。甘肃武威市皇娘娘台齐家文化遗址(新石器晚期至青铜时代)出土的一件骨质餐叉,为扁平形,三齿,在外形上与现在的西式餐叉几乎一模一样(甘肃省博物馆,1960)。这表明,在新石器时期,中国西北地区的先民也曾用餐叉进食。中国文明的进程在先秦时期便已发展到将肢解和分割牲畜的工作全部放在幕后进行,在餐桌上根本不用刀。《孟子·梁惠王上》说:"君子之于禽兽也,见其生,不忍见其死;闻其声,不忍食其肉。是以君子远庖厨也。"《史记·宋微子世家》记载,"纣始为象箸"。"箸"就是指筷子,"象箸"指用象牙做的筷子。可见,中国人至少在商代就已在使用筷子。据明人陆容《菽园杂记·卷一》记载,因江南船家避讳说"箸"(音同"住",有"停"之义),至明代才有"筷"的称呼。中式筷子是圆形或方形的,平头,无法分割食物,故吃中餐时可以用牙齿分割小块的食物;同时,像"狼吞虎咽"与"风卷残云"之类描写吃相的词语一般也无贬义,只有"胡吃海喝"与"暴饮暴食"之类表示无节制饮食的词汇才有贬义。不过,人们在家吃饭时,若用筷子敲碗,常被认为是要饭的动作;在作客时,若敲碗,常被认为是在表达对主人的不满。在办丧事、供奉死人时,常将两根筷子并排且笔直地竖插在米饭的中央,称作"供筷"。因此,不论在家还是作客,吃饭多忌讳用筷子敲碗,也多忌讳做出"供筷"的举动,以及用筷子扎馒头等食物。小孩若第一次做出上述两种动作,父母或其他长辈一旦发现会立即制止;若小孩今后再犯同类错误,多会立即招来父母或其他长辈的严厉批评甚至惩罚。与中国不同,日本人喜欢吃生鱼片,允许用筷子扎鱼片等食物,故日式筷子的筷头是尖的;韩国人受辽、金文化的影响,又喜欢吃烧烤,故习惯用金属筷子(马未都,2017)。在西方,17世纪及以前的欧洲,由于牲畜是在端上餐桌后才被分割开的,所以,善于分割牲畜曾是一个有教养的人必备的素养。不过,随着西方文明的进程向前推进,以及由大家庭变成小家庭,将整个牲畜作大块分割的工作也逐渐转至幕后。而且,吃西餐时,要先用刀将牛排之类的大块食物切好,再从容地用叉送至口中细嚼慢咽,忌讳用牙齿分割食物,忌讳用手指进餐(又就是用来将切小的东西送进嘴里的),忌讳狼吞虎咽,忌讳啃骨头。(2)西方人吃饭忌讳发出咂巴声、呼哧声或吸吮声,也忌讳张开嘴巴咀嚼食物,显得没有教养。与此不同,在一些中国人眼中,大口吃饭,吃饭(尤其是吃面条)或喝汤时发出咂巴声、呼哧声或吸吮声,不但表明吃得香,也是身体健康的一个标志,还暗示饭菜做得好,故一些中国人不忌讳吃饭有咂巴声、呼哧声或吸吮声。(3)中国人喜欢吃动物内脏;西方则一般忌讳吃动物内脏。(4)西方人崇尚自立、个性与卫生,现代西餐又多采取分餐制,所以,在吃西餐时,除了要注意个人卫生,必须先将鱼刺、骨头等从盘中剔出,送进嘴里的食物轻易不能当众吐出来,忌讳用舌头舔吃手指上的食物或油,忌讳在吃饭时帮别人夹菜或与别人在同一个盘中喝汤。所以,除非他是个"中国通",除非他主动向你要放在你面前的菜肴,否则,在与西方人吃饭时一般不要主动给他分割或取食物,也不要主动给他夹菜,哪怕是用公筷夹菜给他,他也常常不领情,觉得这既不卫生,也不尊重他的口味,又低估了他的自理能力(埃利亚斯,2009,pp.84-132)。与此不同,多数中国人吃饭时,当众随意将鱼刺和骨头等杂物吐在饭桌上;在多数中国人眼中,父母帮子女夹菜、子女帮父母夹菜、夫妻互帮对方夹菜,以及共用一个碗或汤勺喝汤等,都是展现亲情或爱意的有效方式;在请客时,主人帮客人夹菜,是热情招待客人的表现。

第二,过节禁忌。过节尤其是过中国传统节日往往要遵守一些禁忌。例如,春节至今仍是中国人最重要的传统节日,在很多地方,人们在过年时都会遵守一些禁忌:(1) 许多人相信"新年不看病,看病病一年"的说法,若是在过春节时生病便硬扛,有时因此将小病拖成大病。(2) 不可在正月初一那天将家中的垃圾丢到屋外,否则,这一年中就可能破财。(3) 在大年三十与正月初一要将肉骨头称作"元宝",不可直接说是"骨头"。(4) 在大年三十与正月初一这两天,家中不可打破碗、碟、盘、茶杯等东西。(5) 大门是庄重、恭敬之地,所贴"福"字必须端庄大方,故要正贴;大门上正贴"福"字还有"迎福""纳福"和"正福临门"之意。若倒贴"福"字,必头重脚轻,显得不恭敬、粗俗(冯骥才语),虽有"福到(倒)"之意,但也有"将福气倒到门外,跑到别人家去"之意,这就犯忌了。(6) 除夕和正月初一忌吃稀饭,南方人一般要吃年糕,寓意是"祝愿全家幸福年年高",有的吃汤圆,寓意是"事事如意,全家团圆美满"。北方人一般吃饺子,除夕吃饺子的寓意是"更年交子"(来年交好运),大年初一吃饺子是为了一年交好运。又如,清明节中的禁忌有很多,不同地方略有差异,概括起来主要有八:(1) 不可将放有祭品的篮子提进他人屋内;(2) 在坟前祭拜先人后,所有上坟者要背对坟并静静等候一会,意思是让先人的灵魂来好好享用祭品,切不可一祭拜完先人就将祭品收走,也忌讳面对祭品说说笑笑;(3) 不可在先人墓地前照相;(4) 上坟时应穿素色服饰,外面忌穿大红大紫的衣服;(5) 扫墓时不能有外人的参与;(6) 必须清除坟墓上长出的植物,不可让其疯长;(7) 忌在墓地前非议逝者;(8) 一般不说"祝您清明节快乐"之类的祝福语,等等。

第三,其他特定情境中的行为禁忌。除饮食禁忌、馈赠禁忌与过节禁忌外,中国人还有一些行为禁忌,常见的有如下两大类:(1) 在寺院、道观或教堂等宗教场所宜遵守的禁忌。例如,个体一旦进入寺院、道观或教堂,即便他是一个无神论者,也不能随便做一些表明"我不信神"的行为，否则就易犯忌，并易招致众怒。(2) 在其他特定情境或场所宜遵守的禁忌。例如，曹植《君子行》中的"瓜田不纳履，李下不正冠"，实际上也可看作两种禁忌，目的是避免在特定情境中产生不必要的误会。

(二) 中国人的迷信心理与行为

迷信心理与盲目崇拜心理有密切的正相关关系：个体对某人或某事物的迷信导致其对该人或该事物的盲目崇拜；反过来也可以说，个体盲目崇拜某人或某事物，才导致其对该人或该事物的迷信。同时，中国人的迷信心理与行为五花八门，常见的主要有六种，其中，"迷信报应"在"中国人的重报心态"一章中已有论述，下面只论以下五种。

1. 迷信天

天是中华文化信仰体系的核心，其含义有广义与狭义之分。狭义的天仅指与地相对的天，是一种自然事物。广义的天，即道、太一、大自然、天然宇宙。同时，天有神格化、人格化的含义，此时的天实指一种最高的人格神，故有"皇天""昊天""天皇大帝""皇天上帝""昊天上帝"与"上帝"等称谓。中国人讲的天的含义经历了一个逐渐演化的过程。大致而言，殷商崇拜"帝"，这是一种具血缘关系的祖先神。西周人始敬天，不过，他们讲的天主要指一种人格神。到孔子手中，天的含义发生了一定的变化，因为孔子讲的天主要指"命运之神"，因此，孔子的学生子夏才说"死生有命，富贵在天"。到了孟子时，天的含义又发生了变化，孟子讲的天主要指"道德之神"。在荀子眼中，天实际上是一个"自然天"，是有自己运作规律的事物，这说明荀子对天的看法类似今人，即都将天看作一种自然事物。在天的上述诸多含义中，对中国人心理与行为产生深远影响的主要是具"道德之神"色彩的天，它发端很早。例如，《史记·越王勾践世家》记载："三年，勾践闻吴王夫差日夜勒兵，且以报越，越欲先吴未发往伐之。范蠡谏曰：'不可。臣闻兵者凶器也，战者逆德也，争者事之末也。阴谋逆德，好用凶器，试身于所末，上帝禁之，行者不利。'"(司马迁，2005, p. 1421) 这里，范蠡所说的"上帝"便指具"道德之神"色彩的天。具"道德之神"色彩的天的理念后经孟子力倡，并随着孔孟之道的盛行，对中国人的心理与行为影响逐渐深远。可见，中国人讲的天与西方人讲的"sky"(日常所见之天)和"heaven"(日常所见之天以外的天国)是不同的,类似于西方人讲的上帝,它体现的是对人的关怀与考虑,这个上帝与世上的万事万物都有明确的关系,万事万物都在他的思想、考虑的范围之中,一切都受他的控制(明恩溥,1998,pp. 145-146)。

迷信天的典型心理与行为方式主要有三:(1)畏天。在中国传统社会里,很多人相信天有意志,既能降福于人(如天赐良机、天赐良缘等),也能降恶于人(如天降横祸等),对高深莫测的天既充满了好奇,更顶礼膜拜,盲目信从。例如,《论语·季氏》记载,孔子就说:"君子有三畏:畏天命,畏大人,畏圣人之言。小人不知天命而不畏也,狎大人,侮圣人之言。"受孔子儒家思想的深刻影响,中国人对天、大人和圣人等一向有敬畏之心。这种敬畏之心的存在,让中国人盲目信任和盲目服从天、大人和圣人,给中国人的迷信心理、权威心理和顺从心理大开方便之门。不过,它也有积极的一面,即能在一定程度上约束人的言与行。(2)奉天做人,奉天行事。在中国,"天""天命""天意"都是常用词语。受孟子的影响,中国人讲的天类似于西方人讲的上帝,自然地,天对许多中国人(尤其是中国古人)做人做事具有相当的约束力,成为许多中国人做人做事的底线,"奉天做人""奉天行事""替天行道"成为中国人做人的重要准则。例如,据说只有玉皇大帝才可以享用10 000间房,作为天子的皇帝绝不能与玉皇大帝并驾齐驱,故北京的紫禁城只修建成9 999间半,其中半间指文渊阁楼下西头只能容纳一个楼梯的小屋。同时,在中国漫长的封建社会,皇帝一向自称是天的儿子,即天子,所以,只有皇帝才有祭拜上天的特权。在北京,有为太阳、月亮建的庙宇——日坛、月坛,皇帝每年都要上天坛举行祭天大礼,更有甚者,像秦始皇之类的皇帝,更是劳民伤财,千里迢迢跑到泰山去封禅。在中国封建社会,源于秦朝,从明朝正式开始使用,帝王诏书或圣旨的开头第一句必是"奉天承运"。"奉天"指遵从天意,意指皇帝受命于天;"承运"指继承新生的气运,意指君权神授。普通老百姓也以自己的朴素方式来表达对天的虔诚。"离地三尺有神灵""天知,地知,你知,我知""人算不如天算""谋事在人,成事在天"和"老天爷"等成了妇孺皆知的口头禅。(3) 相信天人感应。《淮南子·泰族训》说:"天之与人有以相通也。故国危而天文变,世惑而虹霓见。"董仲舒更是因提出了一套较为完整的天人感应思想而成为汉代最大的唯心主义思想家,并对后世中国人的心理与行为产生了深远影响。

人们迷信天,普遍相信"离地三尺有神灵",认为凡事逃不过天的监控(偶尔,"老天瞎了眼",人们便会骂天),因此,在"奉天做人""奉天行事"原则的压力下,一些不法之徒虽能无法,却不敢突破天这道"红线",即做人行事绝不能无法无天。所以,即便作恶屡屡得逞,他心中仍有悔过之心、内疚之心,心中也知道作恶要遭天谴,只要不被"正法"或被"黑吃黑",一旦有"善终"的机会,他多半会金盆洗手或以大善人的身份颐养天年。从这个意义上说,适度继承与借鉴古代中国人具"道德之神"色彩的天的思想,对提高当代中国人的道德修养,约束其心理与行为有一定的积极意义。同时,中国人用"天意如此"来解释自己的生活境况,尤其是自己所过的艰难生活,不但不易伤其自尊,而且在某种程度上能起到释放由挫折和失败带来的某种情绪冲动的作用,对增进中国人的心理健康有一定益处。但是,中国人盲信天,进而轻人力。当一些中国人习惯用"天意如此"之类的话语来安慰自己时,不但使得迷信天的心态在一定程度上起到了精神鸦片的不良效果,削弱了人们试图改变现状的进取心,为许多中国人养成保守心态留下了祸根,而且使得很多中国人习惯于向外归因,不善于从自己的身上寻找失败的原因,导致一个错误往往屡错屡犯,甚至最后犯下弥天大错。例如,《史记·项羽本纪》记载,项羽临死前还未意识到是自己的刚愎自用等错误导致了自己的灭亡,仍说是"天之亡我",岂不可悲可叹! 从这个意义上说,当代中国向人们宣扬有意志的天是不存在的做法又有其合理之处。

2. 迷信命

与"天"字紧密相连的是"命"字,事实上,无论是在中国传统的经书里还是在中国人的口语中,"天""命"二字常常连在一起使用。很多中国人一向相信:"万事皆天命,半点不由人。""死生有命,富贵在天。"在他们看来,人的生与死和富与贵都是由命运掌管的,人只要顺其自然即可。正如孟子在《尽心上》里所说:"莫非命也,顺受其正;是故知命者不立乎岩墙之下。尽其道而死者,正命也;桎梏死者,非正命也。"《论衡·命禄》说:"凡人遇偶及遭累害,皆由命也。有死生寿夭之命,亦有贵贱贫富之命。自王公逮庶人,圣贤至下愚,凡有首目之类,含血之属,莫不有命。命当贫贱,虽富贵之,犹涉祸患失其富贵矣;命当富贵,虽贫贱之,犹逢福善,离其贫贱矣。"《增广贤文》也说:"命里有时终须有,命里无时莫强求。"对中国人来说,命有好坏之分。凭借好命,做什么事情都能顺利完成;一旦命不好,则事事不顺。

中国人信命,促生了占卜、巫术、看风水和算命之类的行业。这一行业的全部复杂理论和实践,都建立在这种对命运的信仰之上,建立在这种可以直接明白表达的神力的作用之上。相信了命运,便要知道前途的好坏,更要于万一当中得到趋吉避凶、祈福免祸的办法,于是,这类相命之术就发展起来了。例如,当一个新生儿来到世界上后,父母往往会自己或找人算一下他的"生辰八字",看其是否会缺五行中的哪一种。若缺水,就会在取名时用带"水"旁的字;若极度缺水,一定会在取名时用"淼""海""江"之类的字。又如,过去讲究夫妻二人的"生辰八字"要配得上,若二人的"生辰八字"存在相克关系,即便两情相悦,也很难结成夫妻,等等。这些都说明中国人看风水、占卜、算命等,最初与最终目的往往都是为了有个吉利或化凶为吉的结果。尽管这类迷信活动对中国人日常生活的影响程度在各地有很大差异,不过,无论在哪里,它们都对民众精神领域的各个方面有着现实的、富有活力的影响。一个遭遇不幸的中国人经常说的一句话是"我命该如此"或"这是命中注定的",从而得到精神上的安慰,不至于太过痛苦。因此,在中国,除极少数不相信命的人会努力与命运相抗争,对那些相信命运的人而言,他们只习惯耐心地静待命运的到来,而不爱用激烈的斗争方式去改变他们一贯相信的、不可逆转的命运。既然是命中注定的,反抗又有什么用呢?这是一些中国人潜意识里具有宿命论的根源之一(明恩溥,1998,pp.146)。

算命并无科学依据。算命先生极少数的时候对某人的命算得较准并不是因为他真有未卜先知的本领。产生这一结果的原因主要有七：（1）算命先生根据算命的人的身份、职业、心理与行为特点、算命动机或目的等多方面因素作出较准确的判断。例如，有个妇人将金戒指弄丢了，便去找测字先生算。测字先生让她抽个字，她抽出个"酉"字。测字先生问她戒指是何时丢的。她回答是前一天下午。测字先生便解释说，这个"酉"字倒下来像一个风箱，让她到风箱里去找，果然找到了。这个妇人走后，有个挑酒的人来测字找扁担，也抽了个"酉"字。测字先生问他扁担是何时丢的。挑酒人说是当天上午。测字先生解释说，"酉"字添三点是个"酒"字，可"酉"字没有水，就是酒糟了，因此他的扁担在晒糟场。挑酒的人果然在晒糟场找到了扁担。又有人来测字找大黄牛，抽到的还是一个"酉"字，并说牛是傍晚走失的。测字先生说，酉时正是喂牛时间，而"酉"字是"西"字多一笔，就是西河沿，那里有草，是放牛的好地方，那头牛应该正在西河沿上吃草。果然，丢牛的人在西河沿找到了牛。这里，对同一个"酉"字，测字先生根据失主的身份、东西的大小、形状和丢失的时间等各方面的因素推断：那个妇人丢的是戒指，又是做饭时丢的，她的活动范围不大，所以让她到风箱里去找；那个丢扁担的是挑酒的，上午是出糟、晒糟的时间，准是出糟的人顺手拿了扁担去担糟，随手扔到晒糟场上了；那个丢牛的丢在酉时，正是喂牛的时候，养牛人有事没来喂，牛饿了，就自己出去吃草了（余斌，2017）。（2）巧合。巧合虽是小概率事件，但它毕竟是存在于生活中的。（3）算命先生在算命之前已偷偷掌握了算命的人的相关资料。（4）来算命的人对算命先生的话深信不疑，产生了期望效应。（5）算命先生在算命现场采取各种隐蔽手段获取算命的人的各种有用信息。（6）算命先生说一些"放之四海而皆准"且绝大多数人都爱听的话，一些算命的人将这些话"有选择地"与自己的心理和行为方式或自己的生活经验相配对。其实，这些话放在任何人身上基本都能说得通。例如，"你不喜欢各种愚蠢的规定限制你的自由。假若有人想改变你的想法，你多半会要求对方拿出充足的证据，因为你是一个善于独立思考的人。"当一些人听到算命先生对自己说出上述话语时,往往感觉算命先生说得准极了。其实,这类话放在别人身上也适用。因为只要是一个身心正常的人,都不会喜欢各种愚蠢的规定限制自己的自由;每个人都希望别人说自己是一个善于独立思考的人,即便自己内心清楚地知道自己不善于独立思考;任何人都不喜欢别人轻易改变自己的想法,假若有人想改变自己的想法,当然希望对方拿出充足的证据。(7)算命先生懂排列组合和概率论的知识,将算命的人将来命运的各种可能性都计算出来,然后用含糊的语言或手势表达,算命的人不知其中奥秘,自然误认为算命先生算得准。例如,有一则民间故事,讲3个书生在进京赶考的途中路过一个算命摊,恳请算命先生算算3人中谁能考中。算命先生看了看这3位考生,随后伸出了1根食指。3位考生问这个手势是什么意思,算命先生说:"天机不可泄露。"不肯再作进一步的解释。后来,3人中果然有一位考生考中了,大家说这个算命先生算得真准,"伸出1根食指"代表只有1人考中。事实上,"伸出1根食指"已将3位考生可能出现的全部考试结果都包含在了其中,自然很准:假若3人全未考中,就解释为"1个都没考中";假若3人中有1人考中,就解释为"只有1人考中";假若3人中有两人考中,就解释为"只有1人没考中";假若3人全考中,就解释为"没有1人没考中"。

迷信天与迷信命虽关系密切,但二者之间也有一定区别:少有人去算天,却有很多人去算命。具体地说,鉴于"天机不可泄露",在中国,人们多不会去算天,也不敢去算天;即便真有人敢算天、能算天,一般也不肯轻易向外人透露算天的结果,否则,他相信自己会遭天谴,甚至可能会有损自己的阳寿。与此不同,一些人乐于去算命。只要算命的人肯付相应的报酬,算命先生也乐意将算命结果告诉他;若算命的人的命算出来不好,只要肯再付相应的报酬,算命先生往往还会给他指出一种或多种破解之策。同时,中国人多相信"天算"比"人算"更具信效度,便有了"人算不如天算"的说法。

3. 迷信时运

宿命论认为,世事变迁或个人遭遇都由命定,因此称时世或遭遇为

"时运"(夏征农,陈至立,2010,p.1708)。这意味着,个体一生的吉凶祸福都由命运决定,并通过时间的运转表现出来。其中,运气指能给人带来好事或不幸的力量。《儿女英雄传》第四十回:"您看这可不叫作'运气来了,昆仑山也挡不住'吗?"(夏征农,陈至立,2010,p.2362)在中国,有些人迷信时运,一旦平生不得意,往往以"时运不济"来安慰自己;一旦好运连连,又将其归因为"时来运转"。所以,《说苑·杂言》里记载的孔子一段宏论被后人视作至理名言:

> 孔子困于陈、蔡之间,居环堵之内,席三经之席,七日不食,藜羹不糁,弟子皆有饥色,读《诗》《书》治《礼》不休。子路进谏曰:"凡人为善者,天报以福;为不善者,天报以祸。今先生积德行,为善久矣,意者尚有遗行乎?奚居隐也!"孔子曰:"由,来,汝不知。坐,吾语汝。子以夫知者为无不知乎?则王子比干何为剖心而死?以谏者为必听耶?伍子胥何为抉目于吴东门?子以廉者为必用乎?伯夷、叔齐何为饿死于首阳山之下?子以忠者为必用乎?则鲍庄何为而肉枯?荆公子高终身不显,鲍焦抱木而立枯,介子推登山焚死。故夫君子博学深谋不遇时者众矣,岂独丘哉!贤不肖者才也,为不为者人也,遇不遇者时也,死生者命也;有其才不遇其时,虽才不用,苟遇其时,何难之有!故舜耕历山而逃于河畔,立为天子,则其遇尧也。傅说负壤土、释板筑,而立佐天子,则其遇武丁也。伊尹,有莘氏媵臣也,负鼎俎、调五味,而佐天子,则其遇成汤也。吕望行年五十卖食于棘津,行年七十屠牛朝歌,行年九十为天子师,则其遇文王也。管夷吾束缚胶目,居槛车中,自车中起为仲父,则其遇齐桓公也。百里奚自卖取五羊皮,伯氏牧羊以为卿大夫,则其遇秦穆公也。沈尹名闻天下,以为令尹,而让孙叔敖,则其遇楚庄王也。伍子胥前多功,后戮死,非其智益衰也,前遇阖庐,后遇夫差也。夫骥厄罢盐车,非无骥状也,夫世莫能知也;使骥得王良、造父,骥无千里之足乎?芝兰生深林,非为无人而不香。故学者非为通也,为穷而不困也,忧而不衰也,此知祸福之始而心不惑也,圣人之深念独知独见。舜亦贤圣矣,南面治天下,唯其遇尧也;使舜居

桀纣之世,能自免于刑戮固可也,又何官得治乎？夫桀杀关龙逄而纣杀王子比干,当是时,岂关龙逄无知而比干无惠哉？此桀纣无道之世然也。故君子疾学修身端行,以须其时也。"(刘向,2009,pp. 442－443)

在孔子看来,贤或不肖是才能问题,努力与不努力是个人的选择问题,有机遇或无机遇是时机问题,死还是生是命的问题。有才能却生不逢时,才能便无法得到施展；如果生而逢时,有才能的人施展才华又有什么困难呢？所以,舜等人之所以能得到重用,是因为他们遇到了如尧之类贤明的人；假若让舜生活在桀、纣的年代,能保住性命就不错了,如何奢谈治国、平天下的事情呢？伍子胥先前能取得大的成就,后来却被杀,不是因为伍子胥的聪明才智衰退,而是因为他先前幸运地遇到了阖庐,之后则倒霉地碰到了夫差。因此,君子应努力学习,修养自身的德行与学识,等待时机。此后的一些人都继承了孔子的上述思想。例如,《论衡·逢遇》说:"操行有常贤,仕宦无常遇。贤不贤,才也；遇不遇,时也。"可见,在人治社会,个体若想有大作为,"本事足够大"和"运气足够好"两个条件必须同时满足,缺一不可(马德,2015)。另外,无论生在何时何地,就影响成功的因素而言,有时候大环境的确比个人的努力更重要！所以,认清社会发展的大趋势,并能顺势而为且造福百姓者,往往具有大智慧！

命与时运虽关系密切,但二者也有差异。就持续时间长短而言,命伴随人的一生,时运则一般只伴随人的某段岁月。结果,时运是个体在某一时期的遭遇,命是个体在一生中的遭遇。某人今年遇到好事,是他今年的时运好,他的命好不好还不一定,因为他将来如何尚不得知。在某一时期中幸运的遭遇比不幸的遭遇多,是时运好；在一生中,幸运的遭遇比不幸的遭遇多,是命好(冯友兰,1942)。

4. 迷信缘

缘本是古汉语固有的一个概念,不过,在古汉语里,缘本与丝织品有关,指"边饰"或"装饰衣边",此时读作"yuàn"。《说文·系部》:"缘,衣纯也。"当缘读作"yuán"时,常用的含义有十一种,其中,用作"缘分,机遇"的缘是从印度的佛教文化里引入的概念(汉语大字典编辑委员会,2010,pp. 3661-3662)。缘进入中国后,最初是汉末到南北朝翻译佛经时借用了儒家语言。因缘学说从原始佛教传入,到唐代逐渐中国化。佛教最重要的一点是求个人解脱,帮别人解脱;儒家的理想是修身、齐家、治国、平天下,由个人推及整个世界。因缘学说在中国传统文化里得到了更有力的支撑与更多的营养,缘的概念也逐渐深入到中国人的心田里(许嘉璐,2008)。"有缘千里来相会,无缘对面不相逢""缘来则聚,缘尽则散"等都可谓是路人皆知的俗语。在中国人眼中,缘的种类很多。例如,就性质而言,有良缘与孽缘之分;就时间来讲,有今生缘与来世缘之分,等等。从韦纳(B. Weiner)等人的归因理论(attribution theory)的角度看,中国人迷信缘,习惯将控制的位置(locus of control)放在外部,认为决定事情成败的原因主要是来自外部的、非稳定性的、不可控的,这不利于提高中国人的主观能动性。

5. 迷信风水

风水也称"堪舆"("堪"为"高处","舆"为"下处")是中国的一种迷信,认为住宅或坟地周围的风向水流等地势会影响住者或葬者一家的祸福。它也指相宅、相墓之法。《葬书》(旧本题晋郭璞撰)记载:"葬者乘生气也。经曰,气乘风则散,界水则止,古人聚之使不散,行之使有止,故谓之风水。"(夏征农,陈至立,2010,p. 510)例如,许多中国人相信墓地的选择颇有讲究,若能找到一块满足"左青龙,右白虎,前朱雀,后玄武,且青龙高于白虎"的风水宝地作为已逝长者的长眠之所,不但是尽孝的善举,而且能保佑子孙官运亨通、人丁兴旺或财源广进。在中国古代,皇帝往往将自家的皇陵修在事先选中的风水宝地中,如南京的明孝陵,北京的明十三陵、清陵等莫不如此。为了找到好的风水宝地,一种与之相配的职业——风水先生就诞生了。风水先生,也叫"阴阳生""阴阳先生""阴阳家",旧时指以择日、星相、占卜、风水等为职业的人,并特指以办理丧葬中风水、择日等活动为业的人(夏征农,陈至立,2010,p. 2267)。风水先生中的高人,如郭璞和刘基等,至今仍受到一些人的敬仰!

有人会说,利用风水,人们用祖先的尸骨作为手段来谋取自己的利益,在这样做时已不是在崇拜祖先,而是将祖先当作"东西"(things)在利用了。这种看法值得商榷。在中国人看来,祖先与子孙是一体的。不只是子孙恭敬地在风水宝地中埋葬祖先的尸骨,也是祖先主动要求将自己的尸骨埋在风水宝地中。在这样做之后,假若子孙真的发达了,不但子孙自己得到了诸如功名和财富之类的利益,祖先也可得到诸如被追封或重修墓地之类的利益(李亦园,1988)。

中国人给仙逝的老人找块好点的墓地,体现出对逝者的尊重和对长辈的孝敬。而且,对风水宝地或龙脉的维护,也在客观上起到了保护自然环境和生物多样性的积极效果。不过,指望将祖坟置于风水宝地以保佑后人兴旺发达,这种做法缺少科学依据,也不利于激发子孙后代的奋斗精神。最后,过于迷信风水,进而盲目注重保护龙脉,有时会阻碍交通建设(例如,迷信风水的人一般不允许他人在山中挖隧道,认为它穿膛破肚、伤筋动骨,会破坏龙脉)和煤、铁、铜等矿产资源的合理开发与利用,给百姓出行和致富造成障碍(麦高温,1998,pp. 113 - 117)。

三、破除迷信心理与行为的对策

上述迷信心理与行为虽主要是针对古代中国人而言的,不过,从一定意义上说,人人都生活在历史中,因此,古代中国人的一些迷信心理在当代中国人的心中仍有或多或少的影响。同时,要破解当代中国人的迷信心理,应先弄清这些迷信心理产生的原因,然后再有的放矢地对症下药,方能事半功倍。再者,由于种种原因,古代中国人的一些迷信心理在当今极少数中国人心中仍有残留,甚至有死灰复燃之势。最后,当代在某些地区(如大学校园)出现的某些"新迷信"(如"请笔仙"),形式虽新,实质照旧,仍是"换汤不换药",更重要的是,其心理机制也是类似的。因此,下面提出的破解迷信心理的对策虽主要是针对"旧迷信"而言的,实对破解"新迷信"也同样有效。在这些破解迷信心理的对策中,"去除权威思维方式"留待下文探讨,这里只讲以下对策。

（一）加强科技教育

既然无知、错误的归因与死守某些祖传经验等往往是产生迷信心理的重要原因，而人类又有认知的需要，那么，要破解人们的迷信心理，主要路径之一就是加强科技教育，让人们正确了解自然界的变化规律，形成科学的思维方式，消除基于无知和错误思维方式的诸多迷信心理。无数实践表明，个体对世界的真相了解得越多，他的迷信心理往往就越少。例如，对一个天文学家而言，他对日食、月食、打雷或闪电之类的自然现象了如指掌，自然不会对这些自然现象产生迷信心理。又如，为了改变一些中国人对性知识无知的状况，有效办法之一是妥善开展性教育。

（二）破除某些旧文化心理习惯

迷信并非野蛮人的专利，一些文明的现代人也有。当今社会，无论是发展中国家（如中国）还是发达国家（如欧美国家），仍有一些人有迷信心理，如西方人多不喜欢数字"13"，难道这些也是缺少科技知识所致？当然不能这样解释，这应该解释为由旧文化心理习惯所致。根据惯性原理，正在行驶的汽车，即使司机突然刹车，汽车仍会向前行驶一段距离，不可能马上就停下来。汽车如此，文化何尝不是如此呢？换言之，文化也有较强的惯性推力，或叫"文化的惰性"。历史上存在且曾在某一地区广泛流行的某一种文化，不可能一下子就因为科技知识的发达而消除得无影无踪，尤其是那些已渗透进人们心灵深处、成为一个民族集体潜意识的文化心理。例如，中国人讳言"4"或"14"的心理与西方人讳言"13"和大多数欧洲国家将"星期五"视为不吉利的日子的心理机制大致相同，即都是出于文化心理习惯。与此相一致，中国没有讳言"13"的文化传统，故中国人并不讳言"13"，在历史上，自南宋以来，人们还将《周易》《尚书》《诗经》《周礼》《仪礼》《礼记》《左传》《春秋公羊传》《春秋穀梁传》《论语》《孝经》《尔雅》《孟子》十三部儒家典籍概括为"十三经"。由此可知，要破除由文化心理习惯产生的迷信心理，就需要通过（广义的）教育，营造出科学、健康的文化氛围和新风俗习惯，然后通过潜移默化的方式让人们形成新的文化心理习惯，以破除中国人的某些有助于迷信滋长的旧文化心理习惯。

顺便指出,直到今天,欧洲的许多城市都没有13号街道,酒店里没有13号房间,大楼里没有13层,12层上面就是14层,一般也不会13个人围坐在一起进餐。在英格兰北部,星期五是绝对不会举行婚礼的。为什么西方人忌讳数字"13",并且大多数欧洲国家将"星期五"视为不吉利的日子?原因主要有五:(1)与西方神话有关。在北欧斯堪的纳维亚神话中,在一次天国款待阵亡将士英灵的宴会上,有12位神祇聚餐。席间来了位不速之客——凶神罗基,给诸神带来了灾难,使宴会上众神之首奥丁之子——光神巴尔德丧生。此后,众神也一蹶不振。"13"遂被视作不祥的数字。西方著名的《睡美人》童话故事可能也脱胎于此神话:国王为庆祝女儿的诞生,宴请12位聪明的女巫为公主祝福,突然闯进了第13个未被邀请的女巫,她恶毒地施魔法诅咒公主沉睡100年。《睡美人》的故事加深了西方人对"13"的厌恶。(2)与基督教教义有关。传说耶稣受害前与他的12个门徒总计13个人共进了一次晚餐,晚餐的日期恰逢13日,背叛耶稣的犹大刚好是参加晚餐的第13个人,而正是这个犹大为了30块银元把耶稣出卖给犹太教当局,致使耶稣受尽折磨,并且在星期五被处死了。"13"给耶稣带来苦难和不幸,从此,"13"被认为是不幸的象征,并且是背叛和出卖的同义词。《最后的晚餐》的传说在西方深入人心,达·芬奇还画了流传甚广的名画《最后的晚餐》。于是,"13"就成了西方世界最忌讳的数字。(3)与古老的天文学也有一定关系。早在远古时期,人们将"12"作为一个完整周期,因此,"12"便有完美、圆满之义,"13"则有多余、丑恶乃至不祥之义。(4)与星期五的命名有关。在古罗马,星期五被认为是爱神维纳斯之日。可能是为了继承古罗马的传统,北欧神话中,一个星期的第五天也被定为美与爱之神"Freya"的日子(Freya's day),并逐渐转变成"Friday"(星期五)。希腊神话中,有一次,12位天神在哈弗拉宴会上聚会,未被邀请的第13位神——邪恶的火神洛基(Loki)却突然闯入,并在聚会上杀死了和平之神柏尔特(Balder),柏尔特的母亲爱神芙蕾亚(Freya)得知后痛不欲生,从此星期五(Freya's day)蒙上了不祥的阴影。(5)星期五与"13"相连的概率高。西方人本讳言"13",而据科学与数学领域的百科全书编纂者魏尔斯史甸(E. Weisstein)的计算,星期五比一星期中其他日子碰上13日的概率都要高,所以,西方人由忌讳"13"发展到忌讳"星期五",这非常符合联想中的接近律。需指出,在远离欧洲的印度,黑色星期五的迷信也广为流传,这是东西方文化在起源上紧密关联的一个例证(张德鑫,1999,pp. 20 - 21;罗伯特·钱伯斯,2006)。

(三) 加强信仰教育

有些迷信心理的产生乃是错误的信仰导致的。如有些人信仰邪教,有些人心灵空虚,毫无精神寄托,信仰某些神秘的东西,等等。对于这类人,应通过加强信仰教育,使他们去掉错误的信仰,树立正确的信仰,从而去掉其迷信心理。那么,应如何看待教徒的正当宗教信仰?例如,信仰佛教的人必相信极乐世界的存在,必相信因果报应之说;信仰基督教的人必相信天国的存在,等等。我们认为,根据前文所讲的迷信定义,信仰正当宗教不属于迷信。并且,这些正当的宗教在短时间内也不可能消失,所以,因信仰这些正当宗教而产生的信仰心理自然也不可能在短时间内消失。鉴于这些正当宗教在净化人的心灵和引导人心向善等方面仍有其应有的价值,对于信仰正当宗教的信徒只能给予适当引导,而不能强行要他们不信教。在中国,人们既有信教的自由,也有不信教的自由。

(四) 加强社会主义法治建设

中国曾经历漫长的封建统治,中国封建社会一贯推崇人治而忽视法治建设,导致漫长的封建社会缺乏完善的法治保障,"诡道"盛行。在"诡道"盛行的社会,民众深感命运与时运的无奈和不可捉摸,从而产生某些迷信心理,以此求得心灵上的慰藉,摆脱精神上的困扰,如信命、信时、信缘、信报,等等。

因此,要破除信命、信时、信缘等迷信心理,应加强社会主义法治建设,使人人都受法律的保护,从而变"诡道"为"轨道"(正道)。一旦在全社会范围内建立起"轨道",每个人的前程都有规可寻、可控,那么,中国人就不必再借助迷信寻求心灵上的安慰。

(五) 加强心理教育

中国人的部分迷信心理乃是缺少心理教育所致。中国人讳言心病、性与鬼神的心理都是如此。所以,要破除中国人的这类迷信心理,必须加强心理教育,让人们树立正确的观念,正确对待心病和性的问题。事实证明,随着心理学事业的不断发展,以及心理学知识的日益普及,至少时下在香港、台北、北京、上海和南京这样的大都市里,中国人对心病的态度较之以往已理性得多、合情理得多。

(六) 引导人们追求健康的生活方式

毫无疑问,当代一些中国人的迷信由不健康的生活方式所致。例如,有些人出于打发无聊时间的目的或从众心理而去求神拜佛;有些人既好逸恶劳又想一夜暴富,便去祈求神灵的保佑,等等。既然如此,破解当代一些中国人的迷信心理的有效做法之一,就是引导人们追求健康向上的生活方式。具体做法至少有三:(1)通过开展形式多样的思想道德教育,使民众逐步生成良好的道德品质;(2)开展形式多样的文体活动,充实民众的业余文体生活,增加民众健康人际交往的频率与时间,通过充实精神生活而使民众的精神健康向上;(3)让民众养成良好的兴趣与爱好,舍弃不合理的兴趣与爱好。

第五章　中国人的崇拜心理与行为

崇拜的含义有二：(1)崇敬钦佩之至，如崇拜英雄。(2)宗教的基本要素之一，指对信奉的精神体(如神、仙、鬼、怪等)表示尊崇而采取的某些行为，如身体的动作、念或唱某些祈祷、赞美词，特定的仪式等，目的在于对信奉的对象进行感恩和祈求护佑(夏征农，陈至立，2010，p.246)。本章使用的"崇拜"一词，除了"权威崇拜"中的崇拜代表的是第一种含义，其余的均代表第二种含义。中国人的崇拜心理与行为纷繁复杂，主要有图腾崇拜、鬼神崇拜、祖先崇拜、颜色崇拜、数字崇拜、福禄寿吉崇拜、权威崇拜和圆满崇拜。圆满崇拜在"中国人的情结"一章已有详细探讨，而中国人对福禄寿吉的崇拜从中国人对吉祥物的偏爱中就可见一斑。中国人的吉祥物种类繁多，可粗分为四类：一是吉祥动物，如喜鹊、鹤、蝙蝠、孔雀、龟和梅花鹿等；二是吉祥植物，如松、柏、竹、梅、牡丹和百合等；三是吉祥器物，如镜子、寿石和如意等；四是吉祥图案，如龙、凤、麒麟、阴阳八卦图、祥云和囍等。其中，龙、凤和麒麟从名称看仿佛是指三种动物，宜归入吉祥动物，但它们实际上仅是中国传说中的动物，自然界本不存在，只是一种图腾，当然应属吉祥图案。"囍"习称"双喜"，形似汉字，其实也只是一个吉祥符号。囍是象征男女婚姻成立的一种特殊符号，结构巧妙：两个并列的喜字方正、对称，如男女并肩携手而立，又有四个口子，象征男女欢喜、子孙满堂。本章只论以下六种中国人的崇拜心理。

一、中国人的图腾崇拜

"图腾"一词来源于北美洲印第安语"totem",原意是"我的亲属"(也译作"他的亲属")、"它的标记"。在原始信仰中,人们认为本氏族的人都源于某个特定的物种,即大多数情况下,认为自己与某种动物具有亲缘关系。因此,图腾崇拜的核心是认为某种动物、植物或无生物与自己的氏族有血缘关系,是本氏族的始祖和亲人,从而将其尊奉为本氏族的标志、象征和保护神。正如弗雷泽(J. G. Frazer)所说,图腾"就是一类被未开化的人迷信崇拜的物体,他们深信自己与这一类中的每分子之间,都有着一种密切、完全特殊的关系……一个人与其图腾间的关联具有互惠的性质,图腾保护着人,而人以各种方式表达自己对这一图腾的崇敬。如果它是一只动物,则不杀它;如果它是一种植物,则不收割它。正是有别于某种恋物,图腾绝不是一种孤立的个体。相反,它总是事物的一类,通常是一种动物或植物,较少是一类无生命的自然物,极少是一类人造物"(弗洛伊德,2014,p. 101)。将"totem"一词引入中国的是清代学者严复。严复在翻译英国学者甄克思(E. Jenks)的《政治史》(*A History of Politics*,中译名《社会通诠》)时,首次把"totem"一词译成"图腾",后成为中国学术界的通用译名。中国人也有图腾崇拜,例如,中国人对龙、凤、龟、麒麟、囍、葫芦、熊等图腾产生崇拜(夏征农,陈至立,2010,p. 516)。《礼记·礼运》便说:"麟、凤、龟、龙,谓之四灵。"下面主要阐述中国人对龙、凤和十二生肖的崇拜。

(一) 崇拜龙

龙是中华民族精神与文化的象征,也是中华儿女情感的纽带。在中国人的图腾崇拜里,最著名的是对龙的崇拜。最早提出"龙图腾说"的是闻一多。闻一多说:"就最早的意义说,龙与凤代表着我们古代民族中最基本的两个单元——夏民族与殷(商)民族,因为在'鲧死,……化为黄龙,是用出禹'和'天命玄鸟(即凤),降而生商'两个神话中,我们依稀看出,龙是原始夏人的图腾,凤是原始殷人的图腾(我说原始夏人和原始殷人,因为历史上夏殷两个朝代,已经离开图腾文化时期很远,而所谓图腾者,乃远在夏代和殷代以前的夏人和殷人的一种制度兼信仰)。因之把龙凤当作我们民族发祥和文化肇端的象征,可说是再恰当没有了。"(闻一多,1982,p.69)

1. 什么是龙

龙是中国古代传说中一种有鳞、角、须、爪,能兴云作雨的神异动物(夏征农,陈至立,2010,p.1191)。

但是,在中国历史上,龙外貌的定型经历了一个漫长过程。龙是华夏民族的图腾,中国人的崇龙习俗至今大约已有8 000年的历史。1996年出土的"黄氏新中国龙"化石(如图5-1所示),为中国首次发现的恐龙种类。保存得非常完整,总长约七米(尹恭正,周修高,2000;尹恭正,周修高,曹泽田,喻羑艺,罗永明,2000),龙角从头部的最宽处左右两边长出,双角对称,长约27厘米,略显弧形,酷似传说中龙的形象。由此可见,龙或许有真实或大体真实的上古原型,只是其造型和功能后来被不断丰富和神话了。

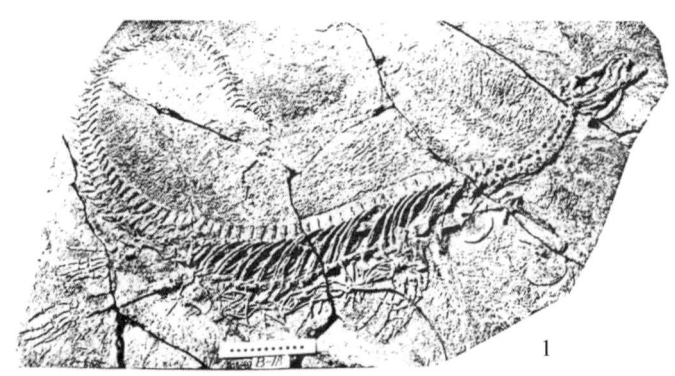

图5-1 "黄氏新中国龙"化石(尹恭正,周修高,曹泽田,喻羑艺,罗永明,2000)

1982年,考古专家在辽宁阜新蒙古族自治县发现一处8 000年前先民生息繁衍的文化遗址(查海遗址)。在聚落遗址中心,考古专家发现了一条距今8 000年的龙形堆石。龙形堆石是由红褐色玄武岩自然石块经人工堆摆而成,横穿过遗址中部的较狭长基岩脉线。龙形堆石全长19.7米,头部宽约3.8米,厚度约0.12米,其造型酷似一条巨龙,头朝西南,尾向东北,方向为 215 度。龙头龙身堆摆石块厚密,而尾部堆摆石块较松散。头部堆石保存不甚良好,局部有缺失。其整体造型呈昂首、张嘴、屈身、弓背,尾部若隐若现,给人一种腾云驾雾、神龙见首不见尾之感。经专家考证,这是中国迄今为止发现的年代最早、形体最大的龙形遗迹(辽宁省文物考古研究所,2012,p.539)。

1987 年,"西水坡遗址"出土一个龙、虎的图案,龙、虎图案均采用蚌壳精心摆塑,故称"蚌塑龙(虎)图"(如图 5-2 所示)。龙昂首、曲颈、弓身、长尾、前爪扒、后爪蹬,状似腾飞。虎头微低,圜目圆睁,张口露齿,虎尾下垂,四肢交递,如行走状,形似下山之猛虎(濮阳市文物管理委员会,等,1988;孙其刚,2000);也有人认为它不是虎,而是犬(叶林生,2004)。据考证,该蚌塑距今约 6 460 年,属于新石器时代的仰韶文化中期(濮阳西水坡遗址考古队,1989;陈美东,2003,p.1),也有人认为属于磁山—裴李岗文化系列(叶林生,2004),是至今发现的最早龙图案,因此濮阳龙虎蚌塑被誉为"中华第一龙(虎)"(孙其刚,2000)。

图 5-2 河南省濮阳市出土的"蚌塑"龙(虎)图
(孙其刚,2000;金秋鹏,2008,p.87)

稍晚于蚌塑龙的是 C 形黄玉龙(如图 5-3A 所示),它出土于 1949 年。黄玉龙虽身材修长、圆润,有鬃毛,类似马的形态,但并无鳞、爪、掌、眼、嘴、须等体貌。C 形碧玉龙出土于 1971 年,呈墨绿色,高

26厘米,完整无缺,体卷曲,呈"C"字形(如图5-3B所示);吻部前伸,略向上弯曲,嘴紧闭;鼻端截平,上端边有锐利的棱线,端面近椭圆形,有对称双圆洞,为鼻孔;双眼突起呈梭形,前角回而起棱,眼尾细长上翘;额及颚底皆刻细密的方格网状纹,网格突起作规正的小菱形;颈脊起长鬣,长21厘米,占龙体三分之一以上;鬣呈扁薄片状,通磨出不显著的浅凹槽,边缘收成锐角似刃,弯曲上卷,末端尖锐;龙体横截面略呈椭圆形,直径2.3—2.9厘米;龙尾内卷;龙背有对穿的单孔,孔外径0.95厘米、内经0.3厘米;经试验,以绳系孔悬挂,龙的头尾恰好处于同一水平线上(翁牛特旗文化馆,1984)。这两件玉龙实物虽不是科学考古发掘所获,却是至今发现的最早的玉龙实物,属红山文化早中期,据今已有6000年历史。①

　　稍晚于C形黄玉龙和C形碧玉龙的是在红山等地发现的玉猪龙(如图5-3C所示),现藏于台北故宫博物院。玉猪龙也是红山文化时期的玉器,猪首蛇身,轮廓有点类似兴隆洼文化中的玉耳环,具有动物胚胎的模样。当然,学界也有人认为,叫"玉猪龙"不妥,应叫它"猪龙"或"熊龙"。猪是农村中的重要牲畜,熊是东北居民崇拜的动物,龙是想象中变化莫测的神灵,无论是从猪还是从熊变化成龙,身体都是弯弯的,这个样子也颇像原始文字中的"龙"字。

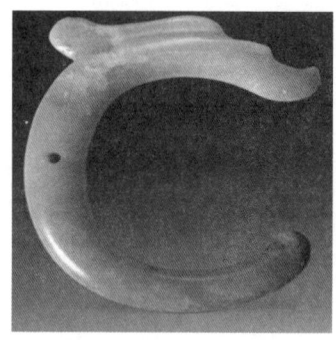 

A　C形黄玉龙　　　　　　B　C形碧玉龙

---

① 根据中国中央电视台第10频道(CCTV-10)2012年4月29日晚《探索·发现》节目播出的《正名黄玉龙》整理而成。

C 玉猪龙

图 5-3 红山文化期中的龙造型

如果将考古发现的实例中有代表性的龙作一归纳,可制作出表 5-1。根据表 5-1 可知,龙在中国古文化遗址中多有发现,而且多基于不同的原型。这表明龙的起源是多元的,主要有五支:(1)鳄龙类。卫聚贤于 1934 年最早提出龙的原型为鳄鱼。古籍中所说的蛟龙,以鳄鱼为原型演化而来。(2)蛇龙类。它以蟒蛇为原型演化而来。例如,《史记·外戚世家》记载:"传曰:'蛇化为龙,不变其文;家化为国,不变

表 5-1 考古实例中发现的有代表性的龙原型(刘志雄,杨静荣,1992,pp. 19—52;叶林生,2004)

序号	出土地点	图形或器物	龙的原型	所属古文化类型
1	濮阳西水坡	蚌塑龙	鳄	磁山文化(距今 10 300—8 700 年)
2	宝鸡北首岭	水鸟啄鱼纹	鱼	仰韶文化(距今 7 000—5 000 年)
3	甘谷县西坪	鲵纹彩陶瓶	鲵	
4	武山县傅家门	鲵纹彩陶瓶	鲵	
5	山西陶寺	盘龙盆	蛇	
6	内蒙古三星它拉村	黄玉龙、碧玉龙	马	红山文化(距今 5 000—6 000 年)
7	红山	玉猪龙	猪	

其姓。'"(司马迁,2005,p.1590)(3)猪龙类。它以猪为原型演化而来。(4)马龙类。它以马为原型演化而来。(5)闪龙类。它以雷电为龙。据徐山考释,甲骨文"龙"字可视为"电""雷"的变形。"龙"字保留了闪电的弯曲状,龙观念的产生是原始先民对雷电产生原因的一种生物化解释。从"龙"字的发音上看,"lóng"正是对"隆隆"雷声的记录(王祖武,等,1994,pp.298-299;叶林生,2004)。

再往后,"龙"字在甲骨文里写作"𠃋"或"𠄎",在金文中写作"𢍰"(汉语大字典编辑委员会,2010,p.5120),这表明"龙"是象形字。此时,龙的头上已有角,已具蛇身,蛇身上也已开始出现鳞片,不过,长相与今天的龙仍有明显差异。

《礼记·礼运》说:"麟、凤、龟、龙,谓之四灵。"只明言龙是一种灵物,却未描述龙的长相,也未明确龙究竟是哪种物种。《淮南子》卷四《墬形训》曾说:

> 羽嘉生飞龙,飞龙生凤皇,凤皇生鸾鸟,鸾鸟生庶鸟,凡羽者生于庶鸟。毛犊生应龙,应龙生建马,建马生麒麟,麒麟生庶兽,凡毛者生于庶兽。介鳞生蛟龙,蛟龙生鲲鲠,鲲鲠生建邪,建邪生庶鱼,凡鳞者生于庶鱼。介潭生先龙,先龙生玄鼋,玄鼋生灵龟,灵龟生庶龟,凡介者生于庶龟。暖湿生容,暖湿生于毛风,毛风生于湿玄,湿玄生于羽风,羽风生煖介,煖介生鳞薄,鳞薄生暖介。五类杂种兴乎外,肖形而蕃。日冯生阳阏,阳阏生乔如,乔如生干木,干木生庶木,凡根拔木者生于庶木。根拔生程若,程若生玄玉,玄玉生醴泉,醴泉生皇辜,皇辜生庶草,凡根茇草者生于庶草。海闾生屈龙,屈龙生容华,容华生蒹,蒹生萍藻,萍藻生浮草,凡浮生不根茇者生于萍藻。

《淮南子》虽明确建构出了龙的家族谱系,却仍未言明龙的物种和长相。《史记·夏本纪》记载:

> 帝孔甲立,好方鬼神,事淫乱。夏后氏德衰,诸侯畔之。天降龙二,有雌雄,孔甲不能食([正义]音寺),未得豢龙氏。陶唐既衰,其后有刘累,学扰([集解]应劭曰:"扰音柔。扰,驯也。能顺养得

其嗜欲。")龙于豢龙氏,以事孔甲。孔甲赐之姓曰御龙氏,受豕韦之后。龙一雌死,以食夏后。夏后使求,惧而迁去([集解]贾逵曰:"夏后既飨,而又使求致龙,刘累不能得而惧也。"《传》曰迁于鲁县)。(司马迁,2005,pp. 63-64)

这里,《史记》描述了有关龙的三件事:(1)龙是从天而降的。这表明,司马迁在写《史记》时,并不知龙的长相,也不知龙的真正出处。(2)龙有雌雄,雌龙死后被夏后吃了。(3)豢龙氏善驯龙,其有一高足叫刘累,也善于驯养龙,曾在孔甲手下做事。孔甲将"御龙氏"作为姓赐给了刘累。其后,王充在《论衡·龙虚篇》里几乎照录了上述言论,再加上其他材料,得出如下结论:

世俗画龙之象,马首蛇尾。由此言之,马、蛇之类也。……由此言之,龙可畜又可食也。可食之物,不能神矣。世无其官,又无董父、后、刘之人,故潜藏伏匿,出见希疏;出又乘云,与人殊路,人谓之神。如存其官而有其人,则龙,牛之类也,何神之有?以《山海经》言之,以慎子、韩子证之,以俗世之画验之,以箕子之泣订之,以蔡墨之对论之,知龙不能神,不能升天,天不以雷电取龙,明矣。世俗言龙神而升天者,妄矣。

王充运用寻找证据、合理推理等方式来证明龙不存在神异性,这种做法在今天看来有许多值得肯定的地方,其对龙所作的结论也有一定道理。不过,若真认可王充的看法,中国人的龙崇拜心理理应被消解得无影无踪,中国人据传自黄帝时代便自称是"龙的传人"的说法也就无从谈起。因此,无论是在王充生活的时代,还是在整个中国古代历史中,王充的"龙虚论"并未被多数人认可。同时,上段引文还透露出一个重要信息:在王充生活的时代,世俗画里的龙是马首蛇尾。《论衡·验符篇》也说:"二黄龙见,长出十六丈,身大于马(大如马有角,引者注),举头顾望,状如图中画龙。燕室丘民皆观见之。"匋斋藏山东两城山刻石、朝鲜出土高句丽时代苍龙墓壁,所画龙象与王充"世俗画龙之象,马首蛇尾"一语描述的龙形状相似(黄晖,1990,p. 285)。

《后汉书》卷三十下《襄楷传》记载:

又七年六月十三日,河内野王山上有龙死,长可数十丈。扶风有星陨为石,声闻三郡。夫龙形状不一,小大无常,故《周易》况之大人,帝王以为符瑞。或闻河内龙死,讳以为蛇。夫龙能变化,蛇亦有神,皆不当死。昔秦之将衰,华山神操璧以授郑客,曰:'今年祖龙死',始皇逃之,死于沙丘。王莽天凤二年,讹言黄山宫有死龙之异,后汉诛莽,光武复兴。……(范晔,1965,pp. 1078-1079)

"七年"指汉桓帝延熹七年,即公元164年。根据上述记载,在这一年,河内野王山上有一条龙死了,身长数十丈,但具体"长相"如何,也未详细说明,只说龙能变化,本不当死,一旦出现死龙,就预示着国家将出现大的灾难。用今天的眼光看,这种说法自然不足为信。

最早对龙作出权威解释的工具书是东汉许慎的《说文解字》。《说文解字·十一篇下》说:"龙,鳞虫之长。能幽能明,能细能巨,能短能长,春分而登天,秋分而潜渊。从肉,㐰肉飞之形。童省声。凡龙之属皆从龙。"(许慎,段玉裁,1988,p. 582)罗振玉在《殷虚书契考释》里说:"龙,卜辞或从辛,即许君所谓'童省',从㐱,像龙形,㇏其首,即许君误以为从肉者,㇉其身矣。或省㇏,但为首角全身之形。"(汉语大字典编辑委员会,2010,p. 5120)由此可知,许慎对"龙"字的释义稍有瑕疵。不过,在这里,《说文解字》规范了龙的种属,认为龙是"鳞虫之长",即鳞虫之王。后世古籍多将"龙"放在"鳞"部、"虫"部或"鱼"部。同时,《说文解字》要凸出龙的神异性,而《论衡》中"世俗画龙之象,马首蛇尾。由此言之,马、蛇之类也"显然不利于刻画龙的神异性,因此《说文解字》释义时,并未采纳此观点来描述龙的长相,而是用了六个"能"字。这六个"能"字吻合中国人历史悠久的龙崇拜心理,既指出了龙的无所不能,认定了龙的神异性,又让人对这些无所不能难以确认,带有浓厚的神秘色彩(田秉锷,2008,p. 75),有利于加深人们对龙的崇拜之情。也有人认为,这段文字表明许慎以雷电为龙。"龙为雷电说"折射出古人对龙本体的茫然无知,只好机械地以天象和传说来比附(王大有,2000,p. 24)。

可见,从约6 500年前出现的蚌塑龙算起,至许慎去世时为止,在4 600多年的漫长岁月里,中国人虽一直崇拜龙,却始终未对龙的造型达成一致!

将龙作为一种图腾加以崇拜,若无神武且标准的图像示人,不便于龙文化的传播。在这种背景下,经过 5 000 年左右的酝酿,"龙形三停九似"说终于应运而生。"龙形三停九似"说中的"三停"是结构学上的术语,表示三个段落或三个部分;"九似"中的"似"是相似,而不是相同,它是用分解法,并运用"A 像 B"式的"明喻"手法,借世间九种事物的特点对龙的九个部位的外貌作出比喻性描绘,使龙形更加生动、更加形象(田秉锷,2008,p.75)。不过,无人见过龙的真容,不同学人对"龙形三停九似"说的看法不尽相同,最具代表性的版本有两个。

版本 1:王符版"龙形三停九似"说

王符版"龙形三停九似"说,指由王符提出的"龙形三停九似"说,或者,王符生活的时代便已流传的一种"龙形三停九似"说。根据现有研究,记载王符版"龙形三停九似"说的文字最早出自南宋罗愿所著《尔雅翼》。罗愿在《尔雅翼》卷二十八《释鱼一·龙》中先引用了许慎和《淮南子》释龙的部分文字,以及《史记》里有关龙的记载,然后重点阐述了龙的形体与习性。全文如下:

> 龙,春分而登天,秋分而潜渊。物之至灵者也。《淮南子》言:"万物羽毛鳞介,皆祖于龙。羽嘉生飞龙,飞龙生凤皇,而后鸾鸟庶鸟凡羽者以次生焉。毛犊生应龙,应龙生建马,而后麒麟庶兽凡毛者以次生焉。介鳞生蛟龙,蛟龙生鲲鲠,而后建邪庶鱼凡鳞者以次生焉。介潭生先龙,先龙生玄鼋,而后灵龟庶龟凡介者以次生焉。"王符称世俗画龙之状,马首蛇尾;又有"三停九似"之说。谓自首至膊,膊至腰,腰至尾,皆相停也。九似者:角似鹿,头似驼,眼似鬼,项似蛇,腹似蜃,鳞似鱼,爪似鹰,掌似虎,耳似牛。头上有物如博山,名尺木;龙无尺木,不能升天。其为性粗猛而畏铁,爱玉及空青,而嗜烧燕肉,故尝食燕者不可渡海。又言蛟龙畏楝叶、五色丝,故汉以来祭屈原者,以五色丝合楝叶缚之。古者有豢龙御龙氏徒,以知其欲恶而节制之耳。将雨则吟,其声如戛铜盘,涎能发众香;其嘘气成云,反因云以蔽其身,故不可见。今江湖间时有见其一爪

与尾者，唯头不可得见。自夏四月之后，龙乃分方，各有区域，故两亩之间而雨阳异焉。又多暴雨，说者云：细润者天雨，猛暴者龙雨也。龙火与人火相反，得湿而焰，遇水而燔，以火逐之，则燔熄而焰灭。养鱼及三百六十，则蛟龙将鱼飞去。龙以变化无方，物不能制，故在人比君，在卦比乾之七爻，象天苍龙七宿。乾七爻以龙为用，天七宿以龙为体。盖自下数之，其第一爻潜龙，则未见也，故苍龙第一宿，不取龙之象。第二爻为见龙在田，则或见其尾矣。故龙之宿，其二为尾。第六爻为亢龙有悔，故龙之宿，其六为亢。第七爻为见群龙无首吉，故其七为角，今易读亢龙与角亢之字异音，然其义实相通。盖顺则降，升则逆，龙之亢，有逆鳞一尺而不可应也，则为能升而不及反，故曰：亢龙有悔。然则乾之亢龙，虽以角亢之亢读之可也。（罗愿，1985b，pp. 297-298）

上述这段阐述龙形与龙的习性的文字被后世奉为经典，后人在论龙形和龙的习性时普遍转载或转摘。例如，据明代李时珍所著《本草纲目》第四十三卷《鳞部·龙》记载："时珍曰：《尔雅翼》云：龙者，鳞虫之长。王符言其形有九似：头似驼，角似鹿，眼似鬼，耳似牛，项似蛇，腹似蜃，鳞似鲤，爪似鹰，掌似虎。"（李时珍，1987，p. 255）稍加对比可知，罗愿与李时珍都认可"龙形三停九似"说最早可追溯至王符生活的时代。只不过，罗愿说"王符称世俗画龙之状，马首蛇尾；又有'三停九似'之说"；李时珍明言"王符言其形有九似"，而未言"三停"，这可能与李时珍是医家而不是画家有关。若按罗愿《尔雅翼》的记载，"龙形三停九似"说在东汉学者王符生活的时代早已流行，并不是王符本人的主张；若按李时珍的说法，则"龙形有九似"说出于王符。王符与许慎同处一个时代，鉴于《说文》里并无"龙形三停九似"说的记载，如果"龙形三停九似"说在王符生活的时代早已流行，以许慎的博学，许慎肯定是知晓的。以此推论，《说文》里之所以无"龙形三停九似"说的记载，存在三种可能。

第一种可能是，许慎并不认可"龙形三停九似"说，故未在《说文》里记载它。

第二种可能是,"龙形三停九似"说是王符晚年提出的观点,此时许慎已去世,故《说文》里无相应的记载。不过,笔者以"龙""三停""九似""马首""蛇尾"为关键词,遍查《后汉书·王符传》与王符所著《潜夫论》,均未见与"龙形三停九似"有关的言论,也未见"世俗画龙之状,马首蛇尾"一语。按理说,鉴于龙在中国人心目中的重要地位,若真是王符第一个提出"龙形三停九似"说,《潜夫论》或《后汉书·王符传》里应有明确记载,至少会有一点蛛丝马迹。但遗憾的是,不但《潜夫论》里未见有关"龙形三停九似"说的只言片语,《后汉书·王符传》里也未有王符提出"龙形三停九似"说的记载。在南宋罗愿的《尔雅翼》诞生之前,至今未发现有确凿的史实记录或转载了有关王符提出"龙形三停九似"说的文字,仅在早于王符的王充的《论衡·龙虚篇》里查到了"世俗画龙之象,马首蛇尾"一语。而且,同以"龙""三停"与"九似"为关键词,遍查《论衡》,也未见有与"龙形三停九似"有关的言论。唐人张彦远《历代名画记》卷七《梁·张僧繇》记载:"金陵安乐寺四白龙,不点眼睛,每云:'点睛即飞去。'人以为妄诞,固请点之。须臾,雷电破壁,两龙乘云腾去上天,两龙未点眼者见在。"(张彦远,1987,p.334)这便是成语"画龙点睛"的由来。据此记载推测,南北朝时梁代著名画家张僧繇画龙技艺高超,且善画龙的眼睛,只是不轻易"点睛"而已,不过,张僧繇是否是按"龙形三停九似"说来画龙,仍不得而知。通过对现有资料的分析,从秦汉至隋唐,龙形是以《论衡·龙虚篇》的"马首蛇尾"造型为主。至于"龙形三停九似"说,则是五代和北宋时期才有可能提出的画龙技法(吉成名,2002),并在宋代以后逐渐成为画龙的不二法门。由此可见,王符不可能提出"龙形三停九似"说。

　　第三种可能性是,《尔雅翼》里的"龙形三停九似"说出自北宋的郭若虚,许慎此时已去世900余年,故《说文》里也无相应记载。既然王符不可能提出"龙形三停九似"说,那罗愿所著《尔雅翼》里的"龙形三停九似"说又来自何人?稍加比较可知,它来自郭若虚。郭若虚生卒年不详,但从《图画见闻志·序》中"余大父司徒公虽贵仕而喜廉……至本朝熙宁七年"一语,可推知其是北宋时期的文人,稍后于董羽,出身于北宋初期的官绅之家。郭若虚所著《图画见闻志》一书成书于公元1074年（吉成名，2002），"其书以张彦远《历代名画记》绝笔唐末因续为衷，辑历五代至熙宁七年而止。分叙事、纪艺、故事拾遗、近事四门"（郭若虚，1987，pp.508-509）。因此，《图画见闻志》被后人视作《历代名画记》的续篇，二书合在一起，构成了一部至宋熙宁七年为止的中国绘画通史。《图画见闻志·论制作楷模》在论述画龙技巧时说："画龙者，析出三停（自首至膊，膊至腰，腰至尾也），分成九似（角似鹿，头似驼，眼似鬼，项似蛇，腹似蜃，鳞似鱼，爪似鹰，掌似虎，耳似牛）。……"（郭若虚，1987，p.512）对比郭若虚讲的"龙形三停九似"说与罗愿记载的王符版"龙形三停九似"说，其中，"三停"在内容上完全相同；"九似"中除"一似"（郭若虚说"鳞似鱼"，罗愿的记载是"鳞似鲤"）稍有差异外，其余"八似"在内容上完全相同。由此可见，罗愿记载的王符版"龙形三停九似"说脱胎于郭若虚。因此，与其说是王符版的"龙形三停九似"说，不如说是郭若虚版的"龙形三停九似"说更准确。同时，从时间上看，郭若虚稍后于董羽。所以，郭若虚版的"龙形三停九似"说实是受到董羽版"龙形三停九似"说的启发而提出的一种变式，罗愿只是继承了郭若虚的观点而已。

版本2：董羽版"龙形三停九似"说

董羽版"龙形三停九似"说，指董羽提出的一种"龙形三停九似"说。它出自董羽的《画龙辑议》。据《御定佩文斋书画谱》卷十三《宋董羽画龙辑议》记载，董羽曾说：

> 画龙者，得神气之道也。神犹母也，气犹子也。以神召气，以母召子，孰敢不致？所以上飞于天，晦隔层云；下潜于渊，深入无底，人不可得而见也。古今画图者，角难推其形貌，其状乃分三停九似而已：自首至项，自项至腹，自腹至尾，三停也。九似者，头似牛，嘴似驴，眼似虾，角似鹿，耳似象，鳞似鱼，须似人，腹似蛇，足似凤，是名为九似也。雌雄有别，雄者角浪凹峭，目深鼻豁，须尖鳞密，上壮下杀，朱火烨烨；雌者角靡浪平，目肆鼻直，髻圆鳞薄，尾壮于腹。龙开口者易为巧，合口者难为功。但要挥毫落墨，随笔而

生,筋骨精神,仁出为佳。贵乎血目生威,朱须激发,鳞介藏烟,鬃鬣肘毛爪牙噀伏其雨露,踊跃腾空,点其目而飞去。昔张僧繇、叶公,则其人也。(孙岳颁,等,1987,pp.397-400)

董羽是生活于五代和北宋初期的著名画家,生卒年不详。整个北宋只有165年的历史,若将这165年的历史分为早、中、晚三个时期,每个时期只有55年。这样,即便《画龙辑议》是董羽的晚年作品,那么,董羽在其中提出的"龙形三停九似"说的时间至迟也不会晚于公元1016年。

两相比较,郭若虚版"龙形三停九似"说与董羽版"龙形三停九似"说在"三停"上的看法不尽相同:前者认为"三停"指"自首至膊,自膊至腰,自腰至尾",后者主张"自首至项,自项至腹,自腹至尾"。在"九似"中,郭若虚与董羽有"两似"完全相同,即都主张龙"角似鹿""鳞似鱼",但余下"七似"上的差别极大。其中,如果说董羽版"龙形三停九似"说主张的"头似牛""耳似象"与郭若虚版"龙形三停九似"里认为龙"头似驼""耳似牛"属"各持一说",难分伯仲,那么,在其余"五似"上,二者不但所指部位不尽相同,而且,较之郭若虚版"龙形三停九似"说,董羽版"龙形三停九似"说有一些小瑕疵。(1)董羽版"龙形三停九似"说里的"足似凤"不如郭若虚版的"爪似鹰"具体。凤虽是中国人崇拜的对象之一,但凤的"庐山真面目"同样无人见过,以一种虚无缥缈的事物(凤爪)描述另一种虚无缥缈的事物(龙爪),对人们认识龙爪形态并无助益。鹰不但是自然界中一种真实存在的动物,而且是一种猛禽,其利爪让人望而生畏,用鹰爪来描述龙爪更易被喜好形象思维和类比推理的中国人接受。(2)在显示龙的聪明、勇敢与灵活等方面,董羽版"龙形三停九似"说里的"眼似虾"与"嘴似驴"显然逊于郭若虚版的"眼似鬼"与"项似蛇"。因为鬼有机灵、敏慧之义,同时,蛇自古就是一些中国人崇拜的对象之一。相比于鬼,驴在汉语里有"愚蠢"之义,汉语里有"黔驴技穷""笨得像头驴"与"脑袋被驴踢了"之类的说法;虾有倒退行走的习性,易给人退缩不前的印象,显然不如"项似蛇"积极、勇敢、有气势。(3)董羽版"龙形三停九似"说里的"腹似蛇"不如郭若虚版的"腹似蜃"

威武,因为"蜃"指传说中的蛟属,能吐气成海市蜃楼。《本草纲目》第四十三卷《鳞部·蛟龙》说:"蛟之属有蜃,其状亦似蛇而大,有角如龙状……"(汉语大字典编辑委员会,2010,p. 3048)说龙腹部长得像蜃,由此可想象龙身的巨大,并可由此推知龙长相的威武,若说龙腹像蛇,就显示不出龙的威武像。(4)董羽版"龙形三停九似"说里的"须似人"不如郭若虚版的"掌似虎"威武,因为虎是百兽之王,说龙掌长得像虎掌,由此可想象龙掌所拥有的巨大力量,并推知龙的威武,若说"须似人",同样显示不出龙的威武。正由于郭若虚版"龙形三停九似"说是在董羽版"龙形三停九似"说基础上的改进,才最终胜出,后来者居上,成为"龙形三停九似"说的权威版本,又经罗愿《尔雅翼》的传承,进一步巩固了地位。

到了明代,略早于李时珍的医学家陈嘉谟著《本草蒙筌》。在《本草蒙筌》卷十一《虫鱼部·龙骨》里,陈嘉谟先对"龙骨"的药性、产地、适用症等进行了概述,随后分论"龙齿""龙角""龙涎""龙脑""龙胞胎"等的药用价值,然后再加"按语"。这段"按语"简直是罗愿释龙言论的"缩简版":

(谟)按:罗氏云:龙春分登天,秋分潜渊,物之至灵者也。世俗书龙有三停九似之说。三停者,谓自首至膊,膊至腰,腰至尾相停也。九似者,谓角似鹿,头似马,眼似兔,项似蛇,腹似蜃,鳞似鱼,爪似鹰,掌似虎,耳似牛也。头上有物如博山,名尺木。龙无尺木,不能升天。其性粗猛,畏铁,爱珠玉、空青,而嗜烧燕肉,故尝食燕者,不可渡海。又言畏楝叶、五色线,故汉以五色线合楝叶缚之。古有豢龙氏徒,能知其欲恶而节制之尔。嘘气成云,以蔽身体,人不可见。其声如戛铜盘,液能发众香。龙火与人火相反,得湿而焰,遇水乃燔,以火逐之,则燔息而焰灭矣。(陈嘉谟,1988,pp. 435-436)

稍加比较可知,陈嘉谟版"龙形三停九似"说与郭若虚版"龙形三停九似"说高度相似,只有两个细微差别:前者主张"头似马,眼似兔",后者主张"头似驼,眼似鬼"。有人认为,将"眼似鬼"写成"眼似兔",是古人在写"鬼"字时连笔造成的差错(张浩,2014)。此说值得商榷。假若说在学生习字作业或某个抄写本中,存在因连笔而错写成"眼似兔"的可能,那么,在制作印刷版(无论是雕版还是活字版)时,以古人的严谨精神,是绝不会出此低级错误的;退一步说,即便某个版本偶尔出现此种低级错误,也一定会在修订时将其改过来,而不会"以讹传讹",最终造成"假作真时真亦假"的不良后果。后世人们之所以一般用"眼似兔"而不是"眼似鬼"的说法,原因可能在于,鬼虽有机灵、敏慧之义,但毕竟无实物;并且,随着科技知识的逐渐普及,人们越来越不相信鬼的存在。与鬼不同,兔是自然界真实存在的动物,兔在汉语中本有机敏、灵活之义,如"狡兔三窟""动若脱兔"等。因此,相对于"眼似鬼","眼似兔"更形象、贴切,更易被艺术家把握。同时,马作为一种家畜,头小面长,耳壳直立;颈上缘及尾有长毛;四肢强健,每肢各有一蹄;性温顺而善走,能负重远行。马又为《易》中的乾、震、坎之象。例如,《易·说卦》:"乾为马。"孔颖达疏:"乾像天,天行健,故为马也。"马还有"大"之义(汉语大字典编辑委员会,2010,p.4830)。又因地理环境等因素的影响,中国先民对马的熟悉度普遍高于驼,并将马作为十二生肖之一,赋予马一些精神表征,如"龙马精神"等。所以,"头似马"比"头似驼"更易被中国人接受。于是,陈嘉谟对龙形所作的这种改进逐渐被后人接受。

稍后,李时珍上承陈嘉谟,在《本草纲目》里介绍"龙骨"这味药时,说到龙的长相也赞同郭若虚版"龙形三停九似"说,仅表述略有不同(田秉锷,2008,p.76)。

清代康熙年间张英、王士禛、王惔等纂修的《渊鉴类函》,"照抄"了明代陈嘉谟的说法。《渊鉴类函》卷四百三十八《鳞介部·龙四·三停》写道:"画龙有三停九似之说,谓自首至膊,膊至腰,腰至尾,相停也。九似者,角似鹿,头似马,眼似兔,项似蛇,腹似蜃,鳞似鱼,爪似鹰,掌似虎,耳似牛。"(张英,王士禛,等,1985,p.二上)这一表述颇似画龙时的绘画指南(田秉锷,2008,p.77)。

将上述诸种"龙形三停九似"说进行汇集,可得表5-2。

表 5-2 四种有代表性的"龙形三停九似"说一览表

序号	代表人物		对"龙形三停九似"的具体表述								
1	董羽	三停	自首至项，自项至腹，自腹至尾								
		九似	头似牛	角似鹿	眼似虾	耳似象	嘴似驴	腹似蛇	鳞似鱼	足似凤	须似人
2	郭若虚	三停	自首至膊，自膊至腰，自腰至尾								
		九似	头似驼	角似鹿	眼似鬼	耳似牛	项似蛇	腹似蜃	鳞似鱼	爪似鹰	掌似虎
3	罗愿，李时珍	三停	自首至膊，自膊至腰，自腰至尾								
		九似	头似驼	角似鹿	眼似鬼	耳似牛	项似蛇	腹似蜃	鳞似鲤	爪似鹰	掌似虎
4	陈嘉谟，张英，等	三停	自首至膊，自膊至腰，自腰至尾								
		九似	头似马	角似鹿	眼似兔	耳似牛	项似蛇	腹似蜃	鳞似鱼	爪似鹰	掌似虎

"龙形三停九似"说用九种人们熟知的动物来描述龙的长相，让人形象地感知到一条龙乃集九物之象，暗示了龙对世间生物的超越，为人们心中的龙注入神圣感：头似马，示体型之巨；角似鹿，示神态之贵；眼似兔，示明察天地；耳似牛，示聆听八荒；项似蛇，示旋转灵动；腹似蜃，示周行无忌；鳞似鱼，示深潜水府；爪似鹰，示高飞云天；掌似虎，示威啸山林。"九似"之喻其实是集飞禽、走兽、游鱼等百物之能于一身，让龙具有上天、入地、钻海等无所不能的神通。可见，"龙形有九似"不是一个平列、叠加的命题，而是一种升华的暗示。"九似"而一真，又标志着龙的具象化、定型化的完成。所以，当郭若虚版"龙形三停九似"说成为后人的共识，自此之后，中国人对龙的认识便有了一个完整且具体的印象，借此，中国人的龙观念、龙崇拜就有了一个鲜活的依托。同时，"龙形三停九似"说也为后世有关龙的绘画、雕塑、建筑等艺术品的创作制定了标准，有利于中国人对龙作出实在的、具体可感的把握，尤其有利于艺术家通过不同形式和材质逼真地展现龙的风姿。借助绘画、雕塑、建筑等艺术手段，艺术家可在纸上、绢上、布上、木柱上、木板上、石上、各类金属上对龙作形体再现。借助这些具象的艺术表达方式，中国人

最终将龙定格在自己的心灵里(田秉锷,2008,pp.75-77)。

与"龙形三停九似"说类似,中国还有"龙生九子,各有不同"的说法。《渊鉴类函》卷四百三十八《鳞介部·龙四·九子》记载:"龙生九子不成龙,各有所好:蒲牢,好鸣,形钟钮上(今钟上兽钮是其遗像,引者注)。囚牛,好音,形胡琴上(今胡琴头上刻的是其遗像,引者注)。螭吻,好水,形桥梁上(今桥梁上的兽是其遗像,引者注)。嘲风,好险,形殿角上(今殿角走兽是其遗像,引者注)。赑屃,好文,形碑碣上(今碑两旁文龙是其遗像,引者注)。霸下,好负重,形碑座上(今碑座兽是其遗像,引者注)。狴犴,好讼,形狱门上(今狱门上狮子是其遗像,引者注)。狻猊,好坐,形佛座上(今佛座狮子是其遗像,引者注)。睚眦,好杀,形刀柄上(今刀柄上龙吞口是其遗像,引者注)。"(张英,王士祯,等,1985,p.二上)。

综上所论,龙原是一种神化动物,并非自然界中真实存在的动物,起初不具"人形",自然也没有与人类似的心理和行为方式。龙图腾的形成,是中国先民博采多种动物之长及某些天象的形貌特征,经过漫长岁月后创造出来的,它体现了多个原始民族之间的融合。融合、团结、创新、奋进是中国龙文化的显著特征。① 有人认为,中国龙是自然界中真实存在的生物,海鳄、湾鳄、扬子鳄等是龙的本体,十二生肖中的大龙、五方帝中的青龙或苍龙即此,苍青正代表了鳄的体色。当它们被描绘下来作为族的徽记时,就产生了龙图腾徽铭文化。后因族团的分化、聚合、联姻、联盟、同化等原因,使得一些原不是龙的物类逐渐加入龙族团而晋升为龙的一部分,这便是龙家族的扩大化。因此,龙图腾是按"原生龙图腾→衍生龙图腾→再衍生龙图腾"方式演化的(王大有,2000,pp.21-22)。将海鳄、湾鳄、扬子鳄等自然界中真实存在的生物视作龙的本体,此观点值得商榷;主张龙图腾是按"原生龙图腾→衍生龙图腾→再衍生龙图腾"方式演化,则有一定道理。另外,佛教里有一种传说中的灵性生物叫"那伽"(Nāga)。"那伽"的外表类似一条巨大

---

① 根据中国中央电视台第10频道(CCTV-10)2012年7月18日晚《探索·发现》节目播出的《中华龙(六):龙行生雨》整理补充而成。

的蛇,有一个头或多个头。"那伽"是泉水、井水与河流的保护神,能够造雨(这点与中国的龙相似),因而能带来丰收;不过,"那伽"在受到人类不恭敬的对待时,也会制造洪水和干旱等灾难。鉴于此,或许佛教在汉代传入中国后,人们发现佛教中的"那伽"无论是外表还是能力都类似中国人说的龙。受佛教中"那伽"的影响,在唐代,人们将龙人格化,龙王于是就产生了。例如,唐传奇《柳毅传书》里的龙王不但长得像人,也具备与人类似的心理;而且住在龙宫里,过着与人类似的生活。宋代大理国的《八大龙王》是如今能看到的最早的龙王像。① 《八大龙王》出自宋代的《张胜温画卷》(又称《大理国梵像卷》),由大理国描工张胜温绘制,成画于盛德五年(1180 年),画卷为纸本彩绘,全长 1 635.5 厘米,宽 30.4 厘米,款式为大型卷轴画。画卷题材以反映佛教故事为主,兼反映大理国外事活动。时限从利贞王后礼佛图开始,至西土十六国王告终。整个画卷分为"蛮王礼佛图""法界流缘图""十六国大众图"三个部分。《八大龙王》出现在"法界流缘图"部分。

2. 龙与"dragon"

中华龙形象神奇,有神圣、皇权、强大、威猛、正义、吉祥和幸运等正面或主流的象征意义。与此不同,在《圣经》里,"dragon"是一种长脖、两翼、凶猛、神秘、怪异、可怕的动物,它处于与上帝不断的战争中。在英、德、西班牙语的传说故事中,"dragon"兴风作浪、凶狠残暴,是英雄意欲杀之的怪兽(葛岩,秦裕林,2008)。稍加比较可知,中华龙与西方文化里的"dragon"完全不同。为了避免西方人将中国的龙误解为西方的"dragon",2007 年,《首届中华龙文化兰州论坛宣言》郑重指出:宜将"dragon"直译为"獗更",将中华龙英译为"loong",以示区别(李国林,2007)。

不过,以西方历史上颇多负面描述的"dragon"来表示中国龙,真会干扰中华民族正面形象的跨文化传播吗?借助心理测试和内容分析方法,研究发现:(1)虽然西方人对"dragon"有更多的负面特征认知,但

---

① 根据中国中央电视台第 10 频道(CCTV - 10)2012 年 7 月 18 日晚《探索·发现》节目播出的《中华龙(六):龙行生雨》整理补充而成。

在实验条件下,美国被试对"dragon"、中国被试对龙的态度均为中性;(2)在复杂传播环境中,受问题框架、动机和意愿等因素的影响,被试可能使用特征认知之外的多种信息,导致态度大幅偏离实验建立的基线。同时,在不同的传播环境中,决策者采取的信息搜索策略不同,以实现旨在满足动机的态度重建。因此,就民族象征符号的传播效果而言,符号本身的特征不是问题的关键,它象征的对象是什么、在什么样的传播环境中执行其象征功能才真正重要。研究还显示,至少在目前,使用"loong"来替代"dragon"无助于龙的正面意义的传播。并且,即使"loong"与中国文化的象征意义日后得以建立,其传播效果也将主要由其象征的对象——中国文化、中国人——以及中国与他国的实质关系来决定(葛岩,秦裕林,2008)。

3. 中国人崇拜龙的原因

第一,龙崇拜实际上是水崇拜的外化。水是一种人类不可或缺的生产、生存资源,而某些类型的水,如暴雨与洪水也会伤人,且力量强大,使先民逐渐生出对水的崇拜。龙崇拜实际上是水崇拜的外化,所以龙司雨。龙是一种乡土神,法力有限,往往只能保一方水土平安(闻一多,1982,p. 26)。

第二,将蛇进一步神秘化以升华成龙。也有人认为,先民对蛇的迷信大约有三点:(1)蛇象征"蕃殖力"。(2)蛇显示着一种产生恐惧的魔性力量。(3)蛇显示着一种玄妙的预知力。从诸多神话传说以及考古资料中可以看到,先民们尤为崇拜的应是蛇的"蕃殖力"。所以,蛇的遗传工程是神圣的,而神圣产生了禁忌。在古人眼里,蛇、龙、虹一旦毫无顾忌地把它们的交配行为暴露于人们的眼前,便是对人们的一种羞辱、谴告(阴法鲁,许树安,1991,pp. 464 - 467)。《新序》《列女传》《贾谊集》《论衡》等书中都有不能杀两头蛇、见两头蛇者死的记载。唐朝段成式的《酉阳杂俎》明确地说:"见蛇交,三年死。"现今,在傣族、彝族和土家族地区仍有这种禁忌。先民将蛇进一步神秘化,便升华成龙。《国语》和《列女传》说,有一雄一雌两龙在夏的朝廷上交尾,是夏朝将覆灭的不祥之兆。虹是蛇、龙的变形,是古人想象的挂在天上的蛇、龙。古籍的记载、民俗传说以及出土的画像完全可以证实这一点。闻一多在《伏羲考》一文里也说：

> 龙究竟是个什么东西呢？我们的答案是：它是一种图腾，并且是只存在于图腾中而不存在于生物界中的一种虚拟的生物，因为它是由许多不同的图腾糅合成的一种综合体。……龙图腾，不拘它局部的像马也好，像狗也好，或像鱼、像鸟、像鹿都好，它的主干部分和基本形态却是蛇。这表明，在当初那众图腾单位林立的时代，内中以蛇图腾为最强大，众图腾的合并与融化，便是这蛇图腾兼并与同化了许多弱小单位的结果。金文"龍"字的偏旁皆从"已"，而已即蛇，可见，龙的基调还是蛇。大概图腾未合并之前，所谓龙者只是一条大蛇，这种蛇的名字便叫作"龙"。后来有一个以这种大蛇为图腾的团族兼并吸收了许多别的形形色色的图腾团族，大蛇这才接受了兽类的四脚，马的头、鬣和尾，鹿的角，狗的爪，鱼的鳞和须，……于是便成为我们现在所知道的龙了。（闻一多，1982，p.26）

可见，龙的主干是蛇。从《鲁灵光殿赋》"伏羲鳞身，女娲蛇躯"的记载看，从《独异志》女娲兄妹相互为婚的传说看，从出土的东汉武梁祠石室画像中两个蛇身人交尾的图像看，都是对这一点的证明。

第三，封建帝王将龙作为自己的专用图腾，称自己为"真龙天子"，使龙象征人世间最高的帝王权力。这进一步强化了中国人对龙的崇拜。顺便指出两点：（1）将皇帝视作"真龙天子"，此说法至少可追溯至《史记·高祖本纪》。"高祖，沛丰邑中阳里人，姓刘氏，字季。父曰太公，母曰刘媪。其先刘媪尝息大泽之陂，梦与神遇。是时雷电晦冥，太公往视，则见蛟龙于其上。已而有身，遂产高祖。高祖为人，隆准而龙颜，……醉卧，武负、王媪见其上常有龙，怪之。"（司马迁，2005，pp.241-242）这段话的大意是，刘邦的母亲刘媪在雷电交加之夜梦见一条蛟龙盘旋在她身上，随后怀了孕，生下刘邦。刘邦既然是其母"感龙而生"，不但长得有龙像，而且其喝醉时，头上常有龙出现。后世称皇帝的精子为"龙种"，大概也是从此说中衍生出来的。（2）《史记·高祖本纪》之所以要记载这个给刘邦脸上贴金的故事,正是因为刘邦本是普通百姓出身(出身低微),而不是"神圣家族"(也叫"黄金家族")的后人,为了凸显刘邦的不同凡响,只好捏造此种故事来增强刘邦身世的神圣性。在刘邦之前,无论是五帝中的后四帝还是夏禹的祖先,都是黄帝的直系后裔。《史记·五帝本记第一》记载:"黄帝者,少典之子,姓公孙,名曰轩辕。生而神灵,弱而能言,幼而徇齐,长而敦敏,成而聪明。"(司马迁,2005,p.1)皇甫谧云:"黄帝生于寿丘,长于姬水,因以为姓。居轩辕之丘,因以为名,又以为号。"(司马迁,2005,p.2)这表明,作为五帝之首的黄帝,是少典部族的子孙,本姓公孙,名轩辕。因长期居住在姬水,后改姓姬。"五帝"的说法有多种,依《史记·五帝本记第一》记载,指黄帝、颛顼(号高阳,黄帝之孙)、喾(号高辛,黄帝之曾孙)、尧(喾之子)、舜(名重华,颛顼的后人)。可见,五帝中的后四帝都是黄帝的后裔。而《史记·夏本记第二》记载:"夏禹,名曰文命。禹之父曰鲧,鲧之父曰帝颛顼,颛顼之父曰昌意,昌意之父曰黄帝。禹者,黄帝之玄孙而帝颛顼之孙也。"(司马迁,2005,p.37)因此,《史记·五帝本记第一》说:"自黄帝至舜、禹,皆同姓而异其国号,以章明德。"(司马迁,2005,p.34)殷商帝王的祖先是帝喾次妃吞玄鸟的卵而生,故《史记·殷本记第三》中有"天命玄鸟,降而生商"的记载(详见下文)。周朝帝王的祖先是帝喾元妃与巨人迹相感应而生,故《史记·周本记第四》说:"周后稷,名弃。其母有邰氏女,曰姜原。姜原为帝喾元妃。姜原出野,见巨人迹,心忻然说,欲践之,践之而身动如孕者。居期而生子,以为不祥,弃之隘巷,马牛过者皆辟不践;徙置之林中,適会山林多人,迁之;而弃渠中冰上,飞鸟以其翼覆荐之。姜原以为神,遂收养长之。初欲弃之,因名曰弃。……帝舜曰:'弃,黎民始饥,尔后稷播时百谷。'封弃于邰,号曰后稷,别姓姬氏。后稷之兴,在陶唐、虞、夏之际,皆有令德。"(司马迁,2005,pp.81-82)秦朝帝王的祖先是颛顼的一个名叫女脩的后代吞玄鸟的卵而生,故《史记·秦本记第五》说:"秦之先,帝颛顼之苗裔孙曰女脩。女脩织,玄鸟陨卵,女脩吞之,生子大业。大业取少典之子,曰女华。女华生大费,与禹平水土。已成,帝锡玄圭。禹受曰:'非予能成,亦大费为辅。'帝舜曰:'咨尔费,赞禹功,其赐尔皂游。尔后嗣将大出。'乃妻之姚姓之玉女。大费拜受,佐舜调驯鸟兽,鸟兽多驯服,是为柏翳。舜赐姓嬴氏。"(司马迁,2005,p.125)从《史记》的上述记载可知,商、周与秦三国国君的祖先可追溯至母系社会,那时的人一般只知其母,不知其父,故可杜撰出母亲与巨人迹相感应或吞食玄鸟卵生子的故事。尽管如此,因殷商的祖先契辅佐大禹治水有功,曾获舜的封赏,并被赐姓子氏;周朝国君的祖先后稷在舜时已有良好声望并获封;秦朝国君的祖先大费也因辅佐大禹治水有功而获舜的赏赐,舜还赐他姓嬴。可见,夏、商、周和秦四国国君都是经过祖先几代甚至几十代人的奋斗积累才最终成功登上国君或皇帝宝座。在子孙成功登上国君或皇帝宝座之前,他们早已取得骄人业绩,已是公认的人中龙凤了。更何况,殷商帝王杜撰其祖先是帝喾次妃吞玄鸟卵而生、周朝帝王杜撰其祖先是帝喾元妃与巨人迹相感应而生、秦朝帝王杜撰其祖先是帝颛顼的苗裔孙女脩吞玄鸟卵而生,都是为了给祖先增加神圣性,并无科学依据。究其实,商与周二朝帝王的祖先实都是帝喾的儿子。换言之,商与周二朝帝王的祖先是同父异母的兄弟,秦朝帝王的祖先是颛顼的孙女的儿子,而颛顼是黄帝之孙、喾是黄帝之曾孙,因此,商、周与秦三朝帝王实也都是黄帝的后代,只不过除秦朝帝王是黄帝四世孙女的后代外,其余皆是黄帝孙子或曾孙的后代。所以,从某种意义上说,自颛顼至秦二世胡亥,都是黄帝的"龙种"。可惜,商兴夏亡,周兴商亡,秦始皇统一中国时,在国君传承体系中,黄帝留下的血脉就只剩秦始皇这一支了。而当陈胜喊出"王侯将相宁有种乎"时(司马迁,2005,p.1569),表明当时像陈胜这样有洞见的人就已怀疑"神圣家族"血统的先天神圣性!当平民百姓出身的刘邦通过武力最终夺得皇帝宝座建立西汉王朝时,不但用事实证明了"王侯将相不是天生的,而是通过武力打拼出来的",由此在中国衍生出"打下天下者坐天下"的铁律,还标志着"龙种"因秦灭汉兴而在皇位传承体系里彻底中断,以及"神圣家族"血统的彻底中绝。从刘邦开始,直至清朝灭亡,在这2 000余年的历史长河中,"你方唱罢我登场",皇帝家族换了一个又一个,每朝的"真龙天子"或"龙种"都是以强权为后盾自封的,或是由御用文人或武将建构出来的,并非真的源自"神圣家族"的血统,更不是母亲与真龙感应而生或吞食凤卵而生。由此可见,最初之所以捏造刘母感龙而生刘邦的故事其真实原因主要有二:一是为了避免自卑;二是增强"君权神授"的意蕴。后继者基本上也主要是出于这两种动机才一再复演此故事。欧洲的皇室和日本的皇室与此有很大差异:在有皇室或王室的欧洲国家和日本,无论国家政体和当权者如何变化,皇室或王室的血统一般不会变;皇室或王室成员为了保证皇室或王室血统的纯正,一般也只与其他皇室或王室成员通婚,而不会与非皇室或王室成员的子女通婚(像英国皇室等欧洲皇室娶平民女子为妻或嫁给平民是最近几十年才有的事情)。结果,在有皇室或王室的欧洲国家和日本的历史上,皇位或王位的继承人一般出自皇室或王室成员,非皇室或王室出身的个体即便再才华横溢,除了像拿破仑(Napoléon Bonaparte)等极少数幸运儿能最终登上皇帝宝座,其他人最多只能当个首相或总督而已,虽然也是大权在握,甚至能让皇帝或天皇有名无实,却无法取而代之,自己登上皇帝的宝座。这虽易导致阶层固化,对皇室或王室而言却至少有两个益处:一是让非皇室出身的个体几乎彻底放弃帝王梦,在客观上减少争夺帝位引发战争的概率,有利于国家的长治久安;二是为欧洲和日本进入近代社会后推行君主立宪制奠定社会、文化与心理基础。与此相反,"皇帝轮流做,明年到我家"的观念虽有助于阶层流动,却也伴随一个重大弊端:几乎人人心中都有一个皇帝梦,中国历史上有很多战争的真正起因都是争夺帝位,改朝换代的战争频发极不利于国家的长治久安!

4. 龙观念中融汇了浪漫主义与实用主义

中国人的龙观念既浸透了浪漫主义,也浸透了实用主义。浪漫主义表现为相信龙的神异性;实用主义表现为以龙骨、龙齿、龙角、龙涎、龙脑等入药疗疾,益寿延年(田秉锷,2008,p.78)。

成书于东汉的《神农本草经》卷二中已载有龙骨、龙齿的药物作用。龙骨:味甘,平。主治心腹鬼注,精物,老魅,咳逆,泄痢脓血,女子漏下,症瘕坚结,小儿热气,惊痫。龙齿:主治小儿大人惊痫,癫疾,狂走,心下结气,不能喘息,诸痉,杀精物。久服轻身,通神明,延年,生川谷(顾观光,2004,p.64)。

到了唐代,药王孙思邈著《千金要方》与《千金翼方》。在《千金翼方·本草中》列"本草"诸药,又讲到龙骨、龙齿的药用疗效。龙骨:味甘性平,微寒,无毒。主心腹鬼疰,精物老魅,咳逆,泄痢脓血,女子漏下,症瘕坚结,小儿热气惊痫,疗心腹烦满,四肢痿枯,汗出,夜卧自惊,恚怒,伏气在心下,不得喘息,肠痈内疽,阴蚀,止汗,缩小便,溺血,养精神,定魂魄,安五脏。白龙骨:疗梦寐泄精,小便泄精。齿:主小儿大人惊痫,癫疾狂走,心下结气,不能喘息,诸痉,杀精物,小儿五惊十二痫,身热不可近,大人骨间寒热,又杀蛊毒(孙思邈,1998,pp.57-60)。孙思邈在继承《神农本草经》的基础上,对龙骨与白龙骨作了区分,并增补了龙骨的医疗效果(田秉锷,2008,p.78)。

宋明清时期,人们(尤其是医家)对龙和龙骨的了解似乎更为系统。(1)知其产地。明人陈嘉谟在《本草蒙筌》卷十一《虫鱼部·龙骨》里说,龙骨"河东多,崖穴有"。清人黄宫绣在《本草求真》卷二里说,龙骨在"生晋地川谷及太山岩水岸上穴中死龙处"。(2)知其雄雌异形。如上所引,《史记·夏本纪》曾说:"天降龙二,有雌雄",但并未明言雌龙与雄龙的区别。董羽在《史记》的基础上,首次描述雌龙与雄龙的外貌特征。董羽在《画龙辑议》里说,龙"雌雄有别,雄者角浪凹峭,目深鼻豁,须尖鳞密,上壮下杀,朱火煜煜;雌者角靡浪平,目肆鼻直,鬐圆鳞薄,尾壮于腹"。陈嘉谟在《本草蒙筌》卷十一《虫鱼部·龙骨》里则指明,雌雄龙骨也有明显差异:"雄龙骨狭而纹粗,雌龙骨广而纹细。"(3)知其质地优劣。陈嘉谟在《本草蒙筌》卷十一《虫鱼部》里说:"五色俱全上品,白中黄乃次之。黑者极低,检除勿用。"(4)知其配伍。陈嘉谟在《本草蒙筌》卷十一《虫鱼部》里说:"畏椒漆、理石,宜牛黄、人参。"清人张璐在《本草逢原》里说:"得牛黄以协济之,其祛邪伐肝之力尤捷。"(5)知其药理之源。清人张璐在《本草逢原》里说,"龙者东方之神,故骨与齿皆主肝病""龙禀东方木气,而角又督脉所发,故治惊痫,神魂不宁"(田秉锷,2008,p.79)。上引只言片语旁证了中国人对龙的立体认识:龙骨之见其来也远,龙骨之用其来也久。由龙骨、龙齿而龙,以"物证"形态逆推出龙的真实存在,以及龙文化的体系性真实。对此,中国古人深信不疑(田秉锷,2008,p. 79)。

(二) 崇拜凤

1. 什么是凤

凤是中国古代传说中的神鸟。雄的叫"凤",雌的叫"凰"(也作"皇"),通称为"凤""凤凰"或"凤皇",又名"鹇"(汉语大字典编辑委员会,2010,p. 4918)。凤崇拜常与龙崇拜并提。龙、凤都是中国古人建构出来的一种祥瑞的神化动物,龙代表男性,凤代表女性,不过,二者并不是同时被中国人创造出来的。中国人的崇龙习俗至今已有 8 000 余年的历史,但凤的历史要短得多。凤是商代的新创,是殷商人崇拜的对象。

"凤"字在早期甲骨文里写作"⿱"或"⿱",像凤鸟高冠、花翎、长尾之形,其中,特别凸出了它尾部的美丽羽毛;在后期甲骨文里,"凤"字增加了声符"凡",写作"⿱"(汉语大字典编辑委员会,2010,p. 4918)。可见,"凤"本是一个象形字。凤的详细外貌如何?《尔雅》卷第十《释鸟》:"鹇,凤。其雌皇。"郭璞注:"鸡头、蛇颈、燕颔、龟背、鱼尾,五彩色,高六尺许"。《尔雅》是中国最早的一部解释词义的专著,现在一般认为是西汉初年学者缀辑周、汉诸书旧文,递相增益而成(夏征农、陈至立,2010,p. 445)。同时,1976 年河南殷墟妇好墓中出土的玉凤(见图 5-4)是迄今为止发现的最早凤造型玉饰,玉凤的出土为研究早期的凤崇拜提供了一份珍贵的史料。

图 5-4 玉凤

如图 5-4 所示，这件玉凤身躯扁平，形体修长，亭亭玉立。引颈回首，好像振翅欲飞，弯弯的身躯，外缘凸张，内缘凹曲，凤冠高耸，尖喙如鸡，长尾舒展，双翅微张，显得体态婀娜，灵动有致。稍加比较可知，玉凤长相与今人眼中的凤几乎一模一样。这表明，凤出现的时间虽比龙要晚，但凤造型的定型却比龙造型的定型要早得多。其后，东汉许慎释凤时，在完整采纳《尔雅》观点的基础上，又补充了凤的外貌细节、习性，以及凤带给人们的祥瑞之兆。《说文·鸟部》说："凤，神鸟也。天老曰：'凤之像也，麟前鹿后，蛇颈鱼尾，龙文龟背，燕颔鸡喙，五色备举。出于东方君子之国，翱翔四海之外，过昆仑，饮砥柱，濯羽弱水，暮宿风穴，见则天下大安宁。从鸟，凡声。朋，古文凤，象形。凤飞，群鸟从以万数，故以为朋党字。"（许慎、段玉裁，1988，p. 148）再往后，南宋的罗愿吸收《尔雅》与《说文》里释凤的言论，并作了进一步的阐释。罗愿在《尔雅翼》卷十三《释鸟·凤》里写道：

  凤，神鸟也。《韩诗外传》曰：黄帝即位，宇内和平，惟思凤象。召天老而问之。天老对曰：夫凤象，鸿前而麟后，蛇头而鱼尾，鹳颡而鸳思，龙文而龟背，燕颔而鸡喙。又说者曰：五色具扬，出东方君子之国，翱翔四海之外，过昆仑，饮砥柱，濯羽弱水，暮宿风穴，见则天下大安宁。又有六像九苞之说。盖凤生南方，去中国甚远，而又不妄飞鸣饮啄，其至盖罕。故孔子称之，而世好事者，喜为之传道，务奇怪其章，抽绎其声，列于神圣，故千世而不合焉。盖鸿前者，轩也。麟后者，丰也。蛇颈者，宛也。鱼尾者，岐也。鹳颡声，椎也。鸳思者，张也。龙纹者，文也。龟背者，隆也。燕颔者，方也。鸡喙者，钩也。六像：头像天者，圆也；目像日者，明也；背像月者，偃也；翼像风者，舒也；足像地者，方也；尾像纬者，五色具也。九苞：口包命者，不妄鸣也；心合度者，进退精也；耳听达者，居高明也；舌诎伸者，能变声也；彩色光者，文采呈也；冠矩朱者，南方行也；距锐钩者，武可称也；音激扬者，声远闻也；腹文启者，不妄纳也。（罗愿，1985a，pp. 137-138）

综上所引可知，与龙类似，凤也是中国先民在集合了多种动物的特点后建构出来的一种神化动物。在种属上,凤属鸟类。

2. 中国人崇拜凤的原因

中国人崇拜凤的原因主要有二。

第一,"天命玄鸟,降而生商"的传说导致殷商人崇拜凤。换言之,崇拜凤是商代的新创。据《诗经·商颂·玄鸟》记载:"天命玄鸟,降而生商。"郑玄笺:"天使鳦下而生商者,谓鳦遗卵,娀氏之女简狄吞之而生契。"所以,《淮南子·修务训》说:"禹生于石,契生于卵。"(刘文典,1989,p. 642)《史记·殷本纪第三》中也有"天命玄鸟,降而生商"的记载:

> 殷契,母曰简狄,有娀氏之女,为帝喾次妃。三人行浴,见玄鸟堕其卵,简狄取吞之,因孕生契。契长而佐禹治水有功。帝舜乃命契曰:"百姓不亲,五品不训,汝为司徒而敬敷五教,五教在宽。"封于商,赐姓子氏。契兴于唐、虞、大禹之际,功业著于百姓,百姓以平。……主癸卒,子天乙立,是为成汤。(司马迁,2005,pp. 67 - 68)

此外,另有引文,"谯周云:'契生尧代,舜始举之,必非喾子。以其父微,故不著名。其母娀氏女,与宗妇三人浴于川,玄鸟遗卵,简狄吞之,则简狄非帝喾次妃明也。'""契始封商,其后裔盘庚迁殷,殷在邺南,遂为天下号。契是殷家始祖,故言殷契。""从契至汤凡十四代,故《国语》曰'玄王勤商,十四代兴'。玄王,契也。"(司马迁,2005,pp. 67 - 68)传说殷商始祖契的母亲简狄是在吃了玄鸟(即凤)的蛋后生了他,他是凤的后裔。契长大后帮助大禹治水有功,禹为奖赏契,封商地给契。后来,契的第14代子孙汤最终建立起商朝。殷人相信"天命玄鸟,降而生商"的传说,自然也就将自己视作凤的传人,并推动了殷人及其后代对凤的崇拜。与此相呼应,殷人特别推崇凤造型的艺术品。顺便指出,"天命玄鸟,降而生商"的传说暗示在契出生之前,商人部落尚处于母系氏族社会阶段,所以契只知其母而不知其父。

第二,对和平、安宁生活的向往。中国先哲始终未找到一个让国家长治久安的办法,在治理国家时存在巨大的管理缺陷,导致中国历史上乱世时间长,治世时间短,百姓生活苦不堪言,所以,才有了"宁做太平犬,莫做乱世人"的说法。而根据《说文》与《尔雅翼》等书的解释,中国先哲常用凤象征祥瑞,相信凤的出现,便预示着"天下大安宁"。从这个角度看,对和平、安宁生活的向往,是中国人崇拜凤的真正心因。

(三) 崇拜十二生肖

至今仍在中国通用的十二生肖——鼠、牛、虎、兔、龙、蛇、马、羊、猴、鸡、狗、猪——是中国人崇拜的十二种图腾。中国人将十二生肖按上述顺序排列,此种做法至少可追溯到南朝。据明代文学家张溥编选的《汉魏六朝百三家集》卷一百四《类聚》五十六《诗纪》百一记载,南朝梁、陈间文学家沈炯,最早作《十二属诗》:

> 鼠迹生尘案,牛羊暮下来。
> 虎啸坐空谷,兔月向窗开。
> 龙隰远青翠,蛇柳近徘徊。
> 马兰方远摘,羊负始春栽。
> 猴栗羞芳果,鸡跖引清杯。
> 狗其怀物外,猪蠡窅悠哉。

这是一首藏头诗,以一定顺序将十二生肖排于每句之首,这表明十二生肖按"鼠、牛、虎、兔、龙、蛇、马、羊、猴、鸡、狗、猪"的顺序排列至迟在南朝已深入人心。此后,历代都有文人写"十二时辰诗"(即"十二属诗"),对十二生肖的排序也多持与沈炯一样的观点。例如,南宋理学家朱熹在《读十二辰诗卷掇其余作此聊奉一笑》写道:

> 昼闻空箪啮饥鼠,晓驾羸牛耕废圃。
> 时才虎圈听豪夸,旧业兔园嗟莽卤。
> 君看蛰龙卧三冬,头角不与蛇争雄。
> 毁车杀马罢驰逐,烹羊酤酒聊从容。
> 手中猴桃垂架绿,养得鹖鸡鸣喔喔。
> 客来犬吠催煮茶,不用东家买猪肉。

中国人为什么按"鼠、牛、虎、兔、龙、蛇、马、羊、猴、鸡、狗、猪"的顺序排列十二生肖?中国古代学者曾从昼夜十二时辰的角度作出有力解释:鼠是时近夜半之际出来活动,将天地间的混沌状态咬出缝隙,即

"鼠咬天开",所以子属鼠。天开之后,接着要辟地,即"地辟于丑",牛耕田,该是辟地之物,故以丑属牛。寅时是人出生之时,有生必有死,置人于死地莫过于猛虎,而寅又有敬畏之义,故以寅属虎。卯时,为日出之象,太阳本应离卦,离卦象火,内中所含阴爻,为太阳即月亮之精玉兔,卯便属兔。辰,三月的卦象,此时正值群龙行雨的时节,辰自然就属了龙。巳,四月的卦象,值此之时,春草茂盛,正是蛇的好日子,并且,巳时为上午,这时蛇正归洞,所以巳属蛇。午,下午之时,阳气达到极端,阴气正在萌生,马这种动物,驰骋奔跑,四蹄腾空,但又不时踏地,腾空为阳,踏地为阴,马在阴阳之间跃进,所以成了午的属相。羊,午后吃草为最佳时辰,容易上膘,此时为未时,故未属羊。未之后申时,是日近西山猿猴啼的时辰,并且猴子喜欢在此时伸臂跳跃,故将猴配申。酉为月亮出现之时,月亮属水,应着坎卦,坎卦其上下阴爻,而中间的阳爻代表太阳金乌之精,因此,酉属鸡。夜幕降临,是为戌时,狗正是守夜的家畜,也就与之结为戌狗。接着亥时到,天地间又浸入混沌一片的状态,如同果实包裹着果核那样,亥时夜里覆盖着世间万物,猪是只知吃了睡的动物,故猪成了亥的属相(佚名,2013)。

二、中国人的鬼神崇拜

战国时期齐人邹衍(即驺衍)创立"大九州"学说,认为"中国名曰赤县神州。赤县神州内自有九州,禹之序九州是也,不得为州数。中国外如赤县神州者九,乃所谓九州也。于是有裨海环之,人民禽兽莫能相通者,如一区中者,乃为一州。如此者九,乃有大瀛海环其外,天地之际焉"(司马迁,2005,p.1840)。可见,"华夏""中国""中土"很早就有"神州"或"神州大地"之称(夏征农,陈至立,2010,p.240),且一直流传至今。联想到"神鬼观念在西周以前的古代中国极为普遍"的事实(夏征农,陈至立,2010,p.1161),"神州"是否有"神灵居住的地方"之义?这值得进一步深究。但有一点可以肯定,《论语·述而》记载"子不语怪、力、乱、神",由此可见,春秋时期已有人(如孔子)对鬼神产生怀疑,不过,自古至今,都有一些中国人崇拜鬼神、祭拜鬼神。

(一) 鬼神崇拜的内涵及表征

1. 什么是鬼神与鬼神崇拜

鬼神崇拜指相信世间存在鬼神,或相信某种生物具有超乎自然的"灵魂"或精灵,它们有控制风、雨、雷、电、旱、涝等自然现象以及人类的生、老、病、死等的力量,且能奖善惩恶,进而崇拜它们,祭拜它们,希望得到它们的保佑和支持的一种心理与行为方式。

在中国,鬼与神之间虽没有严格界限,但若细究,二者之间至少有四个区别:(1) 二者内涵不同。迷信者以为人死后精灵不灭,称其为"鬼"(夏征农,陈至立,2010,p.654)。《尔雅·释训第三》说:"鬼之为言归也。"意思是,所谓鬼就是人所归。神,也称"神仙""仙人""神灵""神道",宗教和神话中指的主宰物质世界的、超自然的、具有人格和意识的存在(夏征农,陈至立,2010,p.1161)。(2) 二者来源不同,导致二者有尊卑高下之分。据《礼记·乐记》说:"圣人之精气谓之神,贤知之精气谓之鬼。"《吕氏春秋·顺民》说:"天神曰神,人神曰鬼。"从先秦到西汉的一些资料看,当时的人们一般将人死后的灵魂称为鬼,至于一些原始公社制社会的著名部落首领(传说人物)和历史上有重大贡献的人物,死后便被称为神(阴法鲁,许树安,1991,pp.365-366)。可见,神尊鬼卑。(3) 二者的居住地和活动地域有差别。从居住地和活动地域看,神主要住在天上,活动地域也主要在天上,偶尔也下凡或被贬到人世间,当然也可偶尔去阴间走走;鬼主要住在阴间,活动地域也主要在阴间,偶尔也游荡于人世间。(4) 二者在美丑善恶上有差异。一般而言,在中国传统文化里,神代表美与善(当然也有极少量的"凶神恶煞"),鬼代表丑与恶(当然也有极少量美丽且善良的鬼怪),相应地,中国人多羡慕神,惧怕鬼。当然,丧尽天良的人比最恶的恶鬼还要恶上千万倍!

同时,尽管神仙一般都长生不死,且都会一定的法术,不过,若细分,神和仙至少有三个主要区别:(1) 二者在是否有肉身上有差异。与西方的神仙多出自基督教的神仙谱、凡人很难依靠自身修炼成仙不同,在中国,无论是人还是动植物乃至其他万物,都有成神成仙的可能。不过,若想成仙,必须以肉身为基础,通过艰苦卓绝的修炼,汲取天地之精华,服食仙丹,或被仙人点化,最终才能得道成仙,其中著名者如道教中的"八仙"。与成仙不同,人或动植物死后,灵魂摆脱了肉身的束缚,且因种种机缘最终得到敕封并在天庭谋取到一个合法身份者是神。例如,《封神榜》最后封的都是神,曲阜孔林的神道上建有升天柱。可见,成神一定要在个体死或涅槃之后,故没有了肉身的束缚。在神话传说和某些宗教中,仙人指修炼得道、长生不死的人(汉语大字典编辑委员会,2010,p. 146)。因此,与成神不同,本有生命的个体若想成仙,无须经历死亡,也无须丢掉肉身。篆文"仙"字写作"僊"(许慎,段玉裁,1988,p. 383),由"人"字、四只手将东西举起来的示意图和坐着的人形构成。后两个字合在一起,表示人看见一个东西升起来了,整个字的意思是升入天空中的人,由此引申出神仙的含义。汉字隶定时,"僊"简化为异体字形,写作"僊"(窦文宇,窦勇,2005,p. 2)。《说文解字·僊》说:"僊,长生僊去。"(许慎,段玉裁,1988,p. 383)现在的"仙"字是后起的字形,由"人"字和"山"字构成,意思是像山那样长久存在的人,由此引申出长生不老的含义(窦文宇,窦勇,2005,p. 2)。《释名·释长幼》:"老而不死曰仙。仙,迁也。迁入山也。故其制字人旁作山也。"这说明,"仙"是一个会意字。"仙"字通行后,"僊"字便被废弃(许慎,段玉裁,1988,p. 383)。葛洪在《抱朴子内篇·论仙》中写道:"上士举形升虚,谓之天仙。中士游于名山,谓之地仙。下士先死后蜕,谓之尸解仙。"根据修炼的不同层次,葛洪将仙分为天仙、地仙和尸解仙。其中,尸解仙既经历了肉体的死亡,又丢掉了肉体这个躯壳,是一种很特别的仙。它虽在形式上已与神无异了,但不太被人认可,至少中国古代的皇帝追求的基本上都不是尸解仙。(2)二者的自由度不同。神一般在天庭里有职位;仙一般没有官职,逍遥自在,再加上修仙一般无须经历死亡,故现实生活里的中国人多想成仙(即葛洪所说的天仙与地仙,而不是尸解仙),少有人想成神。(3)二者在是否必须按宗教教义进行修炼方面有差异。在中国传统文化语境中,仙人是道家得道成仙的人,能长生不死,来去无方。所以,成仙的人或动植物乃至其他万物往往与道教有关,成仙前多主动修炼道教的法术,或是被仙人点化,最终修成了正果;若修正道时走火入魔,或修旁门左道,就成妖魔了。成神的人或动植物在其生前无须学习某种宗教教义,也无须按某种宗教教义去修行,只要其在阳间时在某方面或某几方面取得骄人业绩,广受百姓的尊敬,其在死后或涅槃后就有可能被封为神,孔庙中以孔子为首的众神和关羽死后成了神便是两个最典型实例。

《庄子·逍遥游》说:"藐姑射之山,有神人居焉,肌肤若冰雪,淖约若处子;不食五谷,吸风饮露;乘云气,御飞龙,而游乎四海之外。"根据《庄子》对神仙的这一记载,再结合《庄子·齐物论》《楚辞·离骚》和《楚辞·九章·涉江》等对神仙的记载可知,神仙与凡人的区别主要有三:(1)能否长生不死有差异。一般而言,神仙只要不被天庭处死或被妖魔害死,往往能长生不死;凡人无论善恶,终有一死。(2)生活区域和饮食习惯有差异。神仙一般生活在天上,不食人间烟火,只吃仙桃仙丹之类带有仙气的东西;凡人一般生活在人间,食人间烟火。(3)是否会仙术有差异。神仙多掌握一定的仙术,凡人则不会仙术。神仙虽与凡人不同,但二者有时也可相互转换:神仙一旦犯错,也可被贬到凡间做凡人;凡人中那些修成正果者、经过打拼取得卓越成就者以及经神仙点化者,也可在生前或死后变成神仙。例如,孔子、关公和妈祖原本都是人,死后才逐渐被后人崇拜成神。也正由于中国本土的神往往由人转变而成,因此,始终没有形成那种绝对的、全知全能、主宰一切、远远超乎一般世俗生活经验之上的神(李泽厚,2019,p.138)。

2. 崇拜鬼神的表征

中国人崇拜鬼神主要有四个表征,其中,"祭祖"留待下文探讨,这里只论以下三个:(1)给著名的鬼神塑像、设立专门的祭祀场所,甚至形成一套专用祭祀仪式。例如,中国人很早就祭拜日神和月神,此传统一直延续至今,北京就有专门祭祀日神的日坛与祭祀月神的月坛。此外,在中国传统佳节——中秋节——里,月亮也扮演了一个重要的角色,赏月也成为中秋节的一项传统活动。中国人过小年时多有祭灶神的传统。古时,中国有的地方每年都要定期祭拜山神、河神或土地,以求一年能风调雨顺;若发生水灾或旱灾,就认为是得罪了龙王爷,遭到了龙王爷的惩罚。(2) 相信鬼神会到人间活动。一旦有人生了病或受了惊,便认为是妖魔附身,不去看医生,而是请法师或巫师来做法事,以驱妖避邪。(3) 中国人信鬼神,导致历史上曾出现大量以鬼神为题材的文学作品,如秦汉的神仙之说、汉末巫风、六朝志怪、宋代变怪谶应之谈与明代的神魔小说等。

(二) 中国人崇拜鬼神的特点

中国人崇拜鬼神有三个看似矛盾的特点。

1. 泛神论

泛神论(pantheism)指将神融化在自然界中的哲学观点。宣称神即自然界,神存在于自然界一切事物之中,没有超自然的主宰或精神力量。该词于 1720 年由托兰德(J. Toland)创造(夏征农,陈至立,2010,p. 471)。这里借用"泛神论"一词来指称一种相信万事万物都可成神成鬼成怪的思想或观念。在一些中国人心里,万事万物(包括人、动物、植物和无生命的物质等)皆有生命,万事万物均能变鬼神,均可成"精"成"怪"。在这个庞大的鬼神系统里,几乎每一个鬼神都能得到一定数量的中国人的信奉。由此可见,许多中国人有泛神论思想。例如,《搜神记》一书里既有神仙方士的神通,也有地方神祇的灵验;既有阴阳五行错乱所致的妖怪,也有符命谶纬所显示的天命;既有匪夷所思的灾异瑞应,也有自成系统的占梦解梦;既有德艺精诚的神奇境界,也有五气变化所致的反常人物;既有颇具灵性的奇物异产,也有闻所未闻的亦人亦怪;既有跨越生死、沟通人鬼的传闻,也有机智沉稳、降妖除怪的异事,更有因果报应故事(马银琴,2012,p. 2)。

2. 多神论或多神教

多神论(polytheism)指一种承认并崇拜多位神祇的思想或观念。与此相似的一个词是"多神教"(polytheism),指信仰和同时崇拜许多神的宗教。佛教被认为是全球三大宗教中唯一的多神教。多神论与多神教的相通之处是,二者都承认并崇拜多位神祇。多神论与多神教的相异之处是,多神论只是一种思想或观念,多神教是一种宗教。

中国先秦典籍里并无"地狱"一词,"地狱"一词来自印度的佛教,随后不断中国化。受佛教和道教思想的交互影响,一些中国人相信有"天上"、人间与地狱三界,并认为"天上"有两大神仙体系:一是由玉皇大帝掌管的天宫,其内生活着众神仙;另一是佛祖掌管的西天,其内也生活着众神仙。人间由皇帝掌管,但皇帝只能管人,管不了神仙。在人间,不但一些人经过修炼可成仙升天,如"一人升天,仙及鸡犬"讲的便是此现象,而且一些动植物经过修炼也可成仙,如一些神话故事中的狐仙、树精与鱼精等,都是通过此途径成仙的。阴间与地狱由阎罗王掌管,而且有众多小鬼伴其左右。在古代中国人看来,阴间是阳间(人间)的翻版,只不过环境更恶劣,少些生气与个性(麦高温,1998,p.92)。中国有"十八层地狱"之说,认为阎罗王会根据个体生前所犯罪行的轻重来决定其在不同层数的地狱中受罪(李渔,2011,pp.41-42)。由此可见,许多中国人有多神论思想。在持多神论的中国人看来,鬼神世界至少有三大类:玉帝的天宫、西天乐土和阴曹地府。《西游记》里的诸神与鬼怪便是这么安排的。从派系上看,中国人眼中的神仙谱分为不同的派系:有佛教推崇的神仙谱,其中著名的神仙有如来佛、观音菩萨、普贤菩萨、文殊菩萨与地藏王菩萨等;有道教推崇的神仙谱,如南梁陶弘景撰《真灵位业图》一书,将神仙序位分为七个层次,高低有别,以第一等级为最高,道教神仙谱中著名的神仙有元始天尊、灵宝天尊、太上老君、玉皇大帝、王母娘娘以及"八仙";民间推崇的神仙谱中,著名的神仙有天妃娘娘(妈祖)、城隍、土地神、门神(秦叔宝与尉迟敬德)和灶神等。顺便指出,中国民间传说中的阎罗王本源于印度。印度古代神话中有"Yamarāja"(梵语,阎摩罗阇),音译的略称便是"阎罗",也译作"阎罗王""阎王"等,原意为"地狱的统治者"或"幽冥界之王"。在印度古代神话中,阎罗王是管理阴间的王,能判人生前善恶,加以赏罚。佛教沿用此说,称为管理地狱的王(夏征农,陈至立,2010,p.2194)。

在中国人心里,不同鬼神有不同用处,彼此并无冲突之处,这与西方人信奉唯一神(上帝或真主)的一神教(monotheism)心理大相径庭。同时,一些人尚和,便产生了多神论思想或信奉多神教的现象,一种常见做法便是在一座寺庙里同时供奉道、佛两教的神像,甚至将儒、道、佛三教思想融合在一起。中国社会也认可一个人同时信仰两个或两个以上鬼神的做法。例如,任何一个想为自己举行佛教仪式的人,只要负担得起,就可雇请和尚,因而成为一名佛家弟子;倘若他想成为道士,也可用相同的方法招来道士,这样,他就会成为一名道家弟子。在中国人看来,请谁无关紧要,有时也可能把两教的人同时请来,让自己同时成为佛教徒与道教徒(明恩溥,1998,p.350)。又如,一个中国人若希望自己有后代,可以向佛家的观音菩萨烧香;做生意想发财,可以向道教的"赵公元帅"磕头;若想祛病,则可能会向一棵成精的大树或大石头许愿。

3. 无神论

无神论(atheism)与有神论相对,指一种否定一切宗教信仰和鬼神迷信的学说(夏征农,陈至立,2010,p.1997)。在中国,无神论观念最早可追溯到西周初年以周公为代表的周初文化精英所进行的变革,其结果是用道德取代宗教,使中国文化逐渐摆脱传统宗教的影响,开创了人文精神。其后,受孔子"不语怪、力、乱、神"思想的影响,儒学内部始终有无神论思想的传统。也正由于此,儒学自汉武帝时代成为国家的意识形态后,进一步助长了"皇权高于神权(皇尊神贱),神权高于鬼权(神尊鬼贱)"的思想观念,因此,一旦皇权与神权发生冲突,最终的胜利者几乎都是皇权。受此传统的影响,多数中国人有无神论的思想,不相信任何鬼神或灵魂的存在。俗话说:"祭神如神在,如不在,人不怪。""祭神如神在,如不敬,神不怪。""不信神,不信鬼,全靠咱的胳膊腿。""宁犯天公怒,莫把众人恼。""求神不如求人,求人不如求己。""自己的路自己走,自己的命自己修。"等等。可见,许多中国人又有轻鬼神而重人事的心理。林语堂说得好,中国人得意时信儒教,失意时信道教、佛教,而在教义与己相背时,中国人会说"人定胜天",中国人的信仰危机在于经常改变信仰。因此,一种学说或主张若带有无神论思想,无论是自创的还是外来的,往往易被中国人接受。不过,在中国,一个人即便不信宗教,不祭拜鬼神,也一般会祭祀祖先,也有一些人喜欢算命,因此真正持彻底无神论的中国人并不多。

(三) 中式鬼神崇拜产生的缘由

中国人崇拜鬼神的缘由多种多样,概括起来主要有三:(1) 无知。一些中国人尤其是古人因对风、雨、雷、电、旱、涝等自然现象以及人类的生、老、病、死等缺乏正确的认识,推测其都由某种超乎自然的精灵掌控,进而敬畏、迷信、崇拜这些精灵。(2) 出于实用目的。在中国,任何鬼神只要能满足求神拜佛者的心愿,就会有人崇拜它。正如费孝通所说:"我们对鬼神也很实际,供奉他们为的是风调雨顺,为的是免灾逃祸,我们的祭祀很有点像请客、疏通、贿赂。我们的祈祷是许愿、哀乞,鬼神在我们是权力,不是理想;是财源,不是公道;……一个跑在送子观音前磕头的妇人,她的心里头绝不会有牺牲这两个字,她的行为无异于在街上做买卖,香烛和磕头是阴冥之间的通货。"(费孝通,1985,pp. 110 - 111)所以,与西方人祷词的主要内容是反省和对灵魂的忏悔大异其趣,中国人在向鬼神作祷告时,祷词多半是向鬼神表示自己的请求,其目的无非是为了让自己或自己的亲朋好友得到某种实惠,或是劝人为善去恶。出于劝人为善去恶的目的,中国还产生了一些著名传说(如《八仙过海》等)和文艺作品(如《西游记》《哪吒闹海》与《聊斋志异》等),寄托着中国人对未知世界的敬畏、对邪恶势力的痛恨和对美好生活的向往。可见,中国人在儒家思想的熏陶下,没有像印度那样发达的宗教思想与神学体系,而是一个注重实际的民族,多以功利的态度看待鬼神问题,不像虔诚的宗教徒那样以超功利的情感与态度来对待鬼神,也不会固执地将自己置于某个鬼神的支配下,这说明中国人的心里没有一个唯一的、排他性的神明。也正因为多数中国人主要是出于"想要鬼神满足自己某种或多种实惠目的"的动机去敬鬼神,为了迎合此种心态,一些寺庙或道观也就打出"有求必应"的招牌来吸引信众,进而导致信众相信某个寺庙或道观中供奉的神灵非常灵验时,此寺庙或道观的香火一定非常旺盛,一些不太灵验的寺庙或道观则往往门可罗雀!(3) 文化教育传承的结果。后世一些中国人因生活在一定文化习俗中,或者接受了某种崇拜鬼神教义的教育而崇拜鬼神。

(四) 为什么中国没有神权高于王权或皇权的传统

与世界上许多国家有神权高于王权或皇权的传统不同,中国至少自西周以来均未曾出现神权高于王权或皇权的现象,其缘由主要在于,西周用道德取代宗教的变革的成功。西周初期,以周公为代表的一批文化精英通过总结商朝灭亡的教训,认识到人心比天命重要,开始了一场变革,这场变革实乃一场宗教改革运动,最终形成中国文化用道德取代宗教的特质,使中国文化逐渐摆脱传统宗教,开创了人文精神(王国维,1959,pp. 451 – 477)。稍后,孔子创立的儒学特别重视道德和道德教育,后经子思、孟子、荀子和董仲舒等众多大儒的弘扬,在汉武帝时期因汉武帝采纳董仲舒的"罢黜百家,独尊儒术"的建议而取得了独尊地位。其后,儒学的传承与发展虽有低谷,却有大儒极力弘扬,使之延续至今仍充满生机与活力,成为中国乃至世界的一个宝贵文化传统。与此同时,中国先是在战国时期诞生了黄老之术,其在西汉初年还广泛流传,之后也时有出现。汉代,印度佛教传入中国。东汉中叶又诞生了土生土长的道教。此后至清朝灭亡,黄老之术、佛学和道教虽时常与儒学发生争论,但始终未能撼动儒学的统治地位,更糟糕的是,在古代中国,人们多是出于实用主义目的才信佛教或道教,无形中降低了这两种宗教的神圣性与影响力;有些帝王对佛教或道教的信奉极虔诚,但均属个人行为,从未有任何一个宗教被真正抬升至国教的地位。而且,任何一种宗教势力一旦过于与皇权争利,往往会受到皇权的打压乃至毁灭性打击。结果,神权往往臣服于王权或皇权。举一个典型例子,西方常常是神权册封世俗王权或皇权,与此相反,中国往往是王权或皇权册封神权,神仙(尤其是道教与儒学谱系里的神仙)多由王权或皇权册封,其神权自然高不过王权或皇权。

三、中国人的祖先崇拜

(一) 中式祖先崇拜的内涵与表征

祖先崇拜,也叫"祖宗崇拜",指崇拜祖先的心理与行为方式。中国人的祖先崇拜有四个重要表征。

1. 尽量将逝者风光下葬

中国人将死后的世界（阴间）看作活着时生活的世界（阳间）的翻版，并相信人死后在阴间仍然过着类似阳间的生活（李泽厚，2019，p.138），所以《中庸》说"践其位，行其礼，奏其乐，敬其所尊，爱其所亲，事死如事生，事亡如事存，孝之至也"（朱熹，1983，p.27）。《荀子·礼论》也说："丧礼者，以生者饰死者也，大象其生以送其死也。故如死如生，如亡如存，终始一也。"（王先谦，1988，p.366）相应地，中国人惯有"事死如事生"的传统，因此，中国人崇拜祖先的第一个表征是，只要礼节允许且有充足的财力支持，一定要尽量将逝者风光下葬。与此相一致，在中国历史上，厚葬在多数时候都成为官方和民间均认可的一个重要葬俗，只要条件许可，一定厚葬逝者，为此不惜耗费大量人力、物力和财力为逝者建造豪华墓室，并在墓室内放置大量金银珠宝与生活物品。只有在国家财力吃紧的背景下，中国官方才提倡薄葬。结果，帝王将相和达官贵人去世后，往往都会被厚葬，由此导致盗墓与防盗墓的斗争几乎惯穿整个中国古代史。对今天的中国考古事业和文博事业而言，保护或发掘古墓中的宝藏，是其重要工作之一。

2. 看重祭祖

中国人崇拜祖先的第二个表征是看重祭祖。在祭祀祖先方面，中国人也有"事死如事生"的传统，即相信祖先的灵魂像活人那样也需要吃喝，故祭祀时需摆上丰富的供品；在阴间也有开销，故祭祀时需烧纸钱；在阴间也需要尊重，故祭祀时要行跪拜礼；在阴间也需要住房，故祭祀时需烧纸房子；在阴间也需要生产和生活用具，故祭祀时需要烧纸做的生产和生活用具，等等。同时，在墓地、祠堂和家庙等地对祖先的追思礼拜，主要目的之一是唤起活着的人对那些曾经爱过但现在已死去的人的回忆，不让他们在活着的人的脑海中渐渐被遗忘（麦高温，1998，p.92）。并且，既然整个家族甚至整个民族的繁荣昌盛和避灾远祸都要仰仗已逝祖先的庇护，那么，对祖先合乎礼仪的膜拜以及对祖先血统的延续就成了家庭、家族乃至整个国家的头等大事（麦高温，1998，p.92）。可见，中国人崇拜祖先关心的是祖宗神能否泽被后世，与西方人崇拜上帝是关心能否进天堂有较大差异。

顺便指出，庙本是祭祀祖宗先人的建筑场所。《礼记·王制》说："天子七庙：三昭、三穆，与大祖之庙而七。诸侯五庙：二昭、二穆，与大祖之庙而五。大夫三庙：一昭、一穆，与大祖之庙而三。士一庙。庶人祭于寝。"可见，在中国古代，对庙的规模和等级有严格的规定，只有取得了士及士以上社会地位的家庭才可以建庙，士以下的普通百姓家庭不能建庙。祠堂则没有什么限制，只要家族经济条件允许，都可以建造。

3. 固守祖宗遗训

中国人崇拜祖先的第三个表征是听祖宗的话，进而固守祖宗定下的规矩与遗训，生出"祖宗之法不可变"的信念。一些中国人死守某些老辈定下的规矩，迷信祖传秘方，便是此心理在作怪。

4. 重视修族谱和家谱

中国人崇拜祖先的第四个表征是重视修族谱和家谱，使祖先的光辉业绩和家族传统能代代相传。族谱和家谱中包括哪些成员呢？这要了解中国人对祖宗以及家庭和家族成员的认知情况。《尔雅·释亲第四》分宗族、母党、妻党和婚姻四类，详细解释了古代中国社会对亲属的各种称谓。例如，《尔雅·释亲第四》说："子之子为孙。孙之子为曾孙。曾孙之子为玄孙。玄孙之子为来孙。来孙之子为晜（kūn）孙。晜孙之子为仍孙。仍孙之子为云孙。"据《辞源》解释，耳孙即远代孙。"晋灼曰：'耳孙，玄孙水曾孙也。'……据《尔雅》：'曾孙之子为玄孙。玄孙之子为来孙。来孙之子为晜孙。晜孙之子为仍孙。'从己而数，是为八叶，则与晋说相同。仍、耳声相近，盖一号也。"由此可知，耳孙就是仍孙。《书·尧典》："以亲九族。"孔传："以睦高祖、玄孙之亲。"九族指本身以上的父、祖、曾祖、高祖和以下的子、孙、曾孙、玄孙。《白虎通义》卷八《宗族·论九族》："父族四、母族三、妻族二。"综合《尔雅·释亲第四》《书·尧典》和《白虎通义》卷八《宗族·论九族》的解释，中国人心中的祖宗至少包括三代，多时指八代，有时甚至指十八代。祖宗十八代在《礼记·王制》中指以"自己的父亲"为起点的上九代宗族成员和以"自己（父亲的子女）"为起点的下九代宗族成员。上九代祖宗，也称"老祖宗"，由近及远，其称谓分别是：生己者为父母（"祢"是古代对已在宗庙中立牌位的亡父的称谓），父之父母为祖父母，祖父之父母为曾祖父母，曾祖之父母为高祖父母，高祖之父母为天祖父母，天祖之父母为烈祖父母，烈祖之父母为太祖父母，太祖之父母为远祖父母，远祖之父母为鼻祖父母。下八代祖宗，又称"小祖宗"，由近及远，其称谓分别是：父之子为子、子之子为孙、孙之子为曾孙、曾孙之子为玄孙、玄孙之子为来孙、来孙之子为晜孙、晜孙之子为仍孙（耳孙）、仍孙之子为云孙。

（二）中式祖先崇拜对中国人心理与行为的重要影响

如果要寻求一个对中国各社会阶层均具有巨大影响和统治作用的信仰力量，那就是祖先崇拜，而不是像西方那样是对宗教人物的崇拜。在中国，很多复杂难题一旦在祠堂或祖先墓地前解决，往往能很轻松。因为在祖先神灵面前，似乎每个正常的成年中国人都一下子就知道了自己该履行的角色与义务。所以，假若一个人完全否认对祖先的崇拜，就会遭到来自家庭、朋友、邻居、师长等的批评。"光宗耀祖"或"不给祖宗丢脸"是激发中国人修身养性、发奋图强的强大动机之一，有志者常说的一句话是"要对得起祖宗！"一旦觉得自己无颜面对列祖列宗，中国人极易自杀。可见，祖先崇拜让中国人同时具有保守和拼搏两种精神或动机（麦高温，1998，p.91）。德国心理学家杰特曼（Juetteman）认为，"努力保持现状的动机"与"追求超越的动机"既可用于个体，也可用于集体，它们能较好地解释中国人的祖先崇拜和孝道心理与行为。

一方面，努力守护祖先的荣耀，不让其蒙羞。这让一些中国人变得保守、崇古，且在祖宗问题上变得极敏感。与此相一致，对中国人最刻毒的侮辱是辱骂他的祖宗（尤其是辱骂他的八代或十八代祖宗）和掘他家的祖坟，这种行径往往会招来对方或其后人的激烈反抗（麦高温，1998，p.91）。杰特曼将此解释为"Erhaltungsmotiv"在起作用。"Erhaltungsmotiv"是德语，笔者依据德国汉学家吉尔德（G. Gild）教授的建议将其译作"努力维持现状的动机"（motive of sustainment or preservation），指努力维持某件事情、某种事物或某种现状的动机。例如，在中国封建社会，历代王朝的继任者一般都想维持其开创者定下的规矩，即"祖宗之法不可变"，这正是"努力维持现状的动机"在起作用；在中国的经学时代，无数儒者都力图维持孔子的学术地位与孔学的原貌，也是此种动机在起作用。

另一方面，通过自身的奋斗获得更大的荣誉来光宗耀祖。由此而让一些中国人顽强拼搏，发奋图强。与此相一致，对许多中国人而言，若能光宗耀祖，死而无憾！若一辈子未能做出光宗耀祖的事情，那将死不瞑目或心怀愧疚，觉得死后无颜面对列祖列宗。杰特曼将此解释为"Überschreitungsmotiv"在起作用。"Überschreitungsmotiv"是德语，笔者依据吉尔德教授的建议，将其译作"追求超越的动机"（motive of exceedance or transgression），指努力改变现状，使其变得更加卓越的动机。司马迁在父亲临终遗言的激励下，内心产生了强大的"追求超越的动机"，历经千辛万苦，最终写出了《史记》这部不朽的史学名著，不但使自己流芳千古，而且在客观上创造了比其父亲更大的学术成就。

另外，用希金斯（E. T. Higgins）提出的调节定向理论（regulatory focus theory）也能很好地解释中国人的祖先崇拜和孝道心理与行为。调节定向理论的核心观点是，个体为达到特定目标会努力改变或控制自己的思想、反应，这一过程叫"自我调节"。个体在实现目标的自我调节过程中会表现出特定的方式或倾向，即调节定向。根据服务的需要类型，可以将调节定向分为两种：一是与提高需要（advancement，即成长、发展和培养等）相关的促进定向（promotion focus）；另一是与安全需要（security，即保护、免受伤害等）相关的预防定向（prevention focus）。两种调节定向在目标实现过程中的表征和体验模式完全不同。促进定向将期望的目标状态（desired end-states）表征为抱负和完成，在目标追求过程中更关注有没有积极结果，更多地体验到与喜悦—沮丧相关的情绪；而预防定向将期望的目标状态表征为责任和安全，在目标追求过程中更关注有没有消极结果，更多地体验到与放松—愤怒相关的情绪。因此，促进定向能用来解释中国人通过自身的奋斗以光宗耀祖的做法，预防定向能用来解释中国人努力守护祖先荣耀,不让其蒙羞的行为(Higgins,1997;姚琦,乐国安,2009)。

(三) 中式祖先崇拜产生的缘由

中国人之所以有强烈的祖先崇拜心理与行为,原因主要有三,其中,"受孝道心理的深刻影响"已在前述"中国人的孝道心理观"一章中作了阐述,"受崇古心理的深刻影响"将在随后的"中国人的权威崇拜"一节予以探讨,下面只论余下的一点,即"与鬼神崇拜有一定关联"。具体而言中国人之所以有祖先崇拜,进而重视祭祖,原因之一就是相信已逝祖先的灵魂不死,能成神或成鬼。中国古人相信每个人都有一个灵魂,当他活着时,形神合一,当他去世后,其灵魂便离开了肉身而在外飘荡,或升入天堂而成仙,或进入阴间变成鬼,或留在坟墓中,或进入到其牌位里。这易对一个未深入了解中国文化的外国人造成误解,即中国人相信每个人都有四个灵魂,一个人去世后,其中一个灵魂升入天堂,第二个灵魂进入阴间,第三个灵魂留在坟墓中,第四个灵魂进入祖先的牌位里(麦高温,1998,p.92)。其实,在中国人眼中,每个人都只有一个灵魂,不过,灵魂来无影去无踪。与"祭神如神在"类似,中国人相信"祭祖如祖在"。所以,通常情况下,中国人在诸如清明节之类的特定时间会去祭祀祖先的坟墓,此时,他们相信祖先的灵魂就停留在坟墓中;平日则在家中或去祠堂祭祀祖先的牌位,此时,他们相信祖先的灵魂就停留在牌位中。同时,因祖先牌位携带方便,而祖坟不易迁移,也不宜经常迁移,埋在风水宝地的祖坟更是不能迁移,因此,离家在外的游子若无法回乡上坟,就只能祭祀牌位了。

四、中国人的颜色崇拜

对不同颜色的偏爱与崇拜并不是从人类诞生时就有的。在人类社会的早期,大家过的都是刀耕火种、狩猎采果式的简单生活,不同文化的人们对颜色的喜好有趋同的特点。例如,在世界各地发现的原始社会残留下来的壁画、岩画和墓室画里都有红色。近现代一些冒险家和研究者也发现,非洲和美洲的一些土著人在其宗教活动中也喜欢红色。原始社会的人类之所以喜欢红色,或许是因为红色随处可见,且与当时人们的日常生活密切相关:太阳是红色的,给人带来光明与希望;火是红色的,可以加工食物、取暖和驱赶野兽。它的获得和运用,给原始人类的生活带来了许多重大变革;鲜血是红色的,当时武器原始,狩猎技术简单,往往要与野兽进行浴血搏斗,由此对红色产生了崇拜心理。后来,随着社会和宗教的发展,不同文化的人对颜色的看法差异越来越大。在当代,随着不同文化的人们之间交流的日益增多,世界各国人民在对待颜色的态度上又出现了取长补短的趋势,再加上环保意识、回归自然的心态越来越受到不同文化的人们的认同,对于颜色又有了趋同态势。例如,现在多数人对绿色(环保颜色)、沙滩色(喻指回归自然)往往都加以认同。不过,在趋同的同时,对颜色的理解与偏好仍存在一定的文化差异,如在上海举行的 APEC 会议上,来自亚洲国家的领导人大多选穿红色的唐装,而来自欧美国家的领导人多选穿蓝色的唐装,这种差异就与他们所处的文化氛围有较大关系。为了便于读者准确、全面地认清中国人的颜色崇拜心理与行为,本小节先剖析中国人的颜色崇拜,随后指出中国人眼中的俗色与二元色,力图以中西对比的方式进行论述,让人看清中国人与西方人对颜色态度的文化差异。

(一) 中国人推崇的颜色

中国古代将颜色分为五正色:青、赤、黄、白、黑。汉代以来盛行五行之说,认为世界由金、木、水、火、土构成,五正色与五行相对应。中国古人还认为,五正色与东、南、西、北、中五方对应,五方各有一神,称五帝,依次为青帝、赤帝、黄帝、白帝、黑帝。五正色又与春、夏、秋、冬四季对应。了解这些对应关系,既有助于人们理解汉语色彩词的文化含义(秦明吾,2004,p.55),也有助于理解中国人对颜色的偏好。

1. 推崇黄色

黄色在甲骨文和金文中的本义是一种黄色的玉石,后来由黄色的玉石扩大为泛指黄色。在《淮南子》《山海经》和《太平御览》中都有"女娲以黄土造人"的记载。中华民族的始祖叫"黄帝"。绝大多数中国人是黄色人种,也称"蒙古人种"(Mongoloid),皮肤呈黄色或黄褐色。中国从古至今都是以农立国,农业是要靠土地的,这逐渐让中国人养成了尊土的习俗,而中华文明的摇篮——黄河流域——的土地正是黄色的,黄河的水也是黄的,故黄色在五行中属土,人们也常用"黄土地"象征中国,用"黄"指称"黄河"(如引黄工程);再加上成熟的高粱、麦穗、稻穗等都呈黄色,这样,中华祖先种的是黄土地,吃的是有黄色外壳的食物,喝的是黄河水,与黄色便有不解之缘。同时,金子也是黄色,故"黄"有时指黄金,如黄货;黄色在"五方"中属中,古人把黄色看成中央正色,为皇帝所喜欢。受这诸多因素的影响,在中国,虽然不同时期人们推崇的颜色并不完全相同,但毫无疑问,人们最崇尚的颜色是黄色,认为黄色是最高贵的色彩。正如五行当中土为中心,在五色当中中国人也以"黄"为中心。在古代中国,周代以黄钺为天子权力象征;自秦始皇开始至清代灭亡,历朝历代的最高统治者都叫"皇帝"("皇""黄"同音通假)。《隋书·高帝纪》记载:"开皇元年(581年)秋七月乙卯,上始服黄。"唐代魏徵等人撰写的《隋书·礼仪志》记载:"百官常服,同于匹庶,皆著黄袍,出入殿省。高祖朝服亦如之,唯带加十三环,以为差异。"而后,"唐高祖武德初,用隋制,天子常服黄袍,遂禁士庶不得服,而服黄有禁自此始"。可见,皇帝穿黄袍是从隋文帝开始的,但当时未明令禁止他人穿黄色衣服,故黄色在隋朝尚未成为天子的专用色。到了唐高祖武德年间(618—626年),开始在百官百姓中禁穿黄色衣服,黄色遂成为皇帝的专用色,为皇帝所垄断,只有皇帝才能穿黄色的衣服(名叫"黄袍")。自赵匡胤"黄袍加身"登上皇帝宝座后,"黄袍加身"成为帝王登极的象征,皇宫也以黄色为主,此制度延续至清代灭亡。这样,自唐代至清代,黄色成为"天子之色",除皇帝外,其他人若用黄色或"黄袍加身",就犯了杀头的死罪,是要杀头的(刘承华,2002,p.274)。受"黄色是高贵颜色"这种文化惯性的影响,古代科举考试张榜公布的名单称"黄榜";在当代中国,一些高档商品的包装仍喜用黄色。

当然,在汉语里,"黄"除了有上述积极含义,也有一些消极含义。例如,黄粱美梦指空欢喜一场。"黄"也有计划失败或不能实现的意思,如"那件事黄了"。"黄"也指幼稚、不成熟,如"黄小儿"。而黄色具有的低级下流之义则来自西方文化,如黄色小说、黄色电影、扫黄等。与中国人不同,西方人一般不喜欢黄色。因为据《圣经》记载,背叛耶稣的犹大据说穿的是黄袍。这样,在西方社会,黄色有背叛、可耻、懦弱和欺骗等贬义。英文词语中也有"yellow-bellied"(胆小的、懦弱的)、"yellow journalism"(黄色新闻)、"yellow dog"(卑鄙小人、懦夫)之类的说法。据说在二战时期,德国纳粹党人强迫犹太人在衣服上佩戴黄色的小标志,以此羞辱犹太人。同时,日语的"黄"除表示黄色(如黄土、黄玉)外,还表示声音比普通人高、年轻或经验不足,现代汉语则没有这种说法。日本的天皇不像中国皇帝那样崇拜黄色,日语里的"黄"也没有低级下流、色情的含义(秦明吾,2004,pp. 58 - 59)。

2. 推崇赤色与红色

除了黄色,中国人也普遍推崇赤色与红色。

"赤"对应五行的火、五方的南、五帝的赤帝、四季的夏。中国的夏天火热,而火的颜色又是红色,所以有此对应关系。八卦中的离卦也象征红色。汉高祖刘邦自认是赤帝之子,所以崇尚赤色。楚汉相争时,汉军用赤旗。婴儿出生时是赤色,所以称"赤子";婴儿的思想纯洁,称纯洁的心灵为"赤子之心"。除上述含义与用法外,"赤"也有其他含义与用法:(1)象征革命,如赤卫队。(2)忠诚,如赤诚、赤胆。(3)光着,如赤裸、赤脚、赤膊。(4)空、什么也没有,如赤手空拳、赤贫等。(5)赤字指经济收入中支出多于收入的差额数字,因其数用红字书写而来,故称"赤字"。日语里"赤"的用法比"红"的用法多,基本上都用"赤"表示红色,如赤面、赤十字、赤旗等。与汉语类似,日文里的"赤"也有共产主义、忠诚、光着、空无一物之义,如赤裸、赤心等。除此之外,日文"赤"字还派生了很多新义。例如,"赤新闻"指低俗黄色报纸,据说这是因为这种报纸以前用的是红纸;"赤帽"指车站搬运工(秦明吾,2004,pp. 57 - 58)。

"红"原本是粉色,不属于正色,是"赤"与"白"调和而成。唐代以后"红"开始代替"赤",表示深红、鲜红。现代汉语里多用"红"字,"赤"字用得越来越少。红色在中国往往代表幸运、吉祥如意、财富、喜庆、热烈、激情、斗志,中国古代许多宫殿和庙宇的墙壁除用黄色外,也都喜欢用红色;官吏、官邸、官服多以大红为主,即所谓的"朱门""朱衣";结婚叫"红喜事",要贴红喜字,新娘穿红嫁衣(中国新娘的结婚礼服在商周时是玄色,其后才逐渐转变为后世更常见的红色),新郎戴红花;中国人在喜庆的日子(如春节期间)使用的装饰物,如中国结、灯笼、对联等的经典颜色也主要是红色;目前在中国大陆流通的第五套人民币中,100元纸币正反面的主色调均为红色,这与美国"绿色代表金钱与财富"的观念有明显差异。受中国文化的影响,红色在亚洲许多国家都代表幸运、财富和喜庆。除此之外,在中国,"红"还有如下积极含义:(1)象征兴旺、发达。日子过得好叫"红火",好运称"红运",工作初期就有成绩叫"开门红"。红色有兴旺、发达之义,中国大陆的股票市场用红色表示股价上升,用绿色表示股价下跌,这与美国股票市场和香港股票市场用绿色表示股价上升、用红色表示股价下跌截然相反。(2)表示受欢迎。例如,走红、红极一时、红的发紫,受重用也叫"红",受赏识者称"红人"等。(3)指女子美艳的容貌,如红颜、红粉、红装等。(4)象征革命。红色象征革命源自法国。1871年3月28日正式成立的巴黎公社受到法国政府军和普鲁士军队的联合攻击,巴黎公社成员奋起反抗,因为一时找不到代表公社的旗帜,公社里的一名女工从自己身上的红裙上撕下一块红布作为公社的标志。从此以后,红色便引申为一切进步热情、反抗反动势力的正义之师的符号。与中国人不同,西方人一般不喜欢红色。红色在西方人的观念里往往是血的颜色,被看成流血、冲动、动乱、危险、恐怖的象征。所以,在红绿灯的设计中,红灯表示"停";救护车和警车的灯也是红色。汉语中,红色也有危险之义,这种含义也来自西方。在北美的股票市场,红色表示股价下跌。同时,日语里的"红"不如"赤"用得多,也不如汉语里"红"用得多。日本人在办喜事时也用一点红色,如用"赤饭"——加红豆的米饭——表示庆贺,不过,日本人经常用红白相间来表示喜庆,远不像中国人那样仅用红色来表示喜庆。在日本,与"红"相对的是"白",而在中国与"红"相对的是"绿",如中国人常说"红花绿叶"。另外,日语中的"红"也没有发达、受欢迎、受赏识之义,因为"红"在日本并不像在中国那样都是代表吉利,所以,没有这些转义(秦明吾,2004,p.58)。

顺便指出两点：(1) 受古老的"抢夺女子为妻"的"抢亲"风俗的影响，再加上当时人们多信奉阴阳观念，认为男子是阳，女子是阴，故商周时期的婚服不是现在人们常见的中国红，而是玄色（黑中带微红），新娘必须穿玄色衣服参加婚礼，婚礼一般也在阴阳交替有渐的黄昏举行。《说文·日部》："昏，日冥也。""昏时"指日暮，天刚黑的时候（汉语大字典编辑委员会，2010，p. 1600）。所以，《说文》说："婚，妇家也。礼，娶妇以昏时。妇人阴也，故曰婚。从女，从昏，昏亦声。"（汉语大字典编辑委员会，2010，p. 1135）可见，将红色作为婚礼中的主色调，新娘穿红嫁衣、用红盖头，这些习俗是商周之后才逐渐形成的。(2) 鼻祖在中国的红茶（世界上最早的红茶由中国福建武夷山茶区的茶农发明，名为"正山小种"），虽然冲泡后的茶汤以红色为主调，但在未冲泡前，茶叶的颜色不是红的，而是黑的，故英国人习惯将红茶称作"black tea"，将绿茶称作"green tea"。

3. 推崇紫色

紫色是由温暖的红色和冷静的蓝色化合而成。因紫色不稳定，在古代科技不发达的情况下，较难获得，故物以稀为贵，一些人以紫色为高贵。春秋时期，鲁桓公与齐桓公都喜欢穿紫色衣服，从《左传·哀公十七年》卫人浑良夫因"紫色狐裘"而被问罪的事情看，那时的紫色可能已代替朱色成为诸侯衣服的正色（杨伯峻，1980，p. 187）。据《新唐书》卷二十四《车服志》记载，在唐代，不同官服的颜色不一样：三品以上（含三品）的官服是紫色；四品五品为朱，六品七品为绿，八品和九品的官服是青色（欧阳修，宋祁，2000，pp. 346 - 347）。因此，从《琵琶行》里"江州司马青衫湿"一语可知，作者白居易当时的官职是很低的，至多只有八品。不同官服用不同的颜色，这一制度自唐代起至清代没有发生太大的变化，只是不同朝代的官服的图案有所不同而已。现在北京的故宫又称"紫禁城"，汉语里也有"紫气东来"的说法。当然，在中国，为了维护红色的高贵地位，也有一些人讨厌紫色，认为紫色夺去了红色的光彩与地位。其中，最著名的要属孔子。据《论语·阳货》记载，孔子曾说："恶紫之夺朱也。"由于这一典故，后人也常将以邪犯正、以下乱上比作"以紫夺朱"。

例如，王莽篡汉，《汉书·王莽传》写道："紫色蛙声，余分闰位。"（班固，1962）这是将王莽篡汉说成以紫夺朱，蛙声打鸣。清初一些文人曾用"夺朱非正色，异姓尽称王"骂清王朝，这也是在运用"以紫夺朱"的典故。

紫色是蓝色经阳光（特别是朝霞、晚霞）照射，折射出紫外线的结果，被认为是大海深处的颜色，这是西方古人推崇紫色的原因之一。不过，与中国古人类似，西方古人偏爱紫色的更主要原因是紫色难得。"提尔紫"是古代欧洲紫色染料的来源，这种紫色可不是由"红色＋蓝色"就可调制出来的。"提尔紫"需要从一种现在被称为"染料骨螺"的海螺上提取，这种海螺不是哪儿都有，它的主要产地集中在地中海。紫色染料不仅受到出产地和交易地的限制，它的制作工艺也十分复杂。为了获得这种染料，染料师们需要敲开海螺的贝壳，提取能分泌紫色色素的黏液。25万只染料骨螺只能提取约14.17克染料，它刚好够染一条罗马长袍。在航海技术不发达且未兴起人工养殖的时代，如此大量的海螺是很难获得的。同时，从海螺的贝壳中提取的能分泌紫色色素的黏液还需放在太阳底下晒一段时间，由于晒的时间长短会影响色泽，所以晒的时间必须把握精确。就算成功提取了这种紫色，还需要懂得利用这种紫色的古代染工。但遗憾的是，在东罗马帝国灭亡的时候，这门复杂技术就失传了。染料十分稀少，制作工艺繁杂，紫色因此理所当然地就成为"众色之王"，也因此成了权力和财富的代名词，特供给古埃及、波斯、罗马等王室。在西方人眼中，紫色是最高贵的颜色，代表神圣、尊贵、慈爱。在基督教中，紫色代表至高无上和来自圣灵的力量。犹太教的圣器和大祭司的服装常使用紫色。天主教称紫色为主教色，主教穿紫色，红衣主教穿朱红色。待降节（等待耶稣的诞生）的主要颜色是紫色。到了中世纪，欧洲同样因印染技术不发达之故，紫红色不易获得，因此紫红色也成为贵族喜爱的尊贵颜色。直到1856年，英国化学家珀金（W. H. Perkin）合成出苯胺紫染料，当第一批人工合成的紫色出现在市场上时，"皇家紫"才终于走下了神坛（蕙子，2016）。不过，西方人至今仍保留并传承着"用紫色或紫红色装饰或环境作为对客人的最高礼遇"的传统。2012年伦敦奥运会的体操场地使用紫红色正是为表达他们对来自世界各国优秀体操运动员的敬意和礼遇。

(二) 中国人眼中的俗色

1. 蓝色

在中国,布衣百姓通常只穿三种颜色的服装——蓝色、灰色或黑色,由此可见,中国人对蓝色的态度与古希腊人相反,中国人一贯将蓝色视作俗色。同时,中国古代往往称老百姓为"黔首"或"黎民",正因为他们经常穿戴青色(深蓝色)或黑色的衣服和头巾。

与中国人不同,西方人一般偏爱蓝色。古希腊人比较喜欢蓝色,认为它是大海的颜色。古希腊人不是从天空而是从海洋来接受蓝色。就海水本身来说,它是无色透明的,之所以呈蓝色,正是因为映照了天空。西方人把蓝色看成"天堂的色彩"(刘承华,2002,pp. 273 - 274)。在上海举行的 APEC 会议上,来自欧美国家的领导人多相信蓝色表示冷静和沉着,代表高贵,多选穿蓝色的唐装。当然,在英语里,"blue"(蓝色)除表示积极的含义外,也有如下偏负面的含义:阴郁的、忧郁的、沮丧的、悲观的、(气候)阴凉的、(希望等)暗淡的、没精打采的。所以,"blue Monday"指郁闷的星期一,"blue film"指黄色电影。

2. 青色

白居易《琵琶行》里有"座中泣下谁最多?江州司马青衫湿"。按唐制,节度使属僚有行军司马,又于每州置司马,以安排贬谪或闲散之人。由此可见,作为江州司马,白居易当时官职很低,故穿青衫。

"青"为五色之首,《说文解字》说"青"从"生",从"丹",据此推测是一种深绿色的矿石。"青"对应五行的木、五方的东、四季的春。汉语"青"作颜色讲时,除青色外,还能指蓝色、绿色、黑色。"青"可以泛指青色物(夏征农,陈至立,2010,p. 1508)。例如,青草、青松、青藤、杀青(指竹)、青天(晴朗的天空)、青翠、青葱、不分青红皂白、青丝(比喻黑而柔软的头发)(夏征农,陈至立,2010,p. 1511)、青衫、青眼、青睐等。现代汉语里的黑色已不用"青"表示了。"青"与"春"对应,春天草木复苏,一片青色,所以有了"青春"的说法,后来比喻人的年轻时期,如青春、青年、青少年等。"青"也有未成熟之意,如青苗、青果,形容人的不成熟还有"楞头青"等。

而青梅竹马是比喻天真无邪,从小在一起玩耍。现代汉语已经将"青"包含的颜色分开来说了,如"青出于蓝而胜于蓝"的蓝色、蓝天等,还有来自西方文化专指从事体力劳动的工人的"蓝领"。蓝图指美好的前景。表达望眼欲穿时俗语也说"盼的眼睛都蓝了"。"绿"除表示颜色之外,也有了其他含义,如绿色食品、绿色蔬菜等,指没有污染的东西。有趣的是"绿帽子"专指某人的妻子或丈夫有外遇。此词源自元明两代规定:妓女、乐户家中男子必须戴绿头巾。与汉语类似,日语的"青"也可指蓝色、绿色、黑色,形容人的年轻也有"青春、青少年"等词,当然,日语的"青"也生出了一些不同于汉语的转义,如形容人不成熟时,日语有"青二才"的说法(秦明吾,2004,pp. 55-56)。

(三) 中国人眼中的二元色

二元色指有些人喜欢它,也有些人将它视作俗色或凶色,显示出二元的心态。对于白色与黑色,中国人多有此种心态。

1. 白色

"白"一尘不染,又是明亮的颜色,而且白色常让人联想到天空中的白云、地上的冰雪、地里的棉花、牧场的白色羊毛,给人以健康、干净、光明、质朴、纯真、轻快、恬静、整洁、雅致、凉爽之感。奥斯古德等人在大洋洲、非洲、美洲、亚洲比较原始的民族中进行调查后发现,不同文化中的人们常常存在一些相同或相似的联觉,其中,凡是被认为是"好"的神明、地点、社会位置等,总是被称为"上""明"或"白"的各地区流传的神话里,常在说"神明"怎样将人从"黑暗""寒冷""阴湿"的"地下"救到"光明""温暖""快乐"的"地上"来(杨国枢,等,2006,p. 579)。汉语也是如此。在汉语里,"白"可表示清楚、光明,如明白、白昼、清白。白色也象征纯洁,如白玉、白璧无瑕。中国古代一些仁人志士常以穿素衣的方式表达自己的清高。佛教相信因果报应,并以白色代表善报,以黑色代表恶报。广施善缘的观世音就穿一身洁白的衣服。中国人对白色的这些积极看法与西方人和日本人类似。在西方国家,白人居多,白色又是亮色。同时,牧师穿白袍,因为白色象征光和神性。刚受洗的基督徒身着白衣,用以表明他们获得重生后的纯洁。这一含义后来又延伸到经典西式婚礼上,新娘一般穿白色婚纱。在这种种机缘的交互影响下,白色在西方文化里被赋予了许多积极的含义,象征日光、善良、纯洁、正确或美德。例如,在英文中,"white lie"指"善意的谎言"。美国政府在华盛顿特区建有白宫。顺便指出,西方人虽然赋予白色很多积极含义,不过,在英文里,"白象"(white elephant)一词指那些虽昂贵却没有太大实用价值且不好处置的东西,引申为华而不实之义。在日本人看来,白色象征纯洁和神灵的威力,日本神社中多用白色(秦明吾,2004,pp. 117 - 125)。与中国人不同,日本人喜庆事也多用白色,加杂红色。日本新娘的嫁衣大多是白色。"白燕垢"指上下一身白的和服,是日本过去喜庆时穿的衣服,现在神社的神主还穿这种服装。"白星"指成功、胜利,原意是比赛胜利的队画一个白色的圈。日本人讲的"白寿"指九十九岁,因为"白"和"百"差一横,这也是喜庆事,而同用汉字的中国却没有这种说法。看来,白色在日本始终是喜庆吉祥的象征,一直被日本人喜爱(秦明吾,2004,pp. 57 - 60)。

在中国传统文化里,"白"对应五行中的金、五方中的西、四季里的秋。由此,汉语中的"白"除表示白色外,产生了许多特殊的文化含义。西方是冷风吹来的方向,秋季万物凋零,含有肃杀之气,因此象征凶丧,在未受到西方文化影响之前,多数中国人往往认为白色是不吉利的,结果,在中国,传统的婚礼上新婚夫妇和来宾都不能穿白色的衣服,一般人平时也忌讳头戴白花。只有在办丧事时,死者家属才身穿白色丧服,打白幡,因此丧事称"白事"。同时,汉语里的"白虎星"指"丧门星"。再者,白色没有别的杂色,空无一物,所以中国古人把没有功名、官位的人称为"白身""白丁"。白色也有失败、愚蠢、无代价、无报偿、无利可得或做无用功、阴险和奸诈之义,如称智力低下的人为"白痴",把出力而得不到好处或没有效果叫"白忙""白干""白说""白费力",称免费餐为"白食",中国传统戏剧里的白脸表示阴险和奸诈,等等。五四运动以后,随着巴黎公社史料在中国的传播,白色又象征反动、保守的势力,如称反动军队为"白军""白匪",称反动势力发动的一切恐怖镇压行动为"白色恐怖"(蓝博洲,1993,pp. 12 - 16)。"白"也有冷淡、不欢迎的意思,如白眼,这是相对于青眼而说的。"白"也有认输、投降的含义,如白旗指战争中表示投降或敌对双方派人互相联络时所用的旗子。任昉《梁武帝掩骼埋胔令》："但于时白旗未悬,凶威犹壮。"(夏征农,陈至立,2010,p. 59)

2. 黑色

在中国传统文化里,"黑"在五行中属水。秦始皇自认为秦王朝属"水德",所以崇尚黑色。秦代百姓以黑布裹头,称"黔首","黔"便是黑色。《史记·秦始皇本纪》记载:"二十六年,……更名民曰黔首。"裴骃集解引应劭曰:"黔亦黎,黑也。"《说文解字·黑部》:"秦谓民为黔首,谓黑色也。周谓之黎民。"(夏征农,陈至立,2010,p. 1492)其后,宋代名臣包拯执法铁面无私,断案进谏毫不留情。结果,在京剧的脸谱中,为了与白脸的奸臣相区分,又考虑到毫不留情易给人留下"黑着脸"的印象,就将包拯塑造成一个脸黑的"包黑子"。于是,至少在受京剧影响的人心中,"黑"有铁面无私、公正不阿的积极含义。

黑色是暗色,引申为黑暗,没有光亮。奥斯古德等人在大洋洲、非洲、美洲、亚洲比较原始的民族中进行调查后也发现,不同文化中的人们常常存在一些相同或相似的联觉,其中,凡是被认为是"不好"的事物,总会被称为"下""暗"或"黑"(杨国枢,等,2006,pp. 578 - 579)。同时,在中国传统文化里,"黑"在四季中对应冬,而冬天多漫漫长夜。因此,与西方人的看法类似,在中国,与"白"相对,"黑"也代表黑夜和邪恶。一切暗中进行的不光明正大的事或非法的事都可用"黑"来形容或比喻,如黑车、黑户、黑市交易、黑话、黑社会等。"黑白"一词比喻是非善恶,所以有"黑白分明""颠倒黑白,混淆是非"等习惯用语(夏征农,陈至立,2010,p. 731)。并且,在中国,"黑"也表示狠毒,如手黑。此外,"黑"还有欺骗之义,如被人黑了钱,即被人骗了钱(秦明吾,2004,p. 61)。

五、中国人的数字崇拜

在"一"至"九"这9个数字中,相对而言,除了"二"和"四"这两个数字,中国人对余下数字都存在一定的崇拜心理。本小节在探讨中国人的数字崇拜心理时,在借鉴并采用叶舒宪等人(叶舒宪,等,1998,pp. 1 - 292)观点的基础上,融入了笔者自己的研究。

(一) 崇拜"一"

文明的开端始于文字,文字的开端始于数字,数字的开端始于"一","一"在中国人心中占据重要位置。《老子·四十二章》说:"道生一,一生二,二生三,三生万物。"以"一"为万物之始。因为"一"的地位崇高,中国人从这个最简单的数字里引申出一系列异名和别称,如"壹""太一""太极""混沌""道""元始天尊",等等,几乎每个名称的背后都有一段奇妙的故事。董仲舒在《春秋繁露》卷十二《天道无二》中更是将"一"视作"天之常道",推崇备至!同时,因"一"常与"一心一意"紧密相连,因此,在情感生活里,中国人也特别推崇"一",例如,在向爱人表达自己的爱意时,中国的男子常常喜欢送给对方一枝红玫瑰。

顺便指出,在汉语中,"一"字仅一横,而阿拉伯数字或罗马数字都是一竖("1""I"),这一横一竖之间隐含着中国与西方文化的差异。一方面,中西方表征尊严的方式有差异。一般而言,中国人以坐为尊,以站为卑,故古代朝廷议事时,一般只有大王或皇帝才能坐着,其余人都必须站着,只有那些得到大王或皇帝特别关照的大臣才能坐着。中国人眼中的天庭也是这样,即只有玉皇大帝和王母娘娘才能坐着,其他神仙均站着。中国寺庙中的神像也多用坐像以示尊严。与此不同,古希腊的诸神雕像则大都直立。此习俗反映至数字上,中国古人自然将地位崇高的"一"横写,而古阿拉伯人和古罗马人用一竖表示。另一方面,中西方对动静养生的理解有差异。在中国文化里,相对站立,坐卧被视作一体,其形态为横,意境乃静,如气功多为坐式。西方人主动,认为生命在于运动,动就不可能坐着或躺着,必须站立(张德鑫,1999,pp. 47-50)。

(二) 崇拜"三"

中国人崇拜"三",如三皇、三才、三教、三思而后行、君子有三畏(畏天命、畏大人、畏圣人之言);道教以玉清、上清和太清三个最高"清境"为"三清";佛教将佛、法、僧称为"佛门三宝",将佛教典籍称为"三藏"(经藏、律藏、论藏),佛教里还有关于欲界、色界和无色界的"三界"说;"跳出三界外""擂鼓三通""事不过三"更是妇孺皆知的话语,等等,这之中都有"三"。在中国古籍里,除了一些言语明确用"三",也有一些语句里虽未用"三",但实是一种三句式结构,里面隐藏着"三"。例如,《论语·泰伯》:"子曰:兴于诗,立于礼,成于乐。"《论语·子罕》:"子曰:知者不惑,仁者不忧,勇者不惧。"同时,在中国人心目中,"三"既可以是一个"实数",指自然数字"三",如"天、地、人,三才"中的"三"就是一个实数;也可以是个虚数,指多或无限大如《史记·孔子世家》里讲的"韦编三绝"中的"三"就是指多,"唐三彩"中的"三"也是指多,并非仅指三种色彩。"三"字之所以指多,要从"三"的起源说起。很多人类学家的研究表明,在许多原始部落里,人们用于计数的工具只有"一"和"二",间或还有"三",这个"三"与"多一个"是同义,超过这几个数时,人们就说"许多""很多"。这一现象在中国先民里也曾出现过。意指多的"三"在汉字的造字法里也有体现,如三"木"为"森",《说文》说"森,木多也",表示森林;三"人"为"众",表示众人。需指出,现代心理学的一些研究表明,"三"的确是一个与众不同的数字,它可能极吻合人的某些心理,所以,在现实生活中,"三"被广泛使用。

(三) 崇拜"五"

五音(宫、商、角、徵、羽)、五色(青、赤、白、黑、黄)、五味(甘、酸、咸、辛、苦)、五官、五藏、五脏、五行、五情、五经、五戒、五位(东、南、西、北、中)、五岳、五帝、五神、五金之类,均以"五"为首。在中国古代,以"五"为中心的五行思想"是中国人的思想律,是中国人对宇宙系统的信仰"(顾颉刚,1982,p.404),由此可见"五"与五行思想在中国人心中的地位之重。中国人为什么崇拜"五"呢?原因主要有二:(1)与"五"在先民眼中是最大的个位数有关("九"是后出现的数字)。刘师培从文字学角度加以考证,认为"五"为中国古代基本计数单位,"五"以上的数皆由"五"演变而来:"一二三四五,皆有古文,而六以上,即无古文,此为上古只知五数之证。"(《太炎文录》卷二引)郭沫若在《甲骨文字研究·释五十》里也说:"数生于手,古文一二三四写作一二三三,此手指之象形也。手指何以横书?曰,请以手作数,于无心之间,必先出右掌,倒其拇指为一,次指为二,中指为三,无名指为四,一拳为五。"这种情况在罗马数字里也可看到。罗马数一二三,分别写作"Ⅰ""Ⅱ""Ⅲ",均是竖指的象形,"五"在罗马数字里写作"Ⅴ",是手掌的象形,"Ⅹ"字是合掌的象形,"Ⅳ""Ⅵ""Ⅶ""Ⅷ",皆是"Ⅴ"的加减。可见,人们推崇"五",原因之一是手在数的产生过程中曾扮演重要作用:正常人有五个指头,先民数数,从一个指头数至第五个指头就到了头,"五"便成了一个完整的最大数;后来又学会了数另一只手,数两遍、三遍……这便产生了五进位的倍数。(2)"五"不但处于"一"至"九"的正中间,而且处于阳数的正中间,既合中庸调和之道,又有四平八稳之义,故最为吉利(张德鑫,1999,p. 188)。所以,"九五之尊"便含有既尊贵又中庸调和之义。

(四) 崇拜"六"

自先秦开始,中国人便推崇"六"。《六韬·六守》说:天子之德是"六守":"一曰仁,二曰义,三曰忠,四曰信,五曰勇,六曰谋,是谓六守。"儒家有"六艺",兵家有"六韬",中医有"六淫""六脉""六神",佛教有"六识""六根"(指眼、耳、鼻、舌、身、意六种感官功能)等,道教有"六字真言"。汉语词汇里有"六合"(天地四方合称"六合")、"六龙""六六顺"等。在礼仪里,天子的马车是"六马"制。《管子·五行》主张"人道以六制"。官制里则有"六卿"和"六部"(张德鑫,1999,pp. 26-27)。需指出,因3个连写的"6"字在《圣经》里是可怕的"野兽数",是魔鬼的代号,许多西方人特别不喜欢"666"(张德鑫,1999,p. 30)。

(五) 崇拜"七"

中国也有一些人对"七"颇为崇拜。《周易·复(卦二十四)》说:"《复》:亨。出入无疾。朋友无咎。反复其道,七日来复。利有攸往。《象》曰:《复》'亨'。刚反,动而以顺行。是以'出入无疾,朋友无咎。''反复其道,七日来复',天行也。'利有攸往',刚长也。《复》,其见天地之心乎。"《周易》主张"反复其道,七日来复"是天道的远行。在中国人的过年习俗中,至今仍保有特别看重"正月初一至初七"这七天的习俗;在中国文学中,既有"七律"和"七绝"之类的体裁,还有《七仙女》的美丽传说;"七上八下"和"救人一命,胜造七级浮屠"等语句中暗含重"七"的心理;在中国的祭祀活动中,有"死以七祭"的习俗;在天象中,"北斗七星"尤其引人注意;……这诸多事实都表明"七"在中国人心中占据重要地位。据一些学者的解释，中国人之所以崇拜"七"，可能的原因之一是，远古时期由于科技水平低下，当时的先民认为东、南、西、北、天、地、人共存于宇宙之中，于是，"七"便成了宇宙数，表示无限大的循环基数，并由此产生了某种神秘的意义。同时，"七上八下"一语中，"七"与"上"联系在一起，这也是一些中国人尤其是官员迷信"七"的原因之一。当然，也有一些中国人不喜欢"七"这个数字，因为"七"与生气的"气"发音相近，若"七"与"四"连在一起，就成了"气死"，非常不吉利；并且，中国有"头七"的习俗，即人死后的七天要举行一定的仪式，所以忌讳"七"。日本人却认为"七"是一个幸运的数字，连传说中的"福神"都是7位（秦明吾，2004，p. 118）。

（六）崇拜"八"

在古代中国，因为有"五""九"等数的竞争，"八"的优势并不凸出，假若不是有《周易》八卦的巨大影响，"八"或许不会成为被崇拜的数字。八卦的观念影响巨大，逐渐衍生出"八"的世界：八阵、八方、八风、八灵（指八方之神）、八柄①，道教有《八仙过海》的传说，佛教有八戒和八大金刚，等等。后来，"八"因与"发"谐音，特别受今日中国人尤其是中国商人的推崇。从这个角度看，全国各地"888""8888"或"88888"连号的车牌往往能卖出天价，以及一些年轻人选择在2008年8月8日这一天扎堆办理结婚证或举行结婚仪式，都是此种心态的典型折射。汉语里"八"的发音与"发"相仿，一些华人较多的国家，如新加坡等国的民众也有将"八"视作吉祥数字的习俗；也有一些生活或工作于中国的外国人入乡随俗，认为"八"是一个吉祥数字。当然，在"七上八下"一词中，"八"与"下"联系了起来，这是一些中国人尤其是官员不喜欢"八"的原因之一。

（七）崇拜"九"

在个位数里，"九"字最大，蕴含最高、最大、极致、顶峰之义。在普通话中，"九"的发音与"久"相同（秦明吾，2004，p. 118），因此，在中国人尤其是中国古人最崇拜的数字里，"九"的地位仅次于"五"。天从平面上看

---

① 八柄指古代君王统驭群臣的八种权柄：一曰爵，以驭其贵；二曰禄，以驭其富；三曰予，以驭其幸；四曰置，以驭其行；五曰生，以驭其福；六曰夺，以驭其贫；七曰废，以驭其罪；八曰诛，以驭其过。后人常用"操八柄之威"来形容统治者的生杀予夺大权。

有"九野",如《吕氏春秋·有始》说:"天有九野,地有九州,土有九山,山有九塞,泽有九薮。""九野"就是将天分为九个区域,即天的中央与其他八方。可见,"九野"乃"九天"之义。正如《淮南子·天文训》所说:"天有九野,中央及四方四隅,故曰九天。中央曰钧天,东方曰苍天,东北曰变天,北方曰玄天,西北曰幽天,西方曰颢天,西南曰朱天,南方曰炎天,东南曰阳天。"同时,从垂直的角度看,天也有"九天",如《楚辞·少司命》说:"登九天兮抚彗星。"与"九天"相对应的一个常用词是"九霄云外"。帝王以"九鼎"表示自己的尊严。老百姓以"九十九道湾"喻示人生道路逆境多、顺境少。中国的国土叫"九州"。《吕氏春秋·有始》说:"天有九野,地有九州,土有九山,山有九塞,泽有九薮。"佛教喜欢讲"九九归真"。道教将"九天"视作神仙居住的地方:道教天界有"三清"之境,太清境有"九仙",上清境有"九真",玉清境有"九圣",每境神仙的编制都是"九"。一些著名建筑物也喜欢用"九",如北京的天坛,其圜丘呈圆周形,共三层,第一层的中心砌一块圆石,象征太极,太极石周围铺砌的石料是扇面形,其数是"九",以后逐圈扩大,所用石料全是"九"的倍数,三层共二十七圈。文艺作品里也喜欢"九",如屈原的《楚辞》里就有"九天""九州""九首""九重",等等。这说明上自帝王将相下至三教九流,都特别崇拜"九"。同时,因汉语中的"九"与"久"发音相近,常让中国人想起"天长地久"一词,于是,在情感生活里中国人也特别推崇"九"。例如,在向自己的爱人表达爱意时,中国的男子也常常喜欢送给对方九朵红玫瑰。受此种心理的影响,一些华人较多的国家,如新加坡等,其民众也有将"九"视作吉祥数字的习俗。此与相映成趣,"九"在日本不受欢迎,原因是在日语里,"九"的发音与"苦"相同,"四九八九"就让人联想到"四苦八苦",有特别辛苦、备受煎熬之义,这样的数字特别忌讳出现在电话号码或车牌号码等中(秦明吾,2004,p. 118)。

人们崇拜"九",还导致与"九"相关的一些数字也带上了某些神秘色彩,如"十八"(地狱有十八层)、"二十七""七十二"(孙悟空会七十二变)、"八十一"(唐僧取经历八十一难)等。古代中国人为什么崇拜"九"呢?汉代王逸在《九辩章句》里解释道:"九者,阳之数,道之纲纪也。故天有九星,以正机衡;地有九州,以成万邦;人有九窍,以通精明。屈原怀忠贞之性,而被谗邪,伤君暗蔽,国将危亡,乃援天地之数,列人形之要,而作《九歌》《九章》之颂,以讽谏怀王。明己所言,与天地合度,可履而行也。"

六、中国人的权威崇拜

《论语·卫灵公》记载:"子曰:'当仁不让于师。'"孟子在《尽心下》里也说:"尽信《书》,则不如无《书》。"《韩非子·外储说左上》曾用"郑人买履"的故事来讽刺"只从本本出发,不从实际出发"的教条主义者,等等。可惜,这些倡导独立思维、反对盲目遵从权威的思想在后世未成为中式思维的主流。与此相反,过于遵从和崇拜权威,是许多中国人的重要心理与行为方式。权威崇拜也叫"权威思维",指凡是权威提出的观点、意见或思想,都视作绝对正确、毋庸置疑的"真理",从而不加思考地予以全盘接受的一种心理与行为方式。与此相一致,有权威崇拜的人往往以权威的言行作为衡量是非、真假、对错、好坏、善恶的标准,骨子里藐视真理、法律与道德。

(一) 权威崇拜的表现形式

中国人的权威崇拜或权威思维发端于先秦时期。在秦汉以后至今的漫长岁月里,权威崇拜一直处于优势地位,致使许多中国人形成了权威人格。权威人格(authoritarian personality)是德国社会心理学家阿多诺(T. W. Adorno)于1950年提出的一种人格类型,其特点是:为人处世崇尚权威;待人处世具有极端两面性,即对上低声下气,对下盛气凌人,对同僚刚愎自用,绝不通融;行为上表现为因循守旧,僵化顽固,武断迂腐(夏征农,陈至立,2010,p. 1858)。除了让许多中国人形成权威人格,进而产生众从、从众和团队迷思(group thinking),中国人的权威崇拜主要有以下四种表现形式。

1. 迷信权威人物

迷信权威人物是中国人权威崇拜的集中体现,具体表现为坚信《史记·司马相如列传》所说的"盖世必有非常之人,然后有非常之事;有非常之事,然后有非常之功。非常者,固常(人)之所异也"(司马迁,2005,

p.2322),接着将权威圣名化,以圣人或伟人称之,然后唯权威意志是从。权威圣名也叫"权威圣名化",与"污名化"相对,指个体在社会互动中对权威存有虚高的积极评价、积极情感体验和崇拜现象。迷信权威人物在中国人的政治生活和文化教育中都有相应的表现。

在中国古代的政治生活中,权威圣名化的常见做法是给帝王将相戴上"圣主""圣祖""先王""圣人""文正"之类的头衔或称号。并且,某个个体、某部著作一旦被圣名化,其言论就会被人无条件地遵从,任何人胆敢反对必将招致严厉谴责、残酷打击甚至丢掉性命。所以,《孟子·离娄上》才说:"为政不因先王之道,可谓智乎?"《荀子·非相》也说:"凡言不合先王,不顺礼义,谓之奸言,虽辨,君子不听。"《孝经·卿、大夫章》声称:"非先王之法服不敢服,非先王之法言不敢道,非先王之德行不敢行。"这三段引文都强调聪明的人为政与平日言行必须"法先王",否则,就是愚蠢的做法。

在古代中国的文化教育中,权威圣名化的常见做法是给人戴上"圣人""亚圣"之类的头衔。受此心理的深刻影响,在对待知识的态度上,中国人只认头衔或称号而不认知识本身:某种知识只要是权威说的或权威写的,哪怕仅是常识或空洞的言论,仍盲目推崇;反之,即便是真知灼见,如果它出自小人物之手,在提出者未成为权威之前,往往人微言轻,无人愿听,更无人愿推广。至于学习权威知识的策略或方法,则多采取"照单全盘接受与吸收"的"包本"式学习策略或方法(侯玉波,朱滢,2002)。一些人在著书时,明明是自己写的著作,却硬要托名某大人物,非用此法,其著作或思想就难以被他人承认,他人也不会予以接受、采纳。正如《淮南子·修务训》说:"世俗之人,多尊古而贱今,故为道者必托之于神农、黄帝而后能入说。"这使得古代一些变法人士往往假借圣贤之口来表达自己的改革或改良思想,典型者如宋代的王安石著《三经新义》与清代的康有为著《孔子改制考》。这种恶习在今天的中国学术界尤其是人文学科领域仍能见到。某些非史学类文章的作者在学术写作时能在七八千的文章里引文上百处,以为这样做便能增强其观点和权威性,可这不能不让人产生此作者有"凑字数""无病呻吟"或"底气不足"的感觉。

另外,一些中国人崇拜权威人物心理泛化,很少反驳长辈或教师的观点。在任何情况下,如果长辈在场或直接参与,那么晚辈应该尊重和听从他们,而教师是父、君的代表,所以应得到同样的待遇。汉语中不听话的词汇,多是"还嘴""辩嘴"或"强词夺理"之类。在课堂里,学生用保持安静、沉默、复制出教师认为重要的东西或照着教师的指令去做来表示对教师的尊敬,不敢越雷池一步,导致言语流畅者寥若晨星,致使学生缺少思辨的训练。于是,在其他方面都很聪明的中国学生,在创造性、言语流畅、有说服力地论证、自我表达能力和刻苦完成深层形式作业等方面的发展情况,比其他文化的学生逊色(Band,1990)。这是我们不能不予以深刻反省的。反观一些发达国家,人们多有挑战权威的心态和喜好,怀疑一切,提倡创造性学习。同时,西方人因强调个人至上,注重培养孩子的自我表达能力,以便使别人能理解自己;中国人因强调权威,进而注重培养孩子倾听别人表述的能力,以便使自己能理解别人。由于缺乏必要的自我表达训练,再加上中国人喜含蓄,中文又有一定的模糊性,中国人的人际关系较易出现障碍。

2. 尊经

中国人崇拜权威,进而出现尊经心态。因为经书或是先圣亲手写的,如朱子撰写的《四书集注》,或是由弟子记录的先圣思想,如《论语》。据《汉书·董仲舒传》记载,董仲舒主张:"诸不在六艺之科孔子之术者,皆绝其道,勿使并进。"(班固,1962)自汉武帝采纳董仲舒"罢黜百家,独尊儒术"的建议,中国传统文化进入了"经学时代",尊经的思维方式也开始流行。自汉代至清代,许多中国学人将某一学科的原始经典神圣化、经典化(对儒者而言,主要是"四书五经"),在他们眼中,经书涵盖了全部真理,经书所说的都是正确的,经书没讲的也都不必讲,以经书的是非为是非,以经书的内容范围为学术应当固守的范围。在这种经学思维模式下,他们一张口一下笔,必是"子曰""《诗》云",它们就是论证的大前提。许多学人一生的精力与才智几乎都用在为经书作注疏上,这种经学笺注的思维方式也反映到科学领域中,例如,对《黄帝内经》

《神农本草经》和《九章算术》等也采取了经注的研究形式。这导致中国产生了一种名为"经学"的独特学问,即以训解或阐释儒家经典为主要内容的学问。它使得自秦汉至清代的 2 000 余年的漫长历史中,无数学人即便有了一些心得体会,有了一些自己独到的见解,也多采取"述而不作"的态度;即便要著书立说,也多不是"另起炉灶"写一部书,而是借注经,将自己的思想通过笺注的形式加入其中,并且多遵循一个不成文的规矩——注不犯经,疏不犯注。后人注经时虽有"我注六经"或"六经注我"的差异,但从总体上看,有一点是共同的,即多不敢脱离经书定下的大框架,而只能在经书定下的"框框"内做文章,否则,便易招来"离经叛道"的批评。真可谓"在螺蛳壳里做道场",思想没有根本上的发展。这导致儒学和中医等国学自先秦诞生后至清代灭亡都维持在原来的思想体系上(张岱年,成中英,等,1991,p.91),其基本思维方式、核心概念、核心思想体系等具有超稳定性,在 2 000 余年的历史中未发生实质性提升或改变。自然而然地,这种尊经的思维方式也不利于新学科和交叉学科的诞生。

与尊经心态相一致,中国古代教育自童蒙开始就教儿童背诵先贤的文章,先从童蒙教材如《三字经》和《千字文》背起,然后是《论语》与《易经》之类的经典文献,一本背熟后,方可背诵另一本。这就是"包本"。熟记之后再由教师阐发书中的微言大义,学生作文也多是竭力论证经书观点的正确性。中国的教师一般不鼓励学生质疑或发问,也不鼓励学生畅谈自己的幻想或对未来的憧憬,而只鼓励学生被动地接受。学术与教育况且如此,更不用说一般的民众,更是唯经书之语是从。在这种传统的长期熏陶下,许多中国人养成了保守的心态:当一新事物出现时,一些学人习惯于从经典著作里寻找依据,不这样做,心里就感觉不自在,不踏实。这种流弊至今仍在或隐或显、或多或少地影响着一些中国人。西方发达国家则不同,它们的教师多鼓励学生质疑或发问,也鼓励学生畅谈自己的幻想或对未来的憧憬。这种差异反映到教育上则体现为,西方发达国家的课堂上总是闹哄哄的,学生不懂教师的讲解时多半会主动发问,假若学生不懂又不问,教师会责怪学生"既不懂,为何不问"；中国的传统课堂多是静悄悄的，学生被动接收教师的讲解，认真地做笔记，遇到不懂的东西，心里虽很想问，但又怕问得不妥而招致教师的责骂，教师则会责怪学生"为什么不懂"。这种崇经的思维方式束缚了当时的中国人创造性的发挥，限制了思想的自由发展，对中国文化的发展造成了严重阻碍！

3. 崇古

权威人物和权威著作多与先圣先哲密切相连，顺理成章地，中国人因崇拜权威，进而崇古。崇古心理的特征是：认为过去的都是好的，现在的都是坏的，进而重过去而轻现在和未来，喜欢借过去来说明现在乃至于未来。在中国漫长的封建社会里，崇古心态的具体表现就是推崇上古社会，一些政治家、思想家甚至普通平民百姓，都将上古社会视作黄金时代，"法先王"常常成为统治者制定规章制度的依据，而不敬先王或"数典忘祖"一定会招致国人的强烈反对。所以，如前文所引，《孟子·离娄上》《荀子·非相》和《孝经·卿、大夫章》都主张一个聪明的人要做到为政与平日言行"法先王"，"王"字前的"先"字显示其时间在过去，而不是现在或将来。

同时，中国人心中的圣贤（如尧、舜、禹）主要是生活于上古时代（西周及其以前），除此之外，自春秋直至当代，中国仅出了一个孔圣人。因此，中国人多生活于祖宗的阴影里，祖宗定下的规矩一定要遵守，由此养成了祖先崇拜心理。正如克拉克恩（F. R. Kluckohn）和斯托特贝克（F. L. Strodtbeck）所说："历史上的中国，就是以过去取向为第一序的价值优先，祖先崇拜和一个很强的家庭传统，是这种优先表现的两个例子。因此在中国人的态度上，没有什么新的事物发生在现在或未来，所有的新事物，都已发生在遥远的过去。骄傲的美国人第一次使中国人看到汽船，可是中国人却说早在2 000年以前，我们的祖先就有这种船。"（韦政通，1990，p. 27）即使在当代中国，这种崇古心态仍未完全消失，如影作作品中少见当代现实题材，多是古装戏且很受追捧。某些现代中国人仿佛"身"生活在当代，"精神"却生活在古代，眼睛多是向"后"看，厚古薄今，迷信祖传秘方；每遇不顺，则以"人心不古"作为攻讦的口实,对现在乃至未来没有丝毫兴趣。于是,在中国,历史学一向是显学,有些人更是凡事都喜欢从历史上去找依据,牵强附会,这真是当代的"阿Q"!

由此可见,崇古心态的根本弱点在于,以历史上权威人物的言论为标尺来衡量和限制现在与未来,以使现在与未来按照历史的样式再现或重复,从而束缚了中国人的思维,使得一些人难以接受新事物,更谈不上积极发现新事物,总结新经验(荣开明,等,1989,p.24)。同时,崇古心态让中国人幸福地生活在历史里,却无视现实生活里一些随处可见的严酷事实。暂且不说现代中国人日常生活里享受的现代文明,如汽车、飞机、火车、电子计算机等,大多是由西方人发明的,就连中国人最引以为豪的"四大发明"在古代中国也未起过什么大的作用,传至西方却成为预告资产阶级社会到来的重要发明:西方人用指南针航海,从而发现了新大陆,打开了世界市场并建立了殖民地,中国人却仅用它看风水;西方人用火药制造出轰毁中世纪封建墙垣的火炮,并用它打开了中国的大门,中国人却仅用它做爆竹;造纸术和印刷术传入欧洲后变成了新教的工具,成了科学复兴的手段,极大地促进了西方精神文明的发展,中国人却仅将它们用作传承中国传统文化的工具(马克思,恩格斯,2006,p.427)。英克尔斯说:"一个人愈趋向于现在及将来,而不趋向于过去,愈现代化。"(英克尔斯,1985,p.6)这对当代追求现代化的中国人而言是有所启发的!

4. 求同思维

中国人崇拜权威,进而喜欢求同思维,以尽可能使自己的想法与权威一致。因此,中国人习惯"依葫芦画瓢",即习惯依照或模仿权威去说、去做。并且,在中国文化里,诸如"英雄所见略同"之类的话语因带有较强求同思维的意蕴,一般多具褒义;相反,诸如"标新立异"之类的词语,因带有较强求异思维的意蕴,一般多具贬义。西方智者对自然的奥秘充满了好奇,形成了探索未知世界的科学精神。古希腊哲学家苏格拉底(Socrates)、柏拉图(Plato)、亚里士多德(Aristotle)虽是三代师生关系,不过,其思想既有继承性更有求异性。正如亚里士多德所说:

"吾爱吾师,吾更爱真理。"自古至今,西方思维方式从主流上看善于随着不同时代、不同地域、不同思潮尤其是科学的不同历程而变化,这种求异忌同、标新立异的开拓精神使西方科学文化在继承、怀疑、批判、挑战与否定中不断推陈出新。与此大异其趣,中国人的名言是"一日为师,终身为父",重传承轻创新。"当仁,不让于师"的优良传统并未被广大中国人发扬,因此,儒家之后虽英才辈出,但谁也无法超越孔子。同理,道家弟子无法超越老子,孙子之后的兵家无法超越孙武,秦汉之后的中医典籍无法超越《黄帝内经》。可见,对权威的过于遵从不利于科学的发展!

(二) 中国人崇拜权威的缘由

中国人为何如此崇拜权威呢？概括起来,主要有四点,其中,"将绝大多数百姓视作长不大的儿童,导致百姓缺乏自信并崇拜权威"在上册"中国人的自我观"一章里已作探讨,下面只论以下三点。

1. 农业社会的温床

在农业社会里,多数人依靠农业种植生存。在科技水平相对落后的情况下,农业极度依赖自然环境,即要"靠天吃饭"。中国不少农村至今还流传着这样的话语:"天给你吃的,你不用做也有吃;天不给你吃的,你做死也没有吃。""请老天爷赏口饭吃。""今年年份好或今年年份不好。"其中就折射出这个道理。在正常的情况下,一个地方的自然环境,后一年与前一年相比,很少有较大变化。由是,耕作(甚至包括放牧与打猎)知识与技术的娴熟主要靠经验的累积。这导致在这种环境里生活的人,越是生活得久,即越是年长,对这一地区的自然环境越是了如指掌,越是能作出合乎自然规律的正确判断,自然越有权威和权力。而一个年轻者因对这个自然环境的变化经历得少,经验不如年长者丰富,其说话的权力自然少,自然少有权威。同时,依费孝通的观点,土地是不动的,以农业经济为主的社会必然是乡土社会,在乡土社会中,人际关系有较大的稳定性,这样,年长者较之年轻者往往有更多的做人经验。结果,长辈告诫晚辈常用的一句话是:"我吃过的盐比你吃过的饭还多,我走过的桥比你走过的路还多。"权威人物往往是年长者,使中国人又养成了尊老的心理。"家有一老,胜似一宝"的谚语就是中国人尊老心态的写照。因此,中国传统文化主要是一种"前喻文化"(prefigurative culture)(玛格丽特·米德,1987,p.27),久而久之,中国人进而形成了"天不变,道亦不变"的静态思维观念,在此背景下,崇拜权威也就很自然了。

顺便指出,西方文化在"前喻文化"时期,也有"老而智"(older and wiser; a day older, a day wiser)的民谚,同样相信年岁的增长将带动智慧的增长。不过,老化也会伴随认知能力的下降,甚至造成脑部结构的病变与萎缩,让老人患上诸如"老年痴呆症"(学名"阿尔茨海默病",Alzheimer disease,AD)等疾病,出现渐进性记忆障碍、认知功能障碍、人格改变与语言障碍等神经精神症状。所以,布伦(A. Van Buren)曾说:"除皱纹外,其他任何事物都不会因年长而自然到来,智慧亦然。"(Jordan,2005)那么,"家有一老,胜似一宝"或"老而智"现象存在吗?格罗斯曼等人用人际与群际两难困境处理方式问卷,对 20—40 岁的年轻人(young)、41—59 岁的中年人(middle-aged)和 60—90 岁的老年人(older)三大群体进行智慧测量。他们先让被试阅读 2—6 种包含人际层次或群际层次的两难困境(interpersonal/intergroup dilemmas)。例如,有这样一个人际层次的两难困境:张军和王燕是一对夫妻,李明和他们夫妻二人都是好友,当张军和王燕发生争吵时,都会打电话向李明抱怨且希望李明站在自己一方。如果你是李明,你会如何处理?在群际层次的两难困境中,则提供存在于真实世界中的群体冲突情境,如德国人对难民的态度问题或美国的种族歧视问题,等等。等被试阅读完上述困境后,实验者再询问他们如下问题:(1)你认为这些事件未来可能会怎样发展?(2)为何会这样发展?(3)如何妥善处理?被试的回答都会被录音,随后由不知道实验目的的研究人员针对这些录音进行编码,采用智慧六向度(如表 5-3 所示)进行评分。每个向度的评分量尺为 1—3 点,1 分表示完全没有该向度的特征,13 分表示充分展现了该向度的特征。该系列研究的评分者信度大多在 0.85 以上,表明评分者之间较一致;针对不同困境之间的一致性检验结果在可接受的范围之内(Cronbach's αs 在 0.61—0.78 之间)。结果发现,老人在智慧总分和分向度智慧得分上均显著高于年轻人和中年人。不仅如此,在控制社会经济地位、受教育程度、智力、人际与群际两难困境回答的内容长度,以及性别与种族等背景变量后,年龄对智慧的预测力仍存在。这项研究证明"老而智"现象是存在的,在做人方面更是如此(Grossmann et al.,2012;张仁和,林以正,黄金兰,2014)。

表5-3 格罗斯曼等人的智慧六向度(张仁和,林以正,黄金兰,2014)

层 次	定 义
妥协性(compromise)	能认可不同甚至相斥观点的重要性,并试图从中寻找最佳的平衡点,而不是只坚持其中一方而忽略或反对另一方
对知识限制的认可	能容忍不确定性,并了解自身知识的有限性,而不是以过于武断和肯定的态度进行评价
弹性或灵活性	能发现冲突的可能成因,进而调整应对方式,而不是固守一种解决策略
观点采撷(perspective taking)	能考虑涉入冲突之中的不同个体或群体的处境,进而理解他们的动机与行为间的关联
对改变的认可	能认可甚至预测可能的变化趋势,而不是认为或预测事情都是不变的
提供冲突的处理方式	能针对面临的冲突情境提供有效的处理方式,而不是没有处理策略

事实上,智慧与年龄的关系是智慧心理学领域的重要议题。青少年时期及成年早期是智慧的萌发期已被多数学者认可,不过,在成年期个体的智慧与年龄的关系问题上,学界仍存在较大分歧,主要有增长论(认为智慧与年龄呈正相关,智慧逐年增加)、衰减论(认为智慧与年龄呈负相关,智慧自生命早期便开始逐年衰退)、稳定论(认为智慧与年龄无直接关联,在整体上,成年期个体的智慧大体保持稳定)、高原论(认为智慧与年龄呈非线性关系,自成年早期开始上升,在成年中期达到顶峰,随后开始下降——衰退速度先慢后快,在老年较晚期迅速衰退)四大观点,其中,前两种观点的实证证据较少,后两种观点有较丰富的实

证证据(王予灵,汪凤炎,2018)。

2. 封建专制思想及其流毒所致

大致自秦始皇统一中国开始至清代灭亡,漫长的封建社会主要是一体化的政治结构,它要求社会与个人的信仰和观念一元化、一体化、同步化,造就了传统文化的"大一统"思想。《淮南子·氾论训》记载:"孔子诛少正卯而鲁国之邪塞,子产诛邓析而郑国之奸禁。"这是严厉打击异己的开端。不过,这在先秦时期还只是个别现象,没有形成气候。秦始皇的"焚书坑儒"则开了用政权大规模镇压异己的先例,其后中国历代封建统治者常常利用政权来打击异己,清代广开"文字狱"就是一明证。董仲舒提出的"罢黜百家,独尊儒术"建议被汉武帝采纳并成为汉代的国策后,中国封建社会追求的"大一统"就有了明确的思想依据。此外,儒家倡导"三纲五常",宣扬礼乐教化,维护"大一统";科举考试制度要求人们按统一的八股文写同类文章,表达同一种观念,等等。这诸多因素的相互结合,形成了以皇帝为最高权威的一元化、人治式政治制度。因此,中国文化的发展如同一人长跑。

1911年的辛亥革命虽成功推翻了清朝的封建统治,结束了中国2 000多年来的封建帝制,开启了民主共和的新纪元,却并未彻底铲除封建专制思想。1949年中华人民共和国成立后,尤其是改革开放以来,中国社会的方方面面都取得了长足进步。不过,封建专制思想的流毒仍在一些人的脑海中残留。

3. 经典中式教育与学习的影响

古"教"字的字形经历了一个逐渐丰富与定型的过程,至写作"敎"或"教"时(汉语大字典编辑委员会,2010,p. 1562),已在字形上非常完整了。"教"字左边的上半部是"爻"字,"爻"具有变化和开悟的意思,也作声符用,下半部是"子"字;左边合起来看,即是以"爻"加于人,就是使人变化或开悟之意(约斋,1986,p. 231)。"教"字的右边是"支"字,它本指柴枝,作敲打用;变作现在的支,就是扑;又变作攵,做偏旁;做注音字母,那拿棍的手变作丈,就是杖(约斋,1986,p. 132)。因此,"教"

字合起来看,其义就是以柴枝为教鞭,以"爻"加于人(通常指尚未开悟的童子),换言之,通过教师使人变化或开悟,这恰恰也是"学"的本义。"学"可写作"㕯""㝒""㝤""㝢"或"㝢"(汉语大字典编辑委员会,2010,p.1092)。由此可见,"学"字字形最初经历了一个从简单到详细的过程,至写作"㝢"时,"学"字从字形上看已非常完整。从金文"㝢"的字形上看,其上半部左右两边各是一只作"往下捧"状的"手"(在现在通行的繁体字"學"字字形中,改成了"往上捧"),中间是一个"爻",其意仍是变化和开悟,也作声符用。以"爻"加于人,就是使人变化或开悟。合起来是两手执"爻"以罩的形象,表明此种变化和开悟是人力所为,而不是酒精、药物或成熟等因素影响的结果(约斋,1986,p.231)。"㝢"字下半部的外面是一个"上有屋顶,两边都有墙壁的房屋"的形象:上面的"人"字形指屋顶,下面的"‖"指屋顶下的两面墙壁(约斋,1986,p.149),这从"㝤"字的下半部分里看得更清楚;"㝢"字下半部的里面是"(童)子"的象形字。这样,从字形上看,整个"㝢"字的意思是:先觉之人(通常指教师)在房屋(即学堂)里开悟童子(后觉之人)。一旦让童子在"见"上开悟,童子也就"觉(悟)"了,因此,"觉"字的写法,其上部与"学"字上部的写法完全相同,只是下部换成了"见"字(约斋,1986,p.231)。

从字义上看,当读作"jiào"时,"教"的本义是"身教"或"下效法上"。正如许慎在《说文解字》里解释"教"字时所说:"教,上所施下所效也。从攴孝。凡教之属皆从教。𤕝,古文教。效,亦古文教。"段玉裁注:"上施,故从攴;下效,故从孝。"(许慎,段玉裁,1988,p.127)《广雅·释诂三》也说:"教,效也。"北宋时代官修的《广韵·效韵》也说:"教,法也。"可见,在中国古人实施的教育中,从教育方法上看,主要是身教;从学习方法上看,主要是模仿,即后觉之人(通常指尚未开悟的童子)往往会被要求"效法"先觉之人(通常指教师)。"教"由"下效法上"引申为"训练、练习",此时的"教"与"习"可互训。因此,当《吕氏春秋·简选》说:"统率士民,欲其教也。"高诱的注是:"教,习也。"当读作"jiāo"时,

"教"又有"传授(知识技能)"之义(汉语大字典编辑委员会,2010,pp.1562-1563)。于是"教"便有了"教育、训诲"之义,如《广韵·效韵》就说:"教,教训也。"徐锴在《系传》里也说:"支所执以教道人也……言,以言教之。"

经典中式教育的一大优点是主张教师要想方设法让学生悟,以此提高教育效率。不过,中国古人强调"师道尊严",有"天地君亲师"之说。经典中式教育强调身教、强调"下效法上",而经典中式学习以模仿教师的学习为主,其内并不包含创新学习和批判性学习,它们一旦结合,自然就会凸显教师的权威作用,压缩学生的主体性。结果,经典中式教育与学习的一大弊端便表现为有助于学生养成权威思维。与此同时,中国人推崇权威思维,又使得中国人习惯于经典中式教育和中式学习。结果,中国人便有了代际和合的倾向,并且,为实现代际和合,通常是子代向父代投降。这种做法使中国文化成为世界史上最成功的保守主义,几千年来几乎没有变化(孙隆基,2011,p.438)。二者相互作用,致使权威思维一代代传承下来,在当代中国人心中仍有广泛影响。因此,即便在当代,多数年轻人在权威思维和孝道观的影响下,与父代保持着相对西方人而言更尊敬、更亲近的关系(孙隆基,2011,pp.207-210);在挑战父代的权威时,多数情况下不但态度与方式要温和许多,而且出现的时间也较西方人要晚一些(孙隆基,2011,p.438)。

(三) 权威崇拜与古代中国的辉煌文明

有人会说,秦汉至清代的中国古人崇拜权威是事实,但中国当时的文明的确赢得了伟大进步,不但有举世闻名的"四大发明",而且中国古代的科学技术至15世纪时仍处于世界先进水平。对于此,我们的看法是古代中国有一些利于科技发展的因素。

受儒家尚德文化的深刻影响,中国传统教育培养人才往往偏重"道德文章",基本不重视自然科学领域人才的培养,这使得通过中国传统教育培养出来的大量人才基本无法胜任自然科学领域的工作。尽管如此,就中国传统社会而言,仍有多种方式促使科技人才不断涌现,这在一定程度上促进了中国传统科技的发展。具体地讲,虽然中国传统的官学和私学基本上不传授学生科技知识,但是,在某一历史时期、某一地区或在一些开明教师或家长的支持下,偶尔也会向学生传授科技知识。例如,2002年在湖南省龙山县里耶古城一口古井出土的36 000枚"里耶秦简",有20余万字,内容多为官署档案,记录了从秦王政二十五年至秦二世元年社会政治、经济、文化的各个层面,详细到月、日,十几年连续不断。其中一枚秦简记载,早在秦朝,九九乘法口诀就已十分通行,是当时人们日常学习的一个重要内容。① 除此之外,中国古代社会还有"师父带徒弟"的教育传统与家庭教育传统(家学)。前者如木匠师父通过带徒弟的方式,将许多古代建筑技术一代一代地往下传承;后者如中医教育,自古至今,许多名中医常常是通过家庭教育的方式培养出来的。"师父带徒弟"的教育传统和家庭教育传统,为中国传统社会持续地输送了一批科技人才。此外,还有一些天资高且对科技感兴趣的人,通过遍访名家和自己刻苦钻研等方式,掌握了大量科技知识,成长为科技专家,主持修建都江堰的李冰就是其中著名的一例。另外,道教兴起后,为了获取仙丹,有一批道教徒不断钻研和改善炼丹术,结果,仙丹虽未炼成,却促进了化学等方面技术的发展,诞生了一批科技人才,产生了一批科学成果与技术。正所谓"有心栽花花不开,无心插柳柳成荫"。

从思维方式看,这既与中国人强调实用思维有密切关系,也和中国封建时期的唯圣哲学与欧洲封建时期的经院哲学有明显差异存在关联。关于前者,留待后文"中国人的思维方式"一章探讨;至于后者,是由中国封建时期盛行的权威思维和欧洲封建时期盛行的权威思维有明显不同的缘故导致的。依冯友兰和张岱年等人的见解,中国传统哲学可分为先秦的、以诸子百家为表征的、充满创造活力的哲学和封建社会的、以唯圣为表征的、缺乏科学理性的哲学,简称"先秦哲学"和"唯圣哲学"。相应地,中国传统思维方式可分为先秦哲学的思维方式和唯圣思维方式。中国人的权威思维主要在唯圣哲学盛行的封建社会里流行。

---

① 根据中国中央电视台第4频道(CCTV-4)2012年2月18日播出的《国宝档案》整理而成。

中国封建时期的唯圣哲学与欧洲封建时期的经院哲学存在明显差异：前者是专制王权的贤臣，后者是神学的婢女；前者是鄙视科学理性的君子，后者是扼杀科学真理的暴徒；前者注重思维的"此岸"，奉圣人为偶像，后者偏重思维的"彼岸"，立上帝为信仰；前者引导人们积极入世，在封建专制社会里安分守己过现实生活，后者教导人们脱离世俗苦难，寻求来世天国的幸福；前者与中国先秦哲学理性和谐相处，中庸相容，后者与古希腊的科学理性直接对立，互不相容。于是，在中国的封建社会文明赢得伟大进步的时候，欧洲的封建社会却处在文化倒退、黑暗的时代(张岱年，成中英，等，1991，p.45)，这个结果虽是中国文化的大幸，却不能由此得出中国封建社会盛行的权威思维有利于文明进步的结论，恰恰相反，正是由于中国封建社会盛行权威思维，才使中国的传统文化自秦汉至清代，几乎都在经学里打转，在质上没有发生根本的变化。典型者如中医，中医的大框架奠基于基本内容写成于战国后期的《黄帝内经》(中国大百科全书总编辑委员会《中国传统医学》编辑委员会，1992，p.286)，自此之后，直至清代，中医的基本理念保持着惊人的恒定性，没有发生什么大的变化。假若中国先哲不是固守权威思维，而是敢于向权威提出挑战，以中国历史的漫长和历代人才辈出的事实，定能将中国传统学术推向一个更高更远更精致的新境界，近现代意义上的科学也一定会在中国首先诞生。换言之，并不是先秦时期的文化真的早熟，而是秦汉至清代间文化发展的缓慢反衬出先秦文化的早熟。这是今日的中国人在反思中国的历史与思考"李约瑟难题"(Needham Puzzle)时必须予以反省和引以为鉴的。

(四) 如何破除中国人的权威崇拜

导致中国人产生权威崇拜的原因主要有四，要想破除它，也必须从这四个方面入手。

第一，既然农业社会为中国人崇拜权威提供了温床，由此可以预见，随着中国城市化进程的加快以及工业经济、知识经济在国民经济中的比重越来越大，权威崇拜滋生的温床将逐渐丧失。例如，随着知识经济的快速发展，科技(如互联网技术)发展的日新月异，人们越来越意识到,仅靠"资历老"便能"为人师"的时代即将结束,只有那些不断学习新知识的人才能做到与时俱进。当中国社会发展到农业人口只占全部人口的极少数,全国绝大多数人口都生活在城镇,成为真正的城镇居民而不是"伪市民",主要从事非农业性的工作,而且,从事农业生产的人,也主要通过现代化的手段,同时,知识(广义的)迭代的时间不断缩短,那时,年长者的权威就会越来越小,年轻者说话的权力就会越来越大。若果真如此,中国人迷信权威的心态就可能会发生变迁,中国文化也将由米德(M. Meed)所说的"前喻文化"转变为"后喻文化"(post-figurative culture)(玛格丽特·米德,1987,p. 27)。

第二,既然封建专制思想及其流毒导致中国人崇拜权威,随着社会主义核心价值观的逐渐深入人心,随着在依法治国理念下法律与制度的逐渐完善,封建专制流毒将逐渐被清除。一旦彻底清除封建专制思想的流毒,必有利于中国人破除权威崇拜。同时,也要通过法治,让人们相信世上万事万物逃不过一个"理"字:天有天理,地有地理,物有物理,道有道理,法有法理,事有事理,情有情理。世间只有"道理"最大,"有理走遍天下,无理寸步难行"。在这方面,赵匡胤与赵普君臣给后人树立了一个好榜样。沈括《续笔谈十一篇》中有如下记载:"太祖皇帝尝问赵普曰:'天下何物最大?'普熟思未答间,再问如前,普对曰:'道理最大。'上屡称善。"《梦溪笔谈》及《续笔谈》成书于北宋元祐(1086—1093年)后期,时距赵匡胤与赵普君臣对答已有110年以上。此记载不见于现存的北宋史料中,已无从追溯沈括自何处得知该对话。不过,一问一答间,君臣二人都叫人钦佩。当着皇帝的面,被皇帝一再追问,赵普仍不肯说皇帝最大,颇有几分骨气。听了赵普的回答,赵匡胤没有生气,反而连连称善,说明他颇有雅量(邓小南,2003)。

第三,既然经典中式教育与学习有利于中国人养成权威思维,这样,在妥善汲取经典中式教育与学习精义的同时,要适时向学生传授"吾爱吾师,但吾更爱真理"与"当仁,不让于师"的理念,培育学生的独立人格、独立思维与批判性思维能力,鼓励学生进行探究学习、创新学习。只有这样,才能切断权威思维通过教育进行传播的途径。

第四,既然将绝大多数百姓视作长不大的儿童是导致百姓缺乏自信并崇拜权威的一个重要因素,就必须在相信"群众的眼睛是雪亮的"的同时,通过学校教育和社会教化积极开民智,破除这一权威崇拜的诱因。

第六章　中国人的思维方式

当今世界文化大而言之,可分为两大类:一是东方文化,另一是西方文化。就东方文化而言,又主要以中国文化最具代表性,由此可见中国文化自身具有的特色。在接触、学习和研究的过程中,不少有识之士开始对中西文化传统进行比较研究,并提出了自己的见解,陈独秀于1915年发表的《东西民族根本思想之差异》与李大钊在1918年发表的《东西文明之根本异点》二文是其中的代表。综观100余年来的中西文化比较研究,大体上可对中西文化的差异作如下归纳:

或曰中国文化是人的文化,西方文化是物的文化;

或曰中国文化是内省文化,西方文化是外求文化;

或曰中国文化是重情文化,西方文化是重智文化;

或曰中国文化是伦常本位文化,西方文化是个人本位文化;

或曰中国文化重人文精神,西方文化重科学精神;

或曰中国文化重伦理精神,西方文化重宗教精神;

或曰中国文化重统一性,西方文化重差别性;

或曰中国文化重直觉体悟,西方文化重逻辑分析;

或曰中国文化重自然,西方文化重人为;

或曰中国文化重退让与尚和,西方文化重进取与竞争;

或曰中国文化重玄想,西方文化重实际;

或曰中国文化重过去,西方文化重现在与将来;

或曰中国文化重等级,西方文化重平等;

或曰中国文化重出世,西方文化重入世;

或曰中国文化喜欢"大而化之",西方文化喜欢"精确分析";
……

如果孤立地看,上述一些看法无疑是以偏概全或流于表面,不过,若综合起来看,则无疑也在一定程度上反映出中西文化传统的不同特点和不同风貌(黄光国,1995,p.400)。从上述言论可得出一个几乎是不言自明的结论:中西文化是两种异质文化。从文化心理学的角度看,一种文化之所以有自身的特色,就其成因而言,说到底在于思维方式的差异(这里并无思维方式决定文化的一切的意思),因为思维方式是民族文化心理传统的深层结构(张岱年,成中英,等,1991,p.3)。思维方式是在反映主体或客体的思维过程中,那些长期地、较稳定地、普遍地起作用的思维形式、思维方法和思维程序的综合与统一体(李宗桂,1988,p.297;张岱年,成中英,等,1991,p.207)。不同类型的思维都有与其相适应的思维形式,如逻辑思维主要借助概念、判断、推理等形式,非逻辑思维主要借助直觉、灵感、想象等形式。思维方法主要有两类:一类是思维过程中运用的具体逻辑方法,如归纳法、演绎法、抽象法等;另一类是作为理论工具的方法,如哲学方法、系统方法、数学方法等。思维程序是思维方式运行的基本路线,是思维形式与思维方法在思维活动中的有机结合。那么,中国人的思维方式有何特点呢?用今天的眼光看,它又有哪些不足之处?为了进一步完善中国人的思维方式,今天的中国人应从中继承什么?舍弃什么?这些就是本章要深究的问题。

一、七种经典的中式思维方式

中华文明绵延几千年,虽历经艰险,却从未中断,而且至今仍充满生机与活力,是世界四大古文明中唯一一个从未中绝且至今仍生机勃勃的文明。这不能不归功于孕育这一文明的中式思维方式(中国人思维方式的简称)既有自己的特色,也有许多长处,它们主要体现为中式思维注重整体性、辩证性、开放性、包容性、和谐性、变通性(灵活性)与实用性,并推崇仁爱为怀、自强不息、大局为重与舍生取义(这是由中式思维"以伦理道德为先""重伦理道德之用"的特色形成的),它们共同构成了中国文化的优秀遗传基因,经由家庭教育、学校教育、社会教化和个体的自学自悟代代相传,成功塑造出一批批具中国文化基因的中华儿女,从而让中华文明薪火相传,生生不息!

(一) 整体思维

1. 什么是整体思维

推崇整体思维(holistic-thinking/holistic thought)是中式思维方式的一大特色。在张岱年等人看来,整体思维也叫"整体观"或"有机循环论式整体思维"(这一点不同于西方古代的机械决定论式整体思维),即认为世界(天地)是一个自组织的有机整体,人和物也都是一个有机整体,整体包含许多部分,各部分自身也是一个个小的整体,各部分之间密切联系,因而构成了一个整体,想了解各部分,必须先了解整体(张岱年,成中英,等,1991,p.8,p.20)。尼斯贝特等人对整体思维下了一个更心理学化的定义:一种将背景(context)或场域(field)视作一个整体(as a whole)的倾向,包括将注意力放在关注客体与场域之间的关系,以及偏爱以这种关系为基础来解释和预测可能发生的事情(Nisbett, Peng, Choi & Norenzayan,2001)。相对而言,前一种定义更加哲学化和中国化,从而更加吻合中国人实际使用的整体思维,只可惜,至今未见按此定义所做的实证研究;后一种定义更西化一些,西方心理学研究者往往根据此定义,结合下文所讲分析思维的定义,再借助如下实验范式来筛查一个人是习惯用整体思维还是分析思维:

> 先向被试呈现"三个事物一组"的一串任务清单,如将"火车、公共汽车和铁轨"三个事物放在一起作为一组。其中,两个事物由于同属一个相同的抽象范畴或类型(belong to the same abstract category),因而可以配对,并归为一类,如火车和公共汽车同属交通工具,故可将二者归为一类;另外两个事物由于可以共享某种功能性关系(share a functional relationship),因而也可以配对,并归为一类,例如,火车是在铁轨上跑的,故可将火车与铁轨归为一类。然后让被试从每组三个事物中挑出两个事物进行配对,并将二者

归为一类。根据被试的归类结果推算被试的归类方式,然后从被试的归类方式推算其思维方式是整体思维还是分析思维。如果被试倾向于以两个事物是否属于同一个抽象的范畴或类型为标准,便证明他更倾向于分析思维;假若被试倾向于以两个事物是否共享某种功能性关系为标准,便证明他更倾向于整体思维。(Talhelm, et al.,2014)

托尔汉姆等人便是按上述实验范式来检验被试的思维类型,结果发现西方人更倾向于分析思维,而东亚人和其他来自集体主义文化的人更倾向于整体思维(Talhelm et al.,2014)。

2. 整体思维的具体表征

根据现有中国传统典籍的记载,至迟到春秋战国时期,中国人对整体思维的运用已达到炉火纯青的程度,这可从以下几个方面得到印证。

在蕴含先秦哲学的典籍里,但凡论及两个或多个客观事物之间的关系,中国古人就特别强调从整体角度来把握彼此之间的关系。以天与人的关系为例,天人合一思想在中国起源很早,其文字记载至少可追溯到《左传·昭公二十五年》。在人—我关系上,中国古代思想家推崇人我合一,主张做人要做中人。当然,若想对整体思维在整个中国传统哲学中的精妙运用有深刻的把握,既可以通过细读《老子》《庄子》和《吕氏春秋》等原著细加体会,也可以细读冯友兰的《中国哲学史》。

以《孙子兵法》为代表的先秦兵家著作中,无论是论述其战略心理学思想还是论述其战术心理学思想乃至治军心理学思想,都非常重视整体思维的运用。限于篇幅,这里仅举两例。《孙子兵法·谋攻》说:"知彼知己者,百战不殆;不知彼而知己,一胜一负;不知彼,不知己,每战必殆。"既然知彼知己如此重要,那么,到底要掌握敌我双方的哪些信息呢?对此,孙武就运用整体思维,主张为将帅者只有掌握了敌我双方道(敌我双方的君心民意)、天(天气信息)、地(作战地形、距离等方面的信息)、将(敌我双方将领的德才高低)、法(军队人数、军队管理制度、军纪、士兵素质、士气高低、装备优劣等方面的信息)五个方面的信息,才有可能赢得胜利。具体而言,《孙子兵法·(始)计》说:"故经之以五事,校之以计,而索其情:一曰道,二曰天,三曰地,四曰将,五曰法。道者,令民与上同意也,故可以与之死,可以与之生,而不畏危;天者,阴阳、寒暑、时制也;地者,远近、险易、广狭、死生也;将者,智、信、仁、勇、严也;法者,曲制、官道、主用也。凡此五者,将莫不闻,知之者胜,不知者不胜。故校之以计,而索其情,曰:主孰有道?将孰有能?天地孰得?法令孰行?兵众孰强?士卒孰练?赏罚孰明?吾以此知胜负矣。"同时,孙子清楚地认识到将领素质的好坏直接关系到军队战斗力的强弱、直接关系到国家的兴衰存亡,于是,他从整体思维出发,提出了较系统的择将标准。《孙子兵法·(始)计》说:"将者,智、信、仁、勇、严也。"这里的智,指智谋才能,为将者要有高超的智谋才能;信,指信誉度要高,为将者要言出必行,说到做到;仁,指仁心,将领对士兵要宽厚仁慈,爱护下属,做到视兵如子;勇,指勇敢果断,为将者既要勇敢,也要果断;严,指军纪严明,为将者要从严治军;廉,指廉洁,忌贪。当然,若对中国古代军事心理学思想感兴趣,可以阅读汪凤炎所著《中国心理学思想史》一书的相关内容。

整体思维是中医的一大特色。先秦中医善用整体思维的证据出自《黄帝内经》。《黄帝内经》简称《内经》,包括《素问》和《灵枢》两大部分。最早记载《黄帝内经》书名的古代文献是《七略》,《七略》的编撰者是生活于西汉末年的刘向、刘歆父子,所以《黄帝内经》的诞生不会晚于西汉晚期,即公元前 1 世纪末《黄帝内经》已经成书问世(刘长林,1982,p.9)。至于《黄帝内经》最早的著述年代,学术界有几种说法,"但多数学者认为,此书的基本内容写成于战国后期,迄于汉代,陆续有所补订"(中国大百科全书总编辑委员会《中国传统医学》编辑委员会,1992,p.286)。由此可见,基本上可以将《黄帝内经》视作先秦的作品。作为中医最重要的典籍,《黄帝内经》全书充分体现出整体思维的特色。例如,在身心或形神关系上,《黄帝内经》爱讲身心合一或形神合一,相信良好的精神状态只能建立在形体健康的基础之上。因此,《黄帝内经·素问·上古天真论》说:"形体不敝,精神不散,亦可以百数。"同时,认为人若没有了精神,躯体也将死掉。所以,《黄帝内经·灵枢·天年》说:

"百岁,五脏皆虚,神气皆去,形骸独居而终矣。"李致重在《中医复兴论》里指出,中医学以阴阳五行学说为方法论,以证候为研究对象,形成了以藏象经络、病因机理为核心,包括诊法、治法、方剂、药物理论在内的独特、完整的理论体系。中医认为人是一个有机整体,脏腑经络、四肢百骸均相互联系,相互影响。中医认为人体与自然界也是一个密不可分的整体。中医辨证论治形成的诊治疾病的基本法则,是中医最凸出的特色,也是西医不可替代的独特优势(李致重,2004,pp.1-337)。当然,若想对整体思维在先秦中医里的精妙运用有深刻把握,可以细读《黄帝内经》一书。

整体思维也体现在以书法、国画和中式古典建筑为代表的中国传统艺术里。以书法艺术为例,无论是就单个汉字的书写方式而言,还是就整篇书法作品的布置看,中国书法艺术都重整体而轻局部,为了整体可以牺牲局部。具体而言,中国汉字由一笔一画组成,这些笔画的组成方式复杂多变,同样的笔画在不同的字中或处于同一字的不同部位时都会有不同形态,如"水"用作偏旁时可写作"氵","火"可写作"灬","竹"可写作"𥫗",等等。在这里,笔画是由字这个整体定义的,没有相对的独立性。与此相反,中国汉字特别强调字中笔画的配合要均衡、平稳、得当、有灵性,要有严密不可分的整体美感,因为人们面对一个汉字时注意的往往只是字的整体结构和形象,而不是组成字的笔画,只要能准确表达出一个汉字的所象之形、所指之事、所达之意,笔画的长短、肥瘦、多少都不太重要,所以,同一个汉字用不同的字体写出常常有较大的差异。结果,汉字的笔画只要放进汉字的结构便已失去自身的独立性——为了保持汉字的整体美,某些笔画必须作必要的变形。这与中国人重视整体、从整体出发的思维顺序紧密相关。与此形成鲜明对比,西方的拼音文字以字母构成,中国的文字以笔画构成,这两种文字在结构形态和整体特性上有明显差异。拼音文字的单词是由一个个独立的、可分离的字母按一定规律组合而成,各字母不因单词不同或在单词中的位置不同而改变其形态,这在直观上便显示了字母的个体性和独立性,与西方思维以个体为出发点的思考顺序和机械整体观相一致(刘承华,2002,pp. 62 - 63)。至于中国书法作品在布置上重视整体思维,强调和谐美,读者只要细心体会王羲之的《兰亭序》、颜真卿的《祭侄文稿》和苏轼的《寒食帖》等书法精品,一定会有切身体会。

3. 整体思维对中国人的深刻影响

在人与自然的关系上,中国人强调人与自然要保持一种和谐的关系,在天、地、人之中,"人"字不宜写得太大,否则,人迟早会受到自然的严厉惩罚,这是造成中国古人一贯颇善待自然的深层原因之一,对促进今人养成善待环境的环保观念更是具有现实意义。并且,这也使得中国人习惯于用整体的观点、普遍联系的观点看待事物与问题,重视事物与事物之间的相互联系,注意避免"只见树木,不见森林"的错误。同时,整体思维方式也对中国人思考的顺序产生了深刻影响,这可从两个方面看:(1)从群体与个体的关系看,使得中国人习惯于运用"由群体到个体"的群体优先式思考顺序,这对促使中国人养成群体至上的价值观念有一定的积极作用。这种群体优先式思考顺序在中国人的日常生活中随处可见。例如,在表达时间时一般遵循"年→月→日→时→分→秒"的顺序;写通讯地址时一般遵循"国名→省名→市名→单位名→个人名"的顺序;写姓名时一般遵循"姓→名"的顺序,因为"姓"代表的是父系家族的称谓,故在先,"名"是个体的真正称谓,故在后。在这诸多日常小事方面,西方人恰恰与中国人相反,从这一侧面可多少反映出中西方思维方式有本质的差异(刘承华,2002,pp. 54 - 55)。(2)从结构与功能的关系看,中国人优先考虑事物的功能,然后从事物的功能推知事物的结构。所以,中国人善于运用信息反馈的思维方法研究事物。具体而言,古代中国人因强调整体思维,认为整体大于部分之和,一般不主张将事物"打开"来研究,这就为研究事物的内部结构和机能带来一定的困难,而为了研究事物内部的结构和机能,聪明的古代中国人发展出一种颇有效的思维方式——信息反馈。具体做法是,将事物的内部结构比作"黑箱子"而置之不理,只输入信息,看其相应的反应,再通过反馈的信息来推知事物的内部规律,把握事物的内部结构。典型者如中医。中国人重视整体思维,再加上受孝道的影响不能轻易解剖人的尸体,导致人体生理解剖学从有到无,结果,在中国古代,人体生理解剖学从整体上看非常不发达。在此背景下,中医在缺乏充足人体生理解剖学知识作为基础的前提下,通过针灸和按摩等方法,依然形成了一套对人的五脏六腑的机能与结构的独特看法(如图6-1所示),并且中医实践和中国古人的养生实践已证明这套中医理论有一定道理(刘承华,2002,pp.206-212)。

A 肺脏图　　B 心脏图　　C 肝脏图

D 脾脏图　　E 肾脏图　　F 胆腑图

图6-1　胡愔眼中的肺、心、肝、脾、肾和胆的形状图
　　　　(胡愔,1977,pp.8521-8529)

因此,今天中国人研究事物的内部结构和机能时,除了要适当运用西方人的分析与综合法和实验法(将事物"打开"来看,先分析其局部结构与机能,再通过综合得出其整体结构与机能),也宜适当运用中国人的信息反馈方法。因为限于种种因素的制约,有些事物是不能随便"打开"的,或者,一旦"打开"就会失去某些机能。例如,研究人脑的机能时,以活人脑为研究对象与以死人脑为研究对象,就有可能得出有差异的结论。但以活人脑为研究对象,出于伦理道德的考虑,研究者不但不能将其脑"打开"看,甚至不能对被试的身心造成任何形式的损伤,否

则,就会受到世人的责难。在这种情况下,信息反馈方法仍是一种可行的方法(刘承华,2002,pp. 61 - 62)。

4. 中国人善用整体思维的原因

为什么西方人偏重分析思维而中国人偏重整体思维?对于这一问题,托尔汉姆等人曾用水稻理论予以解释。水稻理论提出后虽有较大影响,不过,它也招来一些质疑。下文将运用王国维提出的"二重证据法"[将"地下发现之新材料"(即考古所获地下实物证据)与"纸上之材料"(即出自古书的证据)二者互相释证,以达到考证古史的目的]和陈寅恪善用的"以诗证史"法,结合考古学、历史学、古典哲学、文学文献等领域证据,秉承先破后立的研究思路,先详细揭示水稻理论解释中国人尤其是中国古人偏好整体思维的缘由时存在的两个矛盾,随后再就中国人偏好整体思维的内因和外因提出新解释。

水稻理论解释中国人偏好整体思维的缘由时存在两个矛盾,它们的存在证明水稻理论解释不通(汪凤炎,2017b;汪凤炎,2018)。这两个矛盾首先体现在,南宋之前的多数中国人虽长期生活在小麦主产区,但他们的思维方式主要是整体思维。前文已多次指出,中华文明主要是建立在农耕文明的基础之上。考古学研究表明,长江流域是水稻的发源地,自古以来主要种植水稻,至今已有约1万年的水稻种植史。黄河流域则是中华文明最重要的发源地之一。中国北方是粟、黍的发源地,至今也约有1万年的粟、黍种植史。同时,自夏朝开始,直至北宋灭亡,中华文明的核心圈都位于主要粮食作物是粟、黍和小麦的中原与关中地区。假若水稻理论能成立,那么至少北宋及其之前的多数中国人长期生活在小麦区和曾长期种粟、黍、小麦后以种粟、黍、小麦为主但曾种植水稻的地区,应该具有彼此独立、倾向于分析思维的特质。若果真如此,多数中国古人的自我理应更倾向于彼此独立而不是相互依存,多数中国古人的思维方式理应更倾向于分析思维而不是整体思维。同时,从时间上看,中国古人至多是在南宋才能开始以整体思维为主,因为直到南宋,中华文明的核心圈才转移到以水稻为主要粮食作物的长江下游地区和长江以南地区。可事实却是,南宋之前的多数中国人的思维方式是整体思维而不是分析思维,而且至迟到春秋战国时期他们已将整体思维运用得炉火纯青(汪凤炎,2017b),所以,在《管子》《老子》《文子》《周易》《庄子》《孙子兵法》《黄帝内经》与《吕氏春秋》等名著中,有大量运用整体思维分析、论述和解决问题的文字,限于篇幅,这里不再展开探讨(汪凤炎,2018)。

也许有人会说,中华民族的祖先是从长江流域移民至黄河流域的,也就是说,中华民族的祖先起初都生活在长江流域,他们在距今1万年前开始种植水稻,依水稻理论,他们由此养成了整体思维。后来,有一部分人从长江流域移民至黄河流域,因中国北方气温下降、降水减少而改种粟、黍,到距今5 000年前又开始种小麦,不过,整体思维一旦形成就不会因后来改种粟、黍和小麦而发生改变。这种推测看似能很好地用水稻理论说明中国人为何擅长整体思维,实际上却不能成立。理由至少有四:(1)现在没有任何证据证明中华民族的祖先起初都生活在长江流域,然后再移民至黄河流域;(2)中国南方种植水稻的历史和中国北方种植粟、黍的历史是大致相同的,即都有1万年左右;(3)如果早在5 000年前,生活在黄河流域的中国先人便因长期种水稻而养成了整体思维,那么为什么连被尧手下众大臣公认为才华过人的鲧都未能掌握(司马迁,2005,p.38)?(4)在中国,为何整体思维的成熟期要拖到约7 500年后的春秋末期至战国时期,且与阴阳说、五行说和阴阳五行说的成熟期高度吻合?

水稻理论解释中国人偏好整体思维的缘由时存在的另一个矛盾是,目前无任何可靠证据证明种植小麦的中国北方在文化上更像西方。中国幅员辽阔,从北至南跨越了北温带到热带的诸多温度带,这些温度带上的地理生态、生活方式都有明显差异。同时,西晋末年的"永嘉之乱"(311年)和两宋交替时期的"建炎南渡"(1127年),导致包括士大夫和世族大家等社会精英在内的大批人口为躲避战乱两次从中原迁往长江中下游与长江以南地区,结果,自南宋至清末,中国南方地区尤其是长江中下游地区成为以儒家文化为代表的华夏文化(也叫"中原文化")的重心所在,其受到中原文化影响的程度要高于北方地区,而北方地区屡次被文化相异的少数民族政权统治,中原文化对其的影响反而在中原人口南迁、民族融合的历史发展中逐渐减弱(葛剑雄,2013,pp. 104-129;马欣然,任孝鹏,徐江,2016)。这使得中国北方人和南方人在家庭供暖方式、身高、饮食习惯、方言与性格等方面都有一定差异。例如,北方人身高普遍高于南方人;北方人多以面食为主食,南方人多以米饭为主食,等等(汪凤炎,2018)。

不过,尽管托尔汉姆与马欣然等人的研究都有一定的调查数据作为依据,却不能由此轻易得出如下结论:(1)与种植小麦的中国北方人相比,生活在水稻种植区的中国南方人具有东亚文化的一些特点:集体主义倾向较北方地区更强烈;更倾向整体思维;具有更高程度的互依型自我构念,以及更低的离婚率。(2)与种植水稻的中国南方人相比,种植小麦的中国北方人在文化上更像西方:有更高程度的个人主义;更倾向分析思维;有更高的离婚率(Talhelm et al.,2014;马欣然,任孝鹏,徐江,2016)。理由至少有四:(1)问卷或测量若想获得可靠结果,一个基本前提是其背后的理论要科学,如果理论有偏差,按它编制出的问卷或量表必有偏差,由此得出的结果与结论自然也会存在偏差。依费孝通的研究,中国人的行为特色并不是个人主义,也不是集体主义,而是自我主义(费孝通,1998,p. 28)。杨中芳也建议,为了避免由简单的跨文化比较而歪曲中国人的心理与行为方式,应放弃对"个人主义"与"集体主义"这个表层特征的探讨(杨中芳,2001a,pp. 107-145)。令人遗憾的是,托尔汉姆与马欣然等人的研究恰恰采纳了费孝通与杨中芳批判的集体主义与个人主义的理念来研究中国人。(2)阮等人在详细分析托尔汉姆等人(Talhelm et al.,2014)的实证方法后,发现原文存在样本偏差、测量误差、模型设定错误等问题,由此认为托尔汉姆等人的研究高估了水稻种植在塑造文化心理和创新性方面的作用(Ruan,et al.,2015)。马欣然等人的研究采用的是方便取样,被试总数较少(只有745人),南北方被试数量不均衡(北方被试454人,南方被试291人)(马欣然,任孝鹏,徐江,2016)。(3)假若说随着中国传统文化体系重心的不断南迁,自南宋至清末,较之北方,南方受到以儒家文化为代表的中原文化体系浸润更深,那么,自清末民初以来,南方既得革命风气之先,又得改革开放风气之先,儒学影响反又式微,与此相反,北方尤其是华北受帝都北京的影响甚深,在中华人民共和国成立之前,反而更加保守。与此相一致,当年主要生活在北京的清朝皇室成员几乎都主张帝制,主张复辟帝制的袁世凯也是北方人,而新文化运动时,"打倒孔家店"的代表人物吴虞、陈独秀、胡适和鲁迅等都是南方人,辛亥革命和南昌起义都发生在南方,主张革命的孙中山与毛泽东都是南方人,改革开放之后,中国最早设立的四个经济特区都在南方,现在以长江三角洲和珠江三角洲为代表的南方经济总体上较之北方要发达,中国人口和人才流动呈现明显的趋向东南沿海和沿江地区态势。正由于此,较之北方,当下南方尤其是东南沿海和沿江地区经济更发达,富裕起来的南方人往往既传统又现代,更讲诚信,待人更慷慨、更宽容,人—我界限、公私界限更清晰(汪凤炎,2018)。一项在江苏(代表发达地区)、新疆和广西(代表发展中地区)三地的调查(投放问卷1 200份,收回有效问卷1 149份)也表明,在关于"当前中国社会的伦理道德精神到底由哪些元素构成"的多项选择中,"市场经济中形成的道德"占40.3%,"意识形态提倡的社会主义道德"占25.2%,"中国传统道德"占20.8%,"受西方道德影响"占11.7%。这说明,当前中国伦理道德总体上处于"市场经济中形成的道德"占主导的状态;"意识形态提倡的社会主义道德"与"中国传统道德"在社会生活中虽发挥了很大作用,但二者的总和仅略高于"市场经济中形成的道德"所产生的影响;"西方道德"对当代中国人的道德生活虽有一定影响,但并不像人们感觉或想象得那么大(樊浩,2009)。因此,仅根据南方人对诚实的朋友更慷慨,对不诚实的朋友更宽容,对内外圈子,即朋友与陌生人之间的边界也更为清晰(马欣然,任孝鹏,徐江,2016),似无法认定南方地区集体主义倾向较北方地区更强烈。(4)较之南方人,北方成年男子(尤其是东北三省的成年男子)常有"大老爷们心态",在当下女子受教育水平普遍提高和经济更独立的背景下,极易提高离婚率。托尔汉姆等人的研究数据也显示,黑龙江、辽宁、吉林三省的离婚率相对最高,也从一个侧面印证了这一点(Talhelm et al.,2014)。不过,"大老爷们心态"不是真正的个人主义,而是假的个人主义,即为我主义,因为它的性质是自私自利(胡适,1920,pp.564-565),且有明显的性别歧视色彩,缺少平等观念(费孝通,1998,p.28)。同时,阮等人在其研究中提供了一组与托尔汉姆等人完全相反的离婚率数据。阮等人以专利数(一个衡量创新的指标)为参照,发现自1995年至2011年,水稻省份专利数的增长高于小麦省份,与此相吻合,水稻省份的离婚率也几乎年年高于小麦省份的离婚率(Ruan et al.,2015)。所以,无论中国北方是否具有比南方更高的离婚率,都不能将其作为推测中国北方相对南方而言在文化上更像西方的证据。

综上所论,因中国北方人与西欧人生活的纬度接近,故二者在身高上很类似,即都普遍长得高大;且都以面食为主食,因两地的自然环境都特别适宜种植小麦之类耐旱的粮食作物,主食的原材料自然以面粉为主,而不可能是从来都未处于主流位置的大米。除这两点相似外,目前没有足够证据显示中国北方人和西方人有更多心理与行为上的相似点。即便中国北方人和西方人都爱吃面食,但在烹调方法上仍有较大差异:中国北方人的面食主要以面条、卷子、饺子、馍或馍馍(馒头)、包子、饼、窝窝头等为主,在未受到西餐影响之前,几乎从不做面包;西方人的面食以面包为主,在未受到中式餐饮影响之前,几乎从不做成中国北方的面食。这完全无法用自然环境和种植方式解释,必须深入中西方文化的内部才能寻找到更合理的解释。或许,中国北方人之所以以上述面食而不是面包为主食,主要是受中医影响的结果:一方面认为吃热食和有汤水的饭菜有益身体健康,另一方面认为常吃烤制的食物易上火,一般不将烤制的食物作为一日三餐常吃的主食,仅将其作为辅食。西方人以面包为主食,主要是继承了源自埃及的以面包为主食的饮食习惯。再往后,欧洲人为了更好地在海上争夺霸权,船上只能以面包为主食,因为船上不宜生明火,只能用暗火烤面包吃。这进一步强化了欧洲人以面包为主食的习惯,并扩散至陆上生活。目前没有足够证据证明自小生活在小麦区的中国北方人在文化上更像西方人,也无足够证据证明中国北方人更倾向个人主义,更擅长分析思维,而生活在水稻区的中国南方人更倾向集体主义,更擅长整体思维(汪凤炎,2017b)。退一步讲,即便托尔汉姆等人认为,中国人无论生活在小麦区还是水稻区,都是整体思维方式,只是整体思维所占的比重不同——生活在水稻区的中国南方人的整体思维的比例高于生活在小麦区的中国北方人,仍说不通。因为对中国古人而言,无论生活在哪一地区,还是生活在水稻区或生活在先曾长期种水稻后又曾种小麦但仍以种水稻为主的地区,整体思维与分析思维都是"有"和"无"的问题,即中国南北方要有整体思维就都有整体思维,要无整体思维就都无整体思维,而不是"多"和"少"或"高"和"低"的问题,不可能存在生活在水稻区的中国南方人的整体思维的比例高于生活在小麦区的中国北方人的现象。因为,对秦汉之后中国文化与中国人思维方式产生深刻影响的先秦"诸子百家"的创始人及其主要代表人物几乎都来自小麦区或来自曾长期种黍、粟、小麦后以种黍、粟、小麦为主但曾种植水稻的地区。例如,儒家的创始人孔子是鲁国陬邑(今山东曲阜东南)人,孟子是邹(今山东邹城东南)人,荀子是赵国人;道家的创始人老子是楚国苦县(今河南周口市鹿邑东)人,庄子是宋国蒙(今河南商丘市东北)人;兵家创始人孙子是齐国人;法家的先驱管子是颍上人(今安徽颍上县),子产是郑国人;法家学派的开山者李悝是战国初魏国人,商鞅是卫国人,申不害是郑国京人(今河南荥阳东南)人,慎到是战国时赵国人,集大成者韩非子是韩国贵族;墨家的创始人墨子相传为宋国人,后长期住在鲁国;名家的代表人物为惠施和公孙龙,前者是宋国人,后者是赵国人;阴阳家的代表人物驺衍(即邹衍)是齐国人;纵横家的创始人鬼谷子的籍贯不详,相传是战国时楚人;纵横家的代表人物是苏秦和张仪,前者是战国时东周洛阳人,后者是战国时魏国人;杂家代表人物吕不韦是战国时期卫国濮阳(今河南濮阳西南)人;医家代表人物扁鹊是战国时期勃海郡鄚(今河北任丘北)人,一说为今山东省济南市长清区人。这些来自小麦区或先曾长期种黍、粟、小麦后以种黍、粟、小麦为主但曾种植水稻的地区的中国大哲并未显示出继承小麦文化后擅长分析思维的特点(Talhelm et al.,

2014),反而更擅长整体思维,也就是说,生活在小麦区或生活在先曾长期种黍、粟、小麦后以种黍、粟、小麦为主但曾种植水稻的地区的中国北方人在思维方式上以整体思维占绝对优势,且在所占比例和使用水平上,丝毫不低于也不逊色于中国南方人。正由于生活在小麦区和水稻区的中国古人都偏重整体思维而少分析思维,才导致中国古典思维方式存在"缺少分析思维"的弊病(张岱年,成中英,等,1991,pp. 13 - 14;汪凤炎,郑红,2015,pp. 627 - 628)。近现代中国人不是从种植小麦而是从西方学会使用分析思维的(汪凤炎,2018)。罗伯茨(Roberts,2015)也认为,托尔汉姆等人将各省作为独立样本测量其文化特质,没有控制"不同省份之间的历史关系"这一变量。实际上,农耕方式和文化价值观既可能是从传统文化中继承的,也可能是从现当代文化中引进的。从传统文化中继承的文化特质与从外来文化中获得的文化特质之间有可能存在虚假相关,即高尔顿问题(Galton's problem)。这意味着,托尔汉姆等人的研究数据可能由非独立的点组成,夸大了水稻种植与集体主义之间的相关性。

那么,最可能促成中国人崇尚整体思维的重要外因和内因又是什么?

因时间久远、商代之前缺少文字记载和上古人写作时没有在论著上署真实姓名的习惯等原因,中国先人为什么会偏向整体思维这个谜可能永远都无法彻底破解了。不过,基于内外诸因素共同作用论,根据现有证据,笔者推测最可能促成中国人崇尚整体思维的重要外因和内因分别是从治水经验中获得的灵感与启发,以及阴阳学说、五行学说和阴阳五行学说的提出与被认可,下面分而论之。

从外因上看,中国人偏向整体思维是多种外因长期共同交互作用的结果。例如,中国的社会生态主要由有利于农业生产的较肥沃平原、丘陵与能通航的河流构成,这也使得中央集权统治较易施行;中国南方水稻区的耕作方式要求人们相互协作,而灌溉系统又要求中央集中管理,所以人与人之间的关系和睦便显得重要;中国人在经济、社会行为和政治生活中必须照顾到周围的同辈和上司,这种社会实践有利于中国人养成整体思维的习惯;中国的世俗哲学强调自我与他人、人类与自然之间的和谐关系,即强调天人合一(Nisbett,2003,pp.32-39;尼斯贝特,2010,pp.29-33);汉语是整体定位法,文无标点,也不分段,意义在网络中被决定,由整体决定部分,对整体了解越多,对个体也就了解越多;重视关系(包括人际关系)超过重视实体、强调整体尤其是关注整体与局部的关系、偏向综合而疏于分析的文化基因(张岱年,成中英,等,1991,p.197,pp.212-213)。所有这些因素都有利于培养中国人的整体思维。

在上述诸种外因中,若一定要用排除法寻找最可能的最重要外因,与其说是水稻种植方式成就了中国人的整体思维,不如说中国古人偏好整体思维是从远古先民治水经验中获得灵感与启发的结果。因为水稻理论里包含种水稻和治水两个变量,若要证实"种水稻有助于个体形成互依自我和整体思维"的假说,还必须排除"治水有助于个体形成互依自我和整体思维"的假说,而后一种假说可能更有说服力,毕竟水稻理论自身也特别强调灌溉系统的修建与使用既提高了种水稻的工作强度,也加强了人与人之间的协作关系,更何况,对生活在河水极易泛滥的黄河流域的中国先民而言,治水成功与否直接关系到治水领导本人与族群的兴衰存亡,难免深刻影响其思维方式(汪凤炎,2018)。具体而言,中国是一个农业大国,中国文明的摇篮——黄河与长江中下游地区,受地理位置和气候等因素的影响极易发生旱灾与水灾,导致自远古以来,中国人就一直在与水灾和旱灾搏斗,这让先民积累了丰富的治水经验,并流传下许多治水的传说和故事,其中尤以《大禹治水》最为著名。《史记·夏本纪第二》记载:"当帝尧时,鸿水滔天,浩浩怀山襄陵,下民其忧。"(司马迁,2005,p.37)可见,当时洪水形势严峻,受灾人数众多,百姓深受其害。传说禹领导人民疏通江河,兴修沟渠,发展农业。在长达十三年的治水岁月中,三过家门而不入,最终治水成功(司马迁,2005,pp.38-57)。由于殷商之前的中国历史缺少文字记载,《史记》中记载的"大禹治水"是否真的仅是一个传说呢?《科学》杂志上发表的一项由吴庆龙等人完成的论文认为,公元前1920年在黄河流域的确发生了一场大洪水,这场大洪水是由一场强烈地震引发的堰塞湖溃决引起的,洪水规模巨大,溃口流量 10 倍于黄河历史时期最大洪水(1843 年,每秒 3.6 万立方)。加速器碳十四测年将这一洪水的发生时代确定在公元前约 1920 年。研究者根据传说大洪水与夏朝的密切联系,将夏朝的开始年代限定在公元前约 1900 年。这一年代比夏商周断代工程发布的夏朝开始年代(公元前 2070 年)晚大约 170 年,但与黄河流域考古资料记录的重大社会转型,即新石器时代向青铜时代的转型年代一致,调和了多年以来困扰学术界的古代中国的历史年代学与考古年代学之间的矛盾。这对认识中华文明起源阶段的历史过程以及中国人偏好整体思维的原因都具有非常重要的意义(Wu et al., 2016)。因为若想成功治理黄河流域暴发的如此大的洪水,治水领袖就需综合考虑整个黄河流域的水文环境、气象条件、生态环境以及当时所能动员的人力、物力、财力等因素,进而运用整体思维统筹规划。

事实上,细读《史记·夏本纪第二》中有关"大禹治水"的记载(司马迁,2005,pp.37-57),就能真切认识到大禹治水之所以能取得成功,秘诀在于他在长年的治水实践中直观、真切地看到了天人密切相关理念、顺应自然和通盘考虑(整体思维的雏形)在成功解决复杂问题中的重要性,进而能做到统筹规划,合理布局,合理疏导,"以开九州,通九道,陂九泽,度九山……道九川"(司马迁,2005,pp.38-52)。与此相反,禹的父亲鲧治水时因缺乏天人合一、顺应自然和通盘考虑的认识,只知在局部进行"湮"和"障",却不知着眼全局并做到因势利导,结果,"九年而水不息,功用不成"(司马迁,2005,p.38),致使治水失败。并且,鲧与禹都是黄帝的后人(禹是黄帝的玄孙、鲧是禹的父亲),禹因治水成功而成为舜的接班人,为其儿子启从原定继承人伯益手中夺取帝位、建立中国历史上第一个专制王朝夏朝,打下了良好基础(司马迁,2005,p.62;夏征农,陈至立,2010,p.2054),而鲧因治水失败落得个流放羽山并客死的下场(司马迁,2005,p.38)。

鲧与禹父子俩治水经历的一败一成构成了鲜明对照,对当时乃至后世中国人的思维方式产生了深刻影响。这从《尚书·周书·洪范》的如下记载中得到明证:"箕子乃言曰:'我闻在昔鲧堙洪水,汩陈其五行。帝乃震怒,不畀洪范九畴,彝伦攸斁。鲧则殛死,禹乃嗣兴。天乃锡禹洪范九畴,彝伦攸叙。……'"如下文所论,虽然《洪范》中夹杂有东周和春秋时期的语句,但箕子是《洪范》的最主要作者。由此可见,即便到了商末、西周初年,箕子仍是从鲧治水失败而禹治水成功的事例说起,用它们作为自己立论的基础,这足以表明鲧治水失败与禹治水成功这两件事对时人的影响之巨。

当然,因目前缺少足够的实证证据,"治水经验有助于个体形成整体思维"暂时仍是个假说,不过,笔者坚信这个假说在解释中国人形成整体思维的外因时较之水稻理论有更强的说服力。依治水假说可以推测,较之生活在不用治水地区的人,生活在必须经常治水地区的人有更高的整体思维。

至于促成中国人崇尚整体思维最可能的内因,当属阴阳学说、五行学说和阴阳五行学说的提出与被认可。从常理心上讲,人只要进行思考就必会依照一定的思维模式(刘承华,2002,p.69)。仅一个人或极少数人具有或偏向整体思维,整体思维不可能成为中国人的思维偏好,只有多数中国人都具有或偏向整体思维,整体思维才能成为中国人的思维偏好。而要让多数中国人都具有或偏向整体思维,不可能是天生的或通过种水稻就能于无意中形成的(毕竟黄河流域的中国人种水稻的历史比种黍、粟和小麦的历史要短得多,且种植面积也要小得多),只能是先经文化精英的提炼,成为一种或几种蕴含此思维模式的学说,然后再通过榜样示范、文化熏陶与教化而最终形成。事实上,"整体"是一个近代名词,中国古代一般使用"一体"或"统体"(张岱年,成中英,等,1991,p.8),今人所说的整体思维在中国古代更多被叫作"阴阳观/思维""五行说/思维""阴阳五行说/思维",所以,阴阳学说、五行学说和阴阳五行学说的成熟过程,也正是整体思维逐渐成熟和应用范围不断拓宽、应用频次不断增加的过程。这也从一个侧面证明,基本上,中国人先普遍崇尚整体思维,然后才提出并认可阴阳学说、五行学说和阴阳五行学说,是不可能的。为了让读者能较完整而清晰地体会整体思维在中国的成熟过程,下面对阴阳学说、五行学说和阴阳五行学说的演进过程作一简明扼要的介绍。

具体而言,起初运作整体思维时,因缺乏成熟的理念和可操作模式,全凭个人丰富的人生经验和敏锐的洞察力,故它只被诸如大禹和周文王这样具大智慧的精英掌握。稍后,先人从长期治水经验中逐渐清晰地意识到生存离不开与自然的和谐相处,进而在天(自然)人关系上孕育出中国传统文化里的一个重要思想,即天人合一思想。如前文所论,天人合一思想在中国诞生得很早,其文字记载至少可追溯至《左传·昭公二十五年》。从天人合一思想出发,《老子·二十五章》更明确提出了"人法地,地法天,天法道,道法自然"的思想(陈鼓应,2009,p.159),不但将天、地、人三者作为一个整体,而且明确主张"道法自然"是天道、地道和人道共同遵守的法则。不过,天人合一虽是中式整体思维的根本特点(张岱年,成中英,等,1991,p.21),但此理念太过简略,其中的"天人相类"(天和人在形体与性质上都相似)又显牵强(王利器,2009,pp.112-117),"道法自然"有时太过玄妙,有时又流于机械,二者都不易操作。在此基础上,先人逐渐建构出了阴阳学说、五行学说和阴阳五行学说。

阴阳学说的演进经历了一个漫长的过程(梁启超,1921;徐复观,1961a)。《说文·阜部》:"阴,暗也。水之南,山之北也。从阜,侌声。""阳,高明也。从阜,昜声。"但阜旁乃后起,其原字实为"侌昜"。《说文·云部》:"霒,云覆日也。从云,今声。侌,古文霒省。"段玉裁的注是:"今人'阴阳'字小篆作'霒昜',霒者,云覆日。昜者,旗开见日。"可见,"阴阳"二字脱胎于"侌昜"二字,虽然"阴阳"二字行而"侌昜"二字废,不过,以后一切有关阴阳观念的演变都由与日光密切关联的"侌昜"二字的原义引申演变出来(梁启超,1921)。阴阳概念最初指日光的向背,其来源与日光的变化有关:无日光为阴,有日光为阳;背日为阴,向日为阳。此时阴与阳只是以有无日光作基准所形成的现象,其本身并非独立性的实物,也不属意象或抽象概念,不具有哲学意蕴。后来引申为气候给予人的诸如寒暖之类的感觉(如《诗经》中已用阴阳言气候），其本身仍不是一种独立性的实物（徐复观，1961a）。至商周以前，阴阳都指自然界中一种粗浅微末的现象，绝不含深邃的意义（梁启超，1921）。换言之，那时的阴阳都没有后来作形成万物元素的阴阳二气的含义（徐复观，1961a）。随后，因中国古代天文的传统集中于周室，故周室的阴阳观念发展得较早（徐复观，1961a）。《国语·周语上》记载："幽王二年，西周三川皆震。伯阳父曰：'……阳伏而不能出，阴迫而不能蒸，于是有地震。'"据此可知，西周末年的伯阳父已开始将阴阳看作天地的二气，此时阴阳本身已成为实物性的存在（徐复观，1961a），伯阳父首开用阴阳二气的矛盾变化解释自然现象的先例，也标志着阴阳学说的雏形已成（关煜平，2001）。其后，《老子·四十二章》声称"万物负阴而抱阳"，首次将阴阳二字相连属成一名词，表示两种无形无象的东西，这表明阴阳二字意义的巨变始自老子（梁启超，1921），并肯定阴阳的矛盾势力是事物本身固有的（夏征农，陈至立，2010，p.2267），这进一步充实了阴阳学说。

但是，在《易传》之前，阴阳学说的发展是零星地、不知不觉地进行的。《易传》的作者首次引进阴阳观念来解释《易经》，并对阴阳学说有意识地作了系统性建构。具体而言，《周易》本来有"━"与"━ ━"两种不同性质的符号，这两种符号只象征两种不同性质的东西，并不固定指某物，所以它可以任人自由安排运用，以解释许多事物。因此，将阴阳二气套进《周易》的这两个符号中，以阴阳作为构成万物的二元素，能很方便地说明宇宙的创生过程与万物在此过程中形成的统一有机体（徐复观，1961c）。《周易·系辞上传》说："一阴一阳之谓道，继之者善也，成之者性也。仁者见之谓之仁，知者见之谓之知，百姓日用而不知，故君子之道鲜矣。""一阴一阳之谓道"一语表明，《易传》的作者将阴阳作为宇宙创生万物的两个基本元素，认为由此二元素的有规律性的变化活动形成宇宙创生的大原则或根本规律，并将它们贯注于人生万物之中，作为人生万物的性命。阴阳学说至此发展完成（徐复观，1961c）。必须指出，用阴阳观念解释《周易》，是对《周易》的彻底改造，不但使《周易》从卜筮之书转变为哲学名著，而且使阴阳学说自身变得成熟、完备，这是经历了现在不能完全知道的许多人长期努力的结果(徐复观,1961c)。但可以肯定的是,《系辞》的基本部分是战国中期的作品,著作年代在老子以后,惠子、庄子以前(周振甫,1991,p.19),这意味着阴阳学说至战国中期已发展完成。

与此同时,阴阳概念早在春秋战国时期就已运用于中医领域,如据《左传·昭公元年》记载,医和曾说:"……天有六气,降生五味,发为五色,征为五声。淫生六疾。六气曰阴、阳、风、雨、晦、明也,分为四时,序为五节,过则为灾:阴淫寒疾,阳淫热疾,风淫末疾,雨淫腹疾,晦淫惑疾,明淫心疾。女,阳物而晦时,淫则生内热惑蛊之疾。今君不节、不时,能无及此乎?"可见,医和已明确将阴阳视作天所生的六气中的二气,并开始与人发生直接和间接的关系(徐复观,1961a)。更重要的是,《黄帝内经》进一步发展了阴阳学说,并将其作为中医的一个重要理论基础,故《黄帝内经·素问》中《金匮真言论》《阴阳应象大论》《阴阳离合论》等篇章中有大量这方面的记载。从中医学角度看,《黄帝内经》中论及的阴阳由于代表的内容不同,各有其特殊含义:(1)将阴阳视作创造万物的两种基本动力或两种基本元素。例如,《黄帝内经·素问·阴阳应象大论》说:"黄帝曰:阴阳者,天地之道也,万物之纲纪,变化之父母,生杀之本始,神明之府也,治病必求于本。"进而依据事物的阴阳属性,将宇宙万物全部纳入阴阳模式之内。因此,若结合《黄帝内经·素问》中的《金匮真言论》《阴阳应象大论》《阴阳离合论》等篇章中的观点,可以将《黄帝内经》里的阴阳模式作一示意表(如表6-1所示)。

表6-1 《黄帝内经》里的阴阳模式示意表(姚春鹏,2010a,pp.47-71)

阴阳	阴	阳
天与地	地	天
日与月	月	日
静与躁	静	躁
清与浊	浊	清

第六章　中国人的思维方式　　337

续　表

	生与长		长		生	
	杀与藏		藏		杀	
	气与血		血		气	
	水与火		水		火	
	味与气(根据中医药学理论,药物之性包括四气五味)		味(五味分为酸、苦、甘、辛、咸五大类,源于地,所以属阴;味有厚薄,味厚者为阴,薄为阴中之阳)		气(四气源于天,所以属阳;由于一年四季有寒热温凉的变化,所以药气分温热凉寒四大类;气有厚薄,气厚者为阳,薄为阳中之阴)	
天	一昼夜之阴阳		天之阴		天之阳	
			阴中之阴	阴中之阳	阳中之阳	阳中之阴
			合夜至鸡鸣（十八时至二十四时）	鸡鸣至平旦（零时至六时）	平旦至日中（六时至十二时）	日中至黄昏（十二时至十八时）
			夜		昼	
	气温		冷(寒)		热	
	四季		少阴	太阴	少阳	太阳
			秋	冬	春	夏
地	向阳背阴之地		背阴之地		向阳之地	
人	性别		女		男	
	人体		内部		外部	
	身体		腹		背	
	藏腑		(五藏)肝、心、脾、肺、肾		(六腑)胆、胃、大肠、小肠、膀胱、三焦	
			腹为阴,阴中之阴,肾也;腹为阴,阴中之阳,肝也;腹为阴,阴中之至阴,脾也		背为阳,阳中之阳,心也;背为阳,阳中之阴,肺也	
	疾病		春病、冬病		夏病、秋病	

根据表 6-1 可知,阴阳可表示脏腑、组织、部位等的属性。例如,脏为阴,腑为阳;气为阳,血为阴;背为阳,腹为阴等。(2)用阴阳阐明生理和病理的变化。生理方面,如阴血主要濡润和滋养组织,阳气主要温养和固卫肢体;肾阴与肾阳有相互依存关系等,称"阴阳互根"或"阴阳资

生"。病理方面,如阴邪内盛或阳气虚衰都可表现寒证,阳邪盛实或阴液耗伤都可表现热证;寒证和热证在一定条件下可以转变,称"阴阳转化"。同时,阴阳消长指阴与阳在量与比例上的不断调整变化过程。人体中阴与阳二者之间不断消长变化,即此长彼消、此消彼长、此长彼亦长、此消彼亦消。若稳定在一定范围内,称"平衡";若消长过度,平衡被破坏,则可引起人体多种病变。(3)用阴阳指导诊断和治疗。例如,在表、里、寒、热、虚、实证候中区别阴证和阳证;用补阴的方法制阳热,用温阳的方法以消阴寒,称"阴阳制约"等。(4)用阴阳区分药物的性能。例如,将温性、热性药或有辛甘发散作用的称"阳",凉性、寒性药或有酸苦涌(催吐)泄(泻下)作用的称"阴"等。中医学中的阴阳学说具有朴素的唯物论和丰富的辩证法思想,对中医临床有重要指导意义(夏征农,陈至立,2010,pp. 2267 - 2268)。由于《黄帝内经》的基本内容写成于战国后期,这意味着,至迟到战国后期,中国人已在中医领域将阴阳学说运用得炉火纯青。

此后,《周易》被尊为"六经之首",《黄帝内经》被中医尊为医书之祖,于是,《周易》与《黄帝内经》推崇的阴阳思维就成为后世中国古人用以认识事物、解决问题的思维工具,使得中国古人自觉或不自觉地用整体思维与辩证思维去认识和看待事物。从思维方式上看,阴阳学说实际上是一种阴阳思维(yin/yang mode of thinking):中国先哲看到一切现象都有正反两方面,就将原本指背阳一面的阴与原本指向阳一面的阳上升到哲学范畴,将阴与阳视作创造万物的两种相反相成的基本元素或动力,并用阴与阳来统称宇宙万物中相反相成的一对对概念。例如,冷是阴,热是阳;软是阴,硬是阳;女是阴,男是阳,依此类推。然后,认为阴阳双方的矛盾运动——阳消则阴息,阴消则阳息,阴阳互相消息,循环不已——构成事物的发展变化,这是万物不断发生变化的内在根据(徐复观,1961a;Yang,2006)。这表明,阴阳思维主张世界是普遍联系的,其中蕴含整体思维;阴阳思维又强调事物都是矛盾的对立统一体,包含着既斗争又相互联系、相互转换的发展运动,故其中又蕴含辩证思维。阴阳思维与黑格尔的辩证法有三个重要区别:(1)阴阳思维认为矛盾的双方可以并且应该相互对应,互为参照,它们虽能各自独立存在,却无法彻底分离,因为矛盾的双方彼此相互包含,阴中有阳,阳中有阴;黑格尔的辩证法假定矛盾的双方可以并且应该各自独立存在,相互对应,互为参照,但矛盾的一方不包含另一方。(2)阴阳思维认为矛盾的双方可以并且应该相互转化,但该转化只能是部分转化,并且是有条件的;黑格尔的辩证法假定矛盾的双方可以并且应该向对方完全、彻底是无条件地转化。(3)阴阳思维认为矛盾的双方可以并且应该永远共存,矛盾不需要在更高层次上通过"扬弃"加以解决,因为没有阴阳消长就没有"道";黑格尔的辩证法假定矛盾双方可以并且应该在更高层次上通过"扬弃"实现矛盾的根本解决,认为矛盾可以并且应该得到解决。在这一点上,黑格尔的辩证法与亚里士多德的"非此即彼"的形式逻辑达成一致,共同否定矛盾存在的必要性和永久性。由此可见,阴阳思维是一种"我中有你,你中有我"的逻辑,它不同于亚里士多德的"非此即彼"的形式逻辑,也不同于黑格尔的辩证逻辑(李平,2014,pp. 246-248)。

在孕育出阴阳学说的同时,中国古人也逐渐孕育出五行学说。《史记·历书》说:"盖黄帝考定星历,建立五行,起消息,正闰余。"(司马迁,2005,p. 1094)这一观点认为五行起源于黄帝,是附会,不足信(徐复观,1961a)。据现有文献记载,五行最早出于《尚书·虞夏书·甘誓》:"大战于甘,乃召六卿。王曰:'嗟!六事之人,予誓告汝:有扈氏威侮五行,怠弃三正,天用剿绝其命,今予惟恭行天之罚。"这里若将五行释作金、木、水、火、土,显然说不通,因为谁都无法"威侮"它们,因此只能将它解释为五种德行或五种应行之道。其实,在先秦文献里,五行既可指水、火、木、金、土,也可指五种德行,如子思和孟子所说的五行便指五种德行,而且子思和孟子所说的五种德行是仁、义、礼、智、圣,而不是汉代及其后称作"五常"的仁、义、礼、智、信,将仁、义、礼、智、信称作"五常"始于汉儒(庞朴,1980,pp. 71-88)。指称金、木、水、火、土的五行概念最早见于《今文尚书·周书·洪范》所载"洪范九畴"中的第一畴:"五行:一曰水,二曰火,三曰木,四曰金,五曰土。水曰润下,火曰炎上,木曰曲直,金曰从革,土爰稼穑。润下作咸,炎上作苦,曲直作酸,从革作辛,稼穑作甘。"由此可见,五行学说中的五行并非指水、火、木、金、土五种具体物质形态,而是指五种抽象的物质功能或属性,它们分别用水、火、木、金、土来作形象表征:将具有寒凉、滋润、向下运行等作用或性质的事物均归属于水,将具有温热、升腾作用或性质的事物均归属于火,将具有生长、升发、条达舒畅等作用或性质的事物均归属于木,将具有清洁、肃降、收敛等作用或性质的事物均归属于金,将具有生化、承载、受纳作用或性质的事物均归属于土,事物经过这种属性归类,就全部纳入五行模式之内。所以,李约瑟认为,"五行是处于周而复始、永恒式循环运动中的五种强大力量,并不是五种被动、静止的基本物质"(李约瑟,1956,p.244)。徐复观认为五行是构成万物的五种基本元素,类似于印度佛教所讲的"四大"(徐复观,1961a)。

关于《洪范》与五行的作者和产生时代,现在的共识有两点。(1)虽然《洪范》的主体内容是商末、周初的作品,箕子是《洪范》的最主要作者,但《洪范》原本中的五行与五行学说中的五行名同实异,二者有本质上的不同。整部《诗经》中没有五行的名词、观念(梁启超,1921;徐复观,1961a,1961b,1961c;刘起釪,1980;李学勤,1986)。(2)五行最早出现于设定二十八宿的商代后期至商、周之际,原是专指天象的术语,指辰星、太白、荧惑、岁星和填星五行星在天球面上的运行,所以它的形成源于这五星,与金、木、水、火、土无关。这意味着,在商末、周初的《洪范》原本中,第一畴或只称五行,若标出细目,也只会称"辰、太白、荧惑、岁和填",绝不会标"水、火、木、金、土",因为当时还不知道这五项是五行(刘起釪,1980)。金、木、水、火、土在《国语·郑语》《左传·襄公二十七年》和《左传·昭公十一年》中原只称为"五材"或"五才",在《左传·文公七年》和《禹贡》等里与粮食合称"六府",皆指生活中不可缺少的五种实用资材,绝无后世所说的五行的意义(徐复观,1961a;刘起釪,1980)。后来,天文学者借用它们分别作为五行星的代称,五行才与金、木、水、火、土结合起来。例如,《汉书·律历志》便说:"水合于辰星,火合于荧惑,金合于太白,木合于岁星,土合于填星。"随后,金、木、水、火、土也就叫作"五行"。将金、木、水、火、土与五行相结合的时间,也即写入《洪范》第一畴的时间,大致不晚于春秋时期(刘起釪,1980)。

与此同时,春秋时产生了五行相胜思想,如《孙子·虚实》中的"五行无常胜",认为五行之间相克。战国时代,五行说颇为流行,并出现五行相生相胜理论。相生意味着相互促进。五行相生的次序是,木生火,火生土,土生金,金生水,水生木。相胜即相克,意味着相互排斥。五行相克的次序是,水克火、火克金、金克木、木克土、土克水。由此可见,五行并不是静止和孤立的,而是以五行之间的相生和相克来探索事物之间的相互联系、相互协调平衡的整体性和统一性(刘长林,1982,pp. 83 - 88)。至战国末期,五行哲学体系基本形成。至西汉后期,庞大的、囊括宇宙的五行系统才最终形成(庞朴,1980,p. 71)。

五行学说在春秋战国时期便已运用于中医领域,《黄帝内经》更是进一步发展了五行学说,并将其作为中医的又一个重要理论基础。细读《黄帝内经·素问》中的《阴阳应象大论》《六微旨大论》和《宝命全形论》等篇章可知,从中医学角度看,《黄帝内经》中的五行学说包含三个核心观点。

第一,根据《今文尚书·周书·洪范》对五行属性的界定,《黄帝内经》将事物按属性一一归类,全部纳入五行模式之内。所以,根据《黄帝内经·素问》中《阴阳应象大论》和《宝命全形论》等篇章中的言论,再适当汲取《文子》等其他古籍的观点,可将五行模式作一示意表(如表 6 - 2 所示)。

表 6 - 2 　五行模式示意表(南京中医学院,1991,p. 36)

	五　　行	木	火	土	金	水
天	方位	东	南	中	西	北
	季节	春	夏	长夏	秋	冬
	气候	风	热	湿	燥	寒
	生化过程	生	长	化	收	藏
	五帝	青帝	赤帝	黄帝	白帝	黑帝

续 表

	五 行	木	火	土	金	水
地	五音	角	徵	宫	商	羽
	五色	青	赤	黄	白	黑
	五味	酸	苦	甘	辛	咸
人	五脏	肝	心	脾	肺	肾
	六腑	胆	小肠	胃	大肠	膀胱
	九窍	目	舌	口	鼻	耳
	五体	筋	脉	肉	皮毛	骨
	五声	呼	笑	歌	哭	呻
	五志	怒	喜	思	忧	恐

进而,《黄帝内经》用五行学说来说明脏腑的属性及其相互关系,形成了《黄帝内经》五脏理论的核心(傅维康,吴鸿洲,1988,p.73):先将人体的脏象与五行相配,以五行的属性区别脏腑器官的特性,并采纳《今文尚书》中的五行观点,将人体的脏象归纳为五个子系统,即肝属木(肝木)、心属火(心火)、脾属土(脾土)、肺属金(肺金)、肾属水(肾水)。[①] 同时,《黄帝内经》将人体的脏腑与五情相配,提出了"五脏蕴情"说:肝,"在志为怒";心,"在志为喜";脾,"在志为思";肺,"在志为忧";肾,"在志为恐"。此思想体现在《黄帝内经·素问·阴阳应象大论》如下文字中:

> 东方生风,风生木,木生酸,酸生肝,肝生筋,筋生心。肝主目。
> 其在天为风,在地为木,在体为筋,在脏为肝,在色为苍,在音为角,在声为呼,在变动为握,在窍为目,在味为酸,在志为怒。怒伤肝,悲胜怒;风伤筋,燥胜风;酸伤筋,辛胜酸。
> 南方生热,热生火,火生苦,苦生心,心生血,血生脾。心主舌。
> 其在天为热,在地为火,在体为脉,在脏为心,在色为赤,在音为徵,在声为笑,在变动为忧,在窍为舌,在味为苦,在志为喜。喜伤心,恐胜喜;热伤气,寒胜热;苦伤气,咸胜苦。

[①] 《古文尚书》以五藏(脏)寓五行,分别是脾木、肺火、心土、肝金、肾水。与《今文尚书》的"肝木、心火、脾土、肺金、肾水"的观点相比,除"肾水"相同外,其余四脏与五行相配均不同。

中央生湿,湿生土,土生甘,甘生脾,脾生肉,肉生肺。脾主口。其在天为湿,在地为土,在体为肉,在脏为脾,在色为黄,在音为宫,在声为歌,在变动为哕,在窍为口,在味为甘,在志为思。思伤脾,怒胜思;湿伤肉,风胜湿;甘伤肉,酸胜甘。

西方生燥,燥生金,金生辛,辛生肺,肺生皮毛,皮毛生肾,肺主鼻。其在天为燥,在地为金,在体为皮毛,在脏为肺,在色为白,在音为商,在声为哭,在变动为咳,在窍为鼻,在味为辛,在志为忧。忧伤肺,喜胜忧;热伤皮毛,寒胜热;辛伤皮毛,苦胜辛。

北方生寒,寒生水,水生咸,咸生肾,肾生骨髓,髓生肝。肾主耳。其在天为寒,在地为水,在体为骨,在脏为肾,在色为黑,在音为羽,在声为呻,在变动为栗,在窍为耳,在味为咸,在志为恐。恐伤肾,思胜恐;寒伤血,燥胜寒;咸伤血,甘胜咸。

《黄帝内经·素问·宝命全形论篇第二十五》还说:"岐伯曰:木得金而伐,火得水而灭,土得木而达,金得火而缺,水得土而绝。万物尽然,不可胜竭。"

第二,用五行相生相克来解释内脏之间以及五情之间相互资生和相互制约的关系。正如《黄帝内经·素问·六微旨大论》所说:"相火之下,水气承之;水位之下,土气承之;土位之下,风气承之;风位之下,金气承之;金位之下,火气承之。""承"即"克"或"胜",这里蕴含"水胜火、火胜金、金胜木、木胜土、土胜水"的五行相克或相胜的次序(傅维康,吴鸿洲,1988,p.75)。

第三,用以说明相应的生理治疗和心理治疗方法。正如《黄帝内经·素问·六微旨大论》所说:"显明之右,君火之位也;君火之右,退行一步,相火治之;复行一步,土气治之;复行一步,金气治之;复行一步,水气治之;复行一步,木气治之;复行一步,君火治之。"这里同样蕴含"木生火、火生土、土生金、金生水、水生木"的五行相生的次序(傅维康,吴鸿洲,1988,p.73)。相应地,无论是治疗生理疾病还是治疗心理疾病,都要依此次序进行。例如,从生理治疗角度看,假若肝病犯脾,就宜采用抑肝扶脾的治法,这叫"抑木扶土";如果肾虚及肝,就要采取补肾养肝的治法,这称"滋水涵木"等。五行学说阐明了内脏间的某些关系和一些病理现象与治疗方法,应用时必须结合临床,具体分析,灵活施用(夏征农,陈至立,2010,p.2011)。从心理治疗角度看,虽然某种不良情绪可能会伤及相应的脏器,但是,根据五行相克原理,《黄帝内经》认为,人的不同情绪情感之间也存在相克的关系,自然可以用一种情志去纠正所胜的另一种相应情志。正如《黄帝内经·素问·阴阳应象大论》说:"怒伤肝,悲胜怒。……喜伤心,恐胜喜。……思伤脾,怒胜思。……忧伤肺,喜胜忧。……恐伤肾,思胜恐。"在《黄帝内经》的作者看来,五行、五脏、五情(五情并不是确指五种情绪,而只是为了与五行相配的一种说法,实际包含六情、七情甚至更多的情绪)之间的相生相克无始无终,循环而行,它们以此维持着彼此之间的动态平衡(傅维康,吴鸿洲,1988,p.75)。正如《黄帝内经·素问·六节藏象论》所说:"五运终始,如环无端。"(如图6-2所示)这意味着,至迟到战国后期,中国古人已在中医领域将五行学说运用得炉火纯青。

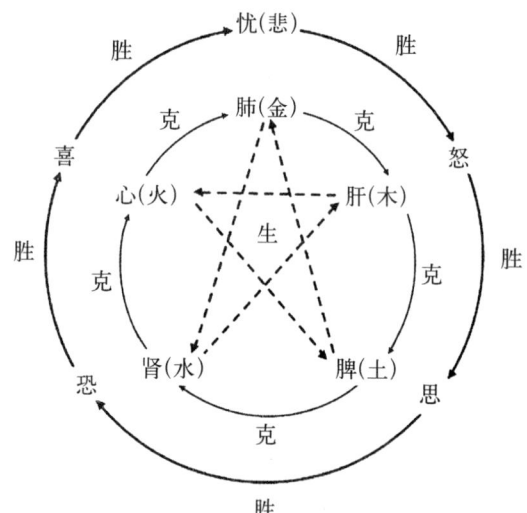

图6-2 《黄帝内经》的情志相胜模式示意图[①]

[①] 此图参照刘长林的"五行相胜相生图式"和"人体与自然环境之五行关系图示"绘制,已作一定变动(刘长林,1982,p.87,p.168)。

综上所论，五行学说实际上是一种五行思维，它先用五行来表征宇宙万物，然后认为五行之间存在相生相克的关系。这表明，五行思维主张世界是普遍联系的，其中蕴含整体思维；五行思维又强调不同事物之间存在相生相克的关系，其中也蕴含辩证思维。此后，《洪范》成为其后近3 000年来中国各王朝统治者重视和奉行的统治大法（刘起釪，1980），《黄帝内经》被中医尊为医书之祖，因此，《洪范》与《黄帝内经》推崇的五行思维同样成为后世中国古人用以认识事物、解决问题的思维工具，也使得中国古人自觉或不自觉地用整体思维与辩证思维认识和看待事物。另外，网络上也有将五行相生相克示意图画成如图6-3所示的样子，它与图6-2所示五行相生相克示意图的最大区别在于，图6-3将五行相生关系放在外，将五行相克关系放在里，与此相反，图6-2将五行相生关系放在里，将五行相克关系放在外。是两种都可以还是其中一种更为恰当？笔者更倾向于将五行相生关系放在里，将五行相克关系放在外。因为在笔者看来，人们习惯说五行相生相克而不是五行相克相生，这意味着，五行相生为先、为里，五行相克为后、为外。

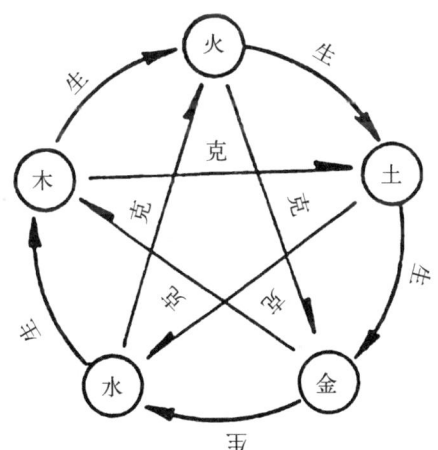

图6-3 五行相生相克示意图（图片源自网络）

阴阳与五行原互不相干，阴阳学说比五行学说出现得要早，二者的诞生和演变原先也有较大差异。阴阳学说与五行学说除在上文论及的

《易传》、中医和兵家等中的演变外,还有另一个重要演变,即春秋战国时期的齐燕方士以"术数"为基础,将阴阳学说与五行学说逐渐合流,生出阴阳五行学说(梁启超,1921;徐复观,1961c)。

阴阳五行学说最初是在社会低级迷信中酝酿出来的,五行被附会为迷信应当早于邹衍之说,但将五行从众多的社会迷信中提取出来以建立新说,引起世人的注意,始于阴阳家邹衍(梁启超,1921;徐复观,1961c)。《汉书·艺文志·诸子略》:"阴阳家列有《邹子》四十九篇及《邹子终始》五十六篇,今皆佚。"《史记·孟子荀卿列传》记载:"乃深观阴阳消息而作怪迂之变,《终始》《大圣》之篇十余万言。其语闳大,必先验小物,推而大之,至于无垠。先序今以上至黄帝,学者所共术,大并世盛衰,因载其机祥度制,推而远之,至天地未生,窈冥不可考而原也。……五德转移,治各有宜,而符应若兹。以为儒者所谓中国者,于天下乃八十一分居其一分耳。中国名曰赤县神州。赤县神州内自有九州,禹之序九州也,不得为州数。中国外如赤县神州者九,乃所谓九州也。"(司马迁,2005,pp. 1839-1840)由此可见,邹衍的学说有三个要点。(1)邹衍开始将五行与阴阳相附合。阴阳消息的思想出于《易传》,但《易》与《易传》中绝无五行的思想。(2)作"怪迂之变",分为两部分:将星相术的种种迷信组织于阴阳五行观念中,使其成为有系统的学说;大九州学说。(3)新造出对后世有一定影响的"五德转移"说。邹衍说的五行已不是五种具体物,而是五种气,即五种元素,五德是金、木、水、火、土五气产生的五种作用。"五德转移"指每一朝代与五行中的某一德相应,受此德支持,等到此德的势力衰弱,便由另一克制它的德取而代之(徐复观,1961c)。这意味着五行相生相克成了理解历史演变的关键,每一个王朝都必须与五行中的一行(德)相连,要取得正统地位必须遵循天定的"五德终始"的秩序(丹尼尔·J. 布尔斯廷,1997,p. 23)。正如《吕氏春秋·应同》篇说:

> 凡帝王者之将兴也,天必先见祥乎下民。黄帝之时,天先见大螾大蝼,黄帝曰:"土气胜。"土气胜,故其色尚黄,其事则土。及禹之时,天先见草木秋冬不杀。禹曰:"木气胜。"木气胜,故其色尚

青,其事则木。及汤之时,天先见金刃生于水。汤曰:"金气胜。"金气胜,故其色尚白,其事则金。及文王之时,天先见火,赤乌衔丹书集于周社。文王曰:"火气胜。"火气胜,故其色尚赤,其事则火。代火者必将水,天且先见水气胜,水气胜,故其色尚黑,其事则水。
(吕不韦,2002,pp.682-683)

马氏《辑佚》认为这是邹衍《终始五德》的遗文,大概是不错的。古人在原始宗教处于支配地位时,认为政权的转移出于神意,此即所谓的"天命"。故国家的兴亡,人君可以不负直接责任。到了商周之际,尤其是以周公为代表的周初,随着人类理性的觉醒,开始认为"天命"乃随人君的德而转移,人君德的好坏又从人民身上反映出来,结果,人民成为天的代表。这便降低了神对政权转移的决定力,增加了人君对国家兴亡的责任感。经过春秋以迄战国,人文精神替代了原始宗教。对于政权的转移,儒家和墨家认为取决于人君是否能行仁政。孟子在《离娄上》中说:"三代之得天下也以仁,其失天下也以不仁。"这可说是"仁的历史观"。至于当时的人君以及法家、兵家和纵横家,则认为政权的转移是取决于智谋的强弱。邹衍创立"五德终始"说的动机和目的,在于将原始宗教作变相复活,用一种新说来解释王朝的更替。因为五行的德以次运转,乃"天命"的具体化,"天命"是神的意志。对当时的人君而言,这等于是政治中的神意。因此,涂上天道循环论色彩的"五德终始"说将天与人沟通起来,把王朝、帝王的更替看作天意,这让当时的人君既感到新奇,又感到轻松和有希望。这是政治中的新宗教,后来的统治者秦始皇果然首先采用此说,并沿此建立统治者所希望的新宗教,愚儒方士从而附会之。由此可见,邹衍的五行新说与《洪范》没有任何关系(徐复观,1961c)。邹衍之说虽引起了一部分统治者的兴趣,却未引起当时思想界的兴趣,故《战国策》中没有"五行"一词;荀子在《非十二子篇》中虽有"案往旧造说,谓之五行",却是持批评态度;[①]《韩非子·饰邪篇》

[①] 徐复观认为,荀子将"案往旧造说,谓之五行"加在子思、孟子身上,可能的原因有二:(1)倡"五德始终"的邹衍依然是归结在仁义方面,故他可能援子思、孟子以自重。(2)子思、孟子的思想带有超经验的性格,易被邹衍假借;荀子的思想完全是经验的性格,荀子未看到七篇《孟子》的流布,便易相信这种流言(徐复观,1961,p.509)。

中提及五行，也是将它视作迷信，与文化政治无关。在中国思想史上，凡称阴阳而又牵连五行的文献，几乎可以断定都是《吕氏春秋》以后的文献(徐复观,1961c)。

邹衍之后，《吕氏春秋·十二纪》进一步将阴阳、五行、天文、律历、风习、政治理想组织成一个完整的系统，这是吕不韦门客的杰作。从"其味酸"等语句看，《洪范》已经牵合在一起，有关《洪范》的一切附会当以此为起点。不过，《吕氏春秋·十二纪》尚未将《洪范》的五行与《洪范》的五事牵连在一起，故《吕氏春秋》没有根据五行五事的配合以言政治上的休咎(徐复观,1961c)。吕不韦的门客对阴阳五行下了一番功夫，秦始皇统一中国后，邹衍的"五德终始"说被秦始皇采纳，为他称帝和采取"水德之治"提供了理论依据(徐复观,1961c)。①《史记·始皇本纪》说："始皇推终始五德之传，以为周得火德，秦代周德，从所不胜，方今水德之始，改年始，朝贺皆自十月朔。衣服旄旌节旗皆上黑。……更名河曰德水，以为水德之始。刚毅戾深，事皆决于法，刻削毋仁恩和义，然后合五德之数。于是急法，久者不赦。"(司马迁,2005,p. 169)结果，阴阳五行学说在秦代受到思想界的追捧。到了汉代，阴阳五行说更是发生了大逆转，由在先秦不受诸子重视，转而得到西汉大儒董仲舒的鼓吹。董仲舒的《春秋繁露》一书中，讨论阴阳五行的共有 23 篇，占全书一半篇幅(梁启超,1921)。在董仲舒的努力下，《洪范》不但被抬高为阴阳五行学说的经典(《洪范》本身不说阴阳)，而且将邹衍的"五德终始"说(内含天人相通思想)拓展成天人合一、天人感应的神学目的论，使阴阳五行学说有了更完整的架构，产生了更大的影响(徐复观,1961c)。因此，《汉书·五行志叙》说："景、武之世，董仲舒治《公羊春秋》，始推阴阳，为儒者宗。"从《春秋繁露》看，董仲舒的阴阳五行思想的要点有三。(1) 使阴阳与五行有了更明显而密切的结合。董仲舒在《五行相生第五十八》里说："天地之气，合而为一，分为阴阳，判为四时，列为五行。"

---

① 后世帝王也多沿用"五德终始"说。例如，认为伏羲以木德，黄帝以土德，颛顼以水德，少昊以金德，尧以火德。又如，夏朝以木德，色尚青；商朝以金德，色尚白；周朝以火德，色尚白赤；秦朝以水德，色尚白黑；西汉初期承秦制，仍用水德，至汉武帝太初元年(104 年)改为土德(刘精诚,1993,p. 8)。

《天辨在人第四十六》说:"金木水火,各奉其所主,以从阴阳,相与一力而并功……故少阳因木而起,助春之生也。太阳因火而起,助夏之养也……"董仲舒主张阴阳五行是天地浑元之气的一系列分化,天地浑元之气演化为五行之后,各有其特性,并由其特性助长阴阳之气,如此,阴阳与五行的联系便更密切了。(2)董仲舒汲取《文子·九守》等的思想,通过阴阳五行将天与人的关系描述得更具体化,由此强调天人感应。例如,《春秋繁露·人副天数》说:"人有三百六十节,偶天之数也;形体骨肉,偶地之厚也。上有耳目聪明,日月之象也;体有空穷理脉,川谷之象也;心有哀乐喜怒,神气之类也。……天地之符,阴阳之副,常设于身,身犹天也,数与之相参,故命与之相连也。天以终岁之数,成人之身。故小节三百六十六,副日数也;大节十二分,副月数也;内有五藏,副五行数也;……行有伦理,副天地也。"(3)天人关系既如此密切,人伦道德也当与天同体。《易传》中阳尊阴卑的思想尚不显著,董仲舒则特别强调阳尊阴卑,并著有《阳尊阴卑》篇,这意味着以阴阳之说将法家的尚刑政治转变为儒家的尚德政治。进而,董仲舒将五行与《洪范》中的貌、言、视、听、思五事关联起来,试图以此来约束皇帝的言行(徐复观,1961c)。稍后,班固遍采董仲舒、刘向、刘歆诸人用五行休咎牵附的大量资料,尤其看重刘向的观点,写成《汉书·五行志》,可说是阴阳五行学说的集大成。演变至此,阴阳五行学说的大局已定(徐复观,1961c;刘起釪,1980),阴阳五行被扩大为解释自然现象和人事变迁的法式,于是,无所不在的阴阳五行便统一了宇宙万物和社会(丹尼尔·J.布尔斯廷,1997,p.21)。受班固影响,作为正史的二十五史与《清史稿》中,除历史上分裂时期的几部小史外,其余的都有《五行志》或类似篇章(刘起釪,1980)。

可见,秦汉以降的中国古人推崇阴阳五行学说的外因,与邹衍、吕不韦及其门客、秦始皇、董仲舒、刘向和班固等人的鼓吹密切相关。至于秦汉以降的中国古人喜爱阴阳五行学说的内因,则是它融阴阳学说与五行学说二者之长于一体,较之单一的阴阳学说或五行学说拥有更加严密的内在逻辑性和系统性。这具体表现在:(1)阴阳学说能方便地表征两两成对的事物,也可解释事物间的相互转化关系,但无法圆融地解释世界万物的起源和多样性的统一,以及不同事物之间的相生相克关系,也无法与五脏五情等一一匹配;五行学说能圆融地解释世界万物的起源和多样性的统一,以及不同事物之间的相生相克关系,也能很好地将五脏五情等与五行一一匹配,但在表征两两成对的事物相互转换方面,显然不如阴阳学说圆融。(2)阴阳学说与五行学说有两个共通之处:二者都以元气论为基础和载体,无论是阴阳还是五行都不是具体物,而是两种或五种气或元素,它们都可表征万物;二者都蕴含整体思维和辩证思维,故阴阳可相互转换,五行之间同样存在相生相克的关系。这表明阴阳学说和五行学说既互补又融通(丹尼尔·J.布尔斯廷,1997,p.23)。

可见,将阴阳学说与五行学说合为一体形成的阴阳五行学说,其背后的阴阳五行思维模式不但吻合中国古人推崇的天人合一境界,而且具有五个鲜明特点:(1)坚持气一元论。无论是阴阳转化还是五行相生相克,乃至动静转化(其内蕴含动静思维或动静论,故讲动静转化)或虚实转化(其内蕴含虚实思维或虚实论,故讲虚实转化),都需要有一个载体,并且,这个载体必须能打通宇宙万物,包括打通西方人常说的物质与精神两个范畴。在此背景下,气一元论(也叫"元气论")应运而生。在中国先哲看来,元气是整体的、有机的、连续的、无边界的、不可分割的,元气充斥并流行于宇宙万物之间,既不断运动,又在运动中化生万物。(2)无须外部动力推动。阴阳五行思维模式自身就是一个动态模式,自身就有动力机制,即它以阴阳的相互转化和五行间相生相克为动力之源,以五行的相生相克关系为运动的方向与轨迹。(3)不可分解。阴阳五行思维模式是一个整体和一个动态平衡系统,任何一种分解都是对这个模式的破坏,都意味着这一系统已不复存在。(4)系统内各要素间的联系是双向的,而不是单向的;是相互作用,而不是单线因果关系;是网状结构,而不是树状或金字塔结构。(5)是一个具有自我调节、自我反馈功能的自平衡系统。无论是相生还是相克,阴阳五行思维模式都是一个循环不已的动态圆。这表明它实际上是一种同时兼顾整体思维、辩证思维和循环思维的既开放又封闭的思维方式。说它开放，是因为它面向宇宙万物敞开胸怀，容纳宇宙万物；说它封闭，是因为它自成一个封闭体系，循环不已。由此，阴阳五行思维模式便能圆融地解释宇宙万物的生、老、病、死，具有强大的解释力，在中国人心中，它是自然界与人类社会的最高解释原则和宇宙人生的公式（刘承华，2002，pp. 70-71），并通过教化、模仿等方式为广大精英（包括政治精英和学界精英等）与普通民众所认可和推崇。结果，阴阳五行学说成为中国古人尤其是自汉代至清代中国古人的思想律，是中国古人对宇宙系统的信仰，2 000余年来，它有极强固的势力（顾颉刚，1982，p. 404）。这导致中国古人习惯用整体的、动态的、自调自适的阴阳五行思维模式来解释、研究各种自然现象与社会现象（刘承华，2002，p. 71），至此，中国古人运用整体思维来看待问题、分析问题和解决问题的习惯已牢不可破。中国古人的天文学、气象学、哲学、政治学、史学、化学、算学、音乐和中医，等等，都是在阴阳学说、五行学说和阴阳五行学说的基础上发展起来的（夏征农，陈至立，2010，p. 2267）。可见，它与西方的传统思维方式有较大差异。西方人崇尚个体，往往从个体出发，倾向于以个体组成群体、局部组成整体的方式来解释世界，形成组合型的机械思维模式。例如，西方哲学最初用元素论解释宇宙，认为元素是构成事物的最小单位，它是个体的、间断的、有边界的，相应地，由元素组成的世界是一个机械世界。可见，组合型的机械思维模式具有三个特点：(1)需要动力机制。组合型的机械思维模式是机械的、静态的，如同一架机器，没有力的作用就无法运转。这便是牛顿后半生花费大量精力研究"第一推动力"的原因之一。(2)可以分割。组合型的机械思维模式本身就是组合而成，自然可以分解为组成它的各个部分乃至最小的元素。(3)各部分之间处于一种单线的因果联系之中。每个部分都被严格地定位，且有着严格的方向和功能（刘承华，2002，pp. 69-70）。

当然，阴阳五行思维模式摆脱不了牵强附会的诟病，更在一定程度上阻碍了中国人创造性思维的发展。正如布尔斯廷（D. J. Boorstin）所说，中国古人通过阴阳五行思维模式在天、地、人之间建构出的"永恒和谐与井然有序化育万物之气，使得标新立异之事鲜有所闻。无中生有的创造思想，在阴阳五行周而复始的有序与和顺的宇宙中是没有地位的。与西方世界突发性的创造和人与自然的对立不同，受道、释两教改造的儒教世界在变化、生殖和娱乐中看到了逍遥自在的人生"（丹尼尔·J. 布尔斯廷，1997，p.24）。同时，阴阳思维、五行思维与阴阳五行思维既抽象又具体。以阴阳思维为例，《老子·四十二章》声称"万物负阴而抱阳"，此说法就非常抽象，而"女是阴，男是阳"之类的说法又非常具体。这就造成研究和运用上的困境：该抽象时，它显得非常具体；该具体时，它又显得非常抽象。因此，当某人试图从具体角度去研究和运用阴阳思维时，人们会指责他未看到其抽象的一面；当某人试图从抽象角度去研究和运用阴阳思维时，人们又会指责他未看到其具体的一面；当某人从既抽象又具体的角度去研究和运用阴阳思维时，这又与抽象和具体二分的西式思维相矛盾。在研究和运用五行思维和阴阳五行思维时也容易出现此类困境。这既是阻碍科学在中国文化中诞生的一个重要原因，也是至今一些中国人缺少科学素养的一个重要原因。

综上所论，阴阳学说、五行学说和阴阳五行学说为中国古人如何运用整体思维提供了一整套完整的思维运作方式，对中国古人运用整体思维而言可说是如有神助了，其后二者相辅相成，互为因果，让整体论和整体思维在秦汉之后的中国人心中牢牢扎根，成为中国乃至东方自然观和思维方式的基本特质。同时，由于阴阳学说至战国中期已发展完成，五行哲学体系至战国末期也基本形成，这意味着整体思维至战国末期已完全成熟。与此形成鲜明对比，在西方，整体论作为一种哲学思想至少可以追溯至亚里士多德，但直到20世纪20年代，才有人明确提出整体论（holism）这一范畴，以此彰显"在自然界中，通过创造性进化而产生的整体大于部分之和的趋势"（段伟文，2007）。这表明，古希腊时，西方虽有朴素的整体论思想，却未及时发展出类似阴阳学说、五行学说和阴阳五行学说的学说。同时，由中国古典哲学家提出的整体论让人看到的是由单一物质组成的无缝隙的整体，或是由几种物质水乳交融而构成的整体，因此，对中国人而言，世界是复杂的，万事万物是相互联系的,复杂性与相互依存性意味着了解一个事物却不顾其背景是注定要失败的。并且,中国古典哲学的目标是追寻道与和谐而不是发现真理与追求自由,但思想若不能用来指导行动,它就是无益的,结果,中国古人喜欢从天道中寻找人道,从人道中发现天道,这进一步促进了整体思维的发展。与中国古人不同,由古希腊哲学家提出的整体论让人看到的是由互不关联的物体形成的集合,而其中的物体又是由微粒组成的,由此生出世界到底是由原子还是由连续不断的物质构成的争论,这种争论在古代中国从未出现过。同时,古希腊人又热衷追求真理,向往自由,不愿受约束,认为世界在本质上不复杂,人们应该做的就是了解物体的特质,以便归类并寻找规律(Nisbett,2003,pp.18-19;尼斯贝特,2010,pp.16-17)。这是导致古希腊最终未能形成整体思维而走向分析思维的重要原因之一。

讨论至此,我们可以得出两个结论:(1)水稻理论因缺少文化生态效度,无法解释中国人偏好整体思维的原因。(2)先人从长期的治水经历,尤其是从鲧治水失败而大禹治水成功的一反一正事例中汲取经验与教训,看到了天人合一、顺应自然和通盘考虑在成功解决复杂问题中的重要性,这是促成中国人崇尚整体思维最可能的重要外因;阴阳学说、五行学说和阴阳五行学说的提出与被认可,为中国人如何运用整体思维提供了一整套完整的思维运作方式,再经《周易》《洪范》《黄帝内经》、邹衍、吕不韦及其门客、秦始皇、董仲舒和刘向等的推崇或鼓吹,以阴阳思维、五行思维和阴阳五行思维模式为思维工具的整体思维便逐渐深入到中国人的心灵深处,这是促成中国人崇尚整体思维最可能的重要内因(汪凤炎,2018)。

这里必须指出,虽然《周易·系辞上传》中有"是故《易》有大极,是生两仪,两仪生四象,四象生八卦。……河出图,洛出书"的记载。不过,在五代之前的典籍中并没有将阴阳思维、整体思维与辩证思维融于一体又能形象表达阴阳思维、整体思维与辩证思维的著名示意图——太极图。记载太极图的最早史料是《宋史》。《宋史》卷四百三十五《儒林传·朱震》记载:"震经学深醇,有《汉上易解》云:'陈抟以《先天图》传种放,放传穆修,穆修传李之才,之才传邵雍。放以《河图》《洛书》传李溉,溉传许坚,许坚传范谔昌,谔昌传刘牧。穆修以《太极图》传周敦颐,敦颐传程颢、程颐。'"可见,太极图的渊源最早可追溯至生活于五代至北宋初期的著名道士陈抟,陈抟著有《无极图》和《先天图》(夏征农,陈至立,2010,p.222),并经由周敦颐作《太极图》(如图6-4所示)才使它流传于世。

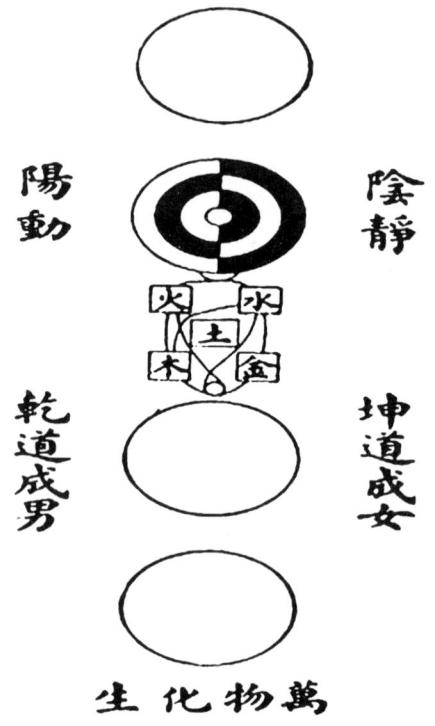

图6-4　周敦颐的五层式太极图(周敦颐,2002,p.1)

《周敦颐集·太极图说》对太极图的解说如下:

周子曰:无极而太极。太极动而生阳,动极而静,静而生阴,静极复动。一动一静,互为其根。分阴分阳,两仪立焉。阳变阴合而生水、火、木、金、土,五气顺布,四时行焉。五行一阴阳也,阴阳一太极也,太极本无极也。五行之生也,各一其性。无极之真,二五之精,妙合而凝。乾道成男,坤道成女,二气交感,化生万物。万物生生，而变化无穷焉。唯人也，得其秀而最灵。形既生矣，神发知矣，五性感动而善恶分，万事出矣。圣人定之以中正仁义，而主静，立人极焉，故圣人与天地合其德，日月合其明，四时合其序，鬼神合其吉凶。君子修之吉，小人悖之凶。故曰："立天之道，曰阴与阳；立地之道，曰柔与刚；立人之道，曰仁与义。"又曰："原始反终，故知死生之说。"大哉《易》也，斯其至矣！（周敦颐，2002，p.3-12）

  太极图有不同样式，除了周敦颐的五层式太极图（简称"周子太极图"），更为大众所熟悉且有"中华第一图"美誉的太极图是先天太极图，俗称"阴阳鱼太极图"。先天太极图在南宋朱熹所著《周易本义》中未曾出现，尽管该书中画有河图、洛书、八卦、六十四卦的图形。可见，先天太极图出现更晚，甚至有人怀疑它是明初赵㧑谦伪造的，尽管赵㧑谦在《六书本义》卷一《六书本义图考·天地自然河图》里附有天地自然河图（如图6-5A所示，当时未称"太极图"），这历来被认为是第一张太极图（周来祥，2003）。赵㧑谦在《六书本义》卷一《六书本义图考·天地自然河图》里也声称："此图世传蔡元定得于蜀之隐者，秘而不传。虽朱子亦莫之见。今得之陈伯敷氏，当熟玩之，有太极含阴阳，阴阳含八卦自然之妙。实万世文字之本原，造化之枢纽也。"不过，先天太极图在明、清颇流行，几乎与八卦①并列，家喻户晓，现更风行于世界。原出于明末赵仲全《道学正宗》、录自清人胡渭的《易图明辨》的古太极图（如图6-5B所示），是中国古籍中第一次将阴阳鱼图称作"古太极图"（周来祥，2003）。清人胡渭在《易图明辨》卷三《先天太极》中广采旧说，详释先天太极图的寓意："其环中为太极，两边白黑回互，白为阳，黑为阴。阴盛于北，而阳起而薄之，故邵子曰'震始交阴而阳生'。自震而离而兑以至于乾，而阳斯盛焉。震东北，白一分，黑二分，是为一奇二偶。兑东南，白二分，黑一分，是为二奇一偶。乾正南全白，是为三奇纯阳。离正东，取西之白中黑点，为二奇含一偶，故云'对过阴在中也'。阳盛于南，而阴来迎之，故邵子曰'巽始消阳而阴生'。自巽而坎而艮以至于坤，而阴

---

① 朱熹《周易本义》载《八卦取象歌》曰："☰乾三连、☷坤六断、☳震仰盂、☶艮覆碗、☲离中虚、☵坎中满、☱兑上缺、☴巽下断。"

斯盛焉。巽西南,黑一分,白二分,是为一偶二奇。艮西北,黑二分,白一分,是为二偶一奇。坤正北全黑,是为三偶纯阴。坎正西,取东之黑中白点,为二偶含一奇,故云'对过阳在中也'。坎、离为日、月,升降于乾坤之间,而无定位,纳甲寄中宫之戊巳,故东西交易,与六卦异也。八方三画之奇偶,与白黑之质,次第相应,天工乎?人巧乎?其自然而然之妙!非窃窥造化阴阳之秘者,亦不能为也,但不可指以为伏羲之《河图》耳。"据此,图中黑白表示阴阳二气的运行情况,既备阴阳之用,已非"太极"本相,似不当名为"太极图"。杭辛斋在《易楔》中认为:"可谓'两仪生四象,四象生八卦'之图。"不过,习惯成自然,后人都已习惯叫它太极图(黄寿祺,张善文,2004,pp.624-625)。

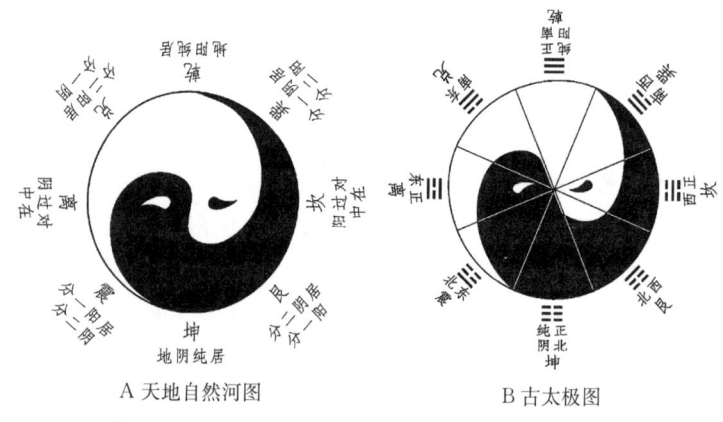

图6-5 天地自然河图与古太极图(周来祥,2003)

由图6-6可知,天地自然河图与古太极图的中间线都是一个反S形。顺便指出,中国的古代雕塑,人体也多为反S形,这与古希腊的S形正好相反,是一条具中国审美文化传统特色的源远流长的优美曲线。同时,赵仲全的古太极图与天地自然河图相比有两个特点:(1)赵㧑谦的天地自然河图的鱼头有棱角,赵仲全的古太极图的线条更加圆润柔和。(2)赵仲全的古太极图加了四条线,划分为八个区域,将卦爻阴阳位数与阴阳鱼图黑白变化的度数更加严格地对应起来,使太极图的名称和图形也大体确定了下来(周来祥,2003)。

在当代中国,一些人随意画太极图,归纳起来,主要出现了图 6-6 中的四种样式。那么,先天太极图究竟该如何绘制?

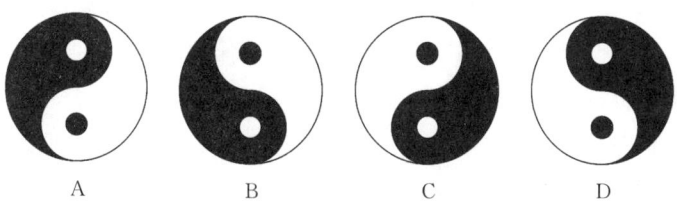

图 6-6　太极图的四种可能画法

这要从尊左与尊右的习俗说起。尊左与尊右实质上都是尊东,尊东实质上是尊阳。同时,古代君王往往坐北朝南,臣子面向君王站立,君王之左即臣之右,君王之右即臣之左。因此,一般而言,尊左是从君王或主人的角度而言,尊右是从臣子或客人的角度而言(陈璧耀,2012)。在中国古代,从君与臣的角度看,君王的地位至高无上,臣子自然要从方便君王阅读的角度去画先天太极图;从主与客的角度看,中国人喜自谦,人们自然要从方便主人阅读的角度去画先天太极图。可见,先天太极图的标准样式实宜画成图 6-6A 所示式样(其变式之一便是图 6-6C),此时,分割阴阳两方的中间线就成了一个反 S 形,而且,从君王或主人的角度看,左阳右阴且阳升阴降,合情合理;不能画成图 6-6B 所示式样(其变式之一便是图 6-6D),此时,从君王或主人的角度看,虽然左阳右阴是正确的,但左阳为降,右阴为升,这说不通。如图 6-6A 所示,在先天太极图的标准样式中,外面一个正圆就是太极图,内分黑白两个像逗号一样的部分,俗称"阴阳鱼",代表阴阳两方;"阴阳鱼"里面有黑白小圆点,白中黑点表示阳中有阴,黑中白点表示阴中有阳。《黄帝内经·素问·阴阳应象大论》曾说:"左右者,阴阳之道路也;水火者,阴阳之征兆也。"又有男为阳,女为阴;左为阳,右为阴(故有"男左女右"之说);上为阳,下为阴;升为阳,降为阴;浮为阳,沉为阴,等等。由于左、上、升、浮、白属阳,故左边的一块代表阳,呈白色,向上升浮;由于右、下、降、沉、黑属阴,故右边的一块代表阴,为黑色,向下沉降。先天太极图诞生后对中国人尤其是中国古人偏向整体思维和辩证思维同样具有深刻持久的影响。

5. 整体思维的优势与不足

整体思维有助于中国人从整体上把握自己的研究对象,并使中国人养成了用"事物是普遍联系的"的观点来看待世界,使得他们在分析问题和解决问题时养成了整体观和协调观,注重信息反馈技术的应用与完善。不过,中式整体思维也存在至少四个缺陷:(1)中国传统的整体思维是在没有对事物进行科学分解,没有对事物的细节进行精确研究之前,只凭直觉大谈事物的整体性,这种缺少分析思维的整体思维带有明显不足。中国人将世界看成由交织在一起的事物组成的整体,这样虽不能说中国人不重分析,但中国人总是试图在这种复杂性中去认识事物,对事物的分析也不仅仅局限于事物本身,而是包括它所处的背景和环境,在处理人事时也是如此。例如,中国人在评价他人的时候往往将一个人的生活背景、家庭出身及其成长与生活的环境联系起来,而不是从他本身具有的特性去评价与衡量他。在对个体行为进行归因时,整体思维易导致中国人更倾向于从外在情景因素而不是个体自身因素上去找原因。例如,莫里斯和彭凯平在剖析美国的中文报纸[即《世界日报》(*World Journal*),一份在美国发行量较大的中文报纸]与英文报纸[《纽约时报》(*New York Times*)]对"卢刚事件"——美国爱荷华大学物理与天文学系1991届博士,枪杀5人重伤1人后自杀——和"McIlvane 杀人事件"(美国一投递公司职员,因失业而枪杀上司)的报道倾向,发现中文报道更多地强调环境因素(如"与华人社区的隔绝")而不是个体自身因素对此二人行为的影响(Morris & Peng, 1994)。与中国重整体思维刚好相反,继承古希腊精神的西方人认为世界由无数个可以被看成个体的事物组成,每个个体都有自己的特性,可以从整体中单独分离出来,这使得集中注意于某一个体、分析其具有的特性并控制其行为成为可能。在处理客体时,西方人强调用分析(analytic)的方式处理问题,强调事物自身的特性,常常会从背景里将该客体分离出来,并着重分析客体本身的特性,而不是将分析的重点放在该客体与其他事物的联系之上。在处理人事时,西方人首先强调个体本身具有的特性的作用。例如,同样是剖析"卢刚事件"和"Mcllvane 杀人事件"的报道倾向,莫里斯和彭凯平发现英文报纸(《纽约时报》)更多地强调个体内在特征的作用,如更多地将它归结于个人性格原因("极坏的脾气")(Morris & Peng,1994;赵志裕,康萤仪,2011,p. 132)。又如,早在1962年,李约瑟就发现了科学发展史上的一个特殊现象:中国人对"场"(field)与"远程作用力"(action at a distance)等概念的了解要比西方人早2 000年,不过,与此有关的现代电磁学却是由西方最早提出的。为什么会这样呢? 彭凯平等人认为,这种现象的产生可能与中国人和西方人的思维方式有关。虽然物体之间存在着普遍的相互作用,但在一定条件下分解这些作用力是可能的,西方人的思维方式使得他们做到了这一点,所以建立起了电磁学等新的学科;中国人总是相信事物之间的影响不可分割,因此,虽然早就认识到了这种现象,却与新的科学擦肩而过(侯玉波,朱滢,2002)。(2)中式整体思维虽重视对事物作质的探讨,但轻视对事物作定量分析;习惯于用"宏大叙事"、笼统的方式描述事物,且在描述事物的过程中常常带有朦胧的猜测成分,不求准确清晰,往往具有不确定性与多义性的特点,给人一种不精确的印象。在方法上,中国人讲究设象喻理、刻意神似,而疏于推理。这种整体思维方式只能给人提供关于事物的模糊整体图景。例如,关于宇宙的起源问题,《老子·二十五章》说:"有物混成,先天地生。寂兮寥兮,独立而不改,周行而不殆,可以为天地母。吾不知其名,强字之曰'道',强为之名曰'大'。"此种带臆想与猜测成分的话语,让人读了粗觉很有道理,细想不着边际,从而给后人留下了无尽的"发挥"或"想象"的空间。不但诸如宇宙起源之类的"大问题"是如此,就是对待一些具体问题,中国先哲也多用设象喻理的方法予以模糊阐述。例如,对于形与神的关系问题,《嵇中散集·养生论一首》说:"精神之于形骸,犹国之有君也。"这种论述虽形象而易理解,但理论上并不深刻,表述上只是一种比喻,缺少令人信服的逻辑依据(荣开明,等,1989,pp. 124 - 125)。(3)将自然与社会政治伦理牵强附会。(4)不像西方人那样习惯于"从个体到群体"的思考顺序,由此导致中国人从未真正将个体放在优先考虑的地位;在发问的方式上,爱问"怎么样",重视的往往只是事物与事物之间的相关关系,背后隐藏的是互动论思想,而不太像西方人那样喜欢问"为什么",重视寻求事物与事物之间的因果关系,背后隐藏的是决定论思想,等等。这又是今日的中国人应舍弃的(刘承华,2002,pp.61-62)。

由此可见,整体思维与分析思维各有长处与不足。当代中国人的思维方式要想获得健全发展,一条合理路径应是,兼顾整体思维与分析思维的长处,扬弃二者的短处,使中国人的思维方式达到一个新境界,即在认识事物各个细节的基础上,再对事物作全面、系统的把握。打个比方,假若说西医具有"头痛医头,脚痛医脚"的特点,中医就具有"头痛医脚"的特色。"头痛医头,脚痛医脚"的西医的长处在于看病或治病具有很强的针对性、准确性,往往能收到立竿见影的效果,不过,西医治病也有"治标不治本"之嫌。"头痛医脚"的中医虽有模糊性,导致中医治病的效果有时来得缓慢,却有"标本兼治"的良好效果。以至于现在有一些中国人相信:若是寻找病因或是看急病,最好用西医;若是看慢性病,最好看中医。如此方能充分享受到中医和西医的好处。所以,中医和西医今后若想取得长足进步,都需扬己之长,同时,借对方的长处补己所短。就中医而言,若想走上世界,现在急需解决的问题至少有二:一是精确揭示中医看病与治病的原理——如经络学说、阴阳学说和五行学说——的科学依据,而不仅仅是凭经验给人看病与治病;二是宜将中药的药理成分分析清楚,然后依科学的制药方法,制成成分合理的中成药。

(二) 辩证思维

1. 中式辩证思维的内涵

前文已述,阴阳学说至战国中期已发展完成,五行哲学体系至战国末期也基本形成,这不但意味着整体思维至战国末期已完全成熟,而且意味着辩证思维在战国末期也已完全成熟,因为中式辩证思维也是伴随阴阳学说和五行学说的成熟而成熟的。

与推崇整体思维密切相关,中国人崇尚辩证思维,这是中式思维方式的又一特色。经典中式辩证思维指个体要善于从世界是普遍联系的、变化的与复杂的观点出发,看待事物和事物内蕴含的矛盾,认为任何事物与事物之间以及任何事物当中都蕴含着相反相成的矛盾,主张事物与事物之间或矛盾双方都是你中有我、我中有你的"包含"或"共生"关系(即 A 既是 A,又是非 A),而不是非此即彼的"死活"关系(即 A 是 A,不是非 A),因此,既要看到不同事物之间或矛盾双方相互冲突的一面,又要看到不同事物之间或矛盾双方可以相互转化的一面,还要看到不同事物之间或矛盾双方可以和谐共生的一面,这样一来,处理问题或矛盾的最佳方式就是将事物的正反两个方面或矛盾双方综合起来加以考虑,以便更加全面、准确地看待事物或矛盾,并求得事物或系统的动态平衡。

2. 中式辩证思维的特点

中西式辩证思维诞生的背景有差异。中式辩证思维与中式整体思维和中式实用思维关系密切,也与中式审美观念关系密切,还与古代中国变化无常的社会环境密切相关,这从"福祸相依并可相互转换"的事例中就可见一斑。与此不同,西式辩证思维更多的是从逻辑学角度进行阐述与思考的一种思维方式。因此,尽管经典中式辩证思维与西式辩证思维都肯定对立的统一(张岱年,成中英,等,1991,p.16),但二者之间也有三个重要差别。

第一,构成中西式辩证思维的要件不同。西式辩证思维主要是一种以概念、实体(substances)、逻辑对立、系统、辩证法和折中等术语为要件建构出来的包含实在论和二元论的思维方式,所以,西方学者在用辩证思维开展研究时,总是试图揭示这个概念到底是什么东西,它里面有什么元素,并习惯将概念作二元分析(蔡锦昌,2000;杨中芳,2001a,p.284)。与此不同,经典中式辩证思维很少关注概念和概念形式,而以阴阳思维、五行思维和阴阳五行思维为基础,其中的阴与阳既可以分别指一个个独立的事物,如用阴指女子,用阳指男子,也可以指同一事物内部存在的矛盾的两个方面,还可以指同一事物在不同时空中所处的两种状态(如冷与热),如李约瑟就认为,"五行是处于周而复始、永恒式循环运动中的五种强大力量，并不是五种被动、静止的基本物质"（李约瑟，1956，p. 244）。阴阳思维与黑格尔的辩证法有三个重要区别：(1) 阴阳思维认为矛盾的双方可以并且应该相互对应，互为参照，它们虽能各自独立存在，却无法彻底分离，因为矛盾的双方彼此包含，阴中有阳，阳中有阴；黑格尔的辩证法假定矛盾的双方可以并且应该各自独立存在，相互对应，互为参照，并且矛盾的一方不包含另一方。(2) 阴阳思维认为矛盾的双方可以并且应该相互转化，但该转化只能是部分转化，并且是有条件的；黑格尔的辩证法假定矛盾的双方可以并且应该向对方完全、彻底且无条件的转化。(3) 阴阳思维认为矛盾的双方可以并且应该永远共存，矛盾不需要在更高层次上通过扬弃加以解决，因为没有阴阳消长就没有"道"；黑格尔的辩证法假定矛盾双方可以并且应该在更高层次上通过扬弃实现矛盾的根本解决，这样，矛盾可以并且应该得以解决。在这一点上，黑格尔的辩证法与亚里士多德的"非此即彼"的形式逻辑达成一致，共同否定矛盾存在的必要性和永久性。由此可见，阴阳思维是一种"我中有你，你中有我"的逻辑，它不同于亚里士多德的"非此即彼"的形式逻辑，也不同于黑格尔的辩证逻辑（李平，2014，pp. 246 - 248）。

第二，中西式辩证思维对矛盾双方关系的看法有差异。成中英（1977/1986）曾说，世界上有三种辩证观，它们各在不同的文化经验、需要和刺激下形成，在核心观点上存在明显差异（黄囇莉，2007，p. 10）（如表 6 - 3 所示）。

表 6 - 3　三种辩证观的比较（黄囇莉，2007，p. 11）

类　　型	和谐化辩证观	永恒进步辩证观 （冲突辩证观）	中观辩证观 （超越辩证观）
主要代表	儒家、道家	黑格尔、马克思	大乘佛学龙树"四段否定式"
本体的假设	● 实在界是整体性、统合性 ● 实在界本身是和谐或和谐化历程	● 实在界或历史有客观冲突存在 ● 冲突是实在界不可或缺的元素	● 和谐与冲突是幻界或假象界的事物 ● 否定和谐与冲突（实在界的命题皆在否定之列）

续　表

类　型	和谐化辩证观	永恒进步辩证观（冲突辩证观）	中观辩证观（超越辩证观）
逻辑运思	● 万物的存在为对偶性 ● 对立的双方在本体上是平等的 ● 对偶具互生性与互补性 ● 互生与互补是成就整体所必需的条件	● 每一存在具有正、反两面 ● 经由正反的综合可达更高层次的存在 ● 经由正、反、合，世界不断向前进，以逼近理想世界	● 实在界是断说的结果 ● 每一断说均含一否定 ● 应舍弃对断说及其否定的肯定 ● 从冲突中解脱出来以达到彻悟境界（般若）
冲突的本质	● 无本体上的真实性 ● 源自未能与实在界结合 ● 人与自然变化缺少和谐	● 冲突是迈向进步的关键角色 ● 冲突存在使斗争成为必需 ● 通过不断斗争消减矛盾,并产生本质上的改变	
和谐化或冲突化解决之道	● 自我调整（道德现实的转化） ● 自我与世界关系的调整（本体认识的转化）	● 冲突是不可避免且不能化解的	● 超越冲突 ● 以超越问题化解问题
目的	● 社会与个人均不自觉朝向和谐	● 世界朝向更高更好前进	● 达到真相彻悟境界

如表6-3所示,西式辩证思维强调矛盾双方的对立、斗争与转换,属于冲突辩证观,它强调对立的斗争和转化,虽不否认统一或和谐的一面,但较重视对立与冲突,所以,西方哲学爱说"神凡两分""主客对立"(张岱年,成中英,等,1991,p.16)。与西式辩证思维不同,在中国先哲看来,阴与阳之间不一定就是无法调和的对立关系,而可以是你中有我、我中有你的相互包容关系,阴与阳也可以相互转换(Yang,2006;蔡锦昌,2000;杨中芳,2001a,p.284),因此,经典中式辩证思维强调对立的交参与和谐,虽不否认对立与冲突,但较为强调统一或和谐的一面,属于和谐化辩证观(张岱年,成中英,等,1991,p.16)。所以,中国先哲喜欢讲天人合一、阴阳一体。例如,《周易》的"物极必反"和《老子·四十章》的"反者道之动;弱者道之用",被中国人视作重要的思维原则或

规律。具体而言,一切都处于对立中,一切对立又都可以转化,即"以柔弱胜刚强",并且,一切对立都是以统一、和谐为最终结果,如《老子·四十二章》中的"万物负阴而抱阳,冲气以为和",将"和"作为调节对立双方的最高准则。儒家更是强调和谐统一,这自不必多说。不过,这样做也有缺点,即缺乏对立的冲突与批判否定精神,体现了传统思维求稳防变的特征。

第三,中西式辩证思维遵循的原理有差异。受整体思维和模糊思维的深刻影响,经典中式辩证思维(dialectical thinking)包含变异律(principle of change)、矛盾律(principle of contradiction)与整合律(principle of relationship or holism)三个基本原理。(中式)变异律认为,世界是一个过程,不断变化,永不静止。任何事物都不会一成不变,而是处于不断变化之中。因此,从最深奥的中式哲学思维角度看,"存在或不存在"根本不是一个问题,因为生命本来就是不断地从一个阶段转化为另一个阶段。所以,"存在"就是"不存在","不存在"就是"存在"。既然世界是不断变化的,那么,反映世界的诸种观念也应该是不断变化的和主观的,不应该把世界看作客观的、静止的和一成不变的存在物。(中式)矛盾律认为,世界万物都充满了矛盾,不可能泾渭分明。因为变化是永恒的,所以矛盾也是永恒的。于是,新与旧、好与坏、强与弱等相互矛盾的东西往往同时存在于万物之中,共同组成一个和谐的整体。(中式)整合律最能体现辩证思维的本质,它是变异律和矛盾律的结果。整合律认为,世界万物之间是普遍联系的,任何事物都不可能孤立存在。正如格式塔心理学所说:"整体大于部分之和。"所以,如果我们真想全面了解某一事物,就必须用"普遍联系"的眼光去了解它与其他事物之间的关系。例如,它是怎么影响其他事物的,又是怎么被其他事物影响的。用孤立的眼光看事物易产生偏差,因为部分只有置于整体中才能彰显其意义,犹如单个音符只有在一首曲子中才能展现它的意义。同时,整合方法是建立在假定万事万物都存在阴与阳且阴与阳能协调一致的观念之上,在这一背景下,在由时间和空间组成的宇宙中,万事万物既对立又统一。中国人的这种思维方式与西方人是不同的(Peng & Nisbett, 1999)。

西方人相信亚里士多德的形式逻辑观念,结果,西方人的思维方式更倾向于线性思维,西式辩证思维强调同一律、无矛盾律和排中律。受这种思维观念的影响,西方人相信一个命题不可能同时对或错,而是要么对,要么错,无中间性。于是,在对待真伪、善恶、美丑、虚实与福祸等问题上,中国人与西方人有较大差异:在求真问题上,中国人强调真伪共存,这与西方文化采取真伪对立的线性思维方式大不相同;在求善问题上,中国人强调善恶共处,这与西方文化采取善恶二分的思维方式截然不同(Peng & Nisbett, 1999);在求美问题上,中国人强调美丑可以共处并相互转换,这明显异于西方文化采取的美丑二分的思维方式;在虚实问题上,中国人大都认可虚实相依并相互转换,若用一个图形来表示它,太极图是最形象的示例,这明显异于西方文化将虚实作二分看待的思维方式;在福祸问题上,中国人普遍相信福祸相依并可相互转换,《淮南子·人间训》所讲的"塞翁失马,焉知非福"的故事蕴含的就是这个道理,它明显异于西方文化将福祸作二分看待的思维方式:

> 夫祸福之转而相生,其变难见也。近塞上之人有善术者,马无故亡而入胡,人皆吊之。其父曰:"此何遽不为福乎!"居数月,其马将胡骏马而归,人皆贺之。其父曰:"此何遽不能为祸乎!"家富良马,其子好骑,堕而折其髀,人皆吊之。其父曰:"此何遽不为福乎!"居一年,胡人大入塞,丁壮者引弦而战,近塞之人,死者十九,此独以跛之故,父子相保。故福之为祸,祸之为福,化不可极,深不可测也。

可见,中西式辩证思维各有其特色、优点与不足,假若当代中国人能妥善借鉴西式辩证思维的长处,进一步将中国先哲所讲的辩证思维条理化、明晰化,并适当注意对立的冲突与批判否定精神,必将使经典中式辩证思维更加完善。

3. 中国人重视辩证思维的具体体现

中国先哲喜欢用阴阳五行模式来表达自己的整体思维与辩证思维。为增强读者对中国人辩证思维的认识,下面再讲五个具代表性的例子。

第一,中医善用辩证思维。中医领域善用辩证思维最集中地体现在中药的配伍上。中医治疗疾病最初多采用单味药物。随着药物品种的日益增多,对药性特点的不断明确,用药也由简到繁,出现了多种药物配合应用的方法。配伍指按病情需要和药性特点有选择地将两种或两种以上的药物配合在一起使用。配伍既能治疗复杂病情,又可增强疗效,减少毒副作用,因而被广泛采用。西汉时期的《神农本草经》最早总结了中医配伍用药的规律:"有单行者,有相须者,有相使者,有相畏者,有相恶者,有相反者,有相杀者,凡此七情,合和时视之。"除单行指单用一味药治病外,相须、相使、相畏、相杀、相恶和相反都属药物配伍应用的范畴。其中,相须指功效相似的同类药物合用后,可以起协同作用而增强原有药物的疗效,如麻黄、桂枝同用,增强了发汗解表的功效。相使指两类药性、作用不同的药物,主辅相配后,辅药可以提高主药的功效。此法与相须同是配伍中最常用的方法。例如,黄芪配茯苓治脾虚水肿,黄芪为健脾利水的主药,茯苓淡渗利湿,可以增强黄芪利尿消肿的作用。相杀与相畏属同一种配伍关系的两种提法。相畏指两种药物合用后,一种药物的毒副作用或功能被另一种药物抑制,如半夏畏生姜,生姜可以抑制半夏刺激黏膜的毒副作用,更好地发挥半夏降逆止呕的疗效。相杀指两种药物合用后,一种药物能缓解或消除另一种药物的毒副作用。例如,防风能缓解消除砒霜引起的砷中毒反应,即防风杀砒霜毒。又如,绿豆杀巴豆毒,麝香杀杏仁毒等。相恶指一种药物能破坏另一种药物原有的功效。例如,人参恶莱菔子,莱菔子如与人参合用,会削弱人参的补气作用;生姜恶黄芩,黄芩能削弱生姜温中散寒的作用。相反指两种药物同用,能产生原来不具有的毒性或剧烈的毒副作用,如甘草反甘遂。在中药配伍的研究与探索中,还发现有的药物配伍应用后,能产生与原药物不同的新功效。例如,桂枝配芍药以调和营卫;柴胡配黄芩以和解少阳;大黄配肉桂以温阳通便;桔梗配枳壳以宣降肺气;肉桂配黄连以交通心肾,等等,都是对七情配伍用药规律的补充和发展(中国大百科全书总编辑委员会《中国传统医学》编辑委员会,1992,p.299)。同时,中医在心理治疗和养生保健领域也善讲辩证思维,其中,最著名的观点是《黄帝内经》的情志相胜模式以及与之配套的心理治疗方法(汪凤炎,2015,pp. 225-233,pp. 466-470)。

第二,兵家善用辩证思维。至少自孙子开始,中国历代著名兵家几乎都善用辩证思维。《孙子兵法·虚实》说:"故形兵之极,至于无形。无形则深间不能窥,智者不能谋。因形而措胜于众,众不能知。人皆知我所以胜之形,而莫知吾所以制胜之形。故其战胜不复,而应形于无穷。夫兵形像水,水之形,避高而趋下,兵之形,避实而击虚。水因地而制行,兵因敌而制胜。故兵无常势,水无常形。能因敌变化而取胜者,谓之神。"在孙子看来,战场情况瞬息万变,影响战争胜负的因素也错综复杂,只有善于运用辩证思维,依据敌我双方形势的变化,灵活制定军事战略,使敌方无法准确预测我方真实的作战意图和作战战术,才能达到攻其不备、出其不意的效果。

第三,文艺人士善用辩证思维。书法绘画领域善用辩证思维最集中地体现在对书法绘画作品的布局、用笔和着墨上。例如,据《佩文斋书画谱》卷《笔髓论·释真》记载,初唐的虞世南曾说:"右军云:书,弱纸强笔,强纸弱笔;强者弱之,弱者强之。迟速虚实,若轮扁斫轮,不疾不徐,得之于心,应之于手,口所不能言也。"这段言论便是在讲书法作品要体现辩证思维。

第四,厨师利用辩证思维创造发达的中国菜系。中国人之所以拥有闻名世界的一流烹饪术,能创造八大菜系,主要原因之一便是中国人善于利用辩证思维,将世间种类繁多、营养各异、气味千差万别的食材和合进不同菜肴之中。例如,适度调配酸与辣,将它们合二为一,可制成可口的酸菜鱼、酸汤鱼;适度调配甜与酸,将它们合二为一,可制成可口的糖醋排骨;适度调配香与臭,将它们合二为一,可制成闻起来臭、吃起来香的臭豆腐,等等。与此不同,美国人的烹饪术反映了他们的法治精神,即各个体之间必须存在明文规定的关系;"人己权界"划分得清清楚楚,即肉是肉,菜是菜,两者截然分开,彼此并列却不和合,"三明治"的做法便是如此(孙隆基,2011,pp. 158-159)。

第五,灵活运用一些看似矛盾的言论。在汉语中,从表面上看,有一些言论看似矛盾。例如,既说"瘦死的骆驼比马大",又说"落地的凤凰不如鸡";既说"嘴上没毛,办事不牢",又有"后生可畏"的说法。这类说法常将初学汉语且无中式思维习惯的外国人弄得云里雾里,一脸疑惑。但是,在精通辩证思维的中国人眼中,上述这类说法不但丝毫不矛盾,而且正是看问题深刻、辩证的一个重要体现。换言之,在不同情境、不同人身上,某些看似相同的表象背后,其实隐藏着截然不同的道理。所以,妥善的解决办法是"到什么山,唱什么歌"。只有这样,方能有针对性地解决问题,切不可有死脑筋!

4. 中国人重视辩证思维的缘由

中国人重视辩证思维而轻视形式逻辑思维,其根本原因在于,先哲很早就发现客观世界中有许多事物是相反相成、相互转换的,他们很重视这一规律,并在此基础上形成中国特有的阴阳思维、五行思维和阴阳五行思维模式。同时,许多中国人认为,只有辩证思维才能更好地反映和驾驭"不同事物之间存在相反相成、相互转换关系"这一规律,而形式逻辑的推理方法不能很好地体现事物相反相成的辩证关系。这是因为,辩证思维着眼于事物的运动、发展和变化,强调思维反映事物的内在矛盾;形式逻辑只纯粹地研究思维形式的结构,反对思维的自相矛盾。由此,在《吕氏春秋》等著作里甚至出现了一些反对形式逻辑的倾向。《吕氏春秋·别类》举例说,莘和藟两种植物,单独食用就会毒死人,合起来食用就会起到延年益寿的功用;金和锡都很软,两种金属炼成合金却很坚硬。这就得出与形式逻辑的推理方法相反的结论(张岱年,成中英,等,1991,p. 90)。另外,避免堕入非白即黑式思维的误区,也是一些中国人重视辩证思维的重要原因之一。非白即黑式思维指用非此即彼的二元对立方式看待问题、分析问题和解决问题的一种思维方式,其背后遵循的是无矛盾律。在持非白即黑式思维的人看来,万事万物非白即黑,非好即坏,非忠即奸,非美即丑,非善即恶,不可能在黑与白、好与坏、忠与奸、美与丑、善与恶之间存在中间状态,因此,一旦固执一端,必会顽固地反对甚至拼命打压相反的另一端。中国先哲很早就认识到,尽管生活中有一些事物遵循无矛盾律,例如,一个人要么是活的,要么是死的,不可能既活又死,但是,有更多的事物遵循矛盾律,只有用辩证思维才能正确看待它、理解它、解决它和运用它。

5. 辩证思维在中国的得与失

从总体上看,中国人在哲学、中医(包括养生)、军事、书法绘画和烹调术上将辩证思维运用得最出神入化、炉火纯青,从而在这几个领域取得了巨大成就。多数中国人相信福祸相依并可相互转换,有助于他们乐观看待困境,积极寻求脱困的方法,这对增强中国人的心理耐挫力乃至心理健康与自强等均有益处。但是,在西学未大规模"东渐"之前,经典中式辩证思维只注重相反相成的两种事物或同一事物内相反相成的两个方面的相互转换关系,缺少批判性思维。同时,"塞翁失马"之类的故事虽蕴含辩证思维,但其中也折射出人治背景下,古代中国人面临的情境常常是变化莫测、难以琢磨的,导致他们的人生祸福无常。从这个角度讲,在稳定、可预期的情境中,祸福有规可循,人们就无需过于依靠这类辩证思维。最后,中国虽有一些先哲颇看重辩证思维与下文将讲的中庸思维,不过,在做人、考评一个人、评价一部书、评价某件事以及制定一些重大管理制度等时,很少有人能真正按辩证思维与中庸思维去看待问题、思考问题和解决问题,而往往喜欢滥用辩证思维,或堕入非白即黑式思维。这主要体现在四个方面。

第一,在社会治理和人际关系领域极缺乏辩证思维。这主要表现在中国人对刚与柔、德与才、公与私、"和"与竞争等关系多持偏执一端的态度。深受《汉书·董仲舒传》中"道之大原出于天,天不变,道亦不变"观念的影响,汉代至清代的中国,多数人脑海中几乎从未出现过"道德到底是相对的还是绝对的"之类令人纠结的问题,反而理所当然地坚信"三纲"之类的道德是绝对的。一些中国人对权利与义务、责任与自由的看法也极片面:过去多强调义务而少讲权利,多讲责任而少讲自由,现在则矫枉过正,多重视权利而少讲义务,多强调自由而不讲责任。殊不知,权利意味着义务,自由意味着责任,只要权利而不愿履行义务、只要人履行义务而不给人适当的权利、只要自由而不讲责任、只讲责任而不讲自由,此四种做法不但终究无法长久,还易生出异化的管理制度,造就异化的个体。

第二,无法辩证看待不同学科的作用。在对待人文社会科学和自然科学与技术上,多数中国人也喜走极端,给人极缺乏辩证精神的印象。具体表现为古代中国人多偏执于人文社会科学尤其是道德学问,导致蕴含在墨家学说中的"科学种子"被压死在"胎中",无法结出科学的硕果;当代中国人多偏执于自然科学与技术,导致绝大多数人的人文素养低下,由此带来许多社会问题。

第三,评价人时有明显的类型化倾向。类型化指个体并未真正把握住某个人真实的自我,而仅凭一两件事情便将某人归类定型的心理与行为方式。中国古代,一些学者在撰写中国正史时,分出忠臣传、奸臣传、烈女传等,便是在将人归类。将人类型化,非此即彼,导致他们在评价那些本来良莠不齐的人与事时,常用"一好百好,一坏百坏"的机械论调,没有看到个体或事物的复杂多样性,显得简单、武断,既不辩证,也无个性。

第四,未看到辩证思维的领域性,滥用辩证思维。一些人未看到辩证思维的领域性,经常不分主次、不分轻重地搅浑水,将辩证思维滥用到对恶的事物的评价上。他们的口头禅是:"世界上没有绝对的事,对任何事物都要一分为二地看。"按此逻辑,诸如"纳粹德国屠杀犹太人""日本侵华"和"汪精卫当汉奸"之类的事情都有其合理性,不应该彻底否定。这显然是强盗逻辑。实际上,面对罪恶导致的巨大灾难,我们不能视而不见,也不能一分为二,此时是就是是,非就是非,这是人类应有的良知与良能,是人类区别于其他万物本应具有的优秀心理素质,也是一个社会能否前行进步的先决条件(郭于华,2016)。

(三) 中庸思维

据《论语·雍也》记载,孔子说:"中庸之为德也,其至矣乎!民鲜久矣。"由"民鲜久矣"(大家已是长久地缺乏它了)(杨伯峻,1980,p.64)一语可知,至春秋末年,多数中国人极缺中庸德性和中庸思维,好走极端,或是热衷做乡愿。为了纠正这两种陋习,进而完善中国人的思维方式,以孔子为代表的一些大哲力倡中庸思维,结果,向往中庸思维成为经典中式思维方式的一大特色。在现当代中国,虽然中庸思维受到文史哲(蔡尚思,1963;申辰,1984;申辰,1985;徐克谦,1984;邓红蕾,1988;罗光,1988;葛荣晋,1991;冯友兰,1996,pp. 430-433)与社会学(张德胜,金耀基,陈海文,等,2001)领域研究者的关注,不过,从心理学角度对其进行系统研究的学者首推杨中芳博士。杨中芳于 1996 年开始关注中庸思维,起初将中庸实践思维视作中国人的世界观(杨中芳,2001a),随后试图以中庸思维为基点,建构一套本土心理学知识体系,故于 2008 年发表了《中庸实践思维研究———迈向建构一套本土心理学知识体系》。稍后,杨中芳于 2010 年发表了题为《中庸实践思维体系探研的初步进展》的长文,较系统地总结了其十四年来有关中庸思维的研究成果,并修订了其早期提出的"中庸实践思维体系构念图"(杨中芳,2010a)。2012 年,杨中芳又发表了《中庸实践思维体系构念图的建构效度研究》,附上了"中庸实践思维体系构念图"的最新版本(杨中芳,林升栋,2012),又编制并修订出《中庸信念/价值量表》(黄金兰,林以正,杨中芳,2012)。2014 年 4 月出版的《社会心理学评论(第七辑)》与 2014 年 12 月出版的《社会心理学评论(第八辑)》的焦点都是"中庸心理研究",内容涉及"一分为三"框架下的中庸界定,中庸社会心理学研究的构念化及其效度检验,中庸信念/价值的测量,以及中庸与阴阳两极思维、整体处理、家庭生活、心理健康、工作压力、源幸福感、不同情境决策行为的关系等(杨宜音,2014a,pp. 1-268;杨宜音,2014b,pp. 1-319)。由此可知,杨中芳将中庸思维作为一个文化释义系统,以此为基础,试图逐步建构出吻合中国文化传统的社会心理学体系。与杨中芳的这一宏大愿景不同,本节从心理学角度出发,主要将中庸作为一种思维方式,然后在前贤的基础上,基于对经典文献的分析与解读,并辅之以汪氏语义分析法来剖析"中"与"庸"的本义,以期还原中庸思维的原貌,揭示中庸思维的主要特点,厘清当下民众对它的误解,为编制更完善的中庸量表、探讨中庸思维与智慧之间的关系、指导民众更好地修身养性和待人接物等提供理论依据。

1. 中庸思维的渊源

《中庸章句序》是淳熙十六年(1189年)朱熹59岁时写的,代表朱熹晚年成熟的思想。朱熹在《中庸章句序》中写道:"《中庸》何为而作也?子思子忧道学之失其传而作也。盖自上古圣神继天立极,而道统之传有自来矣。其见于经,则'允执厥中'者,尧之所以授舜也;'人心惟危,道心惟微,惟精惟一,允执厥中'者,舜之所以授禹也。尧之一言,至矣,尽矣!而舜复益之以三言者,则所以明夫尧之一言,必如是而后可庶几也。"(朱熹,1983,p.14)这是朱熹根据《论语·尧曰》中记载的内容进行的发挥。《论语·尧曰》中叙述尧禅位给舜、舜禅位给禹的情形时写道:"尧曰:'咨!尔舜!天之历数在尔躬,允执其中。四海困穷,天禄永终。'舜亦以命禹。"依此记载,尧禅位给舜时说了一句很重要的话,舜禅位给禹时复述了此句话,但此句话的具体内容《论语·尧曰》并无详细记载。据《古文尚书·虞夏书·大禹谟》记载,舜对禹说:"人心惟危,道心惟微,惟精惟一,允执厥中。"朱熹据此认为,这"十六字真言"就是尧禅位给舜时说的那句话,舜禅位给禹时复述的也是这句话,这句话就是道学的精髓,后成为"孔门传授心法"(朱熹,1983,p.17)。在这里,朱熹首次提出了道统的概念(陈荣捷,1982,p.18)。道统指道的传承谱系,与此相应,道学指道的传承内容。依朱熹《中庸章句序》中的言论,道统之传始自尧传舜,之后舜传禹,之后历经成汤、周文王、周武王、皋陶、伊尹、傅说、周公、召公,传至孔子。依《论语》的记载,孔子不但首先将"中""庸"二字并用(张德胜,金耀基,陈海文,等,2001),而且将中庸思维运用得炉火纯青。孔子之后,颜子、曾子、子思、孟子都继承了孔子的中庸思维(朱熹,1983,pp.14-15),这就是朱熹认定的儒家道统早期相传的谱系。并且,朱熹认可司马迁《史记·孔子世家》中"子思作《中庸》"的说法,也主张《中庸》出自子思之手,并引用二程的观点,认为子思作《中庸》的动机是,担心"孔门传授心法"会失传或歪传,于是将它写成《中庸》一书"以授孟子。其书始言一理,中散为万事,末复合为一理,'放之则弥六合,卷之则退藏于密',其味无穷,皆实学也"(朱熹,1983,p.17;陈来,2007)。也有人认为,从文字和内容上看,《中庸》可能是战国至秦的作品,子思作《中庸》的说法未必可靠(杨伯峻,1980,pp.64-65),因为孔子之孙孔伋(字子思)是战国初期人,虽生卒年不详,但子思之父孔鲤死于孔子之前,据此推算,子思生活的年代当距孔子生活的年代不远。无论《中庸》是否出自子思(或基本内容出自子思,后加入后人的某些材料),也无论儒家的"十六字真言"是真是假,中庸思维在中国源远流长却是事实,因为根据现有文献记载,商周时期已有"尚中"的观念,中庸思维至少是从"尚中"观念发展而来(徐克谦,1984;葛荣晋,1991)。同时,《中庸》一文完成,意味着中庸思维作为一种思维方式也彻底成熟。当朱熹倡导的"四书"观念被接纳后,"四书"成为自南宋至清末700余年来学校官定的教科书和科举考试的必读书目,其中《中庸》里蕴含的中庸思维自然对中国人的心理与行为产生了深刻影响。

2. 中庸思维的正解

如上文所引,孔子说:"中庸之为德也,其至矣乎!"这是"中""庸"二字第一次作为合成词出现在典籍中,表明孔子非常推崇中庸,并将其作为道德的最高标准。这是作为道德的中庸。作为道德的中庸侧重德性。如果个体将中庸内化为其品性,他就具有了中庸之德(田文军,2004)。据《论语·子罕》记载,孔子说:"吾有知乎哉?无知也。有鄙夫问于我,空空如也。我叩其两端而竭焉。"这是孔子自述自己如何运用中庸思维去解决问题的文字记载,可视作孔子对"中庸"的隐晦解释。依孔子的说法,"叩其两端"或"允执其中"便是中庸,这显然是继承了尧、舜以来"允执其中"思想的结果(申辰,1984),这是思维方式或方法的中庸。作为思维方式或方法的中庸,追求效益的最大化。从思维方式或方法的中庸看,持中庸思维的人要从全局出发,充分考虑各方面的利益、各方面的情况,然后要对行动处境纵横交错、两极背驰的各力量有高度的敏感,并在其间求取最适中的一点,这就是"恰如其分",也是中庸意义的"最大化",英文最相近的词是"optimization"(最佳化、最优化)(张德胜,金耀基,陈海文,等,2001)。这里需特别指出,孔子倡导的学问主要是道德学问,所以,他认为"叩其两端"即可,不必特别拈出"道德"二字予以强调。当代人们学习、研究和运用的学问多是科学与技术,此时若忽视中庸思维的道德性,仅将"叩其两端"或"允执其中"等同于中庸,那就误解了孔子的本意。除此之外,遍读《论语》,其内并未记载孔子直接解释中庸含义的言论。至于体现孔子运用中庸思维教书育人的实例,《论语》中有一些记载。其中,《论语·先进》有一个最经典的记载:"子路问:'闻斯行诸?'子曰:'父兄在,如之何其闻斯行之?'冉有问:'闻斯行诸?'子曰:'闻斯行之。'公西华曰:'由也问闻斯行诸,子曰,有父兄在;求也问闻斯行诸,子曰,闻斯行之。赤也惑,敢问。'子曰:'求也退,故进之;由也兼人,故退之。'"对于"听到后是否马上就去做"这个问题,孔子针对冉求胆小的特点,给他壮胆,鼓励他去做;针对仲由胆量过人的特点,便压压他(杨伯峻,1980,p.117)。这种针对不同人的心理特点因材施教的做法,有的放矢,也吻合中庸思维,教育效果极佳也就在情理之中了。《论语》中也多次记载了孔子强调按中庸思维来修身以成君子的言论。例如,《论语·尧曰》记载:"子曰:'君子惠而不费,劳而不怨,欲而不贪,泰而不骄,威而不猛。'"《论语·述而》记载:"子温而厉,威而不猛,恭而安。"等等。《论语·子路》记载:"子曰:'不得中行而与之,必也狂狷乎? 狂者进取,狷者有所不为也。'"在这里,孔子将人的性格分为狂者(过)、中行(中)、狷者(不及)三种类型,分别相当于现代心理学所讲的外倾型、中间型和内倾型三种性格类型(高觉敷,2005,p.52)。显然,孔子最想结交的人是行为修养体现中庸思维、符合中庸之道的中行者,退而求其次,才是狂者和狷者。所以,《孟子·尽心下》记载:"孟子曰:'孔子"不得中道而与之,必也狂狷乎! 狂者进取,狷者有所不为也"。孔子岂不欲中道哉? 不可必得,故思其次也。''敢问何如斯可谓狂矣?'曰:'如琴张、曾皙、牧皮者,孔子之所谓狂矣。''何以谓之狂也?'曰:'其志嘐嘐然,曰:"古之人,古之人。"夷考其行,而不掩焉者也。狂者又不可得,欲得不屑不絜之士而与之,是狷也,是又其次也。'"这里讲的中庸实为伦理的中庸,作为伦理的中庸侧重规范(田文军,2004)。这表明,孔子虽未对中庸思维作精确定义,却讲了道德的中庸、伦理的中庸和方法的中庸三种中庸,并为后人恰当运用中庸思维修身和育人等树立了良好典范,可惜后人中真正以孔子为楷模去运用中庸思维分析问题和解决问题者少之又少。另外,据《杂阿含经》卷第九记载,佛陀说:"精进太急,增其悼悔;精进太缓,令人懈怠;是故汝当平等修习摄受,莫着、莫放逸、莫取相。"(韦政通,1988,p. 96)。这颇类似孔子所讲的狂、狷和中行之说,表明印度的佛教文化中实也蕴含中庸思维。

自孔子之后,尽管中庸内涵仍有发展(葛荣晋,1991),但其核心含义基本未变。例如,汉代学者郑玄对《礼记·中庸》的注是:"中庸者,以其记中和之为用也;庸,用也。"这是说,儒家眼中的"庸"就是人伦日用,中庸就是在日常生活中运用"中和"的理念,追求言行在时机、氛围等方面的恰如其分,不失礼,不失态,不偏激(彭国华,2010)。汉代之后,对"中庸"一词的解释,最著名的要数北宋学者程颢和程颐以及南宋学者朱熹。据《河南程氏遗书》卷第七《二先生语七》记载,二程兄弟对中庸的解释是:"不偏之谓中,不易之谓庸。中者,天下之正道;庸者,天下之定理。"稍后的朱熹极其推崇此解释,不但将它原封不动地抄录至自己的《四书章句集注·中庸章句》(朱熹,1983,p. 17),而且《四书章句集注·中庸章句》里对"中"的解释基本上也是复制了二程的上述思想,并兼顾了二程门人吕大临的说法。吕大临说:"盖中之谓义,无过不及而立名。"(吕大临,1993,p. 496)但是,对"庸"的解释,朱熹与二程稍有不同。二程说:"不易之谓庸。"朱熹的解释是:"庸,平常也。"朱熹说:"中者,不偏不倚、无过与不及之名。庸,平常也。"(朱熹,1983,p. 17)朱熹在《中庸或问》里对此作了说明:"曰:庸字之义,程子以'不易'言之,而子以为'平常',何也?曰:惟其平常,故可常而不可易。若惊世骇俗之事,则可暂而不得为常矣。"(朱熹,2002,p. 549)可见,朱熹对"中"的解释既极其吻合孔子的本意(陈来,2007),又有字源学上的依据。"中"原写作"丨"或"中",光光的一竖,像是一根棍,当它作为一个部首用时就读作"gǔn",《说文》中有"丨"部;棍子穿过一个圆形或方形的中心就成中央的"中",也有穿过一"口"的,那是史所执的"中"(约斋,1986,p. 133)。《说文·丨部》:"丨,上下通也。"《广韵·混韵》:"丨,上下相通。"《说文·丨部》:"中,内也,从口、丨,上下通。"(汉语大字典编辑委员会,2010,pp.31-32)这表明,从字形上看,中庸的"中"应是棍子穿过一个"口"字。这是会意字,其含义是中正、不偏不倚、无过与不及,就像史官写历史那样必须秉持中正的立场。庸本写作"㼒"或"㾮"。《说文·用部》:"庸,用也。从用、从庚。庚,更事也。《易》曰:'先庚三日。'"(汉语大字典编辑委员会,2010,p.955)许慎的这个解释不完全正确。苗夔《说文声订》认为"用亦声"是对的。"庸"与"用"双声叠韵。对"庸"字的解说应改作:"庸,用也,为人所劳役使用也。从庚、用。庚,更事也,用亦声。是会意兼形声字。"(陈初生,1987,p.401)可见,"庸"也是会意字,本义是"用"。"用"在甲骨文中写作"㠯"。《说文·用部》:"用,可施行也。"(汉语大字典编辑委员会,2010,p.112)甲骨文"㠯"字中,"凵"像木块箍扎成的木桶,中间的一竖"丨"表示桶壁上的提手,整个字形像木桶形,木桶可用,故引申为"用",因此"用"的本义是"施行、使用、运用"。《尔雅·释诂上》:"庸,常也。"《易·乾》:"庸行之谨,庸言之信。"孔颖达疏:"庸,常也。从始至末常言之,信实常行之。"(汉语大字典编辑委员会,2010,p.955)朱熹以"平常"解释"庸",除照顾训诂的根据外,主要是为强调中庸是实学,中庸的道理不离人伦日用,不离日常生活中的事事物物,并认为平常的东西才是实践中能长久的,诡异高难的东西是无法长久的,这也吻合孔子的思想(陈来,2007)。这表明,"中"的本义是"(中)正",即不偏不倚、无过与不及,也就是恰到好处。过与不及都不是恰到好处。例如,宋玉在《登徒子好色赋》中用"增之一分则太长,减之一分则太短;著粉则太白,施朱则太赤"之语来形容一位女子长得好,就意味着此女子的身高肤色等均是恰到好处的。恰到好处就是"中"。与此相一致,认可中庸思维方式的人一贯批评过与不及的思维方式,这表现出他们具有克制自己欲望和避免走极端的特点。这种恰到好处的状态与亚里士多德讲的"中道"如出一辙。亚里士多德说:"任何领域的专家都避免过犹不及,而选择其中……一件好的艺术品,不能再有丝毫增减,表示了最佳境界会被过与不及破坏,只能由'执中'去维持。"(张德胜,金耀基,陈海文,等,2001)所以,依冯友兰在《新世训·道中庸》里的解释:(1)"中"没有不彻底之义。假若一事有十成,做至十成才是恰到好处,才是"中";做了九成是不及,做了十一成是过。中庸思维告诉人们,在做任何一件有意义的事情时,若想达到最佳效率,就必须将其做到最好,既不可"60分万岁",也不能"90分就心满意足"。(2)"中"里也无模棱两可之义。若甲、乙对做某事各执一词,在这两种意见里,如果甲的意见正是做此事最恰当的方法,那么,他的意见就是合乎"中"的,自不必也不能将其打对折。假若乙的意见不合乎"中",即使打对折,也是不恰当的。真正持中庸的人断不会这样做,而只会采纳甲的意见。(3)"中"里也没有两端或中间之义,在孔儒看来,各执一端与专执其中都失之偏颇,他们非常反对这种处事态度。(4)照"庸"的本义,"庸"既无庸碌,也无庸俗之义(冯友兰,1996,pp. 430 - 433)。

如果有人将中庸思维作如下六种解释,就表明他将中庸思维等同于假或伪中庸思维。假或伪中庸思维指与中庸思维貌合神离的思维。伪中庸有六种子类型,其中,"以'权'的名义违背仁义原则随意践踏规则"留待下文探讨,这里只论以下五种。在这五种类型里,前四种由冯友兰总结出来,第五种是笔者概括出来的。(1)将"中"误解为不彻底之义。例如,一事有十成,用"中"的人做这件事大概只做五成,若做四成就是不及,若做六成就是太过。适可而止就有不彻底之义。(2)将"中"误解为模棱两可。例如,对某事有两种相反的意见,用"中"的人一定认为这两种意见都对都不对,把两方面的意见先打个五折,然后参酌两方面的意思,取一个折中的意见。执两用中、折中或两面讨好就是此义。(3)将"庸"误解为庸碌。以为儒家教人行庸道,是叫人庸碌无为,不敢有所作为,凡事"不求有功,但求无过"。(4)将"庸"误解为庸俗。关于艺术方面的创作或鉴赏是所谓雅事,行庸道的人多认为这些雅事是"雕虫小技",做这些雅事会使人玩物丧志。行庸道的人做的事或他们认为应该做的事,往高处说不过是些伦常日用,往低处说几乎都是些柴米油盐之类的小事,使得中国人较西方人要俗。这样,假若一个人将做事不彻底、遇事模棱两可、做人庸碌无能或俗气之流视作行中庸,那就是在行假或伪中庸。在行假或伪中庸的人中,儒家最痛恨的是乡愿之流。据《论语·阳货》记载,孔子说:"乡愿,德之贼也。"何谓乡愿呢?《孟子·尽心下》说:"非之无举也,刺之无刺也,同乎流俗,合乎污世,居之似忠信,行之似廉洁,众皆悦之,自以为是,而不可与入尧舜之道,故曰'德之贼'也。"用今天的话说,乡愿就是所谓的老好人或无原则的高情商者,这种人的行为虽与中庸之道看似相同,却很能鱼目混珠,以假乱真,对中庸思维的危害最大,对人的腐蚀性和对社会良俗的破坏力也最大,所以是"德之贼"(冯友兰,1996,pp. 430 - 433)。(5)将最优问题解决方案等同于中庸。中庸思维的结果虽意味着问题解决方案的最优化,但并非所有的最优问题解决方案都是中庸思维。一方面,凡具有恶的动机、恶的结果或兼具恶的动机与恶的结果的最优问题解决方案,其内均不含中庸思维。例如,为了成功侵占某座城市,敌方统帅考虑各种攻城方案后,"叩其两端",选择一个最优方案攻城并最终成功侵占此城,这之中体现出来的是否是中庸思维呢? 当然不是! 因为侵略本身就是恶,它无善可言,自然不是中庸思维。另一方面,若某种最优问题解决方案内仅蕴含或持守中立价值观,虽吻合西方"恰好合适"原则,其内也不蕴含中庸思维。例如,中医、中式饮食与中国艺术常将"叩其两端"技术运用得出神入化,不过,当它们没有被用作为民众谋福祉时,仍无法说其内蕴含中庸思维,只有在它们被用于为民众谋福祉后,才能说其内蕴含了中庸思维。可见,人们面对其他思维方式时,主要有"会"与"不会"两种选择,却无以假乱真的可能,与此不同,面对中庸思维时,不但有"会"与"不会"两种选择,还有以假乱真的可能,也就是说,在现实生活中,一些人因对中庸有误解,常将假或伪中庸思维当作中庸思维。同时,尽管中庸思维与假或伪中庸思维之间本泾渭分明,但二者可相互转换。一个原本持守中庸思维的人假若在身处复杂问题情境时,不能坚守起码的做人原则和时中原则,又吹嘘或盗用行中庸之名,就会堕落成按假或伪中庸思维方式来待人或做事;反之,一个原本是用假或伪中庸思维来待人和做事的乡愿之徒,若能迷途知返,进而坚守做人底线,并统合考虑各方面因素和各方面利益,又善于按时中原则来待人和做事,那么他的思维方式就升华为中庸思维了(如图6-7所示)。

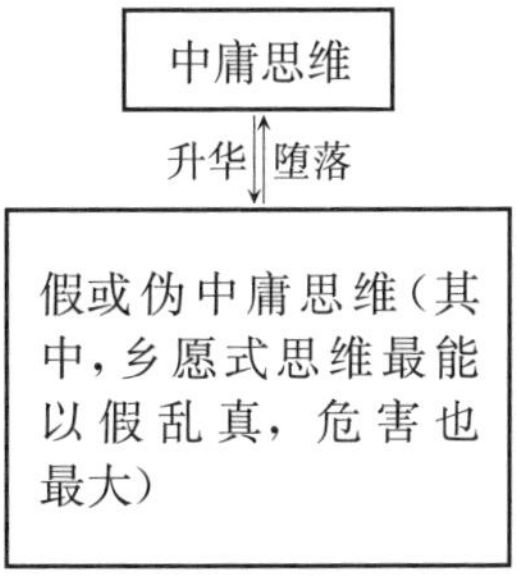

综上所论,从内容上看,中庸实有道德的中庸、方法的中庸和伦理的中庸三种类型。其中,伦理的中庸侧重规范,是客观的;道德的中庸是人的德性,是一种心理实在;方法的中庸是一种思维方式。只有精通方法的中庸的人才能拥有道德的中庸,才能准确把握伦理的中庸,故学会方法的中庸最为关键,它不但是培养道德的中庸的切入口,而且是衡量个体是否拥有道德的中庸的关键指标。因此,中庸思维得到了孔子、程颢、程颐与朱熹等大儒的推崇,表明大儒内心都非常向往中庸思维。至此,综合孔子等大儒关于中庸的言论看,中庸思维实指个体从自身当时所处具体情境出发,综合考虑各方面因素和各方面利益后,用恰到好处的"分寸"把握自己面临的一个或多个复杂问题,以使问题获得正确且圆满解决的一种思维方式。若将之作进一步的分解,以增强其可操作性,则正如杨中芳所说,中庸思维主要包括审时度势的大局思维、阴阳两极相反相成的动态关系思维、一个"度"的思维,以及一个乘势而为的功效思维。

图6-7 真假中庸思维转换示意图

（图示内容：中庸思维　升华⇅堕落　假或伪中庸思维（其中,乡愿式思维最能以假乱真,危害也最大））

3. 中庸思维的特征

中庸思维的时中性前人多有论述(冯友兰,1996,pp. 430-433),除此之外,中庸思维还有其他五个特征,因此,中庸思维实具有六个特征。

第一,统合性。中庸思维的第一个特征是具有统合性,其统合性主要体现在它必须以整体思维与辩证思维为基础与前提。具体而言,当只考虑问题的一方面因素时,人们往往只追求更快更高更强更多或更慢更低更弱更少,前者如纯科技领域、经济领域、公共福利与体育等,后者如生活节奏、疾病率、反对派实力、野心等。只有当从多方面因素考量一个复杂问题时,如考虑科技的双刃剑问题、经济与可持续发展和民众的幸福感问题、竞技体育与运动员的身心健康问题等时,才有适度性考量的问题。此时,为了正确且圆满地解决问题,持中庸思维者先要考虑问题的方方面面和各方利益,不能有重要遗漏,这体现的是整体思维。同时,为了将问题的各方面以及各方利益作最佳统合,使问题最终获得正确且圆满的解决,持中庸思维的人还必须有良好的辩证思维。当然,中庸思维与辩证思维有同有异。它们的共通之处在于,二者都强调要做到具体问题具体分析,都要充分考虑各个方面的优劣与得失转换。它们的区别在于,如果说辩证思维重在思考不同事物之间以及同一事物当中蕴含的矛盾双方存在的相互冲突、相互转化、和谐共生的复杂关系,以求得系统的整体动态平衡,那么,中庸思维的重点便放在恰到好处、无过无不及地认识问题、思考问题和解决问题上。从这个角度看,如果个体善于找到不同事物优缺点之间以及同一事物当中蕴含的矛盾双方存在的相互冲突、相互转化、和谐共生的复杂关系,他就具有良好的辩证思维。在此基础上,假若他能找到最恰当的问题解决方案,使问题得到最佳解决,并且,其行动结果不但不会损害他人的正当权益,还能增进他人或自己与他人的福祉,他便拥有了良好的中庸思维。所以,具备整体思维和辩证思维是获得中庸思维的基础与前提。从这个意义上讲,中庸之道也是一种理性,它与工具理性、价值理性和沟通理性有共通之处,却不完全相同。它的特色是以整体观的视野、自我节制的心态,求取恰如其分的最佳状态(张德胜,金耀基,陈海文,等,2001)。

第二,道义性。与其他思维方式纯粹属于中性的认知范畴不同,中庸思维的独特之处是具有道义性。如前文所论,孔子说:"中庸之为德也,其至矣乎!"这明白无误地告诉人们,中庸思维不但蕴含价值判断,而且属最高的德性。具体而言,中庸思维的道义性体现在个体修身乃至做人与做事时都必须做到"择善而固执之"。《中庸》说:"诚者,天之道也;诚之者,人之道也。诚者不勉而中,不思而得,从容中道,圣人也。诚之者,择善而固执之者也。博学之,审问之,慎思之,明辨之,笃行之。……自诚明,谓之性;自明诚,谓之教。诚则明矣,明则诚矣。唯天下至诚,为能尽其性;能尽其性,则能尽人之性;能尽人之性,则能尽物之性;能尽物之性,则可以赞天地之化育;可以赞天地之化育,则可以与天地参矣。"(朱熹,1983,pp.31-32)用今天的眼光看,这个论述看似一气呵成,环环相扣,天衣无缝,且说得自信满满,言之凿凿,实则有多处逻辑不通的问题。例如,"能尽其性"仅涉及个体的修身问题,"尽人之性"涉及他人的修身问题,这里面有亲人、熟人与陌生人之别,故从"能尽其性"推演到"能尽人之性",在逻辑上不知放大了多少倍,而从"能尽人之性"推演到"能尽物之性",有将道德理性与科技理性混同的弊病。可见,上述推理是跳跃式推理,既不算演绎推理,也不属归纳推理或类比推理,且无法满足"前提真实"和"推理的形式正确"两个条件,自然多处推论不能成立。不过,从修身、做人与做事的角度看,它对人们正确使用中庸思维和劝人行善等都有一定作用。根据《中庸》的这一论述,并结合朱熹的集注可知,"诚"指真实无妄,"天之道"就是天理。经朱熹这一解释,"诚"就成为天理的本然状态。"诚之"是人仿效天理本然的真实无妄,尽力达到那种真实状态的努力。圣人的道德与天理浑然一体,真实无妄,且"从心所欲,不逾矩",不待思勉就能从容中道,所以圣人的境界同于天道。常人因有人欲私心,不能像圣人那样自然地真实无妄,若想做到真实无妄,就需要"择善"才能明善,而"择善"后还必须坚定地依善践行,才能诚身。经过自身的努力去达到真实无妄,这是人道的特点,这就是"诚之"。"诚之"的具体方法就是博学、审问、慎思、明辨、笃行。其中,学、问、思、辨属于学而知之,其目的在"择善";笃行即利而行之,属于"固执";至于人一己百的努力,属于"困知勉行"了。同时,朱熹认为,德指道德的德性,"明"指道德理性的能力。圣人之德真实无妄,这是"诚";圣人的道德理性普照万物,这是"明"。天命之性人人都有,但率性为道只有圣人才能做到,圣人是天然如此,与天道本然相同;贤人以下都是修道为教,由教而入,不是自然,必须用各种功夫。先从学知明善入手,然后去实在地践行善,这是人道的特点。它实际上是以一种先知后行的知行观来说明贤人由"明"至"诚"的方法。至于"尽人之性"指没有丝毫人欲之私,德性真实无妄;"尽物之性"指充分明了事物的性质而处理妥当。这样的人可以协助化育流行,可以与天地并立为三(朱熹,1983,pp.31-33;陈来,2007)。稍后的孟子继承了此思想。《孟子·离娄上》说:"诚身有道,不明乎善,不诚其身矣。是故诚者,天之道也;思诚者,人之道也。至诚而不动者,未之有也;不诚,未有能动者也。"《孟子·尽心上》说:"尽其心者,知其性也。知其性,则知天矣。存其心,养其性,所以事天也。""万物皆备于我矣。反身而诚,乐莫大焉。强恕而行,求仁莫近焉。"

既然普通人行中庸必须"择善而固执之",那么,他们必须牢记"见义不为,无勇也"的古训,当个体身处"顺从邪恶势力、为虎作伥便能升官发财;抵制邪恶势力,就要为此付出沉重代价甚至生命代价"的两难、三难甚至多难处境时,做到见义勇为或见义智为。这虽增加了行使中庸思维的难度,毕竟人有趋利避害的本能,但中庸思维只有在处理这类两难、三难甚至多难复杂问题时才显现出其意义,因为这种两难、三难甚至多难处境是检验个体是否真正具备中庸思维、是君子还是小人的试金石,同样体现了中庸思维的道义性:能妥善化解者,就拥有中庸思维,且是君子;反之,无法妥善化解者,就不具备中庸思维,且是小人。所以,《中庸》记载:"仲尼曰:'君子中庸,小人反中庸。君子之中庸也,君子而时中;小人之反中庸也,小人而无忌惮也。'"(朱熹,1983,pp.18-19)孔子认为只有君子才具备中庸思维,小人则是反中庸的。在孔子心中,君子意指有才德的人,小人意指无德之人。孔子倡导的"君子——小人"二分式人格类型说指主要以德行高低(兼顾才智大小)为标准,将人分为君子和小人两种类型的人格类型说。此时,君子人格指在整体上较好地具备儒家倡导的(大)仁、(大)义、(大)礼、(大)智四种根源特质,从而在行为中较好地体现出"天人之和""人际之和""个体的身心内外之和"的人格。小人人格指在整体上基本不具备儒家倡导的(大)仁、(大)义、(大)礼、(大)智四种根源特质,或只有小仁、小义、小礼、小智(小聪明)四种根源特质,从而不能在行为中较好地体现出"天人之和""人际之和""个体的身心内外之和"的人格(汪凤炎、郑红,2015b,pp.536-549)。这也表明,中庸思维具有明显的道义性,而且这种道义性的要求极高。因此,孔子才说:"中庸之为德也,其至矣乎!民鲜久矣。"《中庸》也复述了这句话(朱熹,1983,p.19)。事实上,从伦理道德角度看,中庸思维必须妥善地融入善的成分,即要以正确的价值观为指导,是一种合乎道德或道义的思维方式。也可以说,在所有的思维方式中,唯有中庸思维之中天然地蕴含一定的伦理道德性,这虽不意味着持中庸思维的人的道德发展水平就一定高于持其他思维方式的人(杨中芳,2010b;赵志裕,2010),但如果一种思维方式中蕴含的是价值中立观甚至根本就不顾及伦理道德性,不坚持正确的价值导向,即未做到"择善固执",那它一定不是中庸思维。因此,《礼记·仲尼燕居》记载:"仲尼燕居,子张、子贡、言游侍,纵言至于礼。子曰:'居,女三人者,吾语女礼,使女以礼周流,无不遍也。'子贡越席而对曰:'敢问何如?'子曰:'敬而不中礼谓之野,恭而不中礼谓之给,勇而不中礼谓之逆。'子曰:'给夺慈仁。'子曰:'师,尔过,而商也不及。子产犹众人之母也,能食之,不能教也。'子贡越席而对曰:'敢问将何以为此中者也?'子曰:'礼乎礼,夫礼所以制中也。'子贡退。"这里,孔子不但指出了敬、恭、勇等因"不中"而产生的不良后果,而且明确提出要以礼治"中"(申辰,1984)。

第三,时中性。中庸思维的第三个显著特征是具有时中性。因为问题所处的现实情境瞬息万变,恰到好处这个"点"时刻处于运动变化之中,持中庸思维者必须努力破除种种教条主义、主观主义和形而上学的束缚,根据自己当时所处具体情境灵活做到"执两用中",即要随时做到根据具体情境进行相应调整,行所当行,止所当止,让自己在合适的时机做合适的事,表达合适的情感(彭国华,2010)。这表明中庸思维具有明显的情境性、时中性,强调认识问题、分析问题和解决问题要有时间观念,做到切合时宜、与时俱进。正如《孟子·公孙丑下》所说:"彼一时,此一时也。"所以,在孔儒心里,中庸必须与"时"和"权变"相结合,"中"是相对于事和情形说的,会随时变易,要真正做到中庸,必须有"权变"思想。时中的观念出自《易·蒙》中《蒙》'亨',以亨行时中也"。《中庸》借鉴上述思想,声称"君子之中庸也,君子而时中"(朱熹,1983,p.19)。时中也就是随时变易之中,即要做到具体问题具体分析。如果没有灵活性,不懂得变通的办法,便是偏执一端(郭齐勇,2014)。《论语·子罕》记载:"子曰:'可与共学,未可与适道;可与适道,未可与立;可与立,未可与权。'"这是《论语》中记载的孔子唯一论及"权"的文字,在这里,孔子将"权"提到了最高的难度。朱熹引二程的注:"权,称锤也,所以称物而知轻重者也。"(朱熹,1983,p. 116)《春秋公羊传·桓公十一年·九月》说:"权者何?权者反于经,然后有善者也。"可见,"权"是孔子中庸思想的一项重要内容。《孟子》一书中虽未出现"中庸"一词,不过,孟子对孔子和《中庸》的中庸思想多有发挥。孟子在《梁惠王上》里称:"权,然后知轻重;度,然后知长短。物皆然,心为甚。"孟子在《尽心上》中又最早将"执中"与"权"联系起来:"孟子曰:'杨子取为我,拔一毛而利天下,不为也。墨子兼爱,摩顶放踵利天下,为之。子莫执中。执中为近之。执中无权,犹执一也。所恶执一者,为其贼道也,举一而废百也。'"(杨伯峻,1960,p. 313)这是说,杨子和墨子的学说偏离了中道,不足取。对于矛盾的两端,能够保持中庸,虽近于正确,但"执中"也要注意权变,若"执中无权",就会死守中道,那也是过或不及,自然是错误的(葛荣晋,1991)。所以,朱熹注:"道之所贵者中,中之所贵者权。"(朱熹,1983,p. 357)南宋陈淳在《北溪字义·经权》里说:"权,只是时措之宜。'君子而时中',时中便是权。天地之常经是经,古今之通义是权。问权与中何别?曰:知中然后能权,由权然后能中。中者,理所当然而无过不及者也。权者,所以度事理而取其当然,无过不及者也。"可见,一个善守中庸的人就是既要固守中正之道又能敢于打破常规的人,以便将面临的不同事情都处理得恰到好处(冯友兰,1996,pp. 431-442)。这意味着,中庸方案(最佳方案)往往因人而异,因时而异,因情境而变,没有固定的或标准的行动模式。亚里士多德也认为,"中"并不是机械地作决定,必须因应情势,故他说:"任何人都可以发怒,或者把钱花掉,这很容易,但要做在适当的人身上,而且恰如其分,在适当的时间,怀着恰当的动机,以恰当的仪态,那就并非易事,不是每个人都能做到。"(张德胜,金耀基,陈海文,等,2001)不过,中庸思维虽要求人们知变通,却又不是要人去做缺少原则性的"墙上草",而是要人在变通上把握住分寸,让自己既不至于固执到只认死理,又不至于沦落为乡愿之徒，也不至于不守规矩。在这里，"择善而固执之"就是"诚之者"，就是精一，"君子时中"就是"执中"，二者是有机统一的（陈来，2007）。同时，要辩证看待《孟子·离娄上》说的"不以规矩，不能成方圆"与"规矩是死的，人是活的"两种看似矛盾的说法：前者的意思是，守规矩是常道，是"经"；后者的意思是，要在具体情境中根据具体情况灵活对待规则，活人不能被规则约束了手脚，这是"权"。合起来看便是，做人做事既不可不守规矩，也不可死守规矩。因此，随意以"权"的名义违背仁义原则、践踏规则的做法显然是伪中庸。事实上，真正践行中庸的人，其良好的变通性是建立在不能逾越底线的基础之上的。这种"有底线"与西方人常说的"有原则"的差异在于，前者是消极的、防御性的，后者是积极的、进取性的。但消极的、防御性的底线并不是没有自主性的表现，中式自主性的显现是在变通性与有所不为的底线之间做到收放自如（杨中芳，2010a）。这是一种多么科学的思维方式！因此，《二程遗书》卷六说得好："惟善变通，便是圣人。"可见，个体若想准确掌握中庸思维、灵活且恰当地运用中庸思维，就必须妥善解决好"经"与"权"的关系。

第四，"致中和"。中庸思维的第四个特征是主张"致中和"。从修养论的角度看，《中庸》除了强调道义性，另一大贡献是将"中"与"和"联系起来，主张修身要达到"致中和"的境界。《中庸》说："喜怒哀乐之未发，谓之中；发而皆中节，谓之和。中也者，天下之大本也；和也者，天下之达道也。致中和，天地位焉，万物育焉。"（朱熹，1983，p. 18）依朱熹的解释，这段话实际上是讲性情关系的，即"喜怒哀乐之未发"是性，"中"指"未发之性"，此性代表的是天命之谓性的性，它是天下之理的根源，故是"天下之大本"。经过这一解释，"中"就与天命之性联系了起来。喜怒哀乐的发动是情，"和"指已发之情要合乎"中节"，可见，"和"是以"中节"为前提的，这个节就是以礼节之的节（徐克谦，1984），率天命之性而达到"和"，这是最通达的道理，故是"天下之达道"。"中"是道的体，"和"是道的用，体是静，用是动，有体而后有用，体立而后用行（陈来，2007）。因此，具备中庸思维的人只有通过持久的心性修养，才能妥善调节自己的情与欲,达到"中和"的境界,从而使天地得其位,万物得化育(葛荣晋,1991)。这显然是继承了《老子·四十二章》中"万物负阴而抱阳,冲气以为和"的思想,也表明"中和"、中庸之道的内在机制是阴阳学说(杨宜音,2014b,pp. 237 - 255)。

从审美角度看,"致中和"的结果是推崇"以和为美"的审美心态(杨中芳,2014)。"和为美"指在审美过程中讲究对称、协调、节制、平和,注重整体统一的审美心态。亚里士多德也主张"中庸是最高的善和极端的美"(亚里士多德,1992,pp. 34 - 38)。可见,中庸思维实也是西方一些哲人推崇的思维,和谐美是人类普遍承认的一种形式美。不过,与西方人认可"和为美"但更以矛盾与冲突为美的心态不同,中国人在认可以矛盾与冲突为美的心态的同时,更推崇"和为美"的心态。"以和为美"的思想在中国传统文学、书法、音乐、建筑等领域表现得淋漓尽致(汪凤炎,郑红,2015b,pp. 509 - 512),限于本文旨趣和篇幅,这里不多讲。

因此,在处理个体自身的身心关系、人际关系、人与组织的关系乃至人与自然的关系时,从长远效果看,中庸思维能让个体周身通畅,能让人际和谐,能让人与组织乃至人与自然都和谐发展,无疑是最佳的思维方式。

第五,领域性。与除辩证思维之外的其他思维方式相比,中庸思维的第五个特色是领域性。这意味着,若以事情为切入点,那么,并不是所有事情都适合用中庸思维去解决。一般而言,从正面讲,中庸思维只能用在善与行善上,它提醒人们,善与行善都需要注意分寸,一旦过或不及,就易变成恶。例如,父母爱子女本是一种善,但若不注意把握分寸,让这种爱沦落为过或不及,就易变成恶,为了防止出现这种恶,有智慧的父母在爱子女时都知道要坚持中庸思维。从反面讲,与不可将辩证思维滥用到罪恶或罪恶的事物上类似,也绝不能将天然具有道义性的中庸思维滥用到罪恶或罪恶的事物上,而只能用它来妥善处理善的事物,使它不至于沦落为恶。这是因为,善与恶之间有质的差异,并非仅仅是量的区别,恶就是恶,作恶是没有恰到好处的说法的。例如,绝不可有"与 5 人通奸是过度,与 1 人通奸是不及,与 3 人通奸就刚好"之类的狡辩。因此,亚里士多德说得好:"并非全部行为和感受都可能有个中间性。有一些行为和感受的名称就是与罪过联系在一起的,例如,恶意、歹毒、无耻等,在行为方面,如通奸、偷盗、杀人等,所有这一切,以及诸如此类的行为都是错误的,因为其本身就是罪过,谈不上什么过度和不及。它们任何时候都不会被认为是正当的,永远是罪过。"(亚里士多德,1992,pp. 36 - 37)

同时,"君子中庸,小人反中庸"。这意味着,在处理人际关系、个体与组织或组织与组织的关系时,只有当双方都是君子(若是组织对组织,那只有当双方组织的领导都是君子)时,运用中庸思维解决问题才是最佳的方式,才能令当事双方都满意。若有一方不是君子,尤其当对方缺少同理心,又蛮不讲理、得寸进尺时,中庸思维并不一定能让问题获得圆满解决。因为协调人际关系往往涉及利益分配,在分配利益时,公正原则本最恰当,能将公正原则做到恰到好处,更是最最恰当,后者实际上体现了中庸思维。可是,若有一方或双方的道德修养不够时,他或他们则一般不会认同公正原则,更不会赞同中庸思维,而是认同能让自己更好地获利甚至能占对方便宜的分配原则,此类原则自然是过或不及的。

第六,层次性。与其他事物一样,中庸思维也有层次性或阶段性,不同层次或阶段的中庸思维有水平高低的差异。由于中庸思维是"德才一体"型的,必须将"择善而固执之"与时中有机统一起来方能做得好,所以,具备高水平中庸思维的人一定才德过人,实际上已入圣了,故能达此境界的人少之又少,一旦达到,就属圣人或大智慧者(汪凤炎,郑红,2015a)。至于普通人,能去掉乡愿式思维或偏执性思维就已步入中庸思维的序列,实属不易;在此基础上,若还能继续前行,进而达到中等甚至中上水平的中庸思维,就难能可贵了!顺便指出,由于智慧的本质也是德才一体(汪凤炎,郑红,2014,pp. 185 - 227;汪凤炎,郑红,2015a),由此可推测,中庸思维的稳定出现可能标志着个体已生成智慧素质;个体智慧水平提高,其运用中庸思维的能力也提高,其中庸思维所能达到的层级也更高。

在看到中庸思维的层次性或阶段性的同时,不能误将非中庸思维视作中庸思维的一个子类型。例如,有人将"中庸"分为"理念层""常民层"和"俗流层"三层意义:认为《中庸》所说的是"理念层";冯友兰主张"中庸之道不但是人们自我道德修养之道,也是建立自我、人际及社会和谐的理想之道",这说的是"常民层";至于中国人的劣根性,如妥协、折中、平均、不彻底、庸碌、庸俗、无原则、和稀泥等,那是"俗流层"(林安梧,2010)。这值得商榷。李美枝将乡愿也视作中庸的一个层级,未凸显中庸之道的道德性(李美枝,2010),同样值得商榷。还有人认为,有君子式中庸与小人式中庸之分,也值得商榷。因为无所谓小人式中庸,也无所谓"俗流层"的中庸,后两种实属乡愿,乡愿是伪中庸。

4. 结论

真中庸思维具有统合性、道义性、时中性、致中和、领域性和层次性六个特征,其中前三个特征最重要,可以视作中庸的三个维度。所以,从伦理道德角度看,真中庸思维是一种合乎道德或道义的思维方式,成功运作后可以让个体达成尽人事听天命、问心无愧、无怨无悔、观心自在的效果,当然,仅有良好的道德修养也可达成此效果。所以,真中庸思维仅是判断某思维是否是中庸思维的必要条件;假或伪中庸思维是一种违背道德或道义的思维方式,用后一旦良知觉醒,个体往往会体验到内疚、羞耻、后悔、有罪等负面情绪。从运用方式看,中庸有平衡,但平衡不都是中庸,真中庸思维的妥协、平衡、折中具有原则性和时中性,反对"和稀泥",故不是庸俗的调和主义(蔡尚思,1963),也不是"折中主义"(申辰,1984;徐克谦,1984);假或伪中庸思维是一种没有原则性地妥协、平衡、折中、庸俗式的思维方式,导致做事不彻底,遇事模棱两可,喜欢和稀泥,它才是庸俗的调和主义或"折中主义"。从长远效果上看,运用真中庸思维解决问题,其结果一般既利己更利人,故中庸既追求和谐,也有助于达成真和,但不是所有的中庸都能达成当下的和谐;运用假或伪中庸思维的结果,或使人庸碌无能,或让人沦落为俗气之流,或者虽能在表面上或短时间内让复杂问题获得临时性解决,也可实现伪和,但伪和更不是中庸,这种解决方式一般不会带来利人利己的良好效果,反而往往是害人害己。

同时,中庸思维虽是被中外多数大哲认同的一种最佳思维方式,一些中国人内心也非常向往中庸思维,但它是最难做到的思维方式,并不是人人都善于运用中庸思维。原因至少有二:(1)中庸思维对人的心理素质要求很高,因为它既必须以整体思维和辩证思维为基础和前提,又必须以正确的价值观为指导,还要注意领域性,并要做到时中。而个体必须假以时日才能获得良好的整体思维和辩证思维,尤其是辩证思维,往往要等到个体认知水平达到后形式运算阶段才能具备(汪凤炎,郑红,2014,pp. 141-143)。正确价值观的养成与否,既受个体认知发展水平高低的影响,又受个体所处社会的习俗好坏的影响,还受个体所受道德教育和个体自身心性修养成效高低的影响(汪凤炎,郑红,2014,pp. 306-385)。注意领域性和时中性,这首先考验个体的品,尤其是当人们生活在人治社会中时更是如此;除此之外,又考验个体思维的整体性和灵活性,还考验个体对数量的敏感性,因为恰到好处在数量上是一个"点",而不是一个区间。通常,过与不及在数量上都是一个区间,确定一个最恰当的"点"自然比落在过或不及的区间里要困难得多。所以,"权"的分寸并非人人都能把握得准。据《朱子语类》卷十三记载,朱熹说:"至于权,则非圣贤不能行也。"因此,一个人生经验、阅历和知识等都不丰富的个体,在做人或做事过程中易太认死理,不能恰当地变通,一般是很难让自己的思维具有良好的时中性的;乡愿之徒虽善于变通,但缺少足够的道德修养,做人太过圆滑,为此而不惜丢掉做人的底线,其擅长的必是乡愿式思维,而不是真正的中庸思维。(2)中庸思维的运行需要科学管理制度的支撑。因为"经"需要通过科学的管理制度予以制定,而科学地认定"权"也需有良好管理制度的规定。并且,要想让个体养成正确的价值观,除了需要有良好的道德教育,也需要良好的管理制度予以保障。如果没有良法作最后的保障,道德教育将永远无法真正做好。所以,较之践行整体思维和辩证思维,践行中庸思维的难度更大。

正由于此，自古至今，整体思维和辩证思维因有更强的实用性，在中国人的实际生活中得到了广泛运用，与此不同，在多数领域，中庸思维多停留在理念层面，真正将其落实到行动中的少，能达到高水平的中庸思维者更是少之又少。结果，日常生活中产生了三种不良做法，其中，"忽视中庸思维的领域性，误以为用中庸思维解释任何问题都是最佳的"和"伪中庸思维盛行"这两种不良做法在上文已有论述，下面只论中国古人"好走极端"这一弊病。在日常生活中，尤其是在社会治理领域，许多中国古人好走极端，较少运用中庸思维。例如，在中国古代，中国人好走极端的思想典型地体现在"三纲"思想和社会缺少中产阶层的做法中：按"三纲"思想的逻辑，"君为臣纲"只要求为人臣者想方设法服侍好自己的君主，而不要求君主善待自己的臣子；"父为子纲"只要求为人子者想方设法服侍好自己的父母，而不要求父母善待自己的子女；"夫为妻纲"只要求为人妻者想方设法服侍好自己的丈夫，而不要求丈夫善待自己的妻子。这是典型的偏执一端的做法。同时，在中国古代社会，从阶层角度看，缺少中产阶层，只有两极。从财富多少上看，只有穷人和富人，并且，穷人和富人二者之间差别巨大，正所谓"朱门酒肉臭，路有冻死骨"；从手中权力大小看，只有权贵与贱民，前者是统治者，后者是被统治者（汪凤炎，郑红，2015b，p. 598）。

（四）直觉

1. 什么是直觉

从"名"上看，"直觉"是一个近代的名词。直觉指一种未经逻辑推理就直接认识真理的能力。西欧17—18世纪的唯理论者把直觉看作理智的一种活动，或认为通过它即能发现作为推理起点的、无可怀疑且清晰明白的概念[笛卡尔（R. Descartes）]；或认为它是高于推理并完成推理知识的理智能力，必须借助它才能使人认识到无限的实体或自然界的本质[斯宾诺莎（B. de Spinoza）]；或主张它是认识自明的理性真理（如"A是A"）的能力[莱布尼兹（G. W. Leibniz）]。现代西方的一些哲学家从非理性主义的观点出发，认为直觉是一种先天的、只可意会不可言传的"体验"能力。他们把直觉与理智对立起来，强调人的直觉与动物的本能类似,运用直觉即可直接掌握宇宙的精神实质(夏征农,陈至立,2010,p. 2445)。法国哲学家柏格森(H. Bergson)曾给直觉下过一个定义:直觉就是一种理智的交融,这种交融使人们自己置于对象之内,以便与其中独特的,从而是无法表达的东西相符合(伯格森,1963,pp. 3-4)。现代思维科学的研究认为,科学和艺术的认识与直觉有关。它是长期思考以后的突然澄清,或创造性思维的集中表现,也是一种重要的思维方式(夏征农,陈至立,2010,p. 2445)。这意味着,无论是从事哪种行业的学习、工作或研究,拥有良好的直觉都有百利而无一害。

2. 中国人实重直觉

从"实"上看,推崇直觉是中式思维方式的一大特色。直觉,中国古代称为"玄览""体认""体贴""体会""体悟"等(张岱年,成中英,等,1991,pp. 78-79)。例如,《老子·十章》说:"涤除玄览,能无疵乎?"程颢在《上蔡语录》卷上里说:"吾学虽有所授受,天理二字却是自家体贴出来。"庄子力倡认知要超越感官经验和理性思维。《庄子·知北游》说:"无思无虑始知道。"《庄子·大宗师》说:"堕肢体,黜聪明,离形去知,同于大道,此谓坐忘。"禅宗力倡的"不立文字""直指人心""顿悟成佛"的顿悟……用今天的眼光看,所有这些说法中蕴含的都是直觉,也表明中国人早在老子、庄子所处的春秋战国时期就已非常重视直觉,且善于运用直觉,至唐代禅宗诞生后,中国人重视直觉的风气和善用直觉的能力又上了一个新台阶。

直觉不重抽象的概念而重感性的体验和领悟,类似于中国人所说的"悟"。"悟"的实质是通过表象,直达本质。"悟"有五个显著特点:(1)直接性与非逻辑性。在表象与本质之间不需要任何媒介,而是直达结论,中间没有论证过程。这意味着,"悟"可以不经由严密的逻辑程序,直接而快速地获得对某一事物的整体感觉和总体把握,因此,"非逻辑性"是"悟"的另一个特点(张岱年,成中英,等,1991,p. 24)。(2)高效性。个体一旦在某个领域领悟了,往往一通百通,犹如"开天眼",学习效率极高。(3)机缘性。"悟"的出现是不可预期的,往往是出于某种机缘(如偶因启发)的出现而随机出现。(4)个体性。"悟"是一种体验、领悟型的思维形态。所以,"悟"字左边是一个"忄",右边是一个"吾"。"吾"指我,这说明"悟"本指自己内心知晓之义。所以,《玉篇·心部》说:"悟,心解也。"《广韵·暮韵》也说:"悟,心了。"(汉语大字典编辑委员会,2010,pp.2465-2466)。可见,"悟"强调的往往是作为认识主体的我自己内心要知晓,只要自己内心明白了某个道理,自己也就"悟"了,而不太强调"悟"了的人一定要将自己"悟"的东西清楚、准确地表达出来以便让他人也知晓。"只可意会,不可言传"一语说的就是这个道理。在中国人看来,"将自己'悟'的东西清楚、准确地表达出来以便让他人也知晓"的做法不但不是必需的,有时甚至是"画蛇添足,反为不美"。因为中国人一向强调真知需要自己亲自去体悟,"如人饮水,冷暖自知"。换言之,中国人较为轻视间接经验在获取真知过程中所起的重要作用。同时,"悟"一般是个体因突然的灵光一现而产生的,所以"悟"者本人有时对自己"悟"的过程也说不清、道不明,因而难以用语言来揭示"悟"的科学心理规律。结果,对同一个人而言,其过去"悟"的经历难以为其将来的领悟提供有价值的启示;在不同的人之间,彼此交流"悟"道经验更是几乎不可能(刘承华,2002,pp.73-74)。这导致中国人至少自先秦开始就已清楚地认识到语言和言语在表达思想情感方面的局限性。与西方人重视概念,紧紧抓住概念,发展出概念科学,即语言学和逻辑学不同,受上述两种因素的相互影响,中国人自先秦以来就有不太信任语言和概念的倾向,不太看重语言和概念在表达思维、思想和情感中的重要作用。例如,《老子·一章》开篇就说:"道可道,非常'道';名可名,非常'名'。"《老子·四十五章》说:"大辩若讷。"《庄子·外物》说:"荃者所以在鱼,得鱼而忘荃;蹄者所以在兔,得兔而忘蹄;言者所以在意,得意而忘言。"《庄子·天道》说:"世之所贵道者书也,书不过语,语有贵也。语之所贵者意也,意有所随。意之所随者,不可以言传也,而世因贵言传书。"禅宗更彻底,声称语言无用,应该抛弃,力倡"第一义不可说",主张"以心传心,不立文字"。《古尊宿语录》卷二说:"但有语言,尽传法之尘垢;但有语言,尽属烦恼边收;但有语句,尽属不了义教;但有语句,尽不许也。"等等。不重视语言、概念,自然就不会去认真研究它,就不会产生像西方那样的语言学和逻辑学。中国先秦时代的名学之所以会在秦汉之后终绝,一个重要原因就在此。但不重视语言概念并不意味着中国人没有正确有效的思维,恰恰相反,中国先人创造了极为丰富、深刻的思想成果。这些成果主要不是运用逻辑思维而是运用直觉取得的(刘承华,2002,pp.73-74)。

因为"悟"本有自己内心知晓之义,与强调直觉相呼应,中国传统思维带有较强的内倾性,使思维对象指向自身而不是自然,强调思维的路径是向内追思,即"反求诸己""反身而诚"等,这种内向性思维往往只能通过体验、体悟、意会的方式来把握真理,而不能用逻辑思维或理性思维来予以层层剖析或表述,用《周易·系辞上传》的话说,就是"书不尽言,言不尽意";若一定要加以言说,则多用具体比较或形象,尤其是取用历史上的例子加以阐释。可见,直觉虽是一种高效把握真理的方法,在一定程度上可以突破惯常思维的局限,启发崭新的理解,并能节约心智资源,以至于直到现代仍是人类认识世界的一种有效的思维方式(西方一些自然科学家也推崇直觉),但不可否认,直觉强调对整体的把握,不注重分析,又特别强调主体的内省自求,而与实际观察对立起来,因此往往带有一定的神秘性、难操作性,使得后人难以将前人的体验传承下来,后人若想获得与前贤类似的体验,除了自己再重新体验,无捷径可走。犹如后生向老中医学习医术,若想获得老中医的高超技术,除了自己在跟随老中医的学徒生涯里慢慢体会其一言一行,然后再细心体悟,没有什么更好的办法,因此,学中医的人都有这样一种体会,经历越多,经验越丰富,医术一般也越高超。这使得中国传统思维在漫长的发展历程里没有明显的阶段性差异,不像西方思维方式的发展历程那样有明显的阶段性。从一定意义上说,这限制了中式思维的进一步发展与完善,所以,今日中国人在重视直觉的同时,更应加强逻辑思维的训练,让二者相互促进,取长补短,不能偏执一端。

也需指出,中国人重视直觉与中国人重视德慧而不重视物慧的心态相吻合(汪凤炎,郑红,2014,pp.228-251)。德慧主要在做人的过程中展现出来,而许多做人的道理往往只可意会,难以言传。例如,据《传习录上》记载,当弟子问王守仁:"仁者以天地万物为一体,何墨氏兼爱反不得谓之仁?"王守仁答道:"此亦难言。须是诸君自体认出来始得……"同时,为了使自己"会做人",中国先哲一贯强调个体要加强自我心性修养,强调在道德修养过程中要与自己的良心对话,等等,这些自然多需要直觉而不是逻辑思维。同时,中国人重视直觉与中国人早在先秦时期便看到了默会知识这一事实有关。例如,《庄子·天道》借助轮扁之口清晰地告诉人们默会知识存在于专家身上,并会随专家的死亡而消亡。所以,这种"只可意会,不可言传"的知识既无法用文字记载下来,也无法用语言表达出来(陈鼓应,2009b,p.386)。既然如此,默会知识自然也无法通过阅读书本知识获得,只有跟在专家身边,细心观察、仔细体会才可能学到。

(五) 实用思维

1. 实用思维的含义

尽管古籍里有"实用"一词,不过,查遍《辞源》《古今汉语词典》与《辞海》,未见有"实用"一词。据《汉语大词典》解释,"实用"一词的含义有三:(1)实际使用价值。语出《商君书·农战》:"今世主皆忧其国之危而兵之弱也,而强听说者。说者成伍,烦言饰辞而无实用。"《北史·崔浩传》:"姚兴好养虚名而无实用,子泓又病,众叛亲离。"欧阳修《准诏言事上书》:"此有器械之虚名,而无器械之实用也。"(2)具有实际使用价值,如这瓷瓶美观、大方、实用。(3)实际使用,实际应用。《南齐书·褚渊传》:"是年虏动,上欲发王公以下无官者从军,渊谏以为无益实用,空致扰动,上乃止。"韩愈《答窦秀才书》:"遂发愤笃专于文学,学不得其术,凡所辛苦而仅有之者,皆符于空言,而不适于实用。"(罗竹风,1997)汉语古籍里虽有"实用"一词,不过,至今未见汉语古籍中有"实用思维"一名。这好理解。毕竟,一方面,中国古人使用的书面语是古汉语,古汉语用词简洁,习惯以字为词,与中国古人不同,当代中国人使用的书面语是白话文,白话文习惯用合成词语;另一方面,当代中国早已舍弃了中国古代经、史、子、集的四部或四库分类法,转而改用国际通行的学科分类,而且现代汉语里有大量从西方语言中翻译过来的外来词汇,尤其是学科术语。

如果将人类"正德、利用、厚生"之类的事情称作"实用之事",将本身不是"正德、利用、厚生"而是以本身为目的的事情称作"非实用之事"或"纯粹之事",将做实用之事体现的价值或实用之事本身蕴含的价值称作"实用价值",将做纯粹之事体现的价值或纯粹之事本身蕴含的价值称作"纯粹价值"或"非实用价值",将优先看重实用之事的价值以及优先注重事物、知识或行动的实用价值的思维称作"实用思维",将优先看重纯粹之事的价值的思维称作"纯粹思维"或"非实用思维",那么,中西方文化的根本差异有三:(1)在对实用之事和纯粹之事的兴趣上,多数中国人对实用之事的兴趣远大于对纯粹之事的兴趣;(2)在价值观上,多数中国人几乎将实用价值等同于价值的全部,而将非实用价值等同于无价值;(3)在思维方式上,多数中国人有浓厚的实用思维,但排斥非实用思维。与多数中国人不同,在对实用之事与纯粹之事的兴趣上,多数西方人对纯粹之事与实用之事至少有相等的兴趣;在价值观上,在多数西方人的价值观里,即便不能说纯粹价值高于实用价值,至少也可以说二者具有同等的地位;在思维方式上,多数西方人对实用思维与非实用思维都表现出浓厚的兴趣(张荫麟,1942)。

可见,本小节所讲的实用思维(practical thinking)实是中式实用思维(Chinese practical thinking)的简称,指注重从实用效果的角度去看待问题、分析问题和解决问题,优先看重实用之事的价值以及优先注重事物、知识与行动的现实功用效果的思维方式。

2. 实用思维的演化过程

中式实用思维诞生于何时?因缺少足够的文献记载,目前暂不得知,不过,至少在春秋时期,中国人已颇看重实用思维。《左传·文公七年》说:"正德、利用、厚生,谓之三事。"这说明至少自春秋中期,"正德、利用、厚生"就是中国人非常看重的三件大事,它们均是实用之事。

稍后,《左传·襄公二十四年》记载:"豹闻之:'大上有立德,其次有立功,其次有立言。'虽久不废,此之谓不朽。"这可说是中国人的价值观宣言(张荫麟,1942),为其后许多中国人所承继。"立德""立功""立言"既称作"三不朽",说明至少自春秋末期开始,它们就是中国人尤其是深受儒学影响的中国人追求的三大经典价值观,它们均是实用之事。

再往后,墨家的基本观念是功利。鉴定道德,不在于它是自然的,而在于它是有用的(Fung,1922)。《墨子·经上》说:"义,利也。""利,所得而喜也。害,所得而恶也。"可见,墨子在伦理学上的立场的本质是功利主义。墨子还是个实用主义者、经验主义者(Fung,1922)。《墨子·非命上》说:"子墨子言曰:必立仪,言而毋仪,譬犹运钩之上而立朝夕者也,是非利害之辨,不可得而明知也。故言必有三表。何谓三表? 子墨子言曰:有本之者,有原之者,有用之者。于何本之? 上本之于古者圣王之事。于何原之? 下原察百姓耳目之实。于何用之? 废(读为'发',引者注)以为刑政,观其中国家百姓人民之利。此所谓言有三表也。"可见,第一"表"是主张要以历史根据、前人经验为依据来判断一个认知的正确与否,第二"表"是主张以广大民众的亲身经验为依据来判断一个认知的正确与否,第三"表"是主张以言论和认识的实际效果为依据来检验其正确与否。"三表"之中,第三"表"最重要。所以,墨子在《兼爱》里提出兼爱之说,因为兼爱之说不仅有利于他人,而且对实行兼爱的人也有利,换言之,兼爱最合国家百姓人民之利。《墨子》极言战争之有害。战争不仅对被征服者有害,而且对征服者也有害,即使偶尔有些国家可能牺牲别国而获利,也仍然不足为训(孙诒让,2001,pp.99-127)。墨子坚持最大多数人的最大利益(Fung,1922)。

又往后,如上文所论,《商君书·农战》里已出现意指"实际使用价值"的"实用"一词。《商君书》也称《商子》,现存26篇,是战国时期法家学派的代表作之一,是商鞅及其后学的著作汇编。稍后,《孟子·梁惠王上》记载:"孟子见梁惠王。王曰:'叟! 不远千里而来,亦将有以利吾国乎?'孟子对曰:'王! 何必曰利? 亦有仁义而已矣。'"在这里,梁惠王公开言利,其"以利为先"(即优先考虑己方是否有利可图)的价值观成为后世多数俗人认可的价值准则,而孟子倡导的"义先利后"的价值观在后世除了得到少数儒人的认同外,并未得到多数人的认同和践行。

由此可知,在战国时期,人们已从实用思维的角度出发,探讨做一件事情的恰当与否。当《庄子·齐物论》主张"六合(指天地四方,引者注)之外,圣人存而不论"并获得时人的认可时,表明至战国中期,实用思维已成为当时学界共同遵守的规范。至西汉时,司马迁在《史记·货殖》里已明确指出如下事实:"天下熙熙,皆为利来;天下攘攘,皆为利往。"自此之后,直至清朝灭亡,注重实用成为中式思维方式的一个显著特色,这从中国古人推崇的四件最大乐事——"久旱逢甘雨,他乡遇故知,洞房花烛夜,金榜题名时"——均偏重现实功利的事实中就可见一斑:"久旱逢甘雨"暗示原本以为会绝收的农作物因及时得到雨水的浇灌仍可能有好的收成;"他乡遇故知"暗示来到人生地不熟的地方因有老友的照顾,一切都变得顺风顺水;"洞房花烛夜"既暗示自己成功抱得美人归,还意味着生儿育女、传宗接代有了盼头;"金榜题名时"宣告自己可以当官了,从此不但能告别寒窗,还有可能升官发财。与此相一致,绝大多数中国古代成人绝不会将没有现实功利的事情,如儿童玩跳绳之类的游戏或父母带小孩外出游玩等,视作人生最大乐事。同时,纯粹价值往往被排斥在价值之外,常被人视作"雕虫小技",若有人胆敢将它作为自己的主业,常会招来"玩物丧志"的批评(张荫麟,1942)。

  需要指出,虽然中国人一向看重实用思维,但是对实用的看法,在不同历史时期和不同个体心中具有差异。大致而言,在勾践之前,中国古人多追求道德上的实用。《左传·襄公二十四年》倡导的"三不朽"中,"立德"是要求个体持久地通过修身养性等功夫来不断提高自己的道德品质,最终使自己的道德声誉能万古长青。在"不朽"的方式里,它的档次最高。"立功"是要求个体用自己的高尚德行和聪明才智做一些惠及百姓苍生或有利于"厚生""利用"的事情,并取得巨大的成就(这是所谓的"外王"功夫),以便实现人生的价值,个体凭此而让自己的"英名"万世流芳。在"不朽"的方式里,它的档次较之"立德"要低一些。"立言"是要求个体说出或写下关于"如何更好地让自己或他人实现内圣外王之道"的"金玉良言",它的实质是关于人生的经验与教训,而不是什么纯粹的广闻博识(关于客观事物的真理性知识),个体凭此而让自己的"大名"流传千古。在"不朽"的三种方式里,它的档次最低。可见,"三不朽"的核心实乃一个"德"字。受"三不朽"价值观的深刻影响,道德优先的价值观对一些中国人,尤其是深受儒学影响的中国人的实用思维产生了深远影响。所以,在判断的类型上,多数西方人先将"事实"判断与"价值"判断相分开,然后优先考虑"事实"判断;与西方人不同,多数中国人尤其是深受儒学影响的中国人将"事实"判断与"价值"判断混在一起,然后优先考虑"价值"判断,且具有显著的"以价值评判统摄事实认识、融事实判断于价值判断之中的特征"(黄卫平,1985)。中国人喜欢将实用与伦理道德教化相关联,不但大大限制了二者的适用范围,而且使得一些中国人因重视道德教化而轻视事实,进而容易产生晕轮效应,这典型地反映在一些中国人的史学观里,如片面理解"文以载道"的理念,进而轻视史料,重视对历史人物或历史事件进行道德褒贬,结果,一些史书被史学家建构成道德说教书。从春秋时期看重道德上的实用,到战国时期推崇"言利"(经济等上的实用),形成高度认可"成王败寇"的价值观,自此之后至清代灭亡,在潜规则里和一些非儒家信徒那里,人们多信奉"以成败论英雄"或"成王败寇"的价值观(详见上册"中国人的尚和心态"一章),在显规则里和一些虔诚的儒家子弟或儒学信徒那里,人们仍以"三不朽"作为自己的价值观,并增加了"学而优则仕"这个价值观。这样,从学习知识的态度与目的看,与西方人热爱并追求真理以至于推崇为知识而知识的为学态度大相径庭,中国人往往采取中式实用主义态度对待知识,强调知识的实用性,为知识而知识的纯粹爱智习惯和为学态度在中国传统文化里几乎无迹可寻。受中式实用思维的深刻影响,在中国历史上,尽管荀子在《礼论》里提出了"故学者固学为圣人也,非特学为无方之民也"这样崇高的为学目标,但事实上,绝大多数读书人之所以发奋读书,大都不是将"为圣"、追求真理或智慧作为终极目标,而是将读书视作获取权力与财富的重要而直接的手段,"学好真本领,卖给帝王家""学也,禄在其中也""书中自有黄金屋,书中有女颜如玉"等,皆是直接或间接地向人讲述这个道理。此种对知识和学问的实用价值取向在当代中国的一些读书人身上仍有相当大的影响。结果,正如张荫龄在《论中西文化的差异》一文里所说:"正唯西方人不把实际的活动放在纯粹的活动之上,所以西方人能有更大的功利的成就;正唯中国人让纯粹的活动,被迫压在实际的活动之下,所以中国人不能有更大的功利的成就。"(张荫麟,1942)从修身或修行的目的看,很少有中国人为修身或修行而修身或修行,多是将修身或修行作为获取他想要的其他东西的手段,即便是声称"四大皆空"的中国佛教徒,其修身或修行看似不讲实用,实则仍是讲实用,即通过今生的修身或修行换取或追求来世之用(张荫麟,1942)。当代,部分中国人彻底放弃了"重视伦理道德之用"的价值观,不顾一切地只信奉"经济利益优先"的价值观,将"有钱可使鬼""有钱能使鬼推磨"之类的民谚作为自己的座右铭,进而将实用思维片面用在追求经济效益上,而忽略了社会效益。某些人和某些单位甚至为了经济利益的最大化,不惜违背道德与法律,昧着良心挣钱,既破坏了一些地方的自然生态环境,也在一定范围内、一定程度上坏了人心。

3. 实用思维的模型

中式实用思维的三维模型图至少有两种类型:如果以"精神价值""事功价值"和"时间"为三维,可以画出实用思维三维模型示意图(A)(如图6-8所示)。

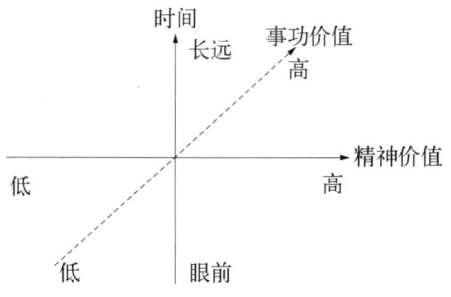

图6-8 实用思维三维模型示意图(A)

中式实用思维排斥"从眼前看缺少精神价值和事功价值事物"和"从长远看缺少精神价值和事功价值事物",所以,根据实用思维三维模型示意图(A)可知,中式实用思维只有六种类型:追求具眼前精神价值而少事功价值事物的实用思维、追求具眼前事功价值而少精神价值事物的实用思维、追求兼具眼前精神价值和事功价值事物的实用思维、追求具长远精神价值而少事功价值事物的实用思维、追求具长远事功价值而少精神价值事物的实用思维与追求兼具长远精神价值和事功价值事物的实用思维。

如果以"实用性""新颖性"和"时间"为三维,可以画出实用思维三维模型示意图(B)(如图6-9所示)。

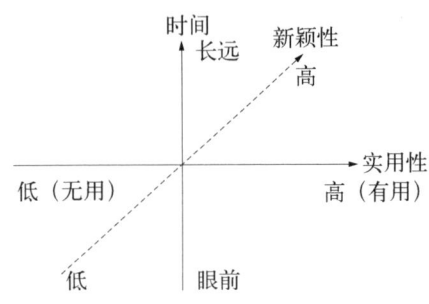

图6-9 实用思维三维模型示意图(B)

任何一种新生事物的新颖性都不可能持续长远,故不可能存在"具长远新颖性而少实用性的事物";退一步说,即便存在"具长远新颖性而少实用性的事物",也是中式实用思维排斥的。同时,中式实用思维还排斥"从眼前看缺少实用性和新颖性的事物"和"从长远看缺少实用性和新颖性的事物""当前具新颖性而少实用性的事物"。所以,根据实用思维三维模型示意图(B)可知,中式实用思维只有四种类型:追求具眼前实用性而少新颖性事物的实用思维、追求兼具眼前实用性和新颖性事物的实用思维、追求具长远实用性而少新颖性事物的实用思维与追求兼具长远实用性和新颖性事物的实用思维。

4. 实用思维的特点

中式实用思维在古代受到道德优先价值观的影响,而在当代受到经济利益优先价值观的影响,又常常缺少辩证思维的辅助,再加上中国人普遍焦虑,道德与法律的监督和科学管理制度的引导与约束不足,导致其有四个明显特点。其中,"看重升官的价值"自古至今未发生根本性改变,它在"恋权情结"中已探讨,"从明里只看重伦理道德之用,到明里看重伦理道德之用而暗里只在乎输赢,再到过于看重经济利益"已在上文阐述,下面只论以下两点。

第一,多数人只注重当下之用与小利。在处理眼前利益与长远利益、小利与大利等的关系时,合理态度本是将实用思维、辩证思维与整体思维融为一体,作出最优化选择。可惜,许多中国人一味强调实用,除了在追求升官与发财时可以做到克服眼前一切困难,"放长线钓大鱼",在其他情境下,他们讲的实用往往只看重一次性的、眼前的利益或小利,缺乏必要的耐心,不看重长远的利益和大利。这至少易产生三方面的弊端:(1)得小利丢大利。许多中国民众只顾眼前利益,却看不到长远利益,进而不管真伪,也不在乎手段上的善或恶,只要求对自己有用或有利可图,喜欢做一些杀鸡取卵或饮鸩止渴之事,往往是"得了芝麻丢了西瓜"。(2)缺少长治久安的治国安邦之道。许多政治精英和文化精英目光短浅,不去思考和追求长治久安的治国安邦之道,却喜欢弄些救急的小聪明,导致"好了伤疤忘了疼式愚蠢"①在中国历史上一再重演。(3)到西方乱"取经"。在学习和借鉴外国尤其是西方先进文明、先进管理经验时,不能沉下心来先系统研究一下,弄清西方发达国家之所以发达的根本原因,然后再"洋为中用",而是按中式实用思维方式简单对待,胡乱"取经"。这类常见做法有二:(1)只看到西方先进文化的表面,而未看到西方先进文化的实质,进而只学"表",未学"里"。(2)想当然地依自己的兴趣随意取舍,凡是投领导所好的东西,便打着"与世界接轨"的旗号去学,至于它是不是西方先进文化的精髓则无关紧要;凡是不合领导"口味"的东西,即便它是西方先进文化的精髓,也不学。按此思路学习西方,往往是只学"末"而未学"本",收效自然不佳。

第二,常将实用思维与理论思维对立起来。实用思维与理论思维

---

① 好了伤疤忘了疼式愚蠢指个体或群体犯了某种错误后,不认真、彻底反省错误产生的原因并采取恰当措施予以消除,而是试图以拖延的方式让自己或他人逐渐遗忘错误导致的负面效果,或试图通过敷衍来蒙骗自己或他人,致使错误发生的内外诱因未彻底消除,同一错误在一段时间后又再次发生。

之间本也存在辩证统一的关系,可惜,多数中国人常常将实用思维与理论思维(抽象思维)对立起来,在理论上片面鼓吹抽象思维的价值,强调"道"先于且重于"器",而在实践层面上又往往过于重视实用思维,瞧不起纯粹的思辩活动,即重"器"而轻"道"。例如,据《晦庵集》卷三十六《答陆子静》(之六)记载,朱熹曾说:"凡有形有象者,皆器也;其所以为是器之理者,则道也。"与此不同,美式实用思维一般不将实用思维与理论思维(抽象思维)对立起来,而多采取区隔的策略,在该用实用思维时用实用思维,在该用理论思维时就用理论思维。

由此可见,地道中式实用思维是在中国土壤中生成与发展起来的,与在实用主义(pragmatism)哲学土壤中生成与发展起来的地道美式实用思维(pragmatic thinking)相比有较大区别。何谓实用主义?冯友兰讲得最简明扼要:"实用主义的特点在于它的真理论。它的真理论实际上是一种不可知论。它认为,认识来源于经验,人们所能认识的,只限于经验。至于经验的背后还有什么东西,那是不可知的,也不必问这个问题。这个问题是没有意义的。因为无论怎么说,人们总是不能超出经验范围之外而有什么认识。要解决这个问题,还得靠经验。所谓真理,无非就是对经验的一种解释,对复杂的经验解释得通。如果解释得通,它就是真理,就对我们有用。有用就是真理,所谓客观的真理是没有的。"(冯友兰,2011,pp.195-196)稍知中国传统文化的人都知道,中国传统文化里基本上没有这种实用主义思想。事实上,身为实用主义哲学创始人之一的杜威来中国讲学之前,知道美式实用主义的中国人少之又少。尽管如此,自古至今,"有用就是真理"的观念受到许多中国人的信奉,由此让中国人有了实用思维。美式实用主义传入中国后虽很快就有了信众,不过,多数中国人仍想当然地将美式实用主义理解成中式实用主义。

5. 中国人重实用思维的缘由

中国人为什么重视实用思维?根据内外诸因素共同作用论,较恶劣的自然环境、恶劣的社会环境、"先秦三哲"(孔子、老子、墨子)的学术旨趣和人格魅力,以及中国人浓厚的权威崇拜心理的共同影响,导致中国人偏爱实用思维。因中国人的权威崇拜心理在前文已有论述,下面只论以下三点。

第一,独特的地理环境与气候,形成较恶劣的自然环境。《左传·昭公四年》曾说:"邻国之难,不可虞也。或多难以固其国,启其疆土;或无难以丧其国,失其守宇。"这便是"多难兴邦"一语的出处。其后,《孟子·告子下》也说:"生于忧患而死于安乐。"汤因比(A. Toynbee)也有类似看法:"艰苦的环境对文明来说非但无害而且是有益的。"(阿诺德·汤因比,2005,p. 95)因此,中国和古希腊之所以都拥有虽相对独立却极辉煌的文明,与两地自然环境较艰苦有一定关联。换言之,中国人始终强调实用思维,与祖先生存环境的恶劣有一定关系。汤因比也曾指出:"如果我们再研究一下黄河下游的古代中国文明的起源,我们发现人类在这里所要应付的自然环境的挑战要比两河流域和尼罗河的挑战严重得多。人们把它作为古代中国文明摇篮地方的这一片原野,除了有沼泽、丛林和洪水的灾难,还有更大得多的气候上的灾难,它不断地在夏季的酷热和冬季的严寒之间变换。"(汤因比,1997,p. 92)同时,受交通工具不发达等因素的制约,中国祖先所处的中华大地,往东和往南走,最终都被茫茫大海阻挡;往西走,最终或被一望无垠的沙漠阻挡,或被高耸入云的高山阻挡;往北走,最终将被戈壁与严寒阻挡。这种自然环境抑制了中国先民开展国际贸易的潜能。在这种较为恶劣的环境下,生存是一个大问题,迫使中国人的思维倾向于实用。

第二,因人治而生专制,形成恶劣的社会环境。中国人看重实用思维,也与因人治而生专制并形成恶劣的社会环境有一定关联。中国先哲未找到一个让国家长治久安的办法,在治理国家时存在巨大的管理缺陷,导致中国古代专制盛行,暴君和昏君频出,暴政和乱政频现,结果,自秦汉至清末的2 000余年里,中国一直在"一治一乱"的历史怪圈里轮回,进一步加深了中国先民的苦难,这不但让中国人普遍焦虑,更让一些中国人养成了"以成败论英雄"的价值观与心态。

第三,"先秦三哲"的学术旨趣和人格魅力。目睹生活在艰辛的自然环境和动荡不安的社会环境中的同胞遭遇的窘境或困境,致使绝大多数中国先哲——在这之中,最具代表性的人物是怀着一颗仁爱之心的中国"先秦三哲",即孔子、老子和墨子——既没有闲情逸致,也没有兴趣、意愿和心思去思考一些至少从短期效应上看或从表面上看好像与改善民生关系不大、不着实际、不合实用的"玄学"问题,如希腊智者醉心的宇宙根源问题,而是非常实际(丹尼尔·J.布尔斯廷,1997,p.16),优先关注如何帮助百姓妥善处理好现实的民生问题,以及如何帮助国君妥善解决关系国计民生的实实在在的问题,以求王朝稳定,救人民于水深火热之中,带有强烈的重视民生的人本主义色彩。

6. 辩证看待中式实用思维的优缺点,进一步完善中式实用思维

以图6-8和图6-9所示的两种实用思维的三维模型图为架构,能更好地看清中式实用思维的优缺点,明晰完善中式实用思维的努力方向。

受中式实用主义思维的深刻影响,在学习内容上,在以南宋的叶适和陈亮为代表的事功之学兴起之前,多数中国读书人往往非常重人伦,重视追求具眼前精神价值而少事功价值事物或具长远精神价值而少事功价值事物,但也有一些有识之士和能工巧匠追求具眼前事功价值而少精神价值事物、兼具眼前精神价值和事功价值事物、具长远事功价值而少精神价值事物与兼具长远精神价值和事功价值事物。事功之学兴起后,尤其是明清之际思想家王夫之、黄宗羲和顾炎武等人提出要重视"经世致用"之学,此后,读书人越来越看重事物的事功价值,强调"经世致用"。中式实用思维的积极面体现在:(1)中式实用思维使中国人养成了关注实用的传统,对杜绝华而不实的空洞理论与"屠龙术"之类技艺的产生有一定意义,结果,在中国,能养人的农学、农具制造工艺和烹饪技术,能用于计时、观察天气和服务于"君权神授"思想的天文学,能给科举考试加分的诠释儒学经典的本事和书法艺术(科举考试中考生答卷若写得美观,易加分),能治病救人的中医,能克敌制胜的兵法、武艺、兵器和运输工具的制造工艺,能用于计算钱财和土地面积等的算学等,均获得了高度发展。(2)它激发出中国人接纳"新而有用"尤其是"新且当下便有用"事物的兴趣与能力,让中国人对"新而有用"的事物

（包括外来的）始终持开放性与包容性的态度。(3) 它让有见地的中国人相信《周易·系辞下》所说的"穷则变,变则通,通则久"的道理,进而在遇到危机时善于变通,灵活应对世界纷繁复杂的变化。中式实用思维的这三个优点提高了中国人适应环境、选择环境和改造环境的能力,进而提高了中华民族的生存能力。从这个意义上说,中华文明能成为世界四大文明古国中唯一一个从未中绝且至今仍生机勃勃的文明,中式实用思维在其中扮演了重要角色!

不过,中式实用思维至少存在七个消极面,其中,"过于看重伦理道德之用和升官发财""过于注重当下之用与小利"与"常将实用思维与理论思维对立起来"已在上文探讨,下面只论以下四个:(1) 导致中国的学问未真正获得独立地位。西人在科学研究中重求真去伪,不过于看重是否有用,自然有助于学问独立。中国人不太看重真伪,却非常看重功用,自然不利于学问独立。诚如梁启超所说:"就纯粹的学者之见地论之,只当问成为学不成为学,不必问有用与无用,非如此则学问不能独立,不能发达。"(《梁启超论清学史二种》,p. 40)(2) 导致中国的学问范围偏窄。《庄子·齐物论》说的"六合之外,圣人存而不论;六合之内,圣人论而不议",是中国古代绝大多数学人信奉的信条,这就为中国传统学问至少设置了两大禁区:一是,由此导致中国人的思维以人伦为中心,注重对人事的探讨,轻视对物的追思,使得中国人的智慧主要是一种处理人事的德慧,而不是处理物事的智慧,这与西方思维传统重科学、以自然规律为视域焦点大异其趣。二是,对天地以内的事只论说而不议评,助长了权威思维的发展。(3) 眼中只有利害得失,没有对与错,也没有善与恶,导致算计人的权术或厚黑学高度发达。(4) 导致许多中国人一向不重视探索"新而无用"的东西,尤其不愿探索"当下无用但将来有大用"的新事物,这既阻碍了许多中国人创造性思维(创新)的发展,更让许多中国人养成了鼠目寸光的心态与做事风格,导致中国的发展常常缺少后劲!

当代中国人要辩证地看待自有的实用思维,充分发挥中式实用思维的长处,摒弃其短处。概要地说,除了要"通过改革开放逐渐完善科学管理制度,用社会主义道德与法律来引导和约束人们的实用思维"和"兼顾经济效益和社会效益",至少还要做到如下五点:(1)将实用思维妥善扩展到人文社会科学与自然科学两大领域,不可偏执一端;(2)正确处理理论建设与应用研究之间的关系,避免割裂二者之间的辩证关系;(3)妥善处理好"眼前用处"与"长远用处"以及"有用"与"无用"两对关系,并适度鼓励人们去探索一些"新而无用"的事物;(4)引导人们将实用思维用来为百姓谋福祉;(5)妥善处理好"拿来"与"创新"的关系。在这五点措施中,除第三点外,其余四点措施一点就明,下面只重点讲第三点措施。

一方面,从时间维度看,要妥善处理好"眼前用处"与"长远用处"的关系。有些学问(如基础研究)在短时期内好像无用,但从长远眼光看,能增进发展的后劲;相反,有些做法虽在短时期内好像成绩斐然,用长远眼光看,却是一种杀鸡取卵的做法,贻害无穷。所以,当代中国人要明白,实用不仅仅指眼前的用处,更指长远的用处。为此,要牢记孔子说的"无欲速,无见小利。欲速,则不达;见小利,则大事不成"的道理(杨伯峻,1980,p.139),妥善处理好"眼前用处"与"长远用处"的关系,不能让实用思维沦落为只顾眼前利益、不顾长远利益的急功近利式思维,否则,有百害而无一利。这样,在日常生活中,个体在做一件或几件事情时,若能兼顾"眼前用处"与"长远用处"固然好,如果二者发生矛盾,那么,除了应急,在其他绝大多数情况下,合理的态度宜是宁愿要长远的用处,也不可图一时的得失,切不可只顾眼前的用处,牺牲长远的用处,后者是一种鼠目寸光的做法。为了尽量避免这种鼠目寸光的做法,今人宜认真看待无名氏所写、流行于网络中的一段话中蕴含的哲理:付出一点就想马上有回报的人适合做钟点工;如能耐心按月得到回报,则适合做工薪族;耐心按年领取回报的是职业经理人;能耐心等待 3—5 年的是投资家,可以耐心等待 10—20 年的是企业家;能等待 50—100 年的是教育家;能等候 300 年的就是伟人;能耐心等待 3 000 年才见到效果的就是圣人。吴淡如则指出,人们常把等和耐心混为一谈。其实,聪明人懂得,什么时候该有耐心,什么事不能等。可以用努力改变的事情不能等，不能用努力改变的事情要有耐心；该做的事不能等，对结果则要有耐心；机会不能等，需要好好把握，成功需要耐心，如果没有耐心等成功，那么将会用一辈子时间去迎接失败；人生目标不能等，对人性则要有耐心。成功的人多半知轻重、有条理，会把不同事情放在不同的抽屉里，不使它们混在一起。例如，失恋与学习是两件不同的事情，不能因失恋而放弃学习。理出头绪，分门别类，逐一应对，是一种重要能力。在人生混乱时，最不能等，越等越陷入混乱（吴淡如，2015，p. 38）。

另一方面，从功效维度看，要妥善处理好"有用"与"无用"的关系。自古至今，多数中国人受实用思维的影响，很少有"为知识而知识"的纯粹爱智习惯，多将读书视作获取权力（官位）、财富或名誉的重要而直接的手段，这也是造成当代中国仍有许多读书人信奉"学而优则仕""学而优则商"以及"将就业率作为衡量高校办学质量和专业好坏的首要指标"的文化心理根源之一。用白岩松的话讲，现在一些中国人太专注于做有用的事，只要做的事与升官、发财、成名没有关系，就被认为没用，便慢慢被荒废了。其实，有些事情或事物看似无用，实则有用；有些事情或事物看似有用，实则无用。后者例子太多，不可尽数。前者的典型是"京城第一名家"王世襄。他生于名门世家，却沉迷于各种"雕虫小技"，如放鸽、养蛐、驾鹰、走狗、掼跤、烹饪，而且玩出了文化，玩出了趣味，荷兰王子曾专程向他颁发 2003 年"克劳斯亲王奖最高荣誉奖"，认为，如果没有他，一部分中国文化还会被埋没很长一段时间。再如，古城墙、博物馆、市民广场、城市中的绿化带，在房产开发、GDP 数字这些有用之事面前看似无用，但是，没有了步行绿道、街心公园与市民广场的城市不值得留恋，没有了大学、博物馆和音乐厅的城市是否还会存在，都是个问题。古今中外的科技发展史也告诉人们，一些看似无用的发明或发现，若细加研究，焉知将来没有大的用处？请看下面这个发生在欧洲的真实故事：

在 400 多年前，德国某小镇里有一位心地善良的伯爵，他将自己收入的一大部分捐给了镇子上的穷人。这十分令人钦佩，因为中世纪时穷人很多,而且那时经常爆发席卷全国的瘟疫。一天,伯爵碰到了一个奇怪的人,他家中有一个工作台和一个小实验室,他白天卖力工作,晚上专心进行研究。他把小玻璃片研磨成镜片,然后把研磨好的镜片装到镜筒里,用来观察细小的物件。伯爵被这个前所未见的可以把东西放大观察的小发明迷住了,他邀请这个怪人住到了他的城堡里。作为伯爵的门客,此后,这个怪人可以专心投入所有的时间来研究这些光学器件。

然而,镇子上的人得知伯爵在这么一个怪人和他那些无用的玩意儿上花费金钱后,都很生气。"我们还在受瘟疫的苦",他们抱怨道,"而他却为那个闲人和他没用的爱好乱花钱!"伯爵听到后不为所动,他表示:"我会尽可能地接济大家,但我会继续资助这个人和他的工作,我确信终有一天会有回报。"

果不其然,他的工作(以及同时期其他人的努力)赢来了丰厚的回报——显微镜的发明。显微镜的发明给医学带来了前所未有的发展,由此展开的研究及其成果消除了世界上大部分地区肆虐的瘟疫和其他一些传染性疾病。

伯爵为支持这项研究发明花费的金钱,其最终结果大大减轻了人类遭受的苦难,这回报远远超过单纯用这些钱来救济那些遭受瘟疫的人。(史都林格,2012)

一些名人的成功史也告诫后人读书时不可太讲眼前的实用。例如:

在1832年至1843年这12年里,落榜举人左宗棠放着四书五经不读,也不作八股文,却违背当时读书人的一贯做法,研究起当时多数人看来是无用之学的农学与地理,写出《广区田图说》和《朴存阁农书》,用以指导农民"科学"种田,又和夫人花费整整一年时间画成全新的"皇舆图"。左宗棠耗费心血来研究这些东西,在当时不但看不到前景,而且找不到任何出路。但是,"有用"与"无用",常常会相互转化。左宗棠后来在陕西、甘肃、新疆带兵打仗,所有的军粮都在当地解决,这些学问都是他年轻闲居在农村种田时摸索出来的。而他对中国新疆版图、地理情况了如指掌，又得益于他早年在家自绘地图。他的地图一旦派上用场，连俄罗斯人也难以望其项背。他的这些学问需要数十年的积累，不是靠"临时抱佛脚"便可以得到的。无心插柳柳成荫，左宗棠这种非功利的读书方法，成就了其日后的辉煌。左宗棠自己如何看这种学问方法？1865年，身为闽浙总督的左宗棠在给儿子的信中说："古人经济学问，都在萧闲寂寞中练习出来。积之既久，一旦事权到手，随时举而措之，有一二桩大节目事办得妥当，便足名世。"（徐志频，2015）

上述两个故事都告诉人们，做人做事切不可太过功利，否则，眼前看似得到了实惠，但从长远看，实则是"捡了芝麻，丢了西瓜"。所以，当代中国人要正确理解《庄子·人间世》里"山木自寇也，膏火自煎也。桂可食，故伐之；漆可用，故割之。人皆知有用之用，而莫知无用之用也"一语里蕴含的哲理，必须妥善处理好"有用"与"无用"的关系，不能将实用仅局限在升官、发财、成名三件事上，不能完全忽视探索"新而无用"事物的价值。为了纠正中国人太注重实际功用的实用思维的缺陷，至少要采取三项措施。(1) 要适度限制实用思维的使用范围。不要凡事都问"这有什么用"或"它有什么价值"，而要问"它有害吗"，若无害处，如果自己喜欢，即便暂时看不到它有什么用，也不妨适度尝试一下。个体适度做些自己喜欢、虽无用但肯定无害的事情，虽可能最终真的无用，不过，起码可以告慰自己的生命，让自己的生活过得充实，过得多姿多彩（朱坤，2012）。周作人说得好："我们于日用必需的东西以外，必须还有一点无用的游戏与享乐，生活才觉得有意思。我们看夕阳，看秋河，看花，听雨，闻香，喝不求解渴的酒，吃不求饱的点心，都是生活上必要的——虽然是无用的装点，而且是愈精炼愈好。"梁文道也曾在《悦己》里说："读一些无用的书，做一些无用的事，花一些无用的时间，都是为了在一切已知之外，保留一个超越自己的机会。人生中一些很了不起的变化，就是来自这种时刻。"(2) 适度鼓励人们探索一些"新而无用"的事物。(3) 妥善处理好实用与理想之间的关系。为此，要鼓励中国人培育自己的理想,提倡在"该想象的时候就发挥一下想象力",哪怕这种想象就目前条件而言只是一种不切实际的空想,但只要不将空想与现实相混,只要不沉沦于空想而不理会现实,也宜给这种空想一定的生存空间。不要凡事一味注重实际效用,毕竟人是一种既生存在现实世界又可借助自己的想象力生存在理想世界的高级动物,不是一只毫无想象力、只顾眼前的动物。当然,实用思维与理想的使用都有一个度,既不能过与不及,也不可错位使用——个体若在需要讲究实用的情况下只提一些华而不实的做法,或是在需要有理想时又太注重实际效用,这都是将实用思维和理想错位使用的做法,这是思维方式不健全的一种体现。与此相反,一个思维方式健全的人必将恰如其分地使用实用思维和表达理想,在该讲究实用的情境中讲究实用,在需要理想的情境里展现自己的理想。从一定意义上说,这后一种思维方式恰是当代美国人推崇的思维方式,因为美国人一贯正面看待实用与理想,既明白无误地向人鼓吹实用主义,又力倡人们要有一定的理想。但毋庸讳言的是,中式实用思维没有妥善处理好实用与理想的关系。所以,当代乃至未来的中国人若想通过教育(广义的,包括学校教育、家庭教育和社会教育)或自我学习,使自己的实用思维方式朝着健全的方向发展,就要妥善处理好实用思维与理想之间的关系,既要兼顾实用思维与理想,又要恰如其分地使用它们,只有这样,才能培养出大量既有远大理想又能脚踏实地的中国公民!

(六) 形象思维

形象思维是用形象来思维的简称,指用具体的感性意象来理解事物和进行创造的一种思维方式。它本是一个近代的名词,1841 年俄国别林斯基在其《艺术的概念》里明确提出艺术"用形象来思维"。它是在艺术欣赏和艺术创作过程中进行的主要思维活动和思维方式(夏征农,陈至立,2010,p. 2133)。一般而言,对于从事文学、音乐、美术等创作或研究的人,拥有良好的形象思维是一件非常好的事情。中国人常说"诗中有画,画中有诗",这是告诉人们,一些流传至今的著名诗篇内多蕴含丰富的形象思维。

形象思维不是简单借助感性形象进行的,而是对原本外在的感性形象进行了思维加工,使之成为更适合于思维需要的工具,其具体表现方式是喜用比喻或类比推理。比喻作为一种艺术表现手法,其主要特点是要求取象和取义的有机结合。取象指文艺作品中的思想必须包含或寄寓于具体的物象之中,通过物象表现出来,要求文艺作品中的物象高于实际生活,有一定的思想寄托。在中国古代,比喻作为一种喻志的手段和一种思维方式,至少在春秋战国时期就已大量用在文艺作品和文艺理论著作中(张岱年,成中英,等,1991,p.94),表明在春秋战国时期,人们已能非常熟练地运用形象思维。例如,孔子在《论语·子罕》里说:"岁寒,然后知松柏之后凋也。"这便是以松柏耐寒来比喻圣贤义士的高洁品格,揭示"士穷见节义,世乱识忠臣"的道理。在《琵琶行》里,白居易用形象的语言将无形而美妙的乐声转换成具体的视象,描绘得十分形象而具体:"大弦嘈嘈如急雨,小弦切切如私语,嘈嘈切切错杂弹,大珠小珠落玉盘。间关莺语花底滑,幽咽泉流冰下难。……"不过,比喻本身不是对事物的具体描摹,若不同类,则不可轻易类比,汉语的多义性、模糊性等特点又增加了比喻的广泛适用性,也带来了对事物认识的意会性、模糊性的局限,这是比喻作为认知方式的局限性所在(张岱年,成中英,等,1991,pp.95-96)。

中国人喜欢用形象思维与中国人喜欢直觉存在一定的相关关系。中国人重视直觉,强调体验、领悟型的思维形态,进而不太看重语言和概念在表达思维与思想中的重要作用。但是,中国人也深知,凡事若都是"只可意会,不可言传",不但会使自己的思想难以寻到知音,而且难以点拨后学,这就有使自己的学术"断了香火"的潜在危机。可是,直截了当地表达自己的思想不但不合乎中国的文化传统(因为中国人喜含蓄,重意轻言等),有时也的确难以准确言说(因为中国传统学术追求的大都是做人的德慧,与待物的物慧相比,德慧带有明显的场依赖性,具有明显的个别差异性,故而的确不易准确表达),权衡"说"与"不说"之间的利弊结果后,中国人选择了运用形象思维来表达自己思想的做法,它具有生动、直观、形象、易于使人接受并感悟其蕴含的道理等优点。

同时,中国人喜欢用形象思维,这与中国文字的主体是象形文字有关。因为象形是汉字的最基本造字原则,指事、会意、形声等三法在许多情况下也是以象形为基础的,是在象形基础上所作的一种变化或拓展,是在象形不能完全解决问题时所作的补充(刘承华,2002,pp.63-64)。因此,中国人用文字表达思想时总摆脱不了具体事物的形象。拼音文字则不同,它基本上与具体形象没有关联,人们的思维不会受到文字的影响。同时,类比推理作为人类的一种推理方法,在一定范围内使用有其科学价值。类比成为中国人的一种重要思维方式,与中国传统文化的经济基础是农业、具有显著的经验论色彩分不开。中国古人运用类比推理,从自然推及社会,从伦理道德推及治国安邦,充分显示了中国传统社会重人伦、重政治的价值取向和心理。在中国历史上,类比推理曾发挥沟通天、地、人,纳天下万物于一体,视四海为家的作用;并且,类比推理对启发思想,开阔思路,举一反三,触类旁通,由此及彼、由表及里地认识事物,都具有积极作用。当然,类比推理具有一定的或然性,在使用过程中也有一些牵强附会之处,并为某些思想家(如董仲舒)所利用,成为其维护王权的工具(李宗桂,1988,p.309)。

(七) 循环思维

喜欢循环思维是中国人的思维的又一个典型特点(张岱年,成中英,等,1991,p.103)。循环指事物周而复始的发展上升运动。由于事物发展变化的不可逆性,这种复归不是一种简单的重复,而是否定的否定(夏征农,陈至立,2010,p.2170)。可见,循环思维指相信事物遵循周而复始、生生不息的发展上升运动的思维方式。这就是古人所说的"圆道观"。中国人爱用循环思维的特点可从下列事实中看出:在天文历法上,中国人以天干地支纪年。天干有十,分别为甲、乙、丙、丁、戊、己、庚、辛、壬、癸;地支有十二,分别为子、丑、寅、卯、辰、巳、午、未、申、酉、戌、亥。将十天干与十二地支按顺序两两搭配组合成干支,即甲子、乙丑、丙寅、丁卯、戊辰、己巳、庚午、辛未、壬申、癸酉、甲戌、乙亥……循环往复,用以纪年,经过六十年又回到甲子,所以中国民间有"六十年转甲子"的说法,中国至今仍沿用的农历就是六十年一循环。中国农历(兼顾了太阳和月亮的双重变化,属于"阴阳合历")上的二十四节气是一年一循环,分到春、夏、秋、冬四季上,每季各六个节气。在生肖上,中国人的鼠、牛、虎、兔、龙、蛇、马、羊、猴、鸡、狗、猪十二生肖也是十二年一循环。在哲学上,中国人惯用的阴阳思维、五行思维和阴阳五行思维实都是循环思维;常用的八卦图是一个阴阳各半、相辅相成的圆形,蕴含循环往复、相生相克和生生不已的含义。在历史观上,《孟子·公孙丑下》说:"五百年必有王者兴,其间必有名世者。"孟子认为每过五百年必有一次盛世,出一批贤才。中国人又相信"分久必合,合久必分"。在中国古典文学作品里流行团圆情结。在哲学和美学上,中国人喜欢圆形。这不是一个简单的几何图形,而是一个重要的美的范畴,它既无始无终,任何一点都可视作始或终。这之中同样蕴含循环往复、生生不已与祥和美好之义。在俗语中,诸如"三十年河东,三十年河西""风水轮流转"和"皇帝轮流做,明年到我家"之类的话语随处可见。而如上文所论,循环思维至迟在公元前 720 年(春秋早期)就已成熟,并在天文历法上得到运用。稍后,阴阳学说至战国中期已发展完成,五行哲学体系至战国末期也基本形成,声称"五百年必有王者兴,其间必有名世者"的孟子生活在战国中后期,这不但意味着整体思维和辩证思维至战国末期已完全成熟,而且意味着循环思维在战国末期也有了完备的哲学依据。

假若用一个图形来表示,中式循环思维实际上是一个封闭的圆,而不是开放的、螺旋上升的曲线。可见,经典中式循环思维的优点体现在,中国人看到了客观世界中存在循环往复、相生相克、生生不已的规律,如四季的更替就是如此;就其缺点而言,在中国古代,除了少数智者看到了客观世界中存在螺旋式上升的规律,例如,宋代禅宗大师青原行思提出参禅三境界,即参禅之初,看山是山,看水是水;禅有悟时,看山不是山,看水不是水;禅中彻悟,看山仍然山,看水仍然是水,更多的中国古人并没有看到客观世界中存在螺旋式上升的规律,易得出诸如"天不变,道亦不变"的蕴含静止、保守思想的观点。因此,当代中国人在完善自己的思维方式时,应在发挥循环思维优点的同时,妥善借鉴马克思主义哲学中关于"世界是呈螺旋式上升"的有关原理,克服中国人固有思维中存在的封闭性的不足。

中国人偏爱循环思维与其生活环境有一定关系。因为中国人主要生活在北温带,这里一年中四季更替颇为鲜明,形成了一个以"年"为单位的循环,即每年都有春、夏、秋、冬四季。所以,《文子·自然》说:"十二月运行,周而复始。"《汉书·礼乐志·〈玄冥〉六　邹子乐》也说:"精建日月,星辰度理,阴阳五行,周而复始。"(班固,1962,p. 1057)同时,中国古人崇天,又相信天是圆的,有"天圆地方"之说。例如,《周易·说卦》:"乾为天,为圜。"《说文·囗部》:"圜,天体也。从囗,睘声。"段玉裁注:"依许则言天当作圜,言平圆当作圓,言浑圆当作圆。"而中国人受道家"人法自然"思想的深刻影响,善于将从自然界里得出的规律运用于人类社会,久而久之,就养成了用循环思维来思考的习惯。

二、经典中式思维方式的先天不足

经典中式思维除了易产生团队迷思和推崇权威思维的缺陷,还有以下几点不足。

(一) 思维偏重天人合一型而少二元对立型

人事瞬息,江河不废,这是中国的传统观念,是古代中国哲学观念。中华祖先感到人事代谢,在静穆的自然中得到寄托。与此相反,欧洲的古人感到江河日流、日月常新,在"自我"德性的观照中得到不移的准则。这是两种不同的历史文化形态,所以中国古代的传统是先历史、伦理而后自然,欧洲古代则先自然哲学而后"自我"(伦理、社会、历史),由此导致两种文化产生种种区别(叶秀山,1986,p. 123)。

中国传统思维的一个显著特点是强调天人合一,在此基础上强调主体以自身为对象的内向型、伦理型思维,而不是以自然为对象的外向型、认知型思维。正如《左传·昭公十八年》所说:"天道远,人道迩,非所及也,何以知之?"按照这种思维方式,主体自身是宇宙的中心,人是万物的尺度,认识了自身,也就认识了自然界和宇宙的根本规律。儒家的人"与天地参"以及"万物皆备于我矣。反身而诚,乐莫大焉"。"尽其心者,知其性也。知其性,则知天矣。"(均见《孟子·尽心上》)道家《庄子·齐物论》的"天地与我并生,而万物与我为一"。这些都是从主体自身出发而又回到主体自身的内向型思维,它不是像古希腊哲学家那样将自然对象化,而是像儒家那样将自然人化,或像道家那样将人自然化(张岱年,成中英,等,1991,p.21),不是在认识自然的基础上进行反思,而是在经验直观的基础上返回到自身,从主体原则出发建构思维模式。其思维方式是认识自我、实现自我、超越自我,超越自我也就达到了天人合一的精神境界。假若能反身而思之,便穷尽了天地万物的道理,体验到真正的精神愉快,这是最高情感体验的"乐",类似于今人所说的精神幸福感(徐晓波,孙超,汪凤炎,2017)。在中国古代,儒家的主体意向思维特征非常明显;道家重视自然,承认自然规律的存在,但在天人合一的基本模式中,道家没有形成外向型、认知型思维,同样表现为内向型、伦理型思维,主张在自我体验、自我直觉中实现与自然规律的合一。《老子·十九章》的"见素抱朴"、《庄子·天地》的"体性抱神"都是在自我直观或直觉中实现本体超越。

因此,中国传统文化说到底主要是一种伦理道德型文化,古代中国人将主要精力放在思考做人上,使得经典中式思维方式烙上了厚重的人生哲学色彩,善于以人为思维对象进行人化思维。例如,要做好一个人必须妥善处理好自我与他人他物的关系,由此导致中国人的思维具有整体思维的显著特点,善于将事物看作运动的、普遍联系的和有机统一的;做人必须以道义为先,由此导致中国人的思维时有道德价值优先的倾向;做人智慧往往只可意会,不可言说,由此导致中国人喜欢直觉和形象思维(比喻或类比),等等。不过,"成也萧何,败也萧何"。经典中式思维的上述特色隐藏着中式思维的不足。经典中式思维的最大不足在于,不善于将世界作二元对立,不善于作主客分离,不善于以客观事物为思维对象进行物化思维。物化思维是西方人最擅长的,故西方人习惯将事物看作价值中立的、机械的、静止的、孤立的,然后再作精细研究,重视概念的确指性、清晰性和逻辑性,这便是西方的科学精神。用西方的科学精神眼光看,中国文化尤其是中国传统文化有明显的"反科学"倾向。因为中国文化尤其是中国传统文化往往是价值优先,而不是价值中立,主张世界是有机的整体,其内各要素之间既相互依存,又相生相克,无需外在的动力就能持久运动,推崇混沌状态,不注重概念的确指性、清晰性和逻辑性,虽将世界万物归属阴阳名下,虽阴阳二分,却不是截然对立,而是阴中有阳,阳中有阴,主张阴阳和谐(中庸状态)。

中国先哲偏爱伦理型思维与中国的经济和地理环境有一定的关联。中国半封闭的大陆型地理环境与小农经济哺育了儒家思想,以儒家为代表的先哲对世界的认识主要出于对现实社会政治与伦理道德的关注,而不是出于对自然奥秘的好奇。在此种思想的深刻影响下,中国传统文化一向有重道轻器、重人文轻科学的倾向,科学技术也被人们视为"奇技淫巧",受到歧视与压抑,使中国传统思维方式带有强烈的伦理型特征,缺少科学型思维的特征。与此相反,西方文化的发源地希腊半岛及其附近沿海地区具有开放性,海洋型地理环境与手工业、商业、航海业的发展,引起古希腊哲学家对天文、气象、几何、物理和数学的浓厚兴趣,逐渐形成了西方注重探索自然奥秘的科学传统,如亚里士多德就认为,"求知是人类的天性"。因此,假若说中国哲学是一种人生哲学、伦理型哲学,西方哲学就是一种求知的学问,主体是自然哲学、科学哲学(张岱年,成中英,等,1991,pp. 27 - 29)。

(二) 分析思维不足

尼斯贝特等人将分析思维(analytic-thinking/analytic thought)定义为一种将客体(object)从其背景(context)中分离出来的过程,在这一分离过程中,倾向于关注客体的属性,并以此对客体进行分类,同时偏好采用分类规则来解释和预测客体的行为(Nisbett, Peng, Choi & Norenzayan,2001)。分析思维是近现代以来因受到西学的系统训练才逐渐在一些中国人心中扎根的。中国古人为什么少分析思维呢? 综观中国古代历史,传染病流行的程度并不比欧洲强,故"病菌流行理论"解释不通,上文已论及的"现代化假说"也解释不通。为什么中国古人会习惯集体主义和整体思维呢? 其实,受老子和庄子等人推崇模糊思维言论的影响,再加上中国人偏好阴阳思维、五行思维和阴阳五行思维,由此才导致经典中式思维的一个明显不足是少分析思维(张岱年,成中英,等,1991,p.16,p.223)。

关于中国古人偏好阴阳思维、五行思维和阴阳五行思维的缘由,在上文已有详论。老子和庄子推崇模糊思维的言论也是导致中国人少分析思维的一个重要原因。概要地说,《老子》全书虽只有五千言,但通篇所用语言多带有明显的模糊性。例如,《老子·二十一章》用如下方式向人描述"道":"道之为物,惟恍惟惚。惚兮恍兮,其中有象;恍兮惚兮,其中有物。窈兮冥兮,其中有精;其精甚真,其中有信。自今及古,其名不去,以阅众甫(万物的起始)。吾何以知众甫之然哉?以此。"让人看过之后如坠云雾,三分清楚七分模糊!同时,《老子》全书有"四无",即无人名、无地名、无具体时间和无具体事件,导致后人在阅读它时缺少相应参照系。结果,2 000余年来,尽管有无数人穷尽一生心血钻研《老子》,也很少有人能真正读懂它。不过,正由于《老子》写得模糊,不但不易读懂,而且不易过时(越具体、越精确的言论越易被后来者超越),由此而产生一种美感,不知吸引了多少"粉丝"去模仿它!随后,《庄子·应帝王》讲了一个对后来中式思维方式影响深远的、推崇自然的"浑沌"状态而反对人为精确化的寓言故事:"南海之帝为倏,北海之帝为忽,中央之帝为浑沌。倏与忽时相遇于浑沌之地,浑沌待之甚善。倏与忽谋报浑沌之德,曰:'人皆有七窍,以视听食息,此独无有,尝试凿之。'日凿一窍,七日而浑沌死。"

缺少分析思维的传统导致多数中国人缺乏精确思维,其主要表征有五:(1)不善于对事物进行精确分类。多数中国人不喜欢依据事物的关键属性对事物进行分类,而喜欢对事物作一种笼统而不是精细的把握,显得不够准确。例如,在汉字中,凡鱼之属均有"鱼"旁,"鲸"字也有鱼旁,就是因为中国人未准确分析出鱼的关键属性,误将鲸也当作一种鱼,故有"鲸鱼"的说法。(2)对许多问题喜欢作模糊性处理,使得中式思维时常呈现出"浑沌"状态,这典型地体现在中医上。中医理论、中医治疗方法与中药等主要是靠许多优秀中医通过积累丰富的临床经验与深刻思辨获得的,但这些中医领域的先贤并未用科学语言将医理作清晰阐述，也未对中医诊断过程和治疗过程作可操作性处理，更未有意剖析中药的主要成分、化学结构式、分子式、分子量与药代动力学等，导致中医至今仍主要停留在经验水平，未真正进入科学殿堂。同时，后学在学习中医时往往很难像学习西医那样，接受五年的医学教育就可自立门户，而必须靠自己不断摸索，不断积累经验，不断反省自己的医疗个案，等到医术高深时往往已年过花甲。所以，在许多中医医院和中医院校，名中医往往都是年长者，年轻人一般很难成为名中医。与此不同，西医主要运用科学研究方法，医理清晰、诊断过程和治疗过程规范，且药物的主要成分、化学结构式、分子式、分子量与药代动力学等十分明确，后学学起来就相对容易许多，结果，西医不但可大面积培养，而且很多学西医的人在年轻时就已精通相关医理或医术。（3）用词多歧义。多未明确界说核心术语，导致不同人常常在不同意义上使用同一术语，甚至同一个人在不同地方所用同一术语的含义也不尽相同，这既增加了无谓争论，也为今人阅读古籍增添了不少麻烦。例如，宋明理学家之所以会发生理欲之争，原因之一就是他们没有对"理""欲"和"人欲"三词作一清楚的界定，进而导致许多"鸡同鸭讲"式无谓争论（汪凤炎，1999）。（4）立辞多独断，缺乏详细的分析与论证（张岱年，成中英，等，1991，pp.13-14）。古人在阐述或论说其思想时多只将结论直接说出来或写下来，至于得出此结论的过程却多加省略或存而不论。诸如《论语》和《老子》之类的著作多是如此。而且，中国一些经典古籍喜欢用的体裁是语录体或格言体，如《老子》《论语》《二程集》《朱子语类》和《传习录》等皆是如此。这导致中国传统思想至少从外在形式上看，缺乏严密论证和严密逻辑体系（这样说，并不否认中国传统思想从实质上看有一个较完整体系）。（5）与英语等西方语言相比，中文里的名词完全没有语法形态上的变化，它们完全不受"性"或"格"的限制；中文里的形容词没有比较级的变化，动词也没有语态、语气、时态、单复数和人称的变化，就连名词、动词、形容词本身，彼此之间也没有明确的区别，很多字都可以不加区别地用作名词、动词或形容词。这样说，并不是抱怨汉语不能用来传递人类的思想与情感，也不是说人类思想与情感中存在一片广阔领域,用汉语是相当困难甚至不可能表达清楚的,而只是说,由于汉语在一定程度上具有模糊性或含蓄性的特点(明恩溥,1998,pp.72-73),使得中国人在彼此交流时往往要听话听音,否则,就难以领会对方的真实想法。在中国古代,若遇到一个专制皇帝,汉语强大的隐喻功能还易被别有用心的人利用,成为他们制造文字狱的借口。例如,因诗集中被查到"清风不识字,何事乱翻书",被认为是在含沙射影地诽谤大清,结果诗集的作者徐骏被判了个"斩立决"!

(三) 主客二分式思维不足

中国人过于重视整体思维,还使中式思维方式出现了另一不足之处:少主客二分式思维传统,由此导致中国传统文化里缺少科学精神。这在前文已有论述,这里只补充两点。

第一,中式思维方式少主客二分式思维传统的一个具体例证明显地体现在"气"这个重要术语上。"气"在中国古典哲学、道教和中医学里是一个常见的概念,与现代物理学意义上的"气"的含义不尽相同。汉语"气"常常既是一个物质概念,也是一个精神、心理概念。当孟子在《公孙丑上》里说:"夫志,气之帅也;气,体之充也。"此种"气"实主要是一种物质之气,它在人体生命活动中的作用巨大;当孟子说做人必须"善养吾浩然之气",而"浩然之气""其为气也,至大至刚,以直养而无害,则塞于天地之间"。此种"气"实为一种高尚的道德情操,即善情。这表明,在中国传统文化里,"气"是一个打通物质世界与精神或心理世界的概念,这在有着主客二分式思维和习惯排中律的西方学人看来是不可思议的。

第二,在柏拉图之前的一些西方先哲也有类似中国的天人合一的整体观,不过,在发展过程中,其逐渐被主客二分式思维取代。柏拉图首先提出了主客二分的思想。15世纪下半叶以后,西方的自然科技进入对自然界进行分门别类研究、对事物进行分析解剖的阶段,主要采用以观察与实验为基础的归纳法和数学演绎法,从定向走向定量,从宏观走向微观。分析思维明确区分主体与客体、人与自然、精神与物质、思维与存在、灵魂与肉体、现象与本质,进而将两者分离、对立起来,分别对这个二元世界作深入分析。这种思维方式虽有孤立、片面、静止研究事物的毛病，却比素朴的整体思维要进步得多，从而在几个世纪内促进了西方科学的发展(张岱年，成中英，等，1991，pp. 223 - 224)。

(四) 逻辑思维不足

逻辑思维，亦称"抽象思维"或"概念思维"，指人们在认识过程中借助概念、判断、推理反映现实的过程。它与形象思维不同，以抽象出事物的特征、本质而形成概念为特征(夏征农，陈至立，2010，p. 1235)。西方传统思维注重科学、理性，重视分析、实证，必然要借助逻辑思维，在论证推演中认识事物的本质与规律。亚里士多德创立了形式逻辑体系，提出了形式逻辑的三大基本规律，即同一律、无矛盾律与排中律；研究论证了三大要素，即概念、判断和推理；提出了归纳法和演绎法两种方法，尤其是创立了演绎推理的三段论(大前提、小前提、结论)，以及整个形式逻辑体系，使逻辑性成了西方思维方式的一大特征，对人类思维产生了深远影响。限于篇幅，下面仅简要阐述同一律、无矛盾律与排中律。

同一律(law of identity)，指在同一思维过程中，任何一个思想与其自身是同一的。它要求每个词项(概念)、命题(判断)在同一思维过程中必须具有确定的内容，保持思维的确定性，否则，就会犯"偷换概念"和"偷换命题"等逻辑错误。同一律的公式是："A 是 A"或"A 等于 A"(夏征农，陈至立，2010，p. 1888)。

无矛盾律(logical laws of noncontradiction)，指在同一思维过程中，一个命题及其否定不能同时都是真的；换言之，如果"A"是正确的，那么，"非 A"(not A)便是错的。用亚里士多德的话说，人们不能同时声称某事物在同一方面既是又不是。无矛盾律要求同一主体(个人或集体)不能在同一时间、同一关系下对同一对象作出互相否定的判断，即不能既肯定某对象是什么，又断定某对象不是什么。例如，不能既说"鸟是动物"，同时又说"鸟不是动物"。这两个彼此相反的判断不能同时都正确，其中至少有一个是错的。遵守无矛盾律能使思维具有一贯性和不矛盾性，否则，就会犯"自相矛盾"的逻辑错误。所以，无矛盾律的公式是:"A 不是非 A"或"A 不能既是 B 又不是 B"(夏征农,陈至立,2010,p. 1272)。

排中律(law of excluded middle),指在同一思维过程中,两个相互矛盾的命题不能同时都是假的。它要求必须在两个相互矛盾的思想中有所肯定,即不能对"A"与"非 A"都加以否定,而需承认其中必有一真。遵守排中律能使思维消除不确定性,否则,就会犯"模棱两可"或"两不可"的逻辑错误。排中律的公式是:"A 或非 A"或"A 是 B 或 A 不是 B"(夏征农,陈至立,2010,p. 1406)。

中国传统思维强调直觉,喜欢笼统素朴的整体性与朦胧猜测的模糊性,虽蕴含系统思维或整体思维,但也有重大缺陷,即少逻辑思维的传统。这不是说,逻辑思维在中国古代无迹可寻。事实上,先秦时期本有很重逻辑、类似于今天逻辑学的名学。可惜,因名学不合中国传统文化的主流,以至于秦汉以后便中绝了,致使中国传统文化里缺少"逻辑"这门学问,导致中国古人的逻辑思维没有获得充分发展。这主要体现在三个方面:(1)缺少关于思维形式与论证方法的系统且完整的理论。即便如《墨辩》这样较纯的逻辑著作,也未形成完整的逻辑推理演绎系统与方法论体系;与此情形不同,亚里士多德的《工具论》至今仍是逻辑学的权威著作。(2)中国传统的逻辑思维形式常常与伦理规范和政治上的刑名法术思想紧密联系在一起,并从属于伦理与政治,削弱了对逻辑思维形式的探索。(3)中国的逻辑思维未走上公理化、形式化的发展道路。具体地说,即便是先秦的名学,其研究兴趣多集中在对某些概念、命题的争论,如"白马非马""离坚白"等;在阐明自己的逻辑观点与方法时,仍采取"设象喻理"的方式,用生活故事或文艺形式等形象思维来代替逻辑思维;再加上秦汉之后名学中绝,而后来随佛教传入的印度因明(古印度的逻辑学)虽也是一种形式逻辑,并且较有系统,可惜当时传习的范围仅限于治佛学的人,一般人不太了解它,这种种因素导致中国的逻辑思维没有走上公理化、形式化的发展道路。

中国传统思维里逻辑思维不发达,因此,对一种意见、一个观点或一个结论的确认与表达,只好通过"设象喻理"或直接"下定义"等方式来实现,不像西方学者那样通过逻辑推理,以及理论体系的完善来实现(张岱年,成中英,等,1991,p.89)。中国传统思维中逻辑思维不发达的原因主要有四:(1)这与中国传统文化重视经验、辩证思维、直觉和实际效用的特点有关。(2)中国古人喜欢在富于想象的时空中遨游,多认为逻辑思维太乏味,缺少艺术性,不屑使用(麦高温,1998,p.73)。(3)古人受圣人观念和封建主义制度束缚较为严重。在中国古代,孟子在《离娄上》中说的"规矩,方员之至也;圣人,人伦之至也"一语被后人视作圭臬,圣人观念和封建制度是天经地义的,以往历史的正、反两方面的经验都可作为它的注脚,假若一个人从这些经验中得出相反结论,那就是他的论证方法不对。这表明,在中国古代,逻辑方法必须服从政治伦理。这种思想在儒家那里表现得尤为凸出。例如,《荀子·非相》说:"凡言不合先王,不顺礼义,谓之奸言,虽辩,君子不听。"这就以政治的逻辑代替了思维的形式逻辑。由于先哲一向将政治逻辑放在首位,思维的形式逻辑问题也就很少被独立出来加以研究(张岱年,成中英,等,1991,p.91)。(4)与中国古人喜欢模糊思维有关。在一些中国人看来,说或写一些模棱两可的话,让人听不懂或看不明白,可以显得自己非常高深,模棱两可的话还会让人觉得有意境。

(五) 独立思维、批判性思维和创新思维不足

许多中国人有崇尚权威的思维习惯,对先贤的观点采取不加批判地全盘接受的态度,这使得许多中国人缺少独立思维和批判性思维。而缺少独立思维与批判性思维,又进一步导致中国人缺少创新思维。这不是说中国一向没有独立思维和批判性思维的传统。事实上,《孟子·尽心下》就曾说:"尽信《书》,则不如无《书》。"遗憾的是,随着封建专制的加强,这种批判意识、怀疑精神和批判性思维随后未受到人们的重视。

三、对当代中国人完善思维方式的思考

当今国家与国家之间的竞争,是科学的竞争,是技术的竞争,是教育的竞争,归根到底,还是人才的竞争。要培养一个人成才,一个关键

因素是培养其形成科学的思维方式。提高中华民族的思维水平,改变中华民族思维方式里因循守旧的保守心理与恪守常规的落后心理,继承中华民族思维里的积极因素,是关系到启蒙愚昧、解放思想的重要方面(钱学森,1986,pp.4-5)。在指出中式思维方式的特点与不足之后,今后中国人若想发展健全的思维方式,除了前文已点出的经验与教训,如必须继续弘扬中庸思维和辩证思维,进一步完善实用思维和兼顾整体思维与分析思维等,还需做到以下五点。

(一) 兼顾模糊思维与精确思维

模糊思维指思维中关于对象的类属边界及其性态的不清晰、不确定的一种思维方式,或者说指思维中关于客观事物相互联系与相互过渡时显示出来的"亦此亦彼"的思维现象。它表明思维主体对思维对象的量的规定或质的规定不是很明晰。例如,日常生活或小说里描述人的长相的"浓眉大眼"一语,"浓眉"到底浓到什么程度,眉毛的准确数量是多少根?"大眼"大到什么程度,眼睛的长与宽分别是多少厘米?这些量的规定都是不确定的、模糊的。模糊思维存在的依据主要有以下三个:(1)就思维对象而言,客观世界中存在的许多事物,其本身的分界线是模糊的。例如,在自然界,有鳃能生活在水里的是鱼类,有肺能生活在陆地上的是爬行类,但青蛙等两栖类既能在水里生活,也能在陆地上生活。人类社会中,也有很多事情是无法精确量化的。马克思和恩格斯在《共产党宣言》里评价资产阶级时说:"资产阶级争得自己的阶级统治地位还不到一百年,它造成的生产力却比过去世世代代总共造成的生产力还要大,还要多。"(马克思,恩格斯,1958b,p.471)但到底大多少、多多少,并不知道,只是一个模糊的评价。客观世界里事物出现的模糊性,是由客观事物联系的普遍性与运动的绝对性决定的。所有事物都是处于普遍联系之中,处于不断运动之中。事物在某一瞬间既是它自己,又不是它自己。当人们孤立地、静止地看待某一事物时,事物的界限是分明的;当人们用联系的、发展的眼光看待事物时,事物的界限是模糊的。正如恩格斯所说:"一切差异都在中间阶段融合,一切对立都经过中间环节而互相过渡。"(马克思,恩格斯,1958a,p.535)

(2)就思维主体而言,作为思维主体的人,其认识能力具有一定的模糊性。例如,耳只能听到一定范围内的声音,超过了此范围就听不清楚或模糊;眼睛只能看到一定范围内的事物,超过了此范围就看不清楚或模糊。不但视觉与听觉如此,人的其他感知觉,如嗅觉和味觉等也是如此。人的感性认识是如此,以此为基础的思维也就不可能时时精确。
(3)就思维的中介而言,无论是诸如显微镜和望远镜之类的硬件还是语言之类的软件,都有一定的模糊性,特别是作为思维的物质外壳的语言。这表现在,某些语言如"美丽的田野"之类没有明确内容,某些语言如"较多"之类是模糊定量,某些语言如"大概"之类是表示概率的。而任何一种思维活动都由思维主体、思维对象和思维中介三个基本要素组成,既然这三个要素在实际上有模糊的一面,模糊思维也就应运而生了。

精确思维指思维中关于对象的类属边界及其性态的清晰、确定的一种思维方式。在思维活动中,假若思维对象的量的规定或质的规定非常明确,若是此就一定不是彼,反之亦然,那么,这种思维就是精确思维。例如,光的速度可以用 3×10^5 千米/秒精确表示。

既然从主客观方面的因素看,模糊思维和精确思维都有存在的必要,且都有各自的长处与不足,从总体上看,当代乃至未来的中国人必须兼顾二者,不能偏执一端,只有这样,才能使自己的思维方式更加完善。同时,对于那些已习惯模糊思维的人,若想提高自身思维的精度,一定要限制模糊思维的应用范围,不可滥用。

(二)兼顾中式天人合一型思维与西式二元对立型思维

西方传统思维方式的主要特点是强调二元对立、主客体相分离、相对立,提倡分析思维和喜用机械决定论的整体思维等。西方的二元对立型思维虽对科学的发展极有益处,不过,由于其将万物都作二元对立式划分,也存在一些缺陷。例如,西方人受二元对立思维的影响,喜欢将世界作二元对立的划分——理念的世界对现实的世界(柏拉图)、个人主义对集体主义、整体思维对分析思维、独立自我对互依自我,等等,潜藏有非此即彼的思维定式,此思维方式一旦用在价值判断上,易滋生维护一方打压另一方的偏激做法。

中式天人合一型思维的主要特点是强调主体与客体、人与自然的和谐统一;就其基本模式及其方法而言,是经验综合型的整体思维和辩证思维;就其基本程序和定势而言,是意向性直觉、意象思维和主体内向思维;提倡对感性经验作抽象的整体把握,而不是对经验事实作具体概念分析;提倡一种有机循环论的整体思维,等等(蒙培元,1993, pp. 183 - 196)。中式天人合一型思维虽不利于科学的诞生与发展,不过,其背后隐藏有万物相互尊重、和谐共生的思想,这对当下文化多元和全球化背景下世界各国如何和谐相处仍有积极启示。

中西方两种思维方式应用于心理学研究,应该说各有优缺点。西方二元对立型思维方式,尽管对西方偏重自然科学倾向的心理学思想的发展、心理学的独立和心理学研究的精确化与科学化均起到了一定的促进作用,但它也有不足之处,即容易将人(主体)与人(主体)的关系降为人(主体)与物(客体)的关系,这极易导致心理学研究中人性的丧失,曾风靡西方心理学界长达半个世纪之久的行为主义,其研究一直将人等同于小白鼠或机器,不能不说与这种思维方式有一定的关系。中国天人合一型思维方式尽管容易将人(主体)与人(主体)的关系类推到人(主体)与物(客体)的关系上,不利于心理学研究的精确化和科学化,导致中国古代的生理心理学思想和实验心理学思想相对贫乏,但这种思维方式也有长处,即对偏重社会科学倾向的心理学思想的发展是有利的。

由此可见,西方二元对立型思维的不足之处,恰恰是中国天人合一型思维的长处所在,反之亦然。因此,当代乃至未来的中国人若想自己的思维方式能得到健全发展,应利用区隔策略,在宏观上做到善用天人合一型思维,在微观上有时要善于运用二元对立思维,做到兼顾中国固有的天人合一型思维与西方二元对立型思维的长处,避免二者的短处。

(三)兼顾训练逻辑思维和形象思维与培育直觉

逻辑思维与直觉是人类思维中普遍存在的两种形态,但二者之间有较大差异:(1)逻辑思维靠概念系统进行,没有概念,逻辑思维就无法进行；直觉往往要抛弃概念，直接面对事物，直接诉诸心灵。(2) 逻辑思维追求形式性、规律性、严密性，否则，逻辑就不成逻辑，逻辑就失去它的力量；直觉一般不经过逻辑推理，以突然性与穿透性见长，它往往直接透过事物的现象而直达事物的本质，不能预期，只能巧合。(3) 逻辑思维的推理一般环环相扣，等级转换，具有较强的可操作性，也往往有颇强的说服力；直觉是顿悟式的，它虽能直达事物的本质并让人获得正确解答，但往往不能向人呈现出清晰的思维过程，操作性不强。(4) 逻辑思维靠一环扣一环的推理来展现自己，其思维轨迹往往是线式的；直觉是在对一个事物的直观中完成的，其思维轨迹一般是跳跃式的 (刘承华, 2002, p. 72)。中国先人重视直觉的重要作用，有一定的合理之处；不过，只一味强调直觉，强调受教育者要在践履中去体验与体顿，强调个体"触心要能警悟"(王夫之语)，以至于忽视逻辑思维，这又有一定的偏颇。而西方人擅长逻辑思维，善于从已知的粗线起点，依逻辑规律，慢慢以直线方式进入未知领域。爱因斯坦曾说："西方科学的发展是以两个伟大的成就为基础，那就是希腊哲学家发明的形式逻辑体系 (在欧几里得几何学中)，以及通过系统实验发现有可能找出因果关系 (在文艺复兴时期)。在我看来，中国先哲没有走上这两步，那是用不着惊奇的，令人惊奇的倒是这些发现 (在中国) 全都做出来了。"(爱因斯坦, 1976, p. 574) 为了继承中国传统思维方式的精华并克服其不足，今天的中国人就要做到既重视培育个体的直觉，又重视训练个体的逻辑思维能力，不能偏执一端。因为直觉和逻辑思维同是人类认识世界的两种重要思维方式，直觉的长处在于可以让人在瞬间"恍然大悟"，从而认识到事物的本质与规律，省去了中间环节，是一种高效率认识事物与解决问题的思维方式。当然，直觉也有不足，即一般只有智商较高的人才易产生直觉，同时，直觉产生的偶然性太强，效果难以保证。逻辑思维的长处在于可以对事物进行严格科学的推理，能有效地认识事物的本质与规律，并且结论可靠，不足之处则在于中间环节较多，效率不如直觉高。只有将这两种思维方式有机结合起来，才能使自己的思维更加完善。同时，形象思维与逻辑思维不是互相排斥的，而是相辅相成的。对一个想成长为智慧者的个体而言,逻辑思维、形象思维或良好直觉至少要拥有一个,若能兼具三者则更佳。

(四) 去掉反事实思维

个体一旦沉迷反事实思维(counterfactual thinking),就会阻碍其智慧的生成与发展。反事实思维由美国心理学家卡内曼(D. Kahneman)和他的同事特夫斯基(A. Tversky)于1982年发表的《模拟式启发》(*The Simulation Heuristic*)一文中首次提出。它是基于"人类是非理性的"假设而提出的(Kahneman & Tversky, 1982, pp. 201-208)。"反事实"的字面意思是"与事实相反",卡内曼等学者将"反事实"定义为"过去结果不真实的替换式"。反事实思维是个体对不真实的条件或可能性进行替换的一种思维过程,换言之,反事实思维通常是个体在头脑中对已经发生了的事件进行否定,然后假定出现了原本可能发生但现实并未发生的情况的一种思维过程。它在头脑中一般是以反事实条件句(counterfactual conditionals)的形式出现。反事实条件句也叫"虚拟蕴涵命题",它具有"如果……,那么……"的形式。可见,反事实思维包括两个部分:虚假的前提和虚假的结论。个体在进行反事实思维时会对已发生事件的前提进行增添、删减或替代,相应地,可将反事实思维分为三种类型:(1)加法式(additive),即在前提中添加事实上未发生的事件或未采取的行动而对事实进行否定的反事实思维。例如,要是当时好好努力,这次就能考个好成绩。"好好努力"是事实上没有发生的,是在事后添加上去的。(2)减法式(subtractive),即在前提中减去某些因素而对事实进行否定的反事实思维。例如,如果没有背这么重的包,我现在就可以跑得快点了。(3)替代式(substitutional),即在前提中假设出现某种替代性因素而对事实进行否定的反事实思维。例如,如果平时好好学习而不是贪玩,这次我就能获得校长奖学金了(陈俊,贺晓玲,张积家,2007)。

(五) 大力培养独立思维、批判性思维和创新思维

独立思维是生成其他良好思维的前提,没有独立思维,其他任何良好思维方式的养成或保持都无从谈及。由此可见,坚持独立思维在成

就智慧和建设国家的过程中的重要性！因此，当代中国人的思维方式若想健全发展，还需大力发展独立思考和独立判断的一般能力，大力培养独立思维、批判性思维和创新思维。

1. 大力培养独立思维

"独立"有不依靠其他事物而存在、不依靠他人而自立与国家、民族或政权不受外族统治、支配之义（夏征农，陈至立，2010，p.413）。相应地，独立思维指个体自立自主地思维，其思维方式与思维内容均不受他人或外在力量的支配。个体只有逐渐养成独立思维而不是权威思维的思维方式，才能在遇到复杂问题时做到独立自主地判断，不跟风、不盲从，从而逐渐变得越来越有智慧。由于独立思维是生成其他良好思维的前提，所以，爱因斯坦说得好："发展独立思考和独立判断的一般能力，应当始终被放在首位，而不应当把获得专业知识放在首位。如果一个人掌握了他的学科的基础理论，并且学会了独立地思考和工作，他必定会找到他自己的道路，而且比起那种主要以获得细节知识为其培训内容的人来，他一定会更好地适应进步和变化。"（爱因斯坦，1979，p.147）在为王国维先生写的纪念碑铭文里，陈寅恪也说："先生之著述，或有时而不章。先生之学说，或有时而可商。惟此独立之精神，自由之思想，历千万祀，与天壤而同久，共三光而永光。"其中特别强调"独立之精神，自由之思想"的重要性。而且，陈寅恪自己也一生奉此为做人的信条，终生实践，最终在品德与学问两方面均达到高深境界，令后人景仰！与陈寅恪类似，国画大师徐悲鸿的画室里写有一幅"独持偏见，一意孤行"的对联，这表明他也看重并力行独立思维。因此，当代中国人要认真体会爱因斯坦、陈寅恪和徐悲鸿的上述名言，认识到独立思维的重要性，逐渐学会并善用独立思维。

2. 大力培养批判性思维

根据恩尼斯（R. Ennis）等人的研究，批判性思维（critical thinking）指为决定相信什么或者做什么而作出合理反省与决定的思维（Ennis，1991）。从实质上说，批判性思维就是提出恰当的问题和作出合理论证的能力（谷振诣，刘壮虎，2006，p.2）。因此，拥有良好批判性思维的人不但不易被各类无事实根据的假说或观点迷惑心智,而且还善于发现各类无事实根据的假说或观点中存在的破绽,从而能有效抵制、消除各种缺乏事实依据的假说或观点的不良影响。正由于此,批判性思维往往与独立思维有相统一的地方,一个拥有良好批判性思维的人往往是一个善于发挥独立思维的人。同时,构成批判性思维的基本要素是断言(claims)、论题(issues)和论证(arguments),所以识别、分析和评价这些构成要素是批判性思维的关键(摩尔,帕克,2012,p.6)。其中,断言指表达意见或信念的陈述。它有"真"有"假"。论证指由断言出发,按一定结构形成的两部分,其中一部分(前提)为另一部分(结论)的"真"提供理由。论题指因探究问题而提出的断言(摩尔,帕克,2012,p.21)。

当然,要正确认识和运用批判性思维,还需消除以下两个误解:(1) 批判性思维是一种否定性思维。有人认为,批判性思维是一种否定性思维,它在本质上是发现事物的缺陷或弱点,而不必提供建设性意见。这是对批判性思维的一个误解或误用。虽然在现实生活中,有些学人更习惯将批判性思维作为一种否定性思维来运用,将批判性思维等同于批评,但完整的批判性思维本是肯定性思维和否定性思维的有机统一:一方面,批判性思维常常呈现出一种否定性思维的样式,因为它要通过批判来准确指出某个想法或事物中存在的不合理之处,以便让人明白某个想法或事物的错误或不足;另一方面,批判性思维又必须呈现出一种肯定性思维的样式,因为它也必须准确指出某个想法或事物中存在的优点或闪光之处,或者,在破除一个错误想法的同时,也要提出一个正确的见解,即要做到有破有立,而不能只破不立(谷振诣,刘壮虎,2006,p.3)。由此可见,批判性思维与辩证思维既有相统一的地方,又不能完全相等同。批判性思维与辩证思维的共通之处在于,二者都重视反省事物的优缺点。批判性思维与辩证思维的区别在于,如果说辩证思维重在思考事物当中都蕴含的矛盾双方存在的相互冲突、相互转化、和谐共生的复杂关系,以此求得整体系统的动态平衡,那么,批判性思维的重点便放在提出恰当的问题和作出合理论证的能力上。从这个角度看,假若个体在认识问题、思考问题和解决问题时,善于剖析、发现事物中存在的优缺点,以及二者之间相互冲突、相互转化、和谐共生的复杂关系,那么,他就具有良好的辩证思维。在此基础上,如果他进而善于提出恰当的问题并作出合理的论证,他就具有良好的批判性思维。这表明,批判性思维往往是以辩证思维为基础的,并要有良好的独立思维和逻辑推理能力作辅助,三者缺一不可。所以,一些中国古人虽擅长辩证思维,但因长期生活在人治且封建专政的社会中,缺少独立思维,又未受到良好的逻辑学训练,缺乏良好的逻辑推理能力,最终缺少良好的批判性思维,并使辩证思维在很多时候沦落为狡辩,使中庸思维堕落为乡愿式思维,也就在情理之中了。(2) 批判性思维只指向他人或他物,不指向自身。有人认为,批判性思维只指向他人或他物,不指向自身。这是对批判性思维的又一个误解或误用。在现实生活中,"当局者迷,旁观者清",再加上"自尊的需要"等因素的影响,个体指出他人或他物的优缺点比较容易,但反省并指出自身的优点比较困难,反省并指出自身的缺点就更困难。不过,完整的批判性思维本是批判自身与批判他人、他物的有机统一,换言之,无论是自己还是他人、他物,我们都应时时对其进行批判性思考,及时从中发现各自的优缺点,以便做到"人为我用""物为我用"。

如何培养批判性思维?(1) 要引导个体树立深思熟虑的思考意识与态度,尤其是要树立理智的怀疑和反思精神,这是培养批判性思维的开端。因为在现实生活中,缺乏批判性思维的意识和理智的怀疑与反思精神,是使一些人丧失批判性思维的重要心理因素。(2) 要帮助个体养成清晰性、相关性、一致性、正当性和预见性等良好的思维品质,这是培养批判性思维的基础。其中,清晰性是为了摆脱思维混乱,因此,清晰性意味着思考问题要有层次、有条理,能清楚、准确地使用概念和语言。相关性是为了避免思维毫无目的性,以及让思维摆脱情感纠缠,所以,相关性意味着围绕手中的问题进行思考,在思考问题时一般诉诸逻辑推理,有时也用直觉,但不能诉诸情感心理。一致性是为了避免思维过程出现自相矛盾。正当性是为了消除不可靠的观点、想法或信念的干扰,所以,正当性意味着要使用真实可信且数量足够的证据,并遵循合理的逻辑推理来证实或证伪自己或他人的观点(谷振诣,刘壮虎,2006,pp.3-13)。确凿的证据和有力的推理使确信某人提出了合理理由的人,不得不在一定程度上也确信该人的结论可靠,否则,他就会被指责为无理取闹(谷振诣,刘壮虎,2006,p.25)。预见性是为了杜绝盲目行动,所以,预见性就意味着观点的实用性和行动的主动性(谷振诣,刘壮虎,2006,pp.12-15)。(3) 要引导个体学习面对相信什么或者做什么而作出合理决定的一系列知识、技术和方法(包括必要的逻辑学知识、辩论技术、发现问题和解决问题的方法等),并结合大量的思维训练学会如何在日常生活实践中熟练运用这些知识、技术和方法,这是培养批判性思维的核心(谷振诣,刘壮虎,2006,p.3)。(4) 要有独立人格,并拥有一颗宽容、公正、勇敢、恬淡、博爱的心。只有这样才能公正地权衡反方的论辩和证据,才能在压力面前仍坚持批判性思维,才能既容得下他人对自己的批评,不至于在他人一丁点的批评声中就丧失理智,又能在他人赞美时不至于迷失方向。

3. 大力培养创新思维

创新思维也叫"创造性思维",指人们运用新颖的方式解决问题,并能产生新的、有社会价值的产品(包括物质的和观念的产品)的心理过程。它是问题解决的最高形式。与此相对应,创造力指人们根据一定目的,运用各种信息,生产出某种新颖、有社会价值的产品的能力。《大学》记载:"汤之《盘铭》曰:'苟日新,日日新,又日新。'《康诰》曰:'作新民。'《诗》曰:'周虽旧邦,其命维新。'""汤"指商朝的开国帝王成汤,"盘铭"指刻在商汤的脸盆上用来警戒自己的箴言。整句箴言的意思是,假若能每天更新,就天天更新,每天不间断地更新。可见,至少早在商朝开国帝王成汤那时,中国人就开始非常推崇创新,其后的优秀学人也继承了这一优良传统,这是中国文化历久弥新的内在动力之一。这表明,至少在先秦时期,中国的优秀哲人是非常注重创新、追求创新的。但在中国学术自子学时代步入经学时代后(冯友兰语),许多学人逐渐抛弃了重视创新思维的优良传统,转而只将创新思维挂在嘴边,内心其实已习惯权威思维。正如笔者在《新好了歌》(第一首)中所说:"世人都说创新好,唯有内功修不了。创新情形今如何？嘴上说说就完了。"这不能不说是一件憾事！所以,当代中国人要重新回归先秦重视创新思维的优良传统,逐渐养成注重创新思维的习惯。正如笔者在《新好了歌》(第二首)中所说:"创新其实万般好,若是假冒还得了。如何才有真创新？实践思考错不了。"

另外,要发展或培育独立思维、批判性思维与创新思维,就必须解决好两个问题。(1)想不想(或敢不敢)独立思考和批判与创新的问题,它实际上要解决的是独立思考和批判与创新意识的问题。假若一个人没有独立思考意识、批判意识与创新意识,或者,即便有强烈的独立思考意识、批判意识或创新意识,但不敢独立思考,不敢勇于批判或创新,那么,哪怕他有像爱因斯坦般的独立意识和批判力与创新能力,也是不会去开展独立思考、进行批判性思维与从事创新活动的。(2)能不能独立思考和批判与创新的问题。它要解决的是独立思考和批判与创新的能力问题。如果一个人空有独立思考意识、批判意识与创新意识,但没有将之付诸现实的相应能力,那么他至多只能停留在做白日梦的幻想中。在崇尚个人主义且已建立起较健全管理制度的当代西方发达国家,几乎没有什么限制人的独立思考意识、批判意识与创新意识的文化氛围或管理制度,在这些国家,培养人的独立思维、批判性思维与创新思维的关键就落在解决"能不能独立思考、能不能批判性思考与创新的问题"上,因此才盛行诸如"头脑风暴法"之类旨在提高人的批判精神与创新思维的方法。可是,当代中国的许多儿童往往是从小伴随着"不"的声音长大的,多数儿童从接受各式教育开始就逐渐习得了"尊敬权威""尊敬长辈"之类的为人处世法则,导致原本具有一定独立思考意识、批判意识与创新意识的"初生牛犊"不断"作茧自缚",其独立思考意识、批判意识与创新意识逐渐减弱;再加上一些单位领导缺乏民主作风,实行"一言堂",慢慢地,一些人的独立思考意识、批判意识与创新意识也就消失得无影无踪。所以,在当代中国教育界乃至于全社会,若想真正将党中央、国务院提出的教育创新的精神落到实处,以高效提高个体的创新思维,关键措施之一是通过制度创新,使生活于该制度里的中国人自然而然地生发出强烈的独立思考意识、批判意识与创新意识。然后,再通过种种措施去提高个体的独立思考能力与批判性思维能力,通过传授给个体创造技法——包括缺点列举法、希望点列举法、扩加法、缩减法、类比思考法、联想、逆向思考法、移植思考法与组合思考法等——提高个体的创新能力(汪凤炎,燕良轼,郑红,2016,pp. 455-458),并千方百计帮助个体克服权威思维与跟风心态,帮助个体妥善对待传统与常规思维,帮助个体提高想象力。正如爱因斯坦所说:"想象力比知识更重要。"同时,帮助个体学习适应环境、塑造环境和选择环境,并学会如何平衡这三者之间的关系(Sternberg,2001)。只有这样做才能收到事半功倍的效果。若盲目照搬西方人培养独立思维、批判性思维与创新思维的做法,往往只能收到事倍功半的效果。

参考文献

［奥］弗洛伊德.(2009).精神分析引论.高觉敷,译.北京：商务印书馆.
［奥］弗洛伊德.(2014).图腾与禁忌.车文博,主编.北京：九州出版社.
［奥］路德维希·冯·米塞斯.(2007).官僚体制 反资本主义的心态.冯克利,姚中秋,译.北京：新星出版社.
［德］黑格尔.(1959).哲学史讲演录.贺麟,王太庆,译.北京：商务印书馆.
［德］黑格尔.(2006).历史哲学.王造时,译.上海：上海书店出版社.
［德］康德.(1986).道德形而上学原理.苗力田,译.上海：上海人民出版社.
［德］康德.(2016).实践理性批判(第2版).邓晓芒,译.北京：人民出版社.
［德］马克思,恩格斯.(1958a).马克思恩格斯全集(第三卷).中共中央马克思恩格斯列宁斯大林著作编译局,译.北京：人民出版社.
［德］马克思,恩格斯.(1958b).马克思恩格斯全集(第四卷).中共中央马克思恩格斯列宁斯大林著作编译局,译.北京：人民出版社.
［德］马克思,恩格斯.(1972).马克思恩格斯全集(第一卷).中共中央马克思恩格斯列宁斯大林著作编译局,译.北京：人民出版社.
［德］马克思,恩格斯.(2006).马克思恩格斯全集(第二版,第47卷).中共中央马克思恩格斯列宁斯大林著作编译局,译.北京：人民出版社.
［德］诺贝特·埃利亚斯.(2009).文明的进程：文明的社会起源和心理起源的研究.王佩莉,袁志英,译.上海：上海译文出版社.
［德］叔本华.(1999).叔本华论说文集.范进,等,译.北京：商务印书馆.
［德］韦伯.(2004).韦伯作品集 V 中国的宗教 宗教与世界.康乐,简惠美,译.桂林：广西师范大学出版社.
［法］柏格森.(1963).形而上学导言.刘放桐,译.北京：商务印书馆.
［古希腊］亚里士多德.(1992).尼科马科伦理学.苗力田,译.载苗力田主编,亚里士多德全集(第八卷).北京：中国人民大学出版社.
［美］E.G.波林.(1981).实验心理学史.高觉敷,译.北京：商务印书馆.
［美］爱因斯坦.(1976).爱因斯坦文集(第一卷).许良英,范岱年,编译.北京：商务印书馆.
［美］爱因斯坦.(1979).爱因斯坦文集(第三卷).许良英,范岱年,编译.北京：商务印书馆.
［美］本杰明·弗里德曼.(2008).经济增长的道德意义.李有天,译.北京：中国人民大学出版社.

［美］丹·艾瑞里.(2009).市场规范与社会规范.赵德亮,夏蓓洁,译.读者,(16), 50-51.

［美］丹尼尔·J.布尔斯廷.(1997).创造者——富于想象力的巨人们的历史.汤永宽,等,译.上海：上海译文出版社.

［美］理查德·格里格,菲利普·津巴多.(2003).心理学与生活(第16版).王垒,等,译.北京：人民邮电出版社.

［美］理查德·尼斯贝特.(2010).思维版图.李秀霞,译.北京：中信出版社.

［美］罗伯特·钱伯斯.(2006).黑色星期五之谜.小儒,编译.读者,(20),33.

［美］马克思·雅默.(1989).量子力学的哲学.秦克诚,译.北京：商务印书馆.

［美］玛格丽特·米德.(1987).文化与承诺：一项有关代沟问题的研究.周晓红,周怡,译.石家庄：河北人民出版社.

［美］明恩溥.(1998).中国人的特性.匡雁鹏,译.北京：光明日报出版社.

［美］摩尔,帕克.(2012).批判性思维：带您走出思维的误区.朱素梅,译.北京：机械工业出版社.

［美］史都林格.(2012).为什么要探索宇宙.Kelejiabing,译. 读者,(20),42-43.

［美］英克尔斯.(1985).人的现代化.殷陆君,编译.成都：四川人民出版社.

［日］涩泽荣一.(1996).论语与算盘——人生·道德·财富.王中江,译.北京：中国青年出版社.

［瑞士］荣格.(1991).分析心理学的理论与实践：塔维斯托克讲演.成穷,王作虹,译.北京：三联书店.

［英］阿克顿.(2011).自由与权力.侯健,范亚峰,译.南京：译林出版社,

［英］阿伦·布洛克.(1997).西方人文主义传统.董乐山,译.北京：三联书店.

［英］阿诺德·汤因比.(2005).历史研究(插图本).刘北成,郭小凌,译.上海：上海人民出版社.

［英］丹尼尔·汉南.(2015).自由的基因：我们现代世界的由来.徐爽,译.桂林：广西师范大学出版社.

［英］哈耶克.(1997).通往奴役之路.王明毅,译.北京：中国社会科学出版社.

［英］哈耶克.(1999).自由宪章.杨玉生,等,译.北京：中国社会科学出版社.

［英］李约瑟.(2003a).中国科学技术史(第一卷,总论,第一分册).中国科学技术史翻译小组,译.北京：科学出版社,上海：上海古籍出版社.

［英］李约瑟.(2003b).中国科学技术史(第四卷,第一分册).中国科学技术史翻译小组,译.北京：科学出版社,上海：上海古籍出版社.

［英］罗素.(1996).中国问题.秦悦,译.上海：学林出版社.

［英］迈克尔·波兰尼.(2000).个人知识：迈向后批判哲学.许泽民,译.贵阳：贵州人民出版社.

［英］麦高温.(1998).中国人生活的明与暗.朱涛,倪静,译.北京：新华出版社.

［英］汤因比.(1997).历史研究.曹未风,等,译.上海：上海人民出版社.

［英］约翰·鲍尔比.(2017).安全基地：依恋关系的起源.余萍,刘若楠,译.北京：世界图书出版公司.

《续修四库全书》编纂委员会.(2002a).续修四库全书(第1134册).上海：上海古籍出版社.

《续修四库全书》编纂委员会.(2002b).续修四库全书(第1195册).上海：上海古籍出版社.

大藏经刊行会.(1983).大正新修大藏经.台北:新文丰出版股份有限公司.
甘肃省博物馆.(1960).甘肃武威皇娘娘台遗址发掘报告.考古学报,(2),53-71,图版壹一图版陆.
广东、广西、湖北、河南辞源修订组,商务印书馆编辑部,编.(1983).辞源(修订本).北京:商务印书馆.
汉语大字典编辑委员会.(2010).汉语大字典(第二版 九卷本).成都:四川出版集团·四川辞书出版社,武汉:湖北长江出版集团·崇文书局.
辽宁省文物考古研究所.(2012).查海:新石器时代聚落遗址发掘报告(全3册).北京:文物出版社.
南京中医学院.(1991).黄帝内经素问译释(第3版).上海:上海科学技术出版社.
濮阳市文物管理委员会,濮阳市博物馆,濮阳市文物工作队.(1988).河南濮阳西水坡遗址发掘简报.文物,(3),1-6.
濮阳西水坡遗址考古队.(1989).1988年河南濮阳西水坡遗址发掘简报.文物,(12),1057-1066.
日本藏经学术研究会.(1983a).大正原版大藏经(第20册).台北:新文丰出版股份有限公司影印.
日本藏经学术研究会.(1983b).大正原版大藏经(第46册).台北:新文丰出版股份有限公司影印.
翁牛特旗文化馆.(1984).内蒙古翁牛特旗三星他拉村发现玉龙.文物,(6),6,10.
中国大百科全书总编辑委员会《心理学》编辑委员会.(1991).中国大百科全书·心理学.上海:中国大百科全书出版社.
中国大百科全书总编辑委员会《中国传统医学》编辑委员会.(1992).中国大百科全书·中国传统医学.上海:中国大百科全书出版社.
中国社会科学院考古研究所山西队,临汾地区文化局.(1983).1978-1980年山西襄汾陶寺墓地发掘简报.考古,(1),30-42.
白岩松.(2012).权、钱、名,我们喜欢什么.读者,(21),21.
班固.(1962).汉书.北京:中华书局.
鲍鹏山.(2018).正义的边界.读者,(9),39.
毕恒达.(2000).家的意义.应用心理研究,(8),53-169.
蔡锦昌.(2000年4月).二元与二气之间:分类与思考方式的比较."社会科学概念:本土与西方"讨论会上发表之论文,台北.
蔡尚思.(1963).论孔子中庸及其变革思想的实质.学术月刊,(11),51-56.
曹胜高,安娜.(2007).六韬 鬼谷子.北京:中华书局.
陈初生.(1987).金文常用字典.西安:陕西人民出版社.
陈独秀.(1915a).敬告青年.青年杂志,1(1),2.
陈独秀.(1915b).东西民族根本思想之差异.青年杂志,1(4),1-4.
陈沣.(1988).东塾读书记.北京:北京古籍出版社.
陈谷嘉,朱汉民.(1998).中国德育思想研究.杭州:浙江教育出版社.
陈鼓应.(2009a).老子注译及评介(修订增补本).北京:中华书局.
陈鼓应.(2009b).庄子今注今译.北京:中华书局.
陈洪.(1999).盂兰盆会起源及有关问题新探.佛学研究,(8),237-246.
陈鸿桥.(2008).90%的玄机.读者,(20),1.
陈嘉谟.(1988).本草蒙筌.北京:人民卫生出版社.

陈俊,贺晓玲,张积家.(2007).反事实思维两大理论:范例说和目标-指向说.*心理科学进展*,15(3),416-422.

陈来.(2007).朱熹《中庸章句》及其儒学思想.*中国文化研究*,(2),1-11.

陈来.(2013).论中国文化的价值理念与世界意识.*船山学刊*,(3),62-68.

陈立.(1994).*白虎通疏证*.北京:中华书局.

陈美东.(2003).*中国科学技术史 天文学卷*.北京:科学出版社.

陈秋平,尚荣.(2007).*金刚经·心经·坛经*.北京:中华书局.

陈荣捷.(1982).*朱学论集*.台北:学生书局.

陈荣捷.(1995).*新儒学论集*.台北:"中央研究院"中国文哲所.

陈寿.(1982).*三国志*.裴松之,注.陈乃乾,校点.北京:中华书局.

陈直.(2007).*寿亲养老新书*.邹铉,增续.黄瑛,整理.北京:人民卫生出版社.

程颢,程颐.(2004).*二程集*.北京:中华书局.

程俊英,蒋见元.(1991).*诗经注析*.北京:中华书局.

程麻.(1999).*中国心理偏失:圆满崇拜*.北京:社会科学文献出版社.

崔文华.(1989).*权力的祭坛*.北京:工人出版社.

戴煌.(2013).*胡耀邦与平反冤假错案(修订版)*.北京:生活·读书·新知三联书店.

戴念祖.(1986).*朱载堉——明代的科学和艺术巨星*.北京:人民出版社.

邓朝晖.(2015).娘亲十重恩.*特别关注*,(4),8.

邓红蕾.(1988).中庸思想研究.*哲学动态*,(2),16-19.

邓小南.(2003).关于"道理最大"——兼谈宋人对于"祖宗"形象的塑造.*暨南学报(哲学社会科学版)*,25(2),116-126.

丁小萍.(1994).道教享乐观念的分析.*浙江大学学报(社会科学版)*,(4),33-37.

窦文宇,窦勇.(2003).*汉字字源:当代新说文解字*.长春:吉林文史出版社.

杜凤娇,袁静.(2012).官本位走向——如何回到群众中去.*人民论坛*,(10月下),9-13.

段锦云,冯成志.(2010).人类决策"理性观"的演化.*苏州大学学报(哲学社会科学版)*,(2),31-33.

段伟文.(2007).整体论研究:哲学与科学的反思.*中国人民大学学报*,(3),1.

樊浩.(2009).当前中国伦理道德状况及其精神哲学分析.*中国社会科学*,(4),27-42.

范晔.(1965).*后汉书*.北京:中华书局.

房玄龄,等.(1974).*晋书*.北京:中华书局.

冯仑.(2016).钱心跟着人心走.*读者*,(14),63.

冯树纯.(1986).*元明清词曲百首*.天津:新蕾出版社.

冯天瑜,何晓明,周积明.(2010).*中华文化史(第3版)*.上海:上海人民出版社.

冯天瑜,周积明.(1986).*中国古文化的奥秘*.武汉:湖北人民出版社.

冯友兰.(1935).原儒墨.*清华大学学报(自然科学版)*,(2),279-310.

冯友兰.(1942).论命运.*中央日报·星期专论*,1942-11-29.

冯友兰.(1961).*中国哲学史(上下册)*.北京:中华书局.

冯友兰.(1984).*三松堂自序*.北京:三联书店.

冯友兰.(1985).*中国哲学史新编(第三册)*.北京:人民出版社.

冯友兰.(1986).*中国哲学史新编(第四册)*.北京:人民出版社.

冯友兰.(1988).*中国哲学史新编(第五册)*.北京:人民出版社.
冯友兰.(1996).*贞元六书*.上海:华东师范大学出版社.
傅维康,吴鸿洲.(1988).*黄帝内经导读*.成都:巴蜀书社.
高觉敷.(1985).*中国心理学史*.北京:人民教育出版社.
高觉敷.(2005).*中国心理学史*.北京:人民教育出版社.
高濂.(2007).*遵生八笺*.北京:人民卫生出版社.
高树藩.(1989).*中文形音义综合大词典*.北京:中华书局.
葛荣晋.(1991).儒家"中庸"概念的历史演变.*哲学与文化*,18(9),797-809.
葛岩,秦裕林.(2008).Dragon能否表示龙——对民族象征物跨文化传播的试验性研究.*中国社会科学*,(1),162-176.
龚廷贤.(2008).*寿世保元(第2版)*.北京:人民卫生出版社.
谷振诣,刘壮虎.(2006).*批判性思维教程*.北京:北京大学出版社.
顾观光.(2004).*神农本草经*.兰州:兰州大学出版社.
顾颉刚.(1982).五德终始说下的政治和历史.见*古史辨(五)下编*.上海:上海古籍出版社.
顾禄.(2008).*清嘉录*.来新夏,点校.北京:中华书局.
关立言.(1998).春秋日食三十七事考.*史学月刊*,(2),95-103.
关煜平.(2001).简评中国古代阴阳五行思维模式的双重价值.*郑州大学学报(哲学社会科学版)*,34(4),35-38.
管洪彦.(2011)."被精神病"凸显精神卫生立法缺失.*中国社会科学报*,2011-01-20(8).
郭本禹.(2003).*当代心理学的新进展*.济南:山东教育出版社.
郭齐勇.(2014)."中庸"思维方法论的要义.*光明日报*,2014-02-08(06).
郭若虚.(1987).图画见闻志.见*四库全书(第812册)*.上海:上海古籍出版社.
郭于华.(2016).不要用"一分为二"消弭了是非善恶的界限.*共识网*,2016-03-27.
何良俊.(1959).四友斋丛说.载*元明史料笔记丛刊*.北京:中华书局出版社.
何晓明.(1987).中华文化结构论.*中州学刊*,(1),108-112.
蘅塘退士.(2003).*唐诗三百首*.北京:中华书局.
洪振快.(2016).光绪皇帝与英语.*读者*,(17),20-21.
胡澹庵.(1980).*绘图解人颐*.台北:新文丰出版股份有限公司.
胡平生.(1996).*孝经译注*.北京:中华书局.
胡琦.(2011).迈开你的两条腿.*中国少年报*,2011-11-16(9).
胡愔.(1977).黄庭内景五脏六腑补泻图并序.载*正统道藏(第11册)*.台北:艺文印书馆印行.
胡震.(2013).因言何以获罪?——"谋大逆"与清代文字狱研究.*中国农业大学学报(社会科学版)*,30(4),57-60.
黄光国.(2005).*儒家关系主义*.台北:台湾大学出版中心.
黄光国.(2011).*心理学的科学革命方案*.台北:心理出版社股份有限公司.
黄光国.(2014).两种传统的整合.*本土心理学研究*,(41),140.
黄晖.(1990).*论衡校释*.北京:中华书局.
黄坚厚.(1988).现代生活中孝的实践.载杨国枢主编,*中国人的心理*(pp.25-38).台北:桂冠图书股份有限公司.
黄金兰,林以正,杨中芳.(2012).中庸信念/价值量表之修订.*本土心理学研究*,

(38),3-14.

黄曬莉.(2007).华人人际和谐与冲突：本土化的理论与研究.重庆：重庆大学出版社.

黄寿祺,张善文.(2004).周易译注.上海：上海古籍出版社.

黄卫平.(1985).试论中国传统思维方式的特征.江海学刊(文史哲社版),(1),82-89.

黄卧云.(2014).对中国改革历史的思考.炎黄春秋,(7),10-15.

黄希庭.(2002).人格心理学.杭州：浙江教育出版社.

黄永锋.(2008).暴力复仇与社会控制——一个行为心理学的视角.海南大学学报(人文社会科学版),26(2),136-143.

黄永武.(2013).平生恨事.读者,(1),15.

蕙子.(2016).紫色为什么成了王室专用色.读者,(14),71.

吉成名.(2002)."九似说"的提出者究竟是谁.文史杂志,(3),40-41.

季羡林.(2006).三十年河东 三十年河西.北京：当代中国出版社.

蒋方舟.(2014).富人的物种起源.读者,(1),37.

蒋礼鸿.(1986).商君书锥指.北京：中华书局.

蒋勋.(2014).肉身供养.北京：现代出版社.

金克木.(1996).咫尺天颜应对难.北京：人民日报出版社.

金秋鹏.(2008).中国科学技术史 图录卷.北京：科学出版社.

金耀基.(2007).人文教育在现代大学中的位序.书摘,(12),5.

景昌极.(1922).中国心理学大纲.学衡,(8),31-44.

蓝博洲.(1993).白色恐怖.台北：扬智文化事业股份有限公司.

黎靖德.(1994a).朱子语类(一).王星贤,点校.北京：中华书局.

黎靖德.(1994b).朱子语类(三).王星贤,点校.北京：中华书局.

黎翔凤.(2004).管子校注.北京：中华书局.

李大钊.(1918).东西文明之根本异点.言治.(季刊,第3册).

李根蟠.(1989).中国古代耕作制度的若干问题.古今农业,(1),1-7.

李国林.(2007).龙文化专家呼为中华龙英文名由dragon改为loong.中国新闻网,2007-14-20.

李海青.(2008)."家"的结构分析：当代青年人"家"的内隐观研究.心理科学,31(4),1012-1017.

李华伟.(2014).儒家孝道伦理借基督教重生？——乡村基督教激活与改变儒家伦理的悖论性个案分析.中国农业大学学报(社会科学版),31(4),105-117.

李景林,郑万耕.(2010).中国哲学概论.北京：北京师范大学出版社.

李零.(1997).吴孙子发微.北京：中华书局.

李美枝.(2010).中庸理念与研究方法的实践性思考.本土心理学研究,(34),97-110.

李平.(2014).中国智慧哲学与中庸之道研究.载杨宜音主编,中国社会心理学评论(第八辑)(pp.237-255).北京：社会科学文献出版社.

李倩.(2018).西装冷知识.读者,(1),39.

李时珍.(1987).本草纲目.载四库全书(第774册).上海：上海古籍出版社.

李翔海.(2010)."孝"：中国人的安身立命之道.学术月刊,(42),27-36.

李心天,汤慈美.(2009).丁瓒心理学文选.北京：人民教育出版社.

李学勤. (1986). 帛书《五行》与《尚书·洪范》. 学术月刊, (11), 37-40.
李延寿. (1975). 南史. 北京：中华书局.
李亦民. (1915). 人生唯一之目的. 青年杂志, 1(2), 3-6.
李亦园. (1988). 中国家族与其仪式：若干观念的检讨. 载杨国枢主编, 中国人的心理(p.13). 台北：桂冠图书股份有限公司.
李亦园. (1992). 文化的图像(下). 台北：允晨文化实业股份有限公司.
李渔. (2011). 闲情偶寄. 北京：中华书局.
李贽. (1975). 焚书　续焚书. 北京：中华书局.
李致重. (2004). 中医复兴论. 北京：中国医药科技出版社.
李智伟. (2010). 田园情结与游戏机制的狂欢——"农场游戏"风靡的文化根源与现实依据探析. 当代青年研究, (4), 1-5.
李宗桂. (1988). 中国文化概论. 广州：中山大学出版社.
李宗吾. (1996). 厚黑大全. 北京：今日中国出版社.
连岳. (2016). 中国与外国. 读者, (9), 39.
梁凤华, 段锦云, 程肇基. (2016). 农民工的三类社会关系对其道德脸面感受的影响. 心理科学, 39(3), 673-678.
梁宏宇, 陈石, 熊红星, 孙配贞, 李放, 郑雪. (2015). 人际感恩：社会交往中重要的积极情绪. 心理科学进展, 23(3), 477-488.
梁启超. (1921). 阴阳五行说之来历. 东方杂志, 20(10), 70-79.
梁启超. (1998). 中国历史研究法. 上海：上海古籍出版社.
梁启超. (2006). 中国近三百年学术史. 上海：上海三联书店.
梁漱溟. (1987). 中国文化要义. 上海：学林出版社.
梁漱溟. (1999). 东西文化及其哲学(第2版). 北京：商务印书馆.
梁兴嗣. (1991). 千字文释义. 北京：中国书店.
廖保平. (2016). 中国人的官瘾史. 读者, (9), 23.
林安梧. (2010). 跨界的话语、实存的感通——关于《中庸实践思维体系探研的初步进展》一文读后感. 本土心理学研究, (34), 128.
林方. (1987). 人的潜能和价值. 北京：华夏出版社.
林语堂. (1994). 中国人(全译本). 上海：学林出版社.
凌翼云. (2011). 目连戏与佛教. 广州：广东高等教育出版社.
刘长林. (1982). 内经的哲学和中医学的方法. 北京：科学出版社.
刘承华. (2002). 文化与人格：对中西文化差异的一次比较. 合肥：中国科学技术大学出版社.
刘金花. (1997). 儿童发展心理学(修订版). 上海：华东师范大学出版社.
刘精诚. (1993). 中国道教史. 台北：文津出版社.
刘起釪. (1980).《洪范》成书时代考. 中国社会科学, (3), 155-170.
刘清海. (2008). 人性丛林中的忌讳(外一则). 读者, (16), 44.
刘若愚. (1991). 中国之侠. 周清霖, 唐发铙, 译. 上海：上海三联书店.
刘文典. (1989). 淮南鸿烈集解. 北京：中华书局.
刘向. (2009). 说苑译注. 北京：北京大学出版社.
刘笑敢. (2012). 官本位怪儒家是"孙子有病爷吃药". 人民论坛, (10月下), 23.
刘墉. (2016). 处世之道. 读者, (13), 35.
刘志雄, 杨静荣. (1992). 龙与中国文化. 北京：人民出版社.

柳亚子,等.(1933).新年的梦想(梦想的中国 梦想的个人生活).*东方杂志,30*(1),(特)1-(特)83.

卢弼.(1982).*三国志集解(影印版)*.北京:中华书局.

鲁迅.(1918).《随感录》之三八.*新青年,5*(5),515-518.

鲁迅.(1973a).*鲁迅全集(第一卷)*.上海:人民文学出版社.

鲁迅.(1973b).*鲁迅全集(第六卷)*.上海:人民文学出版社.

鲁迅.(1980).*热风*.北京:人民文学出版社.

鲁迅.(2005a).*鲁迅全集(第二卷)*.北京:人民文学出版社.

鲁迅.(2005b).*鲁迅全集(第三卷)*.北京:人民文学出版社.

陆谷孙.(2007).*英汉大词典(第2版)*.上海:上海译文出版社.

罗国忠.(2009).日本人日常生活中的禁忌语言与禁忌习俗.*四川外语学院学报,25*(2),35-38.

罗愿.(1985a).*尔雅翼(二)*.洪焱祖,释.北京:中华书局.

罗愿.(1985b).*尔雅翼(四)*.洪焱祖,释.北京:中华书局.

罗竹风.(1997).*汉语大词典*.上海:汉语大词典出版社.

吕不韦.(2002).*吕氏春秋新校释*.上海:上海古籍出版社.

吕大临,等.(1993).*蓝田吕氏遗著辑校*.北京:中华书局.

吕坤.(2000).*吕坤全集·呻吟语*.北京:中华书局.

吕友仁.(2003).称谓的误解和乱用.*文史知识*,(10),100-104.

马伯英.(1995).中国的人痘接种术是现代免疫学的先驱.*中华医史杂志,25*(3),139-144.

马德.(2015).大隐.*读者*,(4),17.

马立诚.(2016).*历史的拐点:中国历朝改革变法实录*.北京:东方出版社.

马如森.(2007).*殷墟甲骨文学:带您走进甲骨文的世界*.上海:上海大学出版社.

马未都.(2017).筷子.*读者*,(24),57.

马欣然,任孝鹏,徐江.(2016).中国人集体主义的南北方差异及其文化动力.*心理科学进展,24*(10),1551-1555.

马银琴.(2012).*搜神记*.北京:中华书局.

毛泽东.(1991).*毛泽东选集(第二卷)(第2版)*.北京:人民出版社.

蒙培元.(1993).*中国哲学的主体思维*.北京:人民出版社.

缪文远,缪伟,罗永莲.(2012).*战国策*.北京:中华书局.

南怀瑾.(2004).*静坐修道与长生不老(第3版)*.上海:复旦大学出版社.

倪梁康.(2000).良知:在"自知"与"共知"之间——欧洲哲学中"良知"概念的结构内涵与历史发展.载刘东主编,*中国学术(第一辑)*(pp.15-117).北京:商务印书馆.

宁业高,等.(1995).*中国孝文化漫谈*.北京:中央民族大学出版社.

欧阳修.(1999).*新五代史*.北京:中华书局.

欧阳修,宋祁.(2000).*新唐书*.北京:中华书局.

欧阳友徽.(1992).古代中印文化交流的一个例证——目连传说的演变.*西域研究*,(2),83-90.

潘富恩.(1989).论儒家孝观念的历史演变和影响.见*儒学国际学术讨论会论文集(上)*(pp.440-449).济南:齐鲁书社.

庞朴.(1980).*帛书五行篇研究*.济南:齐鲁书社.

庞朴.(1986).文化结构与近代中国.*中国社会科学*,(5),81-98.

彭国华. (2010). "中庸"辨义. 人民日报, 2010 - 01 - 15(7).
蒲清平, 朱丽萍. (2012). 大学生"知恩图报"的心理反应特点. 心理科学, 35(5), 1185 - 1189.
钱穆. (1962). 民族与文化. 香港：新亚书院.
钱学森. (1986). 关于思维科学. 上海：上海人民出版社.
秦明吾. (2004). 中日习俗文化比较. 北京：中国建材工业出版社.
覃青必. (2013). 道德绑架内涵探析. 江苏社会科学, (5), 246 - 250.
瞿同祖. (1974). 中国法律与中国社会. 台北：崇文书店.
曲向红. (2011). 醉卧花丛：浪子的快意与失意人生. 济南：济南出版社.
任继愈. (1990). 中国道教史. 上海：上海人民出版社.
任继愈. (1996). 中国哲学史(四). 北京：人民出版社.
荣开明, 等. (1989). 现代思维方式探略. 武汉：华中理工大学出版社.
沙莲香. (2006). 中国民族性(一). 北京：中国人民大学出版社.
邵雍. (2001). 邵雍集. 北京：中华书局.
申辰. (1984). "中庸"本义. 国内哲学动态, (2), 22 - 24.
申辰. (1985). 再论"中庸". 国内哲学动态, (2), 18 - 21.
申荷永. (2001). 中国文化心理学心要. 北京：人民出版社.
沈碧. (2017). 原来恩爱皆平常. 特别关注, (12), 18 - 19.
盛钟健, 等. (1986). 隋唐嘉话. 杭州：浙江古籍出版社.
尸佼. (2006). 尸子译注. 上海：上海古籍出版社.
施展. (2017). 大宋的幽云十六州. 读书, (3), 83 - 91.
司马光. (2012). 资治通鉴. 胡三省, 音注. 北京：中华书局.
司马迁. (2005). 史记. 北京：中华书局.
苏丁. (1988). 中西文化文学比较研究论集. 重庆：重庆出版社.
苏力. (2005). 复仇与法律——以《赵氏孤儿》为例. 法学研究, (1), 53 - 69.
苏舆. (1992). 春秋繁露义证. 北京：中华书局.
孙隆基. (2011). 中国文化的深层结构(第2版). 桂林：广西师范大学出版社.
孙其刚. (2000). 对濮阳蚌塑龙虎墓的几点看法. 中国历史博物馆馆刊, (1), 14 - 21.
孙思邈. (1998). 千金翼方校释. 北京：人民卫生出版社.
孙星衍. (1986). 尚书今古文注疏. 北京：中华书局.
孙诒让. (2001). 墨子闲诂. 北京：中华书局.
孙岳颁, 等. (1987). 御定佩文斋书画谱. 载四库全书(第819册). 上海：上海古籍出版社.
汤化. (2011). 晏子春秋. 北京：中华书局.
汤一介. (1995). 内圣外王之道. 载在非有非无之间. 台北：正中书局.
汤一介. (1996). 略论儒学的现代意义. 未来与发展, (3), 34 - 36.
田秉锷. (2008). 龙图腾：中华龙文化的源流. 北京：社会科学文献出版社.
田婴. (2003). 东方智慧与西方智慧的比较. 百姓, (5), 30 - 32.
脱脱, 等. (1977). 宋史. 北京：中华书局.
汪凤炎. (1999). 从心理学角度析理学中的理欲辩. 心理科学, 22(2), 183 - 184.
汪凤炎. (2006a). 荣耻心产生的心理机制及其教育意义. 教育研究, (6), 11 - 14.
汪凤炎. (2006b). "德"的含义及其对当代中国德育的启示. 华东师范大学学报(教育科学版), (3), 11 - 20.

汪凤炎.(2007a).科学看待儿童读经.南京师大学报(社会科学版),(4),73-79.

汪凤炎.(2007b).中国传统德育心理学思想及其现代意义(修订版).上海:上海教育出版社.

汪凤炎.(2008).中国心理学思想史.上海:上海教育出版社.

汪凤炎.(2015).中国养生心理学思想史.上海:上海教育出版社.

汪凤炎.(2018).对水稻理论的质疑:兼新论中国人偏好整体思维的内外因.心理学报,50(5),572-582.

汪凤炎.(2019).独立自我和互依自我:从文化历史演化看中式自我的诞生、转型与定格.南京师大学报(社会科学版),(4),61-77.

汪凤炎,傅绪荣.(2017)."智慧":德才一体的综合心理素质.中国社会科学报,2017-10-30(6).

汪凤炎,许智濛,孙月姣,周玲.(2014).中国人孝道心理的现状与变迁.心理学探新,34(6),527-535.

汪凤炎,燕良轼,郑红.(2019).教育心理学新编(第五版).广州:暨南大学出版社.

汪凤炎,郑红.(2008).中国文化心理学(第三版).广州:暨南大学出版社.

汪凤炎,郑红.(2009)."知而获智"观:一种经典的中式智慧观.南京师大学报(社会科学版),(4),104-110.

汪凤炎,郑红.(2010).荣辱心的心理学研究.北京:人民出版社.

汪凤炎,郑红.(2011).良心新论——建构一种适合解释道德学习迁移现象的理论.济南:山东教育出版社.

汪凤炎,郑红.(2012).改变道德习俗:生活德育的最佳切入路径.南京社会科学,(6),113-119.

汪凤炎,郑红.(2014).智慧心理学的理论探索与应用研究.上海:上海教育出版社.

汪凤炎,郑红.(2015a).品德与才智一体:智慧的本质与范畴.南京社会科学,(3),127-133.

汪凤炎,郑红.(2015b).中国文化心理学(第五版).广州:暨南大学出版社.

汪荣宝.(1987).法言义疏(上册).北京:中华书局.

汪震.(1924).王阳明心理学.心理,3(3),1-17.

王大有.(2000).中国龙种文化.北京:中国社会出版社.

王符.(1985).潜夫论笺校正.北京:中华书局.

王海明.(2008).道德哲学原理十五讲.北京:北京大学出版社.

王嘉兴.(2016).完美的错误.读者,(21),9-13.

王筠.(1987).说文释例.北京:中华书局.

王利器.(2009).文子疏义(第2版).北京:中华书局.

王明.(1960).太平经合校.北京:中华书局.

王庆节.(2004).解释学、海德格尔与儒道今释.北京:中国人民大学出版社.

王庆节.(2006).作为示范伦理的儒家伦理.学术月刊,(9),48-50.

王世舜,王翠叶.(2012).尚书.北京:中华书局.

王守仁.(1992).王阳明全集.上海:上海古籍出版社.

王巍.(2016).汉代以前的丝绸之路——考古所见欧亚大陆早期文化交流.中国社会科学报,2016-01-12(4).

王维堤,唐文书.(2004).春秋公羊传译注.上海:上海古籍出版社.

王先谦.(1988).荀子集解.北京:中华书局.

王先慎.(1998).韩非子集解.北京：中华书局.

王学勤.(2007).儒家思想对锡伯族家庭教育的影响."和谐社会与少数民族青少年道德教育——第五次中国道德教育学术论坛"会议论文集.

王逸.(1985).楚辞.北京：中华书局.

王予灵,汪凤炎.(2018).老者智否？成人智慧与年龄的关系.心理科学进展,(1),107-117.

王中江.(2006)."身心合一"之"仁"与儒家德性伦理——郭店竹简"㤅"字及儒家仁爱的构成.中国哲学史,(1),5-14.

王祖武,等.(1994).中华文明史：第一卷(史前).石家庄：河北教育出版社.

韦政通.(1988).中国的智慧.北京：中国和平出版社.

韦政通.(1990).儒家与现代中国.上海：上海人民出版社.

维舟.(2012).这一代人的恐惧与焦虑.读者,(11),37.

魏新.(2017).甚于"莫须有"者.读者,(23),64-65.

魏徵,等.(1987).隋书(附考证).载四库全书(第264册).上海：上海古籍出版社.

文崇一.(1988).中国传统价值的稳定与变迁.载杨国枢主编,中国人的心理.台北：桂冠图书股份有限公司.

闻明.(1992).中国传统伦理文化中"恩"的观念.道德与文明,(5),22-25.

闻一多.(1982).闻一多全集·第一卷·神话与诗.北京：三联书店.

吴楚材,吴调侯.(2010).古文观止.上海：上海古籍出版社.

吴淡如.(2015).最努力的时候运气最好.南京：江苏凤凰文艺出版社.

吴兢.(2003).贞观政要集校.北京：中华书局.

吴谦,等.(1997).医宗金鉴.鲁兆麟,等,点校.沈阳：辽宁科学技术出版社.

夏继果.(2011)."中世纪黑暗说"的形成及动摇.中国社会科学报,2011-04-26(4).

夏家善.(1995).袁氏世范.天津：天津古籍出版社.

夏萌.(2017).你是你吃出来的.南昌：江西科技出版社.

夏彦民.(1983).地球运行趣谈.北京：中国青年出版社.

夏征农,陈至立.(2010).辞海(第六版缩印本).上海：上海辞书出版社.

萧子显.(1972).南齐书.北京：中华书局.

谢光辉.(1997).常用汉字图解.北京：北京大学出版社.

谢鹏程.(2010).办公大楼法则.读者,(7),13.

徐贲.(2008).美国：如何在一个危险的世界中坚守道德.时代周报,2008-07-09.

徐复观.(1961a).阴阳五行观念之演变及若干有关文献的成立时代与解释的问题(上).民主评论,12(19),480-485.

徐复观.(1961b).阴阳五行观念之演变及若干有关文献的成立时代与解释的问题(中).民主评论,12(20),504-509.

徐复观.(1961c).阴阳五行观念之演变及若干有关文献的成立时代与解释的问题(下).民主评论,12(21),529-538.

徐复观.(1984).中国人性论史——先秦篇.台北：台湾商务印书馆.

徐复观.(1987).中国艺术精神.沈阳：春风文艺出版社.

徐复观.(2004).中国思想史论集.上海：上海书店出版社.

徐克谦.(1984)."中庸"新探.学术月刊,(10),73-76.

徐启恒,李希泌.(1978).詹天佑和中国铁路.上海：上海人民出版社.

徐问笑.(2016).大宋的胸怀.读者,(11),66.
徐晓波,孙超,汪凤炎.(2017).精神幸福感：概念、测量、相关变量及干预.心理科学进展,25(2),275-289.
徐元诰.(2002).国语集解.北京：中华书局.
徐志频.(2015).杂学成就左宗棠.读者,(11),71.
徐中舒.(2006).甲骨文字典(第2版).成都：四川辞书出版社.
许嘉璐.(2008).今世缘 中华缘.扬子晚报,2008-02-01(B3).
许烺光.(1989).美国人与中国人：两种生活方式比较.北京：华夏出版社.
许慎,撰,段玉裁,注.(1988).说文解字注(第2版).上海：上海古籍出版社.
许智濠,汪凤炎.(2013).消极孝道对传统婚恋心理与行为的影响及对策.赣南师范学院学报,(1),90-93.
严北溟,严捷.(1986).列子译注.上海：上海古籍出版社.
严修.(2011).治命与乱命.读者,(18),57.
严耀中.(1991).中国宗教与生存哲学.上海：学林出版社.
燕国材.(1988).明清心理思想研究.长沙：湖南人民出版社.
燕国材.(1998).中国心理学史.杭州：浙江教育出版社.
燕国材.(1999).中国古代心理学思想史.台北：远流出版事业股份有限公司.
燕国材.(2004).心理学史·中国卷.长沙：湖南教育出版社.
杨伯峻.(1980).论语译注.北京：中华书局.
杨伯峻.(1990).春秋左传注(修订本).北京：中华书局.
杨伯峻.(2005).孟子译注.北京：中华书局.
杨曾文.(1993).敦煌新本六祖坛经.上海：上海古籍出版社.
杨国荣.(2000).道德系统中的德性.中国社会科学,(3),85-97.
杨国枢.(1982).缘及其在现代生活中的作用.中华文化复兴月刊,15(11),17-42.
杨国枢.(1988a).中国人的蜕变.台北：桂冠图书股份有限公司.
杨国枢.(1988b).中国人的心理.台北：桂冠图书股份有限公司.
杨国枢.(2004).中国人的心理与行为：本土化研究.北京：中国人民大学出版社.
杨国枢,黄光国,杨中芳.(2005).华人本土心理学(上、下).台北：远流出版事业股份有限公司.
杨国枢,文崇一,吴聪贤,李亦园.(2006).社会及行为科学研究法(上、下).重庆：重庆大学出版社.
杨联升.(1976).报——中国社会关系的一个基础.载段昌国等译,中国思想与制度论集(pp.347-372).台北：联经出版事业公司.
杨明照.(1991).抱朴子外篇校笺(上册).北京：中华书局.
杨启亮.(1996).道家教育的现代诠释.武汉：湖北教育出版社.
杨天宇.(2004a).礼记译注.上海：上海古籍出版社.
杨天宇.(2004b).周礼译注.上海：上海古籍出版社.
杨鑫辉.(1994).中国心理学思想史.南昌：江西教育出版社.
杨鑫辉.(2000).心理学通史(第一卷).济南：山东教育出版社.
杨宜音.(2014a).中国社会心理学评论(第七辑).北京：社会科学文献出版社.
杨宜音.(2014b).中国社会心理学评论(第八辑).北京：社会科学文献出版社.
杨中芳.(1985).香港社会价值变迁与送礼的行为(上).国际经贸探索,(1),55-60.
杨中芳.(1996).如何研究中国人.台北：桂冠图书股份有限公司.

杨中芳.(2001a).如何理解中国人——文化与个人论文集.台北:远流出版事业股份有限公司.

杨中芳.(2001b).中国人的人际关系、情感与信任——一个人际交往的观点.台北:远流出版事业股份有限公司.

杨中芳.(2008).中庸实践思维研究——迈向建构一套本土心理学知识体系.载杨中芳主编,本土心理研究取径论丛(pp.435-478).台北:远流出版事业股份有限公司.

杨中芳.(2010a).中庸实践思维体系探研的初步进展.本土心理学研究,(34),2-95.

杨中芳.(2010b).一个中庸、各自表述.本土心理学研究,(34),161.

杨中芳.(2014).中庸社会心理学研究的构念化:兼本辑导读.载杨宜音主编,中国社会心理学评论(第七辑).北京:社会科学文献出版社.

杨中芳,林升栋.(2012).中庸实践思维体系构念图的建构效度研究.社会学研究,(4),165-186.

姚春鹏.(2010a).黄帝内经·上册·素问.北京:中华书局.

姚春鹏.(2010b).黄帝内经·下册·灵枢.北京:中华书局.

姚淦铭,等.(1997).王国维文集(第一卷).北京:中国文史出版社.

姚琦,乐国安.(2000).动机理论的新发展:调节定向理论.心理科学进展,17(6),1264-1273.

叶光辉.(2009a).华人双元孝道模型研究的回顾与前瞻.本土心理学研究,(32),101-148.

叶光辉.(2009b).再论华人双元孝道模型的几个关键性议题.本土心理学研究,(32),205-248.

叶光辉,曹惟纯.(2014).从华人文化脉络反思台湾高龄社会下的老人福祉.中国农业大学学报(社会科学版),31(3),30-46.

叶光辉,杨国枢.(2009).中国人的孝道:心理学的分析.重庆:重庆大学出版社.

叶林生.(2004).濮阳西水坡M45号墓的释读问题.苏州大学学报(哲学社会科学版),(2),103-107.

叶舒宪,等.(1998).中国古代神秘数字(第2版).北京:社会科学文献出版社.

叶秀山.(1986).苏格拉底及其哲学思想.北京:人民出版社.

伊北.(2010).江冬秀:顺流逆流.散文,(4),47.

佚名.(2013).十二生肖按照什么顺序排列?.奥秘,(10),65.

佚名.(2016).中国人的节日负担为什么这么重.读者,(8),24-25.

易白沙.(1916a).我.青年杂志,1(5),1-5.

易白沙.(1916b).孔子平议(上).青年杂志,1(6),1-6.

易白沙.(1916c).孔子平议(下).新青年,2(1),1-6.

阴法鲁,许树安.(1991).中国古代文化史(三).北京:北京大学出版社.

殷海光.(1988).中国文化的展望.北京:中国和平出版社.

尹恭正,周修高.(2000).贵州关岭晚三叠世早期海生爬行动物.地质地球化学,28(4),107-108.

尹恭正,周修高,曹泽田,喻羑艺,罗永明.(2000).贵州关岭晚三叠世早期海生爬行动物的初步研究.地质地球化学,28(3),1-23.

尹荣方.(1996).鹊、鸦俗信的发生与直观经验.文史知识,(5),38-43.

余斌.算命术.读者,2017,(22),57.

余德慧.(2005).本土化的心理疗法.载杨国枢,黄光国,杨中芳,华人本土心理学(下)(pp.905-939).台北:远流出版事业股份有限公司.

余俊宣,寇彧.(2015).自私行为的传递效应.*心理科学进展*,*23*(6),1061-1069.

余伟,郑钢.(2005).跨文化心理学中的文化适应研究.*心理科学进展*,*13*(6),834-846.

余英时.(1984).从价值系统看中国文化的现代意义.台北:时报文化出版社.

袁珂.(1980).*山海经校注*.上海:上海古籍出版社.

约斋.(1986).*字源*.上海:上海书店出版社.

月中.(2011).不得不知的历史真相.*读者*,(5),39.

曾文星.(1997).*华人的心理与治疗*.北京:北京医科大学,中国协和医科大学联合出版社.

曾慥.(1996).*类书校注*.福州:福建人民出版社.

翟学伟.(2006).*中国社会心理学评论*(第二辑).北京:社会科学文献出版社.

翟学伟.(2007).报的运作方位.*社会学研究*,(1),82-98.

张岱年.(1982).*中国哲学大纲*.北京:中国社会科学出版社.

张岱年,成中英,等.(1991).*中国思维偏向*.北京:中国社会科学出版社.

张岱年,方克立.(2004).*中国文化概论*.北京:北京师范大学出版社.

张德胜,金耀基,陈海文,陈健民,杨中芳,赵志裕,伊沙白.(2001).论中庸理性:工具理性、价值理性和沟通理性之外.*社会学研究*,(2),33-48.

张德鑫.(1999).*数里乾坤*.北京:北京大学出版社.

张拱贵.(1996).*汉语委婉语词典*.北京:北京语言文化大学出版社.

张光直.(1988).濮阳三蹻与中国古代美术史上的人兽母题.*文物*,(11),36-39.

张贵颂.(2015).鹅毛不敌金钱.*特别关注*,(2),25.

张浩.(2014).画家谈画龙理论"三停九似":最难就在画龙眼.*北京日报*,2014-01-20.

张宏杰.(2017).贵族精神的遗失.*读者*,(2),48.

张佳伟.(2017).怎么夸女孩子的容貌.*读者*,(4),17.

张杰,景军,等.(2011).中国自杀率下降趋势的社会学分析.*中国社会科学*,(5),107-110.

张进清.(2010).和谐德育思想的哲学寻源.*教育探索*,(8),107-109.

张君燕.(2016).陈寅恪说礼.*特别关注*,(9),52.

张君燕.(2017).不提旧日恩.*故事会*,(10),48-49.

张立文.(1995).*中国哲学范畴发展史(人道篇)*.北京:中国人民大学出版社.

张仁和,林以正,黄金兰.(2014).西方智慧研究新动态与中庸思维的关系.载杨宜音主编,*中国社会心理学评论*(第八辑)(pp.212-225).北京:社会科学文献出版社.

张世英.(1995).*天人之际——中西哲学的困惑与选择*.北京:人民出版社.

张述祖,等.(1984).*西方心理学家文选*.北京:人民教育出版社.

张廷玉,等.(1974).*明史(第26册)*.北京:中华书局.

张廷玉,等.(2000).*明史(三)*.北京:中华书局.

张彦远.(1987).历代名画记.载四库全书(第812册).上海:上海古籍出版社.

张耀翔.(1931).从著述上观察晚近中国心理学之研究.*图书评论*,*2*(1),3-7.

张耀翔.(1933).国人之迷信.载张耀翔编,*心理杂志选存(上册)*(pp.224-225).上海:中华书局.

张荫麟. (1942). 论中西文化的差异. 思想与时代, (11), 1-6.

张英, 王士祯, 等. (1985). 渊鉴类函. 北京: 中国书店.

张鷟. (1997). 朝野佥载. 北京: 中华书局.

赵世民. (2005). 探秘中国汉字(上). 百家讲坛. 北京: 中国中央电视台.

赵汀阳. (2006). 身与身外之物. 载黄平主编, 乡土中国与文化自觉(p. 254). 北京: 北京三联书店.

赵志裕. (2010). 中庸实践思维的道德性、实用性、文化特定性及社会适应性. 本土心理学研究, (34), 138-139.

赵志裕, 康萤仪. (2011). 文化社会心理学. 北京: 中国人民大学出版社.

郑玄, 注, 贾公彦, 疏. (1990). 周礼注疏. 载黄侃经文句读. 上海: 上海古籍出版社.

周敦颐. (2002). 周敦颐集. 长沙: 岳麓书社.

周谷城. (1957). 中国通史(上册). 上海: 上海人民出版社.

周来祥. (2003). 中华和谐美第一图——太极图的审美观照和理性思考. 学术月刊, (10), 80-86.

周予同. (1982). 孝与生殖器崇拜. 载顾颉刚编著, 古史辨(第二册中编)(p. 239). 上海: 上海古籍出版社.

周予同. (1999). 中国经学史讲义. 上海: 上海文艺出版社.

周振甫. (1991). 周易译注. 北京: 中华书局.

朱彬. (1996). 礼记训纂. 饶钦农, 点校. 北京: 中华书局.

朱坤. (2012). 有用的无用, 无用的有用. 读者, (10), 24-25.

朱熹. (1983). 四书章句集注. 北京: 中华书局.

朱熹. (2002). 朱子全书·第六册·四书或问·卷三. 上海: 上海古籍出版社, 合肥: 安徽教育出版社.

朱永新. (1993). 论中国人的恋权情结. 本土心理学研究, (1), 242-266.

朱智贤. (1989). 朱智贤心理学文选. 北京: 人民教育出版社.

竺可桢. (1972). 中国近五千年来气候变迁的初步研究. 考古学报, (1), 15-38.

庄耀嘉, 杨国枢. (1991). 传统孝道的变迁与实践: 一项社会心理学之探讨. 载杨国枢, 黄光国主编, 中国人的心理与行为(pp. 137-141). 台北: 桂冠图书股份有限公司.

Berkowitz, L. (1986). *A Survey of Social Psychology: Third Edition*. Japan: CBS Publishing.

Ennis, R. (1991). Critical thinking: A streamlined conception. *Teaching Philosophy*, 14(1), 3-24.

Fung, Yu-Lan. (1992). Why China has no science: An interpretation of the history and consequences of Chinese philosophy. *The International Journal of Ethics*, 32(3), 237-263.

Giuliani, M. V. (1991). Towards an analysis of mental representations of attachment to the home. *Journal of Architectural and Planning Research*, 8(2), 132-146.

Grossmann, I., Karasawa, M., Izumi, S., Na, J. Y., Varnum, M. E. W., Kitayama, S., & Nisbett, R. E. (2012). Aging and wisdom: Culture matters. *Psychological Science*, 23(10), 1057-1066.

Gunn, L. J., Chapeau-Blondeau, F., McDonnell, M. D., Davis, B. R., Allison, A., & Abbott, D. (2016). Too good to be true: When overwhelming evidence fails to convince. In *The Proceedings of the Royal Society of London*, *Series A: Mathematical and Physical Scineces*, 472, 1-15.

Higgins, E. T. (1997). Beyond pleasure and pain. *American Psychologist*, 52(12), 1280-1300.

Ho, D. Y. F. (1987). Fatherhood in Chinese culture. In M. E. Lamb (Ed.), *The Father's Role: Cross-cultural Perspectives* (pp. 227-245). Hillsdale, NJ: Erlbaum.

Ho, D. Y. F. (1993). Relational orientation in Asian social psychology. In U. Kim & J. W. Berry (Eds.), *Indigenous Psychologies: Research and Experiencc in Cultural Context* (pp. 240-259). Newbury Park, CA: Sage.

Ho, D. Y. F. (1994). Filial piety, authoritarian moralism, and cognitive conservatism. *Genetic, Social, and General Psychology Monographs*, 120, 347-365.

Ho, D. Y. F. (1995). Selfhood and identity in Confucianism, Taoism, Buddhism, and Hinduism: Contrasts with the West. *Journal for the Theory of Social Behaviour*, 25(2), 115-139.

Homans, G. C. (1961). *Social Behavior: Its Elementary Forms*. New York: Harcourt, Brace & World, Inc.

Jordan, J. (2005). The quest for wisdom in adulthood: A psychological perspective. In R. J. Sternberg & J. Jordan (Eds.), *A Handbook of Wisdom: Psychological Perspectives* (pp. 160-188). New York: Cambridge University Press.

Kahneman, D., & Tversky, A. (1982). *The Simulation Heuristic*. New York: Cambridge University Press.

Kim, U., Yang, K. S., & Hwang, K. K. (2006) (Eds.). *Indigenous and Cultural Psychology: Understanding People in Context*. New York: Springer.

Kohlberg, L. (1984). *The Psychology of Moral Development*. San Francisco: Harper & Row, Publishers.

Morris, M. W., & Peng, K. (1994). Culture and cause: American and Chinese attributions for social and physical events. *Journal of Personality and Social Psychology*, 67(6), 947-971.

Needham, J. (1956). History of scientific thought. In *Science and Civilisation in China* (Vol. 2). New York: Cambridge University Press.

Nisbett, R. E. (2003). *The Geography of Thought: How Asians and Westerners Think Differently and Why*. New York: A Division of Simon & Schuster Inc.

Nisbett, R. E., Peng, K., Choi, I., & Norenzayan, A. (2001). Culture and systems of thought: Holistic versus analytic cognition. *Psychological Review*, 108(2), 291-310.

O'Bryant, S. L. (1983). The subjective value of "home" to older homeowners. *Journal of Housing for the Elderly*, (1), 27-43.

Peng, K., & Nisbett, R. E. (1999). Culture, dialectics, and reasoning about contradiction. *American Psychologist*, 54, 741-754.

Roberts, S. G. (2015). Commentary: Large-scale psychological differences within China explained by rice vs. wheat agriculture. *Frontiers in Psychology*, 6. doi:10.3389/fpsyg.2015.00950.

Ruan, J., Xie, Z., & Zhang, X. (2015). Does rice farming shape individualism and innovation? A response to Talhelm et al. (2014). *Food Policy*, *56*, 51-58.

Scannell, L., & Gifford, R. (2010). Defining place attachment: A tripartite organizing framework. *Journal of Environmental Psychology*, *30*, 1-10.

Shi, J., & Wang, F. Y. (2019). Three-dimensional filial piety scale: Development and validation of filial piety among Chinese working adults. *Frontiers in Psychology*, *10*, 2040. doi:10.3389/fpsyg.2019.02040

Sternberg, R. J. (2001). Why schools should teach for wisdom: The balance theory of wisdom in educational settings. *Educational Psychologist*, *36*(4), 227-245.

Sternberg, R. J. (2004). Why smart people can be so foolish. *European Psychologist*, *9*(3), 145-150.

Talhelm, T., Zhang, X., Oishi, S., Shimin, C., Duan, D., Lan, X., & Kitayama, S. (2014). Large-scale psychological differences within China explained by rice versus wheat agriculture. *Science*, *344*, 602-608.

Wu, Q., Zhao, Z., Liu, L., Granger, D. E., Wang, H., Cohen, D. J., Wu, X., Ye, M., Bar-Yoself, O., et al. (2016). Outburst flood at 1920 BCE supports historicity of China's Great Flood and the Xia dynasty. *Science*, *353*(6299), 579-582.

Yang, C. F. (2006). The Chinese conception of the self: Towards a person-making (做人) perspective. In U. Kim, K. S. Yang & K. K. Hwang (Eds.), *Inigenous and Cultural Psychology: Understanding People in Context* (pp. 327-356). New York: Springer.

Yang, Lien-sheng. (1957). The concept of 'Pao' as a basis for social relations in China. In John King Fairbank (Ed.). *Chinese Thought & Institutions* (pp. 291-309). Chicago: University of Chicago Press.

Yeh, K. H., & Bedford, O. (2003). A test of the Dual Filial Piety model. *Asian Journal of Social Psychology*, *6*(3), 212-228.

附录 《三维孝道量表》(Three-Dimensional Filial Piety Scale, TDFPS)（中英文对照版）

三维孝道量表

编制者：史娟、汪凤炎

说明：本量表共 15 个题项，包括亲情（真情——伪情）、家庭角色规范（自律——他律）和权益（合理——悖理）三个维度，每个维度含五个题项；其中，亲情维度包括 7、10、11、13、15；家庭角色规范维度包括 1、2、5、9、14；权益维度包括 3、4、6、8、12。每个题项又分为积极孝道（真情、自律和合理孝道）和消极孝道（伪情、他律和悖理孝道）两极。本量表采用双极李克特 6 点评分（6 - point bipolar Likert）。当选择消极孝道的描述时，"完全符合"计为 1 分，"基本符合"计为 2 分，"有点符合"计为 3 分；当选择积极孝道的描述时，"有点符合"计为 4 分，"基本符合"计为 5 分，"完全符合"计为 6 分。

[量表内容]

该量表共有 15 个题目，每个题目都需要您回答两个问题：

(1) 请仔细阅读每一题中的两个陈述句，从中选出一个较符合您情况的句子，并在左边的括号中划"√"（请务必二选一）；

(2) 请您具体评定您所选的陈述句与您实际情况的符合程度，并在右边栏内相应数字（1 表示"有点符合"，2 表示"基本符合"，3 表示

"完全符合")下划"√"。

示例：对于下面两个句子，假如您的情况比较符合第二句，请先在第二句前面划"√"，然后，根据您的真实情况与第二句的符合程度，在1—3中作出选择。假如第二句话与您的情况完全符合，就在"3"下面划"√"。最后的回答结果如下：

			有点符合	基本符合	完全符合
例	( ) (√)	经常进行自我反省。 事情做完就不会回头想它。	1	2	3√

在理解答题规则后，请您仔细阅读以下题目，并根据自己的实际情况，选择**最符合您情况**的选项。

序号			有点符合	基本符合	完全符合
1	( ) ( )	只要有空闲就主动陪父母散心。 *一般只在父母要求下才陪父母散心。	1	2	3
2	( ) ( )	*一般只在家人的提醒下才关心父母的健康状况。 平日主动关心父母的健康状况。	1	2	3
3	( ) ( )	当父母要求我利用工作关系违反原则以达成某种便利时，我坚决拒绝。 *当父母要求我利用工作关系违反原则以达成某种便利时，我服从父母。	1	2	3
4	( ) ( )	如果父母因插队与别人起了争执，我会委婉提醒父母这样做是不对的。 *如果父母因插队与别人起了争执，我会竭力维护父母。	1	2	3
5	( ) ( )	*节假日只在父母要求的情况下才回家看望父母。 节假日经常主动回家看望父母。	1	2	3
6	( ) ( )	在做人生规划时我会适当听取父母的合理建议。 *不管父母对我的人生规划是否恰当，我都会听从他们的安排。	1	2	3
7	( ) ( )	孝敬父母是我内心真情的自然体现。 *我孝敬父母是做给别人看的。	1	2	3

续 表

序号			有点符合	基本符合	完全符合
8	( ) ( )	当爱人与我父母的意见不一致时,我总是支持有道理的一方。 *当爱人与我父母的意见不一致时,不管谁对谁错,我都无条件地站在父母一方。	1	2	3
9	( ) ( )	*在家时,只有父母主动要求,我才和父母聊天。 在家时,我经常主动和父母聊天。	1	2	3
10	( ) ( )	*我照顾父母只为将来能顺利继承父母名下的遗产。 即便将来父母没有遗产留给我,我也乐意照顾父母。	1	2	3
11	( ) ( )	因为爱父母,所以我努力让他们开心。 *为了从父母那里多得好处,我才努力讨父母欢心。	1	2	3
12	( ) ( )	向父母尽孝时,我绝不损害他人的正当权益。 *为了向父母尽孝,有些事即便损害他人的正当权益,我也会做。	1	2	3
13	( ) ( )	*我因担心别人的指责才不得不孝敬父母。 我因对父母的养育之恩心存感激而孝敬父母。	1	2	3
14	( ) ( )	不在父母身边时,我经常主动给父母打电话关心父母。 *不在父母身边时,接到父母电话时我才想起关心父母。	1	2	3
15	( ) ( )	为了让父母开心,我乐意多陪父母。 *为了塑造自己的孝子/孝女形象,我才陪伴父母。	1	2	3

注:"*"表示消极孝道,在实际施测时,该符号不会出现在让被试作答的量表中。

Three-Dimensional Filial Piety Scale(TDFPS)

ShiJuan, WangFengyan

A total of 15 items are included in the scale, and two questions needed to be answered for each item.

First, please read the two sentences each item contains in the following table carefully, then choose the sentence that you identify with more with "√" in the left bracket.

Second, please select the degree of identification with your choice represented by the Arabic numerals on the right side of the table (1 for slightly identify, 2 for moderately identify, 3 for completely identify) with "√".

Example: For the following two sentences, if you identify more with the second one, please mark "√" in front of it. Then, evaluate how well your situation matches the second sentence, and make a choice from 1 to 3. If the second sentence is completely in line with your situation, just mark "√" under "3". The final answer is as follows:

			Slightly Identify	Moderately Identify	Completely Identify
Example	( ) (√)	I often do self-reflection. I no longer reflect on what I have done.	1	2	3 √

Please read the following sentences carefully, then make the best choice based on your situation.

No.			Slightly Identify	Moderately Identify	Completely Identify
1	( ) ( )	I take initiative to accompany my parents if time permits. * I passively accompany my parents only when they ask.	1	2	3
2	( ) ( )	* I am passively concerned about my parents' health conditions when reminded by other family members. I actively care about my parents' health conditions in peacetime.	1	2	3

续　表

No.			Slightly Identify	Moderately Identify	Completely Identify
3	( ) ( )	I refuse resolutely if my parents ask me to take advantage of work to get some convenience that goes against the principles. * I obey totally if my parents ask me to take advantage of work to get some convenience that goes against the principles.	1	2	3
4	( ) ( )	I will remind my parents that arguing with others for queue jumping is wrong. * I will do my best to defend my parents if they argue with others for queue jumping.	1	2	3
5	( ) ( )	* I visit my parents passively only when they ask me to on holidays. I take initiative to visit my parents on holidays.	1	2	3
6	( ) ( )	Rational suggestions from my parents will be adopted in my future programming. * All suggestions, whether rational or not, from my parents will be adopted in my future programming.	1	2	3
7	( ) ( )	Showing filial piety to my parents is a natural expression of my real feelings. * Showing filial piety to my parents is just an act for others.	1	2	3
8	( ) ( )	I will only support the right side if my spouse and parents disagree with each other. * I will completely support my parents if my spouse and parents disagree with each other, even if my spouse is right.	1	2	3

续 表

No.			Slightly Identify	Moderately Identify	Completely Identify
9	( ) ( )	*I will talk to my parents at home only when they ask. I will take the initiative to talk to my parents at home.	1	2	3
10	( ) ( )	*Inheriting my parents' legacy is the reason I take care of them. Even if my parents have no legacy left for me, I am happy to take care of them.	1	2	3
11	( ) ( )	Since I love my parents, I do my best to make them happy. *Benefiting more from my parents is the reason I strive to make them happy.	1	2	3
12	( ) ( )	I will never violate the rights or interests of others when I show filial piety to my parents. *I will do my best to take care of my parents even if I violate the rights and interests of others.	1	2	3
13	( ) ( )	*Fear of being criticized by others is the reason I take care of my parents. Gratitude for their fostering is the reason I take care of my parents.	1	2	3
14	( ) ( )	I often show care for my parents through calling them when I am far away. *I show care for my parents only when they call me when I am far away.	1	2	3
15	( ) ( )	I enjoy spending time accompanying my parents to make them happy. *Accompanying my parents, for me, is just done to create the image of a filial son/daughter.	1	2	3

* indicates negative (false, heteronomy or unreasonable) filial piety, and it does not appear in the scale for the participants

中国文化心理学丛书

中国文化心理学新论（上）　汪凤炎　著

图书在版编目(CIP)数据

中国文化心理学新论.下/汪凤炎著.—上海:上海教育出版社,2019.12
(中国文化心理学丛书)
ISBN 978-7-5444-9713-8

Ⅰ.①中… Ⅱ.①汪… Ⅲ.①传统文化-民族心理学-研究-中国 Ⅳ.①C955.2

中国版本图书馆CIP数据核字(2020)第000323号

责任编辑　王佳悦
封面设计　郑　艺

中国文化心理学丛书
中国文化心理学新论（下）
汪凤炎　著

出版发行	上海教育出版社有限公司
官　网	www.seph.com.cn
地　址	上海市永福路123号
邮　编	200031
印　刷	上海展强印刷有限公司
开　本	965×640　1/16　印张30.75　插页4
字　数	425千字
印　数	1-2,000本
版　次	2019年12月第1版
印　次	2019年12月第1次印刷
书　号	ISBN 978-7-5444-9713-8/B·0172
定　价	158.00元

如发现质量问题，读者可向本社调换　　电话：021-64377165